W0342236

# CLAUDE LELOUCH MODE D'EMPLOI

Yves Alion et Jean Ollé-Laprune

calmann-lévy

# Sommaire

## LE GENRE HUMAIN

## TOUTE UNE VIE (DE CINÉMA)



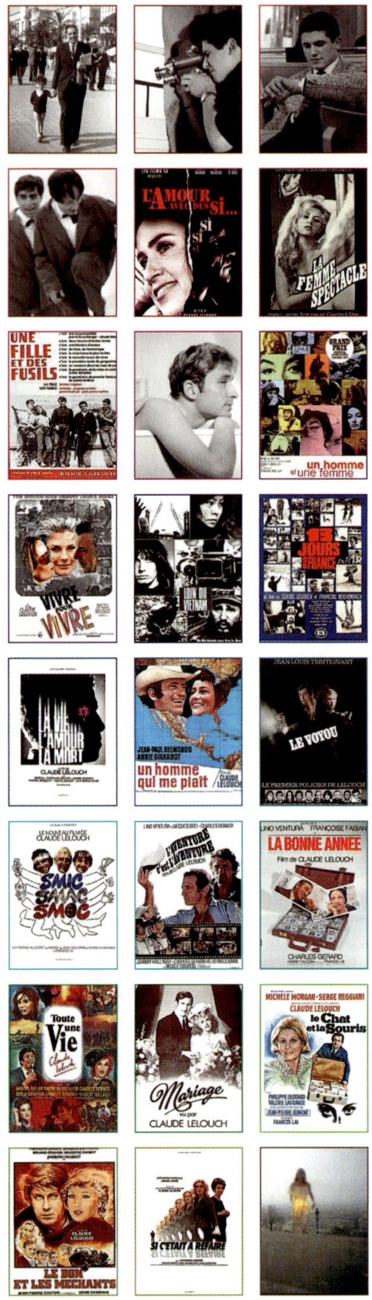

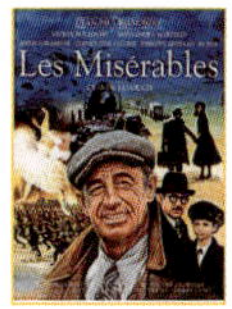

## BONUS

SWYSEN 2005

L'intérêt, l'estime et même un peu plus que cela, que nous portons au travail de Claude Lelouch ne sont bien sûr pas récents.
Pourtant, nous avons repoussé l'évidence d'écrire un livre sur Lelouch année après année, un peu à cause des films eux-mêmes, que nous allions voir presque par habitude, comme ceux de Woody Allen, un peu aussi à cause de la régularité déconcertante de leur sortie, qui nous dissuadait de prendre en marche ce train à pleine vitesse, un peu enfin à cause des polémiques que ces films engendrent souvent et qui finissent par dissimuler l'œuvre elle-même.
Claude Lelouch était devant et nous ne l'avons pas vraiment vu. La meilleure preuve se trouve dans la phrase que nous avons le plus souvent entendue auprès de ceux à qui nous parlions du projet : « Claude Lelouch ? J'adore ses films. Mais pas tous… », et nos interlocuteurs de citer dans la foulée leurs titres préférés, jamais les mêmes. et autant de films à son actif, Lelouch a toujours fait ce qu'il a voulu. Ce n'est pas la moindre raison de l'intérêt que nous lui avons porté à l'origine, ce goût d'avancer à son envie, en minimisant au possible les concessions que le cinéma business entraîne obligatoirement dans une carrière. Même les films pour lesquels Claude Lelouch nous confiera son manque d'enthousiasme rétrospectif, même ceux qu'il aime aujourd'hui disons un peu moins que les autres, il les a tout de même souhaités. Il en reconnaît la paternité sans renvoyer la responsabilité de leurs carences ou de leur échec à un distributeur, aux événements ou aux impôts…
Claude Lelouch est tout aussi inclassable – et c'est là pour nous le plus important – au regard des thèmes qu'il aborde, jamais faciles, ou encore des traitements qu'il leur inflige, toujours imprévisibles. Pour ce qui concerne le premier point, il est évident que la vision du réalisateur a évolué et que le Claude Lelouch de *Vivre pour vivre* ou du *Voyou* n'est plus tout à fait celui de *Hommes femmes : mode d'emploi* ou du *Courage d'aimer*. Il s'est enrichi et densifié. Cet élément mérite d'ores et déjà d'être exprimé au regard de l'image parfois répandue du metteur en scène superficiel se réduisant pour beaucoup à quelques succès populaires, une histoire d'amour, quelques blagues de potaches montées en boucle et une voiture roulant sur les planches de Deauville.

# Au cœur de l'ouvrage

À croire que le réalisateur d'un côté, le personnage public de l'autre, sa productivité et son impact médiatique enfin aient découragé l'analyse, du moins la fasse hésiter entre le laudatif et la réserve, parfois teintée d'ironie. Peu nombreux sont les ouvrages qui lui ont été consacrés, un petit livre en 1972 dans la fameuse collection Seghers qui annonce le tournage prochain de *L'aventure c'est l'aventure*, un autre plus confidentiel paru chez Lherminier en 1986 avec le journaliste Yonnick Flot, plus en l'an 2000 *Itinéraire d'un enfant très gâté*, davantage un recueil de souvenirs qu'un livre de cinéma, mais auquel il est naturellement indispensable de se référer sur de nombreux points, notamment l'enfance de Claude Lelouch. L'ensemble demeure modeste pour un des cinéastes les plus populaires en France, mais aussi parmi les plus respectés à l'étranger, comme nous avons pu le constater.
Médiatiquement à part, Claude Lelouch l'est aussi sur le plan « économique ». Quels que soient les griefs qui ont pu lui être opposés, même ses détracteurs les plus acharnés ne sauraient nier qu'après quarante ans de carrière

Sur le deuxième point, celui de sa démarche formelle, Claude Lelouch a également considérablement évolué. Cet aspect visuel est naturellement le plus difficile à restituer avec des mots, tant son écriture a changé, tant la structure de ses films s'est complexifiée avec les années (*Partir Revenir* nous semble être une référence), tant leur rythme s'est amendé (*Les Parisiens*). Si ces films reflètent souvent le goût de leur auteur pour certaines figures de style, par exemple les histoires parallèles de *Édith et Marcel* ou de *And Now…Ladies & Gentlemen*, ils innovent et essaient en permanence. Lors de la sortie d*es Parisiens* à l'automne 2004, un animateur de télévision,

Guillaume Durand pour ne pas le nommer, avait ouvert son entretien sur I Télévision en demandant à Claude Lelouch (nous citons non pas de mémoire mais en regardant la cassette de l'émission) s'il n'en avait pas assez des mouvements de caméra dans tous les sens. Or le film en est justement dépourvu ! Cette sobriété en est même l'un des ressorts.

Pour en revenir à notre vif intérêt pour les films de Claude Lelouch – ce que les nombreuses heures passés à les revoir en boucle ou à en discuter avec lui jusqu'à plus soif justifieront au-delà de nos espoirs – eh bien cet intérêt nécessitait un catalyseur pour que nous puissions passer à l'acte : écrire. Celui-ci est intervenu à l'occasion de la diffusion un vendredi soir à la télévision de *And Now... Ladies & Gentlemen*, un film qui, curieusement, quelques semaines plus tard nous divisera... et qui, tout aussi bizarrement, n'entraînera pas une adhésion sans réserve de Claude Lelouch, comme vous pourrez le constater un peu plus loin.
Quoi qu'il en soit *And Now... Ladies & Gentlemen* amena une longue conversation téléphonique, mêlant pour ce film l'admiration de l'un, les réticences de l'autre, mais aussi un respect commun à l'endroit de la constance de Lelouch dans son travail et un sentiment de révolte devant l'injustice dont il était victime. Il s'agissait moins de l'attitude trop souvent invoquée de la critique à son égard – après tout, ils sont nombreux actuellement à essuyer systématiquement des volées de bois vert à chaque nouvelle livraison – que de l'absence de réflexion un peu sérieuse sur des films que nous-mêmes allions voir au cinéma depuis toujours.

Tous les deux nous connaissions également Claude Lelouch pour l'avoir rencontré, chacun de notre côté, dans le cadre de nos activités professionnelles ou dans un environnement plus amical. Au-delà de ses propres films, nous avions déjà apprécié dans l'homme une très grande culture du cinéma qui prolongeait une évidente passion. Nous avions aimé son goût contagieux du travail des autres, et avions observé avec délectation son attitude proprement physique pour évoquer les films, les acteurs, les séquences, les tableaux... Ceux qui n'ont pas affronté le torrent verbal de Claude Lelouch quand il évoque *Vera Drake* ou *Amélie Poulain*, Jean Gabin ou Montgomery Clift, sont passés à côté d'une expérience unique. Seul Bertrand Tavernier pourrait peut être lui en remontrer...

Après *And Now... Ladies & Gentlemen*, nous sommes donc allés rendre visite au réalisateur des *Uns et les Autres* pour lui exposer notre projet : lui consacrer un ouvrage d'entretiens à l'occasion duquel il pourrait évoquer son travail, année après année et film après film, la façon dont ceux-ci ont été conçus, pensés, tournés et accueillis. Surtout la manière dont ils se sont intégrés, consciemment ou pas, dans une problématique personnelle. Car s'il est un metteur en scène dont l'œuvre et la vie sont intimement imbriquées, c'est bien Claude Lelouch. Les illustrations de cette osmose ne manquent pas. Certaines sont évidentes. D'autres relèvent des jardins secrets propres à chaque grand créateur.
La réaction de Claude Lelouch dépassa nos espérances. Non seulement celui-ci accepta l'idée d'un livre, mais nous proposa de revoir avec lui l'ensemble de ses films, ce qui représente tout de même plusieurs dizaines d'heures de projection. Les emplois du temps respectifs de chacun ne permirent malheureusement pas de tous les visionner, mais nous en revîmes tout de même, en les commentant de concert, une bonne partie.
De notre côté, notre motivation fut soutenue par la grande créativité dont Claude Lelouch fit preuve tout au long de nos entretiens, c'est-à-dire entre l'automne 2003 et l'été 2005. Dans cet intervalle, il trouva en effet le temps de tourner deux films, d'assurer le montage d'au moins quatre, d'en sortir deux, d'écrire deux scénarios, et enfin de concevoir quatre ou cinq projets à des degrés d'avancement divers !
Il fut de plus particulièrement blessé par l'échec des *Parisiens*, qui a remis en cause sa trilogie du *Genre humain* telle qu'il l'avait imaginée, qui en modifie le deuxième volet et qui en repousse le troisième à des dates incertaines. Paradoxalement, ces circonstances enrichirent considérablement le contenu de nos échanges. D'un seul coup, ils dépassèrent le cadre de la série « classique » d'interviews pour revêtir un aspect plus rétrospectif, plus personnel aussi, avec tout ce que l'idée comporte en termes de bilan. Le rejet des *Parisiens* de la part de la critique et du public, mais aussi les réactions passionnées de nombreux spectateurs qui firent savoir leur amour du cinéma de Claude Lelouch par des lettres et des mails, incitèrent notre homme à réfléchir de façon encore plus fine sur son travail, sur sa carrière et sur l'évolution de son cinéma.

Cet ouvrage est donc le fruit d'une rencontre qui, nous voulons le croire, n'a guère d'équivalents dans le domaine de l'édition consacrée au cinéma tant le volume et la qualité des échanges se sont révélés hors normes. Nous espérons que question après question (ou plutôt réponse après réponse) se dessine un tableau impressionniste (en hommage à ce courant pictural que le cinéaste aime tant) d'une œuvre qui in fine apparaît dans sa richesse, sa complexité, voire ses paradoxes. En plus de ces entretiens, nous n'avons pas voulu nous priver de l'apport de la garde rapprochée, ces « trois mousquetaires » qui, à des degrés divers, font partie intégrante de l'univers de Lelouch depuis ses débuts, ou presque : Pierre Uytterhoeven, son coscénariste, Francis Lai, son musicien attitré et enfin la fidèle d'entre les fidèles Arlette Gordon, qui est depuis toujours à la fois son attachée de presse, sa directrice de casting et sa confidente. Nous avons tenté de dépasser les contours de l'œuvre de Lelouch pour déboucher sur le Cinéma avec un grand C, une mise en perspective qui nous a ravis tant elle portait en elle la possibilité de remonter jusqu'à la source de la création. Car si nous avons parlé des films de Claude Lelouch, c'est bien de la matière cinéma (dans le sens où il s'agit d'une matière en fusion) qui est au cœur de l'ouvrage. Si chaque film, aussi riche soit-il, est nécessairement fini, daté, enfermé dans un cadre thématique et temporel, le cinéma de Lelouch nous semble riche en prolongements, porteur de toutes les remises en question, fertile en débats nécessaires.

Sommes-nous désormais objectifs pour dire que ce long voyage au fil des quarante films ne nous a pas déçus ? Loin de là. Mais au contraire, l'admiration que nous portons à l'auteur de *Itinéraire d'un enfant gâté* et de *Hasards ou Coïncidences* en sort renforcée. Nous pensons aujourd'hui de façon immodeste figurer parmi les mieux armés pour défendre la valeur d'une somme. Nous avons le sentiment, même après avoir revu et rerevu les films, de n'avoir pas ouvert toutes les portes que l'œuvre propose, loin de là. Nous ne sommes toujours pas lassés de parcourir un univers dont la richesse et la complexité apparaissent aujourd'hui plus clairement à nos yeux. Nous n'hésitons ainsi pas à placer Claude Lelouch parmi les plus grands de notre cinéma, aux côtés de Jean Renoir, Henri-Georges Clouzot, François Truffaut ou Claude Sautet pour ne citer que des disparus. S'il est cependant une référence à laquelle nous tenons à l'associer, c'est celle de Sacha Guitry. Le rapprochement n'est pas de pure forme tant les similitudes entre les deux hommes et les deux carrières sont nombreuses, qu'il s'agisse du succès qui pour l'un et l'autre a dissimulé l'œuvre même et occulté les films, que de leur goût respectif à mettre en scène leur compagne et entamer ainsi une longue réflexion souvent amère sur les rapports hommes-femmes et sur la fragilité du couple. D'autre part, ni Guitry ni Lelouch n'ont fait de véritables études. Ils ont professé l'honneur des autodidactes, ils ont bâti seuls leur paysage culturel. Tous les deux ont su alterner dans leur carrière les essais ou les films intimistes , *Bonne chance* et *Le Roman d'un tricheur* à notre droite, *Mariage* et *Il y a des jours... et des lunes* à notre gauche, avec des « grosses machines » qui n'en étaient pas moins personnelles, *Si Versailles m'était conté* ou *Les Uns et les Autres*. Surtout, Guitry et Lelouch ont abordé le cinéma sans aucun complexe, mettant un point d'honneur à parler de leur art et à mettre en abyme leur œuvre de la façon la plus ludique possible. Il est difficile de ne pas évoquer *Les Perles de la couronne* quand, dans *Hasards ou Coïncidences*, Alessandra Martines et Pierre Arditi dialoguent au-dessus de sous-titres restituant ce qu'ils pensent vraiment. Mais si Guitry et Lelouch ont abordé le cinéma avec une liberté totale, ils l'ont fait solidement armés d'une authentique profondeur cachée sous une apparente futilité avec des convictions fortes qu'ils ne cessent d'approfondir. Il a fallu du temps pour reconnaître la modernité de Guitry. Espérons que Claude Lelouch n'aura pas à patienter aussi longtemps.

Encore un mot sur la forme de ces entretiens. Eux aussi ont ressemblé à un film de Claude Lelouch, en tout cas ils se sont conformés à la personnalité du réalisateur. C'est-à-dire qu'en dehors des principales lignes que nous avions arrêtées, sur les films et sur les thèmes à aborder, ils n'ont obéi à aucune règle, sinon celle, implicite, d'ouvrir chaque session par l'évocation du dernier film vu par chacun. Ils se sont déroulés dans de multiples endroits, comme dans les films de Claude Lelouch, avenue Hoche dans ses bureaux, à son domicile, en Normandie, dans les restaurants. Les déplacements étaient incessants, et il était rare que nous passions plus de deux heures dans une même pièce, comme dans ses films. Une question pouvait recevoir sa réponse au bout de plusieurs jours, voire plusieurs semaines, toujours comme dans les films de Claude Lelouch, qui ne fournissent les clés qu'au bout d'un certain temps, parfois à l'occasion des films suivants.

Interrogé en mai 1987 par *Libération* aux côtés de 699 autres cinéastes à qui était posée la question : « Pourquoi filmez-vous ? », Claude Lelouch répondait : « Parce que c'est la chose que je fais le moins mal, et surtout parce que j'ai voulu prolonger les moments les plus merveilleux de ma vie quand après le mot "fin" je courais derrière l'écran pour essayer de rencontrer les héros. » Nous lui avons reposé la question quelques années plus tard. La réponse que vous allez découvrir dans ces pages nous paraît tout à fait correspondre à ce sentiment d'instabilité et d'inachèvement permanent qui, par sa densité et sa durée, finit par marquer une œuvre.

# Le genre humain

# Les Parisiens

2004

Des vrilles et des résolutions / Les acteurs en insécurité / Découverte de la haute définition / Lelouch par Lelouch / De l'effet de l'insuccès sur le comportement des cinéastes

Mathilde SEIGNER
Maïwenn LE BESCO
Arielle DOMBASLE
Massimo RANIERI
Michel LEEB
Agnès SORAL
Alessandra MARTINES
Claude LELOUCH
Michèle BERNIER
Ticky HOLGADO
Francis PERRIN
Pierre SANTINI

**Dès son origine, votre projet de trilogie qui va déboucher sur Les Parisiens et Le Courage d'aimer est risqué, ne serait-ce que financièrement. Il est entièrement produit par les Films 13 et distribué par vos soins...**

Quand je me suis lancé dans le projet de la trilogie, je sortais d'une période décevante. **And Now... Ladies & Gentlemen, Une pour toutes, Hasards ou Coïncidences** : tous mes derniers films avaient été de graves échecs ! Surtout **Hasards ou Coïncidences**. Je me retrouvais exactement comme à l'époque des **Grands Moments**. Les prévisions météo étaient assez mauvaises. Or, quand vous vous lancez dans un tour du monde à la voile, vous attendez d'avoir une bonne météo. Et là, je voulais faire le plus grand voyage de ma vie, avec des vents contraires. Lorsque je me suis lancé dans un projet aussi ambitieux que **Le Genre humain**, j'ai fait peur à tout le monde, qu'il s'agisse des coproducteurs, des chaînes de télé ou des distributeurs. Je me suis retrouvé seul. Comme il était hors de question que je patiente cinq ou dix ans pour que la situation se débloque, j'ai pris la décision de tourner sans attendre que la météo financière passe au beau fixe. Ne serait-ce que parce que je n'avais envie ni de mendier ni d'aller pleurnicher. Je n'en avais pas non plus le droit avec toute la chance que j'avais eue, les succès et les bonheurs que j'avais rencontrés.

**La préparation de cette trilogie a été marquée par votre accident de voiture.**

Effectivement, au printemps 2003, j'étais sur la route de Deauville, une route que j'ai empruntée des milliers de fois. Il pleuvait. Mais ce n'était pas un problème pour moi. Il n'y avait personne et j'avais une bonne voiture... Je venais de mettre les essuie-glaces en grande vitesse. Il y avait une flaque d'eau sur l'autoroute. Je l'ai vue. J'ai levé le pied de l'accélérateur pour ralentir avec le frein moteur. Mais j'allais vite et je suis parti en aquaplaning. Je ne contrôlais plus rien. Je me disais que j'allais mourir, et j'étais furieux : quelle mauvaise fin pour un scénariste ! Mourir sous la pluie un soir d'orage ! En outre, la trilogie du **Genre humain** restait à faire. Toutes ces pensées me sont venues à l'esprit en même temps. J'ai compris la démesure de mon amour du cinéma. Au moment où je maudissais cette fin, je me suis envolé. Et j'ai effectué trois tonneaux en l'air avant de retomber. Je n'ai pas revu ma vie en accéléré, comme on le dit souvent. Non, mais je rageais parce que je n'allais pas pouvoir faire la trilogie. J'étais en l'air, un tour, deux tours... Je suis sorti de l'autoroute, je faisais des vrilles. Et d'un seul coup ça s'est arrêté. La voiture est retombée sur ses pattes. Du sang coulait de ma tête mais j'étais l'homme le plus heureux de la terre. Je n'étais pas mort, ce n'était pas fini, je pourrais tourner la trilogie... Je n'avais pas quitté le cinéma : la scène ressemblait à celle de l'accident de Piccoli dans **Les Choses de la vie**. J'entendais les voix : « Il faut le sortir, ne pas le sortir, ne pas le toucher... » Comme personne ne venait me chercher, j'ai détaché ma ceinture. La porte était grand ouverte. Je suis sorti, j'étais en sang. Je pensais que la voiture allait prendre feu. Les gens venaient me porter secours. Je disais : « Vite, prenez la mallette qui est dans le coffre. » La première chose à laquelle je pensais, c'était de sauver mon scénario. C'est vrai, cet accident m'a donné une force colossale pour faire la trilogie.

Parmi les badauds, Bernard Swysen, le dessinateur de *Toute une vie* en BD.

**Cette trilogie devait reprendre et amplifier nombre de thèmes développés au fil des années. On a le sentiment que vous visiez à faire une œuvre somme. Était-ce le bon moment pour le faire ?**

Sans doute. D'abord parce que je me rapproche de la ligne d'arrivée. Statistiquement, le temps qui me reste à vivre commence à être compté. Ensuite parce que je crois avoir suffisamment observé mes contemporains pour pouvoir livrer le fruit de ces observations. J'ai passé ma vie à remplir des petits carnets de notes sur les hommes et les femmes que j'ai croisés. Certains m'ont fasciné. Je me disais que je pourrais faire un film de ce qu'ils me montraient. Je dispose sans doute de matière pour en réaliser des milliers qui ne se feront pas. Je devais alors trouver le moyen d'en regrouper une partie significative dans un même film. J'avais envie de filmer la foule tout en me penchant simultanément sur chaque être, ce qui, je le reconnais, est un peu de la folie.

Enfin, j'avais aussi le désir de parler de la création. Je voulais raconter depuis longtemps la façon dont les histoires arrivent dans mes films. Je ne suis jamais allé aux histoires, ce sont elles qui sont venues à moi et qui sont entrées dans ma tête. Elles y ont pris tellement de place que je n'ai pas trouvé d'autres moyens de les évacuer que faire des films. Par exemple, dans **Les Uns et les Autres**, cette histoire de l'enfant déposé sur les rails pour échapper aux camps me vient de mes parents. D'une certaine manière, toutes les histoires que j'ai racontées, **Un homme et une femme**, **Itinéraire d'un enfant gâté**, **Toute une vie**... forment un ensemble qui pouvait avoir **Le Genre humain** pour titre générique.

vérité n'existe pas, et je suis obligé de me rabattre sur ces fameux parfums de vérité. Pour démasquer cette vérité, j'amène les acteurs sur des terrains où ils sont tellement en insécurité qu'ils laissent transparaître des petites choses que j'essaye de saisir au vol. Au moment du tournage des **Parisiens**, j'ai commencé comme d'habitude par des figures imposées. Puis leur ont succédé des figures libres. Une fois de plus les dernières m'ont semblé plus convaincantes que les premières. Les figures imposées le sont tellement que l'acteur en jouant me donne des clés. Alors que dans les figures libres, l'acteur étant lui-même en insécurité, il n'a plus les mêmes points de repère. J'ai poussé les acteurs dans leurs retranchements d'individus. Je pense que dans **Les Parisiens**, les acteurs étaient plus spontanés que dans mes films précédents.

**À quoi se réfère l'idée du Genre humain ?**

J'aime l'idée que l'histoire de l'humanité n'a ni début ni fin. Si demain je vous emmène au cinéma, que je vous prive des dix premières minutes du film et que je vous fais sortir de la salle un quart d'heure avant la fin, vous ne voudrez plus aller au cinéma avec moi. Pourtant c'est ce qui nous arrive à tous. Nous entrons dans la vie au milieu d'une histoire qui a commencé il y a très longtemps et que nous devrons quitter avant la fin. Certes, nous croyons connaître l'intégralité de notre propre histoire, mais c'est une illusion, puisque notre histoire commence bien avant que l'on s'y intéresse. Mais notre inconscient le sait. C'est pour cela que, de façon générale, je préfère filmer l'inconscient de mes personnages que leur intelligence. Les écoles apprennent à développer l'intelligence rationnelle, la lecture, l'écriture et les maths. Personne ne nous apprend à développer notre part d'irrationnel. J'étais un cancre à l'école.

**Mais quand, dans Les Parisiens, le premier volet de cette trilogie inachevée, vous brassez plusieurs histoires à la fois, il faut bien que vous utilisiez l'intelligence rationnelle pour être compris des spectateurs...**

Les deux doivent coexister. Mais il faut éviter que le rationnel écrase l'irrationnel. Nous vivons dans une société qui n'honore que le rationnel et qui vénère le succès. Je n'ai rien contre le rationnel, ni contre le succès. Mais ce qui m'intéresse c'est de parvenir à saisir l'insaisissable. Je serais ravi qu'un jour on dise de moi que je suis un cinéaste qui a su mieux que d'autres saisir l'inconscient des êtres. Ce n'est certes pas facile de filmer le rire et les larmes, mais je pense que c'est encore plus dur de filmer la chair de poule. Ce que j'aime le plus attraper, ce sont les parfums de vérité. J'ai l'impression de radoter en disant cela, mais c'est assez obsessionnel. J'aime la vérité. Or la

**Le sentiment que procure Les Parisiens est qu'il faut saisir les instants de bonheur au vol, de peur de les laisser passer...**

**Les Parisiens** est composé de deux parties. Le premier est un marivaudage sur des hommes et des femmes qui se cherchent, se trouvent, décident d'aller dans un lit ensemble ou de ne pas y aller. Le film montre des êtres qui essaient de briser leur solitude par tous les moyens. Et puis, à un moment donné, le film s'intéresse à un couple de façon plus serrée. Il cesse de marivauder pour se muer en autopsie d'une histoire d'amour. Et on ne sort jamais vraiment indemne quand on pratique ce genre d'opération. Les grandes histoires d'amour donnent du talent ou font mourir. Quand Brel écrit **Ne me quitte pas**, c'est après un échec amoureux terrible. C'est ce qui arrive à Massimo dans le film. S'il écrit **Le Courage d'aimer**, c'est parce que celle qu'il aime l'a quitté. Il ne l'aurait pas fait si tout avait fonctionné... Le malheur donne souvent du talent. D'une certaine manière le bonheur survient quand on sort du tunnel.

**La première partie est un véritable kaléidoscope de personnages et de situations, un peu comme dans certains films de Robert Altman.**

C'est l'histoire de Maïwenn et Massimo qui m'intéressait le plus, parce qu'elle est chargée de toutes les autres. Il fallait que toutes les histoires nous emmènent vers celle-là : c'était le sens du film. Je savais également que si les autres personnages étaient trop captivants, ils allaient détourner l'attention. Il fallait savoir être superficiel. Si j'avais traité les autres his-

toires avec la même intensité, on ne serait jamais arrivé à destination... Ce qui est fascinant c'est que tous les personnages du film vivent une même histoire, qui n'en finit pas de se répéter. Mais il y en a une qui va jusqu'au bout de sa logique. C'est pareil dans ma vie. Mon histoire principale, c'est celle que je vis avec ma femme. Mais cette histoire n'est intéressante que par rapport à toutes les autres histoires que je vois autour de moi. On a constamment besoin de références. Deux des personnages du film sont des sœurs jumelles, incarnées par Mathilde Seigner. L'une est serveuse dans un bar, l'autre est employée de maison. Elles sont très différentes, mais au fond, elles vivent des expériences comparables.

**Cette structure a malgré tout de quoi surprendre. Le couple formé par Xavier Deluc et Agnès Soral par exemple possède une indéniable épaisseur dans la première partie. Mais au bout d'un certain temps, le film les lâche... On se demande ce qui leur est arrivé...**
Je craignais effectivement de désorienter le spectateur, de faire un film trop compliqué. Je me suis donc attaché à être suffisamment précis sur chaque personnage. Mais j'ai tenté des choses. J'aurais bien sûr pu me contenter de raconter l'histoire de Maïwenn et Massimo. Mais je me serais alors cantonné dans un registre assez classique et l'histoire aurait perdu de sa force. Plus généralement, je veux que mes films ne soient pas que des histoires à regarder mais aussi des jeux dans lesquels le spectateur se pose des questions avant que je lui fournisse des réponses. Quand un spectateur va voir un film formaté, il ne se pose pas de questions. Pour moi, c'est un défi de faire en sorte qu'il s'en pose et de lui donner les clés ensuite. Comme dans un journal avec le jeu et les solutions en dernière page. **Itinéraire d'un enfant gâté**, **Hasards ou Coïncidences** et **Les Parisiens** sont construits selon ce principe.

**Il n'y a pas de star dans ce film. Les deux rôles principaux sont tenus par des comédiens assez peu connus. Comment avez-vous été conduit à choisir Maïwenn et Massimo ?**
Par hasard ! J'ai rencontré Maïwenn dans une circonstance détestable, dans une émission de télé où je me suis fait étriller. C'était un cauchemar. Et Maïwenn était invitée pour son spectacle. Je l'ai observée pendant son interview, et elle m'a fasciné. Elle avait la faculté de rester elle-même, sans faux-semblants. Je lui ai proposé de faire un essai. J'ai fait passer le casting à des tas de filles, mais je revenais sans cesse à elle. Quant à Massimo, je l'ai découvert dans une pièce italienne à Paris, **Polichinelle**. Je n'avais a priori aucune raison de voir une pièce jouée en italien, mais Alessandra[1] y tenait et je lui en sais gré, parce que j'ai passé un moment extraordinaire. Je voulais abso-

1. Alessandra Martines, épouse de Claude Lelouch.

lument faire tourner ce type. Pourtant au départ le rôle de Massimo devait être tenu par Édouard Baer. Cela ne marchait pas parce qu'on comprenait trop vite que le personnage avait du talent. Il fallait que je le camoufle. Quand l'impresario dit à Maïwenn que c'est elle qui a du talent, il fallait que le spectateur en soit également convaincu. Massimo a le visage marqué, on sent qu'il a vécu. Il ressemble un peu à Eddie Constantine, dont j'étais fou quand j'étais gosse... Et puis je trouvais bien que ce soit un étranger, qui s'est un peu fait jeter de son propre pays, un peu comme Eddie Constantine, qui a réussi en France grâce à son accent. Je trouve plus émouvant de réussir sur le tard, à cinquante ans, plutôt qu'à trente...

**Les deux forment un couple inattendu, dont la complémentarité vocale n'est pas un atout négligeable...**

J'aimais bien l'idée que Maïwenn démarre dans le métier en allant voir un chanteur des rues. Elle n'a aucune relation, et il lui semble impensable d'aller voir un impresario. Elle entre donc dans la carrière par la plus petite porte. Je n'ai rien fait d'autre quand j'ai commencé à faire du cinéma. Le meilleur copain de mon père connaissait le mec qui tenait le bar du studio de Billancourt ! Le barman n'était pas très enthousiaste, mais il m'a quand même présenté à Jacques Becker, qui tournait **Ali Baba et les quarante voleurs**. Il a fait un bide. Il a demandé au premier assistant si je pouvais rester cinq minutes sur le plateau. C'est ainsi que j'ai vu Fernandel dans la caverne d'Ali Baba. Je serais resté vingt ans, mais au bout des cinq minutes réglementaires, on m'a sorti du plateau. J'ai été remercier le barman. C'est à ce moment-là qu'est arrivé le premier assistant de Léo Joannon, qui avait une ardoise avec lui. Il a négocié son crédit en m'imposant comme stagiaire sur le film **L'Homme aux clés d'or**.

**Puisque l'on parle des comédiens, comment vous est venue l'idée de jouer un rôle dans le film, ce qui ne vous était pas arrivé depuis Le Propre de l'homme, en 1960 ?**

Pour tout dire, j'ai pensé prendre un comédien pour incarner le metteur en scène. Mais cela ne fonctionnait pas vraiment. Je crois que pour un comédien, il n'y a rien de plus difficile que de jouer un metteur en scène. Et c'était une bonne façon de montrer sans tricher comment se passe un tournage. D'ailleurs quand l'on me voit en train de tourner, je suis réellement en train de tourner...

**La caméra haute définition vous a-t-elle procuré une liberté nouvelle ?**

C'est certain. D'abord parce qu'il y a moins de lumière à faire. Les plans de nuit dans Paris sont en lumière naturelle. C'est plus facile de filmer la foule. Par ailleurs, la HD me permet de rester sur un comédien plus long-

temps qu'avec la pellicule traditionnelle. Ce qui permet d'obtenir plus facilement ce que j'attends de lui, quand il est fatigué des figures imposées. Au moment où il commence à se déconcentrer, il redevient un être humain. Quand Agnès Soral fait le clown à la brasserie, c'est typiquement une figure libre. Mais ce n'est pas la seule. J'adore par exemple l'engueulade de Maïwenn et de Massimo dans la voiture. J'ai laissé filer jusqu'à ce qu'il ait envie de l'étrangler... On a filmé quarante minutes pour en conserver cinq à l'arrivée.

**Les Parisiens est aussi un film sur la création. Vous montrez que le cinéma n'est pas neutre et qu'il transforme en profondeur la vie de ceux qui s'y frottent...**

J'y explique en détail comment un film naît dans la tête d'un cinéaste et comment une idée devient un film. Pour la première fois je montre mon mode d'emploi. Depuis que je fais ce métier, je n'ai jamais eu le sentiment que l'on ait bien expliqué ma façon de travailler et d'inventer. Pour l'expliquer, je n'avais pas d'autre solution que d'en faire un film.

J'ai aussi voulu montrer comment un film modifiait la vie des acteurs et des actrices quand ils retrouvaient le quotidien. On ne rentre pas indemne d'un tournage. Quand on est acteur, on vit pendant huit ou neuf semaines dans une autre famille que la sienne. Quand on retourne dans sa famille, on revient de loin. Pour

un acteur, un film peut relever de la psychanalyse. Sur ce film j'ai psychanalysé Maïwenn et Massimo. Mais ce n'était ni contre leur gré ni à leur insu : ils étaient en demande. J'ai voulu montrer que la relation entre un acteur et son metteur en scène n'est pas innocente.

**Le metteur en scène prend-il également des risques ?**
Non, parce qu'il a l'esprit de synthèse. L'acteur n'est pas dans ce cas. Souvent l'acteur est timide, il est heureux d'avoir le texte des autres pour s'en servir comme d'un bouclier. D'une certaine manière, il n'a pas confiance dans son propre texte. L'acteur s'empare de ce que lui donne le metteur en scène, qui, lui, fait la part des choses. Mais c'est vrai que la relation entre le metteur en scène et l'acteur n'est pas toujours claire. Certains metteurs en scène spéculent sur le manque de netteté de la frontière entre ce que l'acteur joue et ce qu'il est. Il faut faire attention. Quand on dirige Annie Girardot par exemple, il y a des moments où il est difficile de savoir qui est devant la caméra. Le pouvoir du metteur en scène est terrifiant.

**Certains de vos films exhalent une évidente douleur, et en dépit d'une première partie assez légère, Les Parisiens s'avère être à nos yeux l'un des plus sombres que vous ayez signés...**
La fin du film ne devait pas être aussi noire que vous le pensez. Il est vrai que, connaissant les deux épisodes suivants dans la trilogie, je possédais des informations que vous n'aviez pas. Les avant-premières me donnaient également raison. Avant la première officielle, à Deauville, j'avais assisté à une projection test à Évreux. Un véritable triomphe ! Je n'avais jamais eu de standing ovation en province. À Deauville en revanche, j'ai dû affronter une salle glacée. Je ne l'ai pas tout de suite compris mais, ensuite, je me suis aperçu que la critique avait bloqué le film. C'est de Deauville qu'est partie cette traînée de poudre, cette rumeur selon laquelle le film était raté. Pourtant, je reste aujourd'hui convaincu que je n'avais jamais fait autant de concessions au public qu'avec **Les Parisiens**. En voulant livrer le film le plus populaire de ma carrière, j'ai fait mon plus grand bide. Quel paradoxe ! Les choses ne se passent jamais comme on les imagine, mais je ne pensais pas que ce serait terrible à ce point. Dans mes pires prévisions, je me voyais faire 600 000 ou 700 000 entrées. Et dans les meilleures, trois millions. Le film n'a fait que 200 000 entrées, mon pire score depuis **Un homme et une femme**[2]. Je suis triste de ce résultat et de la tempête que le film a déclenchée. Mais paradoxalement une chose me console : la hauteur du désastre.

**Quitte à ce que le film ne marche pas, vous préfériez donc faire 200 000 que 500 000 entrées ?**
J'ai toujours fonctionné comme ça. Mon inconscient me dit que le film n'a « heureusement » fait que 200 000 entrées. Il n'aurait de toute façon pas eu la place qu'il méritait. Je dis ça en toute modestie car sur le moment, je n'ai jamais été aussi triste de toute ma vie. Mon inconscient ne cessait de me dire que ce qui m'arrivait, c'était pour mon bien. Quand **Le Propre de l'homme** a été sifflé à la Cinémathèque française en 1960, j'ai connu exactement la même chose que ce que je vivais avec **Les Parisiens**. J'avais bouclé la boucle. Après cette projection en 1960, j'étais affligé que mes parents aient assisté à ce désastre. J'osais à peine soutenir le regard de mon père. Il m'a alors dit qu'il ne pouvait rien m'arriver de mieux. Sur le moment, j'ai trouvé ça gentil mais plus tard j'ai compris qu'il avait raison. Si j'avais été consacré grand metteur en scène ce soir-là, il est fort probable que je n'aurais pas eu la même hargne pour sortir mon cinéma des sentiers battus. Pour **Les Parisiens**, dès que le désastre a été confirmé, à 14 heures le mercredi, j'ai tenté le coup de la séance gratuite. Je savais que c'était fichu et qu'il fallait ce dernier coup de dés. Sans lui, le film serait passé inaperçu auprès du public et des médias. Il y a eu une réaction populaire incroyable. Les gens m'ont témoigné beaucoup d'affection et m'ont dit avoir trouvé le film splendide. Ils n'auraient jamais eu le courage de le faire dans des circonstances normales.

**Vous avez touché peu de gens mais avec un impact énorme.**
Le soir de la séance gratuite[3], j'étais au Normandie, à Paris, et neuf cents personnes se sont levées et ont applaudi à tout rompre pendant dix minutes. Les applaudissements auraient pu être juste polis mais c'était plus que ça. Le problème était que beaucoup de gens se sont dits : « Il est hors de question que je retourne voir un Lelouch un jour ! C'est trop compliqué ! » Cette séance gratuite visait à récupérer un public que j'avais perdu, pour lui dire que c'était sans doute mon film le plus populaire. J'espère que l'avenir me donnera raison.

**Peut-être le bouche à oreille n'a-t-il pas pu suffisamment s'installer par manque de spectateurs au démarrage ?**
Aussi. À l'époque où les salles de cinéma program-

2. Exception faite de **Hasards ou Coïncidences**.

3. Claude Lelouch a offert une séance gratuite à toute la France.

maient de façon différente, les grands films partaient en troisième ou quatrième semaine. Aujourd'hui, tout va très vite. En troisième semaine, je n'avais plus qu'une salle à Paris alors que j'avais démarré avec quarante. Comment voulez-vous que le bouche à oreille fonctionne dans ces conditions ? L'exploitation actuelle balaye un film qui démarre mal. En revanche, il fonctionne à plein tube sur un film qui part en trombe. Par ailleurs la critique a massacré le film et ne lui a laissé aucune chance. Il y a eu un rejet sur le film à cause de la critique. Le public a eu l'impression d'avoir déjà vu le film avec des papiers qui leur expliquaient que c'était du Lelouch de chez Lelouch. Quand quelqu'un ne veut pas voir un film, il faut lui dire plus de vingt fois d'y aller pour le faire changer d'avis. Si je n'avais pas organisé la séance gratuite, je serais aujourd'hui convaincu d'avoir fait **L'Année dernière à Marienbad**.

**Deux livres seulement en français vous ont été consacrés...**

Ils sont anciens, et ils ne parlaient pas vraiment d'écriture cinématographique. De façon générale, chaque fois que des articles sont sortis sur mes films, à quelques exceptions, ils en restaient à l'anecdote. Quand le rédacteur aimait vraiment, il n'osait pas le dire. Quand il n'aimait pas, il se déchaînait. J'en veux aujourd'hui à ceux qui ont aimé mes films, de n'avoir pas eu le courage de le dire. Mes ennemis ont vraiment fait leur boulot d'ennemis. Mais pas les autres, qui ont souvent manqué de courage. Je me souviens de Robert Chazal sortant de la projection de **La Bonne année**, enthousiaste et bouleversé. Il m'a pris dans ses bras. Il avait les larmes aux yeux. À l'arrivée, son article est positif sans plus, sur un bon polar, bien mené. L'article est très loin du « plus beau film du monde » dont il me parlait en sortant. Ou encore le jour où j'ai fait l'ouverture hors compétition du festival de Cannes avec **L'aventure c'est l'aventure**. Pendant la projection de presse le matin dans l'ancien palais, je me suis installé dans la salle. Il y avait près de l'écran une porte qui permettait de voir les gens de face. Je voyais leur visage. À onze heures du matin, tous les critiques étaient là. Je me demandais comment ils allaient réagir : deux heures de rigolade ininterrompue ! Y compris les tueurs : Jean-Louis Bory, **L'Express**, **L'Observateur**. Le lendemain, le film a été massacré dans la presse, dénoncé comme réactionnaire, facho même... Les articles étaient à l'opposé du plaisir que leurs rédacteurs avaient pris. Je les ai surpris en flagrant délit de mauvaise foi. Même chose pour **Les Uns et les Autres**. Le film était en compétition. Pendant la projection de presse, trois heures de silence, le vrai. Évidemment le film n'est pas au palmarès. Et Andrzej Wajda reçoit la Palme pour un film devenu invisible[4]... J'ai appris que le jury n'en avait même pas discuté. Il estimait qu'il n'était pas là pour découvrir Lelouch. Ceci demeurera un problème pour moi pendant toute ma vie : Lelouch ne doit pas être redécouvert.

**Les critiques de films ont-elles eu des conséquences sur votre façon de filmer ?**

Si ça avait été le cas, j'aurais fabriqué un film pour elles. Je pourrais l'imaginer à la condition que le film ne soit pas signé Claude Lelouch. Mille fois j'ai été tenté de faire le coup d'Émile Ajar[5]. Je sais me cacher. Je sais ce qu'il faut tourner, une petite histoire d'amour lointaine, pas de paroles ou très peu, trois semaines de tournage. Une histoire simple que je complique au maximum, pas l'inverse. Je sais rendre simples des histoires compliquées. L'inverse de Godard, qui transforme une ligne droite en slalom.

4. **L'Homme de fer**, séquelle de **L'Homme de marbre** du même réalisateur.

5. Pseudonyme de Romain Gary, avec lequel celui-ci a obtenu le prix Goncourt une seconde fois.

# LA MÉTHODE LELOUCH

À l'école, j'avais toujours zéro parce que je copiais sur mon voisin. Quand j'ai fait du cinéma, je me suis dit qu'il ne fallait surtout pas copier. Et en même temps, il n'y avait pas beaucoup de cinéastes que j'avais envie de plagier, hormis Guitry, Kalatozov et Tati, mes trois références. J'ai très vite compris qu'il existait autant d'écritures cinématographiques que de cinéastes et d'histoires à raconter, et que mon style allait mélanger les genres. À mes débuts, je travaillais comme tout le monde avec le scénario en main. Mais quand on arrive sur le plateau, on s'aperçoit neuf fois sur dix que le scénario ne suffit pas. La lumière n'y est pas indiquée, ni l'humeur du comédien, ni la façon dont il a joué la veille… J'ai pris conscience que pour moi, le film se construisait sur le tournage. D'autres réalisateurs travaillent autrement et font de grands films : il n'y a pas de règles.

C'est surtout à partir de *Un homme et une femme* que j'ai commencé à appliquer cette « méthode » consistant, dans le cas où une chose survient sur le tournage, à l'exploiter au maximum. Tous ces événements inattendus ont une incidence en amont et en aval. Imaginons que vous décidiez d'aller passer un week-end à Deauville. La météo est bonne et vous partez. Une fois parti, s'il pleut, vous restez quand même. Mes films sont construits de la même façon. Ce n'est pas la météo qui va empêcher l'histoire de se dérouler. Mais, sous la pluie, elle ne se déroule pas de la même façon qu'en plein soleil. Le cinéma est fait de cas particuliers, mais aussi de raccords dramatiques. Mais une chose est sûre : il est primordial de ne jamais arrêter la machine.

Parfois c'est tout au bénéfice du film. Il est même arrivé que se produisent des miracles. Le miracle des miracles est survenu sur le tournage des *Misérables*. Je suis arrivé un matin. Il faisait froid et nous devions filmer le combat de boxe. J'ai dit à mon assistant que si j'avais su qu'il ferait si froid, j'aurais tourné le combat sous la neige. Il m'a répondu que faire venir de la neige de Paris serait long et compliqué. Il était alors neuf heures du matin. Vers midi, nous étions prêts à tourner. Le ring, les figurants, tout était en place. J'ai dit « moteur » et la neige s'est mise à tomber. Une véritable tempête ! J'ai dit « coupez ». Elle s'est arrêtée. Le problème, c'est que je ne pouvais pas faire de raccord. J'ai voulu faire un gros plan en utilisant de la neige ramassée par terre. « Moteur » : les flocons sont retombés de plus belle !

Quand je dirige deux comédiens dans une scène dialoguée, j'utilise depuis plusieurs années deux caméras. Cela leur permet de ne pas hacher leur prestation comme dans une série de champs/contrechamps. Ils restent dans l'humeur et parlent pour de bon à un être humain. Pour moi le comédien est un athlète. Or, un athlète doit s'échauffer. Donc les comédiens aussi ont besoin de s'échauffer. Pour cela il n'y a rien de tel que les répliques. C'est pourquoi je place au début de chaque scène cinq ou six répliques qui ne servent à rien. Cela étant dit, je reste toujours à portée, et je souffle les répliques, comme un entraîneur pendant un combat de boxe. C'est en tout cas ce que j'ai voulu montrer dans *Les Parisiens*, lorsque j'entre en scène pour interpréter le rôle d'un cinéaste qui me ressemble étrangement…

Le metteur en scène est celui qui doit provoquer les comédiens. Eux connaissent le personnage qu'ils incarnent, ils savent le dialogue. Mais je leur donne la possibilité d'aller plus loin dans le rôle. Et c'est vrai qu'un comédien qui vit pendant dix semaines dans la peau d'un personnage peut avoir lui-même des idées sur celui qu'il incarne. Ce serait dommage que je me prive de ses réactions personnelles. Les exemples dans mes films sont à l'infini, que ce soit avec Belmondo, Girardot ou Ventura.

Si je ne donne pas le scénario aux comédiens, c'est pour leur permettre de découvrir les informations en temps réel, sans avoir à faire semblant. Il n'y a rien de plus difficile que de faire semblant d'écouter. Celui qui écoute rit et pleure au quart de tour, c'est lui qui reçoit les balles, l'intensité. Il reçoit exactement ce que reçoit le spectateur. Dans mes films, j'aime bien qu'un acteur découvre les choses pour de bon. C'est là que se trouve l'émotion maximum. Il m'est arrivé plusieurs fois dans la vie de dire à une femme que je l'aimais. Moi je savais que j'allais lui dire, et elle ne le savait pas. Son visage, au moment où je parlais, était révélateur de l'impact de ce que je venais de dire. C'est exactement la même chose au cinéma. C'est pour cela que je cache le scénario, les dialogues, que j'essaie de protéger au maximum toutes ces informations très fortes.

Quand j'étais enfant et que j'allais au cinéma, je ne savais pas qu'il y avait des metteurs en scène et des dialoguistes. J'allais voir des comédiens. Pour moi, une star reste quelqu'un que l'on est content de voir, même dans un film médiocre. On dit tout le temps que pour faire un bon film, il faut une bonne histoire, une bonne histoire et une bonne histoire. Moi je dis qu'il faut avant tout de bons comédiens. Avec un bon comédien, on ne s'ennuie jamais. Je me souviens, quand j'étais soldat, avoir passé un Noël en prison. Je m'attendais à ce que ce soit le moment le plus sinistre de ma vie. En fait je me suis beaucoup amusé. Parce que j'étais avec deux comiques qui ont transformé cette nuit sordide en nuit de fête. Ce soir-là j'ai vu à quel point le comédien pouvait sublimer n'importe quelle intention ou n'importe quel texte. Depuis que le monde est monde, on raconte toujours un peu les mêmes histoires, avec des nuances. Mais ce qui fait que l'on ne s'en lasse pas c'est que les conteurs changent. Mon métier à moi, c'est de bien filmer les comédiens, pour qu'ils dégagent le plus de parfums de vérité. C'est pour cela que l'étape du casting est pour moi essentielle.

# Le courage d'aimer

2005

Égaré / Théâtre de boulevard / Homme d'affaires ou artiste ? / La fin programmée des mouvements tourbillonnants

Mathilde SEIGNER
Michel LEEB
Maïwenn LE BESCO
Arielle DOMBASLE
Massimo RANIERI
Pierre ARDITI
Yannick SOULIER
Constantin ALEXANDROV
Francis PERRIN
Ticky HOLGADO
Line RENAUD
Pierre SANTINI
Sara FORESTIER

**Le passage des Parisiens au Courage d'aimer, qui réutilise des parties de chacun des deux premiers volets de la trilogie, consacre le principe d'une succession d'œuvres qui ne sont pas autonomes. Vous donnez l'impression de faire du cinéma plus que des films...**

C'est exactement ça. Sur un plateau je peux faire l'école buissonnière à tout moment et partir ailleurs. Pour le deuxième volet, j'avais tourné des scènes avec Francis Huster en Napoléon, des séquences du troisième volet que je pouvais peut-être placer dans le second et vice-versa. Ou encore des scènes où l'on voyait Michel Leeb passer son bac. De nombreuses séquences que je n'ai pas utilisées, et j'avais raison. Quand j'ai tourné cette deuxième partie, j'ai tellement voulu aller dans la fantaisie que j'ai tout lâché. Je me suis égaré et je l'ai payé. Je considère que ce que j'ai gardé pour **Le Courage d'aimer** constitue l'essentiel. Mais à l'inverse, si je ne m'étais pas lâché, je n'aurais pas tourné de cette façon-là.

**Que signifie : « Je me suis égaré » ?**

Que j'ai tourné des séquences qui étaient en elles-mêmes le sujet d'un long métrage. Quand j'ai réalisé **Itinéraire d'un enfant gâté**, la scène des « bonjours » durait vingt minutes sur la table de montage. Chaque seconde était formidable, mais les gens autour de moi me disaient que ce n'était pas raisonnable de la monter intégralement. Aujourd'hui je pense parfois qu'ils avaient tort. La scène ne fait plus que sept minutes dans la version définitive. J'en ai donc coupé treize minutes dont je n'ai pas conservé de copie. Donc impossible de les sortir en bonus d'un DVD. J'en suis malheureux. Ceci dit, il est probable qu'elles auraient déséquilibré le film, sans doute pour son bien, car la scène devenait une vraie parenthèse. Mais il aurait fallu trouver la mesure dans ces vingt minutes. La moyenne aurait dû se trouver vers treize.

**Considérez-vous Le Courage d'aimer comme un nouveau film, une nouvelle version ou une suite ?**

Un nouveau film, un film neuf auquel je ne pensais pas à l'origine. Il met en évidence les temps forts de la trilogie. Ceux-ci étaient dilués sur trois étapes. Je n'ai pas eu le talent de le deviner à l'écriture. En fait ce sont les événements qui ont écrit **Le Courage d'aimer**[1]. Mon inconscient de cinéaste m'avait laissé entendre que **Les Parisiens** était un de mes films importants. Je n'ai donc pas lâché prise. J'ai été renforcé dans mes convictions par les lettres et les messages d'encouragements qui m'ont été adressés. Le film n'était pas en cause, mais sa présentation. Nous avons commis des erreurs, mais peut-être étaient-elles nécessaires pour parvenir à cette version.

**Contrairement aux Parisiens, Le Courage d'aimer est partagé entre deux histoires de poids équivalent. L'une est délibérément tragique, celle de Massimo et Maïwenn. L'autre, celle de Michel Leeb et Arielle Dombasle, est traitée en vaudeville. Même si sur le fond elle ne donne pas davantage d'espoir quant à la capacité de résistance du couple...**

Il y avait effectivement d'un côté du drame, de l'autre du boulevard. Dès que l'on trompe son conjoint avec son chauffeur, on tombe dans le théâtre de boulevard. Le deuxième volet de la trilogie ne devait être consacré qu'au théâtre de boulevard et montrer à travers lui que ce qui nous fait le plus souffrir est aussi ce qui nous fait rire. Je ne sais pas pourquoi les gens jubilent. Quand quelqu'un se casse la figure dans un escalier, tout le monde est mort de rire. Alors que le type peut finir tétraplégique... Parmi ces catastrophes qui font rire, l'adultère tient une place de choix. Le cocu ! Avec lui, on peut écrire des pièces à succès et remplir des théâtres pendant des années. Mathilde Seigner le dit un moment à Michel Leeb : « Je déteste le théâtre de boulevard. Tout le monde trompe tout le monde. »

Mathilde Seigner.

En se recentrant sur la bipolarité des deux intrigues, **Le Courage d'aimer** devient lui-même bipolaire : les jumelles, le cinéma et le théâtre, Michel Leeb et Massimo Ranieri. Même dans la symétrie des suicides : le premier est tragique, le second est rempli de tendresse. On réussit son suicide ou on le rate. Arielle Dombasle reconnaît d'ailleurs que Maïwenn a pu réussir ce qu'elle-même a raté.

**Vous avez resserré les deux principales histoires. De quel matériel disposiez-vous au départ ?**

**Le Courage d'aimer** dure 1 h 45. Il est constitué à 50 % de séquences des **Parisiens** et à 50 % du **Bonheur c'est mieux que la vie**, le deuxième volet de la trilogie que j'avais tourné mais pas montré. Le même matériel m'a permis de faire quatre films[2]. J'ai cherché. De version en version, je me suis aperçu de la force de certains personnages, que ceux-ci ressemblaient au public. Je les ai donc privilégiés dans **Le Courage d'aimer**, dont j'ai fait une suite de rencontres et une succession de combats.

**À la fin, comme dans certains films précédents, toute la troupe vient saluer pendant la scène du double mariage. Comme au théâtre, et quitte à ressusciter les morts...**

**Le Courage d'aimer** s'achève dans une gaieté en demi-

1. **Le Courage d'aimer** s'appelait initialement **Théâtre de boulevard**.

2. Voir filmographie.

Arielle Dombasle.

teinte. Je la souhaitais. J'avais pris le soin de demander pour cette scène aux deux hommes et aux sœurs jumelles de ne pas sourire. Ils y allaient comme avec une joie forcée. Je voulais signifier que les deux hommes épousaient des seconds choix, pas l'élue de leur cœur. Les jumelles sont des lots de consolation... Dans la foule qui assiste à la double cérémonie, j'ai mis tous les personnages du film, y compris celui qui a été tué. Le jeu du tournage a voulu que le personnage soit là ce jour-là. Je l'ai donc laissé. J'aurais pu le flouter en postproduction, mais je n'ai pas voulu.

**Peut-on évoquer, pour cette scène, une sorte de sérénité atteinte par ses participants ?**

L'ambiance est plus sereine que passionnelle, car les personnages n'ont pas trouvé d'autres solutions. À Michel Leeb, qui lui dit « Je vous ai rêvée en blanc ! », Mathilde Seigner répond : « Je vous ai toujours entendu dire que le mariage était le crime parfait de l'amour. » Et lui de surenchérir : « On n'en est plus à un meurtre près ! » Je me suis marié trois fois. Je n'étais pas dupe non plus.

**Diriez-vous que le personnage de Michel Leeb est un homme inculte ?**

Il n'a aucune culture mais il en a un sens inné. Il fait partie de ces gens qui apprennent au quotidien. J'ai toujours eu des difficultés avec la culture. Parce que je l'ai rejetée, parce que j'étais un mauvais élève. J'ai vu autour de moi les dégâts entraînés par la culture mais aussi ses réussites, des gens qui ont fait des études, qui ont fait des carrières époustouflantes, qui sont allés très loin. Moi, le cinéma m'a cultivé. Pas la littérature, ni les études, mais le cinéma. Je lui dois tout. Si j'avais vécu dans une époque sans cinéma, je pense que je serais devenu un voyou. C'est un peu la même chose pour le personnage de Michel Leeb. L'argent et la réussite lui donnent envie d'en savoir un peu plus. Quand il met les pieds dans un château et qu'on lui demande s'il s'intéresse aux vieilles pierres, il répond qu'il va apprendre. Quand il achète ce château, il achète une école. Avec Arielle Dombasle, il s'achète un prof de cours particuliers.

**Le Courage d'aimer s'inscrit aussi dans votre problématique personnelle, dans la mesure où se donnent rendez-vous l'artistique et le matériel. Viva la vie ! était une manipulation orchestrée par une comédienne et un chef d'entreprise. And Now... Ladies & Gentlemen marquait la rencontre entre une chanteuse et un escroc. Dans Le Courage d'aimer, l'artiste, c'est Massimo, le matérialiste, c'est Michel Leeb...**

Ma vie est effectivement séparée en deux. Je suis parfois un homme d'affaires, parfois un artiste. Mais le metteur en scène a toujours prévalu. Il a imposé ses vues au producteur. Mais je n'en mène pas moins une double vie. Massimo Ranieri et Michel Leeb incarnent bien les deux moitiés de ma personnalité et la vie que je mène. Chanteur des rues d'un côté, ven-

Tournage du *Courage d'aimer*.

deur de pizzas de l'autre.
Par ailleurs, si je n'avais pas été producteur, je n'aurais jamais pu sortir **Le Courage d'aimer** sous cette forme. Si j'avais été seulement metteur en scène, mon producteur m'aurait demandé de sortir **Le bonheur c'est mieux que la vie**, le numéro deux de la trilogie tel qu'il était conçu. Je me serais battu en expliquant que comme personne n'avait vu le premier volet, il fallait davantage penser à ceux qui n'avaient rien vu qu'aux autres. Que cela n'aurait servi à rien de faire un film « orphelin »...

**Votre écriture cinématographique a manifestement évolué.**
J'avais la volonté de faire un film en plans fixes dans **Les Parisiens** et plus encore dans **Le Courage d'aimer**. Il y avait à l'origine un plan en steadycam[3] et il a disparu. Le seul plan de grue était celui de la publicité, et il n'était pas de moi ! Il y a tant de mouvements de caméra aujourd'hui que je trouve qu'ils se sont démodés. Dans un bon nombre de séquences, ils n'ont plus de sens. Avec **Le Courage d'aimer**, j'ai découvert l'efficacité du plan fixe. Il permet d'être immédiatement dans l'essentiel. Je voulais filmer à hauteur d'homme, sans plongée ni contre-plongée. Je voulais dépouiller l'écriture pour être à hauteur des regards. Ils m'intéressent beaucoup plus que les décors dans lesquels ils se placent.

**Cette volonté s'exprime dans les affrontements dont nous parlions...**
Il est parfois désagréable de ne pas voir deux personnages discutant dans le même plan. Mais si on le fait, on se prive de la spontanéité offerte par les deux caméras, et du jeu des comédiens. Une écriture cinématographique pure et dure doit être subjective. La caméra doit idéalement être à la place d'un des personnages, jamais à un endroit où il n'y a personne. Si demain je veux aller au bout d'un film, tout le film sera subjectif. Pas en montrant tout le film du point de vue d'un seul personnage, comme dans **La Dame du lac**[4] ou **La Femme défendue**[5], parce que cela fait procédé et crée une frustration : il faut quand même montrer les protagonistes...

3. Harnais qui permet au cameraman de tenir sa caméra à bout de bras et qui autorise tous les mouvements, y compris la course, sans aucune vibration.

4. Film américain de Robert Montgomery (1946).

5. Film français de Philippe Harel (1997).

**Vous avez travaillé avec deux opérateurs différents, un pour chaque film. Leurs travaux respectifs ont été fondus...**

J'aurais dû tourner les deux volets avec Gérard de Batista. Mais il a dû partir sur un autre film. J'ai appelé Jean-Marie Dreujou, dont j'avais adoré la photo sur **Deux frères**, de Jean-Jacques Annaud, ainsi que sa collaboration avec Patrice Leconte. Encore une fois les événements ont dicté mes choix ! Les circonstances ont fait que **Le Courage d'aimer** propose deux ambiances différentes : l'été, dont Dreujou s'est occupé, et l'hiver, filmé par de Batista. Si j'avais tourné le film dans un plan de travail continu, nous aurions travaillé soit en été soit en hiver.

**L'aventure de Maïwenn se termine tragiquement. Pourquoi se suicide-t-elle ?**

C'est le film qui déclenche son suicide. Parce qu'il rend les plaies béantes. Maïwenn tombe vraiment amoureuse de Massimo le jour où celui-ci rencontre le succès. Avant cela, elle se servait de lui comme instrument de son ambition, mais il n'était pas l'homme de sa vie. Puis elle rencontre un impresario qui la choisit plus sur son physique que sur son talent. On croise là un deuxième thème : une femme belle peut déclencher tous les enthousiasmes, mais si cette beauté n'est pas associée au talent, l'échec est au bout du chemin. Maïwenn chante mal, on le voit, mais on sent que c'est une femme intelligente. C'est pour cela qu'elle est prête à demander pardon. Pour ce faire, elle écrit un bouquin. Deux cent cinquante pages, pour faire une demande qui touche la terre entière, sauf la personne concernée, qui ne veut pas la lire ! Le public s'empare de cette demande de pardon et d'un seul coup, elle se retrouve à égalité avec Massimo. Les femmes n'aiment pas rester sur des défaites amoureuses : Maïwenn pense qu'elle va reconquérir Massimo. D'autant qu'elle lutte contre une serveuse de bar. L'adversaire n'est pas à la hauteur. Massimo est prêt à craquer. Mais c'est un honnête homme : il refuse de faire à Mathilde ce que Maïwenn lui a fait. Celle-ci se suicide. Parce qu'elle ne peut pas aller plus loin, parce que le combat est perdu. Le suicide me bouleverse parce que les gens qui le commettent sont ceux qui sont confrontés à un échec définitif. Les suicides de Dalida ou de Marilyn Monroe nous touchent parce qu'on sait qu'ils sont issus d'une souffrance suprême.

Michel Leeb, Sara Forestier.

**Parmi les thèmes du film, figure de nouveau celui de l'immortalité du cinéma. Dans Hasards ou Coïncidences, Alessandra Martines filmait le monde pour rendre ses proches immortels.**
Dans **Le Courage d'aimer**, on apprend le suicide de Maïwenn dans une salle de cinéma au moment où on la voit sur l'écran. Elle est immortelle, effectivement.

**Un journaliste lui pose la question : « C'est essentiel pour la création d'avoir été blessée ? »**
La question est fondamentale. Jacques Brel m'avait dit qu'il n'aurait jamais écrit **Ne me quitte pas** s'il n'avait pas été vraiment quitté. Vous connaissez mon amour de la boxe. Regardez le visage d'un homme à terre, pendant le compte à rebours. On va le déclarer KO dans deux secondes. À ce moment-là, il peut avoir un coup de génie, se relever et faire basculer le match. Ma vie a été ponctuée d'humiliations qui m'ont fait réagir. C'est le chemin de l'orgueil. **Le Courage d'aimer** est le chemin de l'orgueil. Il symbolise un parcours, celui qui fait triompher Massimo. C'est le thème principal du film, c'est aussi celui de ma vie. L'orgueil est une force. Sans lui, nous serions des légumes. Nous n'existons que grâce à lui, pour le pire et le meilleur, entre la vanité d'un côté et la volonté de rebondir de l'autre. Jamais Maïwenn n'aurait écrit son livre si elle n'avait pas été humiliée par Massimo aux Victoires de la musique. Et elle ne serait peut-être pas morte...

# LES MARIAGES

On se marie beaucoup dans mes films. Parce que cette cérémonie incarne à mes yeux un sommet de bêtise, de grotesque, et de tendresse. Je trouve formidable qu'un homme et une femme se disent « je t'aime », qu'ils veuillent avoir ensemble des enfants, qu'ils acceptent de connaître des tempêtes conjointement. Mais la cérémonie du mariage ! Rien n'est plus ridicule qu'un mariage, son rituel, ses costumes, ses cadeaux… Pourtant c'est aussi un moment de générosité. Le mélange me plaît et m'intéresse. C'est un moment de grande tension dramatique, pendant lequel les sentiments sont mis à l'épreuve. On sait que dans une proportion importante, nombreux sont les fiancés qui ont envie de se barrer dix minutes avant la cérémonie. Peu franchissent le pas.

*Le Courage d'aimer.*

*Les Misérables.*

*Il y a des jours... et des lunes.*

*Attention bandits.*

*Le Chat et la Souris.*

*Un homme et une femme : vingt ans déjà.*

*Robert et Robert.*

*Hasards ou Coïncidences.*

*Le Bon et les Méchants.*

*Les Uns et les Autres.*

*Un autre homme, une autre chance.*

# Le chemin de l'orgueil

Le retour des extraterrestres / « L'échec fait grandir s'il ne te tue pas » / Monsieur Hulot à la plage / Les deux mille vies du cinéphile

**Aujourd'hui, le troisième volet du Genre humain est-il définitivement enterré ?**
Si je le tourne, ce ne sera pas comme c'était prévu.

**Que vouliez-vous montrer dans cet ultime épisode de la trilogie ?**
Que tout ce que nous avions vu dans le premier et le deuxième épisodes était en fait le point de vue d'extraterrestres qui avaient choisi d'observer ces personnages, après avoir constitué une sorte de panel. La Terre était devenue un laboratoire. Les extraterrestres avaient éradiqué les maladies grâce à des vaccins qu'ils cultivaient chez nous. Par exemple ils ne mentaient plus car ils se faisaient vacciner contre le mensonge... La trilogie se révélait être un reportage. Ma caméra était celle des extraterrestres. À la fin du film, un commentaire off aurait décrit nos us et coutumes, de la façon dont nous parlons des animaux. Par ailleurs, j'aurais montré que mes personnages sont là depuis deux millénaires. Le film aurait commencé de façon réaliste, sur la mort de Jésus, puis se serait orienté vers une comédie pure et dure en mettant en lumière un type vendant des cacahuètes au pied de la Croix. On se serait aperçu que Dieu jouait avec les hommes comme ceux-ci le font avec les souris dans les laboratoires. Évidemment Ticky aurait été Jésus ! Pour être flamboyante, cette dernière partie aurait nécessité que l'on s'attache aux personnages du premier et du deuxième volets, qu'ils ne soient pas simplement des petites souris. Si je devais la tourner aujourd'hui, je la modifierais profondément. Je ne conserverais que les cinq personnages principaux du **Courage d'aimer** en montrant leur généalogie sur deux millénaires. Le film s'ouvrirait par la Cène, que l'on retrouverait quelques siècles plus tard sous sa forme publicitaire[1]. Puis par l'arrivée des treize personnages parmi lesquels les cinq qui sont au centre de la trilogie.

**Ce troisième volet était-il écrit ?**
Beaucoup plus que les deux autres puisque c'était celui duquel tout partait. Mais le scénario est riche et je peux encore puiser dedans.

**Quand avez-vous commencé à douter de la viabilité du projet ?**
Au moment de la sortie des **Parisiens**. J'aime profondément toutes les étapes de la fabrication d'un film, depuis l'écriture jusqu'à la postsynchro, mais il en est une que je déteste, c'est la sortie. Je voudrais pouvoir éviter ce moment désagréable. Parce que c'est toujours désagréable, même quand ça se passe bien. Quand je suis allé au festival de Deauville présenter **Les Parisiens**, j'avais encore l'espoir de tourner la trilogie dans son intégralité. Mais pour tout vous dire, avant même la sortie du film, mon désir commençait à flancher. Je me disais que j'avais traité en partie le sujet dans **La Belle Histoire**. J'étais d'autant plus circonspect que je m'étais moins amusé à tourner le second volet, **Le bonheur c'est mieux que la vie**, que le premier. Le troisième épisode devait être une apothéose. Tout à coup je me suis senti

1. Cette scène figure déjà dans **Le Courage d'aimer**.

angoissé : je ne savais plus que faire. Je n'en ai parlé à personne : étant mon propre producteur et distributeur, je n'ai pas de comptes à rendre, mais comme j'avais annoncé partout le projet de la trilogie ce n'était pas facile de se dédire. D'autant que je n'avais pas d'idée de remplacement. Je ne savais pas encore que les événements allaient me démobiliser encore davantage.

**Vous vouliez appliquer sur trois films ce que vous pratiquez parfois quand se déroulent des séquences qui nous intriguent et dont nous n'avons l'explication qu'à la fin. Cette fois-ci nous aurions dû attendre deux films pour obtenir cette explication...**

Les gens n'ont pas eu la patience d'attendre, c'est vrai. J'aurais dû raconter l'histoire dans l'ordre et annoncer dès le début que cette trilogie était le film des extraterrestres.

J'aurais sans doute dû faire un seul film, qui aurait duré quatre heures, sans entracte. Il aurait peut-être été mon film le plus important. J'aurais parlé des hommes, des femmes et de l'univers... C'était ça la solution. Si grâce à un film qui marche, je pouvais amasser suffisamment d'argent, je reprendrais tout à zéro pour ce projet de quatre heures. J'ai raté le plus beau film de ma vie et je suis triste.

**On sent que le succès est un élément fondamental pour vous. Et pas seulement parce qu'il permet de continuer à tourner...**

C'est certain. Le cinéma est un art populaire. Quand mes films ne marchent pas, je me pose des questions. L'échec populaire est grave, et je ne peux pas me consoler en me disant que j'ai fait un bon film qui rentrera peut-être dans l'histoire du cinéma dans vingt ans. J'aime le cinéma. Toute ma vie je suis allé voir des films, et je dois reconnaître qu'en tant que spectateur, j'ai pris en général plus de plaisir en voyant les films à succès que les autres. Quand le public n'est pas au rendez-vous, j'ai le sentiment de trahir, de ne pas avoir fait de cinéma, mais une expérience de laboratoire.

**Un échec comme celui du Genre humain est-il plus douloureux qu'un chagrin d'amour ?**

Quand une femme s'en va, on sait qu'il y en a d'autres... **Le Courage d'aimer** en parle. Mathilde Seigner dit à Michel Leeb qu'elle soupçonne une liaison entre leurs conjoints respectifs. Michel lui répond : « Si c'est le cas, c'est que vous méritez quelqu'un de mieux et moi aussi. » Je pense que tout ce qui nous arrive survient pour notre bien. Au moment de la sortie des **Parisiens**, j'avais le sentiment d'avoir été fait cocu par le cinéma. J'ai pourtant vécu ma plus belle

histoire d'amour avec lui. Nous nous sommes disputés, nous avons connu des brouilles, mais jamais il ne m'avait foutu à la porte.

**Que représentent pour vous les notions d'échec et de succès ?**

Le succès et l'échec sont importants dans la vie d'un artiste. Une chose est sûre : l'échec fait grandir s'il ne te tue pas et le succès anesthésie. Les applaudissements ont un effet très grisant. Quand les acteurs saluent à la fin d'un spectacle, ils reviennent cinq ou six fois, même quand il n'y a plus que deux ou trois vivats dans la salle. Mais au dixième rappel, ils agacent le public. Les applaudissements sont une vraie drogue. Au cinéma, le risque du succès, c'est la tentation de refaire le même film. J'étais dans cet état d'esprit quand j'ai fait **Vivre pour vivre**. Le film a très bien marché. J'ai donc entrepris **Un homme qui me plaît**. Le film a plongé car je n'avais pas changé la recette. J'ai alors radicalement changé de direction en allant vers le polar avec **Le Voyou**.

**Quelles ont été pour vous les véritables réussites ?**

Je suis un homme d'action. Quand vous êtes dans l'action, vous n'avez pas le temps de vous poser ce genre de question. Je me les pose aujourd'hui pour les besoins de ce livre et j'essaye de trouver des réponses cohérentes. Sans ce bouquin, je serais au montage ou en train de présenter ma copie à l'étranger.

**Posons la question différemment : qu'est-ce qui pourrait vous amener dans les prochaines années à constater que votre carrière a été dans l'ensemble un succès ?**

Quoi qu'il arrive, j'ai réalisé quarante films. Le jour où mon père m'a offert ma première caméra 16 mm, je n'aurais jamais pensé avoir une carrière comme celle-là. Tout ce qui m'est arrivé est allé au-delà de ce que je pouvais imaginer. Aujourd'hui, je suis en bénéfice. Je parle d'un point de vue moral, pas financier.
Un artiste a envie de donner des clés aux spectateurs, de les aider à ouvrir des portes qu'ils n'ont pas ouvertes. Une œuvre d'art, c'est ça. Quand je vois **Jour de fête**, de Tati, je me dis que les petits villages que j'ai connus ont disparu et que ce film constitue une mémoire vive de ce qui nous représente. Chaque fois que je traverse un petit village sympathique, je pense à Jacques Tati. Je ne peux pas aller sur une plage sans évoquer **Les Vacances de Monsieur Hulot**. C'est cela la force du cinéma. Le cinéma est un raccourci formidable, qui nous fait gagner des tas de vies. Un type qui a vu 2 000 films a vécu 2 000 vies.

# Toute une vie (de cinéma)

# Un amour précoce

Premières émotions, premières images / Blanche-Neige / Des Grands Boulevards à la Cinémathèque / De l'amour des films aux films d'amour / « Passe ton bac d'abord » /

M. et Mme Lelouch.

**À quand remontent vos premières émotions cinématographiques ?**

La première personne responsable de mon amour du cinéma, qui me l'a présenté, c'est mon père. Pour ma naissance, il avait acheté une petite caméra afin de filmer mes premiers émois, ce qui ne courait pas les rues en 1937. Je suis donc la première personne que j'ai pu voir sur un écran de cinéma. Les films de mon père étaient assez monothématiques : « Moi en train de courir », « Moi en train d'envoyer des baisers », « Moi en train de me baigner à Villers-sur-Mer », etc. Ces films étaient par ailleurs assez lamentables sur le plan de la mise en scène : dans la plupart des cas, ce que l'on voit, c'est un sujet lointain qui se rapproche peu à peu de la caméra. Mais j'étais captivé. Quand j'ai été un peu plus vieux, mon père a commencé à me confier la caméra pour que je filme la famille. Je faisais un peu de montage avec lui le dimanche. À l'époque, nous devions attendre trois semaines pour que les bobines reviennent de chez Kodak ! Rapidement mon père a vu que je me servais bien de ces instruments et que j'aimais ça. J'ai donc commencé au cinéma par le film d'amateur. Je me suis retrouvé tout à la fois régisseur, metteur en scène, interprète, monteur et projectionniste. D'une certaine manière et avec d'autres moyens, aujourd'hui je fais encore du cinéma d'amateur, puisque j'occupe tous les postes à tour de rôle...

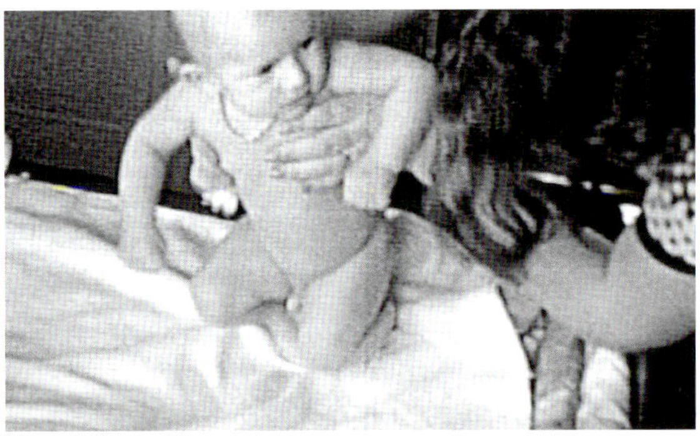

**Quels sont vos premiers souvenirs de spectateur dans une vraie salle ?**

Je pense que mon premier film, c'est un Charlot dont j'ai oublié le titre. Sous l'Occupation, j'ai vu pas mal de films dont je ne me souviens pas vraiment. Par la suite j'ai découvert Laurel et Hardy, les trois Stooges, **La Cage aux rossignols**, le western, et **Blanche-Neige et les sept nains**. Ce film-là a été très important pour moi : je me souviens d'être sorti différent de la salle. **Blanche-Neige** et moi sommes nés la même année...

*Blanche-Neige.*

**Quel est le premier metteur en scène dont vous avez retenu le nom ?**

Christian-Jaque, au moment de **Fanfan la Tulipe**. J'avais vu ses autres films auparavant, mais sans faire attention à son nom. Après j'ai découvert Henri-Georges Clouzot et l'ensemble de cette génération de cinéastes français que la Nouvelle Vague massacrera quelques années plus tard. Je pense que c'est vers l'âge de dix ans que j'ai réalisé qu'il y avait quelqu'un derrière la caméra et qu'il était l'architecte du film.

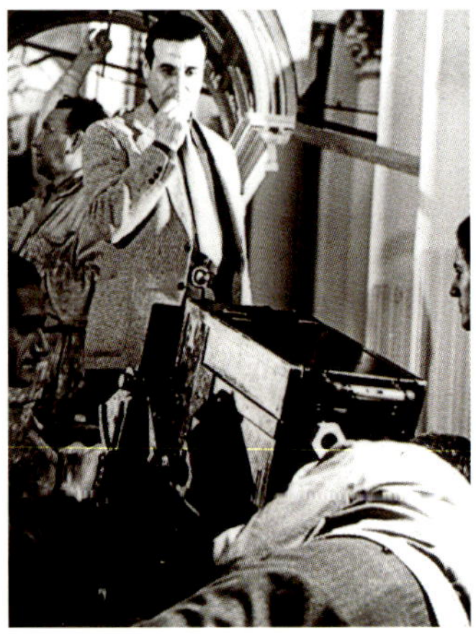

Christian-Jaque.

Sous l'Occupation, quand je me cachais dans les cinémas, j'étais trop petit pour m'en rendre compte. J'étais persuadé que les acteurs inventaient leurs textes, que c'était comme à la maison : un gars avec une caméra les filmait pendant qu'ils parlaient. Je savais que le montage existait, puisque j'avais vu mon père en faire. Mais je n'imaginais pas qu'il puisse exister un scénariste, un dialoguiste, et tout simplement un metteur en scène. Juste quelqu'un qui faisait le boulot de mon père et qui disait : « Coco, regarde la caméra, viens vers moi ! »

Henri-Georges Clouzot.

**Quels films alliez-vous voir avec vos parents ?**
Les grands films populaires. Pas Rossellini ou Stroheim. Nous nous rendions au cinéma du quartier le mercredi soir voir les films en troisième exclusivité, car c'était moins cher, des films avec Gabin, Rellys ou Michèle Morgan. Notre idole, c'était Fernandel. Bourvil est arrivé plus tard...

Eddie Constantine.

**Ces références sont françaises...**
Car mes parents m'emmenaient dans le quartier du boulevard de Strasbourg, à la Scala, à l'Eldorado, au Cinex, des salles qui ne programmaient que des films français. L'exception, si je puis dire, c'était Eddie Constantine ! Mais quand j'ai commencé à aller au cinéma seul sur les Grands Boulevards, je ne voyais que des films américains. J'ai découvert les comédies musicales, j'en étais dingue. Et je ne ratais pas un western.

**Ce sont les deux genres les plus spécifiques d'Hollywood !**
Avec le polar, qui joue aussi un rôle important, mais que je place en troisième position ! En revanche je n'aimais pas les histoires d'amour, et je trouvais que les polars leur laissaient trop de place. Et je ne raffolais pas non plus des comédies. Je séchais quotidiennement les cours pour aller au cinéma. Je rédigeais mes propres mots d'excuse pour justifier mes absences. J'allais en priorité aux séances du matin, moins chères. Encore que, le plus souvent, j'entrais par les sorties de secours... À douze ou treize ans, je passais toutes mes journées au cinéma, comme Truffaut.

**Vous culpabilisiez ?**
Bien sûr, je tremblais de rentrer à la maison. Un jour je me suis fait prendre. Mon père a réglé cela à coups de ceinture. Ce qui ne m'a pas empêché de recommencer aussitôt. Mon père devenait fou. Mais le cinéma était comme une drogue : j'étais incapable de résister. Si j'allais à l'école et que je passais devant une salle de cinéma, je ne pouvais pas faire autrement que d'entrer ! C'était plus fort que tout !

**C'était une pratique solitaire ?**
J'avais un copain, Bardou, qui s'y connaissait vraiment en cinéma. Il était plus vieux : j'étais en cinquième et lui, en seconde. Mais notre passion commune nous a rapprochés. Un jour il est passé dans l'émission radiophonique de Zappy Max, **Quitte ou Double**, et il y a gagné cinq cent mille francs. C'était la première fois que je voyais quelqu'un gagner de l'argent grâce au cinéma. Il était plus cinéphile que moi. Il connaissait tout Hitchcock par cœur alors que j'étais plongé dans les films populaires, même si je commençais à noter les noms des metteurs en scène. Je suis devenu peu à peu cinéphile, mais à la condition que le film reste distrayant... Bardou avait découvert que la Cinémathèque de la rue d'Ulm n'était pas chère, qu'on pouvait y voir trois films tous les soirs. J'avais treize ou quatorze ans et mes parents ne me laissaient pas sortir. J'ai donc dû demander l'autorisation. Le mot « Cinémathèque » apposé à « française » est devenu un passeport. J'ai eu l'autorisation de mon père contre l'avis de ma mère. Rue d'Ulm, j'étais le plus jeune dans la salle. Et j'ai commencé à m'y ennuyer grave ! **Les Rapaces**, Stroheim, Flaherty, Dreyer, les films muets, ce n'était pas mon truc... Alors très vite j'ai pris l'habitude de dire à mon père que j'allais à la Cinémathèque... alors que je retournais sur les Grands Boulevards, ou sur les Champs-Élysées, là où les sorties de secours ne me connaissaient pas.

**Vous n'aviez pas encore vu le Napoléon de Gance ?**
Non. À ce moment-là, je n'en pouvais plus des films avec des cartons d'intertitres. Qui était mon idole dans le western à l'époque ? John Ford. Même ses histoires d'amour et sa façon de les traiter me plaisaient. Grâce

à John Ford, je suis retourné à la Cinémathèque, qui programmait ses films que je n'avais pas vus, des muets. Je les ai trouvés irregardables !

**C'était un rejet du cinéma muet ?**

Un vrai rejet ! En revanche, je retournais à la Cinémathèque voir les films de Chaplin ou de Keaton. Ceux de Laurel et Hardy ne passaient pas : trop populaires. Plus tard, Jerry Lewis est arrivé et j'ai adoré ses films. À quinze ou seize ans, je venais de tomber dans la comédie : Capra, Lubitsch... J'ai commencé, en parallèle, à me passionner pour les histoires d'amour, qui correspondaient alors à mon âge. Avec mes copains je me suis mis à m'intéresser aux filles. Nous allions dans les petits bals style salle Wagram, pour draguer les petites bonnes. Nous étions puceaux. Or, on projetait des films sexy au Midi Minuit, des films minables sur le plan du cinéma et qui ne montraient pas grand-chose. Ils étaient néanmoins interdits aux moins de dix-huit ans. Bien évidemment, je passais par la sortie de secours : c'est là que j'ai connu mes premiers émois érotiques. Je commençais à me forger une conception du cinéma. Ces mauvais films m'ont fait prendre conscience de la valeur de la mise en scène et de la distance incroyable qui les séparait de John Ford. Simultanément j'ai remarqué que la qualité du jeu marquait la différence entre les bons et les mauvais films. Je suis alors tombé amoureux des comédiens qui jouaient juste. Petit à petit, j'ai forgé mon goût. Je notais le générique des films que j'aimais pour me constituer un annuaire personnel. Je retournais ensuite voir les autres films des cinéastes que j'avais remarqués. C'est comme ça que j'ai eu ma période polar, à travers le **Rififi**, le **Grisbi**... ou les films de Bernard Borderie ! Les films de Grangier avec Gabin me fascinaient... Et Audiard n'y était pas pour rien...

**C'est un classique du genre : vous commenciez à vivre par procuration...**

Pas totalement. J'arrivais à l'âge où l'on a envie de faire l'amour avec une femme. Avec mes copains, nous commencions à déserter les cinémas pour aller draguer les filles dans les bals. Je sortais avec des filles un peu plus âgées que moi, mais elles ne voulaient quand même pas coucher avec moi, un cauchemar. Un jour, n'en pouvant plus, je suis allé trouver une pute rue Saint-Denis qui m'a dépucelé. Elle a joué un rôle important dans ma vie, car je suis tombé amoureux d'elle. J'ai continué à aller la voir tous les jours sans en avoir les moyens. À partir de cet instant, j'ai commencé à ne plus voir au cinéma que des histoires d'amour, comme **Autant en emporte le vent**, pour comprendre comment cette fille, qui n'en avait rien à foutre, pourrait tomber amoureuse d'un client par ailleurs susceptible de l'envoyer en taule parce qu'il était mineur – j'avais seize ans. C'est à ce moment-là que j'ai compris que les histoires d'amour étaient au centre de toutes les préoccupations du monde : l'amour est le cœur de l'humanité. Je ne voyais plus désormais les gens qu'à travers leurs histoires d'amour.

**Vous les compreniez ? À l'époque, c'était plus intime, on en parlait moins...**

J'assistais en tout cas aux engueulades de mes parents. J'en ai conclu que les histoires d'amour étaient formidables à l'écran, et moins brillantes dans la vraie vie. Tous les couples que j'observais me donnaient envie de retourner au cinéma... Au cinéma les gens étaient plus beaux, plus intelligents, plus courageux. C'étaient ces gens-là que je voulais fréquenter, pas ceux de la rue. Je me disais que si un jour je devenais un type bien, ce serait grâce à des films.

**Vos films montrent peu la famille. Les rapports parents-enfants sont le plus souvent des exceptions individuelles, comme dans Le Chat et la Souris.**

Tout simplement parce que le noyau familial n'existait pas chez moi, que c'était souvent la guerre entre mon père et ma mère. Ils se disputaient puis se réconciliaient en permanence.

**Vous auriez pu idéaliser !**

Je n'y croyais pas. En revanche, je croyais aux histoires d'amour très courtes. J'ai eu un choc en découvrant **Brève Rencontre**. Avec **Sur la route de Madison**, ce sont les deux histoires d'amour de référence, des sommets. Pour moi ils représentent l'amour, quelque chose de fugitif et de très limité dans le temps. David Lean est aussitôt devenu l'une de mes idoles. Parallèlement, j'ai commencé à lire des magazines de cinéma : **Cinémonde**, que mes parents achetaient, ou **Ciné revue**. Avec Bardou, nous dévorions l'**Écran français** et les **Cahiers du cinéma**. Ils nous donnaient envie de voir plein de films. Mais sur l'écran, c'était souvent moins bien que sur le papier. À l'inverse j'étais étonné de constater que les films que j'aimais ne bénéficiaient pas de bonnes critiques !

Celia Johnson et Trevor Howard dans *Brève Rencontre*.

**La nationalité des films présentait-elle de l'importance pour vous ?**

J'adorais le cinéma italien. J'étais fou de Rossellini, du Fellini de la **Strada**, d'Alberto Lattuada... Le cinéma russe me touchait aussi, je trouvais qu'il présentait une façon extraordinaire de filmer. À l'époque du communisme, les cinéastes étaient censurés sur le plan des sujets, alors ils se défonçaient sur la forme. J'avais une fiancée dont j'étais amoureux. Heureusement qu'elle aimait le cinéma ! J'allais la chercher le dimanche matin et nous enchaînions quatre films dans la journée. Comme j'avais tout vu parce qu'il y avait alors moins de films distribués qu'aujourd'hui, j'étais condamné à en revoir beaucoup. En les revoyant, je prenais des leçons de mise en scène : quand on connaît bien une histoire, on devient plus sensible à la façon dont on la raconte.

**Et votre bac ?**

J'avais séché les cours : je n'étais pas bien parti pour décrocher mon bac. Mon rêve était d'entrer à l'IDHEC. Mais mon père, qui avait le sens du concret, me disait : « Passe ton bac d'abord ! » La nuit précédant l'examen, j'ai surpris une conversation de mes parents et j'ai compris à quel point ils m'aimaient et quel était leur sentiment d'impuissance à mon égard. J'en avais le cœur serré... Ma mère se demandait vraiment ce que j'allais faire. Mon père lui a répondu : « S'il rate son bac, comme il a la passion du cinéma, je lui achèterai une caméra 16 mm et qu'il se démerde ! » Cette caméra était chère, elle était inaccessible. C'était le rêve de ma vie !

**La situation est paradoxale. C'est en faisant l'inverse du souhait de vos parents que vous avez été récompensé...**

Tout ce qui m'arrive dans la vie est pour mon bien : ce sera ma grande philosophie. Le jour du bac, les sujets n'étaient pas si compliqués que cela. Je me suis retrouvé dans une situation cornélienne. Je voulais faire plaisir à mes parents, et en même temps je ne pouvais pas laisser passer la possibilité d'avoir la caméra...
Cette caméra m'obnubilait : j'avais passé des heures devant les vitrines à la regarder. Je connaissais toutes les documentations sur les diaphragmes, sur la profondeur de champ, etc. J'étais imbattable. Finalement, je n'ai pas eu le bac.

**Vous avez raté le bac délibérément ?**

Oui. En français j'aurais pu rendre une bonne copie, car je n'étais pas mauvais. J'avais de belles idées que je n'ai pas utilisées. J'ai été recalé... Je n'étais pas censé savoir que mon père allait m'offrir une caméra ETM 16 mm. Il a assorti son cadeau d'une mise en demeure : « Cette caméra m'a coûté une fortune. Je t'en fais cadeau pour la vie. Tu la voulais. Tu m'as dit que tu gagnerais ta vie avec elle. La voilà. À partir d'aujourd'hui, je ne m'occupe plus de toi, je ne te donne plus un centime. » J'ai sauté au cou de mes parents, qui eux étaient désespérés. Ma mère m'a dit que je ne ferais jamais rien comme les autres... J'ai passé la nuit à regarder ma caméra, à la démonter, à en éplucher la notice... Je l'ai fait marcher dans tous les sens. J'avais deux rouleaux de pellicule de trente mètres chacun, soit deux fois deux minutes trente. J'avais envie de filmer. Mais je ne voulais pas les utiliser tout de suite. Pendant une semaine je me suis promené dans Paris en faisant semblant de filmer. J'ai réalisé un premier court métrage que personne ne verra, puisqu'il n'y avait pas de pellicule dans le magasin. Mais cela m'a permis de me familiariser avec l'outil. Je me suis aussi rendu compte que l'on me prenait en considération. Les filles me regardaient !

**Que vous a apporté cette première rencontre avec la caméra ?**

Du bonheur. J'obligeais mon œil à voir ce que les autres ne voyaient pas. J'avais trois objectifs sur la tourelle : un 25, un 50 et un 80... Je filmais tout au 80, pour être le plus gros possible. J'avais toujours mes deux bobines vierges, que je ne voulais pas gâcher. À l'époque il fallait faire développer la pellicule 16 mm dans un laboratoire. C'était de l'inversible. Il n'y avait pas de tirage. La pellicule qui passait dans la caméra était celle qui passerait après le développement dans le projecteur. Avec le risque des rayures !
C'est alors que j'ai reçu ma première leçon. En accompagnant mes parents chez des amis à Marseille. Ceux-ci possédaient une propriété avec un jardin magnifique et des fleurs splendides. J'ai voulu filmer le jardin. La petite bonne de la maison m'a rejoint, elle m'a regardé : « Vous êtes sûr que vous êtes à la bonne place ? À contre-jour, à travers les pétales, ce sera plus joli ! » Et de continuer : « Regardez mon visage quand je suis dans la lumière, puis avec le soleil dans le dos ! Il n'y a pas de comparaison. Mon fiancé est photographe... » Elle a tenu à me le présenter. C'était un photographe de quartier, qui vivait des mariages et des communions. Fasciné de son côté par ma caméra, il m'a appris la photographie pendant trois jours pleins, alors qu'il ne me connaissait pas...

# Premiers pas professionnels

1957

## Caméraman d'actualités / Les USA en vrac / Et l'URSS en vrai / Quand passent les cigognes / Scandale à la RTF /Parenthèse militaire

**Avant de vous intéresser à la fiction, vous avez fait vos classes comme caméraman d'actualités...**

J'étais fait pour être caméraman d'actualités. J'avais le goût du risque et de l'aventure, j'aimais être là où les autres n'osaient pas aller. Mon rêve, c'était le prix Pulitzer. Quand je filmais un document, j'avais peu de pellicule et j'étais obligé de faire des choix. Un bon caméraman d'actualités possède un sixième sens pour cela. Il sait à quel moment et où l'événement va se produire. Je suis parti sur des coups en solo à Budapest ou à Suez par exemple. J'en ai rapporté des petits documents de trois ou quatre minutes que j'ai vendus à la télévision. Je ne faisais pas vraiment d'étincelles mais j'apprenais mon métier.

**Comment avez-vous été amené à dépasser le format du « petit sujet » pour réaliser un « vrai » documentaire aux États-Unis ?**

À l'époque, mon père travaillait dans les coussins d'ameublement – on peut en voir quelques-uns dans **Mariage** – et on lui a proposé un voyage d'affaires aux États-Unis avec d'autres entrepreneurs. Il devait visiter un certain nombre d'entreprises textiles à Chicago, à Boston et à Philadelphie. Huit jours avant

le départ, il m'a demandé d'y aller à sa place et de lui faire un rapport détaillé. Je suis parti avec ma caméra. J'avais passé un accord avec la télévision française, qui m'avait fourni de la pellicule en échange d'un court métrage. À peine arrivé, j'ai eu l'idée de faire un film de montage sur ce que je découvrais, **USA en vrac**. En parallèle, comme nous étions à New York pour une semaine et que j'avais un peu de pellicule couleur, j'ai fait un autre petit documentaire, moins personnel mais plus consensuel, **Une ville pas comme les autres**. Je me levais le matin à cinq heures. Ce qui me laissait quatre heures pour travailler sur mon petit film, avant de rejoindre le groupe des entrepreneurs. Idem le soir quand ceux-ci avaient fini leur journée. Ce qui n'est pas neutre sur la lumière du film, puisque les plans ont tous été tournés en première partie de matinée et le soir.
J'étais en train de vivre la plus grande déception de ma vie, car je découvrais à l'occasion de ce voyage une Amérique qui ne me plaisait pas et qui ne correspondait pas à ce que j'avais vu au cinéma : les gens étaient égoïstes, préoccupés par le fric, par la puissance... J'ai voulu montrer ma déception dans **USA en vrac**. Mes images étaient d'une violence extraordinaire : les premiers plans montraient l'égorgement des cochons à l'abattoir de Chicago. À l'époque, j'avais vingt ans, qui n'est pas l'âge des demi-mesures : mon commentaire était à la hauteur de mon dépit, d'une mauvaise foi épouvantable.

**Votre commanditaire a dû être heureux...**
Quand j'ai montré le film à la télévision française, les responsables ont évidemment refusé de le diffuser pour ne pas se fâcher avec les Américains. En revanche, mon autre film était présentable : **Une ville pas comme les autres** a été programmé un soir à vingt-deux heures sur la chaîne unique. Je devais déposer la copie à l'antenne. Mais au dernier moment j'ai livré **USA en vrac**. Je ne voulais pas mettre mon drapeau dans ma poche. Le film est donc passé sans que personne ne donne son accord. Le film durant dix-huit minutes, personne n'avait le temps de réagir. S'en sont suivis un gros scandale et mon renvoi de la RTF. J'aurais pourtant pu y faire carrière, car j'étais considéré comme un bon caméraman d'actualités... Fâché avec les Américains, j'ai décidé de voir la Russie et d'essayer de devenir communiste !

**Et vous êtes parti à Moscou ?**
Aussitôt. Pourtant, à l'époque, en 1957, cela n'était pas simple d'entrer en URSS. Seuls les communistes pouvaient pénétrer. Je me suis inscrit dans un voyage organisé ouvert aux militants du parti, en arguant que j'étais en train de prendre ma carte. Ma motivation était nourrie par l'offre d'une télévision canadienne de dix mille dollars pour celui qui ramènerait des images des momies de Lénine et de Staline côte à côte dans leur mausolée sur la place Rouge. C'est comme cela qu'est né **Quand le rideau se lève**. La plus grande partie du film a été faite clandestinement. Je m'étais entraîné à Paris à filmer avec la caméra accrochée sur la poitrine. Elle pesait trois ou quatre kilos et je marchais dans les rues comme si j'avais une bosse sur le devant. Je faisais attention à ne pas me faire repérer. De nombreux soldats étaient postés dans les rues... Malheureusement, certaines images ont disparu du film.

*Quand le rideau se lève.*

**Et notamment ces fameuses images de Lénine et de Staline...**
Hélas, la télévision canadienne n'a jamais voulu les ressortir, sans doute pour ne pas froisser l'ambassade soviétique. Je n'ai jamais retrouvé ces plans. J'avais tourné en inversible, ce qui veut dire que le positif et le négatif ne faisaient qu'un. Et je n'avais pas fait de copie... Je me souviens que les images étaient très denses. Il y avait une lumière bord cadre. J'étais en 400 ASA avec cinq bougies pour éclairer les corps. On les devinait plus qu'on ne les voyait...

**Ce qui reste du documentaire n'en est pas moins saisissant : nous découvrons une image vivante et somme toute joyeuse de l'Union soviétique, loin des clichés véhiculés par la propagande occidentale...**
Les communistes n'étaient pas malheureux à cette époque. J'ai filmé une fête de la jeunesse avec des mouvements de liesse. Plus bien sûr des images du tournage de **Quand passent les cigognes**, aux studios Mosfilm. C'était le grand événement du voyage. C'est en assistant au tournage, puis au montage de **Quand passent les cigognes** que j'ai décidé de devenir metteur en scène. Quand je suis arrivé au studio, je suis tombé sur les escaliers qui sont le cadre de cette fameuse scène qui ouvre le film. J'étais fasciné de constater que la caméra pouvait jouer un rôle aussi important. Jusqu'alors, je la considérais plus comme un témoin que comme un acteur. En fait elle est capable de transcender la scène en se trouvant à une place qu'aucun être humain ne peut avoir. Elle est là où il faut être : dans ce cas précis, au cœur de la cage d'escalier. Je me suis rendu compte que dans mon travail de reporter, je n'étais jamais à la bonne place.

Le reporter est esclave de son environnement. Il doit se protéger des balles, du regard de ceux qui veulent l'empêcher de filmer, etc. Encore aujourd'hui, quand je regarde les actualités, je trouve que les journalistes sont mal placés. Ce que ne sont pas les metteurs en scène de fiction. Quand ils sont bons…

**Vous avez donc décidé de passer à la fiction…**

Pour cela, je me suis mis en tête de trouver une école pour apprendre les bases qui me manquaient. Je l'ai trouvée à la télévision, où le CERT formait des metteurs en scène pour le petit écran. Ils m'ont fait passer un examen qui s'est réduit à montrer le film que je venais de faire. Ils l'ont trouvé formidable et j'ai intégré l'école. Un grand photographe, André Vigneau, y donnait des cours. Parmi les étudiants se trouvait Maurice Pialat, qui était bien plus vieux que moi, mais tout aussi motivé… Tout en suivant les cours, je continuais à filmer. Vigneau m'a appris des choses essentielles : je lui dois beaucoup. Je suis sorti de l'école un an plus tard. Nous étions alors en pleine guerre d'Algérie et j'ai eu peur d'être appelé pour faire mon service militaire. Mon père m'a conseillé de devancer l'appel pour pouvoir entrer au SCA, le Service cinématographique des armées. J'ai passé un examen et j'ai ressorti une nouvelle fois mon film sur Moscou… Après mes classes, je suis devenu correspondant de guerre. J'ai débarqué au service cinéma du Fort d'Ivry comme caméraman d'actualités, tout en faisant savoir que je voulais devenir metteur en scène et que je restais ouvert à toute proposition.
L'occasion s'est présentée quand un réalisateur qui tournait un film d'information a été libéré. On m'a demandé de finir le film à sa place. Je me suis donc lancé dans l'aventure du **Vol des hélicoptères la nuit en montagne**, qui se tournait à la base d'hélicoptères de Chambéry. Je suis arrivé sur le film alors que toute l'équipe technique était en place. Tout à coup je devenais metteur en scène. Le premier jour de tournage, l'ancien réalisateur, qui n'avait pas encore quitté la base, m'a indiqué qu'il fallait que je tourne une scène d'explication au tableau noir. Et là, je suis tombé sur le plus mauvais acteur du monde, un colonel récitant un texte on ne peut plus rébarbatif d'une voix monocorde, sans la moindre intonation. Mais il était gênant de le reprendre devant ses élèves, d'autant que je n'étais que deuxième classe. J'ai commencé à filmer, mais le résultat était vraiment pitoyable : il fallait agir. Je me suis lancé et j'ai expliqué au colonel que le métier d'acteur étant difficile, il était préférable de répéter. Et là j'ai constaté qu'il devenait juste pendant les répétitions devant moi seul, mais que la caméra, les projecteurs, le spectacle, la lumière le bloquaient et lui faisaient perdre tous ses moyens. J'ai donc décidé de le filmer pendant une répétition, sans lui dire. Résultat : il a été bon. Ce jour-là, j'ai découvert une façon de diriger les comédiens à leur insu… Tout le cinéma que j'allais faire se trouve dans cette séquence. Si j'avais dirigé Jean Gabin ce jour-là, je n'aurais jamais su ce qu'était la direction d'acteurs. Au bout du compte, j'ai réalisé plusieurs courts métrages pour l'armée : **Le Vol des hélicoptères la nuit en montagne**, **La Mécanographie dans l'armée de l'air**, **SOS Hélicoptère**, **La Guerre du silence**, qui comme son titre l'indique est un film d'information sur le secret militaire, et quelques autres. Tout le monde était emballé par ma rapidité, mon efficacité et ma façon de tourner. Je suis devenu une vedette au SCA !

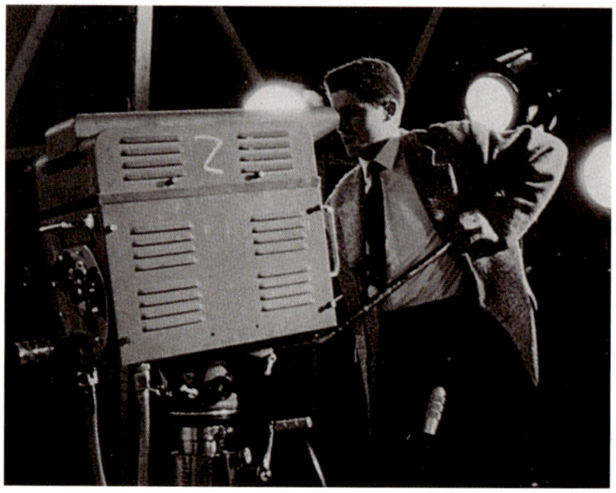

**Qu'avez-vous fait après le SCA ?**

Quand j'ai été démobilisé, je brûlais de tourner un film de fiction. J'avais un certain savoir-faire, l'idée d'un scénario, qui allait devenir celui du **Propre de l'homme** et les dix mille dollars de la télévision canadienne – ou ce qu'il en restait – afin de créer ma société, les Films 13. Mais je savais bien qu'il me faudrait longtemps avant de retrouver les moyens dont je disposais à l'armée. Pour le tournage de **La Guerre du silence**, j'avais obtenu des tanks que je pouvais faire exploser et les meilleurs artificiers qui soient…

# QUAND PASSENT LES CIGOGNES

Tournage de *Quand passent les cigognes*.

Tournage des *Uns et les Autres*.

Pendant le tournage de *Quand le rideau se lève*, j'ai eu le loisir de me rendre sur le plateau de *Quand passent les cigognes*. J'ai demandé à rencontrer Milkhail Kalatozov, le réalisateur, qui parlait quelques mots de français, et je lui ai demandé l'autorisation de filmer le tournage. Il a accepté, m'a pris en sympathie et m'a permis de l'accompagner en salle de montage. J'y ai découvert environ quarante minutes du film. J'étais fasciné par les images, Kalatozov me traduisant les dialogues. Je suis sorti de la salle avec l'envie de pleurer. Jamais de ma vie je n'avais vu une caméra aussi bien placée. En outre, Kalatazov filmait en courte focale. Ce qui permet au spectateur de choisir l'endroit où il veut regarder et de faire sa propre mise en scène. De retour à Paris, j'ai appelé Robert Favre Le Bret, le délégué général du festival de Cannes. Je lui ai parlé de mon voyage et de ce film magique qui honorerait le festival. Le film a été sélectionné, il a remporté la Palme.

Je n'ai jamais revu Kalatozov. Il n'a jamais su l'admiration que je lui portais, ni connu les hommages que je lui ai rendus et lui rends encore à travers le monde. J'ai en revanche retrouvé les deux acteurs du film, Alexei Batalov et Tatiana Samoïlova, quand j'étais président du jury au festival de Moscou !

# Le propre de l'homme

## 1960

### Le premier long métrage / Claude devant la caméra (et Lelouch derrière) / Une sortie calamiteuse / Éclair est chocolat

**Arrive enfin le moment du premier long métrage ! Dans quelles circonstances l'avez-vous tourné ?**

Je suis sorti du SCA en 1960. Il était temps que je mette à profit ce que j'y avais appris. J'avais envie de tourner un film racontant la première journée d'un couple se promenant dans Paris. L'idée était que l'homme et la femme se découvraient dans le regard qu'ils portaient sur les autres. Parce qu'ils pouvaient ainsi déterminer où se situaient leurs points communs. Pour faire ce film, il fallait énormément jouer avec la foule et donc voler des images. Les talkies-walkies n'existaient pas et je ne pouvais pas diriger des comédiens pendant la prise en hurlant dans la rue mes instructions. Et moi je n'avais pas les moyens de leur commander de le faire. J'ai donc décidé de jouer le rôle principal avec Janine Magnan, ma compagne à l'époque. **Le Propre de l'homme** était novateur en ce sens que le réalisateur décidait de sa propre mise en scène en jouant la comédie. Je n'avais pas trouvé d'autre solution pour faire une sorte de super-cinéma vérité au travers d'une fiction. Mais la bonne idée s'est révélée la pire de toute. Quand on est met-

Claude LELOUCH
Janine MAGNAN

teur en scène, on n'est pas acteur. Quand je jouais la comédie, je regardais ce que faisaient les autres pour savoir si c'était bon, et je n'étais pas dans le jeu.

**De nombreux metteurs en scène, de Chaplin à Woody Allen en passant par Jacques Tati, jouent dans leurs films...**

Ils travaillent sur un scénario bien établi. Moi je voulais filmer en direct, jouer et diriger. Mes ambitions étaient d'une prétention folle.

**Comment jugez-vous votre prestation d'acteur ?**

Elle était nulle. Je n'étais pas concentré sur les gens. Cette expérience m'a dégoûté de jouer la comédie. Mais elle m'a permis de prendre conscience que le metteur en scène se devait de rencontrer tous les comédiens et de les observer alors qu'un acteur ne pense qu'à lui. Bien sûr, je joue dans **Les Parisiens**, mais c'est pour expliquer ma façon de travailler. En dehors de cette nécessité, je n'éprouve aucun plaisir à jouer. Avec **Les Parisiens**, j'ai fait ce que je savais faire, c'est terminé, je ne le referai plus. Je ne suis pas comédien.

Dessin de Bernard Swysen réalisé à partir d'une des rares images conservées du *Propre de l'homme*.

**Voyait-on beaucoup Paris dans Le Propre de l'homme ?**

La ville était très présente. Le film alternait les images volées et les plans mis en scène. Il était constitué d'un mélange avant l'heure de figures imposées et de figures libres. Il présentait un côté Tati, légèrement burlesque, avec des gags, le spectacle de la rue. Mais à l'inverse de Tati où tout est reconstitué, mis en place et joué, moi j'attendais avec la caméra que l'occasion se présente. C'étaient mes restes de caméraman d'actualités.

**Aviez-vous beaucoup de matériau à l'arrivée ?**

Le montage n'a pas été trop compliqué car je n'avais pas beaucoup d'argent pour la pellicule. J'ai dû tourner **Le Propre de l'homme** avec 20 000 mètres. Aujourd'hui, à titre de comparaison, j'en utilise 200 000. **Le Propre de l'homme** est un film laboratoire qui n'aurait jamais dû sortir. Je lui dois beaucoup car il m'a appris ce métier, au même titre que le SCA et les scopitones. Il m'a tout appris, mais j'aurais honte de le remontrer aujourd'hui. **Le Propre de l'homme** est le film de toutes les erreurs, comme un film de fin d'études. Sur le moment je ne le savais pas. C'était l'époque de la Nouvelle Vague et j'étais un des metteurs en scène les plus jeunes du moment.

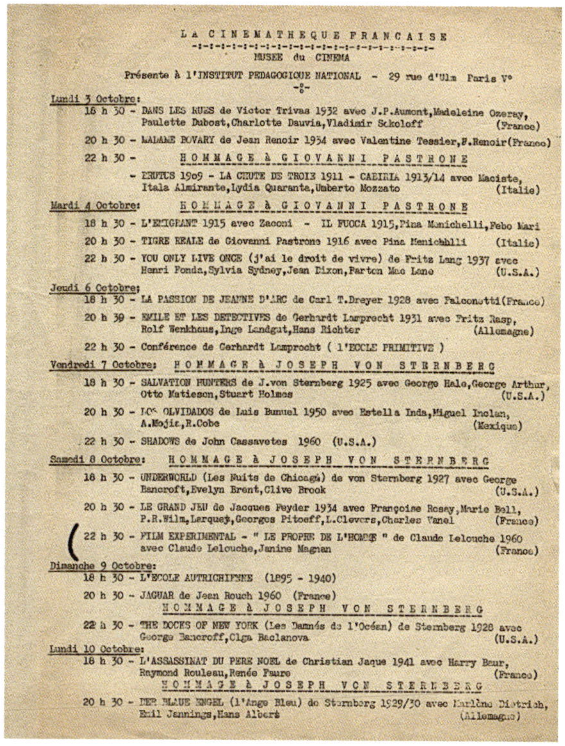

L A C I N E M A T H E Q U E F R A N C A I S E
-:-:-:-:-:-:-:-:-:-:-:-:-:-:-:-:-:-:-
MUSEE du CINEMA

Présente à l'INSTITUT PEDAGOGIQUE NATIONAL - 29 rue d'Ulm Paris V°

-§-

Lundi 3 Octobre:
16 h 30 - DANS LES RUES de Victor Trivas 1932 avec J.P.Aumont,Madeleine Ozeray, Paulette Dubost,Charlotte Dauvia,Vladimir Sokoloff (France)
20 h 30 - MADAME BOVARY de Jean Renoir 1934 avec Valentine Tessier,P.Renoir(France)
22 h 30 - H O M M A G E à G I O V A N N I P A S T R O N E
- BRUTUS 1909 - LA CHUTE DE TROIE 1911 - CABIRIA 1913/14 avec Maciste, Itala Almirante,Lydia Quaranta,Umberto Mozzato (Italie)

Mardi 4 Octobre: H O M M A G E à G I O V A N N I P A S T R O N E
18 h 30 - L'EMIGRANT 1915 avec Zaconi - IL FUOCA 1915,Pina Menichelli,Febo Mari
20 h 30 - TIGRE REALE de Giovanni Pastrone 1916 avec Pina Menichelli (Italie)
22 h 30 - YOU ONLY LIVE ONCE (j'ai le droit de vivre) de Fritz Lang 1937 avec Henri Fonda,Sylvia Sydney,Jean Dixon,Barton Mac Lane (U.S.A.)

Jeudi 6 Octobre:
18 h 30 - LA PASSION DE JEANNE D'ARC de Carl T.Dreyer 1928 avec Falconetti(France)
20 h 39 - EMILE ET LES DETECTIVES de Gerhardt Lamprecht 1931 avec Fritz Rasp, Rolf Wenkhaus,Inge Landgut,Hans Richter (Allemagne)
22 h 30 - Conférence de Gerhardt Lamprecht ( l'ECOLE PRIMITIVE )

Vendredi 7 Octobre: H O M M A G E à J O S E P H V O N S T E R N B E R G
18 h 30 - SALVATION HUNTERS de J.von Sternberg 1925 avec George Hale,George Arthur, Otto Matieson,Stuart Holmes (U.S.A.)
20 h 30 - LOS OLVIDADOS de Luis Bunuel 1950 avec Estella Inda,Miguel Inclan, A.Mojic,R.Cobo (Mexique)
22 h 30 - SHADOWS de John Cassavetes 1960 (U.S.A.)

Samedi 8 Octobre: H O M M A G E à J O S E P H V O N S T E R N B E R G
18 h 30 - UNDERWORLD (Les Nuits de Chicago) de von Sternberg 1927 avec George Bancroft,Evelyn Brent,Clive Brook (U.S.A.)
20 h 30 - LE GRAND JEU de Jacques Feyder 1934 avec Françoise Rosay,Marie Bell, P.R.Wilm,Larquey,Georges Pitoeff,L.Clevers,Charles Vanel (France)
22 h 30 - FILM EXPERIMENTAL - " LE PROPRE DE L'HOMME " de Claude Lelouche 1960 avec Claude Lelouche,Janine Magnan (France)

Dimanche 9 Octobre:
18 h 30 - L'ECOLE AUTRICHIENNE (1895 - 1940)
20 h 30 - JAGUAR de Jean Rouch 1960 (France)
H O M M A G E à J O S E P H V O N S T E R N B E R G
22 h 30 - THE DOCKS OF NEW YORK (Les Damnés de l'Océan) de Sternberg 1928 avec George Bancroff,Olga Baclanova (U.S.A.)

Lundi 10 Octobre:
18 h 30 - L'ASSASSINAT DU PERE NOEL de Christian Jaque 1941 avec Harry Baur, Raymond Rouleau,Renée Faure (France)
H O M M A G E à J O S E P H V O N S T E R N B E R G
20 h 30 - DER BLAUE ENGEL (l'Ange Bleu) de Sternberg 1929/30 avec Marlène Dietrich, Emil Jannings,Hans Albers (Allemagne)

Programme de la Cinémathèque.

**Comment s'est déroulée la sortie de ce film ?**

Il a dans un premier temps été impossible de trouver un distributeur. J'ai produit le film moi-même avec les Films 13, ce qui fait que je me suis retrouvé au bord de la faillite dès mon premier film. À la fin du tournage, j'avais accumulé 50 000 ou 60 000 francs de dettes, ce qui représentait beaucoup d'argent, environ 150 000 euros d'aujourd'hui. Quand j'ai tourné **Le Propre de l'homme**, mon père était vivant. Il s'est associé avec moi et m'a donné un coup de main. La déception du film a participé à sa fin. Il attendait davantage. Il est mort quelques jours après la projection désastreuse de la Cinémathèque française, à laquelle il avait malheureusement assisté...

**Il n'a donc jamais vu votre réussite...**

C'est mon très grand regret. S'il y avait une personne qui souhaitait me voir réussir dans le cinéma, c'était lui. Il était convaincu que j'étais fait pour ça. C'est donc à lui que j'aurais voulu montrer mes succès. **Le Propre de l'homme** est sorti au cinéma d'art et d'essai de la rue Caumartin. Il y est resté une semaine.

Rares sont ceux qui l'ont vu, Pierre Braunberger faisant partie de ceux-là. Il m'a appelé après la projection – ce qui était positif – puis il m'a entraîné dans l'affaire de **La Femme spectacle** – ce qui l'était moins. Il m'a expliqué que dans **Le Propre de l'homme**, il y avait un quart d'heure formidable dont il voulait faire un court métrage, et jeter le reste à la poubelle. Il m'expliquait que ce quart d'heure me permettrait de parcourir les plus grands festivals du monde et d'y recueillir toutes les récompenses. Il avait raison, j'aurais pu gagner du temps, mais l'idée était humiliante et je ne l'ai pas acceptée.

**Vous en avez détruit les copies, ce qui n'est pas, vous en conviendrez, une réaction très courante...**

Je n'ai pas détruit les copies immédiatement, car le destin a été une nouvelle fois d'une grande gentillesse. Je me suis rendu tout d'abord chez Éclair. J'avais rendez-vous avec Jacques Mataud, le grand patron du laboratoire, pour lui demander un délai de paiement. Je lui devais 30 000 francs ! L'homme pouvait me mettre en faillite et il avait une réputation redoutable. Je savais que j'étais tricard dans le cinéma : les critiques étaient lamentables et le public, absent. J'étais dans une situation noire, pire que si le film n'était pas sorti - car j'avais montré à la terre entière que j'étais mauvais. J'étais en cessation de paiement, à deux doigts de déposer le bilan. Mon père venait de mourir et son affaire, dont j'avais hérité, était au bord du gouffre. En outre j'avais ma mère et ma sœur à charge. Bref, j'avais vingt-deux ans et tout le poids du monde sur les épaules. Seul un miracle pouvait me sauver. Le miracle est arrivé dans le bureau de Mataud, qui m'a dit : « Je me suis fait projeter votre film hier soir. Il est complètement raté, mais vous avez beaucoup de talent. » Il m'a proposé de mettre ma dette de côté, et il m'a fait rencontrer un de ses amis, Gérard Sire. L'homme qui devait me clouer m'a sauvé ! Car grâce à Gérard Sire, à Pilote productions et aux scopitones, j'ai pu honorer mes

La toute première image du film.

dettes et montrer que je savais filmer. Le pire a fait naître le meilleur.
Mais un an après cet épisode, j'avais toujours honte du **Propre de l'homme**, qui m'a fait tant de mal. Le revoyant après avoir fait **L'Amour avec des si**, j'en ai constaté une nouvelle fois les erreurs. J'ai décidé d'en brûler toutes les traces. Il y avait très peu de copies du film, à peine trois ou quatre, que nous avons détruites, ainsi que le négatif. Aujourd'hui plus personne ne peut voir **Le Propre de l'homme**, dont il ne reste que le film annonce.

**Vous n'avez eu aucun regret ?**
Ma décision était radicale, mais il arrive parfois que l'on ait envie d'effacer certaines choses. Aujourd'hui je serais capable de faire pareil avec **La Femme spectacle**, **Les Grands Moments**, tous ces films d'école pour lesquels j'ai pris des risques, qui m'ont permis d'apprendre...

# Les scopitones

1960

## La vie de château / Monsieur Scopitones / Le rapport entre l'image et la musique / Claude François sur ressorts

**À quelle époque et dans quelles circonstances avez-vous été amené à devenir « Monsieur Scopitones » ?**
Après **Le Propre de l'homme**, je me suis aussitôt lancé dans un second film, **La Vie de château**. Pierre Braunberger n'avait pas été seul à voir **Le Propre de l'homme**. Jean Fougères aussi. C'était un écrivain, marié à une pharmacienne, par ailleurs auteur d'un roman : **La Vie de château**[1]. Il voulait l'adapter au cinéma avec l'argent de sa femme et pensait que je ne manquais pas de talent. Il m'a approché pour me demander si on pouvait tourner un film pour cent mille francs. J'étais prêt à tout. J'ai dit oui, alors que je n'aurais jamais dû me lancer dans ce projet. C'était l'histoire d'un type qui achetait un château et qui découvrait qu'il avait surtout acheté des ennuis. Le sujet était amusant. Mais au bout d'une semaine de tournage, nous nous sommes arrêtés. Il n'y avait pas de scénario et c'était une catastrophe.
J'ai heureusement pu me refaire en démarrant les scopitones. J'ai succédé à Alexandre Tarta, qui allait devenir l'un des grands metteurs en scène de la télé. Les scopitones ont marqué une période de grand bonheur, sûrement l'une des plus joyeuses de ma vie. J'étais au contact de gens célèbres, que j'admirais. Je les côtoyais intimement puisque je les mettais en scène. C'est à ce moment que j'ai découvert la force de la musique, qui sera omniprésente dans mes films. Au passage, j'ai également pu sauver financièrement ma société et payer toutes mes dettes. Je pouvais rester dans la partie et continuer à fréquenter le monde du cinéma à un moment où j'étais à la limite d'être tricard. Mieux : je suis même devenu un metteur en scène à la mode. Il était branché au début des années 60 d'aller dans les cafés voir les scopitones. Le snobisme a duré quatre ou cinq ans avant que la télé vienne les déloger. J'étais au cœur de ce phénomène. Les interprètes trouvaient les films formidables et me prenaient en sympathie. Ils ont créé autour de moi une aura : on m'a longtemps appelé « Monsieur Scopitones ».

1. **La Vie de château** n'a aucun rapport avec le film de Jean-Paul Rappeneau qui sortira en 1966.

**Vous expérimentiez et tentiez des styles différents ?**
J'ai effectivement beaucoup appris. J'ai observé le rapport qui s'établit entre l'image et la musique, j'ai constaté que l'un peut être le faire-valoir de l'autre, ou inversement le détruire. Sans les scopitones, jamais je n'aurais réalisé **Un homme et une femme**.

**Vous écriviez les scénarios des scopitones ?**
On ne les écrivait pas puisqu'il y avait le disque. Je choisissais des lieux qui demeuraient toujours tributaires du planning et de la liberté du chanteur. Quand on m'a demandé de filmer Françoise Hardy, il y avait une balançoire dans le coin : je l'ai utilisée. Les scopitones étaient une fête et une récréation.

**En deux ou trois minutes aviez-vous le sentiment de raconter une histoire complète ?**
Dans un cas comme celui-là, les paroles de la chanson font le travail. La chanson est le cœur du tableau. La mise en scène, c'est le cadre qui permet de mettre le tableau en évidence. Et puis je suis à l'aise avec la comédie musicale, j'ai une relation naturelle avec la musique.

**Les chanteurs étaient coopératifs ?**
Bien sûr. Ils ne prenaient pas ça au sérieux. Mais je n'étais à l'initiative d'aucun scopitone. Leurs maisons de disque les proposaient. J'aurais aimé filmer Brassens, qui ne voulait pas, plus quelques autres qui pensaient que ce n'était pas bon pour leur image. C'était plutôt les jeunes, les yéyés qui se jetaient dessus. Peu importe : j'ai des goûts musicaux très éclectiques, j'aime la musique en général. Même si je préfère le jazz, qui est la musique qui me ressemble le plus, avec ses figures imposées et ses figures libres. J'aime quand le type part dans un solo qui exprime ce qu'il veut exposer.

Gérard Sire quelques années plus tard dans *La Bonne Année*.

**Et le rock ?**
Je n'ai pas de sensibilité particulière pour le rock. J'aimais beaucoup les Beatles à ce moment-là, mais je n'étais pas fou du rock en général. Je suis resté attaché aux belles chansons, avec des paroles et une mélodie.

**Jusqu'à quand a duré votre période scopitone ?**
Elle s'est arrêtée pratiquement après le tournage de **L'Amour avec des si**, même si j'ai continué ensuite à en réaliser de temps en temps, pendant **Une fille et des fusils** par exemple. Ils m'ont permis de mûrir pendant toute cette période qui précède **Un homme et une femme**.

**Quels sont les chanteurs qui vous ont le plus impressionné ?**
Johnny Hallyday bien sûr, mais aussi Françoise Hardy, Sylvie Vartan, Dalida... Mais les deux chanteurs que je mets au-dessus des autres, ce sont Claude Nougaro et Claude François. Claude François était hallucinant. Je me souviens d'être allé le chercher en plein hiver rue Troyon dans un petit hôtel pour aller tourner **Belles belles belles**. Il était alors peu connu et affichait un curieux air androgyne. Nous sommes montés en voiture. Tout de suite, j'ai vu que ce type était bondissant, bourré d'idées, avec une énergie démesurée. Bref tout ce que j'aime. Il neigeait, nous devions tourner dans le bois à Versailles. Je lui ai demandé s'il se sentait capable de danser dans la neige. « Ouais ouais, formidable, c'est génial. » J'ai rencontré un fou plus fou que moi, et nous sommes tombés en sympathie.

**Contrairement à Johnny Hallyday, à Eddie Mitchell, à Sylvie Vartan, ou même à Sheila et à Françoise Hardy, le cinéma n'a pas utilisé Claude François...**
Très honnêtement, ce n'était pas un acteur. C'était un showman extraordinaire. Il avait besoin que les regards soient sur lui alors que les acteurs doivent partager. Je pense que dans un film Claude François en aurait fait des tonnes et qu'il n'aurait pas été bon.

**De nombreux chanteurs sont apparus par la suite dans vos films, de Johnny Hallyday à Sacha Distel, en passant par Gilbert Bécaud, Charles Aznavour, Nicole Croisille ou Mireille Mathieu. Mais on chercherait en vain les nouveaux talents...**
C'est vrai ! Peut-être les chansons d'alors me touchaient-elles davantage. Bécaud par exemple a marqué mes oreilles. J'ai fait la queue pour le voir à l'Olympia. J'étais là quand on cassait les fauteuils en applaudissant « Monsieur 100 000 volts ». J'aime la chanson française. La musique de Charles Trenet figure dans nombre de mes films, ses chansons sont des chefs-d'œuvre de sensibilité, même si je n'aimais pas trop l'homme. Alors que Bécaud était chaleureux !

# L'amour avec des si

1962

Cinéma et bricolage / De la neige dans le Pas-de-Calais / Pilote productions / De la manipulation / Le compte-file de Melville

Guy MAIRESSE
Janine MAGNAN
Jean FRANVAL
Raymond SAINT-BRIS
Jacques MARTIN
Jean DAURAND
Bernard PAPINEAU
Joëlle PICAUD
Jacqueline MORANE
Rita MAIDEN

**Comment, au sortir de l'échec du Propre de l'homme, êtes-vous parvenu à vous lancer aussi rapidement dans un nouveau projet ?**

L'échec du **Propre de l'homme** m'avait effectivement un peu fermé les portes du cinéma, mais pas celles de la publicité et des scopitones. En fait, c'est l'argent des scopitones qui m'a permis de produire **L'Amour avec des si**. Deux semaines de tournage, en jouant la carte du système D. Tout s'est fait dans l'inconscience : nous venions d'apprendre qu'il était tombé de la neige dans le Nord et nous sommes aussitôt partis pour Wissant. Il fallait réagir au quart de tour et tourner le plus vite possible : mon programme de scopitones ne me laissait que peu de temps. On a dû tourner le film avec un budget de quatre-vingt mille francs, ce qui même à l'époque ne représentait pas grand-chose. Et l'équipe technique était bien entendu celle des scopitones, autour de Gérard Sire et de Pilote productions. On entend d'ailleurs la voix de Gérard dans le film. Le film a été produit par les Films 13, puis acheté par Pierre Braunberger. La décision de partir dans le Pas-de-Calais a été prise en vingt-quatre heures... En fait, au départ, nous voulions tourner dans le Loiret ! Le résultat est un peu du bric-à-brac. Nous ne pouvions pas tourner en son direct : la postsynchro a été effectuée dans la salle de montage, ce qui explique certaines maladresses.

Les images des Brutos étaient celles d'un authentique scopitone, réalisé quelques jours plus tôt. J'aurais préféré utiliser celui de **Belles belles belles**, de Claude François, mais dont les droits étaient plus coûteux. Mes premiers films m'ont appris tout ce qu'il ne fallait pas faire. Ce qui est réussi, en revanche, c'est l'ambiance, le climat, la radio. J'adore la partie radio. J'aime bien les images pseudo-documentaires aussi : la scène finale, quand on arrête le sadique, interprété par Gilbert Denoyan. On notera que mon scénariste, Pierre Uytterhoeven, incarne le cinéaste qui filme la scène. Quant au témoin, c'est le comédien qui jouera quelques années plus tard le mercenaire de **Vivre pour vivre**. La scène du radio-trottoir, avec Jacques Martin, a été faite après coup, afin de s'adapter dans le récit. C'est réellement une sensation de bricolage qui me revient. J'ai filmé moi-même la scène de la grève des mineurs dans le Nord. Jean Collomb, le directeur de la photo, fait l'ancien combattant. Pour les scènes de poursuites de voitures nous n'avions pas de steadycam, il n'en existait pas à l'époque : il a fallu construire un praticable.

**Pourquoi avoir choisi de raconter cette histoire-là ?**

Le vrai sujet du film, c'était la radio. Elle livrait à ce moment-là un combat terrible contre la télévision, en plein essor. La radio essayait de se défendre, d'où la nécessité de trouver un nouveau ton, de nouvelles émissions. En fait la radio essayait de faire de la télé. C'est ce qui a donné la forme du film. L'histoire du type que l'on recherche est basée sur une aventure personnelle, qui m'avait perturbé. Je descendais un jour dans le Midi, pour les vacances, et la radio passait en boucle le signalement d'un type que la police recherchait. Or ce signalement aurait tout aussi bien pu être le mien. Je me suis dit : « Si je tombe sur un barrage de flics, je suis bon : le mec qui vient de s'évader, c'est moi. » J'ai fantasmé là-dessus pendant pas mal de kilomètres, ce qui m'a donné le point de départ du film.

**Quelle a été la carrière du film ?**

C'est Pierre Braunberger qui a vu le film le premier. Il est sorti de la projection sur un petit nuage. Il m'a pris à part et s'est essayé à la prophétie : « C'est du cinéma, vous êtes un cinéaste, je l'avais vu dès **Le Propre de l'homme**... Mais étant donné que vous avez eu une très mauvaise presse pour votre premier film, il vous faudra quarante ans pour vous en remettre. Il vous faudra une vie entière pour changer le jugement que les critiques ont porté sur vous au moment du **Propre de l'homme**. J'ai une idée : plutôt que d'entamer un bras de fer en France, allez présenter votre film en Suède. Il y a dans deux mois une Semaine du cinéma français qui est organisée là-bas. Les Suédois n'ont pas vu votre premier film : je suis sûr que la presse va être dithyrambique. Je vous prends le film en distribution. » Il m'a donné un peu d'argent, c'était le prix que m'avait coûté le film. Je récupérais donc mon investissement. Le film a été projeté en Suède, et il a fait un triomphe. Je me souviens que les Suédois avaient également projeté au cours de cette Semaine du cinéma français **Les Parapluies de Cherbourg**, qui avait été très moyennement accueilli. Et le mien a ramassé cinq étoiles dans les pages critiques, « un cinéaste est né », etc. Ingmar Bergman a demandé à le voir en projection privée, et il a dit : « Le film est raté, mais c'est un très grand cinéaste qui l'a fait. » Le film est sorti en Suède. Il est resté je crois vingt semaines à l'affiche, ce qui fait que Braunberger a récupéré son investissement uniquement sur la Suède.

Janine Magnan.

**Il faudra attendre février 1966 pour qu'il sorte en France, au cinéma Le Panthéon.**
Pierre Braunberger avait très peur de la France. « On est obligé d'avoir une bonne presse avec un film comme ça, à cause du circuit Art et essai. Aujourd'hui, vous êtes tricard. Je vais attendre une météo favorable pour sortir le film. » J'ai donc réalisé **Une fille et des fusils** sans que **L'Amour avec des si** n'ait de sortie, puis **Les Grands Moments**, qui n'a pas trouvé de sortie non plus. Ce n'est qu'après le succès de **Un homme et une femme** à Cannes que Braunberger a changé d'avis : « C'est le moment de le sortir. » La fenêtre météo était meilleure à ce moment-là ! Ce qui n'a pas empêché la presse française de le massacrer... Cela dit, je ne suis pas vraiment en désaccord avec elle : **L'Amour avec des si** n'est pas un très bon film. C'est le film d'un homme paniqué, qui a peur de ne plus jamais pouvoir faire de cinéma. Quand on fait un film dans cet état d'esprit, on met tout dedans. On en met trop, et on va trop vite. Surtout si l'argent manque : on n'a plus le temps de faire travailler les acteurs, on hésite à refaire une prise pour améliorer le jeu des comédiens... Les comédiens dans ce film sont mauvais, un peu comme si l'on avait filmé les répétitions pour s'apercevoir au moment de tourner pour de bon qu'il n'y avait plus de pellicule.

**La neige est un élément fondamental du film. On se dit qu'il fait souvent froid dans vos films : La Bonne Année, À nous deux, Hasards ou Coïncidences, Les Parisiens ne sont pas des films qui réchauffent...**
Ce n'est pas un hasard. Car j'aime bien la lumière d'hiver. J'ai toujours trouvé que les scènes sans soleil étaient plus belles, celles de **Un homme et une femme** en plein hiver à Deauville en sont l'une des meilleures illustrations... Je suis plus confortable dans les lumières d'hiver. C'est une saison où il y a deux moments magiques en une journée : je peux tourner le matin et le soir. Alors que pendant les autres saisons, la magic light n'intervient qu'une seule fois par jour. Je filme mieux l'hiver que l'été.

**Une bonne partie de vos thèmes en devenir sont présents dans L'Amour avec des si. En aviez-vous conscience, avec l'idée de faire chaque film comme si c'était le dernier ?**
Je crois que c'est le défaut de tous mes films. Je les remplis à ras bord, non pas que je pense que c'est mon dernier, mais je me dis que le public a droit à tout. C'est notamment le défaut du **Propre de l'homme**, de **L'Amour avec des si**. J'en mets trop, j'en mets trop...

**Vous avez épuré petit à petit ?**
Oui... Encore que **Les Parisiens** n'est pas à proprement parler un film épuré !

**En fait les thèmes reviennent sous une forme différente : Blam, dans L'Amour avec des si, fait penser au personnage interprété par Philippe Leroy-Beaulieu dans Un homme et une femme : vingt ans déjà...**
C'est dans l'inconscient, une sorte de sixième sens. C'est intéressant d'analyser cela aujourd'hui, parce que je ne l'avais pas fait de façon consciente. Je travaille sur des désirs du moment, sur des coups de chaud ou des coups de froid, sur l'instinct... C'est lui qui décide. Et de temps en temps, je lui en veux ! Même si, à long terme, il a toujours eu raison.

**En ce qui concerne les différents thèmes, sur lesquels nous reviendrons en détail, on a le sentiment qu'ils sont organisés selon une structure symphonique. Vos films ne sont pas linéaires et l'ensemble ne trouve sa cohérence que dans sa globalité.**
C'est le public qui me permet d'analyser ce que je fais. J'ai un rapport privilégié avec lui. Je le vois bien quand les gens m'arrêtent à longueur d'année dans la rue. Ceux qui aiment mes films n'ont jamais le même film favori. C'est déjà bon signe ! Pratiquement tous mes films ont des fans. Et quand je parle avec eux, je leur dis : « Qu'est-ce qui vous a plu dans ce film ? » Tous : « C'est la vie ! » Ils ont le sentiment que ce n'est plus du cinéma. Ce n'est pas simplement une distraction. Très souvent, on m'a dit que mes films étaient un mode d'emploi, qu'ils aidaient à comprendre le quotidien. Les spectateurs que je rencontre voient dans mes films ce qu'ils ont vécu dans la vie. Nombreux sont ceux qui m'ont dit : « Grâce à **Un homme et une femme**, je me suis réconcilié... »

**Quand vous revoyez L'Amour avec des si, vous retrouvez-vous dans l'état d'esprit qui était le vôtre à l'époque ?**
Quand je revois ce film, ce qui m'arrive rarement, je me dis : « Putain, si je devais le refaire, tout serait différent ! » C'est un grand sujet que j'ai complètement foutu en l'air. Avec les thèmes croisés qui le composent, il est possible d'aller au chef-d'œuvre. Tout y est : l'illusion, la radio, la manipulation, les flics, etc. Ça mériterait un remake à l'américaine. Ce film a été fait sans argent, sans moyens. Avec de l'argent et un peu de savoir-faire, on pourrait faire un grand film...

**Un remake à l'américaine ? On y pense d'autant plus volontiers que le film se déroule dans des espaces déserts. Quand on voit le curé qui part dans la neige, on a l'impression de voir un prédicateur dans un western.**
Demain matin, si je n'avais rien d'autre à faire, je serais ravi de refaire ce film. Et il serait beau. Car là, je développerais les rapports de l'homme et de la femme : la femme manipule le mec, qui se fait par ailleurs manipuler par l'information. Et nous avec. Le sujet est formidable.

**Sur les rapports homme-femme, il y a des choses très drôles, mais sans doute un peu schématiques...**
J'ai toujours été fasciné par les histoires d'amour. Quand on est amoureux, on n'est pas le même homme. Avec le temps qui passe, les histoires d'amour peuvent être assimilées à la météo. Parce qu'il n'est pas possible de dire s'il va faire beau ou grêler. Avec les années je me suis acheté les vêtements qu'il faut pour affronter tous les climats. Il faut savoir qu'une histoire d'amour est forcément limitée dans le temps. Forcément ! Surtout la passion ! Aujourd'hui on demande trop à l'amour. On lui demande tout. L'amour se paye après, cash. Et c'est très cher. Tous mes films sont des histoires d'amour. Il n'y en a pas un seul qui n'aurait pu s'appeler **Un homme et une femme**.

**Beaucoup se terminent sur des histoires d'amour qui s'arrêtent.**
La plus belle fin de ma filmo, c'est celle de **Un homme qui me plaît**, quand Girardot l'attend à l'aéroport et qu'il n'est pas dans l'avion. C'est terrible ! Quand les passagers commencent à descendre, elle est la femme la plus heureuse du monde. Et puis peu à peu l'inquiétude apparaît, puis la douleur. Elle a payé. Elle a été pendant trois minutes la femme la plus heureuse du monde. Et elle l'a payé. C'est pourquoi j'adore cette formule : « Le bonheur, c'est plus beau que la vie ! » Parce que ça veut dire que l'amour est plus fort que la vie. Ce qui est pris est pris.

**La séquence avec Jacques Martin prend une place folle. On a l'impression que c'est une récréation.**
Ces interviews ont été réalisées pendant le montage. J'ai fait venir Jacques Martin à Épinay et je lui ai dit : « Tu vois, ce serait formidable que l'on fasse un radio-trottoir. » On n'a gardé que le plus croustillant. On a passé une journée entière à interviewer les gens, qui nous ont donné mille fois plus que ce que l'on en attendait.

**Que vous a appris Pilote productions ?**
Beaucoup de choses. Autour de Gérard Sire, il y avait Philippe Bouvard, Rémo Forlani, Jacques Martin, Jean Yanne et moi. Et avec tous ces talents, il a réussi à faire faillite ! Nous étions tous responsables d'un secteur, le premier faisait de la radio, un autre de la chanson, un troisième du cinéma, etc. Nous avions le sentiment de former une équipe et nous étions heureux de nous retrouver là-bas, rue des Petits-Champs. Nous ne rations jamais une occasion de parler entre nous. Il y avait un enrichissement colossal à fréquenter ces mecs brillants. Ça dégainait très vite. Nous n'avions peur de rien ni de personne et surtout pas des intellectuels, qui terrorisaient tout le monde à l'époque. Nous n'avions pas peur de la critique. En fait nous n'avions rien à foutre de rien. Nous nous contentions de vivre. Nous faisions des scopitones, nous étions morts de rire. Nous faisions des émissions de radio, nous étions morts de rire. Nous ne nous prenions pas au sérieux. Nous avions le sentiment d'être une bande d'arnaqueurs, d'escroquer tout le monde. Nous avions l'amour de la vie, et des femmes...

**Dans le film, il y a deux phrases qui font un peu tiquer : « Il n'y a que dans les livres et au cinéma que l'on abuse des jeunes filles », et « Le viol est une invention purement féminine ». Est-ce pour vous attirer les bonnes grâces du MLF ?**
Non, c'étaient des conneries. Mais j'ai dit beaucoup de conneries dans mes films. Surtout dans celui-là.

**D'où la question sur l'évolution de votre regard sur les rapports homme-femme. Car même si sur le moment ce n'était pas une pensée profonde, vous aviez peut-être une attitude un peu plus « jeune coq » qu'aujourd'hui.**
Les femmes ont joué un rôle capital dans ma vie. Quand j'ai eu la chance de tomber amoureux, j'ai vraiment pris conscience de ce que cela m'apportait. Quand je suis amoureux, je suis généreux, mon égoïsme est réduit en miettes. J'ai envie que la terre entière soit heureuse. J'ai envie d'en donner aux autres. Je me dis : « Ce n'est pas normal que je sois heureux tout seul. » Être amoureux, c'est la drogue des drogues.

**Le film a des faiblesses. La postsynchro est impossible. La poursuite de voiture est très longue.**
C'est évident, mais la structure dramatique n'est pas mal. Elle est intéressante.

**Parce qu'elle vous permet de manipuler le spectateur. Au début du film, il n'y a pas de doute sur la culpabilité de l'homme. Puis petit à petit, une certaine incertitude s'insinue. On pense aux héros les plus ambigus de l'œuvre de Hitchcock : Joseph Cotten dans L'Ombre d'un doute, ou Cary Grant dans Soupçons...**
J'avais vu les films de Hitchcock et les avais aimés... mais pas plus que ça ! Les cinéastes qui m'épatent sont ceux qui font des films que je n'aurais pas été capable de faire. Resnais par exemple. Ou Annaud, quand il réalise **L'Ours**. Je serais incapable de rester pendant des heures à attendre qu'un ours lève la patte. Je suis dans l'impatience. Alors qu'Annaud possède toute la patience du monde. Nos méthodes sont opposées, mais nos univers ne sont pas si éloignés. J'ai revu **Stalingrad** : le début du film est fabuleux. Sur le papier, le sujet semble taillé sur mesure pour moi. Mais je l'aurais développé autrement. Parce que le film est un peu glacé. Moi, j'aurais parlé des hommes et des femmes enfermés dans Stalingrad, qui se sont cherchés, qui se sont aimés, qui ont fait l'amour dans des conditions épouvantables... Si l'univers d'Annaud n'est pas le mien, celui de Sautet est en revanche très comparable. J'adore ce qu'il faisait, il me manque en tant que spectateur. Mais je sais parfaitement comment il a fait **Les Choses de la vie**. C'est un film que j'aurais pu faire. Et lui m'a dit vingt fois : « Je suis jaloux de **Un homme et une femme**. »

**Et Truffaut ?**
Pour moi, Truffaut est un bon élève. J'adore **L'homme qui aimait les femmes**, **L'Enfant sauvage**, **La Chambre verte**. Je déteste **Le Dernier Métro**, et plus encore **La Nuit américaine**. Je ne comprends pas qu'un homme qui aime le cinéma en parle si mal. Il a réussi à faire croire à la terre entière que c'était ça, le cinéma. Pour ça, je lui en veux. Ce n'est pas cela, le cinéma, toute cette accumulation de petites misères minables ! Il n'a filmé que le petit côté de ce métier. Il n'y a pas encore eu de grands films sur le cinéma. À part **Chantons sous la pluie**, bien sûr, mais c'est un film hors catégories. C'est le chef-d'œuvre des chefs-d'œuvre !

**L'Amour avec des si renvoie d'une certaine manière à Bresson...**
C'est voulu. J'ai essayé de faire parler Guy Mairesse comme dans les films de Bresson. Aujourd'hui, je trouve ça insupportable. Mais comme ça, on ne peut pas découvrir le scénario. Un mec qui parle naturellement, avec un air sympa, on se dit : « Ce n'est pas lui ! » Ce qui est intéressant chez Bresson, c'est que celui qui parle ne dit rien. On ne sait pas si ce qu'il dit est vrai ou faux.

**Avec vous non plus, on ne sait pas trop ce que dit le type, surtout quand le dialogue est court-circuité !**
C'est vrai que dans la scène avec le curé, on se demande : « Qu'est-ce qu'ils ont pu se dire ? » On a la certitude que le type s'est confessé.

**Noyer le dialogue pour le rendre inaudible, il n'y en a plus qu'un aujourd'hui qui fait cela : c'est Godard.**
Chez Godard, cela a sûrement un autre sens. Ce que vous disiez sur la référence à Hitchcock est vrai. Là, j'essaie d'embarquer les spectateurs sur des pistes diamétralement opposées. Tout repose sur le fait que je trimballe tout le monde. Quand c'est Mairesse qui parle comme dans un film de Bresson, il le fait bien. Quand c'est Magnan, c'est moins intéressant.

**On a noté que le pinard est du Pas-de-Calais ! Or s'il y a un endroit où il n'y a pas de vin, c'est bien Wissant !**
Grosse erreur de la scripte ! En fait, je n'avais pas les moyens d'avoir une scripte. Ce tournage, c'était une opération commando. C'est très curieux, d'abord parce que je savais ce que je voulais faire. Je n'avais pas besoin de grand-chose, trois voitures, cinq acteurs. La régie était facile. Ce qui a tout déclenché, c'est la neige. J'ai mobilisé mon équipe en quarante-huit heures. Puis nous avons tourné le film en dix-huit jours. C'était du bonheur parce qu'on faisait joujou.

**Vous n'aviez pas peur que la neige fonde ?**
Si, bien sûr.

**Les inserts étaient-ils prévus ou sont-ils des enfants du montage ?**
Il était prévu que la radio soit traitée comme un vrai personnage. Le Débarquement, c'était prévu également. Les accidents de voiture sont venus après. Un certain nombre d'effets ont également été improvisés au montage.

**Vous dites que le film parle de la radio. Mais à chaque fois qu'on entend quelque chose à la radio, vous nous offrez des images, comme si on regardait un journal télévisé...**
C'est ça qui me plaisait. Lorsque je suis dans ma voiture, j'écoute énormément la radio et je visualise les informations. Je suis parti du même principe. Je me suis dit que les spectateurs allaient pouvoir visualiser ce qu'ils entendaient. Et puis, je faisais du cinéma tout de même !

**Vous jouez avec cette possibilité de montrer des images. Quand on voit les Brutos, le commentateur dit : « Vous allez beaucoup y perdre puisque que vous ne les verrez pas. »**
Les Brutos formaient un petit groupe qui a eu trois semaines de succès. Ils faisaient des premières parties quand ils le pouvaient. Je les aimais bien : ils me faisaient rire. J'adorais Aldo Maccione. C'est là que je l'ai rencontré. Les Brutos, c'étaient des Marx Brothers, des Stooges à la sauce du moment. Je les avais vus un soir à l'Olympia. On m'a proposé de faire

Guy Mairesse.

le scopitone quand on a pensé qu'ils allaient percer. Je l'ai réalisé seulement quelques jours avant le tournage de **L'Amour avec des si**.
En tout cas, cela aurait été dommage de ne pas les montrer. Quand quelqu'un me raconte une histoire, j'ai besoin de la visualiser. Je ne me cache pas derrière les mots qui, pour moi, ont moins de force que les images. Chaque fois que je peux transformer un délire en images, j'en profite.

Jean-Pierre Melville.

**L'Amour avec des si fait penser au Deuxième Souffle, notamment la scène de l'évasion. À ceci près que vous avez tourné ce film avant Melville... Vous sentez-vous proche ?**
Ce qui est fou, c'est la fascination que nous avions l'un pour l'autre. Nous étions très proches, très amis. C'était ça, le mystère Melville. Par exemple, dans les films de Melville, c'est fou ce qu'on marche. **Le Samouraï**, c'est l'histoire d'un mec qui marche. Quand il m'a montré le début de **Un flic**, la scène du hold-up au bord de la mer, j'ai été hypnotisé. Je n'avais rien vu de plus beau au cinéma. « Si tout le reste du film est comme ça, tu vas faire ton plus beau film. » À ce moment-là, Melville était à son sommet. Il savait filmer l'absence et le vide comme personne. Nous avons eu des rapports étonnants. Nous déjeunions ensemble une fois par semaine. Nous faisions les sorties de films ensemble. Il nous est d'ailleurs arrivé de sortir un film la même semaine : **Le Voyou** et **Le Cercle rouge**. J'avais **Le Voyou** à l'Ambassade et lui son film au Colisée. Et nos deux films marchaient très bien. Alors Melville payait un mec qui mesurait la queue devant l'Ambassade et le Colisée. Et il disait : « La file du Lelouch fait tant de pas, et la mienne fait tant de pas. » Et je lui répondais : « Tu as fait des grands pas ou des petits pas ? »

**Derrière son côté janséniste, c'était un fou furieux !**
Je me souviens de la sortie du **Deuxième Souffle**. Melville était fasciné de voir une queue énorme à la deuxième séance au Colisée. Il me demandait : « Pourquoi ils sont là ? Pourquoi ils sont là ? » Je lui ai répondu : « Va leur poser la question ! » Il y est allé, avec son Stetson et ses lunettes, et il leur a effectivement demandé : « Pourquoi êtes-vous venus voir ce film ? » Les spectateurs disaient : « À cause d'un extrait à la télé. » Lui était furieux. Il aurait voulu entendre :

« Parce que c'est un film de Melville. » Jusqu'au moment où quelqu'un l'a reconnu et lui a dit : « Parce que j'aime bien vos films, monsieur Melville ! » Mais ça ne suffisait pas. Il attendait les gens à la sortie et se faisait passer pour un journaliste de **France Soir**. « Je fais un sondage. Que pensez-vous du dernier film de monsieur Melville ? »

Et Melville était très curieux de mon cinéma, vraiment ! Le jour où **La Bonne Année** est sorti au Normandie, il s'est tapé les cinq séances. Il voulait comprendre ! Comprendre pourquoi il n'était pas capable de faire ce type de films. Quand il a vu **L'aventure c'est l'aventure**, j'ai cru qu'il allait mourir. À l'inverse, j'étais très intéressé par son cinéma. Je lui disais : « Tu fais un cinéma fascinant alors qu'il ne s'y passe rien. Tu fais monter cinq étages à un type. Les cinq étages sont identiques. Et pourtant on est content de monter les cinq étages. »

# PIERRE UYTTERHOEVEN

Pierre Uytterhoeven avec Claude Lelouch dans le bureau de celui-ci.

Uytterhoeven était critique de cinéma. Il écrivait à *Positif*. Il est arrivé au moment où je m'occupais encore de l'affaire de mon père. Pendant près d'un an, en 1960, j'ai été à cheval entre les coussins d'ameublement et le cinéma. Je faisais du coussin de six heures du matin à midi. Puis je tournais des scopitones de midi à sept ou huit heures. Les coussins de mon père nécessitaient un gros travail de manutention. Ils étaient faits rue Saint-Denis et les ouvrières travaillaient toutes dans la périphérie de Paris. Elles montaient les coussins et deux jours plus tard, nous revenions les chercher. Je passais des heures et des heures en voiture. Je partais tous les matins faire la tournée des ouvrières. Je n'y arrivais pas tout seul. Pierre Uytterhoeven est venu me voir pour travailler dans le cinéma. Je crois qu'il était un des rares à avoir vu *Le Propre de l'homme*. Il était venu me dire deux ou trois mots gentils et me demander un job d'assistant stagiaire. Je lui ai dit que dans le cinéma, je n'avais rien à lui offrir. Pour l'instant, ai-je complété, le seul job que je peux proposer, c'est chauffeur. Je partais le matin avec lui faire la tournée des coussins en voiture. Nous ne parlions que de cinéma. Lui avait tout vu et il avait tout lu. Il avait une vraie culture cinématographique. Ce qui fait qu'à un moment donné, j'ai commencé à lui raconter toutes mes histoires. Un jour, il m'a dit : « Est-ce que tu m'autorises à les remettre au propre, parce que tu dis des trucs qui m'amusent ? »

Je me suis aperçu que Pierre était une sorte de mur qui renvoyait les idées en leur donnant de l'ampleur. Ce n'est pas un inventeur. Mais dès qu'on lui donne un os, c'est un rongeur exceptionnel. Il va au fond des choses. Nous sommes donc très complémentaires. Je prends beaucoup de plaisir à travailler avec lui. Je lui donne l'essentiel. Lui le digère et le ressort sous une autre forme. Et puis, il a le sens du dialogue, justement parce qu'il va au bout des choses. Moi, je suis un homme pressé. Je suis toujours dans l'idée suivante. Dans ce cas-là, Pierre me dit : « Stop, cette idée est très bonne, elle mérite d'être développée. » C'est un studieux. Il a été à l'école. Il a trouvé chez moi ce qu'il n'avait pas, la folie, le bouillonnement… Et moi j'ai trouvé chez lui ce côté organisé. C'est un garçon curieux, d'une grande modestie, d'une grande discrétion et qui n'arrive à s'exprimer que par l'écriture. Sur *L'Amour avec des si*, il était assistant. Il n'a vraiment participé au scénario qu'à partir d'*Une fille et des fusils*.

# La femme spectacle 1963

## Misogyne / Tout sur les scènes coupées / « Je plaide coupable » / Vadim réhabilité

**Il semble que La Femme spectacle ne soit pas un film qui vous a laissé un très bon souvenir…**
**La Femme spectacle** est le seul et unique long métrage de commande que j'ai réalisé dans ma carrière. Pierre Braunberger semblait sûr de mon talent. Il sortait de **L'Amérique insolite**, de François Reichenbach, qui avait très bien marché, et voulait entreprendre avec moi un film dans un registre identique. À l'occasion d'un dîner, il m'a demandé : « Lelouch, où voyez-vous aujourd'hui le plus d'insolite ? » Je lui ai répondu que les femmes ne cessaient pas de me fasciner. Et il m'a proposé en rigolant de tourner un film sur ce principe. Sur le moment j'ai trouvé l'idée formidable. J'ai donc accepté, en imposant néanmoins le principe de consacrer le film aux femmes que je n'avais pas envie d'épouser, celles qui me faisaient peur, celles qui me faisaient fuir… C'est ainsi que je me suis retrouvé à réaliser un film misogyne. Sur le moment, je n'avais pas remarqué ce gros défaut.

**La sortie de La Femme spectacle a été mouvementée.**
C'est le cas de le dire. Le film a d'abord été entièrement coupé par la commission de censure. À l'origine il durait quarante-cinq minutes de plus. Nous avons donc refait un montage qui a été accepté. Les scènes coupées montraient des opérations chirurgicales assez pénibles à regarder, ainsi que des prostituées qui avaient accepté d'être filmées et qui mimaient devant la caméra ce que les clients leur demandaient de faire, avec des objets, avec des phrases, avec des positions. Il s'agissait de scènes assez choc. Une fois débarrassé de ces scènes-là, le film est devenu aseptisé. En outre, et afin de donner des gages à la censure, une voix off débite un commentaire bien-pensant auquel je n'ai pas été associé. **La Femme spectacle** est donc un film raté tant sur le point de vue que je développe que sur son caractère faussement scandaleux.

**Avez-vous l'espoir de rétablir un jour La Femme spectacle avec ses minutes manquantes ?**
Non, non. C'est un film raté que je préfère oublier.

**Il représente cependant un témoignage sur les années 60 et la femme d'avant Mai 68.**

Jean YANNE
Gérard SIRE
Janine MAGNAN

C'est un fossile intéressant, mais ce n'est pas un film. Ne faites pas de procès à quelqu'un qui réclame d'être condamné. Je plaide coupable ! C'est une erreur de jeunesse. Pierre Braunberger n'avait qu'une intention : gagner de l'argent, et j'en avais besoin. Cet homme-là avait un œil incroyable pour détecter un metteur en scène, mais dans le même mouvement, voulant avant tout gagner de l'argent, il dénaturait sa découverte. Il a été en relation avec François Truffaut et Jean-Luc Godard, dont il a produit quelques films. Ce n'étaient pas leurs meilleurs. Il ne leur a pas donné les moyens de réaliser leurs délires.

**Le film a-t-il quand même rapporté ?**
Un peu, car il n'a pas coûté cher et il a été vendu à droite à gauche. Mais l'accumulation des scènes outrancières a fini par déboucher sur un film malsain. Moi qui aime les femmes, j'avais honte d'avoir choisi un tel angle et, je le répète, le résultat est lamentable. Pour le coup, je pense que j'aurais préféré tourner un film porno.

**La Femme spectacle fait alterner des passages documentaires avec des sketchs.**
Cette hétérogénéité de ton représentait mon alibi pour me lancer dans ce projet. En mélangeant fiction et réalité, je pensais créer quelque chose de peu courant, ce qui était le cas. La forme n'était pas inintéressante, mais il aurait fallu que le fond le soit aussi, et que je domine le sujet. Je demeure aussi sévère pour les sketchs que pour l'ensemble du projet.

**Nous aimons bien le générique du film avec Jean Yanne et Gérard Sire, rempli de clins d'œil, comme quarante ans plus tard François Perrot et Jean-Pierre Marielle dans Une pour toutes parleront avec dédain de Claude Lelouch.**
C'est vrai, cette partie est réussie. J'ai toujours été lucide sur ma condition, pendant les échecs comme pendant les succès. Je préfère en parler moi-même. Je suis devenu un personnage public, donc je joue avec moi-même.

Gérard Sire et Jean Yanne.

**Vous parlez dans cette ouverture de « cinéma vérité ». Que représentait pour vous ce genre très circonscrit dans le temps ?**
C'était la formule magique de l'époque, bien avant que l'on parle la télé-réalité. Le genre englobait ces films réalisés avec des acteurs non professionnels qui venaient témoigner devant la caméra. C'est le magnifique film de Chris Marker, **Le Joli Mai**, qui l'a le mieux caractérisé. Mais **La Femme spectacle** n'est pas du cinéma vérité. C'est du mensonge type. Aujourd'hui les œuvres les plus réussies sont les plus reconstituées tant la reconstitution est le meilleur moyen d'approcher la vérité.

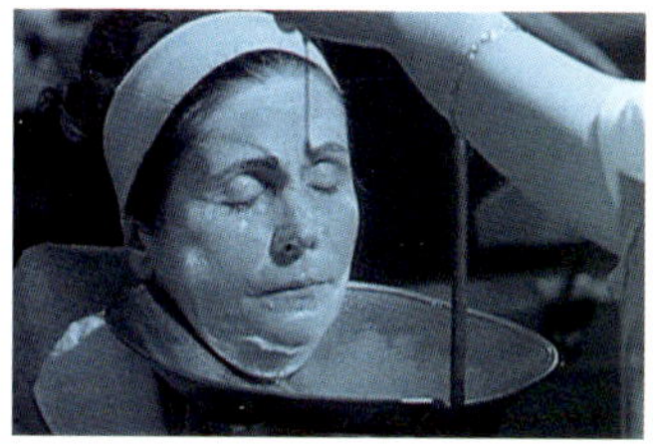

**La Femme spectacle n'était-il pas d'abord un bon moyen de montrer le corps de la femme à une époque où ce n'était pas très courant ?**
Il y avait peut-être un peu de voyeurisme de ma part, quoique je n'aie jamais spéculé sur mon métier à titre personnel... Mais dans les années 60, le sexe n'était pas encore libéré. Le seul qui l'ait abordé au cinéma, c'est Vadim, quelqu'un à qui on ne rend pas assez hommage et qui n'a pas la place qu'il mérite. Vadim a plus apporté par exemple au cinéma que François Truffaut. Mais il a baissé les bras rapidement et il s'est laissé distancer. Il est en tous les cas le premier à enclencher la libération de l'image. Il a représenté un modèle pour les années qui nous attendaient. Il a également tourné mon adaptation préférée, et de très loin, des **Liaisons dangereuses**, beaucoup plus réussie que celle de Stephen Frears, le bon élève sans perversité.

# Une fille et des fusils

1964

Lelouch voyou / « Aujourd'hui, je serais dans le clan adverse » / Le film dans le film / Le cinéma en ligne de mire

Janine MAGNAN
AMIDOU
Jacques PORTET
Pierre BAROUH
Jean-Pierre KALFON

**En 1964, L'Amour avec des si n'étant pas encore sorti dans les salles de France et de Navarre, Une fille et des fusils apparaît comme votre premier succès incontestable...**

Incontestable, je ne sais pas. En tout cas, c'est un succès d'estime, qui frôle les deux cent mille entrées sur la France. Pour autant, ce n'est pas un très bon film. C'est plutôt le brouillon de films à venir. Il y a cent cinquante mille bonnes idées, mais elles sont rarement exploitées comme il le faudrait...

**Quel était le désir à l'origine du film ?**

J'avais envie de montrer des mômes fascinés, illuminés par le cinéma, qui ne savaient pas reconnaître le rêve et la réalité. Ce qui était mon cas à l'époque. J'allais assidûment au cinéma quand j'avais treize ou quatorze ans, avec mes copains de l'école. Et nous prenions tout ce qui était montré pour argent comptant. Nous étions dans l'usine à rêves. Si nous n'avions pas eu des freins puissants, nous serions devenus de vrais voyous. D'autant qu'à ce moment-là les voyous étaient assez bien vus, c'étaient des héros. Alors nous nous disions que toutes ces belles voitures, ces jolies filles, ce fric qui s'étalait partout, tout cela était à portée de la main... C'est un peu par miracle si je suis devenu metteur en scène à la place. Mon amour du cinéma a été plus fort que tout le reste. Et puis je commençais à comprendre que les braquages pouvaient mal tourner. La vraie fin du film, d'ailleurs, c'est la mort de tous les protagonistes. Le réveil en prison[1], c'est une pirouette, une mauvaise pirouette. Elle vient de Braunberger : « Après avoir rigolé pendant deux heures, on ne peut finir le film comme ça, dans le sang. » Je lui ai répondu que c'était pourtant la morale du film. Parce qu'il n'y a pas d'issue pour les voyous. Mais Braunberger, qui pensait que le film possédait un vrai potentiel commercial, a insisté pour que ça se termine bien. Pour plaire aux mômes. Lamentable.

Claude en bagnard. Dessin de Bernard Swysen.

**Vos potes de l'époque, qui ne sont pas devenus cinéastes, ont-ils tourné voyous ?**

J'habitais boulevard de Strasbourg. Je faisais partie de la bande de la République. Dans la bande, tout le monde rêvait de faire un coup un jour. En attendant, nous, la bande de la République, nous attaquions la bande de Montmartre. Nous nous lancions bêtement des défis, comme dans les films, pour savoir qui étaient les plus forts. Car ceux qui étaient les plus balaises pouvaient tomber les filles. Quand il y avait une bagarre et qu'elle se terminait bien pour nous, nous savions que nous pourrions emballer celles qui avaient assisté à l'affaire. C'était une drôle d'époque...

**Vous nous décrivez plutôt ce que les braves gens nommaient les blousons noirs, pas de véritables gangsters...**

Il y avait pourtant des flingues qui circulaient, des couteaux, des matraques, des coups-de-poing américains. Nous aurions pu faire de grosses bêtises... J'avais fait des études lamentables. La plupart des copains que je fréquentais à l'époque ont mal fini, en prison ou au cimetière... Vous pensez bien que je faisais le désespoir de ma famille, car je passais plus de temps dans la rue qu'à l'école. Mais au final mon amour du cinéma m'a sauvé : à un moment donné j'ai compris que je devais tourner la page.

**Dans Une fille et des fusils, vous nous offrez une sorte de pot-pourri, avec du western, du polar, du cinéma muet même, au début avec des intertitres. Il y a même du dessin animé façon Tex Avery au moment où la fille se déshabille devant Amidou...**

C'était une façon de transcrire cette confusion qui était la nôtre à l'époque. Le cinéma avait sur nous une influence beaucoup plus grande qu'aujourd'hui.

**Pour la première fois, vous vous êtes amusé à intégrer un tournage dans le film, tous deux portant le même titre...**

Quand on voit ce film, il n'a d'intérêt que parce qu'il me fait passer du mauvais côté au bon côté. Ce film est le souvenir que j'avais de ces naïfs... Je me rappelle que l'attaque du paquet de chewing-gum, on l'avait faite. J'avais dit que si on était capable d'attaquer un paquet de chewing-gum, on pouvait attaquer une banque. Ce qu'il y a formidable, c'est qu'à l'époque, le film faisait rire tout le monde !

**Vous affichez une liberté très « Nouvelle Vague ». Vous filmez Paris comme le faisaient Godard, Truffaut ou Rivette... Et vous vous amusez avec la caméra...**

Mais à l'inverse de ces hommes, qui étaient très cultivés, je restais un môme des rues, un Gavroche...

**Truffaut aussi en était un...**

Truffaut aurait pu mal tourner, lui aussi. Mais il a rencontré Bazin. Moi, j'ai rencontré le cinéma. Sans

1. Il existe en effet deux fins, dont une montrant que le film n'était que le rêve de prisonniers.

le cinéma, je ne sais pas ce qui ce serait passé. J'ai un peu volé, notamment quand je suis allé à Londres pour y apprendre l'anglais. Là-bas, j'ai dévalisé tous les magasins. Je volais des conneries dans les boutiques de souvenirs, pour ramener des cadeaux à toute ma famille.

Tournage de *Une fille et des fusils*.

**Comment avez-vous trouvé les quatre comédiens du film ? Ils débutaient tous, quasiment…**
Jean-Pierre Kalfon avait fait un peu de théâtre. Pierre Barouh, je l'avais rencontré pendant les scopitones. Il commençait à être connu dans la chanson… Amidou, je l'ai trouvé en faisant faire des essais. Jacques Portet était un copain de Kalfon. Et il y avait Janine[2]… Les autodidactes sont obligés de faire tout le parcours. C'est miraculeux que je ne sois pas mort vingt-cinq fois. Ce qui est fou, c'est qu'il y avait comme un petit snobisme autour de ce film. Certains spectateurs étaient fous de ce film, fous. Les fans allaient le voir deux ou trois fois… Aujourd'hui, je trouve que le film est plein de défauts. Je souffre quand je le revois, je suis détruit. Et en même temps, il montre d'où je suis parti. Il ne faut pas avoir honte de ses racines…

**Il y a dans ce film une fougue, une naïveté qui passent bien, même s'il y a bien des choses que vous ne referiez plus.**
Si je devais être l'avocat de Claude Lelouch, je dirais que ce film montre à quel point je suis sincère. Je n'ai pas essayé de tricher. J'ai raconté des histoires sans savoir écrire un scénario. J'ai dirigé des acteurs sans savoir comment on travaille avec eux. J'ai fait composer de la musique de film sans savoir ce qu'était la musique de film. J'ai toujours dit qu'il m'a fallu faire quarante films pour apprendre ce métier. Je l'ai appris par moi-même, en souffrant. Je souffre encore : revoir aujourd'hui un film comme celui-ci, c'est pour moi une véritable flagellation. À l'exception de **Pour un maillot jaune**, mes premiers films sont de véritables brouillons. **Un homme et une femme** est mon premier film digne de ce nom. Je suis né avec **Un homme et une femme**…

**Aviez-vous, à ce moment-là, le sentiment d'avoir une responsabilité, de construire une œuvre ? Ou bien pensiez-vous qu'il fallait avancer quoi qu'il en coûte ?**
J'étais un peu innocent. J'aimais la vie comme les voyous l'aiment… J'aimais baiser, conduire de belles bagnoles. Mes désirs n'étaient pas très sophistiqués. J'étais un petit animal instinctif. L'action était primordiale. Je réfléchissais après. Mais en même temps, tout s'enchaîne : si j'avais réfléchi, je n'aurais pas réalisé **Une fille et des fusils.** Et si je n'avais pas fait **Une fille et des fusils**, je n'aurais jamais signé **Un homme et une femme** non plus. **Un homme et une femme** succède à une série de six films ratés, à des degrés différents. Au moment de **Un homme et une femme**, je n'ai plus un rond. Je suis à deux doigts de la faillite. J'ai réalisé le film en trois semaines, en me disant : « Les dettes, je ne les payerai que dans six mois, par le jeu des traites. » Il n'y a pas chez moi de calcul.

**Une fille et des fusils contient une autre référence au cinéma, dans la séquence avec la pin-up. Brigitte Bardot est évidemment la star des stars au moment où vous faites le film. Sa notoriété va au-delà du monde du cinéma. Elle est le symbole d'une France moderne et libre, opposée à la France rance. Que représentait-elle pour vous ?**

Brigitte Bardot dans *En cas de malheur*.

Je n'ai jamais fantasmé sur elle. Mais j'étais fasciné par le phénomène. Elle était pour moi une curiosité. D'ailleurs je ne me serais pas moqué d'elle comme ça dans le film si je n'avais pas eu un brin d'admiration. Comme comédienne, je la trouvais vraiment bien. Elle m'épatait. Elle semblait parfois un peu cucul. En fait, elle était à l'écran comme à la ville. Elle était elle. Elle n'a pas fait que des bons

Amidou.

2. Janine Magnan, déjà présente dans les précédents films de Claude Lelouch.

films, mais certains d'entre eux tiennent très bien la route : **Et Dieu créa la femme**, **Cette sacrée gamine**, **En cas de malheur** bien sûr. Sans oublier **La Vérité**...

**Dans Une fille et des fusils, le metteur en scène que l'on voit tourner est un cinéaste à l'ancienne, pas du tout « Nouvelle Vague » !**

Tout à fait. Le rôle est tenu par André Chamson, sociétaire de l'Académie française. Il adorait mon cinéma et il est venu faire un tour dans le film par amitié. Il y avait quelques mecs dans Paris qui pensaient que j'étais un vrai cinéaste. Dont Braunberger, qui disait : « C'est Lelouch qui ira le plus loin, c'est lui qui restera, c'est lui qui va inventer le futur cinéma. »

**À vous entendre, vous feriez aujourd'hui partie des détracteurs du Lelouch de l'époque si vous découvriez ces films pour la première fois...**

C'est évident. Si aujourd'hui, je découvrais **Une fille et des fusils**, je serais dans le camp adverse. Ce qui prouve que j'ai effectué tout le parcours. Je suis persuadé d'une chose : tout ce que j'ai réussi dans la vie, je l'ai d'abord raté. C'est l'échec qui fait avancer. Aujourd'hui encore, certaines scènes ratées au tournage deviennent sublimes une fois montées. Bien sûr le montage ne rattrape pas tout, mais il peut donner un autre sens à une scène. Parce que je conserve trois secondes sublimes au milieu d'une scène impossible, et que je coupe tout le reste. Elles sont isolées, on ne sait pas d'où elles sortent. Dans **Une fille et des fusils**, il y a des mouvements de zoom toutes les trente secondes. En même temps, ça donne une vigueur au film. Même si le résultat n'est pas très bon, il ne faut rien changer. À part la fin, qui est minable, je le répète. Cet épilogue en prison lui enlève toute sa noblesse.

# LES PIEDS NICKELÉS

*Les Pieds nickelés*, par Louis Forton.

*Smic Smac Smoc.*

Dans plusieurs de mes films, *L'aventure c'est l'aventure*, *Tout ça… pour ça !*, *Une fille et des fusils*, *Smic Smac Smoc*, *Une pour toutes*, j'ai mis en scène des groupes de potes qui sont là pour déconner, ou plus si affinités. Pour moi, ils représentent un hommage à la cour de récréation, là où j'ai appris ce qu'il y a d'essentiel dans l'existence. Dans cette cour de récréation, je me suis imposé comme le chef, alors que j'étais le cancre de la classe. J'ai fait des blagues incroyables à mes professeurs. Le nombre de fois où je me suis fait mettre à la porte ! Pour moi, les Pieds nickelés incarnent le système D, qui est le joker de ceux qui n'ont rien. Un de mes meilleurs amis est le roi du système D. Il a de l'argent, mais il ne peut pas aller à Roland-Garros en payant. Il veut y aller gratuitement et être bien placé. Il a les billets. Il ne les montre pas,

*Une fille et des fusils.*

Les Marx Brothers dans *Une nuit à l'opéra.*

*L'aventure c'est l'aventure.*

*Une pour toutes.*

mais il passe partout au culot. Car il vaut mieux connaître le mec qui met les tampons plutôt que le président de la République. Et les Pieds nickelés connaissent les personnes qu'il faut quand il faut. Ils sont l'apologie du culot, comme les Marx Brothers. J'ai toujours une tendresse folle pour ceux qui savent faire quelque chose avec rien. Les héritiers ne m'épatent pas, même s'ils réussissent. Ce qui m'a fasciné chez Tapie c'est qu'il vient des Pieds nickelés et du système D. C'est ma façon à moi de faire de la politique et d'être du côté des plus démunis. Mais je le reconnais, j'ai mes contradictions : si j'aime le désordre et si j'encourage une certaine forme d'anarchie pendant le tournage, je deviens un féroce défenseur de l'ordre au montage.

*Tout ça... pour ça !*

*Claude Lelouch à dix-sept ans devant la piscine de Trouville.*

# Les grands moments 1965

## Des parfums annonciateurs / Tout faux / Un million pour ne pas sortir / Les quatre leçons de l'élève Lelouch

**Comment jugez-vous Les Grands Moments quarante ans après avoir pris la décision de ne pas le montrer ?**
Il y a des idées dans le film, des parfums annonciateurs de **L'aventure c'est l'aventure**, de **Tout ça… pour ça** !. Mais il n'est vraiment pas regardable. Avec ce film, j'avais une nouvelle fois tout faux. Sa naissance, d'abord, était artificielle. Bien que critiqué et attaqué, **Une fille et des fusils** avait rencontré un petit succès d'estime. Je m'étais dit qu'il serait intéressant de pousser le scénario plus loin. Une idée que j'aurais pu garder pour moi ! J'ai spéculé sur un tout petit succès. Il est vrai que j'étais encouragé par Pierre Braunberger, qui pensait que j'étais prêt pour tourner un grand film. Il a eu raison trop tôt, puisque le film suivant, c'est **Un homme et une femme**. Donc il a eu tort. Et moi je lui ai proposé de reprendre les mêmes comédiens que dans **Une fille et des fusils**. J'étais jeune, je m'amusais bien avec eux. Nous avons produit un film de potaches, qui n'a pas de sens, un film qui, selon mes critères, ne méritait pas de sortir. Et il n'est pas sorti…

**Selon vous, Les Grands Moments est-il le plus raté de vos films ?**
Je le crois, d'autant que pour la première fois je disposais de moyens : le scope, le camion, un héli-

Jean-Pierre KALFON
Pierre BAROUH
AMIDOU
Jacques PORTET
Janine MAGNAN

coptère… Sa seule circonstance atténuante, c'est de préparer la suite…

**À quel moment vous êtes-vous rendu compte de sa médiocrité ? Quand vous l'avez montré aux distributeurs ?**
Effectivement, pendant le tournage, j'y croyais encore. Mais mes illusions sont vite retombées quand je l'ai montré aux distributeurs. Aucun n'en voulait. J'ai commencé à me dire que je m'étais trompé de métier. Je ne doutais pas de mon désir de faire du cinéma, mais je n'étais pas persuadé de ma valeur… J'étais seul. Tout ce que j'avais fédéré de positif autour de moi devenait négatif. Pourtant le film a été montré au festival de Hyères, où j'avais obtenu l'année précédente le grand prix avec **Une fille et des fusils**. C'est la veille de sa présentation que nous avons appris que **Un homme et une femme** était sélectionné pour le festival de Cannes.

**Vous n'avez jamais eu la tentation de sortir le film après coup, une fois votre talent reconnu ?**
Non. Tout de suite après le succès de **Un homme et une femme**, tout le monde voulait le voir. Pierre Braunberger me disait qu'il voulait le distribuer. Je lui ai répondu qu'il serait dommage que ceux qui avaient aimé **Un homme et une femme** fassent marche arrière. Je savais que Pierre avait crevé son budget et qu'il voulait rentrer dans ses frais : comme j'avais désormais de l'argent, je lui ai racheté les droits des **Grands Moments**. J'ai donc déboursé un million de francs pour que le film ne sorte pas. Mon premier film, **Le Propre de l'homme**, était resté une semaine à l'affiche. **Les Grands Moments** a donc fait mieux, puisqu'il n'est même pas sorti…

**Certaines scènes sont-elles néanmoins réussies ?**
La scène du viol je crois possède une certaine force. Et j'aime bien quand le personnage incarné par Kalfon dit qu'il croit en toutes les religions et qu'en conséquence il les pratique toutes. Mais une nouvelle fois, ce film est un brouillon…

**Un banc-titre nous annonce pendant certaines scènes de bagarre que nous comprendrons la raison de celles-ci dans quinze minutes, dix minutes… Le procédé est sans doute potache mais il annonce aussi vos flashs forward de Hasards ou Coïncidences ou les sous-titres qui prennent le spectateur à témoin…**
C'est vrai. Je ne regrette pas d'avoir fait **Les Grands Moments**, car j'en ai retenu la leçon. J'ai reçu quatre leçons importantes dans ma carrière : **Le Propre de l'homme** m'a expliqué que le cinéma a besoin de raconter une histoire au sein d'une structure ; **La Vie de château**, qu'il ne faut jamais partir sur une histoire à laquelle on n'adhère pas ; **La Femme spectacle**, que les films de commande sont à proscrire ; **Les Grands Moments** enfin m'a appris que les génies n'existent pas, et qu'une bonne idée nécessite énormément de travail. Or, si l'idée était là, il n'y a pas eu de travail.

**C'est ce qu'on appelle faire ses classes. Ceux qui pensent que Un homme et une femme est votre premier film n'ont pas réellement tort !**

Tournage des *Grands Moments*.

Il l'est également pour moi ! Les films précédents ont joué le rôle d'une école grandeur nature, des études que j'ai pu m'offrir grâce aux scopitones. C'est vrai, ma carrière commence avec **Un homme et une femme**, à partir duquel tous mes autres films, réussis ou pas, ont un sens. Avec la Palme d'or et l'Oscar, j'ai bénéficié de surcroît d'un passeport de rêve. J'ai continué à apprendre. Ma dernière grande leçon m'a été donnée par la trilogie : « Savoir sélectionner encore et toujours dans ce que l'on a. » C'est toute la différence entre **Le Courage d'aimer** et **Les Parisiens**…

# Un homme et une femme

1966

Blues rue de Lübeck / Une femme sur la plage / Au tour du Tour / Un tournage de rêve / Les larmes de Bob Hamon / Les bonus infinis / Miracle à Saint-Lazare / Au cœur du rallye / Consécration cannoise

Anouk AIMÉE
Jean-Louis TRINTIGNANT
Pierre BAROUH
Valérie LAGRANGE
Antoine SIRE
Souad AMIDOU
Henri CHEMIN
Yanne BARRY
Paul LE PERSON
Simone PARIS
Gérard SIRE

**Tout ce qui vous est arrivé depuis vos débuts ne laissait guère augurer du triomphe de Un homme et une femme. Vous étiez un peu englué, et pourtant tout à coup vous vous retrouvez sous les feux de tous les projecteurs...**

Cela ne s'est pas fait d'un seul coup. Mes succès commencent toujours par des échecs. Sans le fiasco des **Grands Moments**, je n'aurais sans doute pas réalisé **Un homme et une femme.** Pierre Braunberger m'avait poussé à soumettre **Les Grands Moments** à la commission de sélection des films du festival de Cannes. À la fin de la projection, Maurice Rheims, qui était membre la commission, a appelé Pierre : « Comment avez-vous le culot de nous envoyer une merde pareille ? » C'était d'autant plus difficile à avaler que Maurice Rheims avait jusque-là aimé mes films. Cette fois-là, il était atterré, tous les membres de la commission également, et leur dépit avait ébranlé Braunberger. Quand Pierre est venu me raconter cela, j'étais sur les genoux. Tout était déjà si compliqué pour sortir une copie, et la réaction de la commission m'a achevé... Pour moi, c'était la fin du monde, ou du moins la fin de ma carrière de cinéaste. À une heure du matin, Pierre m'a entraîné dans un bistro à côté de la rue de Lübeck : « Claude, je ne comprends pas, moi j'aime bien le film... » Maurice Rheims nous a rejoints. Il s'est mis à redémolir le film. Vous ne pouvez pas imaginer le mal que cela m'a fait. J'avais quand même mis beaucoup de moi-même... Et Pierre en a rajouté une louche : « Vous savez, Claude, maintenant il faudra au moins une dizaine d'années pour faire oublier ce film. » Et il est parti. Je me suis retrouvé tout seul, comme un con, dans la rue. J'ai appelé Janine Magnan : « Écoute, j'ai de gros soucis avec le montage du film. Je ne rentre pas ce soir... » En fait je voulais rester seul. Et très honnêtement, j'avais, sans me l'avouer, envie de mourir.

**On vous a connu plus combatif !**

La fatigue est un ennemi terrible. J'ai pris ma voiture et je me suis mis à rouler. J'ai pris la direction de Deauville. À l'époque l'autoroute ne dépassait pas les trente kilomètres. J'étais à deux cents kilomètres-heure sur les petites routes. Il pleuvait. Je roulais comme un malade, comme si je recherchais l'accident. Je me disais : « Si j'y passe ce soir, ce n'est pas grave. » Mais je suis quand même arrivé à Deauville, sur le coup de trois heures du matin. Je me suis garé sur les planches. Je ne pouvais pas aller plus loin, la mer me barrait le passage. J'étais tellement épuisé que je me suis endormi. Si j'avais eu un peu de force, je me serais peut-être supprimé... Pendant le voyage, je m'étais fait l'avocat du diable, j'avais jugé mon parcours sans me chercher d'excuses. J'avais fait six bides, et je me disais que je n'avais plus aucune chance de m'en sortir... Ces deux cents kilomètres entre Paris et Deauville, cela a été mon chemin de croix...

Ce que j'ai pu souffrir pendant ces deux heures ! Sur les planches, j'ai dormi deux ou trois heures. Le soleil m'a réveillé. Si j'avais été garé différemment, peut-être que je ne me serais pas réveillé... J'ai ouvert les yeux. J'ai regardé la plage sur ma gauche. Et j'ai aperçu une jeune femme, un enfant et un chien. L'enfant était tout petit. Il marchait à peine. Le chien gambadait. La lumière était à tomber à la renverse, j'avais envie de respirer. Je suis sorti de la voiture. J'avais envie de marcher vers cette femme, de voir

son visage. La silhouette était belle. En avançant vers elle j'ai commencé à me raconter une histoire... Que faisait-elle là à six heures du matin ? La plage était déserte. À cet instant l'idée de **Un homme et une femme** m'est venue. J'avais l'impression que l'on me soufflait l'histoire pendant que j'avançais vers cette femme. Arrivé à une centaine de mètres d'elle, j'ai décidé de faire demi-tour. Il fallait que je mette tout ça par écrit. Sinon, je risquais de l'oublier ! Je ne connaîtrai jamais le visage de cette femme. Je ne saurai jamais si elle était belle ou non.

**Vous en rendez compte comme Bernadette Soubirou a raconté l'apparition de la Vierge devant la grotte de Lourdes...**

Fichez-vous de moi ! Tout est vrai. Je suis retourné à ma voiture à toute allure. J'étais l'homme le plus heureux du monde. À quoi tient la vie ? Au soleil, à l'air, à la mer. L'amour de la vie que j'essaie de transmettre à travers mes films vient de là. En deux heures, je venais de passer de l'enfer au paradis. Dans la voiture, je n'ai pas trouvé de papier. Je suis allé à la gare. Il n'y avait qu'un seul café ouvert. J'ai pris un café.

J'ai demandé un bloc de papier. Le temps était en train de changer, la pluie commençait à tomber. Mais la lumière était encore sublime parce que le ciel était chargé et que le soleil passait à travers les nuages. J'ai observé le ciel, j'ai pris mon bloc, et en deux heures j'ai écrit le scénario de **Un homme et une femme**.

**C'est ce qu'on appelle de l'inspiration !**

L'image de cette femme et de ce chien, c'est la plus belle image que j'ai vue de ma vie. D'ailleurs, dans **Un homme et une femme**, ce sera la plus belle séquence...

**L'image est d'ailleurs citée dans Qu'est-ce qui fait courir David ?**

Et dans d'autres films. Notamment dans **Confidences pour confidences**, de Pascal Thomas, où je joue mon propre rôle ! Vous voyez : il a suffi d'une image pour changer ma vie. L'image d'une femme que je n'ai jamais rencontrée... J'ai d'ailleurs lancé un appel après la sortie du film : si cette femme se reconnaissait, qu'elle le fasse savoir ! Je n'ai jamais eu de réponse. Peut-être que c'est mieux ainsi...

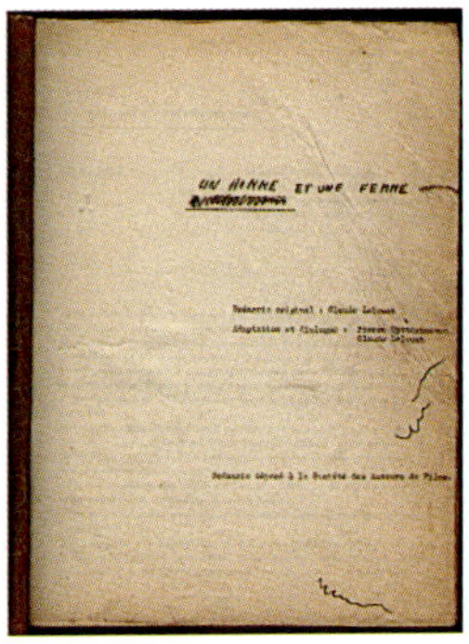
UN HOMME ET UNE FEMME

Le scénario original de *Un homme et une femme*.

**En attendant, vous étiez sur un petit nuage...**

Tout à fait. Mais pendant ce temps, à Paris, la vie continuait. Pierre Braunberger dans son bureau avait déjà reçu vingt coups de téléphone lui disant que **Les Grands Moments** était nul. Le distributeur ayant vu le film à son tour l'a jugé insortable. J'ai appelé Braunberger : « Pierre, j'ai trouvé la solution pour **Les Grands Moments** : **Un homme et une femme** ! » Je lui ai raconté l'histoire... Lui croyait que j'avais bu. Je suis rentré à Paris à toute vitesse. S'il y avait eu des radars à l'époque, ils auraient explosé. Mon retour sur Paris, c'était la remontée de Trintignant de Monte-Carlo dans **Un homme et une femme**. En voiture, j'ai trouvé une profession à mes deux protagonistes : lui est pilote automobile, elle travaille dans le cinéma. Tout simplement parce que c'était le métier que je connaissais le mieux. Je suis arrivé à Paris et je me suis précipité dans le bureau de Pierre. M'y attendaient des mines d'enterrement. Pierre était en pleine déprime, il se disait au bord de la faillite. Il n'était pas du tout prêt à entendre mes nouvelles élucubrations. « Une histoire d'amour ? En ce moment, ce sont les polars qui marchent. Et votre histoire n'a aucun intérêt, c'est nul. » Il m'a refroidi, il m'a tué une deuxième fois. J'ai quand même voulu tester mon histoire. J'ai appelé Pierre Uytterhoeven. Mais la pression était retombée. Il n'y avait pas de raison que Pierre s'investisse comme je l'avais fait, sa vie n'était pas en jeu. Mais il s'est

Pierre Barouh, Anouk Aimée et Claude Lelouch.

mis au travail avec détermination. Tout n'a pas été sans difficulté, mais nous n'avons pas eu à nous plaindre. Notamment quand on a su que Trintignant acceptait le rôle du coureur automobile. Mais je n'avais pas d'argent. Il m'en fallait absolument. Ne serait-ce que pour financer l'écriture, payer un peu Uytterhoeven, et moi éventuellement... C'est Simone Paris et Jacques Villedieu, son compagnon, qui m'ont tiré d'affaire. J'étais tricard chez les producteurs, au vu de mon parcours semé de bides. Villedieu a eu l'idée de dire qu'il allait signer le film... Mieux, il m'a ouvert les portes du Tour de France. Il était ami avec Jacques Godet, le directeur du Tour. C'est comme cela que je me suis retrouvé dans l'aventure de **Pour un maillot jaune**. L'idée était de montrer les à-côtés du Tour... Et me voilà embarqué pendant un mois sur les routes de France. J'avais des dettes, je m'attendais à être mis en faillite, puisque j'étais coproducteur des **Grands Moments**... Mais la faillite ne devait être prononcée que quelques mois plus tard. Avec des reports, je pouvais tenir le coup jusqu'en décembre ou janvier. J'avais donc six mois devant moi. Je faisais encore quelques scopitones pour manger. Mais moins qu'avant, parce que cela ne m'amusait plus. Je me suis donc lancé dans l'affaire du Tour de France. Le tournage s'est étalé sur juillet, le montage a pris le mois d'août. Et nous avons montré le film en septembre. Il a fait un triomphe. Godet était ravi : « Jamais le Tour n'a été filmé de cette façon ! » L'affaire nous avait rapporté cent mille francs. C'est le vélo qui a sauvé les Films 13. Mais pour financer **Un homme et une femme**, il aurait fallu trouver cinq cent mille francs. On a lancé la

Anouk Aimée et Jean-Louis Trintignant.

machine, en se disant qu'on verrait bien… Trintignant m'a amené Anouk Aimée. J'ai commencé à négocier avec les agents. Anouk demandait cinquante mille francs, Trintignant pareil. Moi, je voulais leur donner des participations. Mais l'agent d'Anouk et de Jean-Louis, Gérard Lebovici, était catégorique : « Pas question d'accepter une participation de la part de ce mec qui sort de six bides ! Vous prenez vos cinquante mille francs, vous faites vos semaines et vous revenez à la maison. »

**Comment s'est déroulée la préparation ?**
Très bien ! Je n'avais plus grand-chose à perdre puisque je n'avais plus rien. J'étais assez serein. J'ai monté l'équipe, une dizaine de techniciens. Nous n'avions pas les moyens de faire mieux. Ce n'était pas le staff habituel. Nous étions dans l'amateurisme le plus total, mais il fallait bien se débrouiller avec les cent mille francs. Dans un désordre intégral compensé par un enthousiasme féroce, nous sommes arrivés au tournage.

**Et si Un homme et une femme n'avait pas marché ?**
Cela aurait débouché sur la faillite des Films 13, provoquée par un mec inconséquent et irresponsable. À partir du moment où Anouk Aimée, qui la veille du tournage refusait de monter en bateau, m'a dit : « Écoutez, Claude, faisons au moins un essai demain matin, tournons une scène ensemble », à partir de cet instant-là, tout n'a été que du bonheur. Les dieux ont été avec moi. Et cela dès les premiers plans. La veille du tournage, je suis allé faire un repérage avec mon chef opérateur sur la plage de Deauville. Tout à coup, ça a été le déluge sur la ville. J'ai dit à l'opérateur : « Sors le Caméflex, cet orage, il faut que je le filme. » L'orage a cessé. Le soleil a percé. Le mec qui boite dans le film, il était sur la digue avec son chien. Nous l'avons filmé. Je savais que cette image aurait sa place dans le film, mais je ne savais pas encore à quel endroit. J'ai glissé à Jean Collomb : « Cet homme qui marche avec ce chien, c'est sublime ! » À peine ai-je dit cela qu'est apparu sur la plage un autre mec avec un autre chien qui gambadait comme le premier. Longue focale 250 mm sur le chien que l'on a filmé pendant cinq minutes. Avant même d'avoir officiellement commencé le tournage, j'avais déjà tout le générique sur les planches, la lumière idéale, le ciel qui explose…
C'est ce jour-là que j'ai commencé à croire en Dieu. J'étais clairement son stagiaire et c'était lui qui faisait le film.

**Terry Gilliam aurait pu dire exactement le contraire quand les éléments se sont ligués pour l'empêcher de faire son Don Quichotte…**

Je me suis moi-même posé la question après la mort de Patrick Dewaere. Depuis lors, je me demande avant chaque film quels sont les désirs du grand metteur en scène qui contrôle le jeu de la vie des hommes.

**Si vous vous étiez planté, qu'auriez-vous fait ?**

Je me serais lancé dans les affaires. J'aurais acheté des trucs que j'aurais revendus. Mais très honnêtement, je n'y pensais pas. J'étais convaincu que le film allait marcher parce que je me sentais prêt. J'ai été rassuré dès le premier jour, alors que le tournage avait mal commencé. Lorsque j'ai débarqué sur le plateau, j'étais à bout de souffle. Je devais tourner la séquence du ponton, la toute première scène du film, celle où Anouk raconte **Le Petit Chaperon rouge**. J'étais fatigué et à deux doigts d'abandonner... Je n'avais pas dormi de la nuit, je n'avais plus un sou, je voyais tout en noir. J'avais en mémoire le précédent de **La Vie de château**... Je me souviens avoir dit à Jacques Villedieu sur le ponton de Deauville : « À moins d'un miracle, nous ne pourrons pas finir le film. Nous ne dépasserons pas la première semaine de tournage. » Mais une fois de plus les choses ne se passent jamais comme on l'imagine. Dès ce premier jour, j'ai enchaîné les miracles les uns derrière les autres. La première scène s'est révélée magique, la seconde plus encore. Tout s'enchaînait à merveille. À partir cet instant, je n'ai pas quitté mon nuage. La Palme d'or, les Oscars, le succès... Le miracle va durer deux ans. Deux ans pendant lesquels tout a marché, les montagnes tombaient les unes après les autres. La seule faille dans cet océan de bonheur, c'est un retour d'angoisse qui allait durer quarante-huit heures au moment où j'ai terminé le film. Pierre Braunberger, qui n'avait pas été séduit par le scénario, n'a pas non plus aimé **Un homme et une femme** une fois terminé...

**C'est paradoxal qu'il vous lâche au moment où vous allez enfin avoir du succès...**

Pierre Braunberger était présent depuis le début de mon aventure. Mais l'épisode de **La Femme spectacle**, dont il avait refait le montage, celui des **Grands Moments**, qui ne sortait pas, l'avaient quelque peu échaudé... Quand on est dans une dynamique de succès, tout est possible. Après **Un homme et une femme**, j'aurais pu aller voir n'importe quel producteur et lui proposer l'histoire d'un type qui dit bonjour, il m'aurait répondu : « C'est un scénario génial ! » Mais derrière le bide, c'est l'inverse, la défiance est forte. Hormis la réussite suédoise de **L'Amour avec des si** et l'éphémère succès d'estime de **Une fille et des fusils**, je n'avais que des échecs. Pierre Braunberger ne voulait pas produire **Un homme et une femme**, mais il a précisé : « Soyez gentil, si vous faites le film, montrez-le moi en premier, pour le plaisir ! »

C'est ce que j'ai fait. Lorsque le film a été terminé, la première projection a été pour lui. Je n'avais alors pas de distributeur, rien que ce film fait à l'aveugle, avec la passion du cinéma comme seul ingrédient.

**Vous souvenez-vous du jour où vous avez montré le film terminé à Braunberger ?**

J'aurais du mal à l'oublier. J'ai organisé une projection rue Lauriston. Ce jour-là, Pierre est venu avec sa femme et ses deux enfants. Les petits ont été insupportables pendant toute la projection : ils ont pleuré, ils voulaient faire pipi, ils poussaient les fauteuils... Ce qui fait que Braunberger a passé les trois quarts de son temps dans le couloir et qu'il n'a pas vraiment vu le film. Quand je l'ai interrogé à la sortie, il était manifestement ailleurs. J'étais catastrophé. Je n'avais plus un radis, j'étais à deux doigts de déposer le bilan de ma société. J'ai tenté le tout pour le tout : « Je suis dans la merde, si vous me donnez deux cent mille francs, je vous donne cinquante pour cent du film. » Braunberger a dit non. Et le film battra tous les records de recettes du cinéma français à travers le monde ! En attendant, je me suis retrouvé à six heures du soir, tout seul sur le trottoir de la rue Lauriston, en me disant : « C'est mon septième film et je n'ai toujours rien réussi... » À ce moment-là est arrivé, pour une autre projection, Bob Hamon, à qui je devais un film.

**Vous lui deviez un film ?**

Pendant le tournage de **Un homme et une femme**, j'étais pris à la gorge. Un jour, j'ai croisé Bob Hamon sur les Champs-Élysées et je lui ai dit : « Je suis en train de finir un film, mais je n'ai plus un rond. Je ne sais pas de quel côté me retourner. Les banques ne donnent rien, je n'ai pas de distributeur... » Bob m'a alors octroyé cinquante mille francs pour finir le film, à condition que j'accepte de réaliser un long métrage dont il serait le producteur, une histoire de Barbe-Bleue moderne avec des bonnes femmes dans la glace, une histoire à dormir debout ! Mais comme j'avais besoin d'argent, j'ai signé...

**Bob Hamon est donc arrivé rue Lauriston...**

Il m'a aussitôt demandé : « Alors, ton film ? Quand est-ce que tu me le montres ? » Nous avons décidé qu'il le verrait juste après sa projection, à huit heures. J'ai donc attendu deux heures, et ces deux heures-là ont été les plus longues de ma vie. Je voyais le dépôt de bilan, la faillite, la fin de ma carrière... Bob Hamon est sorti comme prévu de sa projection et il a visionné **Un homme et une femme**. Pendant ce temps je suis allé marcher dans la rue pour gamberger. Les idées noires ne m'avaient pas quitté. À dix heures, je suis allé accueillir Bob à la sortie. Il était tout seul dans la salle. Il était en larmes ! Il m'a dit : « C'est le plus beau film que j'aie vu de ma vie ! » Il n'arrivait pas à reprendre ses esprits. Il a aussitôt appelé Illya Lopert aux Artistes associés, après m'avoir demandé de lui donner dix pour cent de l'affaire : « Illya, écoute, je viens de voir un chef-d'œuvre, un film qui va faire le tour du monde, qui va bouleverser la terre entière. » Il voulait voir le film, lui aussi... À onze heures du soir, j'ai organisé une nouvelle projection, à laquelle ont également assisté Mnouchkine et Dancigers[1]. À une heure du matin, ils sont tous sortis de la salle. Ils étaient en larmes...

**Avez-vous reparlé de votre rendez-vous manqué avec Braunberger ?**

Pierre a revu le film à Cannes. En sortant de la projection, il m'a pris dans ses bras et m'a dit : « Qu'est-ce que vous en avez fait ? Vous êtes un génie du montage ! » Il croyait que j'avais entièrement remonté le film. L'absence de ses gosses avait suffi à modifier son opinion. Le jugement des gens est d'une fragilité incroyable. Un jour, Truffaut est passé au Club 13 faire une projection du **Dernier Métro**. J'en ai profité pour le visionner. Je l'ai trouvé très mauvais. J'étais catastrophé. Je ne savais pas quoi lui dire... Je me suis contenté d'un très vague : « C'est du Truffaut. » Ce sera son plus gros succès ! Les premiers spectateurs d'un film sont très importants. Entre six heures du soir, où j'étais en faillite, et deux heures du matin, où Lopert me met cinq cent mille dollars en minimum garanti, j'ai vécu une vie entière.
La contrainte sollicite toujours l'imagination. Sans traumatismes, sans tempêtes, rien ne se passe...

**Le prétexte de nombre de vos films tient sur un ticket de métro. Ce qui est important, c'est la façon de les faire exister...**

C'est vrai quand on lit le scénario de **Un homme et une femme**... Il faut être courageux pour mettre de l'argent dedans. En revanche, quand on voit le film, on peut raisonner différemment... Je me suis souvent posé la question : « Qu'est-ce qu'un metteur en scène ? » Je crois qu'un grand cinéaste sait filmer ce qui est invisible. Filmer ce que tout le monde peut voir, n'importe quel imbécile peut le faire. Je crois que la grande force de **Un homme et une femme**, c'est d'avoir su mettre l'inconscient en images. Tous mes films précédents sont des brouillons. Celui qui ressemble le plus à **Un homme et une femme**, c'est **Pour un maillot jaune**, mon documentaire sur le Tour de France. Parce que c'est là que j'essaie la couleur, le noir et blanc, que je parie sur la force du montage. Si j'avais fait des études, si j'étais entré à l'IDHEC, j'aurais eu trop de références pour m'affranchir des règles. Ce qui fait le charme de mon cinéma, ce sont les libertés que je prends avec le récit. Des libertés d'abord incontrôlées, qui vont peu à peu cesser de l'être...

**Comment vous placiez-vous par rapport à la Nouvelle Vague ? Aviez-vous vu les films de Godard, Truffaut, Chabrol, Rivette...?**

Oui. Je les trouvais en général ennuyeux, prétentieux. Avec des exceptions : **Les 400 Coups**, **À bout de souffle**... Même si je trouve que la grande force du premier film de Godard, c'est le casting : Belmondo et Jean Seberg sont d'immenses comédiens.

**Pourtant, sur la forme, on retrouve dans vos premiers films nombre de ces petits riens qui ont fait la force de la Nouvelle Vague. Dans L'Amour avec des si, ce numéro de visa de censure qui apparaît au début du film, ce fils qui tue son père parce qu'il a noyé ses chiens...**

J'étais avec la Nouvelle Vague, dans la Nouvelle Vague, mais pas d'accord avec elle. Tout simplement parce que je préférais les films qui avaient été faits avant. **Une fille et des fusils** est le film qui appartient le plus au mouvement. Le premier film qui prend ses distances avec la Nouvelle Vague, c'est **Un homme et une femme**. C'est du cinéma très moderne avec un sujet très ancien.

**Une fille et des fusils a beau être un brouillon, tous vos thèmes sont d'emblée rassemblés : les rapports de couple, l'enfermement, la séduction, la trahison, la manipulation, le cinéma, la prison, la peine de mort...**

C'est sans doute pour cela que Braunberger a aimé le film. En sortant de la projection de **Une fille et des fusils**, il a appelé François Reichenbach : « Écoute, je viens de découvrir un grand cinéaste. Il ne maîtrise pas encore son art, mais... » Reichenbach m'a appelé le lendemain. Il était très curieux de mon travail, parce que j'étais un concurrent dans la maison. En effet, Braunberger avait deux poulains : Reichenbach et moi. Nous étions devenus copains. François, qui était un peu perfide, m'a appelé au moment de **Un homme et une femme** : « Il paraît que Pierre n'a pas aimé ton film. Si tu veux, je peux te donner un coup de main pour le remonter. » Je lui ai répondu que j'avais vendu le film pendant la nuit. Il a voulu le voir. Il l'a vu. Il l'a aimé. Après la projection, il m'a pris dans ses bras pour me féliciter : « Pierre est devenu fou, il est aveugle. » Il a aussitôt appelé Maurice Rheims, qui faisait toujours partie de la commission de sélection des films pour le festival de Cannes. François était un grand jaloux mais quand il aimait un film, il ne pouvait pas s'empêcher de le soutenir. Moi, je ne voulais pas montrer le film à la commission : je me souvenais de l'accueil réservé aux **Grands Moments**. Mais Maurice Rheims m'a très vite réconforté : « Nous n'avons pas encore vu tous les films, mais vous êtes sélectionné. »

**Un homme et une femme est de prime abord une belle histoire d'amour, au demeurant assez sage. Mais c'est une vision superficielle. En avançant dans le**

1. Célèbres producteurs associés à qui l'on doit notamment **Fanfan la Tulipe** et **L'Homme de Rio**.

**film, on se rend compte que les deux personnages sont seuls, brisés, et que les apparences, celles qui font rêver, sont plus complexes qu'il n'y paraît.**
C'est ce qui fait la force du film. J'ai deux grands amours : le cinéma et la vie. Mais je suis frustré des deux côtés. Je sais que le cinéma un jour sera parfait, que les cinéastes pourront se greffer une caméra dans l'œil, et qu'ils pourront filmer la vie en toute impunité. Mais pour l'instant il faut se contenter d'approximations, il faut tricher un tout petit peu. Un jour, un film sera tellement réussi qu'en l'espace de quelques heures il pourra changer les mentalités du monde entier. Je crois sincèrement que le cinéma possède cette faculté.

**Présenté de cette manière, le cinéma devient une religion dont vous êtes l'un des grands prêtres !**
Tout à fait ! Un jour, un mec aura la possibilité de faire le film qui nous expliquera ce que nous sommes, ce que nous faisons, où nous allons... Le cinéma permettra de faire passer l'être humain de la barbarie à la civilisation. Ce que la littérature n'a réussi que par bribes...

**Parlez-nous de votre utilisation de la musique...**
Nous avions mis le paquet sur la musique. Le film repose sur l'inconscient, ce que la musique permet d'amplifier. Je savais que celle-ci serait un élément important du film et je l'avais enregistrée avant le tournage. C'était la première fois que je faisais ça. Je m'étais aperçu que j'étais parfois à court d'arguments. Mais que la musique soufflait aux comédiens ce que je ne pouvais pas exprimer verbalement.

**Le fameux thème de Francis Lai arrive tardivement dans le film, au bout d'une heure et quart...**
Tiens ! Je croyais qu'il déboulait plus tôt... Mais on l'avait préparé en amont. Et il y avait d'autres musiques. Le thème arrive quand le couple se forme, au moment de la remontée sur Paris. C'est le thème du couple. Les autres thèmes appartiennent à l'un ou à l'autre.

**Quelle est la part de Trintignant dans la réussite du film ?**
Rendons à César... Il est tout simplement – avec Anouk bien sûr – la colonne vertébrale du film. Anouk m'a donné ce que je lui demandais, et un peu plus. Trintignant m'a donné ce que je lui demandais avec des bonus à l'infini. Il a apporté au film une énergie que je n'ai plus jamais retrouvée chez un acteur. Comme nous tous, comme Anouk, Francis Lai ou moi-même, il était touché par la grâce. J'avais écrit le scénario pour lui. J'avais fait du personnage un coureur automobile parce que je savais que ça lui plairait. Je voulais lui faire plaisir. Je savais qu'il rêvait de faire le rallye de Monte-Carlo et il l'a fait. Trintignant a favorisé mon imagination à tous points

de vue. Il était là en permanence sur le tournage, même quand sa présence n'était pas nécessaire. Il sentait que je pouvais à tout moment avoir une idée et que le seul fait de voir mon acteur sur le plateau pouvait me rendre inventif.

**Vous tournerez très souvent avec Trintignant, que l'on retrouve dans votre carrière à des moments charnières. Avez-vous l'impression que votre cinéma a évolué en même temps que lui ?**
Je pense que c'est l'acteur qui a le mieux évolué de tout le cinéma français. Pour moi, il est l'équivalent de Monty Clift. Je regrette qu'aujourd'hui il ne veuille plus tourner, car il n'a jamais été aussi bon. Peut-être qu'un jour un scénario formidable réveillera ses désirs... Il est souvent génial : sa composition d'un officier franquiste décadent dans **Fiesta**, de Pierre Boutron, est une pure merveille. Trintignant est pour moi l'un des deux ou trois plus grands acteurs français de tous les temps.

**Quand vous avez tourné Un homme et une femme, Anouk Aimée était déjà une grande star...**
Un jour à Hollywood, on m'a présenté à George Cukor. Il m'a dit : « Lelouch, vous êtes l'homme que je déteste le plus au monde. J'ai vu **Un homme et une femme** et à cause de vous, j'ai engagé Anouk Aimée[2]. J'ai dirigé les plus grandes stars, mais jamais aucune actrice ne m'a fait ce qu'elle m'a fait... – C'est parce que vous n'avez pas su l'aimer », lui ai-je répondu. Ceci dit, la veille du premier jour de tournage de **Un homme et une femme**, Anouk me détestait. Avant de me faire les plus beaux cadeaux de la terre.

**Comment a été conçue la scène du monologue dans la voiture quand Trintignant revient de Monte-Carlo en se rasant ?**
Nous avons d'abord tourné les plans de la voiture. Puis nous sommes allés en studio à Pilote productions pour les voix off. Nous avons déliré pendant une demi-journée, un mélange de figures imposées et de figures libres. Trintignant a été fabuleux dans la façon de dire son texte, de ne pas réciter de façon scolaire. La grande force de cette scène provient du fait d'avoir été enregistrée une fois le film terminé. Jean-Louis savait de quoi il parlait. Si le texte avait

2. Pour **Justine** (1969), avec Dirk Bogarde, d'après Lawrence Durrell.

été enregistré avant, il n'aurait pas exprimé de la même façon son amour : « Qu'est-ce que je vais faire ? Je vais sonner, etc. »

**Les deux personnages sont à un moment charnière de leur existence, comme vous au même moment sur le plan professionnel...**

C'est le sujet du film : une histoire d'amour entre deux personnes qui ne croient plus à l'amour. C'est leur dernière chance. Et moi je joue mon va-tout.

**Il est surprenant que le film continue à être vu comme une chronique amoureuse alors qu'il s'agit d'une histoire douloureuse qui se construit sur un double deuil...**

Il n'y a jamais eu d'étude sérieuse sur **Un homme et une femme**. On l'a considéré comme une petite histoire simple, bien racontée, avec des bons sentiments. Le seul qui ait fait un papier fabuleux, vraiment fouillé, c'était Michel Cournot. Le film traite de ce qui peut arriver de pire, puis de mieux, à chacun d'entre nous... On peut avoir plusieurs histoires d'amour dans sa vie, mais on le paye de plus en plus cher à chaque fois.

**Le film annonce Hasards ou Coïncidences, qui est entièrement construit sur le travail de deuil, sur la capacité de chacun à reconstruire quand tout s'est écroulé...**

Les sujets sont effectivement identiques. Les deux personnages de **Un homme et une femme** sont devenus veufs pratiquement dans les mêmes conditions, à cette différence que lorsque Anouk perd son mari, elle en est follement amoureuse, alors que le couple de Jean-Louis est usé. Il est donc plus facile de repartir pour lui que pour elle. La situation n'est pas totalement symétrique. Sinon il ne la draguerait pas, ne la ramènerait pas de Deauville, ne la rappellerait pas. Tous les deux sont marqués, mais lui va devoir lutter contre un mort, ce qui en l'espèce est pire qu'un rival vivant. Un vivant au moins a des défauts ! Le mari a disparu au faîte de sa gloire. Comme Pierre Arditi dans **Hasards ou Coïncidences**.

**Les scènes de lit sont difficiles. Ce n'est pas courant de montrer au cinéma un couple qui ne fonctionne pas sur le plan sexuel...**

Leur échec est plus sentimental que sexuel. Elle souffre parce qu'elle a le sentiment de tromper son mari. D'ailleurs elle le dit sur le quai de la gare : « Pour moi, il n'est pas mort ! » Jean-Louis tente alors un coup de poker en la rejoignant à la gare Saint-Lazare. Constamment les femmes nous demandent d'être performants, voire d'être des héros pour tomber amoureuses. Si Jean-Louis, à la gare de Deauville, lui avait demandé de ne pas partir, il se serait condamné. Mais il a l'élégance de lui rendre sa liberté. Dans le train, elle est songeuse. Elle pense au dîner

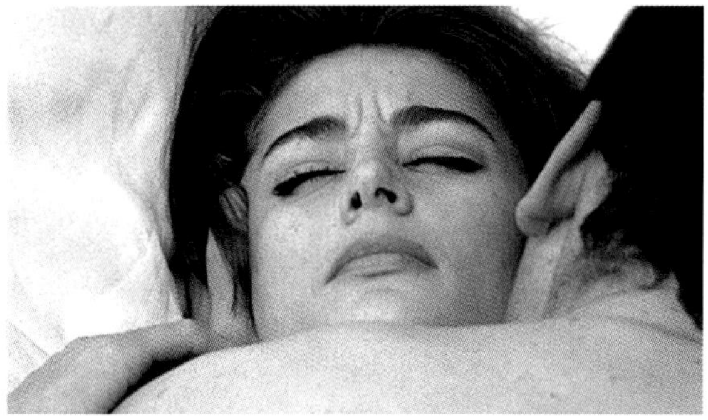

qu'ils ont passé ensemble, un souvenir merveilleux. Quand une femme se donne sexuellement elle le fait plus avec la tête qu'avec le corps. Au moment du dîner, elle n'était pas encore obligée de se donner physiquement. Quand le dîner lui revient à l'esprit, elle se dit que ce type est vraiment formidable.

**Parlez-nous de la scène finale gare Saint-Lazare...**

Je n'étais pas sûr de moi et j'avais envie de tourner deux fins différentes, comme plus tard dans **Un homme qui me plaît**. Je me suis dit que deux solutions s'offraient à Anouk. Soit elle tombait dans les bras de Jean-Louis, qui avait eu raison d'insister. Soit elle passait devant lui, l'air de signifier : « Comment faut-il que je vous le dise, monsieur ? » C'était tout ou rien, le râteau ou le bonheur. En plus je trouvais joli de montrer que la voiture allait plus vite que le train, même avec un changement à Évreux.

**Comment avez-vous travaillé cette scène de la gare Saint-Lazare ?**

Nous n'avions bien sûr pas les moyens de louer un train. Aujourd'hui, j'en aurais un à ma disposition qui ferait des marches avant et arrière à volonté, plus deux cents personnes en figuration, et je bloquerais la gare Saint-Lazare. J'utilisais à l'époque la pellicule 400 ASA qui permettait de ne rien ajouter en éclairage, avec juste ce qu'il fallait en tournant en pleine ouverture. Mais nous n'avions pas beaucoup de marge de sécurité.

Nous avons installé Anouk Aimée dans le train au dernier arrêt avant Paris, accompagnée d'un assistant. Nous n'avions pas de talkies-walkies et j'avais seulement indiqué à Anouk : « À Saint-Lazare, le train va entrer en gare, tu vas en descendre. Je serai caché pour que la foule ne me remarque pas trop. Je filmerai une femme seule sur le quai. Puis je viendrai vers toi et te suivrai de dos. À un moment donné, tu partiras seule, vers ton destin. » Je ne lui ai rien dit de plus. Mais je savais bien sûr que j'allais placer Jean-Louis Trintignant sur le quai. Je prenais un vrai risque : si la séquence était ratée, il fallait revenir, monter dans un autre train, refaire totalement la scène.

**Vous aviez l'autorisation de la SNCF ?**

Bien sûr que non. Les types de la SNCF ont découvert le film à Cannes. Nous sommes arrivés à Saint-Lazare trois minutes avant que le train n'entre en gare, sans lumières, sans projecteurs. Je m'étais caché derrière Jean-Louis. Le train s'est arrêté. Je ne savais pas de quel wagon descendrait Anouk. La caméra était derrière Jean-Louis, qui marchait lentement parce qu'il cherchait réellement à la retrouver. L'émotion n'était pas jouée. Tout y était, nous étions dans la vérité, avec un vrai train, de vrais voyageurs, de vraies hésitations... Je n'avais droit qu'à une prise et c'est pourquoi j'ai eu recours au mouvement tournant. J'avançais derrière ma Caméflex. Quand j'ai aperçu Anouk, qui elle-même découvrait Jean-Louis, j'ai perçu son étonnement, d'autant plus sincère qu'il n'était pas surjoué. Si je lui avais dit que Jean-Louis serait sur le quai, elle aurait joué l'étonnement ou quelque chose d'approchant. En l'occurrence Anouk ne savait plus si c'était du lard ou du cochon. Elle ne savait pas si on tournait ou pas. Quand elle est tombée dans les bras de Jean-Louis, personne ne peut dire si c'est Anouk ou si c'est le personnage qui succombe... Mais si j'ai bien vu les deux comédiens dans les bras l'un de l'autre, j'ai aussi vu les voyageurs sur le quai qui commençaient à regarder la caméra, risquant par là de me foutre la scène en l'air. Je me suis dit : « Il faut que je les sorte du champ ! » Je n'avais bien sûr pas d'assistant.

J'avais prévu de rester sur le visage d'Anouk et j'avais indiqué à Pouget et à Collomb de faire le point sur elle. Je me disais qu'en faisant un mouvement tournant les gens sur le quai allaient être flous à l'image. Ce mouvement n'était pas prévu : il s'est révélé indispensable pour sauver la prise. En même temps il me permettait d'avoir le visage de Jean-Louis, avant de finir sur Anouk avec une ouverture au blanc.

**C'était votre premier travelling circulaire ?**

Non, j'avais déjà fait des travellings mains. Mais ce jour-là, j'en ai compris la force.

**Était-ce votre dernier jour de tournage ?**

Non, j'ai tourné le lendemain la séquence de Jean-Louis seul dans sa voiture, dans la cour d'Épinay.

**La Normandie est aussi un personnage du film. Peut-on l'imaginer dans une autre région de France ?**

Sans doute. Simplement, il nous fallait de la pluie et du mauvais temps. Il est plus beau de filmer l'amour dans les pays froids que sous le soleil. Pour que les amoureux se serrent l'un contre l'autre, le froid est préférable ! La Normandie joue un rôle capital simplement parce que c'est le pays où j'ai passé ma vie. Pour moi cette région est une évidence. Ce qui n'était pas gagné d'avance, en revanche, c'est que la Normandie me fasse des cadeaux. Mais le pays est magnifique. Ce n'est pas pour rien que les impressionnistes sont venus y traîner. Les lumières normandes figurent parmi les plus belles.

**Le passage du noir et blanc à la couleur était lié à une contrainte économique. Quelle en est la logique in fine ?**

Nous avons tourné en noir et blanc pour des raisons économiques, en 16 mm et en 35 mm. En gros, j'ai tourné en couleur quand je n'avais pas besoin de lumières, par exemple les flashs-back avec Anouk et Barouh qui lisent **Bibi Fricotin**. C'était un choix artistique évident, mais rétrospectivement seulement. Au départ je devais tourner tout le film en noir et blanc. Huit jours avant le tournage, j'ai fait la plus mauvaise affaire de ma vie en rencontrant le type qui achetait les films pour la télévision américaine. Il était prêt à faire affaire avec moi, à condition que je tourne en couleur. J'avais besoin d'argent. Il m'a proposé quarante mille dollars. C'était beaucoup. Comme je n'avais pas les moyens de tout faire en couleur, j'ai triché... Il n'en demeure pas moins que le type a obtenu **Un homme et une femme** pour toute l'Amérique avec quarante mille dollars. Autant dire pour rien !

**La scène du restaurant avec les enfants et les crevettes donne le sentiment d'être une de vos premières figures libres.**

Il fallait que les enfants soient très jeunes, sinon ils auraient donné l'impression de faire du cinéma. J'avais précisé à Jean-Louis et à Anouk qu'ils étaient trop petits pour être dirigés et que l'on tournerait en fonction d'eux. Il fallait faire leurs prises pour commencer, pour voir comment ils se comportaient.

**Comment avez-vous filmé le rallye de Monte-Carlo ?**

Nous sommes partis à trois dans une voiture : Henri Chemin, Jean-Louis et moi. Nous n'étions pas assurés : la seule assurance que j'avais prise couvrait le négatif. Mais nous n'avons pas dit aux compagnies que nous allions prendre le départ du rallye, sinon on nous aurait demandé d'arrêter tout de suite. Nous avons vraiment engagé la voiture dans la course, ce qui nous a également permis d'éviter d'avoir à demander des autorisations aux organisateurs, qui au passage

auraient exigé des fortunes. Nous nous sommes présentés comme journalistes. J'avais une caméra 16 mm et j'ai filmé tout le rallye depuis la voiture.

**Vous semblez avoir la capacité de trouver le meilleur rapport qualité-prix...**
Je l'ai conservée par la suite. Même **Les Misérables** n'a pas coûté autant que cela. J'ai acquis le réflexe de produire utile. Mes quarante films réunis ont coûté moins cher qu'une superproduction américaine. En tout cas en francs courants.

**Dans vos films, dès Une fille et des fusils, puis dans Un homme et une femme, le spectateur assiste à des tournages. Vous aimez raconter des histoires qui racontent des histoires. Or d'habitude ce goût du second degré n'arrive que tardivement chez un créateur...**
Le cinéma est tellement présent dans ma vie que tout ce que je fais, c'est en son nom. Je veux qu'il puisse avoir la parole en permanence, et mes films souvent reflètent cette idée. **Un homme et une femme** contient une discussion entre Trintignant et Anouk Aimée sur la nature du cinéma, et dans laquelle nous nous sommes mis en abyme une fois encore. J'adore jouer sur ce fil, montrer aux gens que nous ne sommes pas dupes. Elle, dans le film, est gênée. Nous sommes dans les figures libres quand Trintignant lui déclare que jamais il ne pourrait être acteur. On sent qu'ils jouent tous les deux, qu'ils ne sont plus dans le film. Ils s'amusent et jubilent. Ils découvrent que l'on peut faire un film sans faire d'efforts, sans se forcer à jouer la comédie.

**Le film dans le film, qui voit mourir Pierre Barouh, est un bel exercice de style, qui semble à l'opposé de votre propre cinéma...**
Je devais être impressionné à l'époque par **Le Jour le plus long**. Je voulais que le mari d'Anouk meure pendant le tournage d'une grosse production. C'était encore plus cruel. Chez Zanuck, le scandale est plus grand que chez un petit producteur qui n'a pas de quoi payer le cercueil.

**Quand avez-vous su que votre pari allait être gagné vis-à-vis du public ?**
Quand Maurice Rheims m'a annoncé que le film avait

Festival de Cannes.

Patricia Neal et Claude Lelouch à la cérémonie des Oscars.

Ginger Rogers, Fred Astaire.

Claude Lelouch le jour de la projection du film à Cannes.

été sélectionné pour représenter la France à Cannes, j'ai cru que mon cœur allait exploser. Après cela le téléphone n'a pas arrêté de sonner : la presse, les producteurs, les distributeurs voulaient tout savoir... En un quart d'heure, ma vie a changé ! Le soir même, je donnais mes premières interviews. Mais j'ai su que **Un homme et une femme** allait vraiment marcher quand les Artistes associés ont déprogrammé un autre film, **Mademoiselle**, de Tony Richardson, avec Jeanne Moreau, au profit du mien. C'était un gros film sur lequel beaucoup d'argent avait été dépensé. Le plus beau circuit de salles avait été réservé : Biarritz, Impérial, etc. Je me suis dit : « C'est bon signe ! » J'ai ensuite vu l'enthousiasme du public à la projection à Cannes. Puis comme nous ne pouvions pas rester sur la Croisette, nous sommes partis nous cacher dans un petit hôtel à Saint-Tropez avec l'argent que je venais de recevoir des Artistes associés. Des rumeurs circulaient disant que **Un homme et une femme** pouvait recevoir la Palme. Nous avons commencé à angoisser, alors que juste après la projection, nous étions ravis que le public ait aimé le film. D'autant qu'en face il y avait quelques poids lourds : Orson Welles, Joseph Losey, etc. J'espérais un prix d'interprétation, voire un prix de la mise en scène, qui nous aurait comblés. Nous avons commencé à y croire quand des types de **Paris Match** nous ont retrouvés dans notre hôtel et nous ont demandé de faire une photo « comme si vous appreniez que vous venez de recevoir la Palme d'or » ! Ils voulaient nous photographier en train de sauter de joie, de nous embrasser... Par superstition, j'ai refusé. Ils ont proposé de nous prendre en train de faire semblant d'attendre les résultats, ce qui était moins gênant. Mais comme sur les images, nous avions la banane, **Paris Match** a légendé : « Voici le moment où ils apprennent que... » C'était de la manipulation. En tout cas, cela voulait dire que rien n'était impossible... En fait, nous avons partagé la Palme avec un film italien[3], ce qui a créé un scandale. La salle a sifflé, car cela avait probablement été négocié. Dès le premier jour de sa sortie, **Un homme et une femme** a affiché complet. Il est resté à l'affiche pendant un an.

Je me souviendrai toujours de Jules Dassin et de Mélina Mercouri, que nous avons retrouvés avec Illya Lopert à la sortie d'une salle le premier jour. Ils m'ont pris dans leur bras en pleurant. Je voyais les gens sortir. Ils étaient en larmes eux aussi. Deux jours plus tard je suis parti avec Alexandre Mnouchkine au Brésil pour les repérages du **Soleil se lève à l'Ouest**. Je n'ai donc pas assisté au triomphe français de **Un homme et une femme**. Mais je me souviens qu'en arrivant à Rio, Bob Hamon m'a appelé pour me dire que j'étais un homme riche. J'ai raccroché et Mnouchkine m'a demandé pourquoi je me marrais. « Je t'invite à dîner ce soir, je suis un homme riche ! » Après cela il y a eu les Oscars...

3. Pietro Germi, **Signore & Signori** (**Ces messieurs dames**).

# Vivre pour vivre

1967

Le Soleil ne s'est pas levé… / Shooté aux femmes /
Bodard, Kessel et Schoendoerffer /
Le non de Jeanne Moreau / De Mao aux Affreux /
Aventurier et bourgeois

Annie GIRARDOT
Yves MONTAND
Candice BERGEN
Irène TUNC
Anouk FERJAC
Uta TAEGER
Jean COLLOMB
Michel PARBOT
Jacques PORTET

**Vivre pour vivre ne succède pas directement à Un homme et une femme.**

Je devais un film à Bob Hamon. Je m'étais engagé à tourner cette histoire de Barbe-Bleue moderne en échange des cinquante mille francs qui m'ont permis de terminer **Un homme et une femme**. Mais Mnouchkine, qui m'aimait bien, lui a racheté mon contrat : « Nous faisons le film que vous voulez. Je ne peux pas vous dire mieux ! » Je lui ai alors raconté l'histoire du **Soleil se lève à l'Ouest**. Celle d'un petit employé juif qui n'a pas réussi, interprété par Jean-Louis Trintignant. Il mène une existence fade, jusqu'au jour où les circonstances le poussent à tout abandonner pour partir en Amérique du Sud à la recherche d'un ancien nazi, responsable de la mort de ses parents. Je suis parti en repérages au Brésil avec Mnouchkine. Nous avons commencé à dépenser de l'argent, à construire des décors, à faire des repérages caméras... Mais à notre retour Jean-Louis ne voulait plus faire le film. Je ne voulais pas le remplacer, sans doute par superstition. J'ai décidé de passer à autre chose...

Mnouchkine, en gentleman, m'a laissé trois semaines pour lui écrire une nouvelle histoire. **Vivre pour vivre** est donc un film de remplacement, conçu dans l'urgence...

**Et cette urgence vous a poussé à davantage vous mettre en lumière...**

Exactement. À cette époque, ma vie sentimentale était complexe. Je menais une double vie, ce qui me conduisait à mentir comme il n'est pas permis. Je ne m'aimais pas beaucoup... J'ai donc eu envie de raconter l'histoire d'un type dans mon genre, brillant dans son boulot – je venais d'avoir la Palme d'or –, mais minable dans sa vie. J'ai écrit le film en trois semaines avec Pierre Uytterhoeven. Nous sommes partis en Corse tous les deux. Uytterhoeven n'était pas un grand spécialiste de l'adultère. Sur la plage où nous travaillions, il y avait une femme avec ses gosses et son mari. Uytterhoeven l'a remarquée. Je lui ai dit qu'elle était folle de lui, ce qui n'était pas vrai. Il l'a approchée et ils ont eu une histoire ensemble pendant l'écriture du film, ce qui a alimenté le scénario. Il était désormais en plein dans le sujet.

**Vivre pour vivre est un film paradoxal, qui met en scène un menteur dont le travail est de rapporter la vérité...**

C'est un peu comme ça que j'ai fonctionné. Le cinéma m'a donné des courages que je n'ai pas eus dans la vie.

**Le film est donc une confession...**

Le personnage de Montand n'est pas sympathique, mais je ne me trouvais pas sympathique non plus. Je n'étais pas bien dans ma peau. Ce film est ma façon à moi de me faire pardonner. Je me suis nettoyé. Je me laissais trop griser par les aventures faciles. Je ne fumais pas, je ne buvais pas, je ne me droguais pas mais je me shootais aux femmes. J'ai toujours été attiré par les femmes, mais jusque-là j'avais dû me donner beaucoup de mal pour parvenir à mes fins. Chaque nouvelle femme qui rentrait dans ma vie était le résultat d'un parcours d'obstacles. Et tout à coup, tout est devenu facile. **Vivre pour vivre** marque le début de ma désintoxication. Mais j'ai mis plusieurs films pour y parvenir tout à fait...

**Le thème de l'adultère était déjà présent dans Un homme et une femme : Anouk Aimée a le sentiment de tromper son mari mort. Les deux films suivants, La Vie, l'Amour, la Mort et Un homme qui me plaît, traitent également de l'infidélité...**

Parce que ma vie était comme cela. Je vivais avec Christine Cochet quand j'ai fait la connaissance d'Annie Girardot, tout en entretenant une relation avec une troisième femme. Je menais donc trois vies en parallèle. J'aurais pu aller plus loin car à l'époque j'avais du succès, de l'argent. Les femmes venaient vers moi. Je n'étais pas dupe. J'étais au milieu de la même tempête que Truffaut quand il a tourné **L'homme qui aimait les femmes**. J'en ai parlé avec lui... Quand tous les jours les plus belles actrices du monde viennent vous faire la cour, il faut être costaud pour résister !

**Quand l'histoire du grand reporter est-elle arrivée dans le projet ?**

Elle s'est imposée tout de suite. J'étais moi-même issu du reportage et je savais pertinemment que le métier offrait l'espace idéal pour l'adultère. Choisir de faire de Montand un reporter, c'était aussi effectuer un flash-back sur mon premier métier. Je me souviens que je me sentais invincible avec ma caméra, comme si c'était un bouclier...

**Il y avait pourtant du danger !**

Oui, mais on n'en prend conscience qu'après coup, en regardant les photos ou les films. Quand j'ai tourné **Si c'était un rendez-vous**, je n'avais pas peur. Quand je le regarde, je suis effrayé ! De même j'avais le sentiment que la caméra me protégeait et qu'on ne tirait pas sur les journalistes. Ce qui n'est pas toujours vrai... J'aimais ce métier parce qu'il demandait du courage.

**Et des qualités d'analyse. Les films d'actualités sont accompagnés de commentaires...**

J'ai très vite su que mes commentaires déviaient le sens et que je livrais un point de vue. J'ai eu honte de celui que j'ai fait pour **USA en vrac**. C'est la raison pour laquelle je n'ai pas aimé **Fahrenheit 9/11**. C'est un film de propagande. Je sais comment il a été fait et ce qu'on peut faire dire à une image. Un grand reporter ne fait pas de propagande. Il doit amener l'information brute de décoffrage. Mais c'est impossible de nos jours. Il y a trop de tenants et d'aboutissants...

**Mais rien que l'emplacement de la caméra indique un point de vue !**

Quand on est en guerre, on pose la caméra où on peut ! Parfois vous entendez des coups de feu, vous levez la caméra à bout de bras et vous filmez sans savoir ce qui se trouve dans le champ, à l'aveugle.

**Qui était le modèle de Montand ?**

C'était un mélange de Lucien Bodard, de Kessel, avec un peu de Schoendoerffer, celui de **La Section Anderson**, et une pointe de Lazareff, l'homme de **France Soir**, qui était aussi le créateur de **Cinq colonnes à la une**. Nous pensions également à Pierre Desgraupes en ce qui concerne les commentaires.

**Comment avez-vous rencontré Yves Montand ?**

Bob Hamon jouait régulièrement au poker avec lui et Montand lui avait confié qu'il rêvait de tourner avec moi. Quand je lui ai raconté l'histoire de ce salopard extraordinaire, il n'a émis aucune critique dans un premier temps car il voulait absolument le rôle. Pour sa partenaire j'avais pensé à Jeanne Moreau, mais cela ne s'est pas fait : « Écoutez Claude, j'aime beaucoup l'histoire, mais le public ne croira jamais que je puisse être cocufiée par Montand. » Je n'ai pas très bien compris. Les Artistes associés m'ont alors proposé de prendre une star américaine, car j'avais la cote aux États-Unis. Je leur ai dit que la maîtresse de Montand était américaine : nous nous sommes mis d'accord sur Candice Bergen, qui avait l'avantage de parler un peu français. Mais nous ne savions toujours pas qui allait incarner la femme du reporter. Nous avons fait faire des essais à toutes les comédiennes de la planète...

**Vous l'avez proposé à Anouk Aimée ?**

Non, car, de la même façon qu'avec Trintignant, il aurait

été dangereux de recommencer tout de suite après **Un homme et une femme**. Anouk était trop belle : il nous fallait une femme plus popote, plus bourgeoise à la maison... plus trompée. Je pensais à Annie Girardot, qui était au fond du trou depuis qu'elle était partie se marier en Italie. Tout comme Montand d'ailleurs, qui n'avait pas encore joué dans les films de Claude Sautet ou de Costa-Gavras. J'ai donc proposé le rôle à Annie, que j'avais rencontrée lorsque j'étais stagiaire sur **L'Homme aux clés d'or**. Elle ne se souvenait pas du jeune garçon qui lui apportait ses sandwichs. Mais elle connaissait mes films ! Le rapport était inversé : les Artistes associés m'avaient demandé de lui faire faire des essais. Ce qui était gênant.

**Quand Girardot s'est-elle définitivement imposée ?**
Pendant les essais, qui ont été époustouflants. Je me suis moi-même pris au piège puisque je suis tombé amoureux d'elle pendant le tournage, alors que paradoxalement elle incarnait la femme trompée dans le film. Je me suis d'ailleurs servi de la situation, quand par exemple je l'interviewe sur le quai de la gare, et qu'elle livre un long monologue. Ce jour-là, elle avait eu un accrochage au téléphone avec son mari, Renato Salvatori. Elle avait appris qu'il la trompait, alors qu'elle-même passait ses nuits avec moi ! J'ai été un peu machiavélique. Je l'ai interrogée avec ma caméra, mais c'est à titre personnel que je lui parlais. D'où cette scène, qui pour moi demeure l'une des plus fortes du film...

**Il y a de nombreuses scènes documentaires dans Vivre pour vivre.**
Beaucoup me l'ont reproché, même ceux qui aimaient le film, même Mnouchkine. Ils préféraient l'histoire du couple adultérin aux scènes de reportage.

**Il y a à la fois des scènes d'actualités reconstituées, notamment lorsque vous filmez les « affreux », et de véritables images d'archives, en particulier au début du film, avec la Longue Marche de Mao...**
J'avais envie que le film offre un dépaysement immédiat et total. Je ne voulais pas d'images folkloriques ou trop connues. On connaissait peu la Chine. Et il y avait une telle violence dans ces images. J'avais visionné énormément de documents, américains et français, et j'avais fait réaliser un petit montage, sans savoir ce que j'allais voir. Ces images m'ont donné la chair de poule. J'aurais aussi pu commencer avec des images de camps de concentration, mais cela aurait été plus convenu. Je voulais montrer que nous vivions dans un monde violent et chaotique. À l'époque de **Vivre pour vivre**, il fallait montrer que ce chaos pouvait aussi s'appliquer à la vie privée des personnages.

**Le film ne s'ouvre pas sur les camps de concentration, mais il nous montre ensuite Hitler, ainsi que des images des films de Leni Riefenstahl...**
C'est autre chose, plus tard. À travers les Jeux olympiques, Montand explique que rien n'a changé et qu'il y a toujours des gens pour taper sur les autres. C'est ce que je voulais montrer et à l'époque, la référence à Hitler était forte pour tout le monde.

**Le commentaire de Montand en voix off n'est-il pas un peu moralisateur et grandiloquent ?**
C'était un peu le style des reportages du moment, ceux de **Cinq colonnes à la une**. Les reporters se prenaient très au sérieux, pire qu'aujourd'hui. Si je tournais ce film en 2005, je ne le ferais pas de la même façon...

**Pourquoi avoir voulu filmer les « affreux » ?**
À l'époque, les mercenaires étaient au cœur de l'actualité. Le reportage est totalement reconstitué avec des comédiens. Il est mis en scène à cent pour cent. On me l'a reproché alors que je ne m'en suis jamais caché. Vous m'imaginez arrivant chez de vrais affreux avec Yves Montand ? J'aurais bien voulu également tourner au Vietnam, mais c'était la guerre. Les assurances m'ont dit : « D'accord, mais sans Yves Montand ! » J'ai donc reconstitué le Vietnam en Camargue, tout comme la scène des affreux. J'avais trouvé un acteur formidable, avec sa petite moustache. L'entraînement et les discours idéologiques nauséeux sont tirés de vrais documents que j'avais repérés dans **Cinq colonnes à la une** précisément. J'aurais pu utiliser le document, mais comment mettre Montand en scène ? Les images de synthèse n'existaient pas.
Les critiques m'ont également reproché le fait qu'un reporter ne pouvait pas offrir un voyage à sa maîtresse. C'est faux, les grands reporters sont des stars, ils peuvent amener leurs petites amies partout où ils

veulent. En outre, Montand fait des reportages plus en accord avec son histoire personnelle. Quand il part filmer le safari, c'est plus agréable d'y amener une fille que s'il était allé au Vietnam.

**Les images du safari sont authentiques...**
Tout à fait. Nous avons été au Kenya. Le rhinocéros qui charge est également authentique et nous avons eu chaud. Ces scènes évoquent **Hatari**, qui était sorti quelques années plus tôt. Je l'avais vu et j'avais dit à Mnouchkine que ce serait formidable de s'inspirer de la capture des rhinocéros dans le film de Howard Hawks. J'avais tourné une scène où les personnages parlaient de **Hatari,** donnant ainsi envie à Montand de se rendre en Afrique. Mais je l'ai coupée car on comprenait mal...

**Comme chacun sait que la mise en scène est affaire de morale : dans Vivre pour vivre, vous ne nous montrez jamais deux personnes qui se disputent dans le même cadre. Vous illustrez éventuellement le hiatus en faisant panoter la caméra...**
Sur le plateau, je ne filmais qu'avec une seule caméra, en champ/contre-champ. Quand j'étais sur Annie Girardot, je souffrais de voir Montand lui donner la réplique, parce que je loupais des moments formidables. Je me suis dit qu'un jour, il faudrait que je tourne avec deux caméras. À l'époque, les lumières étaient moins performantes qu'aujourd'hui et je n'avais pas le choix : quand on éclairait dans un axe, on ne pouvait pas le faire dans l'autre. Quand la caméra passe sur Montand et Girardot chacun à une fenêtre, j'essaie d'attraper l'un et l'autre pour ne pas souffrir de l'ingratitude du champ/contre-champ. Je m'efforce de traiter les deux personnages à égalité. Mon écriture cinématographique s'est toujours adaptée aux possibilités techniques.

**Le travelling circulaire à 360°, quand Montand redécouvre Candice Bergen venue à Amsterdam en lui forçant la main, est époustouflant. Montand arrive, il est fâché, elle se jette dans ses bras. La caméra les quitte, parcourt 180°, les retrouve quand lui l'engueule, puis les quitte de nouveau, finit de décrire le cercle, les récupère au moment où il la prend dans ses bras, avant de la quitter...**
C'est une ellipse, qui équivaut à un enchaîné. Le plan n'a pas été trop compliqué à tourner car j'étais au centre. Nous étions hors champ, les acteurs pouvaient bouger. Cela n'a pas été un problème. Ce qui est plus intéressant, c'est le jour où je me suis mis à tourner autour des personnages avec la caméra. Cela m'est venu à l'époque des **Uns et les Autres**. Je ne voulais plus rien cacher au spectateur, et montrer que l'on n'était pas sur un plateau de cinéma. Quand je fais mes 360°, c'est pour montrer qu'il n'y a rien d'autre que les acteurs. Tout le monde dégage et dans ces cas-là, les acteurs ne jouent pas pareil. Ils ne sont pas aussi libres quand cinquante techniciens les jugent. Ils sont alors au théâtre, ils jouent pour un public.

**Vous pratiquez également l'ellipse sonore, quand vous coupez la parole à vos personnages pour nous inonder de musique. On a l'impression qu'il ne faut pas s'accrocher aux mots. Comme dans un mouvement musical, le dialogue n'est qu'un élément parmi les autres permettant de bâtir l'édifice...**
Pendant le tournage, je me suis aperçu qu'il manquait parfois des mots quand je voulais être convaincant. Un peu comme dans la scène avec le curé dans **L'Amour avec des si**, où j'avais eu l'idée de noyer le dialogue pour camoufler les scènes mal jouées. Avec **Un homme et une femme**, je sais que j'ai donné la chair de poule aux spectateurs. C'est ce que j'ai essayé de rééditer avec **Vivre pour vivre.** Le cinéma s'adresse au cœur et au cerveau des spectateurs. Mes films penchent plus d'un côté que de l'autre, vers les sensations plus que vers les pensées. Au contraire de ceux d'Antonioni par exemple... Quant à ce qui déclenche la chair de poule, j'ai du mal à l'analyser. Je sais que personnellement je suis très sensible à la musique. Elle était présente dans tous les films qui m'ont fait décoller...
Quand la musique et l'image sont synchrones, c'est l'arme absolue. De même que leur désaccord peut entraîner un plantage complet. Je veux faire partie de ces metteurs en scène qui s'adressent plus à l'irrationnel qu'au rationnel, à l'inconscient qu'à l'intelligence. Mais en disant ça, c'est ma raison qui parle, paradoxe !

**Nous sommes au cœur du rejet que vous pouvez susciter chez certains, dans la mesure où vous dites ne pas vous intéresser à l'intelligence tout en parlant à des gens qui placent l'intelligence très haut...**
Je vis ce dilemme depuis quarante ans. Tout mon cinéma est fondé sur la musique, depuis le **Boléro** dans **Les Uns et les Autres** jusqu'aux chansons de Massimo dans **Les Parisiens**, en passant par la musique de Rachmaninov dans **Partir Revenir**, etc.

**Mais les intellectuels peuvent trouver beaucoup d'intelligence dans vos constructions...**
C'est difficile à analyser. Nous avons tous des trucs pour faire nos films. Chacun trouve une certaine efficacité dans son travail, en travaillant. Souvent, c'est au montage que je trouve des idées. Mon écriture lui doit beaucoup. Tous les éléments sont alors réunis et je peux les décaler. La musique transcende les images...

**A contrario, il y a très peu de musique dans La Vie, l'Amour, la Mort.**
Parce que le film n'en a pas besoin. La musique n'est belle qu'après le silence.

**Les situations de l'intrigue amoureuse pourraient tirer le film vers le vaudeville...**
Je savais que je racontais la plus vieille histoire du monde, celle du fameux triangle amoureux. M'attaquant à de tels clichés, je ne voulais pas que l'ensemble ressemble à un vaudeville. On me conseillait de raccourcir tout ce qui concernait les reportages. Or c'est précisément ce qui donnait une couleur différente au film.

**Dans la scène où Montand fait mine de descendre du train alors qu'il n'a pas quitté Amsterdam, nous ne sommes pas loin de ce théâtre de boulevard...**
Effectivement. Mais en même temps la scène fonctionne, car elle s'inscrit dans la continuité. Le personnage est vraiment minable. Quand Montand a vu le film pour la première fois il n'était pas fier de le montrer à Simone Signoret...

**Un grand reporter shooté à l'adrénaline peut-il se contenter du confort petit-bourgeois du couple ?**
Plus qu'un autre ! Quand je rentrais des grands reportages, je retrouvais ma copine du moment, le calme d'une chambre, un bon poulet bien rôti... Quand on sort de l'enfer, vous ne pouvez pas savoir... En Normandie, pendant le Débarquement, de quoi rêvaient les soldats ? D'une soupe, d'un journal et du coin du feu... Les types sont partis à la guerre en août 1914 en chantant, car ils quittaient leurs foyers où parfois ils se faisaient chier. Ils sont partis en copains pour se marrer un coup. On le voit bien sur les documents d'actualités. C'était l'euphorie, les vacances ! Par contre, dans les tranchées, comme l'a bien montré Jeunet dans **Un long dimanche de fiançailles**, ce n'était plus la joie. Les grands aventuriers font de très grands bourgeois, et inversement.

Claude Lelouch, Jean-Luc Godard et Agnès Varda, trois des coréalisateurs du film.

# Loin du Vietnam 1968

## Sur le pont d'un porte-avions / L'Irak en solo ? / Un cinéaste centriste / Cannes insurgé / Le procès Lelouch

**Comment vous êtes-vous retrouvé sur le projet de Loin du Vietnam ?**

Je venais de terminer **Vivre pour vivre**, dans lequel j'avais reconstitué le Vietnam en Camargue. Parce que nous n'avions pas pu amener Montand là-bas. Cette guerre du Vietnam me semblait suspecte. Je pensais que c'était un piège dont l'Amérique ne sortirait jamais, un bourbier. Je l'avais dit à deux ou trois reprises dans des interviews. C'est ainsi que j'ai été contacté par l'équipe du film. J'ai accepté de participer au projet à la condition d'aller filmer là-bas, sans savoir alors sous quelle forme. C'est alors que je suis allé à Hollywood pour les Oscars. J'en ai profité pour trouver trois ou quatre jours dans mon planning, qui à l'époque ne me laissait que peu de répit. C'est depuis Los Angeles, où j'avais reçu les Oscars, que je suis parti à Saigon, avant de rejoindre Da Nang. De là, les Américains m'ont amené sur le porte-avions.

**Était-il facile d'obtenir les autorisations ? On imagine qu'il fallait avancer masqué !**

En fait, cela a été assez facile. Je suis passé par l'ambassade de France. Je pense que mes nominations aux Oscars m'avaient ouvert les portes. Et puis **Un homme et une femme** rencontrait un succès colossal dans les salles américaines.

**Comment les soldats américains vous ont-ils accueilli ?**

Je suis arrivé sur le porte-avions au milieu d'un groupe de journalistes, car tous les jours, vingt ou trente d'entre eux montaient à bord. On nous a installés dans un dortoir équipé de hamacs. J'avais encore dans mon sac les deux Oscars. Je les ai sortis, comme ça, pour prendre mon pyjama... On m'a demandé : « Qu'est-ce que c'est ? » Oui, j'étais le mec qu'on avait vu deux jours plus tôt à la télévision. Je suis devenu d'un seul coup une star dans la chambrée. L'histoire est remontée jusqu'au Pacha, qui m'a invité à déjeu-

ner. Dès lors, j'ai pu filmer, en 16 mm, ce que je voulais. Le tournage a duré deux jours. Les cosignataires du film ont travaillé avec des images d'archives, ou ont filmé à Paris. Michèle Ray et moi sommes les seuls à être allés au Vietnam.

**Avez-vous eu la possibilité de participer au montage ?**
Je ne suis intervenu à aucun moment. J'ai livré mes images en précisant ce qu'elles représentaient. J'ai ajouté : « J'ai eu la chance d'être sur le porte-avions et le croiseur. On peut vraiment y mesurer l'intensité des bombardements puisque l'on assiste au ravitaillement en bombes. Je suis resté deux jours sur le bateau. Il a été ravitaillé à deux reprises pendant ce laps de temps. C'est que les bombes avaient été utilisées... »

**Saviez-vous quel texte allait illustrer les images ?**
Non, je l'ai découvert après coup, comme n'importe quel spectateur.

**Comment appréciez-vous le commentaire, qui n'est donc pas le vôtre et qui souligne le grand écart entre « la guerre des riches, avec du matériel et des moyens, et celle des pauvres » ?**
Je n'ai rien à redire. C'est la vérité. Ce qui me fascinait et me fascine encore lorsque les Américains sont en guerre, c'est qu'ils se battent comme ils tournent des films, c'est-à-dire avec un confort inouï. Le confort du soldat américain en temps de guerre, c'est quelque chose qu'on ne peut pas imaginer. Les soldats, sur le porte-avions, étaient traités comme des stars, pas comme les troufions de l'armée française. Or c'est toujours difficile de faire la guerre avec des stars. Parce qu'à un moment donné, la guerre vous amène dans les tranchées et qu'il faut se salir. Je pense que si l'Amérique a perdu cette guerre, c'est pour cela...

**Le militaire et le politique ne correspondent pas toujours. Les Français ont gagné la guerre d'Algérie militairement et l'ont perdue politiquement.**
Les Américains ont perdu le Vietnam militairement. Les Vietnamiens les ont attirés sur un terrain qui n'était pas le leur. C'est ça que je voulais montrer.

**Avez-vous été gêné à la vision du film par son aspect lourdement militant ?**
Oui, un peu. J'ai trouvé que les mots étaient plus forts que les images. Comme dans **Fahrenheit 9/11**. Ou **Mondovino**[1]. Ce sont les commentaires qui donnent du sens ! Or le commentaire n'est pas objectif. La parole est le véhicule principal du mensonge. On peut bien sûr truquer une image, mais c'est plus difficile. Cela dit, dans **Loin du Vietnam**, certaines séquences sont très documentaires. D'autres sont des constructions plus intellectuelles. Mais j'étais très content d'avoir participé au film.

1. **Fahrenheit 9/11**. Film de Michael Moore, Palme d'or à Cannes en 2004. **Mondovino**, de Jonathan Nossiter.

**On imagine mal que le scénariste-réalisateur-producteur que vous êtes puisse s'intéresser à un projet collectif dont par définition il n'a pas le contrôle...**
Cela m'est arrivé à deux ou trois reprises. Deux fois avec les Jeux olympiques. Pour **13 jours en France**, il y avait aussi François Reichenbach, Guy Gilles et les frères Jansen... Mais j'étais quand même le patron. Les deux seules fois où je n'ai pas contrôlé le film, c'est pour **Loin du Vietnam** et pour **Vision of Eight**. J'ai aussi participé à des films collectifs, notamment celui consacré au 11 Septembre, mais pour lesquels nous étions tous responsables à cent pour cent de la partie qui nous incombait.

**Vous êtes l'un des rares à dire du mal de Fahrenheit 9/11, qui présente quand même l'avantage de dire tout haut ce que beaucoup pensent de Bush...**

*Fahrenheit 9/11* : un pamphlet anti-Bush.

On m'avait demandé au moment de la sortie du film ce que j'en pensais. J'avais répondu : « Je vous le dirai après les élections ! Si Bush est réélu, c'est que le film est nul ! » Sa réélection ne m'a pas étonné. Quand Vincent Auriol était à l'Élysée, la France avait la gueule de Vincent Auriol ! Quand René Coty lui a succédé, la France ressemblait à Coty ! Ou à de Gaulle avec de Gaulle ! Aujourd'hui, l'Amérique a la tête de Bush, elle n'a pas celle de Kerry. Comme la France aujourd'hui a la tête de Chirac. Ou l'Italie celle de Berlusconi. On a toujours les leaders que l'on mérite.

**Et aujourd'hui, si on faisait un film collectif sur l'Irak, vous en seriez ?**
Non. Mais j'aurais voulu être en Irak quand les Américains sont arrivés. Mais vraiment en solo ! Ne serait-ce que pour conserver le contrôle. J'ai peut-être vieilli. Mais ce qui touche à la propagande n'a jamais été ma tasse de thé. Je suis depuis toujours un homme du centre, ravi de prendre les bonnes idées à droite et à gauche. Je suis en politique comme en cinéma. Je veille à la synthèse ! On ne peut pas faire de la mise en scène si on n'est pas au centre. Il faut aimer autant la musique que les acteurs ou les décors.

**Mais votre cinéma n'est pas centriste ! C'est un cinéma que vous tirez totalement à vous, un cinéma**

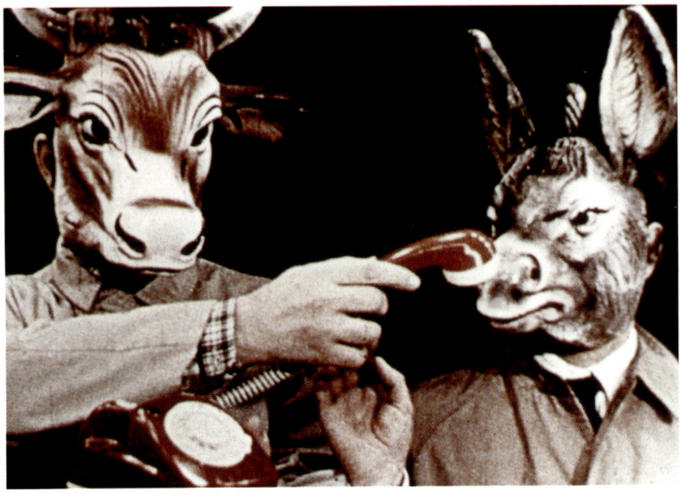

**que l'on reconnaît immédiatement...**
Je ne m'en rends compte que quand le film est terminé. J'ai toujours voulu me situer au centre des choses. Quand je jouais au football, j'étais demi centre. Je n'aime pas les pays chauds, ni les pays froids. J'aime la Normandie. Je suis amoureux de la synthèse. C'est l'un des mots clés de ma vie. Je vais même plus loin. À chaque fois que je suis allé voter, comme je trouvais que chacun avait du bon, j'arrivais dans l'isoloir sans être décidé. Neuf fois sur dix, j'ai glissé un bulletin blanc dans l'urne. Dans l'isoloir, on est face à soi-même. On ne frime pas. Je crois que c'est la première fois que je dis ça ! J'ai pourtant milité une fois, il y a longtemps, pour Mendès France. J'aimais cet homme. Pour la première fois, je me suis dit : « Enfin un homme qui n'a pas peur d'être antipathique. » Pour de Gaulle, j'ai voté blanc. Et pour tous ceux qui ont suivi...

**Vous n'avez donc pas choisi entre Chirac et Le Pen aux élections présidentielles de 2002...**
Si, bien sûr ! C'est la seule fois où je n'ai même pas hésité ! Je n'en parle pas : c'est d'une telle évidence !

**La politique n'est pas un élément prépondérant de votre analyse du monde !**
Ma grille de lecture n'est pas là. Mon père m'avait dit une phrase terrible : « Si tu veux intéresser quelqu'un à des projets, quels qu'ils soient, en amour, dans le business, il faut intéresser la partie ! » Et quand je tombe sur des gens capables de faire un cadeau sans aucun retour, je craque ! Je m'intéresse à ceux qui sont capables à un moment donné d'investir sans retour.

**Ce rejet du politique vous place résolument en marge au moment où les esprits s'embrasent, en Mai 68...**
Mai 68 a effectivement été pour moi une période un peu bizarre. En Mai 68 devait être projeté hors compétition au festival de Cannes le film que j'avais fait sur les Jeux olympiques de Grenoble. Je crois que j'étais déjà l'homme à abattre du cinéma français. J'étais perçu comme un nanti. Pour aggraver mon cas, j'avais signé un contrat de trois films avec les Artistes associés après le succès de **Vivre pour vivre**. C'était un contrat de rêve avec un gros salaire et un gros pourcentage sur les bénéfices. J'avais demandé en prime la possibilité de produire trois films d'auteur, en contrepartie des trois films que je devais livrer. C'est ainsi que **L'Américain**, de Marcel Bozzuffi, **Une infinie tendresse**, de Pierre Jallaud, et **Les Gauloises bleues**, de Michel Cournot, ont pu voir le jour. J'étais bouleversé par le sujet de Jallaud, je pensais que Cournot allait faire un film révolutionnaire et que Bozzuffi voulait renouer avec la tradition du polar. Les Artistes associés ont tout accepté. C'est dire la force du succès de **Un homme et une femme** ! Mais j'ai eu droit à un bonus : les Américains m'ont offert un yacht, qu'ils avaient baptisé le **Manwo**, une contraction de **Man and Woman**. Et ce bateau est arrivé en France en mai 1968 ! Je devenais un immonde capitaliste...

**Et comment s'est déroulé ce fameux festival de Cannes 1968 ?**
Je suis descendu à Cannes avec ma Porsche. On avait du mal à trouver de l'essence, mais je crois avoir bénéficié de la bienveillance des pompistes ! Je suis arrivé au petit matin : Favre Le Bret m'attendait sur les marches du palais. Je lui ai apporté la copie en lui faisant part de mes inquiétudes quant à la situation à Cannes. Il m'a rassuré en me disant que le festival était une fête et qu'il fallait continuer à parler de cinéma malgré le contexte. La projection de neuf heures a commencé. Je suis sorti de la salle : en bas des marches attendaient Truffaut, Godard, Polanski, Malle... On a voté et la décision a été prise d'arrêter le festival. On ne pouvait pas faire la fête en smoking quand Paris était au bord de la révolution. J'ai été désigné pour parler à Favre Le Bret au motif que c'était mon film qu'il était en train de voir. À la fin de la projection, Robert s'est levé et m'a pris dans ses bras en me disant : « Ça va faire un triomphe ! »

Extrait de la séquence filmée par Claude Lelouch.

J'étais très mal à l'aise pour lui annoncer la décision que nous venions de prendre. Il m'a rétorqué que j'étais un traître, un renégat, un Judas, que je ne serais rien sans le festival de Cannes, etc. Il était furieux, il a décidé de continuer le festival malgré tout. Ce qui amènera au fameux soir où Godard s'est accroché au rideau avant la projection du film de Carlos Saura... Favre Le Bret a fini par jeter l'éponge...

**Et vous, qu'avez-vous fait ?**
Je suis remonté à Paris, où débutaient les états généraux du cinéma. J'ai très vite eu le sentiment d'être une nouvelle fois l'homme à abattre. Je symbolisais le capitalisme, les histoires à l'eau de rose, j'étais le représentant honni de cette bourgeoisie qu'on voulait vaincre. La profession entière était contre moi, me jalousant à un point que je ne soupçonnais pas. Tout le monde n'était pas hostile : Resnais notamment a pris ma défense. Mais c'était peine perdue. Certains disaient que **Un homme et une femme** était le film du général de Gaulle, que j'étais le cinéaste officiel du régime. Il est vrai que deux ans plus tôt j'avais été invité à l'Élysée, où j'avais assisté à une projection de **Un homme et une femme** calé entre le président et sa femme. Ils m'avaient assuré avoir beaucoup aimé le film...
Et puis je n'étais pas en pointe non plus dans l'affaire Langlois. Je l'avais côtoyé, mais ses jugements m'ennuyaient parfois, je n'étais pas d'accord avec lui. À vrai dire, je n'étais ni pour ni contre son éviction. Je me suis donc abstenu : je n'allais ni aux manifestations ni à la Cinémathèque. Cette absence de prise de position combinée au succès de **Un homme et une femme** m'ont beaucoup desservi.

**Comment le jeune homme de trente et un ans que vous étiez percevait-il ces événements ?**
Je me sentais indifférent à tout ce qui se passait. Malgré la panique générale, je crois avoir conservé mon sang-froid. J'observais ceux qui tentaient de récupérer le mouvement. Tous les ratés fonçaient. Ceux qui n'avaient rien à perdre étaient ceux qui se mobilisaient le plus. Pour les exclus, le système pourri était la cause de leur marginalité. Moi, j'avais une place au soleil... Mais tout s'est emballé quand de Gaulle a paniqué et s'est enfui à Baden-Baden. L'électrochoc a été violent. J'étais fasciné, j'allais dans la rue avec ma caméra pour faire des images. Je savais pertinemment que la situation ne durerait pas. Nous vivions dans une société d'enfants gâtés qui ne supporteraient pas longtemps de ne pas pouvoir partir en week-end. Mais nous assistions à un spectacle fabuleux. Des gens qui ne se connaissaient pas montaient dans les mêmes voitures, commençaient à se parler. Paris était une fête. C'était le 14 Juillet permanent. Puis il y a eu l'appel de Malraux et la foule est descendue dans la rue. Comme à la Libération. L'insurrection bourgeoise a eu peur du mouvement populaire et l'affaire a été réglée. Mais les mentalités en ont été changées...

# Le sport

Le médicament et la métaphore /
L'homme sur la moto / Vélo, boxe et marathon /
Le plan de Willy Baugner / Les perdants de Munich

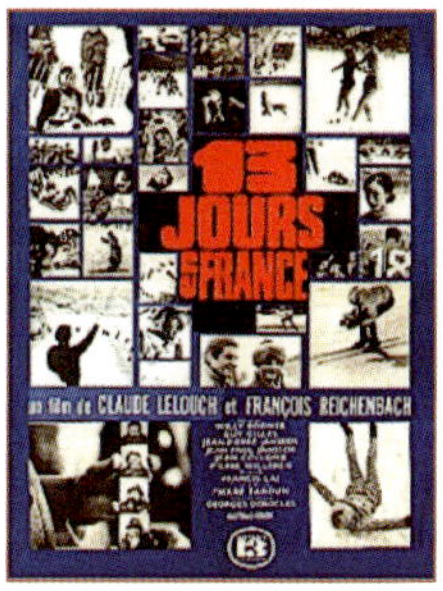


**Vos trois documentaires sportifs présentent une évidente unité. Ils sont dépourvus de commentaires, ils mélangent allègrement les images des performances sportives et celles des coulisses. Enfin, ils adoptent un montage rythmé qui vise davantage les sens que la pédagogie...**
Je précise tout d'abord que si j'ai de l'énergie et si j'ai réussi à m'épargner certains pépins de santé, c'est grâce à la pratique du sport. C'est une chose importante dans ma vie. Je fais, en amateur, du vélo, de la course à pied, de la natation... L'organisme a besoin de mouvement pour sa régulation. Le sport est un médicament sans effets secondaires ! C'est même un principe de vie. Il représente par ailleurs une métaphore de l'histoire des hommes et des femmes. Un combat de boxe de quarante-cinq minutes, un match de football de deux mi-temps, un 100 mètres ou un marathon racontent la vie comme je la ressens : tout est compétition. J'utilise la métaphore du sport pour parler de la vie à mes enfants, et leur dire à quel point l'issue est cruelle. Par exemple, pendant le Tour de France, à un moment donné, un coureur sort du peloton, il devient un héros. Pendant ce temps-là, d'autres décrochent. C'est l'histoire du monde ! Tous les jours les nouvelles nous montrent que les gagnants sont idolâtrés et les perdants délaissés. C'est pour cela que j'ai choisi de filmer les perdants dans **Vision of Eight**. Ils se sont donné autant de mal que les autres et ils sont abandonnés de tous !

**Vous professez néanmoins un goût pour la gagne...**
J'ai une grande tendresse pour les perdants. Cela se voit également dans **Pour un maillot jaune**. J'ai obtenu moi-même des récompenses et des médailles. Elles me font plaisir bien sûr, mais elles me servent surtout à expliquer que j'existe à ceux qui n'ont pas de points de repères. Quand quelqu'un reçoit un prix Nobel, je me dis qu'il n'est pas idiot. Lino Ventura m'avait expliqué qu'avec la Légion d'honneur, il pouvait sauver des tas d'enfants.

**Vos trois films nous montrent peu, finalement, la compétition en tant que telle.**
Je reste plutôt dans le registre de l'insolite, car je trouve que la télévision remplit son rôle concernant la compétition et que l'on ne peut pas faire mieux que le direct. Il est impossible de rester vissé devant un match de tennis si l'on en connaît déjà le résultat. Quand j'ai tourné ces films, je me suis dit qu'au moment de leur sortie, les spectateurs connaîtraient tous les vainqueurs et que l'information n'aurait plus d'intérêt en tant que telle. J'ai donc privilégié ce que les spectateurs ne connaissaient pas.

**C'est la même chose dans 13 jours en France. Mais vous aimez aussi les images pour elles-mêmes : le montage des sauts à ski fait penser à une chorégraphie...**
J'aime aussi la forme dans le sport. Il n'y a rien de plus beau. Le 100 mètres au ralenti est quelque chose de magnifique. Le marathon, le triathlon, idem. Le sport est magique. Tout est beauté.

**Pour un maillot jaune est ainsi davantage axé sur le Tour de France que sur ses coureurs.**

Le film montre que le Tour de France est à la fois une épreuve nationale et une grande fête. Des gens partent en vacances en caravane pour accompagner le Tour d'étape en étape. L'événement m'émeut. Je ne rate jamais les étapes de montagne à la télévision. Elles commencent en direct à onze heures du matin pour se finir à dix-sept heures. Je ne bouge pas du canapé ! Et je peine avec les coureurs pendant la montée des cols. Ce qui est magnifique dans le Tour de France, c'est qu'il réunit à la fois la notion d'équipe et la réussite individuelle. Même le plus grand coureur ne peut pas gagner le Tour seul, c'est impossible. Son équipe le protège. Un peu comme une vedette de cinéma que l'on va chercher chez elle et que l'on ménage, afin qu'au moment où on dit « moteur », elle soit à cent pour cent de ses possibilités. Quand le champion arrive au stade de la dernière difficulté de la journée, il doit franchir les ultimes kilomètres sans faillir. C'est de la stratégie, et quelle métaphore !

**Votre amour de Jacques Tati se retrouve dans ces films, dans Pour un maillot jaune et dans 13 jours en France.**

Évidemment ! Le début de **Pour un maillot jaune**, c'est la France de **Jour de fête**.

**Quel était votre degré de liberté pendant le tournage ?**
Je pouvais aller partout, d'autant que je n'étais pas connu à l'époque. Jacques Godet, le patron du Tour, m'avait pris en sympathie : il était demandeur d'un film qui montre le côté insolite de la course. J'ai donc pu suivre le Tour assis à l'arrière d'une moto, avec ma caméra, ce qui me permettait d'être au milieu des coureurs. Je disposais aussi d'une voiture en retrait avec de la pellicule et un assistant. J'ai ainsi couvert tout le Tour, à l'exception de quelques étapes mineures. Je n'ai jamais eu aussi peur que dans les descentes, à cent vingt kilomètres-heure, filant le train des coureurs...

**Avez-vous beaucoup tourné ?**
Raisonnablement. Le film était réalisé en 35 mm. Il était payé par les sponsors du Tour. De toute manière, on ne peut pas filmer le Tour de France sans les marques. Et si l'on enlève les marques, ce n'est plus le Tour de France. La caravane publicitaire en fait partie.

**Aviez-vous des idées préconçues sur le montage, ou bien êtes-vous parti en vous disant : « On verra bien » ?**
Nous ne savions pas ce que nous allions sortir. **Pour un maillot jaune** fait partie de ces films que j'ai envie de refaire, cette fois avec cinq ou six motos pour observer les changements opérés depuis quarante ans. Aujourd'hui, pour retrouver de son lustre, le Tour de France aurait besoin d'un film comme celui-ci, pas d'un énième reportage sur le dopage...

**Quels sont, selon vous, les plus beaux spectacles sportifs ?**
Le cyclisme, pour moi, est le sport le plus beau. Derrière lui, je place immédiatement la boxe, qui est l'école du courage. Sur un ring, on peut mourir, devenir fou, finir diminué ou tétraplégique. La métaphore, une nouvelle fois, fonctionne parfaitement : la boxe distingue ceux qui ont du courage et les autres. Et la minute de repos est aussi importante que le combat lui-même. Sur la troisième marche du podium, je mets le marathon. Lui aussi résume la vie. Parce que les stratégies sont nombreuses, parce que le physique est aussi fondamental que l'intelligence. Et malheur à celui qui s'arrête !
Le tennis figure en quatrième place de mon palmarès, à cause de ses règles folles. On se croirait aux échecs : tout se joue à deux ou trois points près. Tous les coups ne sont pas à égalité au tennis. Un grand champion est celui qui joue bien les coups importants. Le tennis montre que tant qu'il y a de la vie, il y a de l'espoir. Un joueur peut être mené par quatre balles de match et gagner.

**Ces sports sont-ils « filmables » ?**
Oui, à la télévision et en direct. Si ce n'est pas le cas, il faut les scénariser. Il faut raconter des histoires qui se nouent autour de la compétition. Le sport dans ces cas-là n'est pas très photogénique. Le tennis en tant que tel n'est pas « filmable » : on n'apprécie la vitesse de la balle que si l'on est sur le court. Mais il y a pire : la Formule 1. On ne voit même pas le visage des coureurs.

**Pourtant les films sur la F1 sont nombreux.**
Mais tous plus chiants les uns que les autres, parce qu'ils ne montrent que des casques. La descente olympique de ski, pareil. Le golf ne présente aucun intérêt non plus : on ne voit rien, on entend la balle, on voit un peu les regards... Les sports les plus photogéniques sont ceux qui permettent d'observer la joie et la souffrance. Car c'est toujours une souffrance. D'autant que ceux qui en font à haut niveau sacrifient leur santé. Le sport a toutes les vertus, mais jusqu'à un certain point seulement. Un sportif de compétition, au bout de plusieurs années, est bon à jeter.

Claude Lelouch
pendant
*jours en France.*

**Pour 13 jours en France, contrairement à Pour un maillot jaune, vous disposez de plusieurs équipes et de plusieurs caméras.**

J'ai fait appel à des metteurs en scène cameramen : François Reichenbach, Guy Gilles et les frères Jansen. Il y avait donc cinq équipes au total. Nous étions tous plus intéressés par l'émotion que par le sport. J'avais obtenu de réaliser le film officiel des Jeux à la condition qu'une autre équipe tourne les épreuves en tant que telles pour un autre film, que Jacques Ertaud réalisait en parallèle : **Les Neiges de Grenoble**. Quand nous avons montré **13 jours en France** à Killy et aux sœurs Goitschel, ils ont été un peu déçus car ils ne se voyaient pas dans l'effort et la consécration. Aujourd'hui le temps a passé et Killy adore le film, qui restitue bien l'événement olympique lui-même.

**En voyant le film, nous serions incapables de dire qui a filmé quoi.**

Impossible effectivement, car ce qui faisait notre force, c'est que nous avions tous les cinq le même œil !

**C'est tout de même vous qui l'avez signé ?**

Tous les matins je donnais les consignes de tournage aux équipes. J'avais la responsabilité de la production et du montage du film. Mais au niveau des prises de vue, nous étions tous à égalité. Le film, nous l'avons fait tous les cinq. Plus un garçon formidable, Pierre Willemin, qui a filmé le parcours de la flamme olympique. Mais il n'a pas participé au tournage des Jeux car il n'était pas libre.

**Comment vous répartissiez-vous le travail ?**

De façon insolite. Nous savions qu'Ertaud et la télévision étaient présents et donc nous ne nous focalisions pas sur la compétition. Par exemple, nous nous fichions de la cérémonie d'ouverture. Ce qui nous intéressait, c'était de Gaulle... Nous voulions également donner dans la comédie musicale : c'est ainsi que nous avons fait une chanson sur « Peggy la patineuse ». Je me

Le Général de Gaulle
et son épouse à Grenoble.

souviens que c'est Reichenbach qui devait filmer la descente hommes. Je lui ai demandé d'accompagner Killy quand il prenait le téléphérique. Mais au moment de monter, il a aperçu une femme dans la neige en train de changer son bébé. Cela l'intéressait : il s'est mis à filmer... et il a laissé partir Killy. Ce qui fait que je n'ai pas Killy dans cette séquence...

**Vous a-t-on reproché l'absence de commentaires ?**
Non, pas spécialement, au contraire. Nous offrions autre chose aux gens : les Jeux comme s'ils y étaient allés seuls, seuls avec leurs yeux.

**Quelles étaient les plus fortes contraintes qui vous étaient imposées ?**
Celles qui étaient liées à la sécurité ! À aucun moment naturellement nous ne devions entraver la compétition. Ce qui n'a pas toujours été le cas. Nous étions en effet habillés en rouge par un grand couturier de l'époque, afin que nous puissions nous repérer de loin sur les pistes. Mais les combinaisons n'étaient pas antidérapantes. C'étaient de véritables luges. Ma femme Christine est venue nous prêter main-forte le jour de la descente dames. Je lui ai donné un costume. Elle portait deux magasins de pellicule de cent vingt mètres, assez lourds. Nous avions le droit d'être sur la piste. Mais elle a dévissé, et elle a glissé au milieu de l'épreuve. Nous avons vu de loin un truc rouge descendre avec ses deux bobines, un cauchemar ! Par miracle, la skieuse ne l'a pas percutée.

**La séquence où la caméra déboule sur la piste en rattrapant les skieurs est époustouflante.**
Elle est due à Willy Baugner. Dès notre arrivée à Grenoble, j'ai eu envie de tourner une descente subjective, ce qui n'avait jamais été fait dans l'histoire du cinéma. Willy Baugner, qui s'occupe aujourd'hui de vêtements, était un ancien champion de ski. Le destin me l'a envoyé. Je lui ai proposé d'essayer de prendre la caméra avec lui en la tenant à la main au niveau des genoux, sans bâtons. Lors des essais nous avons constaté qu'il parvenait à descendre aussi vite qu'un skieur. Il nous était bien sûr interdit de passer derrière un participant. Au moment de la descente dames, j'ai demandé à Baugner de suivre l'ouvreuse qui démarre la compétition. Nous n'avions pas l'autorisation... Baugner avait le badge permettant d'aller sur les pistes... L'ouvreuse est partie. Il lui a emboîté le pas. Mais comme c'est un homme, il a fini par la dépasser. Et nous avons réussi un plan fabuleux !

**Vous le referez dans Toute une vie ?**
Pas du tout, c'est le même plan que nous avons réutilisé. C'est un plan unique : il n'était pas possible de le refaire. C'est le même Willy Baugner qui m'a présenté Audrey Hepburn, avec qui j'ai passé l'une des soirées les plus romantiques de mon existence. Baugner m'avait dit qu'elle était à Grenoble, qu'elle avait vu sept fois **Un homme et une femme**, et que j'étais le cinéaste avec lequel elle rêvait de tourner. Nous nous sommes vus malgré mon anglais approximatif. Nous avons dîné ensemble et avons marché toute la nuit dans les rues de Grenoble en nous tenant la main. Le lendemain elle partait à Rome pour se marier avec le psychiatre italien Andrea Dotti. Une nuit magique par – 20°C.

Le stadium de Munich.

**Vision of Eight est un cas différent.**
J'étais en effet sur ce film un simple employé, à égalité avec sept autres metteurs en scène. Ma partie a été remontée sans qu'on me demande mon avis, à l'instar de celles des autres, je crois. Mon montage ressemblait davantage à un ballet. Je voulais transformer la souffrance en chorégraphie. Je voulais la sublimer et montrer que le sang, les larmes et la déprime faisaient également partie de la compétition. Les commanditaires ont voulu faire un documentaire expurgé de cette souffrance. Ils ont rendu ma partie plus réaliste.

**Quelles étaient les contraintes ?**
Nous avons bénéficié de moyens colossaux. Il y avait une grande salle remplie de caméras avec toutes les Panavision réunies. À côté, nos cinq caméras de **13 jours en France** auraient fait pitié ! Nous avions des cameramen du monde entier, les plus grands téléobjectifs existants, des moyens inouïs. Les huit metteurs en scène se croisaient en permanence. Tous les soirs, nous nous retrouvions pour un briefing. J'étais très copain avec Milos Forman, Arthur Penn, John Schlesinger. Mais parmi les huit, j'étais le seul à la caméra. Mes assistants étaient Élie Chouraqui et Charles Gérard. J'avais conservé mon esprit de Grenoble et je voulais être au cœur de la détresse de ceux que je filmais.

**D'où venait l'idée de filmer les perdants ?**
Quand quelqu'un sort un film qui ne marche pas, il s'est donné autant de mal que celui qui a réalisé le film qui cartonne. Les perdants souffrent de tous les inconvénients. Ce qui est formidable dans les sports, c'est que la forme est très importante. À la finale du 100 mètres, les dix coureurs se sont donné autant de mal. Neuf fois sur dix, les spécialistes sont incapables de dire qui va gagner, qui est le plus en forme. La forme, c'est une synchronicité de tout ce qui fait la performance : une bonne condition physique, un moral d'acier, des bonnes nouvelles, une nuit de sommeil...

**Compte tenu de votre sujet, vous avez dû tourner énormément pour être certain que le type que vous filmiez serait perdant...**
C'est vrai. Avec le métrage que j'ai emmagasiné, j'aurais pu livrer un film de une heure et demi, et un bon film. Je le regrette rétrospectivement, mais ces images n'étaient pas à moi.

**Qu'est-ce que la prise d'otages a changé ?**
Au moment où nous avons appris l'événement, je me suis dit : « Les grands perdants, ce sont les JO eux-mêmes. » Ce qui aurait pu être une réussite était définitivement dénaturé. J'ai essayé alors de filmer la prise d'otages et j'ai un peu abandonné les Jeux. Mais dorénavant mon passe ne me servait plus à rien. La sécurité empêchait que l'on s'approche. Nous avons filmé, mais de très loin. Certaines images ont été reprises par les actualités. D'un seul coup, les Jeux étaient foutus, et avec eux le film. Les gens se fichaient que Mark Spitz gagne ou non. L'enjeu était devenu dérisoire.

**La fin du film nous montre quelques images en épilogue...**
Ce sont celles que, tous confondus, nous avons réussi à obtenir. La plupart doivent être de moi, tant j'étais axé sur ce qui se passait autour de cette prise d'otages. Mais comme je n'avais pas le final cut et que je ne produisais pas le film, ces images me semblent étrangères. J'étais malheureux de ne pas avoir le pouvoir habituel sur le film.

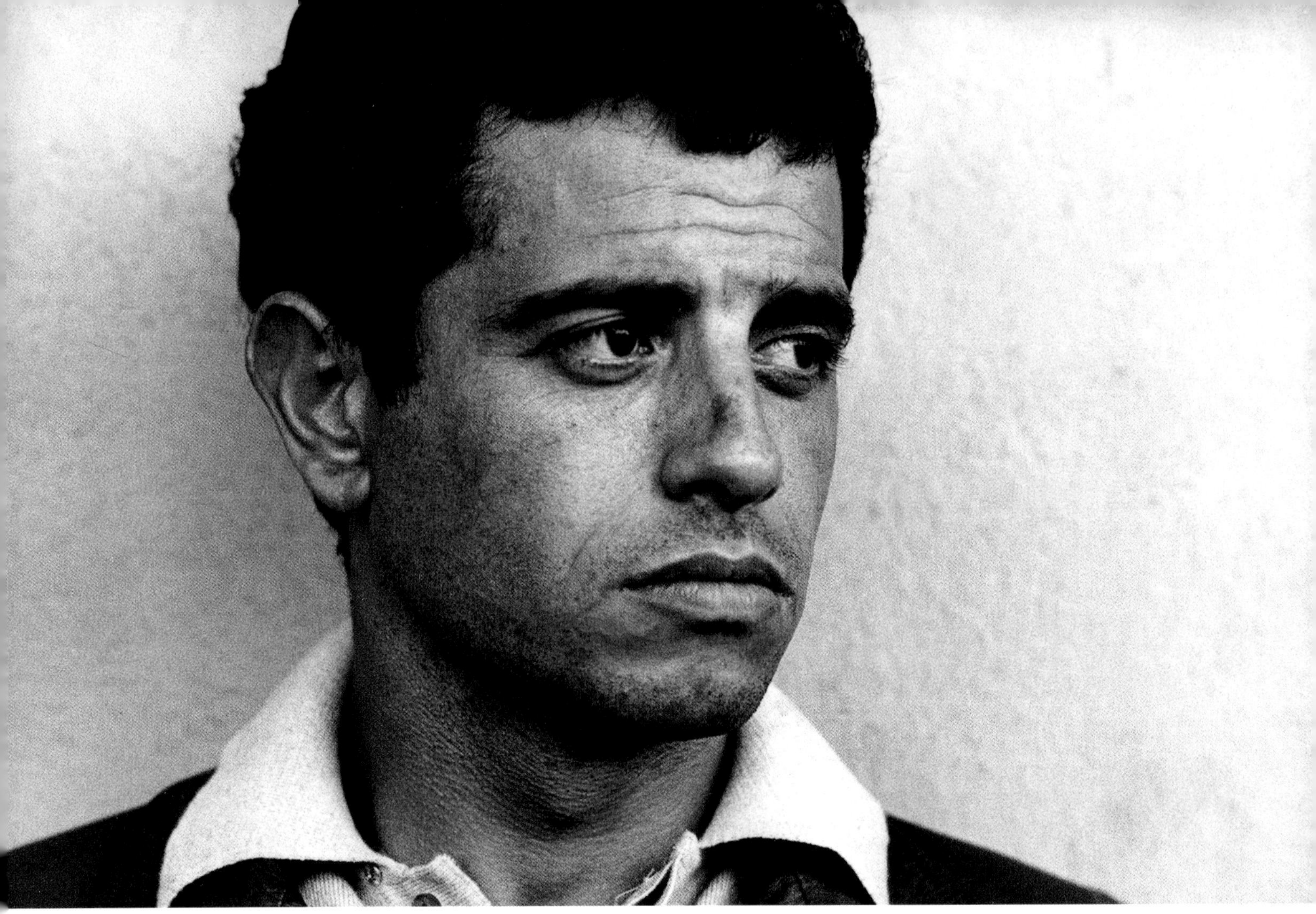

# La vie, l'amour, la mort

1968

## Après Brooks et Cayatte… / Une vraie prison, une vraie guillotine / La couleur, le noir, le blanc / Quand le spectateur devient acteur / Les sifflets de Chaillot

**Vous sembliez futile à certains, on vous découvre engagé contre la peine de mort…**
Je n'ai jamais été engagé politiquement, mais j'ai toujours été révulsé par la peine capitale, qui est pour moi le propre d'une société barbare. Je crois que les esprits étaient prêts pour changer la loi. J'avais vu et aimé le film de Cayatte, **Nous sommes tous des assassins**. J'avais été étonné qu'après le succès du film, la peine capitale n'ait pas été abolie. J'avais également vu **De sang-froid**, de Richard Brooks, que j'ai adoré. Ces films m'ont impressionné, mais visiblement il fallait en remettre une couche puisque la peine de mort était encore inscrite dans la loi. Je me devais de consacrer ma renommée du moment, mon argent et mon pouvoir à une telle cause. Je me suis servi de mon prestige auprès des Artistes associés pour leur imposer ce qui s'appelait à ce moment-là **La vie est un combat**. Ils avaient tellement peur de me perdre qu'ils ont accepté.

**Juste après le générique, vous indiquez que le film s'inspire de faits réels…**
J'ai beaucoup parlé avec des avocats, notamment maître Albert Naud, un spécialiste de la question. Plusieurs de ses clients avaient été guillotinés et il avait assisté à leur exécution. Mon choix avait fait ricaner ses confrères de l'époque, qui disaient qu'il n'était pas bon avocat, puisque ses clients avaient été condamnés… En fait, maître Naud était aguerri contre la peine de mort, car de la fin de la guerre jusqu'aux

François TOLEDO
Caroline CELLIER
Janine MAGNAN
Marcel BOZZUFFI
Pierre ZIMMER
Jacques PORTET
Lisette BERSY
Jean COLLOMB
Nathalie DURRAND
Rita MAIDEN
Denyse ROLAND
Sylvie SAUREL
Colette TACONNAT

années 60, c'est-à-dire pendant qu'il exerçait, la guillotine fonctionnait beaucoup ! Son écœurement n'avait jamais faibli : le texte que l'on entend à la fin du film porte sa signature. Je lui avais demandé que l'histoire du film puisse renvoyer à une réalité précise. Comme il avait défendu dix ou quinze personnes susceptibles d'être condamnées à mort, nous avons pioché dans tous ses dossiers en les accommodant à notre sauce.

**Qu'est-ce qui vous horrifiait dans la peine de mort ?**

D'abord le cérémonial ! Que l'on tue quelqu'un pendant son sommeil, par surprise, sans qu'il le sache, déjà c'est dur... Mais l'attente, le petit matin, la dernière cigarette, le verre de rhum, la chemise découpée, le prêtre, la guillotine, bref tout ce qu'on voit dans le film, je dis non. Nous sommes encore plus barbares que celui qui a tué dans un moment incertain. D'où mon parallèle avec la corrida. Ce cérémonial est l'expression d'un sadisme patent. Maître Naud m'avait dit qu'il avait été écœuré par le voyeurisme de certains. La justice convoquait un certain nombre de personnes pour l'exécution. C'était terrible pour lui d'observer tous ces gens qui n'étaient pas à la place du condamné, de les sentir parfois satisfaits d'être là. Lui souffrait, car c'était son client, un homme qui avait fini par faire partie de sa famille, avec lequel il avait vécu pendant des semaines. Pour un avocat, la douleur est incommensurable, et elle se double d'un échec professionnel.

**Vous suiviez ces affaires ?**

Elles me scandalisaient, j'étais toujours du côté du condamné. Nous avons tous les jours des raisons de nous mettre en colère, mais en règle générale nos freins nous empêchent d'aller trop loin. Or, ces gens qui ont commis des actes irréparables n'ont plus de freins. Ceux qui sont contre la peine de mort, dont je fais partie, pensent que les pires assassins sont des malades. Je suis pour qu'on les interne, et qu'on les soigne. Qu'un homme puisse décider de la vie d'un autre me révolte. La finalité du film était de montrer que notre société est capable de s'acharner sur un malade. Rappelez-vous d'où vient le héros de **Nous sommes tous des assassins**.

*De sang-froid.*

**Et Patrick Henry ?**

C'est le cas ultime. On ne peut que le détester. Mais c'est bien que Robert Badinter ait pu sauver sa tête. Quand j'ai eu besoin d'un avocat, j'ai pris Badinter. Même pour des histoires de divorces, il s'est montré formidable, tenant un discours incroyablement généreux, défendant prioritairement l'enfant... Il fait partie de ces justes que j'ai eu la chance de rencontrer. Quand il se battait contre la peine de mort, je me sentais derrière lui. Reichenbach avait tourné un reportage sur un condamné à mort aux États-Unis, **Houston Texas**, un film magnifique. J'avais retrouvé Robert à la projection, qui disait qu'il fallait absolument que ce film ait du succès pour que nous aboutissions. Et il avait ajouté que c'était pour bientôt.

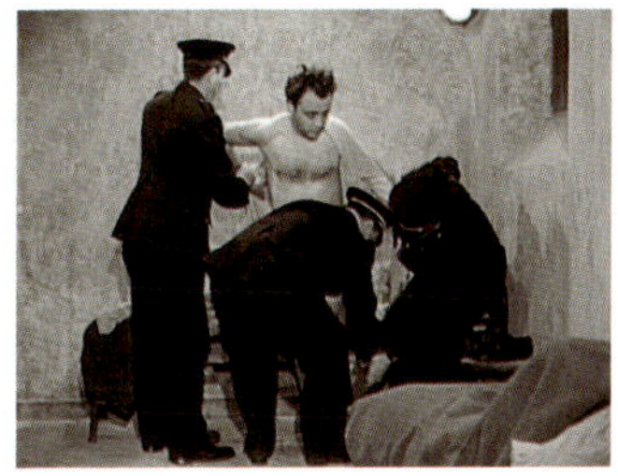

*Nous sommes tous des assassins.*

**L'adultère est de nouveau au cœur du film dans La Vie, l'Amour, la Mort...**

Le personnage central est un homme humilié, et c'est pour cela qu'il tue. Même avec les prostituées il n'arrive pas à bander, alors que la plupart des impuissants y parviennent, puisque les putes n'ont pas de jugement. Maître Naud m'avait expliqué que lorsque l'on devient meurtrier, c'est souvent pour éliminer les témoins de son impuissance. Or les femmes parlent beaucoup quand elles ne sont pas satisfaites. J'avais donc construit le film là-dessus.

**Vous aimez la corrida. Pourtant ce que vous montrez au début du film, le sang qui coule, la cruauté qui s'en dégage, va plutôt dans le sens de ses détracteurs les plus acharnés.**

J'aime avant tout le courage. Pour moi c'est la plus grande des qualités. Affronter le taureau est un acte de courage, tout comme monter sur un ring. Je suis admiratif de ceux qui font des choses dangereuses et mettent physiquement leur vie en jeu. Quand les toreros pénètrent seuls dans l'arène et qu'une bête de cinq cents kilos leur fonce dessus, j'ai la chair de poule. Pour le film, ce qui m'intéressait en l'occurrence, ce n'était pas le courage, mais le cérémonial de mort. C'était une façon d'entrer d'emblée dans l'idée du spectacle, de la mort et du sang...

**Le film a-t-il été tourné en continuité ?**
Plus ou moins... En tout cas la scène de l'exécution a été faite en dernier. J'ai réalisé le film en cinq semaines avec un petit budget et des inconnus. Amidou est magique. La scène finale l'a profondément ébranlé. Il tremblait. Il avait le sentiment qu'il allait être exécuté. Cette scène, comme toutes les scènes de prison, a été tournée dans un ancien établissement, laissé dans un état épouvantable et transformé en refuge pour SDF. Mais c'était une prison authentique. Et la guillotine était une vraie guillotine.

**Le film ne fait pas beaucoup de concessions. Vos précédents, Un homme et une femme, Vivre pour vivre étaient tourbillonnants. La Vie, l'Amour, la Mort est dépourvu de musique et contient de nombreux plans fixes.**

Quand j'ai commencé le tournage, j'étais très influencé par **Un condamné a mort s'est échappé**, le chef-d'œuvre de Bresson, que j'ai revu plusieurs fois. Il m'a guidé dans mes choix de mise en scène. Je savais qu'il fallait que je sois dans une telle veine plus que dans la mienne. Mais aujourd'hui, je ne suis pas totalement satisfait du scénario de **La Vie, l'Amour, la Mort**. J'ai sans doute adouci le personnage. J'aurais pu prendre un type plus crapuleux, plus dégueulasse, qui n'a aucune émotion. Dans **De sang-froid**, les personnages sont monstrueux dès la première image. Je pense que la démonstration du film de Brooks est plus forte. Mais il prend davantage le public à rebrousse-poil... Pourtant, j'ai du mal à imaginer qu'il existe des êtres qui soient comme dans **De sang-froid**. Parce que chacun d'entre nous recèle une part d'humanité.

**En termes de mise en scène, dès le début vous installez le personnage dans son décor avec une caméra très mobile. Il est ouvrier, son appartement n'est pas très grand...**
Nous avons des voitures et des appartements qui nous ressemblent. Si vous voulez faire le portrait de quelqu'un, au lieu de l'interviewer, suivez-le dans son appartement. Ses choix de décoration, ses meubles, ce qui est accroché aux murs vous diront tout sur lui. Il était fondamental que je montre au départ qu'Amidou est quelqu'un de simple, que c'est un homme parmi tant d'autres. Son appartement n'est pas celui de Françoise Fabian dans **La Bonne Année** et encore moins le bureau de Jean-Paul Belmondo dans **Itinéraire d'un enfant gâté**.

**Est également présent dans le film un thème très personnel, qui reviendra dans Partir Revenir et dans Les Misérables, celui la dénonciation : Amidou est trahi par sa belle-mère...**
**Les Parisiens** revient également sur la trahison de façon plus générale. L'histoire du Christ et de Judas se répète depuis des siècles. Elle m'a marqué. Au début du troisième volet du **Genre humain**, Judas allait voir Marie-Madeleine pour coucher avec elle. Elle le repoussait, ajoutant que cette fois il devrait payer et que le tarif était de trente deniers. Personne n'a jamais essayé d'expliquer pourquoi Judas avait besoin de trente deniers, ce qui n'était qu'une petite somme. C'est de cette façon que devait commencer le film. Être rejeté par une pute représente la pire humiliation qui soit pour un type. C'est ce que vit Amidou dans **La Vie, l'Amour, la Mort**.

**Tout est filmé de son point de vue. Nous ne le quittons pas pendant toute la première moitié du film, sans trop savoir pourquoi d'ailleurs...**
Pour que le spectateur puisse s'identifier à lui et trouve son arrestation injuste. S'il savait ce qui s'est passé, il pourrait être satisfait de voir ce type mis hors d'état de nuire. Ne sachant rien, il souffre avec lui. La perte de la liberté est un moment terrible dans la vie d'un homme. C'est ce que m'avait expliqué Albert Naud. L'arrestation est pire que le procès et l'emprisonnement. On ne commence à récupérer qu'après un long sommeil. Et la fatigue est ce qu'il y a de plus démoralisant. Elle vous prive de lucidité, elle vous pousse parfois au suicide.

**Pourquoi les flics humilient-ils Amidou quand ils l'arrêtent ?**
C'est la préparation de la garde à vue : le cérémonial est terrible et humiliant. On met le type plus bas que terre pour le faire parler.

**Pourquoi Amidou n'est-il pas arrêté dès qu'il entre à l'hôtel ?**
Les flics visent le flagrant délit. La façon dont je les ai brossés est un clin d'œil à Melville. J'ai dramatisé à dessein quand ils descendent les étages, j'ai augmenté le volume du bruit de leurs pas. C'était pour mieux faire ressentir ce que Amidou a dans la tête à ce moment-là.

**La construction du film est habile – construction que l'on retrouvera dans Dead Man Walking, de Tim Robbins. Pendant une heure on ne comprend pas le déploiement policier alors qu'on ne voit rien d'autre qu'un type en train de tromper sa femme. Puis on découvre qu'il a commis quelque chose de grave. La progression dramatique est soulignée par le passage progressif au noir et blanc...**
Le noir et blanc apparaît non pas quand Amidou est incarcéré mais quand il est condamné à mort. La couleur s'efface. Elle ne revient qu'à l'occasion des flashs-back. La vie, c'est la couleur ; la mort est en noir et blanc. Cela n'a bien sûr rien à voir avec l'alternance entre noir et blanc et couleur dans **Un homme et une femme**.

**Vous manipulez le spectateur par le montage... Notre vision des personnages est tributaire de celui-ci. Vous nous donnez des pièces d'un puzzle qui ne seront utilisables que dans la deuxième moitié du film...**
Ce principe va devenir récurrent dans mon cinéma. Je le trouve jubilatoire car il oblige le spectateur à être acteur. C'est ce que j'aime au cinéma : m'identifier, être davantage sur l'écran que dans la salle, faire tomber les barrières. Pour être juge il faut ne pas être en empathie avec les types qui sont dans le box. Moi, j'ai envie que les spectateurs aiment les voyous. Aimer les personnages positifs, c'est facile. Moi j'ai envie que l'on souffre avec mes personnages, et l'on ne souffre que si l'on aime. Si je n'avais pas été cinéaste, j'aurais aimé être avocat d'assises. J'aurais fait aimer mes clients aux jurés, je les aurais transformés en acteurs.

**La complicité avec le spectateur s'établit au moment où défilent les différents acteurs du procès. Nous voyons le psychiatre ou le policier mais nous ne les entendons pas. Nous ne connaîtrons leurs propos que plus tard...**
J'aime ces moments pendant lesquels le spectateur, d'une certaine manière, dialogue avec le personnage en y plaçant ses propres propositions. Dans **Vivre pour vivre**, le travelling circulaire dont nous avons parlé a été généré par le côté insipide de ce que Montand disait à Candice. Mais la gestuelle était impeccable. J'ai donc mis de la musique : la scène est plus forte.

**La femme d'Amidou fabrique des poupées en usine. On y voit un piston qui enfonce l'œil dans l'orbite de façon, sinon violente, en tout cas annonciatrice de ce qui va suivre...**

Je voulais instaurer une permanence du climat, montrer que même avec une poupée, on pouvait faire du mal. J'ai souvent vu des enfants maltraiter un jouet. À chaque fois, j'ai été très malheureux car j'avais l'impression désagréable que cela annonçait une véritable violence à venir. Quand nous sommes arrivés pour tourner dans l'usine, honnêtement je ne pensais pas à cette scène. J'ai découvert l'emboutissage, et je me suis dit que cela faisait partie des coïncidences auxquelles on n'échappe pas.

**Le film a-t-il été bien accueilli ?**
Pas mal, compte tenu du sujet ! Il a frôlé le million d'entrées. Je me souviens que la Cinémathèque française m'avait demandé de le montrer en avant-première mondiale. J'étais venu le présenter. À peine avais-je mis les pieds sur scène que les sifflets et les huées commençaient. Certains voulaient me faire payer Mai 68 sans même attendre la fin de la projection. Je n'ai pas dit un mot. Le film a commencé, je suis resté dans le couloir. Les sifflets ont continué au moment du générique. Ils ne se sont pas calmés pendant les dix premières minutes. Puis petit à petit un silence incroyable s'est installé dans la salle. La force du film avait plaidé en ma faveur.

# Un homme qui me plaît

1969

## Faussement frivole / On the road / Adultère mode d'emploi / La fin (du film) justifie les moyens / La vie comme fonds de commerce

**Un homme qui me plaît prend des chemins buissonniers. C'est le film qui vous permet de rencontrer Belmondo et de le faire sortir de son registre le plus courant, celui de L'Homme de Rio. C'est un film faussement frivole !**

Voilà c'est ça : « faussement frivole ». Mais vraiment décontracté : c'est un film de vacances. C'est aussi un film qui a beaucoup de défauts. Je l'ai fait en déconnant. Je me marrais avec Jean-Paul et j'avais mon histoire d'amour avec Annie Girardot qui se terminait. J'étais un enfant gâté. Je n'ai jamais été aussi gâté de ma vie. Dans un environnement où les gens se remettaient mal de Mai 68, moi j'allais très bien... Quant à ma rencontre avec Belmondo, il s'agit davantage de retrouvailles. J'avais fait sa connaissance quatre ans plus tôt, à l'occasion d'un petit film de promo pour Unifrance. Pour ce minidocumentaire, je l'avais suivi partout. Quand j'ai retrouvé Jean-Paul sur **Un homme qui me plaît**, il venait de faire **La Sirène du Mississippi**, avec Deneuve, sous la direction de Truffaut. Le film n'avait pas marché. Mon idée était d'aller très loin avec Annie et Jean-Paul. Mnouchkine

Jean-Paul BELMONDO
Annie GIRARDOT
Kaz GARAS
Peter BERGMAN
Farrah FAWCETT
Maria Pia CONTE
Marcel BOZZUFFI
Timothy BLAKE
Jean COLLOMB
Foster HOOD

et les Artistes associés étaient plus réticents : ils se demandaient si le couple serait crédible. Allait-on croire à l'histoire d'amour de ces deux monstres d'acteurs ? Moi, je ne me suis pas posé la question.

**Un homme qui me plaît part de votre fascination pour l'Amérique...**

J'avais envie de filmer l'Amérique depuis longtemps. Avec Mnouchkine nous avons effectué un double repérage en voiture, de New York à Los Angeles en passant par le Sud et nous sommes retournés à New York par le Nord. Le repérage a lui-même été un plaisir fou. Nous avons finalement choisi le Sud et le Nevada, car nous étions davantage dans les clichés du western et nous ne voulions pas manquer Las Vegas. Parce que c'est la ville de tous les faux-semblants. Derrière le clinquant et la lumière est tapie la mort. Derrière le divertissement et le jeu, les choses sont plus sérieuses qu'elles ne semblent. Las Vegas n'est pas un lieu de tournage innocent.

**Les trois films que vous avez tournés avec Jean-Paul Belmondo sont importants. On a l'impression que l'acteur tient une place à part dans votre cinéma...**

Belmondo est parfait pour mon système, comme Jean-Louis Trintignant ou Annie Girardot, qui sont tous des comédiens avec lesquels je n'ai jamais rencontré l'ombre d'un problème. Ils sont d'une disponibilité totale. Belmondo vous fait confiance, il ne vient jamais marchander quoi que ce soit. Il aurait pu : le film est un peu trop relâché...

**C'est un film de récréation...**

Oui, mais un metteur en scène n'a pas droit à la récréation, pas plus qu'un président de la République, dont je ne conçois pas qu'il puisse partir en vacances. Le metteur en scène doit être concentré en permanence, de l'écriture au tournage... L'exception à cette règle a été **L'aventure c'est l'aventure**, pour lequel il fallait être en récréation tout le temps. Mais j'ai entretenu cet esprit pour les autres, pas pour moi. J'étais concentré tout en donnant le sentiment inverse, car la concentration n'est pas agréable pour ceux qui vous entourent. Cela dit j'aime la bonne humeur sur un plateau. Le cinéma n'a que faire d'une atmosphère religieuse : il faut faire les choses sérieusement sans pour autant se prendre trop au sérieux. Je ne réclame pas le silence : j'ai besoin que le plateau grouille et vive.

**D'autant que les gens de cinéma savent faire la part des choses. Si l'humeur est légère, le travail ne sera pas nécessairement superficiel...**

Henri-Georges Clouzot était venu à sa demande faire un stage sur **Le Voyou**. Il avait lui-même obtenu les résultats que l'on sait en employant des méthodes pour le moins autoritaires. Et quand il a appris qu'il existait un metteur en scène qui travaillait à l'in-

verse et que les comédiens aimaient, il a voulu savoir comment cela se passait… En fait toutes les méthodes sont bonnes : ce qui compte c'est le résultat. La seule chose que je mette en avant concernant mes films, c'est qu'ils me ressemblent. Ils sont à l'image de mon évolution et de la façon dont j'ai grandi. Ils étaient naïfs quand je l'étais. Ils l'ont moins été quand j'ai cessé de l'être. Quand j'étais triste, j'ai fait des films tristes… Mon cinéma est un cinéma d'humeurs…

**Il règne dans Un homme qui me plaît un climat de liberté totalement raccord avec le thème du film…**
Il n'y avait pas de décalage entre le film et ce que nous vivions sur le plateau. Nous étions sur la route, nous vivions la même chose que les personnages, nous tournions dans des décors naturels, dans de vrais casinos, avec de vrais Indiens… À certains moments, nous ne savions plus si nous étions dans le film ou dans la réalité. Pour l'anecdote, Farah Fawcett joue un rôle secondaire dans le film… J'ai eu une petite aventure avec elle et je l'ai amenée à Las Vegas. Notre histoire était un peu à l'image du film : nous savions que nous ne passerions pas notre vie ensemble. Le tournage marque par ailleurs la fin de mon aventure avec Annie. Ce qui a un peu influencé le scénario, un peu pesé sur l'ambiance du tournage. D'autant qu'à un moment elle a eu un petit coup de cœur pour Jean-Paul… Nous vivions dans un climat qui servait le film.

**Une nouvelle fois, le film parle de cinéma, Belmondo y interprète un musicien…**
Nous avions pensé que Jean-Paul pourrait être metteur en scène, mais nous avons estimé que c'était plus jubilatoire d'en faire un musicien. Cela permettait d'éviter de rendre le film trop autobiographique. J'avais besoin de prendre de la distance. Et surtout j'avais la possibilité de jouer davantage avec la musique. La scène où Belmondo explique ce qu'est la musique de western fait partie de ces moments que je voulais réussir…

**D'où vient le fantasme d'être poursuivi par des Indiens ?**
Faire une attaque de diligence avec des Indiens n'aurait eu aucun intérêt. Ce qui me plaisait, c'était de mélanger le réel et l'imaginaire. D'où cette poursuite entre les Indiens à cheval et Belmondo dans sa voiture. À la fin, c'est Belmondo qui se retrouve sur le cheval et l'Indien au volant. Jean-Paul en avait marre d'être dans la bagnole, alors je l'ai laissé monter sur le cheval… C'est vous dire le climat qui régnait sur le plateau !

**Après Vivre pour vivre, l'adultère est de nouveau au cœur de vos préoccupations…**
Dans l'adultère, il n'y a plus aucun respect, ni de soi-même ni de l'autre. Dans **Un homme qui me plaît**, quand on surprend Belmondo en flagrant délit de trahison, on aimerait qu'il avoue à sa femme qu'il est à Las Vegas en train de la tromper. Il ne le fait pas… Dans la vie, à chaque fois que je me suis retrouvé dans une situation comme celle-là, je me suis défilé. Un homme, un vrai, aurait dit la vérité. Je serais impressionné par une femme qui avouerait à son mari qu'elle part en week-end avec moi ! On ne se rend pas compte à quel point on est jugé par l'autre dans une situation d'adultère.

**Le film débute de façon joyeuse et devient de plus en plus grave au fur et à mesure du voyage. Le tournage a-t-il été effectué dans la continuité ?**
À peu de choses près : le fil dramatique était lié à l'avancement géographique. Plus les personnages s'approchaient de New York, plus leur rêve s'effritait. Les histoires d'amour adultérines se ressemblent toutes. Si deux amants passent le week-end ensemble, le départ sera gai mais tout deviendra plus sombre à partir du dimanche matin. À ce moment-là, ils savent qu'ils ont rêvé trop fort, qu'ils ont été trop loin dans les engagements.

**À un moment vous nous montrez les deux amants en train de regarder la télévision…**
Parce qu'ils se sont transformés en un vieux couple. Lui ne s'intéresse qu'à l'instant présent, il ne croit pas vrai-

ment à la pérennité de cette histoire. Elle est plus impliquée. C'est souvent la grande différence entre un homme et une femme. Dans une histoire d'amour, la femme joue sa vie. L'homme seulement sa nuit. Les enjeux ne sont pas les mêmes. Annie est un peu moins jeune que Jean-Paul. Il est son avenir. Elle est son passé.

**Comment avez-vous imaginé les deux scènes de retrouvailles avec les conjoints à la fin du film ?**
Ces scènes sont importantes car fondamentalement différentes. Elles prolongent le fossé qui s'est instauré entre les deux amants. Pour Jean-Paul les retrouvailles sont gaies, parce que son cœur est libre. Ce qui n'est pas le cas d'Annie... L'échec du couple était écrit d'avance : si Jean-Paul était sorti de l'avion pour retrouver Annie, la fin aurait semblé plaquée, artificielle...

**En préparant le film, saviez-vous d'entrée de jeu que Belmondo ne sortirait pas de l'avion ?**
À vrai dire, je me suis posé la question pendant tout le film, même le jour du tournage. Je ne savais pas s'il allait sortir de l'avion. Et j'ai laissé Annie dans l'ignorance. La surprise se lisait vraiment sur le visage d'Anouk, gare Saint-Lazare, dans **Un homme et une femme** et j'ai voulu reproduire cela avec Annie dans **Un homme qui me plaît**. Je lui avais indiqué que je voulais voir passer sur son visage tout ce qu'il y a dans la tête d'une femme dans des cas comme celui-là... Annie avait cherché à avoir des informations avant le tournage. Elle avait questionné des techni-

ciens sur le plateau. Mais j'avais pris la précaution de mettre Belmondo sur la feuille de service... Quand nous avons commencé le plan et que les passagers se sont mis à sortir, j'étais vraiment le seul à savoir que Jean-Paul n'y serait pas...

**Avez-vous tourné deux fins ?**
Non. À un moment donné, j'ai été tenté de lâcher Belmondo à la fin de la prise. Puis je me suis dit que je n'aurais pas été en accord avec moi-même, que c'était une façon de me renier pour caresser le box-office dans le sens du poil...

**La scène où Belmondo drague Annie Girardot dans sa chambre en disant qu'il y a le feu fait-elle partie de ces fameuses figures libres qui émaillent vos films ?**
Elle fait partie des scènes qui sont venues « comme ça ».

**Comment Belmondo réagissait-il confronté à une scène comme celle-là ?**
Il était totalement dans ce qu'on lui avait demandé. Si vous ne coupiez pas, il se disait qu'il avait le droit de faire le clown. À vous de conserver ce que vous vouliez... Belmondo est un très grand comédien. Il a pris le relais de Gabin. Il a marqué l'après-guerre. Pour moi six acteurs dominent le cinéma français de ces cinquante dernières années : Gabin, Gérard Philipe, Belmondo, Ventura, Trintignant et Depardieu... J'ai raté Gabin, Gérard Philipe est mort trop tôt, Belmondo, Ventura et Trintignant sont au cœur de mes films... J'aimerais tourner avec Depardieu, mais il faudrait que je lui propose quelque chose qu'il n'a jamais fait. Or il a déjà fait tant de choses ! En outre j'ai commencé à produire son premier film dont le tournage a été arrêté au bout d'une semaine : cela n'a pas été sans dommages entre nous.
J'ai un souvenir précis de Gérard Philipe, que j'ai croisé en Angleterre pendant l'été 1953. Mes parents m'avaient envoyé à Londres pour apprendre l'anglais. Un jour j'ai vu Gérard Philipe à Piccadilly, au milieu de la foule. Je m'apprêtais à lui demander un autographe quand j'ai aperçu René Clément. Il lisait un journal avec un trou au milieu pour que l'opérateur puisse laisser passer son Caméflex et filmer sans être vu des passants. Je venais de tomber par hasard sur le tournage de **Monsieur Ripois** !

**Et chez les Américains, quels sont vos comédiens fétiches ?**
Pour moi le plus grand aux États-Unis c'est Monty Clift. Il a mis au monde Brando, James Dean et Paul Newman. Il a changé complètement la façon de jouer. Il pouvait jouer de dos, la tête baissée en regardant par terre, il crevait l'écran. J'adore **Une place au soleil**, dans lequel il parvient à rendre émouvant un personnage monstrueux.

**Avez-vous eu du mal à adapter votre propre méthode de travail à la personnalité de certains comédiens ?**
J'ai mis un peu de temps avec Montand, qui voulait toujours savoir où allait son personnage. Ce n'était pas non plus un très bon client pour les scènes d'improvisation.

**Et Michel Piccoli ?**

C'est un acteur caméléon. Comme De Niro, il peut tout faire. Il a très vite compris ma méthode et m'a montré qu'il pouvait s'y adapter. Et puis mon cinéma n'est pas loin de celui de Sautet. Je me sens proche de **César et Rosalie** ou de **Vincent, François, Paul et les autres**.

**Nous sommes étonnés d'apprendre qu'il y avait des figures libres dans les films de Sautet !**

Ce ne sont pas les mêmes que dans mes films, bien sûr. Mais certaines scènes sont nées en figures libres, puis Sautet les a répétées pour voir si elles pouvaient devenir des figures imposées. **Un homme et une femme** et **Les Choses de la vie** ne sont pas très éloignés. Les flashs-back des **Choses de la vie**, les scènes de repas dans **Vincent, François, Paul et les autres** n'auraient pas déparé dans mes films... Par ailleurs, Sautet fait partie de ces cinéastes qui se racontent à travers les histoires des autres. Avec Resnais, c'est le plus grand cinéaste français de ma génération. Je les place tous les deux à la même hauteur que Clément, Clouzot ou Duvivier. J'aime Truffaut, mais Sautet me donne davantage la chair de poule.

**Dans Un homme qui me plaît, à deux reprises vous organisez la confusion entre ce que joue Annie Girardot, qui est comédienne, et ce qu'elle vit : ce que nous prenions pour la réalité est en fait une fiction. Vous utiliserez de nouveau le procédé dans Les Parisiens, quand Maïwenn retrouve Massimo.**

Ce type de figures m'amuse car il n'existe pas de frontières entre ma vie et les films que je fais. Il m'est arrivé d'avoir été malheureux dans des moments d'intimité car je ne pouvais pas les filmer. Je pensais tellement au cinéma que je ne savais plus si j'étais sincère ou en train de jouer et de faire des repérages. C'est une constante chez les réalisateurs. Truffaut a dû vivre ça souvent !

**Belmondo dit au metteur en scène : « Tes personnages sont riches et célèbres. Ils ont de belles voitures et ils voyagent. Ça intéresse qui ? »**

C'était pour répondre aux critiques de **Vivre pour vivre**. Certains n'avaient pas supporté que le journaliste interprété par Montand soit riche et emmène sa maîtresse en avion. La pensée unique du moment était qu'il ne fallait s'intéresser qu'aux plus démunis. Moi je pensais que ceux qui avaient réussi étaient aussi intéressants que les autres. Cette phrase était donc une provocation.

**Vous êtes souvent dans le commentaire de vos films précédents : le repas avec les critiques dans La Bonne Année ou le discours de Marielle en prison au début de Une pour toutes participent à cette mise en abyme...**

Tout à fait. Tout comme j'ai envie de témoigner de ce qui se passe dans le monde. **Un homme qui me plaît** parle de son temps : un homme a marché sur la lune pendant le tournage... Inconsciemment je n'ai jamais cessé d'être un caméraman d'actualités.

**Il y a toujours des éléments autobiographiques dans vos films, mais jamais une tranche de vie complète de votre existence. Une telle idée ne vous a jamais traversé l'esprit ?**

Je n'en ai jamais eu le courage. J'aurais pu entreprendre **L'Homme qui aimait les femmes**, c'est un sujet pour moi. Ou encore l'histoire d'un type qui a sept enfants avec cinq femmes. Je me refuse à le faire, car je serais mal à l'aise pendant le tournage : je risquerais d'être tendu et pompeux.

**C'est de la pudeur ? Vous avez besoin de montrer votre création au plus grand nombre mais il semble qu'il existe une barrière que vous ne franchissez pas...**

La vie est mon fonds de commerce. Plus il m'arrive de choses dans la vie, plus il y en aura sur l'écran. J'aime injecter ma personnalité aux personnages que je fais vivre. Je crois qu'il est difficile de ne m'aimer qu'à moitié : on me prend ou on me rejette en bloc. Je suis un être impatient. Depuis ma naissance je ne tiens pas en place. C'est mon principal défaut. Mais j'ai un autre défaut, qui est son corollaire : je suis incapable de faire des trucs que je n'aime pas. Je me prive ainsi de beaucoup de choses. Mais ce que j'aime, je le fais avec tellement de passion que ça en devient agaçant. C'est pareil avec les gens. Il y a ceux que j'aime et ceux que je n'aime pas : les uns et les autres le sentent, car je n'ai jamais fait d'efforts pour être agréable. C'est la première fois avec ce livre que je me donne du mal pour décortiquer ce que j'ai voulu faire. C'est difficile, je n'arrive pas facilement à expliquer pourquoi il faut aimer mes films. D'autant que je n'ai pas peur de dire tout et son contraire, de me contredire de film en film, et même à l'intérieur d'un même film.

# LES AMÉRICAINS

*Une fille et des fusils.*

Claude Lelouch en Amérique (New York), 1957.

En 1945, quand j'étais enfant, l'Amérique représentait pour moi le nirvana. J'étais à Paris au moment de la Libération et j'ai vu ma mère se jeter au cou des Américains. Trois semaines plus tard, tout le monde scandait : « US go home ! » Il faut dire que les choses étaient plus compliquées que pendant la guerre. On faisait la queue devant les boutiques, et le marché noir n'existait plus pour nous permettre de manger. Un mois après la Libération, nous en avions marre. Les Américains sont partis, mais ils ont conservé quelques bases en France. Et moi, j'ai gagné mon premier argent grâce à eux. Quand j'étais à l'école, il y avait une base américaine, le SHAPE, à Fontainebleau. Les soldats y avaient leurs propres magasins directement alimentés par l'Amérique. Ils y trouvaient des cigarettes, du whisky et des disques américains. Mon père ne voulait plus me donner d'argent de poche, parce que je ne foutais rien en classe. Certains Français plus malins venaient à la sortie du SHAPE, et je leur achetais des produits que je revendais ensuite au lycée. C'était mon plan Marshall perso. Entre treize et dix-huit ans, je suis allé à Fontainebleau tous les samedis acheter des marchandises et passer mes commandes. Les Américains me faisaient vivre. Eux prenaient un petit bénéfice, et moi le mien auprès des lycéens de Paris, car j'étais implanté sur pas mal d'écoles de la capitale. Sans argent de poche, il fallait bien que je trouve un moyen pour continuer à aller au cinéma et acheter de la pellicule pour ma caméra. Quinze disques par-ci, dix cartouches de Camel par-là, une bouteille de whisky en prime… C'était la deuxième fois que les Américains venaient à mon secours.

*Itinéraire d'un enfant gâté* (San francisco).

*L'aventure c'est l'aventure.*

*Les Misérables*, le débarquement du 6 juin 1944.

# Le voyou

1970

## Une étrange visite / Les Artistes associés mais perplexes / Un flash-back de contrebande / Bécaud piégé / Profession : copain

**Avec Le Voyou, on a le sentiment que votre vision de la marge change un peu. Vous aviez jusque-là fait part de votre tendresse pour les Pieds nickelés de tous poils. Vous mettez désormais en lumière des gangsters plus violents, même si vous continuez à y mettre les formes…**

Plutôt que de ramasser des bribes de souvenirs comme je le fais souvent, je me suis inspiré pour **Le Voyou** d'une histoire vraie. Un jour, un bandit qui sortait de trente ans de prison est venu me voir. Il avait une idée de coup mais il hésitait : il ne savait pas s'il fallait le réaliser ou me vendre l'idée pour un film. Je lui ai dit qu'il gagnerait davantage en faisant le coup mais il a choisi l'autre solution. Il n'est pas même crédité au générique : il ne le souhaitait pas. Je n'ai jamais révélé son nom car je lui avais donné ma parole d'honneur de me taire. Je peux simplement préciser qu'il a été dessoudé dans une bataille de rue. Je ne suis même pas certain qu'il ait vu le film. Mais les conseils qu'ils m'avaient prodigués m'ont été fort utiles. Je me sou-

Jean-Louis TRINTIGNANT
Charles DENNER
Charles GÉRARD
Christine LELOUCH
Danièle DELORME
Yves ROBERT
Judith MAGRE
Vincent ROZIÈRE
AMIDOU
Pierre ZIMMER
Paul LE PERSON
Jacques DONIOL-VACROZE
Gérard SIRE
Aldo MACCIONE

viens qu'il m'avait dit que les vrais voyous ressemblent beaucoup à ceux que le cinéma a immortalisés, et pour cause : ils sont devenus voyous pour ressembler à leurs modèles. Les voyous aiment les belles bagnoles et les belles gonzesses, comme dans les films de gangsters. J'avais brossé mon personnage comme s'il devait se retrouver dans un film de Melville.

**C'est vrai que Simon est seul pendant une bonne partie du film...**

Tout comme celui du film, le voyou qui était venu me voir était un solitaire. Le drame du voyou, c'est la frime. Quatre-vingt-dix-neuf pour cent des gangsters tombent parce qu'ils la ramènent. Ils travaillent souvent à cinq ou six sur un coup, et il y en a toujours un pour rouler les mécaniques. Si un voyou a le courage de fermer sa gueule, de se créer une vraie couverture en travaillant en parallèle, il ne se fait jamais attraper. Je suis fasciné par les gens qui jouent avec leur vie. J'admire pour cela Cassius Clay, Schumacher ou les toreros... Mes voyous sont un peu pareils. Gabin dans **Touchez pas au grisbi** est le bandit idéal car il a le respect de son métier et de ses codes. **Le Voyou** a été à l'époque reconnu comme étant d'un nouveau genre. La critique a même été bonne. Les articles disaient que, pour la première fois, mon portrait de voyou avait des airs d'authenticité. L'histoire, qui était à l'origine un vrai projet, était plausible. La difficulté du coup, c'était surtout de trouver un père qui marcherait dans la combine. Ce qui m'intéressait, c'était montrer l'évolution de la « voyoucratie », qui laisse de plus en plus tomber les braquages pour entrer dans le phosphore. La « voyoucratie » est devenue un milieu d'intellos.

**Vous parlez de Simon comme d'un homme seul. Pourtant, l'un des atouts du Voyou, c'est de nous faire faire la connaissance de Charles Gérard, qui incarne le complice de Simon et qui va par la suite demeurer l'ami fidèle dans vos films à venir...**

Mon polar de référence, c'est **Touchez pas au grisbi**, de Jacques Becker. Le film raconte une merveilleuse histoire d'amitié dont je voulais absolument retrouver le parfum dans **Le Voyou** ou dans **La Bonne Année**. Je crois que, très souvent, l'amitié est inégalitaire. Parce qu'elle doit être un moment de détente. Avec un ami, on doit pouvoir dire des conneries sans se faire juger. C'est le cœur même de l'amitié chez les voyous : Gabin et Dary dans **Touchez pas au grisbi**, Trintignant et Charlot dans **Le Voyou**, Lino Ventura et le même Charlot dans **La Bonne Année**. Les amitiés entre un poids plume et un poids lourd sont les plus intéressantes. C'est l'inverse de l'amour, où il est préférable de boxer dans la même catégorie. Dans **L'aventure c'est l'aventure**, Lino domine Aldo Maccione et Brel est le maître de Charlot. Les personnages de Dary ou de Charlot ne sont pas motivés par l'argent, mais par une indéfectible fidélité à l'homme qu'ils admirent.

**Vous aviez quant à vous un atout de poids, celui d'être soutenu par les Artistes associés. Comme Truffaut et quelques autres l'avaient été en leur temps...**

Après **La Vie, l'Amour, la Mort** et **Un homme qui me plaît**, je devais contractuellement un troisième film aux Artistes associés. J'ai proposé l'idée du **Voyou**. Mais, déjà échaudés par le demi-échec de mes deux films précédents, mes interlocuteurs ont tiqué : « Claude, nous ne ferons pas le film ! Un rapt d'enfant ! Raconter une histoire pareille, c'est impossible ! Il faut que vous reveniez à une histoire d'amour... » J'ai alors parlé de mon projet avec Alexandre Mnouchkine. À son tour, il m'a répondu : « Non, c'est de la folie, le rapt d'enfant va rebuter le public. Ça ne marchera jamais, jamais... » Pour convaincre les Artistes associés, j'ai alors proposé de tourner le film à l'œil. Et d'être payé sur les profits... s'il y avait des profits. En cas de perte, je m'engageais à rembourser. Mes interlocuteurs n'étaient pas très chauds non plus sur le choix de Jean-Louis Trintignant : « C'est un acteur romantique. En voyou, il ne sera pas crédible, ça ne marchera jamais. » J'ai répondu que c'est précisément l'idée du contre-emploi qui me plaisait. Et qui intéressait Trintignant. Résultat des courses : le film a cartonné, il a fait pas loin de trois millions d'entrées, ce qui m'a été très profitable, ainsi qu'aux Artistes associés et à Mnouchkine. Mais si je n'avais pas mis mon salaire en jeu, le film ne se serait pas fait.

À l'époque, les Artistes associés m'avaient signé un contrat pour six films : les trois dont nous venons de parler, que je devais réaliser, et trois films d'auteurs que je voulais produire. Nous nous étions mis d'accord pour que les profits de mes films ne soient calculés qu'après amortissement des pertes de ceux que j'avais imposés. Après le succès du **Voyou**, nous avons signé un nouveau contrat pour **Un autre homme, une autre chance**, **Si c'était à refaire** et **L'aventure c'est l'aventure**.

**Dans vos films, vous vous amusez souvent à confier la voix off aux commentateurs radio.**
C'est assez récurrent dans mes premiers films. J'utilisais la radio pour éviter les scènes explicatives qui sont terribles au cinéma. La voix off camoufle toujours quelque chose.

**Denner est un comédien particulier, constamment sous tension...**
Il ne savait pas faire les choses simplement. Pour lui, tout était un événement. La vie était un événement. Il n'y avait jamais de temps mort. Je ne l'ai jamais vu détendu.

**De nombreux chanteurs apparaissent dans vos films : ici, nous avons en prime Sacha Distel sur la scène de l'Olympia...**
C'est peut-être de la nostalgie de ma période scopitone. La plupart des chanteurs que j'aime m'ont marqué pendant cette période. J'aime Sacha Distel, qui était pour moi un grand musicien de jazz. Il a un peu galvaudé sa carrière, mais c'était un vrai crooner, une sorte de Sinatra français, doublé d'un type formidable. Quant à l'Olympia, il a été un lieu fondamental dans ma vie. À l'époque où je tournais les scopitones, j'y allais tous les soirs pour rencontrer les vedettes. De 1962 à 1964, j'ai assisté à tous les shows. Après le spectacle, j'allais dans les loges. J'ai voulu tourner une scène des **Parisiens** à l'Olympia, mais on m'a demandé des sommes astronomiques. L'Olympia d'aujourd'hui n'est plus celui de Bruno Coquatrix, avec qui j'entretenais de très bons rapports. Avec lui, j'étais chez moi à l'Olympia.

J'étais très proche de Mnouchkine, qui me laissait totalement libre. C'était une période idyllique car je n'avais aucun souci financier et je faisais ce que je désirais. **L'aventure c'est l'aventure** a été un gros succès, mais j'ai repris mon indépendance pour **La Bonne Année**. Les Artistes associés voulaient continuer, mais j'ai refusé, car le nouveau président exigeait de lire mes scénarios.
Quand je travaillais avec les Artistes associés, j'étais mieux distribué dans le monde entier. Et j'étais complètement libéré du service après-vente et de la production, qui étaient gérés par Alexandre Mnouchkine. Je me contentais de la casquette d'auteur et de metteur en scène. Après **La Bonne Année**, Mnouchkine m'a quitté pour faire **L'Emmerdeur**, sans m'en parler. S'en est suivie une période où les Films 13 ont travaillé en solo, comme à l'époque de **Un homme et une femme**.

**L'élément le plus bluffant de ce film pas comme les autres, c'est la structure du découpage temporel. Le flash-back est glissé en contrebande...**
La plus grande réussite du film est qu'on ne s'aperçoit qu'il s'agit d'un flash-back qu'une fois de retour dans le présent. Ce qui permet au spectateur de vivre le flash-back au présent. Le problème avec le flash-back, c'est qu'il exige des efforts de la part du public. Ici, il n'en fait aucun puisqu'il ne sait qu'à la fin qu'il vient de vivre un retour en arrière.
Cela dit, Melville pensait que mon flash-back déguisé m'avait coûté trois millions d'entrées et que lui l'aurait sacrifié.

**C'est évident : la scène où Judith Magre et Charles Denner viennent s'asseoir au premier rang pendant le show de Sacha Distel a manifestement été filmée au cours d'une soirée authentique...**
La séquence renvoie à une anecdote. De 1957 à 1960, j'étais affecté au Service cinéma des armées. En 1958, quand de Gaulle est revenu au pouvoir, nous avons été un moment consignés à la caserne de jour comme de nuit. Le soir, nous tournions en rond. Mais nous pouvions jouer avec le standard téléphonique et les fiches que nous pouvions connecter comme nous le voulions. Nous avions pris l'habitude de faire des blagues au téléphone. À l'époque, j'adorais Bécaud, qui passait souvent à l'Olympia. Quitte à faire des blagues, autant y aller... Nous appelions un type au hasard et nous lui disions qu'il venait d'être tiré au sort. Il devait se pointer au spectacle de Gilbert Bécaud à l'Olympia, monter sur scène pendant le show et crier son numéro de téléphone avec sa quittance à la main. Nous disions au type que Bécaud s'arrêterait alors de chanter et qu'il gagnerait une voiture. Pendant

une semaine, nous avons envoyé ainsi des tas de gens à l'Olympia. Pour éviter les contrôles, ils n'arrivaient qu'en deuxième partie du spectacle. Ils devaient courir, monter sur scène et piquer le micro de Bécaud. Quand plus tard je lui ai raconté, il m'a dit : « Salopard ! C'était toi ! »

**Aviez-vous des accords particuliers avec Europe 1 ou Simca, cités à plus d'une reprise ? Et de façon plus générale, certaines marques concoururent-elles au financement de vos films ?**

**Le Voyou** a été vécu comme très parodique. Plusieurs marques automobiles avaient refusé de figurer dans le film avant que Simca finisse par accepter. Je leur faisais quand même une publicité colossale en utilisant leur nom ! Avec Europe 1, il était convenu que l'on parle du film à l'antenne. Mais il n'y avait pas d'argent en jeu. Sur certains autres films, j'ai passé des accords et j'ai touché un peu d'argent, comme pour **Toute une vie** avec Simca. À chaque fois que j'ai utilisé une marque, j'en avais besoin, et je n'ai jamais mis un film en danger pour cela.

**Parlons un peu de Charles Gérard, que vous avez fait naître en tant qu'acteur...**

Il a débarqué un beau jour aux Films 13. Je l'avais connu à l'époque de **Un homme qui me plaît**. Je l'avais rencontré par l'intermédiaire de Jean-Paul Belmondo, avec qui il était très ami. Et puis il a commencé à venir me voir tous les jours. Quand Charles Gérard aime bien quelqu'un, il va le voir tous les jours ! Il s'installait dans mon bureau et me faisait la conversation. Quand je changeais de bureau, il me suivait. Quand je partais en week-end à Deauville, il venait avec moi pour jouer au tennis. Mes enfants ont tous appris à jouer au tennis avec Charlot. Je ne lui proposais même pas de m'accompagner. Cela allait de soi. Il était là. Depuis le petit déjeuner jusqu'au soir. Il me faisait vraiment rire. Et un jour, je me suis dit que s'il me faisait rire, il devait pouvoir faire rire les autres. J'ai voulu vérifier s'il avait la même décontraction à l'écran. Nous avons donc fait ces essais sur **Le Voyou** et il a commencé sa carrière d'acteur.

**Comment jugez-vous l'acteur ?**

Il est parfait, à condition de lui faire faire du Charles Gérard. Tous ceux qui ont essayé autre chose se sont plantés. Quand Charlot apprend un texte par cœur, il rame. Mais si vous le laissez faire selon son feeling, il est formidable. Son personnage de **La Bonne Année**, c'est lui. Lino Ventura était tombé sous son charme. Il jouait avec son pote sans composer. Charlot changeait souvent de copain. Il a toujours eu des maîtres : Belmondo, Brel, etc. Pendant **La Bonne Année**, c'était Lino. Je me rappelle les moments où Lino venait lui expliquer comment jouer la comédie.

**Charles Gérard n'a-t-il pas rempli en parallèle un rôle administratif aux Films 13 ?**

En fait, le métier de Charlot, fondamentalement, c'était copain. C'était un professionnel du copinage. Un jour, je lui ai proposé un faux job aux Films 13 pour justifier un salaire. C'était une sorte de responsable des relations publiques. J'avais décelé chez lui un grand talent : il était charismatique avec les gens qu'il ne connaissait pas. Quand un mec débarquait aux Films 13, Charlot le prenait en main, et au bout de cinq minutes, ils étaient copains comme cochons. Tout le monde avait envie d'avoir un pote comme lui. Aux Films 13, nous nous prenions tous trop au sérieux, et Charlot détendait l'atmosphère. Mais il ne fallait pas lui confier de tâche sérieuse. Et puis à un moment donné, tout s'use. Il a vieilli, il s'est marié et a eu un enfant. Il était moins présent. Mais j'ai aujourd'hui encore avec lui ces mêmes rapports forts. Dans mes films, il est toujours là. Je ne peux pas le laisser tomber. Et puis, il est redevenu l'ami fidèle de Jean-Paul. Mon deuxième copain, c'était Arlette Gordon. Mais elle, elle avait une vraie mission. Elle devait faire ce que je ne sais pas faire : fréquenter la presse. Elle passe des heures au téléphone avec des journalistes. C'est une femme formidable, la seule personne qui ne m'a jamais trahi. Charlot et elle ont joué un grand rôle dans ma vie. Je me prenais trop au sérieux : ils m'ont permis de retrouver la terre ferme. De temps en temps, j'avais besoin d'une petite piqûre de rappel...

# ABEL GANCE

Abel Gance dans le rôle de Saint-Just.

Au début des années 70, Abel Gance a décidé de sonoriser son *Napoléon*. Il prétendait, et c'était certainement vrai, qu'au moment du tournage il savait que le cinéma serait un jour parlant. Il n'a donc pas fait réciter n'importe quoi à Dieudonné et aux autres comédiens, mais des textes historiques bien précis. Gance est allé voir Truffaut pour lui demander s'il pouvait l'aider à sonoriser *Napoléon* : « Est-ce que vous pouvez me trouver de l'argent ? Je suis allé au ministère, je suis allé frapper à toutes les portes, je me suis fait jeter partout… » Mais Truffaut n'avait aucune intention d'entrer dans l'affaire.

Faisons un flash-back. J'avais dix-sept ans quand j'ai découvert sur un programme de cinéma que l'on projetait le *Napoléon* d'Abel Gance au Studio 28, avec le triptyque[1]. Je m'y suis rendu, nous n'étions que trois ou quatre dans la salle. Et là j'ai reçu l'un des plus grands chocs de ma vie, un choc monumental ! Je suis sorti KO et admiratif ! Je suis retourné voir le film le lendemain, puis le surlendemain… Pendant trois jours, je me suis tapé *Napoléon* ! Évidemment, je me suis rué sur les autres films d'Abel Gance, que je ne connaissais pas bien, ce qui est compliqué à l'époque. Il n'y avait pas de DVD ! Mais j'avais tellement aimé *Napoléon* que le reste me semblait fade. Cela n'a pas suffi à déloger Gance de mon panthéon…

Les années ont passé jusqu'à ce jour où Truffaut m'a appelé : « Bonjour, j'ai dans mon bureau Abel Gance. Il a l'idée de sonoriser son *Napoléon*. Je lui ai dit que vous étiez le seul homme à Paris qui pouvait prendre en charge son projet. »

Une heure plus tard, Abel Gance débarquait dans mon bureau. Je tremblais. J'étais comme un gamin. Mais il tremblait plus encore. Il s'est cru obligé de me dire : « J'ai adoré *Un homme et une femme*. » Il me l'a dit très vite, comme quelqu'un qui ne l'a manifestement pas vu. Puis il a commencé à me raconter ce qu'il avait envie de faire. Il était ému comme un type qui vient voir un producteur pour la première fois. Il a démarré la conversation par cette phrase : « Je vais tout vous expliquer en détail. Est-ce que vous avez une minute, parce que j'en ai au mois pour trois ou quatre heures. » La formule m'est restée ! Je lui ai répondu : « J'ai une admiration sans bornes pour vous. Il est probable que vous avez joué un rôle important dans ma vocation et dans mon cinéma, je ne sais pas à quel moment, sous quel angle, sous quelle

1. Tryptique : Cinérama. Le film est projeté sur trois écrans avec trois projecteurs. Dans le cas du **Napoléon**, la dernière partie, de trente minutes, fut projetée de cette manière.

Scène du tryptique.

forme… Je suis fou de votre cinéma. Je ne suis pas convaincu que la sonorisation de *Napoléon* soit une bonne idée. Mais je vous dis oui ! Avez-vous vraiment les droits du film ? » Et là a commencé une bagarre juridique. Récupérer les droits de *Napoléon* n'a pas été simple. Gance les avait donnés à plein de gens, puis les avait repris. Bref, j'ai fini par devenir propriétaire des droits de *Napoléon*.

Alexandre Koubitzky dans le rôle de Danton.

Juste après que je lui ai donné mon accord pour sonoriser le film, Gance est revenu me voir : « J'ai une idée : nous allons tourner d'autres scènes ! » Et il a commencé à me raconter… et à tourner ! Je lui ai confié Claude Pinoteau, qui était alors mon assistant et qui devint pour l'occasion mon producteur délégué. À l'époque, les Films 13 étaient en travaux. Nous avons tourné toutes les scènes supplémentaires en bas, dans le sous-sol, qui sera par la suite transformé en salle de projection. Il y avait des explosions, des pavés qui traversaient les fenêtres, la Révolution qui grondait. Le film a coûté cher. Nous avions mis le doigt dans un engrenage. Mais c'est Abel Gance qui une fois de plus faisait ses producteurs marron, ne tournait pas ce qu'il disait et ne disait pas ce qu'il tournait. J'étais tombé sur un fou furieux, un vrai gamin. Il exprimait un tel enthousiasme, un tel amour du cinéma que nous avons poursuivi l'entreprise. Elle a débouché sur un nouveau film, *Bonaparte et la Révolution* dans une version de plusieurs heures, qui allait sortir au Kinopanorama.

Une fois sonorisé, je trouve que le film perd de sa puissance. Il devient lent et bavard. Mais la folie était telle dans le *Napoléon* d'origine qu'il en reste quelque chose. Gance, lui, était très content, très fier. Évidemment, le film n'a pas rencontré le succès qu'on pouvait espérer… Nous avons perdu de l'argent, mais je l'ai fait par amour du cinéaste et parce que j'étais heureux pour ma petite histoire personnelle d'être associé à ce géant. Les années ont passé, jusqu'au jour où Coppola a eu l'idée de reprendre *Napoléon*. Je trouvais excellent son projet de projeter le film avec un grand orchestre, comme aux origines ! Un soir *Napoléon* a été projeté en plein été à Rome sur les murs du Colisée. L'orchestre était dirigé par le père de Coppola. C'était magique, même si Gance, qui était mort entre-temps, ne pouvait pas savourer cet instant. Il y a dans le film une séquence où la grêle tombe sur Toulon au son des tambours. Le mouvement est magnifique. Or à l'instant où la scène a été projetée, un orage s'est abattu sur Rome ! Les grêlons sont vraiment tombés sur le public ! Et l'orchestre continuait à jouer sous les grêlons. Personne n'est parti !

Jean Collomb, Amidou, Catherine Allégret, Françis Lai, Charles Gérard.

# Smic smac smoc 1971

## Un essai grandeur nature / « La contrainte sollicite l'imagination » / Autour du monde avec une petite caméra

**Le tournage de Smic Smac Smoc a duré huit jours. En quoi votre façon de travailler en a-t-elle été modifiée ?**
À l'époque, je venais de recevoir une nouvelle caméra 16 mm portable. On me la prêtait pendant une semaine. Je devais faire des essais avec des comédiens. Une idée m'est venue : faire un film expérimental, dont j'écrirais le scénario au jour le jour. Quand j'ai commencé à écrire, je n'avais rien. Je n'avais ni la trame ni la fin.

**Pourquoi avoir choisi cette histoire de prolos de La Ciotat ?**
Je voulais tourner sur la côte. J'avais l'idée de commencer par une scène de train et en profiter, en hommage aux frères Lumière, pour filmer l'arrivée du train en gare de La Ciotat, ce que je n'ai d'ailleurs pas fait. Or, à La Ciotat, il n'y avait rien, à part le chantier naval... Nous avons pris un petit hôtel au bord de la mer. J'avais défini les rôles. Les seuls acteurs professionnels étaient dans la bande. J'avais dit à Francis Lai, qui jouera un accordéoniste aveugle : « Si tu n'as rien à faire, j'aimerais que tu viennes avec nous car j'aimerais faire la musique en direct, sur le tas. » Je ne voulais pas faire de dépenses inutiles. Nous avons tourné ce film dans un délire total en nous disant qu'il ne sortirait jamais.
Nous avons passé une semaine de bonheur. Nous n'avions aucune pression : ni budget, ni sortie, ni censure... J'ai vu à quel point tourner était créatif. Je me suis approprié la formule préférée de Pierre Barouh : « La contrainte sollicite l'imagination. » Nous avons fait un brouillon. Un film sans réécriture, sans montage...
Après La Ciotat, nous sommes allés nous faire une récré à Saint-Tropez. Et là encore, tout était improvisé. **Smic Smac Smoc** est définitivement un film d'improvisation, un film de vacances, un film d'amateur. Mais nous sentions qu'il se passait quelque chose. Jour après jour, je me prenais au jeu et, donc, plus au sérieux. Quand nous sommes partis à Saint-Tropez, je savais déjà que le film pourrait sortir. J'ai commencé le tournage en amateur et je l'ai fini en pro.

**Comment vous y preniez-vous pendant le tournage avec les gens qui jouaient leur propre rôle ?**
Nous leur expliquions que nous tournions un film en

Catherine ALLÈGRET
Jean COLLOMB
Charles GÉRARD
AMIDOU
Francis LAI
Arlette GORDON

leur précisant que nous ne savions pas s'il sortirait. Nous nous sommes aperçus que le cinéma est un sésame incroyable. Et puis, compte tenu de la nature du projet, nous n'avions pas besoin de faire de repérages, de réserver les lieux deux mois à l'avance et de les louer des sommes astronomiques. Nous débarquions chez les gens et nous demandions la permission de tourner. Les types demandaient à leur femme : « Marie, ça ne te dérange pas s'ils tournent pendant une heure ? C'est Claude Lelouch. Tu sais le type qu'on voit à la télé de temps en temps. » Nous étions évidemment condamnés à papoter, mais j'envoyais Charlot et ça passait très bien. Sur ce film, j'avais Chouraqui comme stagiaire, qui fait une petite apparition dans le film. C'est le type qui se fait voler sa bagnole.

**Quand avez-vous décidé de le sortir ?**
Tout a été très vite. Une fois à Paris, j'ai monté le film en deux semaines, sans être encore décidé quant à une sortie. Mais le film tenait la route, y compris les longueurs. J'ai presque envie de dire : surtout les longueurs. C'était un brouillon, mais un brouillon tellement fantastique que nous avons voulu en faire profiter les autres. Finalement il a fait quatre cent mille entrées. Le film dégageait une vraie fraîcheur à laquelle les spectateurs étaient sensibles. J'allais faire un tour dans les salles et je voyais que les gens riaient beaucoup. Ils devaient trouver culotté qu'un metteur en scène très populaire fasse un film pour les petits circuits.

**Smic Smac Smoc marque le retour d'un certain esprit potache mis entre parenthèses depuis Un homme et une femme. Ne serait-ce que par le truchement du commentaire qui se termine par : « Si vous n'êtes pas content, allez voir Claude Lelouch » ?**
Nous n'avons rien censuré. La beauté de ce film, c'est que c'est un brouillon. C'est un premier jet qui n'a pas été retravaillé. Nous aurions pourtant pu repartir, modifier des scènes en passant une deuxième semaine sur place. Cela n'aurait rien coûté. Mais j'ai préféré ne toucher à rien. J'avais pourtant la crainte que le public pense que je le méprisais. Mais j'ai fait deux ou trois projections. Les gens avaient l'air contents et je me suis lancé. C'était mon treizième film !

**Cette façon de tourner dans des décors réels avec des gens ordinaires n'annonçait-elle pas les provocations télévisuelles de Lafesse ou de Baffie ?**
Tout à fait. C'est le cinéma vérité qui a inventé toutes ces émissions. Pour **Smic Smac Smoc**, nous avons tourné en couleurs, en 16 mm et pratiquement sans lumière, dans l'esprit du cinéma vérité justement. J'avais déjà tourné quelques plans de **Un homme et une femme** en 16 mm. J'ai retrouvé depuis lors un peu la même sensation avec la haute définition pour **Les Parisiens**. Dans le même état d'esprit, depuis ce premier jour de 1957 où j'ai commencé à faire du cinéma, j'ai en tête de faire un film autour du monde avec une petite caméra 16 mm. Aujourd'hui, c'est avec une petite caméra haute définition que je partirai. Le film sera entièrement subjectif, accompagné d'un commentaire. Une promenade en vrac autour du monde. Les seuls personnages seront ceux que je rencontrerai pendant mon voyage.

**On retrouve cette fascination que vous avez pour les fameuses « figures libres »... Par exemple, dans Smic Smac Smoc, la scène de drague dans la laverie automatique était-elle improvisée ?**
Évidemment. Les gens de la rue sont beaucoup plus disponibles que ce que l'on croit. Aujourd'hui, tout le monde a envie d'être star et de passer à la télé. Un cinéaste n'a pas besoin d'autre chose que d'être aimable, souriant et d'amuser les jeunes pour avoir le monde entier à sa disposition. Mais si l'on passe par le créneau officiel, tout se complique. Pour **Smic Smac Smoc**, nous avons demandé les autorisations de filmer au fur et à mesure, sur le tas. Si vous prévenez six mois à l'avance, tout change. La femme de la laverie automatique aurait mis sa plus belle robe pour le jour J, elle serait allée chez le coiffeur... Ce qui aurait dénaturé le propos.

**Smic Smac Smoc met en scène des prolétaires, ce qui est inhabituel chez vous. Ce qui n'empêche pas le film d'être un brin réac'...**
Ces mecs rêvent de confort. Mais leurs rêves sont petits : ils veulent juste sortir un peu de la médiocrité. Mais ce sont des hommes heureux. Certains me l'ont reproché. Mes personnages sont des ouvriers non politisés. Ils parlent de révolution mais ils ne sont pas révolutionnaires. J'ai toujours regardé davantage du côté de Ribouldingue et de Filochard que de Karl Marx...

# L'aventure c'est l'aventure 1972

La confusion des sentiments (politiques) /
Le temps des copains / Brel et Ventura /
Le jeu de la Gestapo / Les dragueurs de la plage

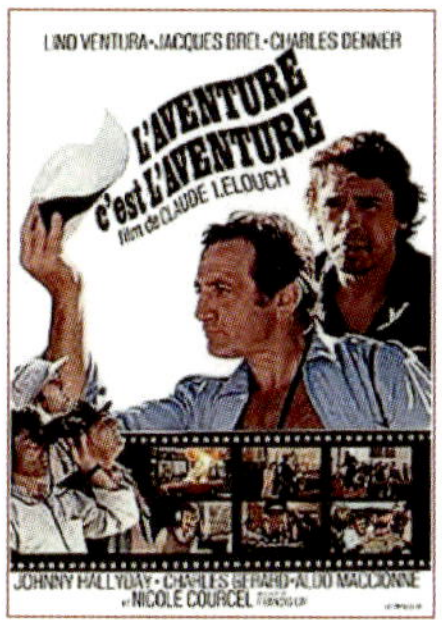


Lino VENTURA
Jacques BREL
Charles DENNER
Charles GÉRARD
Aldo MACCIONE
Johnny HALLYDAY
Nicole COURCEL
Yves ROBERT
André FALCON
Juan Luis BUÑUEL
Xavier GÉLIN
Gérard SIRE
Catherine ALLÉGRET
Élie CHOURAQUI
Jean COLLOMB
Georges CRAVENNE
Alexandre MNOUCHKINE
Michel DRUCKER
Arlette GORDON
Jacques PAOLI

**Si L'aventure c'est l'aventure est sur le plan cinématographique aux antipodes de Smic Smac Smoc, les deux films partagent néanmoins une vision assez ironique du monde, politiquement incorrecte en ces heures où les braises de 68 sont encore rouges...**
Au moment où j'ai fait **L'aventure c'est l'aventure**, les affrontements idéologiques étaient à leur apogée. C'était pire qu'en 1968 ! Mai 68 avait réduit le fossé entre le patron et les ouvriers. On ne se parlait plus de la même façon, mais rien n'avait changé en profondeur. Derrière les sourires, la finance tirait toujours les ficelles. Les plus riches étaient encore plus riches qu'avant et se protégeaient avec des alibis politiques. Jamais la France n'avait été aussi politisée. On disait : « Tout est politique. » Je voulais filmer cette confusion qui au fond me faisait rire.

**L'occasion de faire à nouveau appel à vos inusables Pieds nickelés...**
Comme je ne voulais pas réaliser un film sérieux – parce que c'était un sujet grave et que je ne voyais pas de solution –, j'ai choisi de faire passer le message par une bande de Pieds nickelés. Je me suis demandé : « Que ferait un voyou aujourd'hui pour gagner de l'argent ? Il se servirait de la politique ! » Quand à l'époque quelqu'un se faisait arrêter, il produisait aussitôt un discours politique. Et à partir de cet instant, les peines encourues n'étaient plus les mêmes.

**On retrouvera cette idée à travers le personnage d'André Falcon, l'avocat de Dussolier dans Toute une vie, qui évoque la guerre d'Algérie pour défendre son client, ou encore dans Le Bon et les Méchants...**
Tout à fait. Et c'est au cœur de **L'aventure c'est l'aventure**. L'idée du film est venue d'une discussion que j'ai eue avec Pierre Kast. Il m'avait invité à un dîner qu'il organisait chez lui. Enfin un dîner ! Il était raide fauché : chacun apportait sa bouteille. Il y avait des types des **Cahiers** et j'avais assisté ce soir-là à une joute de reparties aussi obscures que prétentieuses, comme dans le repas de **La Bonne Année**. Après la soirée, nous sommes restés tous les deux Kast et moi. Il m'a demandé si j'avais passé une bonne soirée. J'ai dit : « Tu parles, je n'ai rien compris à ce que j'ai entendu ! » Je l'ai revu le lendemain : il traversait une période difficile financièrement et m'a demandé de l'aider en lui achetant sa collection personnelle des **Cahiers du cinéma**, intégrale, du premier numéro au dernier. J'ai accepté, mais c'était vraiment pour lui faire plaisir. Et en même temps je l'ai remercié : « Tu sais, hier soir je me suis renforcé dans l'idée de faire un film sur la confusion, pour montrer à quel point les intellos mélangent tout. Ils sont séduits par n'importe quel discours si l'orateur a du charisme. Je vais faire un film là-dessus. » Je lui ai parlé de mon idée de faire intervenir des voyous qui n'ont rien à cirer de rien, mais qui se servent de la politique pour faire de l'argent. Kast a trouvé l'histoire formidable : il viendra même à ma demande faire un petit cours de politique dans le film. C'est ainsi que je suis parti sur **L'aventure c'est l'aventure**, avec l'idée de tout dire et son contraire, de tout contrarier d'une seconde à l'autre, de pratiquer en permanence des marches avant et arrière, le seul fil rouge étant : « Est-ce que ça peut rapporter de l'argent ? »

**Vous renouez pour l'occasion avec les potes de Une fille et des fusils et des Grands Moments. Mais cette fois-ci, ils ne jouent pas à égalité. Charles Gérard est dominé par Jacques Brel, Aldo Maccione par Lino Ventura... Et Charles Denner tente de maintenir l'équilibre au milieu...**
Denner a le respect des autres. Il a l'air d'être l'intello du groupe. Mais le cœur du film, c'est le personnage de Lino. Il ne pige pas plus que Charlot de quoi il retourne, mais il fait semblant de comprendre alors que l'autre s'en fiche... C'est le plus voyou de toute la bande et celui qui tente de le cacher, et donc celui qui correspond le mieux à l'époque que le film traverse. Les personnages sont assez bien établis. Il y a les maîtres, les valets, et au milieu, l'arbitre Charles Denner qui les regarde avec un peu de mépris.

**L'ironie véhiculée par le film fait l'impasse sur ce qu'il pouvait y avoir de sincère et de généreux dans la politisation des esprits : il n'est pas étonnant que vous ayez été traité de réactionnaire. Nous en voyons le sommet dans la scène où Lino Ventura incendie la voiture de Xavier Gélin pour le mettre en accord avec son rejet de la société de consommation...**
Au moment de la sortie du film, j'ai effectivement été traité de réac' et de facho ! Mais je crois que ceux qui s'opposaient au film voyaient avant tout ce qu'ils avaient envie d'y voir. Cela les arrangeait de faire de moi un réactionnaire pour me faire payer les succès que j'enchaînais à l'époque. J'ai connu la réussite, entre 1966 et 1980, au moment où avoir du succès était la pire des choses. Je le paye encore aujourd'hui. Quant à cette scène où Lino Ventura incendie la voiture de son fils, je veux bien reconnaître qu'elle est provocatrice. Mais dès la scène suivante Lino répète la même chose que son fils, ce qui prouve que la confusion est partout. Je voulais montrer que le fils a d'une certaine manière raison. Son père a une réaction épidermique quand il voit ce que son rejeton est devenu. Ce n'est pas

l'image qu'il en avait. Lino a pris énormément de plaisir à tourner la scène du cocktail Molotov. En revanche, le lendemain, quand il fallait dire le contraire de ce qu'il professait la veille, il était un peu emmerdé. Cela ne collait pas à sa philosophie...

**Vous pensiez à Lino Ventura dès le début ?**

Oui, il était au cœur du projet. En revanche, je voulais Trintignant pour le rôle de Brel, mais Jean-Louis n'a pas voulu. Il m'a dit qu'il ne croyait pas à l'histoire et qu'il n'arriverait pas à rentrer dans le personnage. L'idée de prendre Lino Ventura coulait de source pour moi. Parce qu'il incarne un homme droit, à qui l'on fait a priori confiance... Je suis allé lui présenter le projet chez lui, à Saint-Cloud. Le premier contact a été un peu étrange : il me donnait l'impression de me faire passer un examen, sans dire un mot, en fumant la pipe. Je n'étais pas à l'aise. Mais il a fini par me dire : « Lelouch, j'ai très envie de tourner avec vous. Je ne me pose pas trop de questions sur ce que vous venez de me raconter. J'ai envie de m'amuser. » Je crois qu'à ce moment-là, Lino commençait à s'ennuyer un peu avec des films sérieux et qu'il s'est dit que je lui proposais une récréation. La récréation est arrivée quand le groupe s'est mis à fonctionner. La réussite du film, c'est celle du groupe. Les mecs étaient heureux de se retrouver tous les matins. Ils bouffaient ensemble à la cantine, ils se racontaient des conneries... Le film est le reflet d'une période potache, que tous les hommes rêvent de vivre à un moment donné. On a tous la nostalgie de la cour de récréation. D'ailleurs il n'y a pas de femmes dans le film. Peut-être avais-je besoin de ça à ce moment-là. Je menais une vie agitée. Et quand mon existence partait dans tous les sens, les copains étaient un soutien. Tous les jours, je me lançais le défi de les épater. Un copain se nourrit d'admiration. Il faut lui donner sa dose d'épate !

**Et le public, il a été épaté ?**

Oui. Mais pas la critique ! Le film a fait l'ouverture du festival de Cannes. J'ai assisté à la projection : je peux vous assurer que les journalistes se marraient. Et le lendemain les papiers étaient effrayants ! Pierre Braunberger m'avait prévenu : « Claude, vous allez voir, la presse va être abominable. Et maintenant les journalistes ne vous pardonneront plus rien jusqu'à votre mort. Le film va plaire au public, c'est obligé, mais vous allez faire un voyage en solitaire. » Quand j'ai lu la presse, j'ai compris que Pierre avait raison : je n'avais pas la carte. Les critiques avaient honte de dire qu'ils avaient ri. Heureusement le public n'a pas eu ces pudeurs... Le film est sorti en même temps que la première réalisation de Jean Yanne, **Tout le monde il est beau, tout le monde il est gentil**... Yanne a récolté d'excellents papiers alors que l'on me prenait en exemple de ce qu'il ne fallait pas faire. Mais pour retrouver les parfums de l'époque, les deux films sont essentiels.

**Ce qui est étonnant, c'est l'osmose qui s'est produite entre les différents comédiens, alors que l'on sait que les personnalités de Ventura et de Brel étaient aux antipodes : leur amitié s'est construite sur une fascination réciproque...**

Lino avait envie de tourner avec moi parce que j'étais le metteur en scène à la mode. Brel, je l'ai engagé au dernier moment, en remplacement de Trintignant. J'adorais le chanteur mais je ne le connaissais pas personnellement. Je savais qu'il avait eu une aventure avec Annie Girardot, ce qui nous faisait un point commun. Le jour où je l'ai rencontré, j'ai voulu lui raconter le film. Il m'a répondu : « Je vais vous dire la vérité : je rêve de faire de la mise en scène et vous êtes le réalisateur que j'ai le plus envie de piller. J'aime la spontanéité qui se dégage de votre cinéma. Je me fous de ce que vous me ferez faire. J'ai avant tout besoin de faire un stage : je vais vous espionner... » J'ai organisé une rencontre entre Lino et Jacques au Club 13 puis nous sommes allés déjeuner. Je n'existais plus ! Ils ont eu comme un coup de foudre. Chacun

*L'Emmerdeur.*

a été fasciné par la vie de l'autre. Brel ne vivait qu'à l'hôtel, c'était un bohème complet. Ventura se voulait organisé et cartésien, il se couchait à heure fixe et ne quittait jamais les siens très longtemps... C'est comme s'ils visitaient une autre planète. Ils étaient comme des scientifiques. Plus tard, quand Jacques allait dîner chez Lino, il ouvrait des yeux gigantesques... Et quand Brel emmenait Ventura en tournée pour faire deux ou trois conneries, c'était l'inverse... Quand on voyait ces deux monstres ensemble, c'était un spectacle ! À table, discutant des femmes, de politique, ils n'étaient d'accord sur rien. Mais jamais aucun des deux ne se permettait de critiquer l'autre. Quand vous avez envie d'être ami avec quelqu'un, vous êtes d'une tolérance totale. Pourtant j'avais très peur au début. Mnouchkine, qui coproduisait le film, était inquiet lui aussi : « Claude, comment vas-tu les marier ? » Je les ai tellement bien mariés que Mnouchkine les a gardés pour faire **L'Emmerdeur** !

**L'aventure c'est l'aventure** est un film important dans ma carrière parce que, sans en avoir l'air, il traite des rapports entre les êtres. Derrière la déconne, nous sommes au cœur des rapports humains. Je ne me suis jamais lassé du spectacle et j'ai été malheureux de ne pas pouvoir filmer tout ce que racontaient Lino et Brel à table ou en dehors du plateau.

**Vous auriez pu faire comme Audiard, qui avouait tout voler aux autres : « Pour écrire mes dialogues, je m'assois dans un coin et je note ce que dit Gabin. »**

Mais c'est ce que j'ai fait toute ma vie. Par exemple quand les trois copains parient sur Juarez en bas de la colline. Nous avons tourné cette scène en attendant que l'équipe redescende. Mais comme j'avais une autre équipe en bas, j'ai lancé le moteur. C'est sans doute n'importe quoi, mais à un moment donné ce n'importe quoi devient l'essentiel. Je leur avais dit que cette scène ne serait même pas dans le film. Alors les comédiens se sont lâchés...

**C'est ce que vous appelez vos « figures libres ». Y en a-t-il qui tombent à plat et que vous mettez à la poubelle ?**

Bien sûr. Sur **Le Genre humain** par exemple, ce que j'ai filmé dans le château pour la deuxième partie de la trilogie est bourré de déchets. Jusqu'alors, les figures libres étaient commandées par une nécessité. Soit j'avais de l'avance, du temps libre et une équipe à disposition. Soit je n'avais pas tout dit dans les figures imposées. À chaque fois c'est venu naturellement. Sur **Le Genre humain**, j'avais pour la première fois inscrit sur le plan de travail nombre de figures libres. J'ai voulu provoquer les miracles et ça n'a pas marché.

**New York a-t-il été reconstitué à Paris avec une transparence ?**
Non, nous sommes allés tourner une journée à Manhattan, la scène de la voiture avec Lino et Aldo.

**Et les scènes qui se déroulent en Guadeloupe ?**
C'était à Antigua, une autre île des Antilles, un peu plus loin. Nous avions tous l'impression d'être en vacances. Je me souviens d'un jour au Club Méditerranée, à Fort-de-France. Lino et Brel étaient en train de se baigner. Lino disait : « Regarde les poissons qui viennent manger dans ma main, la température de l'eau doit être de 31°. – Ouais. Peut-être 32°, lui répondait Jacques. Et en plus, tu sais que nous sommes surpayés pour faire ça ! » En attendant l'avion qui devait nous emporter à Antigua, j'ai repéré un escalier en colimaçon. J'ai eu l'idée de tourner la scène du rêve de Lino qui se trouve dans le film. Mais Lino ne voulait pas sortir de l'eau ! J'ai dû insister. La scène a été totalement improvisée. C'est dans l'avion, un peu plus tard, que j'ai filmé le réveil d'Aldo. Si je n'avais pas eu ces quatre heures de battement, je n'aurais jamais tourné cette séquence.

**Quand vous avez suspendu Lino Ventura la tête en bas dans un tonneau, était-il doublé ?**
Les acteurs n'auraient jamais accepté d'être doublés. Ils auraient perdu la face. Cela faisait partie du jeu. Ils passaient leur temps à se lancer des défis. Le jour où nous sommes rentrés à Paris, tout le monde était très triste dans l'avion. Jacques a disparu. Il a réussi à entrer dans la cabine de pilotage et nous avons entendu : « Le commandant Jacques Brel est heureux de vous avoir à bord. » Il avait pris les commandes du Boeing 747 ! La scène où Jacques prend l'accent belge et se fait servir du champagne par Arlette Gordon, je l'ai tournée à ce moment-là, pendant le voyage de retour.

**Vous n'avez jamais de temps mort ! Où que vous soyez, quelles que soient les circonstances, vous vous demandez ce que vous auriez envie de tourner… ?**
Quand je voyage, je tiens à ce que le chef opérateur et l'ingénieur du son soient présents… et je conserve ma caméra sur les genoux.

**Les escroqueries du film sont-elles authentiques, par exemple celle du type que l'on conduit à ouvrir son coffre-fort aux gangsters ?**
Celle-là est authentique. Le coup de l'avion l'est aussi. Celui des huit mille pneus qui disparaissent également. Mais il en est d'autres qui sont de pures inventions : le coup du pape, par exemple, j'y ai pensé au dernier moment. Je me disais que ce n'était pas stupide : demander un franc à tous les catholiques du monde pour rendre sa liberté au pape, cela pouvait être une très bonne opération…

**Le film ne se prend pas au sérieux. Il s'ouvre d'ailleurs par une profession de foi fort explicite : « Jouissez de la vie, il est beaucoup plus tard que vous le pensez. À Janine. »**
C'était ma monteuse. Elle s'appelait Janine Boublil. Elle est morte dans un accident de voiture à la fin du mixage. Cette fille était géniale. Elle travaillait nuit et jour. Elle n'avait pas d'horaires, elle était dévouée comme personne. Le soir, elle restait là et prenait des saloperies pour ne pas dormir, afin que le lendemain tout le travail soit prêt. Elle n'aurait jamais fait l'apologie des 35 heures !

**Le générique n'est pas très sérieux non plus, avec le numéro du coucher de soleil qui se transforme en visa de censure !**
C'était pour donner le ton ! Le numéro de censure détourné, c'est aussi une façon de jouer avec le Centre du cinéma, qui m'a pourri la vie tout au long de ma carrière. J'ai tourné six films pirates. À chaque fois que j'ai mis les pieds au CNC, cela s'est révélé compliqué. Le CNC a été créé pour empêcher de faire des films ! Aujourd'hui, quand on est un jeune cinéaste débutant, le CNC représente une montagne. C'est plus facile de réaliser que d'avoir l'agrément. Aucun de mes premiers films, **Le Propre de l'homme**, **L'Amour avec des si**, **La Femme spectacle**, n'a obtenu l'agrément. Mais pour être honnête, je dois dire que mes rapports avec le CNC se sont simplifiés le jour où j'ai reçu la Palme d'or !

**Pourquoi avoir organisé un congrès de prostituées ?**
Nous étions alors en plein mouvement de libération des femmes ! Ce congrès a constitué un détonateur terrible. C'est l'une des séquences violemment attaquées par la critique. Au départ, c'est Simone Signoret qui devait tenir le rôle de Nicole Courcel.

Nicole Courcel.

Elle aurait été étonnante en tribun. Mais elle a eu peur. Pour le tournage, nous avions environ huit cents filles, qui se sont prises au jeu. Parmi elles, de vraies prostituées. J'avais demandé à mes assistants de les recruter, en pensant qu'elles seraient plus motivées que les autres. La journée a été chaude. Je n'avais pas besoin d'inciter les filles à hurler. En écoutant le discours, elles se mettaient réellement en colère. Au printemps 2003, les prostituées ont manifesté devant le Sénat. Je suis allé les filmer. C'était extraordinaire. Les filles portaient toutes des masques, on se serait cru dans un film de Fellini. Mille prostituées avec des masques, c'est un spectacle étonnant. J'aurais voulu utiliser ces images dans le troisième volet de la trilogie... Il n'empêche qu'en trente ans, rien n'a changé. Ce sont les mêmes revendications : la Sécurité sociale, le respect...

**Au début du film, la scène où Jacques Brel est poursuivi par un avion est un clin d'œil à La Mort aux trousses. Vous êtes un vrai cinéphile, mais les clins d'œil de ce type sont au fond assez rares...**
Je n'ai pas très envie de multiplier les citations. Mais j'ai souvent fait allusion à **Quand passent les cigognes**. Plusieurs de mes plans de gares et d'escaliers y renvoient. **Les Uns et les Autres** en particulier constitue un véritable hommage à Kalatozov.

**À partir du moment où la bande kidnappe André Falcon, la fantaisie demeure, mais il suffit de peu pour que le film bascule. Peut-on rire de tout ?**
La séquence avec Falcon était effectivement la plus dangereuse de toutes. Il est l'otage des cinq voyous, et eux font des paris en jouant à la roulette russe. C'est cruel. Même en prenant la précaution de rendre le personnage peu sympathique, peureux et con, la scène nous faisait peur. Même Brel, qui vraiment ne se mêlait pas du scénario, a jugé qu'on était à la limite... Mais c'était une comédie. Ce qui rendait les choses supportables...

**La violence est définitivement désamorcée quand les voyous se font à leur tour torturer !**
La distance est évidente : on se trouve dans la comédie. J'ai commencé le tournage avec les scènes italiennes et l'accident de voiture entre Lino et Aldo. C'est à ce moment-là que j'ai définitivement su qu'il fallait conserver cette tonalité. Mais derrière la comédie se profilent les drames de l'époque. À un moment donné, il faut trouver la note juste. On peut rire de tout quand on trouve la tonalité. Le film de Roberto Benigni, **La vie est belle**, fait partie de ceux dont je suis jaloux. Parce que le jeu entre Benigni et son fils, c'est exactement celui que nous pratiquions pendant la Seconde Guerre. À la maison, on jouait à la Gestapo. À chaque fois que l'on frappait à la porte, j'avais l'ordre de me dissimuler. Il y avait une cache où j'étais le seul à pouvoir entrer, je devais n'en sortir sous aucun prétexte. C'était un jeu. Mon père me disait : « Si tu entends des gens, des cris, tu ne bouges pas ! Tu ne ressors qu'avec le silence total. » J'avais une ceinture que ma mère m'avait fabriquée, avec de l'argent dedans et des adresses où je pouvais aller. Plus tard, ma mère m'a appris à prendre le métro tout seul. Tout ça était fait sous forme de jeu. On peut tout faire et tout dire si on trouve la note juste. Benigni l'a trouvée. Mais ce sont des films dans lesquels la prise de risque est maximum. Vous n'avez aucune sécurité. Vous êtes soit dans le chef-d'œuvre, soit dans la merde honteuse.

**Dans la célébrissime scène de la drague sur la plage, les filles sont-elles des actrices ?**
Non, ce sont des filles qui étaient sur place ce matin-là... Je n'ai pas voulu les inclure à l'image. J'ai tourné quelques plans pour montrer leurs réactions, mais je ne les ai pas conservés. Pour ne pas enlever toute

poésie à la marche. En outre les filles donnaient une indication à la scène. Il y avait celles qui regardaient en se moquant, celles qui étaient admiratives. Les deux sentiments n'étaient pas bons. Il valait mieux que l'on ne sache pas ce qu'elles pensaient. Le spectateur est dans sa réaction personnelle. Nous nous étions régalés en voyant les rushes et il fallait retrouver cette sensation.

**Comment cette scène a-t-elle été tournée ?**
J'étais dans mon bungalow un dimanche. On ne tournait pas. J'ai aperçu les quatre filles de dos, de loin, qui regardaient la mer. Est passé Aldo, sur la plage. Il était en plein repérage. Il est passé une fois, puis une deuxième fois. Il a accentué sa marche un petit peu, sans en faire des tonnes. Il voulait qu'on le remarque. Je suis parti dans un fou rire ! Et puis je suis allé voir Aldo : « Alors, ça marche ? – Non, pas terrible ! » C'est à ce moment-là que j'ai eu l'idée de tourner la scène. J'ai réuni l'équipe et les acteurs.

**Séance de travail.**

Mais Lino n'a pas suivi : « Tu me fais chier. C'est dimanche. Je me repose ! » J'ai tergiversé : « Tu ne marches pas avec le groupe, mais tu peux te mettre au bout de la plage, pour les observer. Tu te marres de les voir faire les cons. » Il a dit d'accord. Mais dès qu'il a vu passer les quatre il a éclaté de rire. C'était une scène que je ne pouvais pas lui expliquer. Il l'a vue sur pièce. Aldo savait ce que je voulais puisqu'il m'en avait donné l'idée. Charlot faisait n'importe quoi, Denner avait l'air d'un échassier et Brel déconnait. Quand Lino a vu ça, il est parti au quart de tour. C'est quelqu'un qui ne pouvait pas tourner ce qu'il ne comprenait pas... Il fallait le convaincre. Je n'ai pas eu trop de mal à le faire sur **L'aventure c'est l'aventure**. Sur **La Bonne Année**, ça a été plus difficile. Le tournage de la séquence du lit s'est révélé un match dont l'issue n'était pas acquise d'avance, mais que j'ai gagné. Lino ne voulait pas, mais il ne demandait qu'à être convaincu. Tous ceux qui l'ont dirigé vous le diront : Lino faisait passer un examen de passage à son metteur en scène, parfois à l'auteur du scénario

C'était passionnant de travailler avec lui. Comme il savait qu'il donnait de la force à tout ce qu'il disait, il n'avait pas envie de cautionner des conneries. Lino, lui, en imposait. Quant à Jacques Brel, il n'était inquiet que pour ses chansons. Il avait alors le sentiment que sa vie était en jeu. Le reste, il s'en fichait, il ne se sentait pas concerné quand il faisait un film en tant qu'acteur. Mais il était à cent pour cent responsable quand il est passé à la réalisation.

**Dans *L'aventure c'est l'aventure*, nous le découvrons sous un jour inattendu, décontracté, déconnant, alors que ses chansons donnent de lui une image d'incandescence, en permanence sur le fil du rasoir.**
Les gens qui ont tourné avec Brel diront qu'il n'a jamais eu de problèmes existentiels. Il ne faisait pas chier ses metteurs en scène comme Lino pouvait le faire.

**Avez-vous assisté à la rencontre de Brel et de Madly ?**
C'est moi qui les ai présentés. Au début je voulais prendre des actrices noires sur place. Mais on n'a trouvé personne ! Je sais que ça paraît incroyable mais j'ai dû organiser le casting à Paris. Quand nous sommes partis pour la Guadeloupe, c'est dans l'avion que Madly et Brel se sont découverts. Immédiatement ! En arrivant à Fort-de-France, j'ai dit : « Mesdames, c'est à vous de choisir vos mecs. » Madly a sauté sur Brel. Une autre a sauté sur Chouraqui, mais j'ai dit à la fille que ça ne servait à rien, il ne jouait pas dans le film...

Lino Ventura et Françoise Fabian dans *La Bonne Année*.

# La bonne année

1973

Du bon usage du flash-back / Un homme et une femme à la gare Saint-Charles / Le « cinéma chair de poule » / Le faux plus vrai que le vrai / Lino va-t-il pardonner ?

Lino VENTURA
Françoise FABIAN
Charles GÉRARD
Silvano TRANQUILLI
André FALCON
Claude MANN
Frédéric DE PASQUALE
Bettina RHEIMS
Claude MANN
Gérard SIRE
Mireille MATHIEU

**Pensez-vous que Lino Ventura aurait accepté de tourner dans La Bonne Année s'il n'y avait pas eu le précédent de L'aventure c'est l'aventure ?**
C'est difficile à dire, mais je crois qu'après **L'aventure**, je pouvais lui demander n'importe quoi. J'ai produit seul **La Bonne Année**, qui a nécessité quatre semaines de tournage à Cannes. Quand Lino a accepté de faire le film, je lui ai proposé de lui donner dix pour cent des recettes sur le monde. Il a accepté, puis s'est ravisé, préférant recevoir du cash. **La Bonne Année** a connu un joli succès, en France bien sûr, mais surtout aux États-Unis, dans les milieux artistiques. Joe Levine l'avait acheté et distribué. S'en est suivie une sorte de snobisme au profit du film qui s'est propagé en Angleterre, puis dans les autres pays anglo-saxons.

**Avez-vous pensé à Françoise Fabian immédiatement ?**
Assez rapidement en tout cas. J'avais aimé ses déclarations sur les droits des femmes. Elle s'était forgée une image de femme revendiquant l'égalité. Je me suis dit qu'elle serait percutante. Il me fallait par ailleurs quelqu'un capable de tenir tête à Lino. En outre, à l'époque, Fabian vivait avec Marcel Bozzuffi, dont j'avais produit le film, **L'Américain**. Enfin je l'avais adorée dans **Ma nuit chez Maud**, face à Trintignant.

**Coexistent dans La Bonne Année plusieurs niveaux de flash-back. Celui, instantané, de l'évasion ; et celui qui nous fait découvrir certaines scènes dont on ne comprendra la signification que dans la deuxième partie du film. Il y a un désir de manipuler le spectateur et de mettre sur la table l'enjeu de ce qui va nous tenir en haleine, alors qu'en réalité c'est révolu.**
Quand les Américains ont acheté les droits de remake de **La Bonne Année**, ils ont tout remis à plat. Ils m'avaient dit : « Vous avez fait un succès, nous voulons en faire un triomphe. Le défaut du film, c'est le système des flashs-back, qui nous prive du grand public. » Ce qui n'était pas faux : si **La Bonne Année** n'a pas connu le succès de **L'aventure**, c'est entre autres parce qu'une partie du public ne parvenait pas à assimiler les flashs-back. Les responsables de la Columbia ont donc tout remis dans l'ordre. Dans la version d'origine, j'attaque à fond dans l'action, et ensuite je me sers des flashs-back comme on se sert d'un dictionnaire. On ne lit pas un dictionnaire de A à Z comme on lit un roman. Quand on raconte un film dans sa chronologie, il faut que chaque séquence soit passionnante. Or dans le film les séquences ne le sont que par rapport à l'histoire. Dans le film américain, réalisé par John Avildsen, le réalisateur de **Rocky**, et interprété par Peter Falk, non seulement tout est remis en ordre chronologique, mais le héros ne couche pas avec l'héroïne. En outre, comme **Tootsie** avait dû sortir entre-temps, les auteurs du remake ont voulu que Peter Falk se déguise en deux personnages distincts, le vieux et sa sœur… Cela devenait très lourd !

**Ventura a toujours joué Ventura. Il modifie peu son physique et sa voix. Pour vous, d'un seul coup, il effectue une composition prodigieuse. S'est-il beaucoup amusé à le faire ?**
Oh là ! C'est moi qui lui ai proposé de changer sa voix en s'exprimant sur le seul souffle. Lino avait adoré l'idée.

**Alors que Charles Gérard n'y arrive pas !**
Nous nous sommes vraiment servis de la réalité des choses. Charlot n'y parvenait effectivement pas. En règle générale, je ne triche pas. Le repas avec les intellos en est un autre exemple. C'est une expérience que j'ai souvent vécue. À chaque fois je me suis demandé ce que je faisais là. Je n'avais même pas envie de rentrer dans ce type de conversation dans laquelle on est contraint de faire le beau. Dans le film, ce qui est joli c'est la réaction de Fabian, qui n'est pas dupe.

**Dans leur conversation, les intellectuels citent Prima della revoluzione, de Bertolucci, et Les Poings dans les poches, de Bellocchio. Ce sont deux films qui vous avaient particulièrement ennuyé ?**
Non. Mais c'étaient deux films qui avaient la carte à l'époque. Ils ne m'avaient pas particulièrement excité non plus, alors que j'avais lu des papiers incroyablement laudateurs les concernant.

**La scène aurait pu tourner poujadiste, se moquer des intellos. Elle fait davantage ressortir la solitude de Ventura que le ridicule des autres convives...**
Il est seul. Celle qui est au cœur du problème et qui comprend l'agression, c'est Françoise Fabian. Elle sait que c'est un combat de mâles. Parce que Lino lui plaît et que les autres l'ont compris.

**Votre réponse à la critique n'en est pas moins ciblée, puisque la charge contre « les essuie-glaces » se réfère explicitement à Un homme et une femme.**

C'est précisément la critique de Jean-Louis Comolli dans les **Cahiers du cinéma** qui est citée.

**Vous ne jouez pourtant pas le public contre la critique puisque Un homme et une femme est sifflé dès le début, dans la scène de la prison où les taulards regardent votre film !**
Je suis parti du principe qu'en prison les mecs préfèrent voir un film avec Steve McQueen ou Bruce Willis qu'une histoire d'amour. Ce n'était pas la clientèle idéale pour ce type de film.

**Par rapport au Voyou, qui était entièrement en couleurs, d'où vient le choix d'alterner la couleur et le noir et blanc ?**
Je voulais simplifier la narration, afin que la manipulation soit moins vicieuse et que les gens soient plus à l'aise que dans **Le Voyou**. Pour **Le Voyou**, je ne voulais pas que l'on sache à quel moment de l'histoire on se situait. Au moment où l'on se rendait compte qu'il s'agissait d'un flash-back, c'était passé. **La Bonne Année** est plus sage...

**Aujourd'hui, êtes-vous encore parfois tenté de tourner en noir et blanc ?**
Je pourrais le faire. Mais les télés empêchent d'aller dans cette direction. Aujourd'hui, on ne passe plus **Citizen Kane** en prime time. J'ai pourtant tourné **Le Bon et les Méchants** en noir et blanc, ou plus précisément en sépia. J'ai hésité à le faire pour **Les Uns et les Autres**. La télé m'en a dissuadé et elle a bien fait. Le résultat aurait fait un peu artificiel.

**C'est encore Jean Collomb qui signe la photo. Quand avez-vous cessé de travailler avec lui ?**
Après **Le Chat et la Souris**. Au début, alors que je n'avais pas les moyens de me payer un chef opérateur, il avait accepté de venir presque pour rien. Il était accompagné d'un garçon, Patrice Pouget. Ensemble ils ont signé les images de **Un homme et une femme**. Alors que je voulais le prendre comme chef opérateur, Pouget est mort en filmant au Brésil Fangio pour un documentaire. Le coureur avait choisi une voiture qui allait trop vite pour l'hélicoptère où se trouvait Pouget. Alors celui-ci a pris un avion pour le suivre. L'avion a fait un rase-mottes trop radical et il a percuté une colline. J'ai continué avec Collomb. Le seul reproche que je pourrais lui adresser, ce qui a fait que nous avons cessé de travailler ensemble, c'est qu'il n'était pas fanatique des nouvelles technologies. Malgré les nouvelles pellicules, il gardait le vieux matériel... Mais la séparation s'est faite en douceur...

**Les scènes de retrouvailles après une longue absence sont une figure récurrente de votre cinéma. Quelle en est la raison ?**
J'ai été très marqué, enfant, par les retrouvailles de mon père et de ma mère gare Saint-Charles, à Marseille, à la Libération. Mes parents ne s'étaient pas vus pendant deux ans, deux années de cauchemar. J'étais avec ma mère en France, alors que mon père était resté en Algérie. Tous les jours, nous nous demandions si nous n'allions pas nous faire arrêter. Mon père, de l'autre côté de la Méditerranée, tremblait pour nous. Il se rassurait en pensant que ma

mère, d'origine catholique, avait repris son nom de jeune fille. Mon père, pour rejoindre ma mère, s'était engagé dans les troupes de De Lattre de Tassigny. Il est arrivé à Marseille en bateau. Ma mère et moi étions à Nice. Mes parents ont pu entrer en contact et se sont donné rendez-vous dans le hall de la gare Saint-Charles. Je me rappelle être parti de Nice vers six ou sept heures du matin en autocar avec ma mère. Nous sommes arrivés à Marseille vers deux ou trois heures de l'après-midi. Le rendez-vous avait lieu à quatre heures. C'était en 1944, j'avais sept ans. Dans la gare, ma mère était tellement émue qu'elle n'arrivait pas à monter les marches. Moi, je n'existais plus. Il y avait une foule incroyable ! Mon cœur battait parce que j'allais revoir mon père, dont nous avions parlé tous les jours pendant deux ans. Il était le héros entre les héros. À un moment ma mère m'a abandonné. Elle est partie comme une flèche. Je suis monté sur une sorte de banc. J'ai vu mon père et ma mère courir l'un vers l'autre dans la foule, mon père prendre ma mère et la faire tourner. Comme Trintignant dans **Un homme et une femme**. Ce n'est qu'au bout d'un moment que ma mère a pensé à demander où j'étais... Je les ai rejoints. Mon père a couru vers moi comme s'il avait honte de m'avoir oublié dans l'émotion. J'ai eu droit aussi au grand tourbillon. Ça a été un des moments les plus fous de ma vie.

**Le temps de séparation n'a pas besoin d'être très long. Il est interminable dans Les Misérables, mais très court dans Un homme et une femme. À ceci près que l'on ne sait pas si Trintignant sera au bout du quai à l'arrivée du train !**

Quand Anouk est sur la plage, elle ne sait pas que Trintignant va arriver. L'effet de surprise est porteur d'émotion. C'est vrai que nombre de mes films comportent des scènes de retrouvailles ! Elles sont synonymes à la fois d'une grande force et d'une grande misère. Regardez en Asie les gens qui se sont retrouvés une ou deux heures après le tsunami. C'est comme s'ils avaient été séparés pendant dix ans. D'un seul coup, ils ont pris la mesure de ce qu'ils auraient pu perdre. Alors que la veille, ils se seraient à peine dit bonjour... Tout est proportionnel à l'intensité de ce que l'on risque de perdre... Quand un film réussit à faire monter la pression de cette façon-là, il bascule dans ce que j'appelle le « cinéma chair de poule ». L'une des forces de **La Bonne Année**, c'est que la perspective des retrouvailles est chancelante ! Idem pour **Vivre pour vivre, Un homme qui me plaît...** Je pense qu'à l'intérieur d'un film, il faut provoquer de tels manques. Si deux personnes se retrouvent au début du film, cela ne fait ni chaud ni froid. Vous montrez la même scène deux heures plus tard après une séparation, c'est différent. On est content que les gens soient heureux s'ils ont souffert. Sinon le bonheur est insupportable.

**Au début de *La Bonne Année*, chez Michou, vous montrez Mireille Mathieu avec un chanteur travesti en Mireille Mathieu. Plus tard nous verrons Lino Ventura se déguiser lui aussi. Dans tous vos films, il existe une tentation du double, un intérêt pour le trouble identitaire. Vous aimez les jumeaux : James Caan dans *Les Uns et les Autres*, Mathilde Seigner dans *Le Genre humain*, Bigard dans *And Now... Ladies & Gentlemen*...**

Pour des raisons qui ne sont pas rationnelles, je suis fasciné par les jumeaux, qui, dans un monde d'unicité, sont deux ! Quand je vois des jumeaux, je me dis qu'ils ont des roues de secours : pour moi quand l'un des jumeaux meurt, l'autre le prolonge. Et puis je me suis fait un jour avoir par des jumelles ! J'étais en seconde. J'étais amoureux d'une fille, je ne savais pas qu'elle avait une sœur jumelle. Et c'est sa sœur qui est venue. Nous avons flirtouillé avant que je ne découvre la vérité. Peut-être ai-je été traumatisé par ce sentiment de m'être fait avoir ! Pour un cinéaste, la question du vrai et du faux est forcément une question centrale ! Le cinéma, c'est la représentation du vrai par le faux mais un faux qui doit être plus vrai que le vrai... On peut ergoter à l'infini là-dessus. L'important n'est pas le vrai et le faux, c'est d'y croire. Quand vous croyez à quelque chose, vous avez les mêmes sensations qu'avec la vérité. Et moi je me donne beaucoup de mal pour qu'on croie aux histoires que je raconte.

**Les scènes dialoguées entre Françoise Fabian et Lino Ventura, dans la rue ou au restaurant, souvent en plan fixe, donnent le sentiment qu'elles sont une forme d'héritage de *Smic Smac Smoc*.**

Le mouvement de caméra doit correspondre à une réalité. Je ne vois aucun intérêt à faire des mouvements dans le restaurant, sinon pour expliquer que le serveur écoute. Ça ne présente aucun intérêt de placer la caméra à un endroit où il n'y a aucun acteur. Soit on place la caméra au-dessus des convives. Elle permet de montrer la géographie du lieu mais ne donne à voir que des nuques. Il faut alors trouver un point fixe, pas n'importe lequel, qui ne suggère pas que c'est vu par quelqu'un. Un mouvement de caméra est forcément subjectif. Si je me lève et je me rapproche, c'est subjectif. Aujourd'hui nous voyons plein de films dans lesquels la caméra se promène, passe d'un personnage à un autre. Et le spectateur se demande pourquoi, ça n'a pas de sens, c'est la faute de grammaire intégrale. Quand les acteurs sont installés, il n'y a aucune raison de faire des mouvements de caméra. Au contraire, il faut être au plus près de ce qu'ils font. S'ils se lèvent, le mouvement appelle le mouvement. Pour la promenade de Lino Ventura et de Françoise Fabian sur la Croisette, je prends la position la plus discrète possible. Je les précède comme si j'étais en plan fixe. Si à un moment donné, je me laisse rattraper et que je passe en gros plan sur Fabian ou sur Lino, c'est qu'il y a une intention. De même que lorsqu'ils s'arrêtent et que je continue de reculer. Si je m'arrête en même temps qu'eux, le spectateur reste objectif.

**Ce principe s'illustre aussi au début du film quand Lino Ventura rentre dans l'appartement de Françoise Fabian. La caméra nous dissimule que le couvert a été mis, juste à temps pour que l'on découvre l'arrivée de Frédéric de Pasquale...**

Ou encore quand Fabian court dans l'appartement. Je la suivais et je courais moi aussi comme un fou. Il était important de courir avec elle. C'est l'un des premiers travellings que j'ai réalisé comme ça. Des entrées et des sorties de champ auraient détruit la dramatisation. L'écriture cinématographique est l'art d'être en permanence au bon endroit, le mieux placé.

**Était-ce nécessaire de filmer les fantasmes de Lino Ventura, quand il casse la gueule de de Pasquale ou avec le téléphone à la fin, quand il entend le contraire de ce qu'il venait de penser ?**

J'aime bien ça. On ne sait pas au début que c'est un fantasme. J'aime bien quand un rêve est traité comme la réalité. Mais je sais qu'en faisant ça, je casse un peu plus la linéarité du récit... Et je perds des spectateurs...

**Mais vous en récupérez d'autres !**

Et j'enrichis le film ! Mes films sont souvent plus riches à la deuxième vision. À la première, les spectateurs sont concentrés sur l'histoire. Ils ont envie de savoir où va l'intrigue.

**Vous posez-vous la question de l'équilibre entre la complexité et l'émotion ?**

Je me pose ce type de questions à chaque fois que je commence une scène. Il n'existe pas de règles absolues. Quand je n'ai que deux personnages, plus je suis dans le regard de l'un et de l'autre, plus je suis satisfait. Je place une amorce de l'un et de l'autre. C'est important pour que les yeux regardent bien ce qu'ils ont envie de voir. Quand je suis avec deux comédiens face à face, je n'ai pas d'autre solution que de les filmer le plus possible de face pour avoir les yeux. Un acteur vous donne plus de face que de trois quarts, il y a plus de vérité. De trois quarts, l'acteur ne me montre qu'un seul œil et je me dis qu'il triche avec l'autre.

**Vous avez beaucoup de plans comme ça, dans Smic Smac Smoc, dans L'aventure ou dans Le Chat et la Souris... On se pose à chaque fois la question : « À qui parlent-ils ? »**

Vous êtes en train de me parler. Où suis-je ? Dans votre regard à cent pour cent ! Je déplace un peu l'axe. Je ne suis plus qu'à quatre-vingt-cinq pour cent mais vous, vous allez être meilleurs. On joue mieux avec un homme qu'avec une caméra.

**Vous ne trichez jamais quand le comédien connu reste dans sa caravane et ne renvoie pas la réplique au comédien moins connu qui joue avec une doublure ?**

À l'époque où je n'utilisais qu'une seule caméra, cela pouvait arriver. Mais c'est impossible quand on tourne avec deux caméras. L'inconvénient, c'est qu'il ne faut pas que les appareils soient dans le champ. Cela se complique si trois personnages sont dans une même scène. Si la première caméra est d'un côté, l'autre doit filmer les deux autres personnages, sinon ce n'est pas honnête. Vous avez des choix à faire en permanence. Vous devez être à la fois le plus vrai et le plus subjectif possible. Si la caméra est trop proche, elle est dans le champ. Si je la place à quinze ou vingt mètres avec une longue focale, elle n'est plus dans le champ mais l'image n'est plus la même. Aujourd'hui, je m'arrange pour avoir énormément de recul sur les décors afin que les caméras échappent au champ. Il n'y a plus de profondeur de champ et on ne voit plus le décor.

**Le metteur en scène qui dit qu'il a tout dans la tête et qu'il laisse la technique aux techniciens est-il sérieux ?**

S'il est dans cet état d'esprit, il y aura deux films, l'histoire qu'il veut raconter et celle qui verra le jour. Le metteur en scène doit dominer sa technique pour éviter les intermédiaires entre lui et l'histoire. J'ai eu la chance de contrôler le cadre et l'image de mes films puisque j'étais à la caméra. Aujourd'hui tous les cinéastes peuvent contrôler ce qui est fait puisqu'il y existe un combo vidéo qui montre en temps réel l'image imprimée. Les cadreurs peuvent faire différentes propositions. Mais en même temps les acteurs aiment bien que les metteurs en scène soient sur le plateau...

L'ensemble de ces éléments fait que vous allez réussir une scène à 100 %, à 80 % ou à 70 %. 100 %, c'est rare ! Ça ne marche que quand une caméra est à la place d'un autre comédien. Vous êtes alors à 100 % au niveau de la technique, mais pas à celui de l'émotion. Vous devez opérer un choix. L'émotion est plus forte que la technique, et je préfère être à deux caméras. D'autant que si vous coupez la scène, il faut une demi-heure pour se réinstaller, et les comédiens doivent faire un raccord d'humeur...
Et puis, l'acteur se lasse aussi. Et vous ne savez pas quand. C'est pour cela que je tourne tout, surtout depuis l'arrivée du numérique. Après je fais ma cuisine au montage. Il est plus facile aujourd'hui de réussir un bon film qu'à l'époque de Jean Renoir. J'admire **La Grande Illusion**, réalisé avec les moyens lourds de l'époque, les grosses caméras, les toiles, la neige, les éclairages... Je n'en suis que plus fasciné par les fautes de grammaire que l'on voit dans les films d'aujourd'hui. C'est comme si l'on publiait un livre avec vingt ou trente fautes d'orthographe par page. Si par exemple vous faites se succéder deux gros plans l'un derrière l'autre, vous avez intérêt à ce qu'ils soient passionnants. Car le spectateur ne peut regarder nulle part ailleurs. Dans un plan large les longueurs sont moins pénibles...

**Au niveau de la grammaire cinématographique, certaines fautes sont intentionnelles, depuis Eisenstein jusqu'à Godard. N'avez-vous jamais envie de faire des fautes délibérées pour secouer le spectateur ?**
Non, j'ai toujours été très respectueux de la grammaire. Dans mes tout derniers films, vous ne verrez pas deux plans d'ensemble l'un derrière l'autre ! Je ne l'ai pas fait depuis au moins vingt ans. Le plan large est indispensable après une séquence à cent à l'heure pour se repérer, reprendre son souffle et repartir à l'attaque. La succession de deux plans d'ensemble est une faute.

**Le personnage du bijoutier est obséquieux et vaniteux. On sent que ses manières trop rondes vous irritent un peu...**
S'il n'était pas vaniteux, le casse ne pourrait pas fonctionner : il est la clé du casse. C'est la morale du **Corbeau et le Renard**. J'ai il y a longtemps imaginé de faire une comédie sur les cireurs de pompes. Je parlais de deux copains d'école qui s'aimaient bien. L'un disait toujours ce qu'il pensait et ratait tout. Le deuxième flattait tout le monde et réussissait.

**Qui est Lilo, que l'on voit en serveuse dans le restaurant ?**
Elle a été une grande star aux États-Unis. Chanteuse vedette dans une revue pendant cinq ans sur Broadway. Elle était mariée au marquis de la Passardière, un ami à moi, un vrai marquis qui a fait fortune aux États-Unis. Un personnage insensé. Une caricature d'aristocrate français. Il a rencontré Lilo et l'a épousée. Il donnait des conférences sur l'amour à des vieilles Américaines. Il avait repris tous les textes de Guitry, qu'il avait traduits sans le dire ! Il aurait pu avoir cinquante procès. Un peu escroc mais d'un charme extraordinaire. Au bout de cinq ans, alors que Lilo avait gagné beaucoup d'argent, le marquis lui a proposé de produire sa prochaine comédie musicale. Ce qu'il a fait. Deux jours de représentation ! Un four. Ils étaient ruinés. Il s'est mis à vendre des films français en Amérique, dont les miens. C'est comme ça que je l'ai connu !

**Comment avez-vous préparé le dernier plan du film ?**
**La Bonne Année** est l'un des films dont Lino était le plus fier. Pour le dernier plan, il ne savait pas de quel côté aller. Il était très emmerdé car il ne pouvait pas admettre qu'un homme puisse pardonner à une femme qui l'avait trompé. Lino n'était pas au courant de l'épilogue. Et il ne savait pas qu'il s'agissait du dernier plan. Je lui ai dit : « Je vais te filmer. Dans le plan, tu te poses en permanence la question de savoir si tu lui pardonnes ou pas. Maintenant que tu sais ce dont parle le film, laisse-toi porter ! » J'ai filmé un vrai Ventura, qui pendant tout le plan se pose la question de pardonner ou de ne pas pardonner. Comme je ne coupais pas et que j'ai laissé tourner la caméra pendant quatre minutes trente, Lino est passé par toutes les phases. On sent qu'il a envie de pardonner, puis qu'il ne pardonne plus. Il fait des marches avant, des marches arrière, il gamberge. Et ça se termine en demi-teinte, ce qui fait la beauté du film. On se dit qu'il pardonne quand même, mais du bout des lèvres. Et qu'il le fera payer...
C'était le plan préféré de Stanley Kubrick, qui avait l'habitude de montrer **La Bonne Année** à tous ses acteurs avant de commencer un film. C'est Sydney Pollack qui m'a raconté l'anecdote, car il allait tenir un rôle dans le dernier Kubrick : **Eyes Wide Shut**.

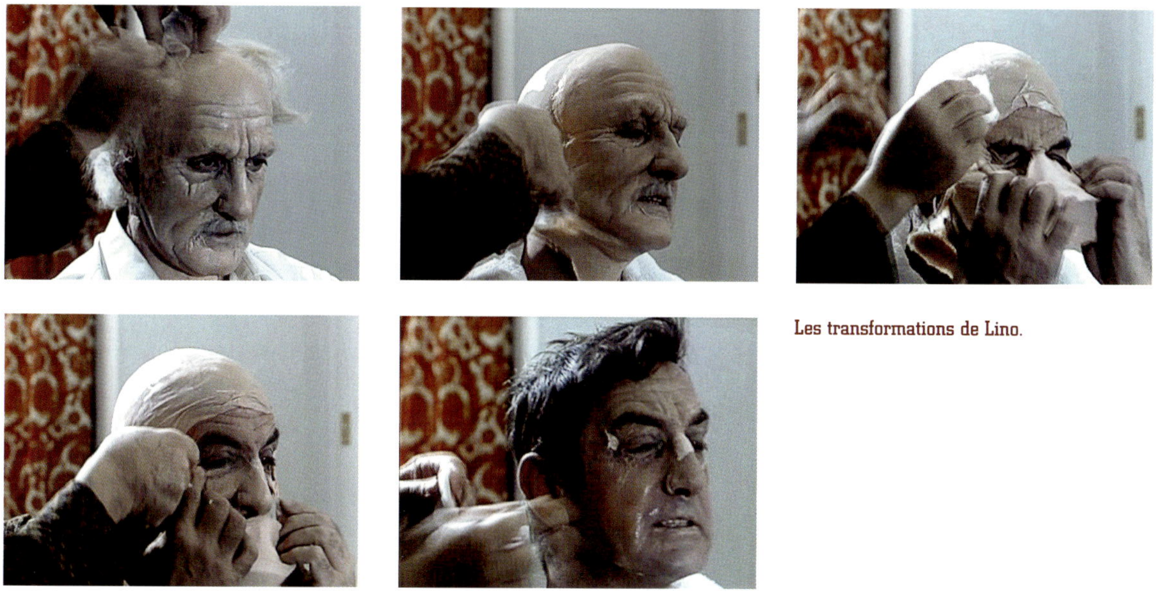

Les transformations de Lino.

# Toute une vie

1973

Ambition, prétention et caméra / « Dussollier, qui c'est ? » / Père et phrases / Boulanger est Boulanger / Chemins parallèles

Marthe KELLER
André DUSSOLLIER
Charles DENNER
Carla GRAVINA
Charles GÉRARD
Gilbert BÉCAUD
Alain BASNIER
Daniel BOULANGER
Élie CHOURAQUI
André FALCON
Nathalie COURVAL

**Pour quelles raisons vous êtes-vous lancé dans un projet aussi ambitieux et aussi peu formaté que Toute une vie, qui traverse le XX^e siècle au pas de charge ?**
J'avais envie de me lancer un défi et d'expliquer comment nous devenons ce que nous sommes, à travers les différents accidents qui ont marqué la vie de nos aïeux, de nos parents, puis la nôtre. Je n'aurais pas tenté l'aventure si le cinéma n'avait pas à ce moment-là disposé d'une technique suffisamment légère pour permettre des films d'un genre nouveau. Auparavant les exigences techniques décourageaient de filmer l'émotion : les contraintes de l'éclairage, le poids des caméras, la mise en condition de l'acteur... Pour **Toute une vie**, j'avais une telle confiance dans le cinéma que je pensais être à la hauteur du défi. En fait je ne l'étais pas. Aujourd'hui j'aimerais refaire **Toute une vie**, qui est arrivé trop tôt dans mon parcours personnel.

**Et pour Les Uns et les Autres, vous étiez prêt ?**
Davantage : le film était consacré à ce qu'il reste quand on a tout oublié. C'est un film de mémoire, alors que **Toute une vie** est plus spéculatif.

**Toute une vie fait alterner la petite et la grande histoire...**
C'est ma façon de vivre. À l'instar de mon père, qui écoutait la radio tous les matins, je commence mes journées en me tenant au courant de la grande histoire. Nos vies appartiennent à la petite histoire, mais elles s'inscrivent à l'intérieur de la grande. Si celle-ci débouche sur une guerre mondiale, la petite histoire devient minable.

**Comment avez-vous opéré le choix des événements historiques ?**
En fonction de la petite histoire que je racontais. Si l'intrigue se déroulait à une date donnée, je recherchais ce qui se passait dans le monde au même moment.

**Le septième art constitue le fil rouge du film. Vous nous montrez la naissance du cinéma parlant en lui rendant hommage...**

... et j'enchaîne avec un plan de Hitler, car s'il n'y avait pas eu le cinéma parlant, les discours de Hitler n'auraient pas eu la même portée. Sur le moment, je ne me suis pas rendu compte que j'étais prétentieux avec **Toute une vie**. Je sortais d'un succès et on ne me refusait rien. Alain Delon devait interpréter le rôle principal. Mais au dernier moment, je me suis dit qu'il ne serait pas crédible dans le rôle d'un cinéaste plutôt enclin à slalomer. J'ai pris peur et j'ai décidé de le remplacer par André Dussollier, que pourtant personne ne connaissait. Mon coproducteur italien, Rizzoli, m'a appelé : « Dussollier, qui c'est ? » À l'époque je disposais d'un nom et d'une surface commerciale : je pouvais me permettre de passer de Delon à un inconnu. J'avais les pleins pouvoirs et je crois que le film en souffre un peu. Davantage de rigueur, surtout dans la dernière partie, aurait été souhaitable. Mais le film a la qualité d'avoir été tourné dans la spontanéité. Je pensais qu'il allait être le plus important de mon existence. D'ailleurs je ne me suis pas déballonné et je l'ai appelé **Toute une vie**. Je dois préciser qu'à l'époque, j'étais amoureux de Marthe Keller... J'ai écrit le film pour elle, même si je la trouvais un peu âgée pour le rôle, notamment quand elle est adolescente. Mais à l'inverse, j'ai pu écrire les scènes de la mère et le retour des camps.

**Toute une vie est un film dans lequel, à travers le personnage de Charles Denner, vous semblez devoir nous expliquer votre façon de voir le monde...**
De façon déguisée, c'est l'histoire que

Charles Denner aux dix ans de sa fille. À droite le producteur Georges Dancigers.

j'ai eue avec mon père. Le personnage de Charles Denner est un mélange de lui et d'un de ses frères. Mon père n'était pas riche comme Denner dans le film, mais il me parlait comme lui. À la fin il me cassait parfois un peu les pieds, même s'il demeure l'homme que j'admire le plus au monde.

Dessin de Bernard Swysen.

**Est-ce que votre père, comme Charles Denner, avait une fascination pour l'Amérique ?**
En 1938, il est parti aux États-Unis sur le **Queen Mary**, avec son frère Jacques. Ils sont rentrés fascinés et étourdis. Mon père a aussitôt acheté à ma mère un réfrigérateur et une télévision, en 1938 ! C'était aussi un homme clairvoyant : nous avons quitté Paris une semaine avant que les Allemands y entrent. En 1940, on savait que les Juifs étaient arrêtés et déportés. Mais personne n'imaginait qu'ils seraient exterminés. Mon père, lui, le savait. Un soir il a réuni toute la famille : « Avec un type comme Hitler, nous n'avons pas le choix. Ceux d'entre nous qui voudront sauver leur magasin et leur fortune périront ! Ceux qui voudront rester pour protéger leurs avoirs seront exterminés. Nous devons choisir entre la vie et ce que nous avons… »

**Avec sa clairvoyance, son sens de la formule et sa capacité de synthèse, votre père aurait pu faire de la politique…**
Il n'avait que son certificat d'études ! C'était un petit commerçant, mais qui avait une vision du monde. Il s'intéressait à tout. Il lisait tous les journaux. Il écoutait sans cesse la radio… Dans les années 50, il a acheté le deuxième Polaroïd vendu en France. Moi, je lui piquais l'appareil pour aller aux Tuileries faire des photos d'enfants. Les mères se battaient pour avoir une photo. J'ai gagné mon premier argent comme ça.

**Les leçons de vie données par Charles Denner à sa fille sont des réminiscences des enseignements que votre père vous prodiguait. Les formules sont belles. Elles sont nombreuses, elles sont fortes… N'avez-vous pas eu peur de déséquilibrer et d'alourdir le film ?**
Si, très peur. Mais en même temps, ces formules marquent le personnage, qui, comme mon père, fait la morale, donne des leçons. Mon père voulait faire son métier de père. Denner lui aussi se sent investi. Il veut donner à sa fille, à travers les mots, ce que la vie ne lui a pas procuré. Il essaie de compenser avec les phrases ce qu'il a raté en ne la comblant que matériellement. Les phrases sont littéraires, très écrites. Heureusement que c'est Denner qui les dit, car il les casse. Le texte aurait été insupportable avec un acteur moyen.

**L'adaptation en bandes dessinées de Toute une vie a conservé bon nombre de ces phrases.**
J'en suis content, car elles passent mieux en bandes dessinées. Leur côté littéraire y est moins gênant. Quand Bernard Swysen est venu me voir pour me demander d'adapter l'un de mes films en BD, c'est moi qui ai choisi **Toute une vie**. J'avais le sentiment que le film avait une revanche à prendre, et que c'était une bonne façon de lui donner une seconde jeunesse. Je dois ajouter que je me suis beaucoup amusé en effectuant le découpage du scénario, qui a été nécessairement remanié et simplifié comparé à celui du film et que le travail effectué par Bernard Swysen me comble…

**Toute une vie voyage beaucoup, de Hong Kong à Rio en passant par l'Afrique…**
Nous avons fait le tour du monde avec une équipe d'une dizaine de personnes, en engageant des techniciens, des électros, des machinos là où nous nous trouvions… Et nous avions passé un accord avec Air France… Denner détestait ça. Pour lui c'était un cauchemar d'être en avion : il ne dormait jamais, il se cramponnait à sa ceinture. Mais il était très amoureux du film.

**Vous osez des ellipses inattendues : un homme et une femme croisent leur regard. Le plan suivant, ils sont mariés.**
J'adore ça. Tout comme la scène de la rencontre du général Boulanger avec Marthe, le général étant par ailleurs et intentionnellement interprété par Daniel Boulanger. La partie en hommage au cinéma muet dure vingt minutes. J'avais besoin de commencer le film

avec une série de clichés. C'est un film cher. Il coûterait aujourd'hui près de quinze millions d'euros, ce qui est beaucoup. Même si refaire **Les Uns et les Autres** serait sans doute encore plus dispendieux…

**À la différence de vos films précédents, qui ne cessaient d'aller en avant et en arrière dans le temps, Toute une vie est assez linéaire…**
C'était volontaire. J'avais le sentiment de me lancer dans une histoire compliquée et je devais la simplifier au maximum, donc rester dans la chronologie. Nous avons supprimé la notion de flash-back, même si j'ai eu la démangeaison d'y recourir pour le personnage du cinéaste.

**Entre les différentes histoires et les images d'archives, le montage a-t-il été plus compliqué que pour un autre film ?**
Curieusement, non. La version définitive diffère peu du premier montage, ce qui m'arrive rarement. Évidemment la question de la séquence finale, très science-fiction, s'est posée. Elle m'enthousiasmait à l'époque, mais pas Joe Levine, qui avait acheté le film pour les États-Unis. Il l'a d'ailleurs sorti amputé de cette séquence ! À Cannes, bien sûr, le film a été projeté dans sa version d'origine. Il a suscité pas mal de rejet : certains ne m'ont pas pardonné d'avoir dit du mal de Mao. Mais c'était Denner qui s'exprimait ! Par ailleurs il s'est avéré – mais plus tard – qu'il avait raison. Le film a été mal accueilli pour des raisons politiques, on le jugeait réac', il a été bien entendu massacré par la critique… et sauvé par l'Amérique, où il a été formidablement reçu. À cette époque à Hollywood, deux films étaient à la mode : **La Bonne Année / Happy New Year** et **Toute une vie / And Now My Love**. Ils m'ont apporté plus d'estime aux États-Unis que **Un homme et une femme**. Tous les comédiens américains voulaient tourner avec moi, c'était très snob, très à la mode…

**À notre sens, la fin de Toute une vie ne fonctionne pas bien, car le film existe en nous faisant espérer la rencontre entre les deux personnages. Quand celle-ci intervient, personne n'a envie de partir sur une autre histoire, même si c'est celle du couple…**

L'épilogue new age.

C'est vrai, on perd l'émotion, ainsi que le sentiment d'espoir qui culmine quand les deux valises se rejoignent sur le tapis roulant à l'aéroport. Je voulais que dès la première image du film, le public sache que les deux personnages étaient faits l'un pour l'autre. Le suspense repose uniquement sur le quand. À chaque fois que lui rencontre une fille, ou elle un mec, on se dit : « Zut, ce n'est pas encore pour cette fois. » Je ne regrette pas d'avoir agacé le public, c'était pour la bonne cause. Mais quand l'annonce des trois sucres arrive et que l'on comprend qu'ils se sont rencontrés, le reste devient superfétatoire. J'aurais dû effectivement m'arrêter là-dessus.

**Les chemins parallèles suivis par les personnages anticipent ceux de Édith et Marcel…**
… et de plusieurs autres films. Je suis obsédé par les rencontres et leurs racines. Aujourd'hui, nous sommes tous les trois en train de travailler sur ce livre. Pour expliquer cet ouvrage et justifier notre rencontre, il faudrait remonter jusqu'à notre naissance et observer ce que chacun d'entre nous a fait depuis lors… Le lien de cause à effet est toujours ténu. De plus, nous ne savons jamais si nous vivons un moment anodin ou riche en retombées. Je veux filmer cela, dire aux gens qu'ils peuvent vivre à tout instant la plus belle seconde de leur vie, qu'ils doivent rester vigilants…

**Comme nous sommes au cinéma, les personnages principaux vont se rencontrer immanquablement. Vous utilisez deux fois ce principe dans Toute une vie, une première fois avec la rencontre de Marthe Keller mère avec Charles Denner fils au retour de la déportation. Puis de Marthe Keller fille avec Dussollier. Et pour la première fois, vous réutilisez le même acteur pour incarner le parent et l'enfant.**
Parce qu'à notre mort, nous laissons des traces qui sont là pour toujours. Reprendre le même acteur pour deux rôles, c'est une façon de le signifier.

**Le film est aussi une réflexion sur le bonheur. Marthe Keller passe de bonheur en bonheur et elle est malheureuse…**
Elle n'apprécie rien du tout. Denner est désespéré d'avoir autant gâté sa fille, de lui avoir offert un cheval ou Gilbert Bécaud. Lui a été un homme heureux et pourtant il sort des camps. Dans **Itinéraire d'un enfant gâté**, Sam Lion en a assez de ce qu'il aime le plus au monde, de sa fortune, de ses enfants. Il a tout. Mais l'accumulation le conduit à fuir. On s'habitue très vite au bonheur. Ceux qui ont vécu la guerre n'ont pas réussi à s'habituer.

**Et vous ? Vous rêviez de faire du cinéma. Vous avez tourné quarante films, ce qui est peu courant. Vous avez eu des succès. Vous avez été libre de faire ce que vous vouliez. Vous avez eu beaucoup de femmes. Vous avez eu beaucoup d'enfants…**

... et je ne suis pas content. Parce que je sais que je n'ai pas encore tourné le film dont je serai fier, sans faire la moindre réserve. Tout ce qui est contenu dans mes films jusqu'à présent, je l'ai exprimé de façon confuse et imprécise. Je ne suis pas satisfait, même si j'ai le sentiment de progresser à chaque fois... Je sais que j'ai en moi une force que les gens autour de moi ne possèdent pas. Une force qui fait que j'aime la vie et que j'en accepte la cruauté.

**C'est la recherche de l'absolu ?**

C'est l'envie de transmettre à mes enfants non pas de l'argent, mais une idée forte, que la cruauté et la souffrance font partie de la vie. Ce que raconte Denner dans **Toute une vie**. D'ailleurs, mes enfants regardent plus mes films qu'ils n'écoutent ce que je leur dis dans la vie.

**Le personnage de Gilbert Bécaud dans le film va au-delà des silhouettes de chanteurs que vous avez déjà montrées, tels Sacha Distel ou Johnny Hallyday. C'est un vrai personnage, y compris dans ses côtés peu sympathiques...**

Je dois préciser que j'aime Bécaud. Je suis allé le voir très souvent à l'Olympia à l'époque où on cassait les sièges pour lui. C'était le véritable successeur de Charles Trenet, une sorte de fou chantant lui aussi. Il apportait le jazz, le rythme, la joie de vivre. Ses chansons disaient des choses. De surcroît, il ne s'est jamais pris au sérieux. Il venait sur scène pour faire la fête et communier avec le public. Je me sens proche de lui... C'est pourquoi il représentait pour moi le cadeau idéal que pouvait réclamer une enfant gâtée...

**A-t-il tiqué sur le fait que le personnage n'est pas idéalisé ?**

Nous étions d'accord sur cela, et il a joué le jeu, même si le personnage s'appelle Bécaud dans le film et qu'on peut faire l'amalgame.

**En plaquant Marthe Keller, il dit : « Aimer des gens comme moi, c'est facile. » Vous parlez alors pour vous ?**

Bien sûr. Parce que du jour où vous êtes riche ou célèbre, tout devient suspect. Il était plus confortable pour moi de draguer une femme après la Palme d'or qu'avant. J'ai parfois séduit des femmes sur lesquelles je me suis posé des questions. J'en ai rencontré beaucoup qui étaient avec moi pour de mauvaises raisons. Mais je peux dire la même chose de certains de mes amis, Dutronc, Bruel... J'ai vu des filles dormir sur le paillasson de Johnny Hallyday. Ce n'est plus de la drague, c'est du délire. Avoir une femme quand on est en situation de la faire dormir sur un paillasson n'a pas la même saveur que pour ceux qui ont ramé pendant des années pour séduire celle qu'ils aimaient.

**Vous placez dans le film une parenthèse homosexuelle lorsque Marthe Keller est séduite par une Italienne. C'est peu courant dans vos films...**

Il y a pour moi une énorme différence entre l'homosexualité masculine et l'homosexualité féminine, qui est plus répandue. Marthe Keller se lance dans cette aventure parce qu'elle se cherche. Pour elle, c'est un jeu. Elle s'offre une aventure homosexuelle comme on s'offre une voiture, mais elle n'est pas faite pour ça. Je pense par contre qu'un homme ne peut pas se lancer dans une aventure homosexuelle s'il n'en a pas le désir profond.

**Pourquoi avoir fait un fils homosexuel à Rufus dans Mariage ?**

Pour mieux signifier que son père, qui est un peu lepéniste sur les bords, le déteste. Il se venge de son fils en lui crevant les pneus. Nous nous étions dit avec Uytterhoeven qu'avec des parents comme ça, un fils n'aurait pas envie de se reproduire. Cela nous a semblé normal qu'il soit homo...

**Vous viendrait-il à l'idée de faire d'un homosexuel le personnage principal d'un film ?**

Si le sujet du film est plus rond grâce à cela, bien sûr, je n'aurais pas peur. Par contre, j'aurais peur de commettre des erreurs dans ma direction d'acteurs en parlant de choses que je ne connais pas.

**Vous placez dans le film une longue tirade sur l'Amérique : « Un Américain, c'est un Juif chassé de Russie, un protestant irlandais chassé par les catholiques, un gangster sicilien chassé par les flics, un cinéaste allemand chassé par les nazis... »**

« Il n'y a rien de plus beau qu'un pays d'exclus et de traqués. » C'est un hommage à l'Amérique, terre d'accueil. Cette phrase a été applaudie pendant la projection du film à Cannes. L'Amérique est forte d'avoir ouvert ses portes aux cancres et aux ratés,

car on sait ce que les cancres peuvent faire quand ils sont revanchards. Cela dit, le film date d'avant que l'Amérique ne tombe dans l'excès inverse. Elle est devenue sélective et elle a perdu sa spécificité...

**Jacques Villeret apparaît pour la première fois...**
Je lui ai donné le rôle d'un spectateur dans une salle vide. C'est Dussollier qui me l'a présenté. Cette rencontre a été un choc. J'ai tout de suite vu que ce type était un immense comédien. Nous avons longtemps voyagé ensemble, il est présent dans sept de mes films. Jusqu'au jour où je n'ai plus eu envie de travailler avec lui en raison de propos inacceptables qu'il a tenus un soir, un peu ivre... Nous nous sommes revus de temps à autre, nous nous disions bonjour. Je sentais qu'il avait envie de retravailler avec moi. Le temps, s'il en avait eu, aurait sans doute permis de cicatriser la plaie...

**Vous vous retrouvez dans le personnage d'André Dussollier, qui, comme vous, est un autodidacte qui apprend petit à petit : la photo, le cinéma alimentaire ensuite, avant d'être emporté par son art.**
J'ai grandi comme ça. Au départ parce qu'il fallait que je fasse quelque chose pour me nourrir, et j'ai choisi le cinéma. Dès que je l'ai rencontré, j'ai eu l'espoir de l'honorer. Je crois que si je n'oublie pas que mes films doivent être rentables, ce n'est pas ma préoccupation première quand je tourne...

**Dussollier tâte de tout : il va jusqu'à mettre Hitler en scène dans un porno !**
Car il a un mauvais génie en la personne de Charlot, qui ne pense qu'au fric. Il doit se libérer de cette amitié pour se donner à son art. En même temps, il fait ses classes et découvre les possibilités du cinéma, comme moi je les ai découvertes en réalisant des scopitones. Je ne vous raconte pas toutes les compromissions que j'ai faites. Mais c'est une formation formidable à cause des contraintes qu'elle entraîne. Tous les artistes ont connu cela : vous croyez que Michel-Ange a fait ce qu'il voulait dans la chapelle Sixtine ? Aujourd'hui encore je m'inflige des contraintes, par exemple quand je décide de faire un plan-séquence. Mais ces contraintes ne sont jamais gratuites. Je ne marche pas du tout par contre dans le délire de Lars von Trier et de son Dogme. Les contraintes qu'il s'est données sont contre nature. Pourquoi se priver de lumière ou de musique ? L'unité de temps et de lieu, pourquoi pas, mais si elle sert le sujet.

# Mariage

1974

Une parenthèse désenchantée /
Exégèse du surplace / Deux comédiens en prison /
« Il faut goûter au caviar »

Bulle OGIER
RUFUS
Marie DEA
Caroline CELLIER
Bernard LECOQ
Gérard DOURNEL
Oskar FREITAG
Marc VADE
Alain BASNIER
Charles GÉRARD
Léon ZITRONE

**Par bien des aspects, Mariage est un film un peu à part dans votre carrière...**
Après **Toute une vie**, que les Français, contrairement aux Américains, avaient mal reçu, j'avais envie de récupérer. Mais je ne sais pas rester sans rien faire : pendant mes périodes de récupération, entre deux films, je réalise des films ! Dans cet esprit, **Mariage** fait figure de congé sabbatique pour moi. Je faisais du jogging, pas de la compétition. Je me suis demandé quel sujet collerait à ce désir de lever le pied. Or à l'époque, j'avais une vision noire du couple. Je savais qu'il fallait avant tout éviter que l'amour se noie dans le quotidien. L'idée m'obsédait. Je m'étais aperçu que toutes les maladies, les cancers par exemple, naissent d'une habitude. Il est déconseillé par exemple de travailler tous les jours dans une pièce floquée à l'amiante... Un mariage est réussi quand il ne répète pas tout le temps la même chose. D'ailleurs, **Mariage** est très souvent rythmé par des chronomètres, des sabliers, des minutes de silences... Pendant que les médias et la télévision répètent sempiternellement la même chose, décennie après décennie, sur le Débarquement par exemple, surtout quand il est commenté par Léon Zitrone.

**À ce sujet, où étiez-vous le 6 juin 1944 ?**
J'étais encore dans le Midi, à Tourette-sur-Loup, et j'assistais à la débâcle nazie. Les soldats allemands circulaient de plus en plus sur des charrettes ou à vélo, alors qu'ils étaient arrivés avec des tanks. Nous avons appris que les Américains avaient débarqué à la radio. Ce jour-là, j'ai cessé d'être un enfant. J'ai pris conscience pour la première fois qu'il se passait vraiment quelque chose. J'étais gosse, mais j'ai vécu cette période avec une intensité incroyable. Je n'ai pris conscience de la guerre qu'en 1944. Avant, ce n'était qu'un jeu. Je suis resté fasciné par le 6 juin 1944 : mon rêve aurait été que Zanuck m'offre de faire **Le Jour le plus long**.

**Vous avez manifestement choisi les moments les plus forts de la vie du couple. Et en même temps vous les avez chargés comme au théâtre pour leur donner du relief, de l'épaisseur. Pour que l'on comprenne comment ils sont devenus ce qu'ils sont...**
Dans des circonstances ordinaires, le personnage de Rufus aurait été un minable. Mais les circonstances l'ont mis là où il n'aurait pas dû être, alors il en profite. Les vrais héros le deviennent souvent par accident. Ce n'est pas un choix de carrière. Lui, c'est un faux héros, c'est un professionnel de la chose, à son corps défendant. Au moment de la pétarade, il baisse la tête. Il récupère un fragment d'héroïsme et il base sa vie là-dessus. Ce sont des choses que j'ai vécues en direct. À la Libération, j'ai vu bien des salopards changer en vingt-quatre heures et devenir des « libérateurs » exemplaires.

**Le générique est un clin d'œil à Guitry. Il n'en fallait pas plus pour que la presse parle de La Poison. Qu'en pensez-vous ?**
Le couple que je montre n'en est pas encore là. C'est l'étape précédant la dégradation. Il n'y a pas de pulsion meurtrière dans **Mariage**, simplement l'enfer du couple. Les deux époux se supportent parce que personne d'autre ne peut les supporter. Il y a des gens comme ça, qui vivent ensemble non pas parce qu'ils s'aiment mais parce que personne ne les aime. C'est pour moi le comble de l'horreur. Mais la vie avance et les possibilités de solutions alternatives s'évanouissent. Alors le couple reste.

**C'est ce que dit Danièle Thomson dans La Bûche : « Le problème avec l'âge, c'est que l'on est de moins en moins désirable et de plus en plus difficile »...**
C'est exactement ça.

**L'histoire est-elle fondée sur des souvenirs personnels ?**
Non, pas vraiment. Plutôt sur l'observation des couples qui gravitaient autour de moi à l'époque. Certains traversaient des cauchemars. Je suis fasciné de voir comment des gens que j'apprécie dans la vie se révèlent lamentables dans leurs rapports de couple.

Les mariés en 1964.

Les mariés en 1974.

**Pour vous, le courage c'est d'être toujours en accord avec soi-même, quitte à être brutal avec l'autre ?**
Bien sûr que non. J'ai eu l'idée d'un film sur un mec qui dit toujours la vérité. C'est invivable. On n'a plus

un ami, on reste dans une solitude totale. C'est vrai qu'on peut davantage dire des vérités à quelqu'un d'intelligent. Mais il faut faire attention à ce que l'on raconte quand on est avec un imbécile. La vérité aujourd'hui est difficile à défendre. C'est pour cela que je lui donne une telle importance.
Ce que j'aime au cinéma, c'est traquer la vérité et montrer qu'elle est belle. Je n'aime pas beaucoup faire l'apologie de la poubelle. C'est pour cela que l'on me trouve parfois fleur bleue.

**On ne dira pas ça de Mariage. C'est un film misanthrope, pessimiste, noir...**
J'étais moi-même sur le point de rompre avec une femme, et je n'étais pas fier de mon attitude. Mais je me disais que si je n'avais pas le courage de faire quelque chose, c'est ce que l'on voit dans le film qui allait me pendre au bout du nez... C'était une sorte de repoussoir. Tout de suite après ce film, j'ai eu des courages que je n'avais pas eus avant. Mais tous mes films sont de toute manière le reflet de l'humeur du moment.

**Peut-on dire que Mariage est une sorte de parenthèse expérimentale, un exercice de style un peu comme Smic Smac Smoc ?**
Oui, tout à fait. J'aime ces petits films qui sont pour moi des bancs d'essais. Dans la plupart de mes films, je brosse les portraits d'êtres d'exception. **Mariage** est au contraire un film sur des gens sans envergure, qui n'ont pas le courage de changer... Pour la première fois, je filmais des personnages que je n'aimais pas. À le revoir, **Mariage** paraît excessif, c'est sûr. Mais derrière ces excès se cache une réalité. Je m'étais un peu inspiré d'un oncle à moi, qui habitait une petite maison à Villerville. Il avait construit sa vie comme ça. Il faisait partie de ces gens qui veulent que rien ne change. On ne répare pas l'évier, on ne répare pas la fenêtre... Tout est petit, étriqué. À l'époque, Ingmar Bergman montrait dans **Scènes de la vie conjugale** un couple en crise, mais c'était un couple d'intellectuels, qui réfléchissaient à ce qui leur arrivait. À l'opposé, les deux époux de **Mariage** sont des minables.

*Scènes de la vie conjugale,* d'Ingmar Bergman.

**Avez-vous été influencé ?**
Non, puisqu'il est sorti après le mien, très peu de temps d'ailleurs. Mais à vrai dire, quand je l'ai vu, j'étais un peu jaloux. Pour moi, Bergman avait choisi de montrer les choses comme j'aurais dû le faire. C'est son plus beau film. Il est magique. Il a traité le sujet en pointant le grand bout de la lorgnette alors que j'ai regardé mon couple par le petit. Bergman est un génie. Et son dernier film, **Sarabande**, qui reprend les personnages de **Scènes de la vie conjugale** trente ans plus tard, est magnifique. C'est le film qui montre bien que je n'aurais pas dû faire **Un homme et une femme : vingt ans déjà**, mais que j'aurais dû attendre davantage...

**Il n'est pas courant que vous filmiez des personnages qui n'ont pas d'élan vital et pour lesquels vous n'avez pas une forte empathie. On peut même parler de cas d'espèce !**
Je sortais de **Toute une vie**, dans lequel je montrais ce qu'il y avait de plus merveilleux dans l'amour, je l'idéalisais. **Mariage** en est le contre-pied, le négatif. **Toute une vie** est ce qui peut vous arriver de mieux, **Mariage** de pire. Par ailleurs, j'étais séduit par l'idée de faire un exercice de style. Je me suis posé beaucoup de questions sur l'écriture cinématographique. Je voulais voir jusqu'où l'on pouvait aller avec des plans-séquences. Peut-on faire tout un film avec des plans-séquences ? À ce moment-là je pensais que le plan-séquence, c'était l'aristocratie du cinéma. Je le pense encore, a ceci près qu'il ne peut pas s'emparer d'un film dans son intégralité. Le plan-séquence doit intervenir de façon ponctuelle, comme une respiration. Alexandre Astruc avait réalisé **La Longue Marche** entièrement en plans-séquences. C'était insupportable.

**Mariage est aussi très théâtral.**
La différence entre le cinéma et le théâtre, c'est le montage. **Mariage** se rapproche du théâtre. Au cinéma le déplacement de la caméra permet aux spectateurs de s'imaginer dans les pas des acteurs, alors qu'au théâtre chacun reste à sa place. Le plan-séquence permet de ne pas prendre partie, de laisser

les personnages vivre leur vie. Dans **Mariage**, je voulais que le public vive les différentes scènes dans leur intégralité. Aujourd'hui, avec le recul, je ne regrette pas de l'avoir fait mais il me semble bizarre. À l'époque, je tournais avec une seule caméra et cela se ressent.

**Quitte à faire des plans-séquences, vous n'avez pas été tenté de découper le film en quatre plans, un par époque, en suivant l'exemple de Hitchcock, qui a réalisé un bel exercice de style avec La Corde ?**
Je me suis posé la question, mais techniquement ce n'était pas facile. J'aurais pu le faire. Mais il ne fallait pas que je me pénalise. Au cinéma, un plan de trois ou quatre minutes c'est déjà très long. Mais le plan-séquence est un objet mystérieux et envoûtant. J'avais le projet d'un film en split screen, avec deux écrans, l'histoire d'une rencontre entre un homme et une femme. J'annonçais : « Dans une heure et demie cette femme va rencontrer l'homme de sa vie. » Et la caméra les suivait chacun de son côté pendant une heure et demie. Il fallait donc faire deux plans-séquences de une heure et demie, qui devaient coïncider au moment de la rencontre. À ce moment-là, les deux images fusionnaient.

**Mariage n'est vraiment pas agréable, il ne nous caresse pas dans le sens du poil. Comme plus tard avec Robert et Robert, nous sommes dans l'inconfort, voire la souffrance...**
Ce que nous vivons ensemble à travers ces entretiens n'est pas unicolore non plus. Chaque entretien est à l'image du moment et de la journée où ils ont été faits. Nous sommes plus ou moins en forme et de bonne humeur selon les jours. Ce que je raconte aujourd'hui serait un peu différent dans un autre contexte, un autre jour. Et cela, c'est transposable sur quarante films, d'autant que chacun invente le suivant, souvent en opposition. Quand on sort d'un sujet dans lequel on a vécu pendant un an, on a envie de son contraire. L'alternance est fondamentale dans la vie : le jour et la nuit, la pluie et le beau temps, le bonheur, le malheur...

**Ce n'est pas très commercial a priori de filmer des personnages que l'on n'aime pas !**
Dès le départ je savais que **Mariage** ne serait pas un film commercial. En même temps il n'a pas coûté très cher ! Je l'ai tourné en deux semaines pour deux cent mille francs de l'époque, c'est-à-dire rien. Quand nous l'avons écrit, avec Pierre Uytterhoeven, nous ne pensions pas qu'il aurait du succès. Et il a plutôt bien marché. Et les critiques ont plutôt été élogieuses... Il est vrai qu'à chaque fois que je sors d'un film ambitieux, les critiques expriment leur plaisir de retrouver un Lelouch simple !

**Vous êtes assez cruel avec l'homme et la femme qui forment ce couple, mais vous semblez avoir un peu plus d'indulgence pour elle...**
Oui ! Même quand elles font du surplace, les femmes sont plus courageuses que les hommes. Mais en l'occurrence la différence est minime : ni l'un ni l'autre n'ont de goût pour la moindre aventure. Ils n'ont aucun désir sexuel, ils préfèrent boire et bouffer.

Villerville 1944.

Villerville 1974.

**Le choix de Bulle Ogier est inattendu quand on se souvient des films qu'elle interprétait jusque-là, à l'opposé des vôtres : ceux de Rivette, de Marc'O...**
Bulle Ogier avait besoin d'un film comme **Mariage** et d'un metteur en scène comme moi. Elle était marquée comme intello et elle avait envie de brouiller les pistes. Moi, je trouvais qu'elle se mariait bien avec Rufus. En fait, au départ **Mariage** devait être interprété par Jacques Brel et Annie Girardot. L'action se serait déroulée à Paris au moment de la Libération. Ils auraient formé un couple d'intellos. Brel a donné son accord, puis il l'a repris. Sur le moment il m'a donné des raisons bidon, mais en réalité il venait d'apprendre qu'il avait un cancer. Brel sortant du projet, Annie Girardot ne collait pas avec Rufus. Elle n'aurait jamais été avec lui au départ. Et jamais elle n'aurait tenu trente ans. Il fallait donc que je trouve une autre comédienne...

1954.

1964.

**C'est marrant de prendre Brel et Girardot pour brosser des intellos, alors que Rufus et Ogier correspondent davantage au rôle...**

C'est trop évident, justement. Je me suis régalé à viser le contre-emploi. Bulle Ogier et Rufus en bouseux, c'était inattendu. Bulle Ogier, sauf dans la dernière partie, quand elle est une petite vieille, on se demande un peu tout au long du film ce qu'elle fiche avec Rufus. C'est une grande comédienne, mais elle ne fait pas vraiment partie de ma famille : c'est quelqu'un qui aime bien avoir beaucoup d'explications. Ce n'est pas mon orientation. J'aime donner les grandes lignes mais pas la ponctuation. C'est au comédien de la donner.

**Le travail avec les comédiens a-t-il été différent de ce que vous pratiquiez d'habitude ?**

Cela m'a beaucoup amusé de les entraîner dans mon délire. Je crois qu'en la matière ils ont réussi à aller au-delà de ce que j'attendais. Si j'avais fait le film comme prévu, avec Brel et Girardot, je ne sais pas s'il aurait été meilleur ou moins bon, mais il y aurait affiché une certaine humanité. Là non ! Je filme des morts. C'est un jeu de massacre.

**Girardot dans sa détresse se serait débattue !**

Brel et Girardot sont des rois de l'évasion. Avec eux, nous serions sortis de la prison du couple. Rufus et Bulle Ogier ne se débattent pas : on a le sentiment qu'ils attendent d'être libérés pour bonne conduite. Donc ils ne font rien. Ils attendent. Avec **Mariage**, on peut se rendre compte à quel point le casting est important. J'ai quitté des gens de ma famille, Brel et Girardot, pour aller vers une autre famille pour laquelle j'ai énormément de respect mais dont les membres sont restés enfermés. Un metteur en scène a toujours tendance à mettre les comédiens dans une prison. À chaque fois que j'en ai vu s'évader, je les ai applaudis et je les ai mis en valeur, tel Fabrice Luchini dans **Tout ça... pour ça !**. Non seulement je n'ai pas cherché à le rattraper mais je l'ai monté en grade. Pour **Mariage**, je suis tombé sur deux prisonniers modèles.

**Faut-il considérer l'épilogue, à savoir le retour de l'époux vieilli au domicile conjugal, comme « optimiste » ? Vous les rendez en tout cas touchants, l'émotion finit par survenir sur le fil...**

Les deux époux sont condamnés à la médiocrité à vie... Mais la conclusion du film est qu'il vaut mieux d'une certaine manière vivre avec le roi des cons que seule. Il vaut mieux s'emmerder à deux que seul. C'est la morale qui se dégage. Je ne suis pas mécontent que l'on reste sur une sensation moins inhumaine...

**Certains de vos détracteurs considéraient, considèrent encore parfois que vos films sont un peu fleur bleue. Mariage est là pour les contredire, tant le film chemine dans l'aigreur...**

Je ne suis pas aveugle : je sais que le monde est complexe, que la beauté et la cruauté rivalisent, qu'il faut s'attendre à une alternance constante de bons et de mauvais moments. Personnellement, je suis un aficionado du bonheur. Mes films invitent ceux qui les voient à se battre pour trouver le bonheur. Quel que soit le prix à payer, il ne faut rien se refuser. Quel que soit le prix du caviar, il faut goûter au caviar. Il est de plus en plus cher, mais le bonheur aussi est de plus en plus cher. Quand on est artiste, la tentation est grande de dire : « J'ai trouvé le mode d'emploi, je vous le communique. » Mais il n'y a pas de mode d'emploi ! Il faut chaque jour réinventer la règle du jeu, celle de la veille n'est plus valable. Chaque jour il faut réinventer sa vie.

# SACHA GUITRY

*Vous aimiez Guitry en tant que cinéaste ?*
Je le découvre véritablement maintenant. Quand j'ai débuté, j'étais compliqué, dans le choix de mes angles de caméra par exemple. Aujourd'hui, après presque cinquante ans de cinéma, je peux dire que ce qu'il y a de plus beau se déclenche lorsque la caméra est placée à hauteur d'homme, c'est-à-dire au niveau des yeux. Ce que fait Guitry. Il ne s'est pas posé de questions. Pour lui, la caméra doit être un spectateur bien placé qui a payé sa place. Je suis toujours resté spectateur, heureux d'assister au spectacle dans de bonnes conditions sans qu'il fasse de moi son cocu ou son amoureux.

*Guitry organise une mise en abyme permanente, que ce soit dans ses films ou dans ses pièces, du cinéma dans le cinéma, du théâtre dans le théâtre. Lui-même s'installe à son bureau et commente l'action. Vous utilisez des procédés comparables, par le biais d'une phrase en voix off, par la radio. Vous aimez manipuler le spectateur comme Guitry le faisait…*
Tout à fait, et je trouve ses procédés d'une grande honnêteté. Dans notre métier, chacun a envie de montrer le meilleur de lui-même. Lui n'en a pas peur. Il sait qu'il est intelligent, qu'il est un grand auteur, qu'il a compris les choses de la vie. Il a un côté professoral, une qualité que j'aime bien quand le professeur est compétent. Quand Guitry s'exprimait, il était sublime. Son débit donnait l'impression qu'il ne jouait pas la comédie. Il semblait pressé de nous dire les choses qui déboulaient dans sa tête et qu'il voulait nous dire. Mais la force des textes dépasse la forme.

Édith Piaf dans *Si Versailles m'était conté*.

*Vous entretenez de nombreux points communs avec Guitry…*
Guitry était l'auteur favori de mon père. Il estimait qu'il avait tout compris sur les femmes. Ma mère, elle, le trouvait prétentieux. Elle sentait que derrière ses textes se cachait un ennemi potentiel, particulièrement lucide sur les défauts des femmes et sur les relations de couple. Le nom de Guitry comme celui de Hugo est donc entré très tôt dans ma vie, vers l'âge de cinq ou six ans. Si on analyse mon travail, on peut constater à quel point les deux hommes ont marqué mon regard sur la vie, avec ce qu'elle présente de merveilleux et de cruel. Ils ont été des guides pour apprécier la politique, le monde, l'histoire et les femmes. Surtout Guitry pour ce qui les concerne. Il m'a appris à les aimer et à m'en méfier. J'aime aussi Balzac et sa *Comédie humaine*. Et Audiard, qui incarne le langage de la rue, la phrase entendue, l'argot, Paris et ses parfums. Voilà mes quatre points cardinaux : Hugo, Balzac, Guitry et Audiard.

*Et sur le fond ?*

Il est dominé par cet amour que Guitry voue aux femmes. Guitry misogyne ? C'est une connerie. Il parlait des femmes comme quelqu'un qui les connaissait et qui les aimait. Il a toujours affirmé que les femmes sont intelligentes. Il les a parfois décrites comme cruelles, jamais comme des imbéciles. Quand Guitry critique les femmes, c'est parce qu'il voudrait qu'elles soient parfaites, car il pense qu'elles seules peuvent prétendre à la perfection. Guitry nous explique aussi que l'amour est une invention féminine. Les hommes sont satisfaits quand ils ont tiré un coup. Ce n'est qu'après, quand ils se retrouvent seuls, qu'ils se raccrochent à l'amour. Leur solitude les conduit à accepter de pénétrer dans cet univers féminin.

*Souvent, vos génériques nous font penser à ceux de Guitry. Celui de* Mariage *par exemple, qui est entièrement parlé, ou encore tous ceux dont les participants apparaissent sans hiérarchie ni qualification…*

Je ne comprends pas que le générique ait pu résister à cent ans de cinéma. Il n'y a rien de plus ennuyeux. Un des seuls qui ait su rendre cette punition tolérable aux spectateurs, c'est Guitry. Aujourd'hui, s'il n'y avait pas les contraintes des contrats, je commencerais et finirais mes films sans générique…

*Celui du* Destin fabuleux de Désirée Clary *apparaît au milieu du film…*

Dans le même ordre d'idées, j'avais conçu *Il y a des jours …et des lunes* avec un générique qui se déroulait tout au long du film, un nom apparaissant de temps en temps. Je l'ai essayé sur la table de montage. Mais cela détruisait le film. Cela me faisait rire, mais je ne suis pas certain que le spectateur l'aurait compris.

*Quels sont selon vous les plus beaux films de Guitry ?*

J'aime beaucoup *Le Nouveau Testament*. Le film me touche. J'aime aussi *La Poison*, qui est un sommet. J'ai découvert *Si Versailles m'était conté* sur les Grands Boulevards, au Berlitz. Je suis resté deux séances de suite. Et pourtant le film est long… Mais sincèrement je les mets tous à égalité. De tous les metteurs en scène français, Guitry est probablement celui qui résiste le mieux au temps. Il est moderne et en avance, tout en demeurant d'un classicisme étonnant. Guitry n'était pas fasciné par la caméra, qu'il a utilisée de façon classique, mais par le montage. C'est moi qui ai donné à Daniel Toscan du Plantier[1] l'idée de sa série sur Guitry. Normalement j'aurais dû en tourner un. Nous n'avions pas encore décidé lequel. J'aurais bien aimé m'attaquer à *La Poison* et j'aurais pris Jacques Villeret, le Michel

**1.** Daniel Toscan du Plantier a produit une série d'adaptations d'après des œuvres de Sacha Guitry, parmi lesquelles **Désiré** (Bernard Murat, 1996) et **Quadrille** (Valérie Lemercier, 1997).

Simon du moment, comme Jean Becker le fera dans *Un crime au paradis*, mais différemment.

*Que pensez-vous du fait que Guitry n'ait jamais « eu la carte », que son succès ait occulté toutes les analyses ?*
Après avoir découvert l'homme et l'œuvre, je me suis aperçu que nous avions énormément de points communs, que notre vie était notre fonds de commerce à tous les deux. Son rapport à la critique, je ne le vous cache pas, est la goutte d'eau qui a fait déborder le vase dans l'amour que je lui portais. Quand j'ai lu et relu ce que l'on a écrit sur lui, cela m'a consolé. Après la guerre, Guitry était la honte du cinéma. Même à la maison, tout le monde allait voir ses films sans trop oser en parler. La contribution réussie de la Nouvelle Vague, c'est sa réhabilitation. C'est le seul point où je lui donne quitus.

*À la Libération, Guitry a été interné et interdit de tournage. Il en a nourri un goût de revanche.*
Il a été humilié, occulté et rejeté, mais son talent a fini par triompher avec *Si Versailles m'était conté*. Ce défi l'a ramené en première ligne. Même si *Napoléon* et *Si Paris nous était conté* se révéleront moins réussis… L'homme était fatigué, vieillissant, mais il s'est battu toute sa vie. J'ai travaillé avec Gérard Renateau, son assistant sur *Si Versailles m'était conté*, que j'avais énormément questionné. Guitry lui avait dit : « Si en France, on virait les jaloux et les paresseux, il ne resterait que les étrangers. » Ou encore : « La pire chose qui puisse arriver à un artiste, c'est d'être reconnu… » Ces formules me ravissent.

*Comme vous, Guitry est un autodidacte. Comme vous, il entretient un rapport fort avec son père…*
Complètement. chaque fois que j'ai un coup de blues, je me projette un Guitry. Je me régale. Et ce n'est pas un hasard si vous vous êtes intéressé à mon travail, puisque vous aussi aimez Guitry.

## Un acte manqué ?

Sacha Guitry en Louis XIV dans *Si Versailles m'était conté.*

Un soir j'ai invité une fille à dîner dans un restaurant près du château de Versailles. Nous étions en train de marcher, il était onze heures du soir. Elle m'a dit : « Ah, quel plaisir ce serait de passer une nuit dans le lit de Louis XIV ! » Je lui ai répondu : « C'est jouable. Si vous êtes d'accord, je vous emmène dans le lit de Louis XIV. » Nous nous sommes présentés devant la grille. Il y avait deux gardiens. J'ai sonné et je leur ai dit : « Je suis Claude Lelouch, auriez-vous la gentillesse de me montrer la chambre du roi ? Je voudrais la voir de nuit : je prépare un film historique et je souhaiterais m'imprégner de l'ambiance. J'ai besoin d'y rester une petite heure, avec ma scripte. » L'un des gardiens nous a amenés dans la chambre de Louis XIV. Quel souvenir ! Aux yeux de la fille, je passais pour un dieu, même si nos ébats n'étaient marqués ni par le luxe ni par le confort. Le froid était terrible et il n'y avait pas de salle de bains. Si je racontais cette histoire dans un film, personne ne me croirait. Mais l'anecdote prouve que j'aime le romanesque autant que les défis. Je ne la raconte pas tant pour flagorner mais parce qu'elle me ressemble.

# Le chat et la souris 1975

Le vrai et le faux / La tentation de la caméra subjective / Michèle Morgan super pro / Un air de son temps / Le clou du film

Michèle MORGAN
Serge REGGIANI
Philippe LÉOTARD
Jean-Pierre AUMONT
Valérie LAGRANGE
Michel PEYRELON
Christine LAURENT
Anne LIBERT
Jacques FRANÇOIS
Judith MAGRE
Arlette EMMERY
Jean MERMET
Philippe LABRO

**Le Chat et la Souris est un de vos rares films proposant une énigme affichée.**

C'est un vrai polar s'inscrivant dans la période peinture que je traversais alors.

**Effectivement vous nous y montrez des tableaux, mais aussi des faux tableaux, qui reviendront dans La Belle Histoire et dans Hasards ou Coïncidences. La question du faux et du vrai traverse votre cinéma...**

Nous sommes au cœur du problème. Pour moi le faux procure le même plaisir que le vrai. J'ai découvert ça en revendant un jour un tableau de Renoir que j'avais acheté. J'avais eu de la peine de m'en séparer et j'en avais conservé une copie qui finalement me donnait le même plaisir. Je suis aussi heureux d'avoir la copie d'un tableau chez moi que d'aller au Louvre passer un quart d'heure à regarder l'original. Pour vraiment aimer un tableau, il faut vivre avec lui, le regarder, le comprendre. Les œuvres que j'ai le plus appréciées se trouvaient chez des gens chez qui je passais une soirée. Évidemment, tout le monde n'a pas les moyens de se payer des tableaux, mais je connais des tas d'appartements avec des reproductions, et je dis bravo à ceux qui n'ont pas honte d'avoir des copies, d'autant que l'art de la reproduction est arrivé à un niveau formidable.

**Le Chat et la Souris aurait dû réunir Michèle Morgan et Jean Gabin avant que celui-ci ne meure. Jusqu'à ce film, vous aviez l'habitude de mettre en scène des gens de votre génération...**

Gabin et Morgan sont les deux comédiens qui m'ont fait le plus rêver, ensemble et séparément. Pour moi, ils ont symbolisé le couple idéal, un peu comme Édith Piaf et Marcel Cerdan. Quand je suis devenu cinéaste et que j'ai rencontré suffisamment de succès, j'ai pu déjeuner avec Jean Gabin. Je pensais à deux films pour lui, **Le Chat et la Souris**, ainsi qu'un autre, intitulé **Le Vieux**, dont je n'ai jamais trouvé la fin. Puis Gabin est parti. Pour le remplacer dans **Le Chat et la Souris**, j'ai d'abord pensé à une caméra subjective. Je m'attribuais ainsi le rôle de Gabin. On ne voyait jamais l'inspecteur Lechat et j'espérais que tous les spectateurs dans la salle s'identifieraient et chercheraient. Nous sommes partis de cette idée et j'ai tourné des essais. Ils se sont révélés frustrants, car si le procédé pouvait dans son principe être jubilatoire pour un réalisateur, il ne l'était pas pour un spectateur lambda.

**Ce procédé de caméra subjective est néanmoins conservé sur certaines séquences, notamment celles avec Jacques François...**

C'est vrai, j'ai tourné plein de plans en caméra subjective. J'ai utilisé le même procédé au début de **Si c'était à refaire**, où l'on ne voit Deneuve qu'au bout de trois minutes. La caméra subjective est formidable quand elle sert le scénario, par exemple dans **Les Passagers de la nuit**[1], mais elle peut vite devenir frustrante. Ce que j'ai rapidement constaté dans ces essais du **Chat et la Souris.** J'ai donc fait appel à Serge Reggiani.

**La critique vous a reproché à l'époque d'avoir fait de Lechat un flic sympathique.**

Il est forcément sympathique, sinon il ne pourrait pas séduire une femme comme Michèle Morgan. Lechat s'intéresse à la vie plus qu'à son métier. D'un seul coup, il se passionne davantage pour la femme que pour l'enquête. C'est un ripou avant

l'heure, en tout cas un des premiers que l'on ait filmé de cette façon-là. Regardez ses rapports avec les femmes, avec Philippe Léotard. Les flics et les voyous appartiennent à la même famille. Certains ont choisi le bon camp, les autres se sont trompés, mais c'est le même univers. Claude Zidi a très bien montré ça dans **Les Ripoux** : les flics ne sont pas des curés. Pour cette raison, il y avait jadis beaucoup de respect réciproque entre flics et gangsters. Quand le Milieu avait des règles, les flics les respectaient. Au cinéma, l'époque du **Rififi**[2] et de Simonin m'a beaucoup marqué. On demandait alors à Jean Gabin de faire un flic, il était fabuleux. On lui demandait de faire un truand, il était tout aussi fabuleux. C'étaient les mêmes personnages, il n'y avait pas de décalage.

**Le Chat et la Souris démarre par une figure récurrente, un vol dans une bijouterie, comme dans La Bonne Année ou And Now... Ladies & Gentlemen...**

Je trouve que les bijoux constituent une provocation et que les bijouteries représentent une tentation. À chaque fois qu'une femme m'a demandé de lui offrir un bijou, je n'ai pas été emballé. Les bijouteries sont remplies d'objets qui ne servent à rien, sauf aux riches qui ne savent pas quoi faire de leur argent. Ce sont des étalages et on peut comprendre pourquoi elles sont pillées. Il n'y a aucun endroit plus indécent que la place Vendôme.

1. Film de Delmer Daves (1947) avec Humphrey Bogart et Lauren Bacall. Bogart est un gangster en fuite qui se fait refaire le visage par un chirurgien marron. On ne le découvre qu'à ce moment-là...

2. Allusion au film de Jules Dassin (et de ses clones) **Du rififi chez les hommes** (1954), d'après le roman d'Auguste Le Breton.

**L'enquête débouche à la fin du film, à un moment où nous l'avons en réalité perdue de vue...**
À un moment donné, celle-ci ne présente plus d'intérêt. Reggiani cherche à séduire Morgan. Et réciproquement. Ils sont attirés l'un par l'autre. Plus elle cherche à le séduire, plus on se dit qu'elle est coupable. Cela servait le scénario.

**La mise en scène s'essaie à des propositions ludiques, des flashs fantasmatiques comme celui de Jean-Pierre Aumont tombant de la tour au début, ou encore quand la caméra zigzague pour cadrer Morgan et Reggiani individuellement, à tour de rôle.**
Je voulais mettre en avant la légèreté plus que les nécessités réelles du récit. Je n'avais pas envie de me prendre au sérieux sur ce film. J'adore me lancer dans une scène qui perturbe le spectateur, par exemple, comme vous l'avez notée, celle de Jean-Pierre Aumont qui tombe, pour ne donner qu'ensuite une explication. Pour le spectateur, le sentiment d'être dans une réalité est plus fort. S'il sait dès le début que c'est un rêve, il en profite moins. Je préfère dévoiler ma supercherie après...

**Une longue séquence nous montre comment relier rapidement, en voiture puis en moto, la propriété de Michèle Morgan aux Champs-Élysées. Un peu comme dans Vivre pour vivre avec la scène des affreux, ce n'est pas un passage dramatiquement chargé. Vous l'amenez jusqu'au bout en prenant le risque de déséquilibrer la structure du film...**
Tout à fait. D'abord j'aime la vitesse : elle correspond à ma nature. Tout ce qui ne se fait pas dans la précipitation pour moi est suspect. Chaque fois que je plonge dans l'action, je sais que je serai moins menteur et plus près de la réalité. Quand je filme cette traversée de Paris, j'insiste sur les risques que prennent les policiers pour vérifier un alibi. Le spectateur se dit à ce moment précis que leur jeu est un jeu dangereux. Le tournage de ces scènes s'est effectué en direct, sans aucun trucage et dans un cadre pas si bétonné que cela d'un point de vue sécurité. Les flics étaient à peine prévenus. Mais quand quelqu'un se

promène à Paris en moto avec une caméra, tout le monde joue le jeu inconsciemment. Le rôle de cette séquence au sein du film est important. Chaque film que vous tournez, chaque histoire que vous racontez doit faire vivre un moment fort aux spectateurs. Un moment clé qui fait que le film n'existe plus si on l'enlève. Ce principe est valable dans tous les films. Cette scène-là devrait toujours être tournée en intégralité et dans sa véritable longueur.

**Le film trouve en partie sa personnalité dans la présence de Michèle Morgan...**

J'ai pris beaucoup de plaisir à travailler avec elle. Elle m'impressionnait naturellement. De tous les interprètes avec qui j'ai tourné jusqu'à présent, elle est celle pour qui j'ai eu le plus d'égards. J'étais comme un petit garçon. Et elle, elle s'est comportée avec le sérieux d'une débutante, dotée en outre d'une incroyable gentillesse au quotidien. J'ai été impressionné par son professionnalisme, par ses attitudes et par sa connaissance du métier. À un moment donné, nous tournions la scène des loges. Celle-ci nécessitait des miroirs et des projecteurs qui produisaient des reflets dans tous les sens. Un cauchemar ! La lumière sur Michèle Morgan était désastreuse. Elle s'en est aperçue en même temps que le chef opérateur, Jean Collomb, et moi-même. Nous bougions tous les projecteurs pour voir lequel avait une incidence. Michèle Morgan a sorti la petite glace qu'elle portait en permanence avec elle pour se maquiller. Elle a appelé Collomb et lui a indiqué le projecteur qui coinçait, celui que nous ne trouvions pas. C'était impressionnant. Ce jour-là, nous nous sommes réellement rendus compte de son professionnalisme.

**Michèle Morgan s'est-elle fondue dans votre méthode ?**

Elle s'est éclatée. Je n'ose pas imaginer ce qui se serait produit si j'avais eu Gabin en face d'elle, si j'avais tourné avec mes deux idoles, même si je ne regrette naturellement pas la présence de Serge Reggiani. De façon générale, Michèle Morgan est une actrice qui n'a jamais été portée par l'intelligentsia, alors que c'est une immense comédienne. La liste de ses films en témoigne. Quand on la voit dans **La Symphonie pastorale**, on se rend compte de son talent.

**Le Chat et la Souris nous promène de surprise en surprise. Il est bizarrement construit. Son histoire avance par à-coups, en multipliant les couloirs avec des problématiques latérales. Nous avons le sentiment que de temps à autre, vous vous forcez à revenir dans l'intrigue...**

C'était naturellement voulu. Je ne voulais pas d'un polar pur et dur. Pour ce film, j'avais constamment envie de faire l'école buissonnière. J'étais dans l'optique que la vie au quotidien était plus importante que le sujet traité. Le spectateur peut être déçu du suspense s'il n'attend que la fin. Au contraire, il ne l'est pas s'il veut vivre un moment...

**En fait c'est plus un film de Claude Lelouch qu'un polar, comme vos Misérables quitte Hugo pour débouler dans votre univers propre...**

C'est vrai, je m'approprie les choses. **Le Chat et la Souris** remonte à l'époque où une clientèle me suivait, où des gens venaient voir un film de Claude Lelouch. Je leur donnais ce qu'ils attendaient.

**Vous quittez ainsi le polar dans toutes les scènes avec le chien Sam... Nous n'imaginons pas que ce chien puisse faire peur.**

Et pourtant ce chien est un malinois. Je connais bien les chiens et j'ai pensé qu'on ne pouvait prendre qu'un malinois. Quand vous en croisez un et que vous êtes en faute, vous pouvez avoir peur, car ce sont des chiens redoutables. Ils sont très intelligents. Un malinois n'est gentil qu'avec son maître. Il a inventé la jalousie, et s'il peut dégommer tous ceux qui gênent son maître, il le fait.

**Un pan de l'histoire du Chat et la Souris est consacré à la manipulation politique, comme on le faisait très souvent dans ces années 70. On a le sentiment que vous rejoignez Défense de savoir, de Nadine Trintignant, ou Un condé, d'Yves Boisset.**

C'est sûrement inconscient de ma part, mais si tel est le cas, c'est que ceux-ci ont dû jouer un rôle important chez moi à cette époque. Si vous me demandiez de vous expliquer pourquoi on peut aimer mes films, je dirais que c'est parce qu'ils offrent en permanence les parfums de leur temps. Par exemple le tournage des films érotiques dans **Le Chat et la Souris** renvoie à **Emmanuelle**, c'est clair.

**Cette inquiétude sur l'omniprésence du pouvoir est renforcée par la caméra subjective et par la voix off de Jacques François, que l'on ne voit pas.**

Bien entendu... Si j'avais tourné le film sur Mitterrand[3], il est probable que j'aurais montré un Mitterrand subjectif, que j'aurais filmé tout le monde sauf lui.

3. **Le Promeneur du Champ-de-Mars** (2004), de Robert Guédiguian, d'après le roman de souvenirs de Georges-Bernard Bénamou, qui fut le dernier confident du président.

**Le Chat et la Souris contient beaucoup de figures libres qui s'inscrivent dans des moments en creux, a priori sans importance.**
Ce sont toutes les scènes avec Philippe Léotard, et bien sûr la scène du clou dans le restaurant. Cette scène est venue au tout dernier moment. Je souhaitais un instant de gaieté. Nous avons mis le clou dans le plat sans le dire à Michèle Morgan. Et elle s'est pris un fou rire pendant la scène dont nous n'osions rêver.

**Elle aurait pu se mettre en colère !**
Non, puisque son personnage est amoureux ! Cette scène est celle que je préfère dans le film. À cette étape-là, l'ambiance du tournage, l'humeur de Morgan, tout est réuni pour tenter un coup semblable. On ne peut essayer les figures libres que quand tout le monde est chaud. J'en ai rarement réussi le premier jour. Elles nécessitent du temps pour que les comédiens et l'équipe se lâchent, comme dans une soirée où il faut que les gens fassent connaissance. Ces scènes ne peuvent se passer que dans l'amour. Le jour où j'ai tourné cette scène avec Michèle Morgan et Serge Reggiani, je savais que ça se passait bien entre eux, qu'ils se respectaient et qu'ils s'estimaient l'un l'autre. Je pouvais donc essayer. Mais vous m'imaginez placer un clou dans un gâteau le premier jour de tournage ?

# COUPLES À TABLE

**Rares sont les films de Claude Lelouch qui ne proposent pas une rencontre autour d'un repas…**

*Hasards ou Coïncidences.*

*Attention bandits*

*Un homme et une femme : vingt ans déjà.*

*Il y a des jours…et des lunes.*

*Hommes femmes : mode d'emploi.*

*And Now… Ladies & Gentlemen.*

*Le Courage d'aimer.*

*Un homme et une femme.*

*Le Bon et les Méchants.*

*Tout ça… pour ça !*

*L'Amour avec des si.*

Le Voyou.

Un homme qui me plaît.

Robert et Robert.

Un homme et une femme.

Le Chat et la Souris.

Un autre homme, une autre chance.

# Le bon et les méchants

1975

## Du gang des tractions à la bande à Hitler / Un vol de corbeaux / La Callas d'Istanbul / Le sourire qui sauve

Marlène JOBERT
Jacques DUTRONC
Bruno CRÉMER
Brigitte FOSSEY
Jacques VILLERET
Jean-Pierre KALFON
Marie DEA
Alain MOTTET
Alain BASNIER
Philippe LÉOTARD
Stéphane BOUY
Arlette EMMERY
Anne LIBERT
Claudio GAIA
Georg MARISCHKA
Serge REGGIANI

**La presse a été plutôt défavorable sur Le Bon et les Méchants. Elle faisait état d'une vision un peu légère de l'Occupation, disant que c'était Tintin et Milou sur un sujet grave. Alors qu'à le revoir, Le Bon et les Méchants n'est pas un film sans douleur, loin de là !**
Un malentendu énorme ! La presse n'a pas compris qu'un tel ton était le meilleur moyen de traiter le sujet. La bande de Bonny-Laffont m'intéressait. Je voulais montrer que sous l'Occupation, les voyous ont été récupérés par les nazis, et qu'ils en sont devenus les alliés. Historiquement, **Le Bon et les Méchants** est, je crois, un film assez juste. S'il a été critiqué, certains historiens n'en ont pas moins déclaré qu'il était un des plus intéressants sur la période.
Je suis parti des faits historiques, puis j'y ai rajouté l'histoire de Dutronc et du gang des tractions avant. Ce gang a joué un rôle important avant, pendant et après la guerre. On n'avait jamais parlé au cinéma de cette première fois où une voiture a détenu le pouvoir. Avec elle, vous pouviez réussir tous les casses de la terre. Cette histoire du gang des tractions avant me permettait aussi d'illustrer l'idée que les voyous n'ont pas de patrie, à part celle de l'argent. Enfin le point de départ du film m'a d'autant plus fasciné que l'Occupation mettait fin à une époque où les voyous obéissaient soi-disant à des règles – Dutronc par exemple dans le film observe des règles. J'aime la scène où l'on sort les types de prisons et qu'on leur explique pourquoi. Elle expose le vrai thème du film.

**On y entend l'expression « bande à Hitler » !**
C'est une expression que j'ai trouvée, comme on dit « bande à Bonnot » ! Hitler était le pire des voyous, sans foi ni loi. Hitler savait qu'il fallait financer la guerre. Ce qu'il a fait, de la même manière que des voyous font des casses, en volant de façon systématique l'argent des Juifs, en sachant qu'il n'aura pas à le rembourser. L'arrestation des Juifs a aussi des motifs économiques. Mais cet abus sans précédent est assorti de la permission de tuer les victimes. À la fin de 1943, Hitler s'est rendu compte qu'il n'y avait plus que les voyous pour croire en lui. Il s'est retrouvé seul avec eux. Il a ouvert les portes des prisons à des gens prêts à tout pour de l'argent.

**Les scènes de torture que vous filmez sont oppressantes...**
La scène de la baignoire m'a été racontée par ma mère, qui a vécu cette situation. Elle a connu l'avenue Henri-Martin, qui était à peu près identique à la rue Lauriston. Elle était tombée sur un des chefs de la Gestapo de l'époque, un certain Masuy. Elle lui avait dit naïvement qu'elle voulait retourner en Afrique du Nord. Comme lui manquait de renseignements, il a essayé de l'utiliser en faisant d'elle l'un de ses agents. Il lui a confié un poste émetteur. Pour la convaincre de faire ce qu'il demandait, il lui a montré la salle de tortures avec la baignoire et proféré des menaces à l'égard des membres de sa famille restée en France. Ma mère a fait preuve d'un courage incroyable. Elle a donné une fausse adresse, celle d'une ancienne maison, et elle a demandé à aller me chercher. Puis elle s'est enfuie. Cette baignoire reviendra dans **Les Misérables**. À ce titre, je pense que **Le Bon et les Méchants**, **Les Uns et les Autres** et **Les Misérables** font partie d'une même famille. Les liens entre eux sont nombreux, certaines figures sont récurrentes, à commencer par la figure de la concierge dénonciatrice,

que l'on retrouvera également dans **Partir Revenir**. Je tourne autour de tous ces thèmes avec lesquels j'ai grandi. Il était normal que j'en parle dans mes films et que je décrive cet univers rempli de traîtres. Mon père m'avait conseillé de me méfier de tout le monde. « Tu vas te tromper, avait-il dit. Alors il vaut mieux que ce soit dans ce sens plutôt que dans l'autre ! » Depuis que mon père m'a dit ça, je vois le mal partout, je suis aux aguets. L'image du cow-boy dans les westerns dormant avec son revolver me ressemble un peu.

**C'est vrai que l'on dénonce beaucoup dans vos films...**
Parce que je l'ai vécu. Quand nous étions traqués avec ma mère et que nous arrivions dans un endroit, nous partions tout de suite en ayant le sentiment que quelqu'un nous avait balancés. Si la concierge nous avait regardés bizarrement ou nous avait lancé un « Bonsoir Madame Lelouk » chargé de sens, nous fichions le

camp. Une heure plus tard nous étions dans le métro. À chaque fois que nous arrivions chez quelqu'un, nous étions d'une gentillesse extrême tellement nous avions peur. J'avais parfois honte de ma mère tant elle cirait les pompes.

**Jacques Dutronc et Bruno Crémer sont au centre du Bon et les Méchants. Leurs deux itinéraires se croisent alors que souvent vos films nous montrent deux destins qui convergent, par exemple dans Un homme et une femme, Édith et Marcel. Cette fois-ci Bruno Crémer cesse d'être un brave type et devient voyou. À l'inverse de Jacques Dutronc, qui était un homme sans foi ni loi, et se mue en un mec bien...**
C'est exact. D'un côté Jacques Dutronc travaille dans la survie et le système D. Il est le bon. Les méchants, ce sont les autres. De l'autre côté, Bruno Crémer vit dans la règle, dans le zèle. Il essaie de faire le mieux possible son boulot, et c'est pour ça qu'il le fait très mal. J'étais un mauvais élève et j'étais jaloux de mes copains qui étaient en tête avec les tableaux d'honneur. J'ai essayé d'être ami avec ces gens-là. Eux aussi avaient envie d'être amis car ils sentaient chez moi un parfum d'aventure... Mais j'ai abandonné très vite. Chaque fois que je leur proposais une aventure, ils me faisaient faire une marche arrière, comme le personnage de Crémer. Je demande à un associé d'aller plus vite, pas plus lentement.

**Le personnage de Marlène Jobert est très éloigné des grands bourgeois de la famille de Brigitte Fossey. Elle n'en est pas moins sensible comme le souligne la scène où elle découvre les tableaux dans la grange.**
J'aime quand l'art touche des gens qui n'y étaient pas préparés, même si une préparation est nécessaire. J'étais un jour en Turquie en train de tourner. Je rencontrais des gens très riches à Istanbul. La femme employait une fille qui ne savait ni lire ni écrire. Un soir la femme n'a pas pu se rendre à l'Opéra comme prévu. Elle a donné à cette fille les billets pour la représentation. Et celle-ci a eu une révélation. Quand elle est rentrée chez elle, elle s'est mise à chanter devant sa glace. Le lendemain elle est retournée à l'Opéra avec son propre argent. Elle a demandé ensuite des avances sur ses gages pour pouvoir y retourner. Et elle n'a plus quitté l'Opéra. Dix ans un plus tard elle y est devenue chanteuse. Elle n'était pas la Callas mais elle a tout de même fini dans les chœurs de l'Opéra d'Istanbul. J'ai rencontré cette fille. C'est une histoire vraie. C'est aussi celle de Marlène Jobert devant les tableaux dans la grange. Moi aussi j'ai rencontré les arts et la beauté sous une forme comparable puisque je n'avais pas de culture. Ça s'appelle une rencontre.

**Vous placez dans le film une fausse publicité pour la traction avant. Vous la filmez ensuite dans une poursuite spectaculaire...**

J'étais amoureux de cette voiture, qui était celle des gangsters. Tout de suite après la guerre, mon père en a lui-même acheté une, qui ne marchait d'ailleurs pas bien et qui tombait souvent en panne. Mais on pardonnait tout à cette voiture puisque c'était une traction.

**Le Bon et les Méchants annonce nombre d'autres films : la leçon de slow prépare à Robert et Robert, Dutronc se fait mettre KO par Marcel Cerdan...**

Mes films, c'est ma famille. Quand vous aimez votre famille, vous en montrez les photos. Je me comporte un peu comme ça. J'ai toujours eu conscience que mes films étaient un grand feuilleton, que chacun d'entre eux était quelque part la suite du précédent. Je suis le cinéaste de la naïveté, je le revendique.

**Vous aimez livrer beaucoup d'informations très rapidement au spectateur. Dans ce film vous nous faites faire connaissance avec certains personnages à travers des bandes d'actualités. Nous les retrouvons ensuite de visu, ce qui n'empêche pas moult parenthèses et autres retours en arrière...**

C'est une liberté de construction que j'apprécie et dont je

ne me suis jamais privé. N'ayant pas fait l'IDHEC, mon cinéma n'a pas été formaté, il se plaît au mélange de genres. On vous explique le plus souvent que c'est l'ennemi de l'art. Je dis au contraire qu'il faut se comporter comme dans la vie et mélanger les genres. Dans la même journée, vous vivez un polar quand on vous vole votre portefeuille le matin dans le métro, une histoire d'amour en faisant la connaissance d'une fille en face de vous pendant le déjeuner au restaurant, et un film d'horreur quand en rentrant chez vous, vous découvrez qu'il n'y a plus de lumière dans l'escalier.

**Vous reconstituez dans Le Bon et les Méchants des images d'archives, ce qui nous ramène au thème du vrai et du faux. Alors que les vraies bandes d'actualités ne nous sont pas montrées : nous les entendons alors que la caméra filme ceux qui écoutent...**
...et ceux qui s'embrassent, et qui n'en ont rien à faire. Combien de fois quand j'allais au cinéma j'étais captivé par le film, alors qu'à côté moi les spectateurs s'embrassaient, y compris pendant certaines actualités évoquant les pires horreurs ? L'image nous explique beaucoup de choses, mais au fond ce qui nous intéresse, c'est nous.

**On vous a reproché le manichéisme du film. Dès le titre, ne tendiez-vous pas le bâton pour vous faire battre ?**
Souvent le titre de mes films me fait du tort, c'est vrai. Mais j'aime bien appeler un chat un chat. C'est une forme d'honnêteté. Il y a énormément de livres que je n'ai pas achetés, à tort, simplement à cause de leur titre. Quand on m'en parlait, je demandais pourquoi on ne m'avait pas dit tout de suite de quoi il retournait. Je déteste les titres qui sont à des milliers de kilomètres de l'œuvre, c'est de la haute trahison. Quand je dis « le bon et les méchants », je suis au plus profond de ce que je veux exprimer. Pour moi Dutronc est le bon parce qu'il est naïf, parce qu'il se laisse porter par les événements, parce qu'il a le sens de l'improvisation... Le titre est terrible, je suis d'accord avec vous, mais quel beau titre tout de même !

**À un moment, il parle d'aller voir Gabin au cinéma. Gabin avait quitté la France !**
Mais la plupart de ses films d'avant-guerre étaient toujours visibles ! [1]

**Quand ils obtiennent des faux papiers pour Marlène Jobert, Dutronc et Villeret font appel au système D. Où se trouve la limite avec la compromission ?**
Après la guerre, tous ceux qui étaient sortis des camps d'extermination vivants étaient suspects. On se posait la question : « Pourquoi sont-ils revenus ? » Les gens de retour des camps pendant très longtemps ne voulaient pas parler. Ils n'étaient pas à l'aise. « Pourquoi

1. Les films de Jean Gabin ne seront interdits par la censure qu'en avril 1944.

moi ? » Là-bas c'était la solution finale, l'extermination totale. Mais le système D existait aussi dans les camps. Où commence et où finit la collaboration ? Vous souriez à un soldat ou à un kapo. Ce sourire peut vous sauver la vie. Si on demande trois personnes pour la corvée et que vous levez la main pour relever les cadavres, vous collaborez. La question est sans fin ! Dans **Le Bon et les Méchants**, je me suis attaqué à ceux qui ont le temps de la réflexion. Bonny et Laffont ont eu le temps de la réflexion. Et dans leur genre, ils ont été les pires.

**Vous filmez de jolies scènes avec des trains. Pensiez-vous à La Bataille du rail, au Jour et l'Heure ou encore au Train (celui de Frankenheimer), qui traite également du transport de tableaux en Allemagne ?**

Il est évident que ces films m'ont marqué et qu'ils ont influencé **Le Bon et les Méchants**. Tous les films qui m'ont marqué se retrouvent à un moment ou à un autre dans mon cinéma. Cela étant dit, les trains du film sont davantage rattachés à la Déportation. La vapeur renforce ce sentiment à l'image.

**Le film est tourné en noir et blanc.**

Non, en sépia. Le principe en a été décidé à l'origine du projet. Je voulais une photo proche des actualités de l'époque. Notre mémoire de la guerre est en noir et blanc, encore que des pellicules couleur ont un peu surgi à ce moment.

**Et les chants nazis que l'on entend ?**

Ce sont des vrais ! Ils sont authentiques. Peut-être en avons-nous payé les droits. Je ne me souviens pas, mais c'est probable.

**Quels sont les films de Résistance que vous sortiriez du lot ?**

Mon préféré c'est **Le Père tranquille**. Avec **La Bataille du rail**, ce sont deux films de René Clément de référence. J'aime aussi **La Traversée de Paris**, de Claude Autant-Lara... Je trouve que **L'Armée des ombres** est le meilleur film de Melville, du moins celui qui me touche le plus. J'aime aussi **Jéricho**, d'Henri Calef, qui comportait des scènes de tortures impressionnantes. Sur l'Occupation au sens large, j'en veux à François Truffaut pour **Le Dernier Métro**, que je ne trouve pas sincère.

**Et Monsieur Batignole[2] ?**

J'aime beaucoup ce film. Il est très réussi car il a du recul. Il est loin des tensions de l'Occupation mais il traite le sujet. Gérard Jugnot y est formidable. Il prend des risques en se montrant exécrable au début, puis en remontant la pente petit à petit. S'il avait connu cette période, le film aurait été moins léger et Jugnot aurait eu plus de scrupules. En tout cas moi qui suis né en 1937, j'en aurais eu.

**On vous sent sarcastique quand vous nous montrez Bruno Crémer décoré à la fin alors qu'il s'est conduit comme la pire des crapules.**

Bien sûr, puisqu'il n'a pas hésité à tuer sa femme. J'avais le sentiment à l'époque d'avoir tourné un film proche de la réalité. J'avais dit aux comédiens que nous allions parler d'un sujet vrai, qui avait existé. « Mais il faut qu'en même temps ce soit léger, ai-je complété ! Vos personnages sont des marginaux. » Dutronc m'a encore dit récemment qu'il trouvait que **Le Bon et les Méchants** était un film important pour lui.

**Nous avons l'impression que vous avez soigné la technique pour faire ressortir par le décor et les costumes l'esprit des années 40...**

Ma déco préférée, personnellement, est celle des années 30. Je la trouve formidable. De plus, elle correspond à l'époque où j'ai grandi. Je suis né en 1937. Les premières images qui s'installent dans ma tête sont proches de celles du **Bon et les Méchants** : les costumes, les coiffures, les raies que l'on peint sur les bas, les chaussures avec les semelles en bois compensé – ou en liège quand on était riche... Je suis imprégné de cette période. Je me souviens bien de la façon dont j'étais habillé : je mettais des chemisettes, des pantalons de golf, des galoches... Toutes les chaussures me faisaient mal aux picds. Les problèmes de vêtements étaient sans fin. Il fallait retailler les costumes en permanence. Toutes les femmes faisaient de la couture. J'ai été très vigilant sur l'aspect visuel du film. De façon générale, j'ai surtout filmé les choses que je connaissais, j'ai rarement débordé sur des périodes que je n'ai pas vécues.

2. Film de Gérard Jugnot (2002).

# Si c'était à refaire 1976

Deneuve en prison / Un Notre-Père providentiel /
Des valises trop lourdes / Amélie Poulain superstar

Catherine DENEUVE
Anouk AIMÉE
Charles DENNER
Francis HUSTER
Niels ARESTRUP
Colette BAUDOT
Jean-Jacques BRIOT
Manuella PAPATAKIS
Jean-François RÉMI
Bernard DONNADIEU
Jacques VILLERET
Jean-Pierre KALFON
Zoé CHAUVEAU

**Si c'était à refaire contient tous les éléments du mélodrame, mais vous les désamorcez au fur et à mesure. Toutes les situations qui pourraient être extrêmement douloureuses s'arrangent en fait rapidement. Il y a une volonté de rester dans une certaine légèreté au cours d'un film qui aurait pu être d'une noirceur totale...**
Il y a chez moi une volonté de transformer le fumier en eau de rose. Catherine Deneuve, Anouk Aimée, Francis Huster ont du charme, ils possèdent les moyens de s'en sortir... J'ai eu envie que la vie gagne. Si celle-ci était aussi nulle qu'on le dit parfois, avec le vieillissement, l'usure du couple, les difficultés à boucler les fins de mois, la maladie, bref, tout ce qui attend un enfant qui vient de naître, nous vivrions un cauchemar. Ce qui rend ce cauchemar supportable, ce sont les récréations. La vie est une association de bons et de mauvais moments. Entre deux obstacles, il y a un temps de respiration.

**Comme le dit Woody Allen au début de Annie Hall, la vie fait penser aux gens qui vont au restaurant, qui disent que les plats sont dégueulasses mais qui en redemandent quand même...**
La vie a un prix, nous l'acceptons. Dans mes films, je fais triompher mes héros de leurs difficultés neuf fois sur dix. Parce que la contrainte sollicite l'imagination. Sans contraintes financières, je n'aurais pas tourné **Un homme et une femme**, je n'aurais pas pris le risque du noir et blanc et de la couleur. Quand je pense aux camps d'extermination, qui constituent bien évidemment l'horreur des horreurs, je me dis que même là, j'aurais peut-être trouvé une solution. Dans ces moments, votre imagination est bien obligée de fonctionner. Les histoires d'évasion fascinent les gens : **Le Trou**, de Becker, n'est pas un chef-d'œuvre par hasard.

**Si vous n'aviez pas eu cette capacité à positiver les choses, peut-être n'auriez-vous pas fait cette carrière...**
J'en suis intimement convaincu. C'est ma seule qualité. C'est ma religion. À chaque fois que j'ai été confronté à un échec, je ne vous dirai pas que j'ai été content, mais je savais qu'il y avait une solution à trouver, des progrès à faire... C'est une constante dans mon parcours. Elle se dégage de mes films. J'essaye d'expliquer à la terre entière – et à mes enfants en particulier – que l'échec constitue la préparation au bonheur.

**Les thèmes de Si c'était à refaire sont un peu le reflet inversé de ceux de vos films précédents. La Bonne Année était un film (entre autres) sur l'amitié masculine ; ici, c'est l'amitié féminine qui est mise en lumière. Toute une vie montrait un père et sa fille ; ici, vous vous intéressez au rapport mère-fils...**
Chaque film invente celui qui va suivre, en opposition. Je suis l'un des rares cinéastes qui a écrit toutes ses histoires. En réalité, je raconte toujours la même histoire, issue de mes observations. Très souvent on me compare à Chabrol parce que l'un et l'autre, nous avons tourné beaucoup de films. Mais lui prend des scénarios à droite à gauche et s'adapte à des univers différents. Je fais l'inverse : ce sont les histoires qui se sont adaptées à mon univers. En cela, je me sens très proche de Woody Allen. Nous avons des parcours souvent comparables et des points de vue différents. Nous avons à peu près le même âge. Woody Allen n'a pas connu la guerre comme je l'ai connue, mais il s'est interrogé sur sa judéité.

**Il s'est également beaucoup interrogé sur les rapports hommes-femmes...**
Je sais qu'il a aimé certains de mes films. Moi, j'aime tous les siens. Mais lui joue la comédie, ce qui est un plus par rapport à moi. En revanche, il n'est pas le producteur de ses films. Il n'a pas l'angoisse de perdre. Moi, si. À un moment donné, l'argent peut prendre une importance trop grande dans ma vie. J'ai une entreprise, et il faut que je fasse bouillir la marmite. Je n'ai pourtant jamais fait de films pour ça. J'ai réussi à faire quarante films, que j'ai tous voulu faire naître. Et miraculeusement, la marmite a bouilli.

**La cellule familiale de Si c'était à refaire est inattendue : le fils vit avec l'amie de sa mère et précipite celle-ci dans les bras de son prof...**
Je pense que l'on choisit sa famille. Il y a celle dans laquelle vous naissez, et celle que vous vous constituez. Quand on voit **Si c'était à refaire**, on se dit que la seconde est plus supportable que la première. Elle correspond mieux à votre mode d'emploi et à vos pulsions. C'est d'ailleurs l'un des sujets du film, surtout dans la phase finale.

**Pourquoi cet épilogue sur le Mont-Blanc ?**
Le Mont-Blanc est un thème récurrent chez moi. J'aime les sommets. D'ailleurs, j'habite à Montmartre. Le Mont-Blanc me fascine, naturellement. Et pourtant, Dieu sait qu'à côté, il existe d'autres sommets de quatre mille mètres. Mais ce n'est pas pareil... La plus grande frustration, c'est d'être sur le Mont-Blanc un jour de brouillard. Quand nous avons tourné **Si c'était à refaire**, c'était bouché le matin. L'hélico ne pouvait pas monter. À la différence de **Tout ça... pour ça !**, où nous avons vraiment tourné sur le Mont-Blanc, nous avons dû tricher sur **Si c'était à refaire**. Nous avons pris un autre sommet qui lui ressemblait, qui était dégagé du point de vue de l'ensoleillement, avec la même vue, mais qui n'était pas le Mont-Blanc !

**Comment se caractérisaient les rapports entre Catherine Deneuve et Anouk Aimée ?**
Cela s'est très bien passé. Je crois qu'elles avaient

envie de faire connaissance. Elles entretenaient des rapports de séduction, surtout Anouk. Elle était plus généreuse que Catherine et essayait davantage de la séduire que l'inverse. Mais elles n'ont pas des participations équivalentes. Anouk arrive après plus d'une heure de film. Par ailleurs, je suis très content de l'utilisation de la voix off dans le film. C'est un film intéressant, mais très mal filmé. À l'heure actuelle, ce côté pris sur le vif, c'est ce que tout le monde fait, avec une caméra qui bouge. Mais je n'aime pas beaucoup cela dans le cinéma d'aujourd'hui.

**L'idée de débuter le film avec une caméra subjective, en plan-séquence, sans musique, c'était une façon de suggérer l'isolement ?**

Je me suis dit que je ne pouvais pas raconter cette histoire sans avoir fait ressentir au spectateur ce que c'était que d'avoir passé des années en prison. On ne découvre Catherine Deneuve qu'à la fin du plan-séquence, même si on entend sa voix dès le début. Il fallait que les spectateurs sortent de prison en même temps qu'elle.

**C'était quelle prison ?**

Fleury-Mérogis. Elle était vraiment en activité. Mais cela n'a pas vraiment compliqué le tournage. Les filles étaient dans les cellules. Nous sommes partis d'une vraie cellule et nous avons traversé toute la prison avec de vraies matonnes. La fille qui est devant Catherine, qui parle un peu comme dans un film de Bresson, est une authentique gardienne. Tout comme le chauffeur de taxi qui l'attend.

**L'enfermement se poursuit ensuite pendant un moment. Vous cadrez Catherine Deneuve dans la scène suivante, dans le train, en plan très serré quand le type la drague.**

Elle n'est pas encore sortie de prison : il faut du temps pour modifier ses habitudes. Tous les prisonniers vous disent que, après la sortie, il faut un temps d'adaptation. Catherine se sent épiée : le regard du chauffeur de taxi dans le rétroviseur ne serait pas le même s'il ne l'avait pas cueillie à sa sortie de cellule. Mais très vite la vie reprend le dessus. Les taulards libérés le disent : ce qui les fascine, ce sont les nouveautés, qu'il s'agisse des voitures ou des chaussures...

**Cette scène de drague renvoie à une figure que vous utilisez souvent pour montrer la solitude, par exemple quand, dans Robert et Robert, vous filmez le son et lumière à Waterloo en ne montrant pas le spectacle mais seulement le visage des spectateurs. Là on entend le type qui drague Deneuve mais on ne le voit pas.**

Le type du train n'a pas d'intérêt, et celui du restaurant non plus. Pour la petite histoire, le dragueur du train, c'était mon meilleur copain, Philippe Ziskind, un vrai dragueur. Je ne l'ai pas filmé. Dans ce plan, que j'aime beaucoup, je reste sur Catherine. Je voulais monter que la seule chose qui ne lui manquait pas, c'était un homme, qu'elle n'était pas en manque de sexe.

**Dans Si c'était à refaire figure une scène clé que vous retournerez à plusieurs reprises. Celle du gamin qui est dans la classe et que l'on fait sortir devant les autres. On la retrouvera plus tard de façon encore plus dramatique dans Les Uns et les Autres et dans Partir Revenir.**

C'est un souvenir qui m'a humilié et traumatisé. C'est terrible d'avoir à baisser sa culotte devant les copains, devant toute une classe, devant sa maîtresse, une femme ! J'étais à Saint-Jouars pendant l'Occupation, un village de cinq cents habitants. En arrivant là-bas, j'avais repris le nom de jeune fille de ma mère, Abélard, celui qui figurait sur les faux papiers. Nous y avions une tante qui était Juive et se cachait elle aussi sous un faux nom. Elle m'avait fait entrer dans cette école. Un jour, les Allemands ont appris qu'il y avait là un petit garçon juif. Quelqu'un du village nous avait dénoncés, comme dans **Partir Revenir**. Quelqu'un de proche. Le curé m'avait appris les paroles du **Notre-Père**, dont je me souviens encore. On m'avait appris à toujours dire que j'étais catholique et que si j'étais circoncis, c'était parce que je faisais pipi de travers, parce que j'avais une maladie et une déviation. Les Allemands sont arrivés. Ils sont allés voir le directeur : « Il y a un petit garçon juif dans la classe. Est-ce qu'il veut bien lever la main ? » Personne n'a levé la main, bien sûr. J'ai commencé à trembler, mais on m'avait bien expliqué que je n'étais pas Juif. L'officier a demandé à tous les petits garçons de baisser leur pantalon. Nous avons tous baissé notre pantalon. Il est venu vers moi. J'ai cru... Vous ne savez pas ce que c'est de faire ça à un enfant ! À ce moment, la maîtresse a été géniale. Elle a dit « Lui, il est malade, il a été opéré. D'ailleurs, récite ta prière : "Notre-

Père" », etc. C'est la scène qui figure en embryon dans **Si c'était à refaire** et que j'ai déclinée par la suite dans plusieurs films, dans **Les Uns et les Autres** ou dans **Les Misérables**...

**Qui est Jean-Jacques Briot, qui interprète le fils de Catherine Deneuve ?**
Un môme que j'avais trouvé par l'intermédiaire de François Reichenbach. Il travaillait dans un des bistrots où François allait régulièrement, Le Coupe-Chou. Je cherchais quelqu'un qui pouvait ressembler à Catherine Deneuve. Il fallait qu'il ait l'air d'avoir quatorze ou quinze ans mais qu'il puisse aussi donner l'impression de désirer Catherine. Bref, qu'il soit à la fois un enfant et un homme. Et que Catherine puisse être troublée sans que cela semble invraisemblable...

**Elle donne surtout l'impression d'être emmerdée...**
Bien sûr, mais enfin, elle le trouve mignon. Pour elle, c'est un homme. Au début, j'avais prévu une scène où Catherine rentrait dans la salle de bains et le découvrait nu sous la douche. Elle détournait le regard. Lui était très fier et content d'être surpris. J'ai coupé la scène. J'ai trouvé l'effet trop lourd, trop facile.

**Encore une fois, vous désamorcez assez facilement les conflits. Quand le gamin découvre que Catherine Deneuve est sa mère, il le gère relativement bien sur le plan psychologique...**
J'ai constaté que, dans les moments les plus forts de notre existence, quand l'émotion est à son comble, on ne fait rien, parce qu'on est anéanti. Même quand on dit à quelqu'un : « Je t'aime. » J'ai regardé le visage des femmes à qui je l'ai déclaré : il ne se passe rien. Sauf au cinéma. Dans la vie, les gens n'accentuent pas le sentiment. Par contre, ils amplifient les petits gestes. Pendant mon service militaire, fin 1959, j'ai assisté au drame de Fréjus, quand le barrage de Malpasset a cédé. J'étais là-bas au moment de mon film sur les hélicoptères et je suis allé filmer les cadavres. Ils étaient tous allongés pour que les gens viennent les reconnaître. Eh bien, personne ne faisait rien ! J'ai beaucoup appris à Malpasset. Je n'avais jamais vu deux cents morts d'un seul coup, défigurés et dans des positions bizarres. Ils avaient été traînés dans la boue et en étaient ressortis en conservant la position qu'ils avaient au moment du drame. On s'habitue à une vitesse incroyable ! Au dixième mort, on est vacciné ! Je voyais les gens qui regardaient. Ils étaient calmes. Dans mes films, celui qui reçoit l'information est plus important que celui qui la donne. Par exemple, dans la scène au parloir où Catherine Deneuve demande qu'on lui fasse un enfant, c'est Charles Denner qui est intéressant. Elle, elle est déjà préparée à l'information.

**La seule solution alternative est en effet de renoncer à votre méthode, donner le texte aux comédiens, passer au champ/contre-champ et perdre l'effet de surprise...**
Exactement. Par exemple, dans la scène où Catherine Deneuve danse avec son fils je fais des mouvements de zoom, je vais la chercher en haut, et lui en bas, je me comporte comme un caméraman d'actualités.

**La structure de Si c'était à refaire nous semble moins complexe que celles d'autres films qui emboîtaient les histoires de façon gigogne. Là, les problèmes se règlent les uns après les autres. Il n'y a pas de flashs-back à répétition, même si le premier nous désarçonne. En fait, Catherine Deneuve n'est pas fondamentalement différente à dix-neuf et à trente-cinq ans...**
Ce qui est intéressant, c'est que le spectateur croit qu'elle a été engagée par le type, et qu'elle travaille dans une banque. On ne découvre que c'est un flash-back qu'après coup. J'adore camoufler mes flashs-back, comme dans **Le Voyou**, et je le fais chaque fois que je peux.

**Mais pour une fois, il n'y a pas interpénétration des chapitres...**
Ce qui est assez rare dans mes films. D'habitude, j'aime bien que les personnages trimballent leurs valises avec eux.

**Un homme et une femme est construit sur la découverte progressive des valises des deux personnages.**
Oui, Anouk Aimée les trimballe jusqu'au bout, elle n'arrive pas à faire l'amour à cause d'elles. J'aime les gens qui ont des valises, les adultes. Dans **Le Courage d'aimer**, Michel Leeb dit : « Si j'avais lu ce bouquin à dix-huit ans, j'aurais gagné trente-cinq ans. » Et Arielle Dombasle lui répond : « Non, tu aurais fait un perroquet de plus. » Elle a aimé chez lui le fait qu'il n'ait pas de valises, alors que les siennes sont trop chargées. Moi aussi, parfois, j'en veux à mes valises. Mais comme je n'ai pas trop de mémoire, elles sont relativement légères. Pourquoi tant de Juifs ont été exterminés ? Parce qu'ils ont voulu partir avec leurs valises. Nos valises sont nos forces et nos faiblesses. **Itinéraire d'un enfant gâté** est l'histoire d'un type qui abandonne ses valises. Il n'en peut plus et prend son bateau. Un jour, Billy Wilder est arrivé à un moment de sa vie où il a décidé de tout

vendre aux enchères, ses tableaux, ses objets personnels, ses maisons. Il a conservé l'essentiel.

**Était-ce difficile d'écrire des dialogues purement féminins pour les deux comédiennes ?**

Je n'ai pas eu de difficultés particulières. C'est un film que j'ai écrit en grande partie sous la pression, au dernier moment, le matin avant de tourner. J'adore écrire pour un homme et une femme car on se trouve dans un rapport de séduction. Entre deux femmes, c'est un peu plus difficile, car il y a toujours les bonnes et les mauvaises répliques. Et les femmes préfèrent les bonnes répliques. Elles n'aiment pas avoir le mauvais rôle, ce qui est humain. Pour **Si c'était à refaire**, je devais trouver une sorte de répartition, de telle sorte que les deux femmes soient heureuses de discuter ensemble. Au moment du casting, j'étais allé à Londres voir Anouk, qui était mariée à Albert Finney. Le jour où nous avons déjeuné ensemble, j'ai eu le sentiment que je la rencontrais pour la première fois. J'ai été obligé de faire les mêmes efforts que si nous n'avions jamais travaillé ensemble. Elle avait tout oublié, et moi aussi. J'ai tout repris de zéro. Elle m'a à nouveau soumis à un examen de passage. Je suis retombé amoureux d'elle en lui proposant le film et je me suis dit : « Ce qui n'est pas arrivé il y a dix ans va se produire ! » Et à peine sur le tournage, elle est tombée amoureuse d'Élie Chouraqui !

**Quelles sont les scènes du film les plus libres ?**

La visite de l'appartement, ou encore celle où Anouk explique à Catherine qu'il n'y a pas de drame à avoir couché avec son fils. Mais à l'époque, les figures libres ne se tournaient pas de la même façon qu'aujourd'hui. Elles étaient un peu répétées. Je n'utilisais pas deux caméras. Aujourd'hui, j'irais plus loin. En revoyant ces films, je sens que je cherche quelque chose que je n'ai pas encore trouvé. Ma technique n'est pas encore suffisamment au point. Financièrement, j'aurais pu tourner avec une deuxième caméra, mais cela me contrariait de la confier à quelqu'un d'autre. Être derrière la caméra était un avantage que je ne voulais pas perdre. Je me disais qu'un peintre ne laissait pas à un autre le soin de tenir le pinceau ! Jusqu'au jour où je me suis rendu compte que j'avais plus à gagner avec la deuxième caméra qu'à perdre avec un autre caméraman. Filmer à deux caméras permet d'avoir les yeux des personnages. Et un acteur est beau quand on voit ses yeux. C'est en eux que se trouve la vérité.

**Est-ce que le personnage du prof n'est pas un peu démago ? Avez-vous vraiment de la sympathie pour lui ?**

C'est la personnalité de Francis Huster qui m'a poussé à créer ce personnage. Francis a une envie irrésistible de séduire et à cet effet, il en fait beaucoup. J'ai pensé que ce serait amusant de se servir de cela. Dans le film, il est prêt à tout pour séduire, à commencer par sa classe. Les gens l'ont adoré à l'époque. Il incarne les restes de Mai 68. Beaucoup de profs étaient alors un peu comme ça.

**Mais vous avez mis beaucoup de vous dans ce personnage : l'amour de la boxe, celui de la montagne. Il cite Sacha Guitry et il se déguise en Napoléon...**

Effectivement, c'est un personnage qui me plaisait. J'étais séduit par Huster à l'époque : je sentais qu'il rentrerait bien dans mon cinéma. Il était disponible, prêt à prendre des risques, et il savait que je pouvais lui apporter quelque chose. D'ailleurs, en règle générale, je le trouve plutôt bien dans mes films.
Sur **Un autre homme, une autre chance**, il avait sympathisé avec James Caan. Mais il a essayé de lui expliquer comment il fallait jouer la comédie. À partir de ce jour, James Caan l'a évité. Caan est un comédien spontané. Il fonce. Huster travaille différemment. Par exemple, pour **Édith et Marcel**, il a vécu à Paris pendant quinze jours habillé en officier. Je respecte tous les comportements dès lors que l'acteur est bon à l'arrivée.

**Lorsque vous employez des comédiens connus, a fortiori des stars, le casting n'est pas neutre. Ils ont une telle image que le personnage est connoté dès le début...**

C'est la raison pour laquelle dans la première séquence dont nous parlions, la sortie de prison, on ne voit pas Catherine Deneuve. Il fallait que le spectateur s'habitue à elle en tant que détenue et ne voie pas la star. Si j'avais commencé sur elle en gros plan, on aurait dit : « C'est Catherine Deneuve qui sort de prison. » Alors que ce sas du début permet à Deneuve de se muer en détenue. Mais ces efforts restent souvent vains. L'idéal serait de prendre pour chaque film des gens qui jouent un rôle une fois dans leur vie. Point.

**Ce présupposé par rapport à la notoriété des comédiens vous a-t-il parfois embarrassé ?**

Avec Lino Ventura ou avec Jean-Paul Belmondo, vous gagnez du temps. Mais Catherine Deneuve qui sort de quinze ans de prison, c'est compliqué à imposer ! Je savais qu'elle n'avait pas le physique, qu'elle n'était pas marquée pour cet emploi. La barre était haute. Et en même temps, j'avais envie de Deneuve !

**Vous n'avez pas eu envie de la faire massacrer par le maquilleur, quitte à la récupérer ensuite petit à petit en cours de film ?**

On a essayé de la massacrer à la photo, mais à l'époque elle était tellement belle, c'était mission impossible ! C'est l'une des raisons pour lesquelles le film n'est pas parfait. Deneuve est une actrice géniale, mais sa beauté est envahissante.

**Elle n'a jamais fait de théâtre, n'a jamais suivi de cours. Dans quelle catégorie la situeriez-vous ?**
Dans la même catégorie que Michèle Morgan. Ce sont de formidables comédiennes, mais qui ne vous donnent que ce qu'elles ont envie de vous donner. À un moment, pour Catherine Deneuve, sa vie est plus importante que le film. En tournant avec elle, on sent que le cinéma n'est pas tout pour elle, qu'il y a autre chose, qu'elle a un jardin secret et que vous ne pourrez pas y pénétrer. Alors qu'Annie Girardot vous en fait cadeau... Vous vous doutez bien que je préfère les comédiens qui vous laissent accéder à leur jardin secret : Lino Ventura, Jacques Brel, Jean-Paul Belmondo. Catherine Deneuve au contraire se méfiait un peu de moi...

**Pourquoi ?**
Parce qu'elle me plaisait, que je la trouvais désirable. Mon regard n'était pas neutre. Parce que je suis un homme, je peux rassurer une actrice, mais je peux aussi lui faire peur. On donne tout ce que l'on a quand on est amoureux. Alessandra, dans **Hasards ou Coïncidences**, se donne sans retenue : le film n'aurait pas du tout été le même si elle avait été filmée par quelqu'un qu'elle aurait méprisé.

**Et inversement, peut-on filmer un comédien que l'on n'aime pas beaucoup ?**
En cours de route, on peut découvrir chez un comédien des choses qui modifient votre point de vue du départ. Cela m'est arrivé deux ou trois fois. À ce moment-là, on a moins envie de les filmer. Ils sont moins présents à l'image et cela finit par déséquilibrer le film !

**Les comédiens parviennent-ils à modifier l'importance de leur personnage en cours de tournage ?**
C'est évident chez tous les metteurs en scène ! Chez moi, c'est marqué, parce que je vais vers l'amour plus qu'un autre. Et que je le reconnais. C'est à la fois un talon d'Achille et ce qu'il y a de plus beau. C'est ce qui fait que l'on tourne des scènes que les autres ne font pas, mais aussi que l'on peut rater des scènes quand on n'a pas envie de filmer ceux qui sont devant l'objectif. Pour se lancer dans un film, il faut beaucoup, beaucoup d'amour.

**Même quand on cumule les casquettes ?**
Surtout quand on cumule les casquettes : auteur, réalisateur, caméraman. D'un autre côté, cela me permet de gagner du temps, puisque je ne marchande pas. Moi je n'ai jamais eu de problèmes avec Claude Lelouch producteur. Il a toujours cédé à mes caprices. En même temps, j'ai toujours eu des caprices qu'il pouvait accepter. Autre avantage : quand je me plante, je ne reste pas tricard pendant trois ou quatre ans. Il ne faut jamais s'arrêter : la technologie n'attend pas. On le voit très bien avec ceux qui ont précédé la Nouvelle Vague et qui ont été renversés par elle. Ils ont perdu pied. Quand ils ont pu refaire du cinéma, ils ont repris là où ils s'étaient arrêtés. Si je vais tant au cinéma, c'est pour ne pas perdre pied. Et puis le cinéma est encore et toujours ma distraction préférée.

**Le cinéma d'aujourd'hui, notamment les grosses productions américaines, impose une écriture nouvelle, un montage rapide et serré, des effets spéciaux qui tiennent lieu de projet. Cela vous plaît-il ?**
Certains films laissent trois secondes par plan. Ils sont surdécoupés ! Parce qu'il faut réveiller le spectateur en permanence. On n'est donc jamais sur les personnages. On n'a pas le temps de rentrer dans une conversation, de souligner la psychologie... J'ai fait deux, trois effets renforcés par du bruitage dans **Les Parisiens** quand Ticky Holgado arrive, parce qu'il est Dieu, mais cela reste léger. Nous allons forcément revenir au diamant et proposer des films « réalisés sans aucun trucage ». J'ai adoré le film de Jean-Pierre Jeunet, **Un long dimanche de fiançailles**, il a du souffle. Mais il y a des trucages que je n'aurais pas faits. Même si, par ailleurs, il est certain que Jeunet est aujourd'hui l'un de ceux qui manient le mieux les effets. Avec **Le Fabuleux Destin d'Amélie Poulain**, il a su amener de l'émotion aux trucages. Ce film est un chef-d'œuvre. Pour moi, il est aussi important dans l'histoire du cinéma que l'arrivée des cubistes dans la peinture. C'est une Nouvelle Vague à lui tout seul.

# LA PRISON

*Les Misérables.*

*And Now... Ladies & Gentlemen.*

La prison est un endroit que je déteste mais qui me fascine aussi en raison des histoires qui l'entourent. Vous ne pouvez pas aller en prison sans avoir défié les lois du quotidien et sans avoir traversé des histoires folles. Comme je suis amoureux des histoires, les prisons constituent pour moi des endroits riches. J'ai souvent parlé avec des prisonniers, tel ce type qui m'avait apporté le sujet du *Voyou*. Il m'a raconté sa vie en prison comme quelqu'un qui sort de maladie. Ces conversations m'ont énormément apporté. Comme tout endroit où l'on est contraint de vivre en groupe, et pour celui qui sait analyser, la prison est une école. On y apprend que tout le monde peut vous trahir, pour un bout de pain, pour un avantage, pour rien... L'enfermement est un enfer, comme la promiscuité. J'ai parlé avec des gens de retour des camps de concentration qui m'ont confié des horreurs, pas tant sur leurs gardiens, mais plutôt sur le type qui occupait le lit du dessus, qui faisait du bruit, qui vous volait votre couverture ou votre bout de pain. L'horreur carcérale est encore plus terrible quand vos amis se comportent en geôliers alors que le geôlier fait son boulot de geôlier. En prison, vous êtes seul. Vous ne pouvez avoir confiance en personne.

*Le Bon et les Méchants.*

En même temps, la prison contient le pire et le meilleur. Elle enseigne l'humanité à une vitesse inouïe. Dans *Le Courage d'aimer*, je vais jusqu'à faire dire à Mathilde Seigner : « Finalement ces deux années en prison sont les plus riches de ma vie. » J'ai traité de la

*Une pour toutes.*

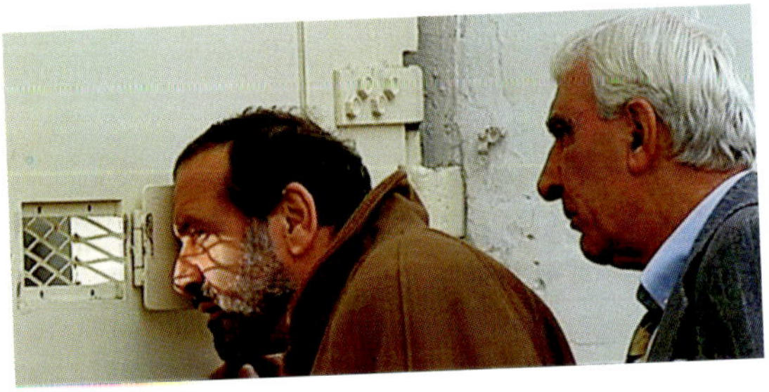

*Attention bandits.*

*La Belle Histoire.*

*Les Misérables.*

prison dans mes films parce que je sais qu'un homme qui sort de prison n'a pas le même regard sur la vie. Lino Ventura dans *La Bonne Année* est quelqu'un qui sait des choses que le commun des mortels ne sait pas. L'enfermement déforme tout, pour le pire le plus souvent, parfois pour le meilleur. Je pense souvent à cette histoire d'un couple qui s'est rencontré dans un train de déportés. Je voulais l'inclure dans *Les Uns et les Autres*, mais je ne l'ai pas fait. Le type m'avait confié qu'il avait passé les trois journées les plus inoubliables de sa vie entre Drancy et Dachau. Le train était bourré. À un moment, une jeune fille est montée dans le wagon. Il lui a donné la main, elle l'a prise. Elle n'avait pas pu monter avec ses parents, ses frères, ses sœurs qui étaient à côté. Les deux sont restés trois jours collés l'un à l'autre dans cet endroit horrible. Il fallait être à côté de la porte pour attraper un peu d'oxygène. Ils sont restés dans les bras l'un de l'autre. Ils ont vécu une histoire d'amour pendant trois jours. Puis ils sont descendus et ne se sont jamais revus. Le type m'a confié avoir passé deux ans en pensant à elle. Quand on me raconte une histoire comme celle-là, j'ai envie de la filmer. Ces histoires permettent de mesurer l'être humain. L'intelligence est aussi l'art de positiver. Un con qui va en prison, ça ne lui sert à rien, ça le dégrade. Un type intelligent en sort grandi. André Dussollier dans *Toute une vie*, Jean Yanne dans *Attention bandits* et Catherine Deneuve dans *Si c'était à refaire* en sortent renforcés.

*Le Voyou.*

*L'Amour avec des si.*

*Si c'était à refaire.*

# C'était un rendez-vous

1976

Du bon usage des chutes / Les Champs à 180 km/h / Dix-huit feux rouges grillés / Le sens civique dans la balance

**Dans quelles circonstances avez-vous entrepris C'était un rendez-vous ?**
Je venais d'achever le tournage de **Si c'était à refaire**. Quand un film se termine, on effectue les « rendus ». J'ai donc demandé à mon régisseur quel métrage de pellicule il nous restait. Après inventaire, nous avions pas mal de chutes, entre 3000 et 4000 mètres au total. Beaucoup de petits rouleaux de 30 ou 50 mètres, mais aussi un magasin de 300 mètres, qu'il était prévu de rendre. Moi, j'avais envie de faire un court métrage que nous aurions placé en première partie du film. Depuis longtemps je voulais raconter l'histoire d'un type en retard à un rendez-vous qui commet plein d'infractions pour arriver à l'heure. Pour moi, être à l'heure est une obsession. Je suis capable de prendre des risques inouïs pour ne pas être en retard. J'ai suggéré à mon opérateur, Jacques Lefrançois, l'idée d'un plan-séquence, la caméra accompagnant un type qui a rendez-vous à Montmartre avec une fille. Comme il est à la bourre, il traverse Paris à toute allure, en grillant les stops et les feux rouges.

**Dans le film, le conducteur prend-il le chemin le plus direct ? Si un Parisien veut aller de l'avenue Foch à Montmartre, il n'est pas obligé de passer par les guichets du Louvre...**
Il va prendre l'avenue de Wagram, bien sûr. Mais, vous vous en doutez, je voulais en même temps proposer une sorte de reportage. Mon problème était d'élaborer un plan qui n'excède pas dix minutes et qui trouve son intérêt à la toute fin avec la fille qui arrive sur les marches.
J'ai réfléchi au projet. J'ai demandé à Élie Chouraqui, mon assistant à l'époque, de voir quelles autorisations il nous faudrait obtenir. Nous nous sommes vite rendu compte qu'un plan comme celui-ci nécessitait de bloquer tout Paris. Ce n'était même pas la peine de demander, nous n'étions pas prêts à mettre en œuvre les moyens d'un long métrage pour réaliser un court. J'ai interrogé un cascadeur : « Si je filme très tôt, qu'est-ce que je risque en grillant les feux rouges ? » Il m'a expliqué que c'était de deux choses l'une. En arrivant à un feu rouge, s'il n'y a personne dans le champ de vision, le risque n'est pas bien grand de passer en force : il faudrait qu'au même moment, un même cinglé déboule à la même vitesse. Et s'il y a quelqu'un dans le champ de vision, il est toujours possible de freiner. Je suis donc parti du postulat que si je roule vite et que je ne vois rien, c'est qu'il n'y a rien... Le seul inconvénient majeur, c'étaient les guichets du Louvre. Ils me faisaient peur à cause de leur absence de visibilité. Pour le tournage, j'ai demandé à Chouraqui de s'y installer avec un talkie-walkie et de me prévenir au moment où j'arrivais. S'il ne me disait rien, c'est que tout allait bien. C'est la seule véritable précaution que j'ai prise. Pour la beauté du film, il fallait vraiment que je ne m'arrête pas. Que je stoppe à un feu rouge, et le film disparaissait. Il y avait d'ailleurs neuf chances sur dix pour que nous n'arrivions pas au bout.

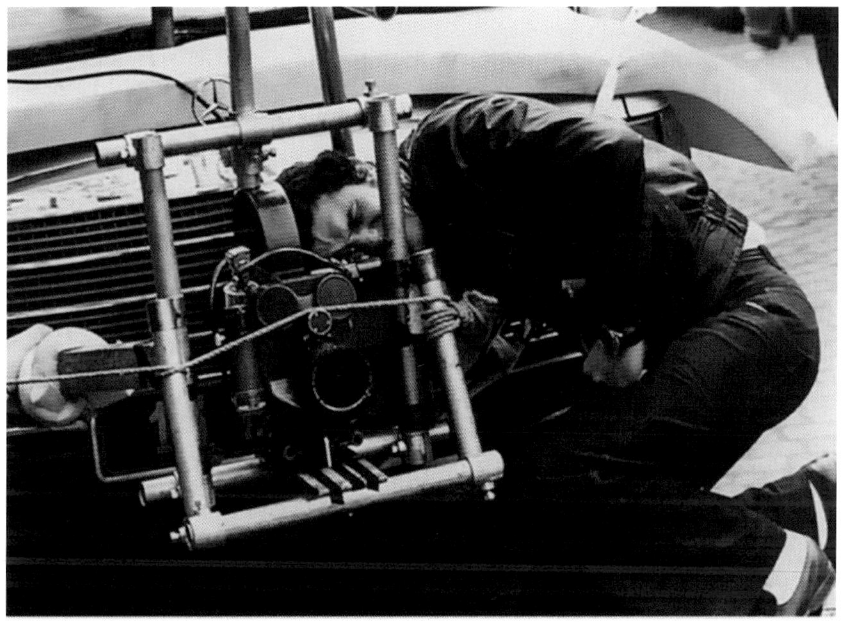
La caméra est fixée à la calandre de la Mercedes.

**Comment la voiture était-elle équipée ?**
Nous avons accroché la caméra sur le pare-chocs de la voiture, une 6,9 litres Mercedes. À l'intérieur, nous étions trois, attachés comme des mulets : moi-même au volant, mon chef machino, et mon chef opérateur pour éventuellement changer le diaphragme. Au dernier moment, il a fallu régler un diaph moyen. L'image devait être au ras du sol pour être encore plus spectaculaire. Nous sommes en plein mois d'août. Bien sûr, nous avions décidé de sacrifier le film et de tout arrêter au premier danger. Nous roulions vraiment vite.

**Quand vous dites « nous roulions vite », vous parlez de quelle vitesse ?**
La montée de l'avenue Foch, entre 150 et 180 km/h. Les Champs-Élysées à 130 ou 150 avec une pointe à 160 km/h au niveau de Franklin-Roosevelt. Puis jusqu'à la Concorde, comme c'était bien dégagé, j'ai dû monter à 200 km/h. J'ai pris la place de la Concorde à 150. Sur les quais, j'ai franchi les

200 km/h. Quand je suis arrivé aux guichets du Louvre, un autobus est sorti. J'ai pilé. J'ai pris les guichets presque normalement, c'est-à-dire à 80 ou 90 km/h. Comme Chouraqui ne m'appelait pas, je suis passé sous les guichets à fond, 100 km/h, car le passage est tout de même assez étroit. Je ne savais pas que le talkie de Chouraqui était en panne ! Je ne l'ai su que le film terminé. Puis j'ai remonté l'avenue de l'Opéra. Le carrefour était bloqué par un bus. Pour éviter de ralentir, j'ai dû passer de l'autre côté de la chaussée, des voitures venant en sens inverse. Place de l'Opéra, pas de problème ! J'ai ensuite pris la rue de la Chaussée-d'Antin vers Clichy. Je suis tombé sur des camions-poubelles que je n'ai pu dépasser qu'en montant sur le trottoir. Je croyais ne plus avoir de problèmes. Mais en arrivant rue Lepic, j'ai été bloqué par un type qui livrait des yaourts. J'ai pris de l'autre côté, vers le Gaumont Palace, en destruction à l'époque. J'ai remonté l'avenue Rocquencourt, ce qui me rallongeait énormément. Je ne savais pas s'il allait me rester suffisamment de pellicule. J'ai donc pris des rues en sens unique pour arriver à Montmartre dans les temps...

**Vous aviez effectué des repérages ?**

J'avais fait le parcours une fois, lentement, pour bien déterminer les passages. Je disposais de l'équivalent de 10 minutes de pellicule ! Je suis arrivé à Montmartre à 9 minutes et 45 secondes. Il me restait 15 secondes pour couper le moteur, descendre de voiture et prendre la fille dans mes bras. Nous avions convenu que lorsque je klaxonnerais elle monterait deux marches, pénétrant ainsi dans le champ. Le plan-séquence ne pouvait être réussi que sur ces dernières secondes. Je m'étais dit que si je ne réussissais pas la première prise, je ne recommencerais pas. Par superstition. Si le miracle devait avoir lieu, il aurait lieu... Et il a eu lieu. En forçant quand même le destin, puisque nous avons grillé dix-huit feux rouges !

**Comment expliquez-vous la notoriété de ce court métrage, qui est devenu un film culte, ce qui est plus que rare pour un film court...**

J'ai montré le film un peu partout. Il n'a pas toujours été très bien accueilli compte tenu de son manque de sens civique flagrant, ce que je ne saurais contester. Mais il a aussi ses fans. Quand j'ai montré le film pour la première fois à Los Angeles, où le non-respect des

règles de conduite est toujours fortement sanctionné, le triomphe s'est mêlé à d'incroyables sifflets. **C'était un rendez-vous** a toujours suscité la polémique, mais il montre aussi tout ce qu'on aime dans le cinéma. Comme j'aime le cinéma plus que la loi... Je savais que je tenais un morceau de bravoure. Je me disais, en toute modestie, qu'il y avait là la possibilité de faire l'un des plus beaux plans de l'histoire du cinéma. Les plans-séquences de dix minutes sont rares, en raison de l'étroitesse du magasin de la caméra. Même Hitchcock dans **La Corde** a anticipé ses changements de pellicule.

**Vous avez repris ce principe de courses sous différentes formes.**

Dans **Un homme et une femme : vingt ans déjà**, mais c'était sur un circuit, tout comme dans **Partir Revenir**. Pour **Le Chat et la Souris**, réalisé quelque temps plus tôt, nous avions expérimenté la chose. Mais le tournage était bétonné avec des flics devant et derrière. Pour **C'était un rendez-vous**, nous avons fait un truc de voyou.

**Qu'est-ce que vous risquiez ?**

D'abord, un accident ! Ensuite, les conséquences d'un tournage sans autorisation. Enfin un retrait de permis de conduire. Le film est beau par sa prise de risque. S'il a eu autant de succès et qu'il prête tant à discussion, c'est qu'il est risqué.

**Vous aimez les courts métrages ?**

D'une certaine façon, il est plus difficile de faire un court qu'un long. Économiquement c'est un cauchemar. Artistiquement, il faut être dans l'essentiel. Quand on regarde un court métrage, on sait tout de suite si son signataire a de l'avenir dans le cinéma. Quand j'ai vu le court métrage de Xavier Giannoli par exemple, j'ai su qu'il s'agissait d'un vrai metteur en scène.

**Chaque projet mérite un développement donné. Connaissez-vous à l'avance la durée d'un de vos films ?**

Oui, à peu près. Je ne me suis jamais trompé. Quand je regarde le scénario, je sais si le film va durer deux heures ou une heure trente, avec une marge d'une trentaine de minutes. Je savais que **Les Misérables** ou **Les Uns et les Autres** allaient amplement dépasser les deux heures. Mais un film trouve sa véritable longueur au montage.

# Un autre homme, une autre chance

1977

La « Lelouch touch » / La rencontre comme oxygène / Ni Pacino ni Newman / Le courage du reporter / Photographie ou peinture ?

James CAAN
Geneviève BUJOLD
Francis HUSTER
Jennifer WARREN
Susan TYRRELL
Walter BARNES
Rossie HARRIS
Linda Lee LYONS
Burton GILLIAM
Christopher LLOYD
Pierre BAROUH
Jacques HIGELIN
Jean-François RÉMI
Jacques VILLERET

**Un autre homme, une autre chance est une étape doublement surprenante : c'est un film de genre, et qui plus est d'un genre qui n'a pas cours sous nos latitudes, le western...**

J'avais envie de tourner un western, mais je le voulais réaliste. J'aime le western. J'ai été élevé au western. Les studios souhaitaient que je fasse un jour un film américain : j'avais répondu que j'étais d'accord à condition que je possède le sujet à fond, compte tenu de la précarité de mon anglais. L'idée était de raconter à nouveau l'histoire de **Un homme et une femme**. Parce que c'est un récit intemporel qui aurait pu se dérouler aussi bien au Moyen Âge que pendant la conquête de l'Ouest. J'ai proposé de mettre en scène les deux veufs avec leurs enfants au Far West.

**En remplaçant les voitures par des chariots et le cinéma par la photographie ?**

Exactement. Nous sommes partis de ce concept. Tout le monde était enthousiaste, y compris aux Artistes associés. Mais quelqu'un a soulevé une objection qui allait se révéler pertinente : « Vous savez, m'a-t-il dit, les gens qui vont voir les westerns forment une clientèle particulière, qui préfère l'action aux sentiments. »

**Les tournages aux États-Unis présentent des contraintes. Comment vous en êtes-vous affranchi ?**

J'ai tourné quatre films aux États-Unis, dans des proportions diverses : **Un homme qui me plaît**, **Toute une vie**, **Un autre homme, une autre chance** et **Les Uns et les Autres...** À chaque fois, il a fallu que j'obtienne des autorisations pour être à la fois metteur en scène et caméraman : en Amérique, les syndicats ne rigolent pas avec ça. À chaque fois que j'ai tourné aux États-Unis, j'ai dû payer un chef opérateur et un caméraman à ne rien faire : les metteurs en scène ne doivent pas être à la caméra. En même temps, tourner là-bas apporte un confort total. Le premier jour de tournage de **Un autre homme, une autre chance** avait lieu dans un ranch, à trente kilomètres de Los Angeles, chez James Caan. Nous sommes arrivés à cinq heures du matin et nous avons vu une file de camions absolument incroyable, transportant du matériel pour le film. Je n'avais évidemment pas besoin de tout ça, mais les syndicats nous l'imposaient. On aurait facilement pu se passer de la moitié des camions dans une configuration européenne... Je n'avais même pas le droit de conduire ma voiture, j'avais un chauffeur. C'était une vraie usine...

**En quelle langue dirigiez-vous ?**

En anglais. J'avais deux interprètes : l'une pour m'exprimer et me faire comprendre de l'équipe et des comédiens, l'autre pour travailler mes dialogues. Je tournais quand même à ma manière : j'écrivais mes dialogues le matin et je lui soufflais les textes en français qu'elle se chargeait de traduire.

**Avez-vous effectué beaucoup de repérages pour ce film ? Les extérieurs semblent difficiles à localiser, les paysages sont très verdoyants...**

Nous avons tourné en janvier et février, au moment où les pluies avaient cessé... Tout a été fait à Los Angeles et dans la région. J'ai également voulu tourner certaines scènes en studio. La rue du village, c'est la rue Warner-Bros. Je me suis servi des trois plateaux différents. Mais nous avons dû repeindre une ville en rouge, terre comprise...

**Vous aviez jusque-là peu eu l'occasion et le désir de travailler en studio. Avez-vous pris du plaisir à décider de l'agencement du décor, en quelque sorte de vous muer en architecte ?**

Pendant tout le tournage, je me suis pris pour un metteur en scène américain. J'ai d'ailleurs fait tout le film à la grue Chapman, dont je suis tombé amoureux. L'image n'arrête pas de monter et de descendre, du premier au dernier plan. À l'époque, l'aura de **Un homme et une femme** était très présente et les metteurs en scène des autres plateaux débarquaient en curieux pour me voir. Parmi eux, Spielberg, qui était en train de réaliser **1941**... Je me souviens de lui, un matin, au milieu de ses maquettes et de ses trains électriques... car toute la fête foraine du film était

La grue Chapman en action.

reconstituée en miniature. J'ai voulu jouer le jeu du metteur en scène à l'américaine, mais avec la « french touch ». **Un autre homme, une autre chance** est un film que j'aime beaucoup mais qui présente quelques longueurs. Je n'ai pas voulu couper certains plans. Je voulais conserver tout ce qui me plaisait dans le western et tout ce qui me plaisait dans mon cinéma.

**Cette « Lelouch touch » se retrouve notamment dans le montage. À un moment, Francis Huster disparaît, et on ne sait pas où il est passé. On apprend incidemment qu'il est mort, jusqu'au moment où on le retrouve au cours d'un flash-back qui raconte une attaque d'Indiens à laquelle d'ailleurs il réchappe... Vous continuez à jouer avec le spectateur...**

Il est clair que l'on retrouve mon univers. En voyant le film, on se dit que c'est bien l'un des miens.

**On vous retrouve aussi dans la scène du « pique-nique ratatouille ». Vous avez le don de saisir ce courant qui passe entre les êtres au moment de la séduction...**

La rencontre entre deux êtres est pour moi un moment délicieux. L'instant où un individu se dit : « Cette personne va changer ma vie » est un moment capital. Les rencontres débouchent toujours sur un changement, bon ou mauvais, elles nous font grandir, elles sont indispensables, comme la nourriture ou l'oxygène. Je suis le résultat de mes rencontres. Les gens dont le chemin a croisé le mien m'ont façonné, plus particulièrement les femmes. Comme tous les vrais solitaires, je déteste la solitude. Tout comme le héros de **Itinéraire d'un enfant gâté**, qui part pour se retrouver face à lui-même, mais qui en même temps est dans l'espoir de faire des rencontres, de découvrir des gens qui vont l'améliorer. Le jour où j'ai pris conscience de l'importance des rencontres, je me suis dit qu'il fallait que je les filme le mieux possible. Si une rencontre est ratée, je ne crois plus au film. À l'inverse, si la rencontre est belle, tout le film s'en trouve bonifié. **Brève Rencontre**, quel chef-d'œuvre ! **Sur la route de Madison**, pareil ![1] Pourtant, tout n'est pas aussi clair que cela dans une rencontre. À un moment, l'un des protagonistes a nécessairement envie de vampiriser l'autre, de se l'approprier. Après l'avoir consommé, on peut avoir le désir de jeter l'autre. Je consomme beaucoup, en amour et en amitié. J'avoue avoir massacré pas mal de femmes et d'hommes qui ne s'en sont remis que lorsqu'ils avaient eux-mêmes pris ce qu'il fallait. Quand deux personnes s'estiment, c'est pour se voler quelque chose.

Sur la route de Madison

1. **Brève Rencontre** : film de David Lean, 1945, avec Trevor Howard et Celia Johnson.
**Sur la route de Madison** : film de Clint Eastwood, 1995, avec Clint Eastwood et Meryl Streep.

**Avez-vous une théorie pour filmer ces moments de grâce ou y allez-vous au feeling ?**
J'y vais totalement au feeling. Pour que la rencontre soit réussie, il faut d'abord que le casting le soit. C'est-à-dire qu'il est indispensable que les deux personnages, mais aussi les deux comédiens, aient envie de se rencontrer. Quand je prends Gérard Lanvin et Béatrice Dalle, je sais qu'ils ont envie de se rencontrer : c'est le sujet de **La Belle Histoire**. Pourquoi ai-je souffert sur **À nous deux** ? Je pensais que la rencontre Deneuve-Dutronc serait belle. Or, il se trouve que Dutronc avait manifestement davantage envie de rencontrer Deneuve que l'inverse. Cela se sent à l'image. Et j'ai souffert, parce que ce n'était pas cela que j'avais prévu. À chaque plan, quand je disais « Coupez », j'étais un peu frustré. J'aurais adoré qu'il y ait une vraie liaison entre mes deux comédiens.

**Mais Anouk Aimée n'était pas avec Jean-Louis Trintignant, pas plus que James Caan avec Geneviève Bujold ? Ce sont aussi des acteurs...**
Tout à fait, mais Anouk ne se défendait pas de Jean-Louis et réciproquement. Catherine s'est protégée, comme elle a dû se protéger de moi. Le film qui existe n'est pas celui que j'avais souhaité faire. Ce qui n'est pas nécessairement une mauvaise chose, avec le recul. Je pense que **À nous deux** a bien vieilli. Si tout avait été selon mon désir, il est probable que j'aurais fait un film trop romantique et que cela aurait desservi le propos.

**Pour ce qui concerne la distribution de Un autre homme, une autre chance, qui a été engagé en premier, Geneviève Bujold ou James Caan ?**
Au départ j'avais pensé à Al Pacino. Je l'ai rencontré dans un hôtel à New York avec Alexandre Mnouchkine. En discutant, je me suis rendu compte que c'était un acteur compliqué. Il m'a beaucoup interrogé : il voulait tout rationaliser. Je lui ai dit que je ne me posais pas trop de questions avant le tournage. Les questions reçoivent une réponse collective sur le plateau. Et je n'ai la réponse définitive que lorsque le film est

terminé. D'une certaine manière, je « sais » le film que je veux faire quand il est fini. Pacino m'a quand même demandé de pouvoir réfléchir quelques jours. Il disait être intéressé. Puis nous sommes partis pour Los Angeles, Mnouchkine et moi. Nous y avons rencontré Paul Newman. Pendant le déjeuner au Beverly Wilshire, il s'est levé cinq fois pour téléphoner. Il avait manifestement un problème urgent à régler. Il m'a quand même dit qu'il était emballé, mais pendant que je lui racontais le film dans mon mauvais anglais – Mnouchkine prenait le relais quand je butais sur un mot –, je sentais bien qu'il n'était pas là... Il m'a demandé de reprendre la conversation une autre fois... C'était très désagréable. En fait, ni Paul

Newman ni Al Pacino ne m'ont jamais dit non, mais le film s'est fait sans eux. Je me suis posé un temps la question de faire appel à Steve McQueen, qui était

sur la pente descendante. Nous devions le rencontrer à Los Angeles, mais il fallait attendre trois ou quatre jours. C'est à ce moment-là que James Caan a fait irruption dans ma chambre : « Bonjour, je m'appelle James Caan. J'adore vos films et je tourne avec vous quand vous voulez. Au revoir. » Et il est parti sans même me serrer la main. Avec Mnouchkine, nous avons appelé la réception pour le faire revenir. Il est remonté. « Qu'est-ce que vous voulez ? Un western ? » J'aime les fonceurs. Nous avons parlé de ses chevaux. Il possédait un cheval dont il était fou, qui s'appelait Durango. Il m'a demandé de le prendre pour le tournage. Tout allait dans le sens du film : James Caan savait déjà faire tout ce qui aurait nécessité un peu d'apprentissage chez un autre : jouer au billard, monter à cheval ou attraper un veau au lasso. Et il avait participé aux championnats du monde de rodéo ! Alors prendre un lasso, ouvrir la bouche d'une vache, monter à cheval, c'était facile pour lui. C'est marcher qu'il ne savait pas faire...

**Et Geneviève Bujold ?**

Geneviève Bujold m'a fasciné. Pourquoi ai-je fait appel à elle ? D'abord parce que je l'admirais comme comédienne. Ensuite parce qu'elle parlait français, ce qui n'était pas inutile pour tourner les scènes françaises, et de plus, sur le tournage, je n'avais pas besoin de parler anglais pour la diriger. Et puis Geneviève est d'une fragilité incroyable. Elle est à la fois belle sans l'être, elle est crédible. Elle peut traîner dans l'Ouest sans que cela semble déplacé. Enfin je trouvais qu'elle formait un couple formidable avec James Caan.

**C'était la première fois que vous faisiez un film en costumes...**

Sur une période que je ne connaissais pas du tout, oui ! Nous avons beaucoup travaillé sur le plan historique. Quand nous sommes arrivés aux États-Unis, pour la partie western, j'ai exigé du costumier les costumes authentiques des gens de l'Ouest, et pas ceux de Tom Mix ou de Hopalong Cassidy.

**Où ont été tournées les scènes du siège de Paris ?**

À Rouen. Les mouvements de caméra étaient compliqués et les reconstitutions, importantes. Les décorateurs ont beaucoup travaillé sur place.

**Le film traite de l'émigration des Français...**

L'émigration française est infiniment plus modeste aux États-Unis que celle des Irlandais, des Polonais ou des Italiens. Je crois que d'une certaine manière, on peut mesurer le bonheur d'un pays à son taux d'émigration. La France est un des pays qui a fourni le moins d'émigrés à l'Amérique ; sans doute les Français n'étaient-ils pas trop mal chez eux. Cela dit, il y a eu des rejetés... Ce sont eux qui m'intéressent.

**Ce sont les rejetés de la misère qui veulent s'offrir une nouvelle chance. Six mois plus tard, vous mettiez en scène les rejetés de la Commune.**

James Caan, Claude Lelouch et Alexandre Mnouchkine.

Nous en avons discuté à l'époque et j'ai fait le choix de la misère...

**S'ils avaient été des rejetés de la Commune, ils auraient pu arriver aux États-Unis avec des idéaux sociaux et politiques différents.**
Mais ils ne seraient pas rentrés aussi facilement. La misère permet de rentrer dans l'essentiel tout de suite. La politique est une forme de luxe.

**Un luxe essentiel...**
Quand vous avez faim et froid, vous ne raisonnez plus.

**Mais Francis Huster a du recul par rapport aux choses. Il est capable de commentaires.**
Tout à fait, parce qu'il est photographe et qu'il regarde. Il est objectif.

**À un moment, on lui demande : « Comment peux-tu rester spectateur ? » C'est presque une critique que vous pourriez vous faire à vous-même...**
Je me suis souvent posé la question quand j'étais caméraman d'actualités. Quand vous filmez des horreurs, ce n'est pas toujours facile de trouver la juste distance par rapport à la scène. Je me souviens des morts du barrage de Fréjus dont on a déjà parlé : je ne me suis jamais senti aussi mal que lorsque je filmais les familles éplorées devant les cadavres. Je me disais : « Claude, tu devrais reposer ta caméra et aller parler à cette femme. Elle a plus besoin du bras tendu d'un être humain que d'une caméra qui filme. » Je me suis souvent posé la question. Je me suis trouvé des alibis, bien sûr. Si je filme un accident de voiture, j'arrête de filmer si je suis tout seul pour secourir les blessés. Mais si quelqu'un devant moi est secouriste, je peux avoir le courage et la force de filmer. La question n'aura jamais de réponse définitive : rappelez-vous, en Amérique du Sud, la petite fille qui s'enfonçait dans la boue pendant plusieurs jours devant les caméras...

**Ce que Billy Wilder avait annoncé dans *Le Gouffre aux chimères*.**
Je ne sais pas ce que j'aurais fait si j'avais été présent. Au moment où les tours du World Trade Center se sont effondrées, nous avons vu de très jolis plans sur la foule qui courait et passait devant la caméra. Cela voulait dire que le caméraman était resté et qu'il avait des couilles. J'ai également gravé dans ma mémoire une photo de la bataille de Stalingrad où l'on voit le soldat qui est en train de tuer celui qui le prend en photo. Ou encore un cliché du débarquement du 6 juin 1944 avec celui qui descend de la

péniche et celui qui le vise. Ce que j'admire chez les reporters, ce n'est pas leur voyeurisme, c'est leur courage. En Algérie, quand nous allions filmer sur des pitons des petits engagements furtifs et que nous sentions venir les coups de feu, nous nous protégions. Nous tenions la caméra à bout de bras en cadrant au jugé. Et nous tremblions pour nos mains. La grande différence entre deux reporters pendant le danger, ce n'est pas la technique, c'est le courage. De nombreux caméramen amateurs ont filmé le tsunami : on voit bien la différence entre ceux qui se rendent compte de ce qui se passe et ceux qui ne se rendent pas compte. J'étais à Budapest en 1956. Un jour, je me suis retrouvé dans une impasse. Un char est venu sur moi. Il avançait. La tourelle a pivoté. Je me suis retrouvé dans la ligne de mire du canon. Le fracas des chenilles sur les pavés, vous ne pouvez pas savoir ce que c'est. Nous savions que le seul moyen de ne pas être coincé par un char c'est de foncer sur lui, monter dessus et passer de l'autre côté. Mais on a beau le savoir, il faut y aller ! Heureusement que j'avais l'information. Si on ne l'a pas, on se prend le feu.

**Il y a dans Un autre homme, une autre chance l'une des scènes les plus dures que vous ayez jamais tournées, même si vous avez la pudeur de ne pas aller jusqu'au bout : le viol et le meurtre de la femme de James Caan. Vous êtes caméra sur l'épaule et nous, nous sommes au cœur de l'action. Dès que les poursuivants attrapent leur proie : fondu au noir… Nous sommes loin de la phrase de L'Amour avec des si : « Le viol c'est dans la tête des femmes, ça n'existe pas. »**

Ce n'est pas la phrase dont je suis le plus fier. Mais pour en revenir à **Un autre homme, une autre chance**, la comédienne avait vraiment la trouille. Il faut dire que les mecs que j'avais choisis avaient des trognes effroyables… L'un d'entre eux m'avait même fait peur au casting. Il était gentil et charmant mais entièrement brûlé. Il avait un problème : il ne transpirait pas et il fallait arrêter le tournage régulièrement car sa peau ne respirait plus.

**Vous avez filmé assez peu de scènes de violence. Comment faire pour que la violence répugne le spectateur et qu'il s'intéresse à ses effets sans prendre le risque qu'il puisse ressentir une certaine jouissance ?**

C'est un peu comme les scènes de lit. Pourquoi les deux amants ont-ils envie ? C'est ça qui m'intéresse. Une fois dans le plumard, cela ne m'intéresse plus. Dans la scène dont nous parlons, dès que les types ont attrapé la femme, cela ne m'intéresse plus. Je sais ce qui va se passer. J'ai souvent vu des films sur des serpents et des souris. Ce qui est fascinant, c'est le ballet préalable, la souris qui se rapproche, le serpent qui tourne autour de sa proie… Au moment où le serpent attrape la souris, c'est fini, je sais ce qui va se passer. Je ne suis pas sadique. Quand il n'y a pas d'échappatoire, je n'ai pas envie de montrer la phase finale. Je m'arrête. Je ne veux pas que les gens baissent les yeux dans la salle. Je n'aime pas trop les films de Ferrara,

ceux de John Woo, ni le sang qui coule... L'exception à la règle, c'est Tarantino et son premier film, **Reservoir Dogs**, car on n'y croit plus. Je sais que je suis plus efficace si je reste sur la pointe des pieds, que je vais plus faire peur en m'arrêtant juste avant l'explosion de violence. À un moment donné, quand on rentre dans l'horreur, l'horreur n'est pas si horrible que cela. C'est l'idée que vous vous en faites...

**Dans Attention bandits il y a une scène très violente, quand Bruel, Yanne et Charles Gérard vont exécuter les meurtriers de la femme de Yanne. 95 % de vos personnages pardonnent. Même James Caan pardonne ! Là non !**
Cela correspond à ma façon de voir les choses. N'ayant jamais été confronté à un tel drame à titre personnel, je ne sais pas comment je me comporterais face au tueur d'un de mes proches. Je pense que je ferais tout pour qu'il souffre. J'ai plus envie de ça que de le tuer. La mort rapide est une sorte de cadeau. L'attendre dans le couloir de la mort pendant quinze ans est pire que toutes les exécutions.

**Il y a rarement de vrais salauds dans vos films.**
Il n'y en a pas !

**Si, parfois, dans les personnages secondaires...**
Parce que ça fait gagner du temps. Mais jamais parmi les personnages principaux. Ils ne m'intéressent pas. Je crois beaucoup à la tolérance.

**Pourriez-vous nous parler du tournage de la scène où James Caan, tout en émotion retenue, découvre que sa femme a été tuée ?**
James Caan est venu me voir et m'a demandé : « Dans combien de temps tourne-t-on cette scène ? – Je ne sais pas, le temps de préparer la lumière. – Non, sois précis, cinq minutes, six minutes, sept minutes ? – Si je te dis huit minutes ? Tu peux être prêt dans huit minutes ? » Il m'a dit oui. Il ne plaisantait pas car il prenait à l'époque des petits trucs. Il s'est fait une sniffette, il savait précisément au bout de combien de temps, pour une scène comme celle-là, il ne serait plus avec lui-même. Il voulait avoir un timing parfait.

**On est surpris par la sobriété de sa réaction.**
Nous avons beaucoup travaillé cet aspect. J'avais expliqué à Caan que dans ces circonstances, la sobriété est ce qu'il y a de plus fort.

**Il y a tout de même des gens qui tombent en sanglots...**
Pas tout de suite. Mon père est mort dans mes bras. Je n'ai commencé à pleurer que deux heures plus tard. Le mal s'installe, envahit votre corps et vos pensées. À ce moment-là, vous souffrez. Souvent, on se demande si on rêve. On a envie que ce soit un cauchemar, indépendamment de l'incubation, qui peut durer un quart d'heure ou cinq heures. Au moment où tout bascule, vous êtes mort. Vous avez déjà vu un mort ? Il ne fait rien. Le dernier que j'ai vu, c'est Ticky Holgado. Je suis resté une heure à le regarder, fasciné, comme s'il me disait des choses passionnantes. Sans rien dire. Sans rien faire. Il était souriant, il était beau[2].

**Pourquoi la Cinquième de Beethoven se fait-elle entendre d'un bout à l'autre du film ?**
C'est la période où j'ai découvert Beethoven. Mais je comprends que cela ait pu agacer. Moi, j'adorais ça. Ce musicien a rythmé ma vie. J'ai eu une période Beethoven comme j'ai eu une période Rachmaninov ou une période Ravel.

**La place historique de la photo dans le film, son invention et son développement constituent-ils un élément authentique ? L'arrivée de Bujold et d'Huster à New York est montrée avec des images d'archives en noir et blanc : c'était peut-être pour le suggérer...**
Ces images matérialisent la profession de Francis Huster. La photo a joué un rôle très important à ce moment-là. Elle a chassé les peintres figuratifs et a provoqué la naissance de l'impressionnisme. Sans la photo, le mouvement impressionniste n'aurait pas eu la même ampleur...

**Les deux Français sont en permanence dans leur démarche de travail, en train de se poser la question de savoir jusqu'à quel point ils peuvent arranger la photo, le décor, la vérité du personnage. Cela paraît secondaire sur le moment mais ces interrogations posent la question du cinéma par rapport à la réalité, celle de la fiction et du documentaire...**
Tout à fait. À l'époque, les photos étaient extrêmement posées, comme pour un tableau. Il fallait tenir la tête des gens qui restaient sans bouger parfois une minute entière. Les premières photos étaient très proches de la peinture. On a simplement réduit la journée de pose à une minute pour le modèle. J'avais envie de montrer cette étape intermédiaire, le relais entre la peinture et la photo telle que nous la connaissons.

2. Un an avant sa dernière apparition dans **Les Parisiens**, Ticky Holgado, sachant qu'il avait un cancer du poumon, avait demandé à son ami Claude Lelouch de faire un documentaire sur sa maladie. Claude avait accepté de filmer en équipe très réduite et en vidéo les moments importants de son hospitalisation, de ses opérations, ponctués d'entretiens avec le médecin. Malheureusement, Ticky est mort avant que le film ne soit monté ; Claude lui a promis que ce film verrait le jour.

# Robert et Robert 1978

## Apologie des ratés / Jacques Villeret ou le timide transfiguré / Le comble de la misère / Rationnel et irrationnel

**Le film est dédié à Philippe. Qui est-ce ?**
Philippe Ziskind, mon meilleur ami. C'est lui qui drague off Catherine Deneuve dans le train au début de **Si c'était à refaire**. Il venait de se tuer en voiture et nous lui avons dédié le film.

**Nous avons le sentiment que quelque chose d'étrange se dégage du film, qui essaie d'être très réaliste sur certains plans tout en étant déconnecté de la réalité sur d'autres. On sent que ce qui concerne l'agence matrimoniale est extrêmement travaillé. Et d'un autre côté, la brutale notoriété de Jacques Villeret est difficilement crédible...**
Je crois que le film est majoritairement réaliste. Dans **Vera Drake**, le dernier film de Mike Leigh, j'adore le couple formé par la fille et son fiancé. Ils marchent dans un jardin et à cet instant-là, ils sont comme des animaux. De même, les deux Robert sont des hommes qui n'ont rien compris au monde dans lequel ils vivent. C'est pour cela qu'ils vont se rencontrer, puis se trouver. Ce sont deux ratés, que la société n'a pas envie de fréquenter et qu'elle rejette. Ils ont des désirs, une libido, mais ils ne sont pas sexy. Je voulais filmer deux êtres critiqués par tout le monde, y compris par leur mère. Il existe des gens comme ça, transparents, que l'on ne voit pas. Ils sont là et n'embêtent personne. Ils sont timides, ils restent dans leur coin, ils ne disent pas du mal des autres. Ils croient ce qu'on leur raconte : ce sont des proies faciles pour les agences matrimoniales.

Charles DENNER
Jacques VILLERET
Jean-Claude BRIALY
Germaine MONTERO
RÉGINE
Macha MÉRIL
Francis PERRIN
Josette DERENNE
Nella BIELSKI
Arlette EMMERY
Mohamed ZINET

**Vous avez croisé des gens qui correspondent à cette définition ?**

Bien sûr, sinon je ne les aurais pas filmés. Ils me touchent, comme me touche par exemple le jardinier qui chante dans **Hommes femmes : mode d'emploi**. C'est un homme qui aurait pu jouer dans **Robert et Robert**. Je suis cassé quand je les vois. **Robert et Robert** est un film que j'aime. J'ai pris du plaisir à le tourner. Mais je reconnais que c'est un film dans lequel il faut entrer. Il faut en accepter les codes.

**Il n'y a pas de réelle complicité entre les deux Robert...**

Même cela, ils ne parviennent pas à le gérer. Ils ne savent pas ce qu'est l'amitié. Mais les racines du film se trouvent dans le personnage de Jacques Villeret, un homme qui me fascinait et dont je pressentais les possibilités incroyables. D'une certaine manière, le film raconte son histoire. Celle d'un benêt qui devient star. Ce qui n'a rien de surprenant : les grands comédiens sont mal à l'aise dans la vie et ceux qui sont mal dans leurs pompes peuvent devenir de grands comédiens. Car ce sont de grands timides. Jusqu'au jour où ils deviennent des stars. Ils acquièrent alors des points de repères et dressent des boucliers. Le star-system est une forteresse qui conduit les autres à faire le premier pas...

**Villeret avait déjà tourné dans Toute une vie, Le Bon et les Méchants, Un autre homme, une autre chance.**

Je sentais qu'il allait devenir une immense vedette. Je voulais raconter comment un type aussi timide que lui pouvait se transformer. Nous pouvions dîner ensemble sans qu'il dise un seul mot, les yeux baissés en permanence. Villeret avait peur de tout. Ce type pouvait fasciner le monde entier et il ne le savait pas. Il ne croyait pas en lui. Déjà à l'époque, il se réfugiait dans l'alcool... J'étais conscient que les grandes pointures ne se repèrent pas toujours immédiatement. Ce n'est qu'à la fin du film, pendant le mariage, qu'il se révèle être un conteur hors pair. A star is born... C'est d'ailleurs en interprétant le rôle de Robert qu'il recevra son premier César...

**Mais pour montrer cette éclosion, vous avez eu besoin de passer par la case « agence matrimoniale ».**

Je l'ai fait parce que c'est là que se trouvent ceux qui ont peur de tout. Et notamment peur des femmes, peur de les inviter à danser... Aller dans une agence matrimoniale, sonner à la porte, entrer, exposer son cas à un étranger, admettre qu'on n'est pas beau, pas sexy, qu'on n'attire pas les filles, qu'on n'a pas un rond... tout cela représente pour moi le comble de la misère. Les agences n'ont aucun complexe à exploiter ceux qui sont au trente-sixième dessous. C'est ce que dénonce le film : c'est un aspect qui me semble réussi... J'aime bien aussi toute la partie où l'on voit Denner et son taxi. J'aime assez la scène où il conduit Villeret aux puces et qu'il lui fait payer la course. J'aime moins le voyage à Waterloo... Dans la seconde partie du film, je me répète, la dramaturgie n'avance plus. Et puis j'aurais pu être plus léger. Par exemple avec les lionnes ou l'escabeau qu'il faut enjamber...

**Pourquoi un voyage à Waterloo ?**

Normalement j'aurais dû conduire mes personnages dans les châteaux de la Loire : les agences adorent faire visiter les châteaux de la Loire. Mais j'ai préféré Waterloo parce que c'était cohérent avec la notion de défaite. Je suis allé en voyage aux châteaux de la Loire avec des clients des agences matrimoniales. Dans le car, il n'y avait personne avec qui j'avais envie de sympathiser. Les gens qui fréquentent les agences sont soit âgés soit invivables. Et les deux Robert sont naturellement invivables, ce sont des vieux garçons, chiants et épouvantables. Mais je voulais malgré tout les dépeindre avec tendresse : leur excuse, c'est d'être les plus malheureux du monde.

**Comment avez-vous enquêté sur les agences matrimoniales ?**

En m'inscrivant dans l'une d'elles, tout simplement. J'avais choisi une agence assez réputée. Je m'étais déguisé, avec lunettes et moustache, pour ne pas être reconnu ! Je faisais le con. Je jouais le jeu. Je suis tombé sur un type qui ressemblait beaucoup par son comportement au Brialy du film. Un type plutôt patient mais qui m'a pris beaucoup d'argent, en acompte. Il m'avait proposé de payer un forfait jusqu'à ce que je trouve l'objet de tous mes rêves, en tout cas jusqu'au mariage. C'était très cher mais je ne pouvais pas faire autrement si je voulais aller jusqu'au bout.

**À quel moment Charles Denner est-il arrivé sur le film ?**

Très vite. Quand Jacques Villeret m'a dit oui, il a fallu que je trouve quelqu'un qui, comme lui, avait peur de tout, peur d'une portière qui claque, peur de tutoyer son voisin...

**Est-ce que Denner n'en fait pas un peu trop ? Ce qui peut se comprendre quand il est avocat dans Si c'était à refaire et qu'il a besoin de faire des effets de manche, ou même quand il voyage dans Toute une vie, laisse ici pantois. La moindre réplique prend des dimensions phénoménales. Sa rencontre avec l'Égyptien incarné par Mohamed Zinet est pleine d'emphase...**

C'était voulu : pour exister et se faire remarquer, le con peut en faire beaucoup. Si j'ai pris Denner, c'est parce que quand il vous disait bonjour, il vous donnait le sentiment que c'était la chose la plus importante de l'histoire du monde. Il procurait de l'importance à tout ce qui n'en avait pas. Quant à la scène dont vous parlez, elle me permet de mettre en scène une confrontation pacifique entre un Juif et un Égyptien. La guerre du Kippour était encore très présente à l'époque dans les esprits...

**Les rencontres dans les soirées dansantes sont effrayantes... D'habitude dans vos films les bals sont remplis de chaleur... Ici, il faut vite déchanter...**

Les bals sont effectivement sinistres. Ce sont des bals de célibataires, totalement organisés. Ils ne ressemblent à rien de connu. Je les ai également fréquentés pour les besoins de l'enquête et je peux vous assurer que j'ai rarement autant souffert...

**Quelles sont les figures libres les plus marquantes ?**

Villeret qui fait la circulation au début du film. Et les scènes de l'agence avec Brialy, quand Denner regarde les photos. Il est parfait quand il répète en boucle la phrase qu'il a apprise : « Mademoiselle, je crois que nous avons rendez-vous... » Cette phrase devient essentielle pour lui alors qu'elle est anodine. Plus il la répète, plus elle est fausse.

**Le film présente tous les ingrédients du vaudeville. Pourtant, plus on avance dans le film, plus on peut le trouver douloureux.**

Je n'aurais jamais fait un vaudeville avec ce sujet-là. Cela fait trop mal. Quand on ressort d'une agence matrimoniale, on se demande où on a mis les pieds. Tous ceux qui y entrent ont peur, et la peur n'est pas sexy. Le courage si ! C'est pour cela que les agences organisent des soirées qui reconstituent le hasard de la rencontre alors que les deux cents personnes présentes ont payé pour venir. Et dès que vous prenez contact avec votre cavalier ou votre cavalière, vous savez qu'il ou elle aussi cherche quelqu'un. Ce sous-entendu diminue les deux protagonistes au lieu de les grandir. C'est terrible.

**Comment a été conçue cette musique étrange avec des réverbérations un peu stridentes ?**

Elle devait mettre mal à l'aise, mais je n'ai pas trouvé ce que je cherchais. Il aurait fallu mieux expliquer la réussite fulgurante de Villeret pour la justifier.

**Justement, dans vos films, nombreux sont les personnages qui connaissent une réussite éclatante, du saltimbanque de Itinéraire d'un enfant gâté jusqu'aux filles de Une pour toutes...**

C'est un des sujets qui est au cœur de ma vie : je l'ai vécu avec le succès international de **Un homme et une femme**.

**Nous avons le sentiment que son caractère inattendu a changé toute votre vie et que vous vous demandez en permanence encore aujourd'hui comment cela a pu vous arriver.**

Je me pose la question encore aujourd'hui, effectivement. Quand on fait un film, on ne peut pas savoir s'il va marcher. J'imagine que Jean-Pierre Jeunet ne savait pas en réalisant **Le Fabuleux Destin d'Amélie Poulain** qu'il allait déclencher l'engouement que l'on connaît. Je n'ai jamais imaginé que

la terre entière pouvait être touchée par mes petites préoccupations personnelles. Pour écrire, puis réaliser mes films, je pars d'histoires que j'ai inventées. Le jour où j'ai eu le sentiment d'être universel, cela a été un choc. D'autant que je restais lucide : je savais que je n'étais en aucun cas l'égal de Welles et de Chaplin, au grand jamais... En revanche, j'ai toujours pensé que j'étais une grande antenne, que je captais des informations que tout le monde ne pouvait pas recevoir et que j'étais là pour les décoder. Il y avait de quoi péter les plombs : « Pourquoi moi, pourquoi avoir choisi un illettré comme moi pour expliquer à la terre entière certaines choses ? » Tous les Jeunet, Spielberg, Fellini, Scorsese ont dû se poser cette question à un moment donné. Et Voltaire, Diderot, Molière, Hugo et tant d'autres avant eux...

**Et Van Gogh ?**

Van Gogh n'a pas vendu un tableau de son vivant alors qu'il est aujourd'hui l'un des plus grands peintres de l'histoire, celui qui est allé le plus loin avec un pinceau. Son insuccès à l'époque montre que le public n'y connaissait rien. Même les spécialistes. Si Van Gogh avait vendu ses toiles de son vivant, il ne serait pas où il est aujourd'hui. Je dis dans **Les Parisiens** que les artistes sont les « chouchous du bon Dieu » et je le pense vraiment. Je prends le risque de reconnaître qu'à un moment donné, quelqu'un m'a parlé. Je n'ai jamais eu le sentiment d'avoir écrit mes histoires moi-même : on me les a soufflées. Pour récompenser ma curiosité, et avec elle mon amour de la vie. Qu'est-ce qu'un artiste ? Quelqu'un qui est là pour décoder ce que l'irrationnel a envie de nous dire mais qu'il ne peut pas nous dévoiler en direct. Parce que le grand secret de la vie doit être protégé.

**L'artiste parle-t-il mieux du monde que l'économiste, le philosophe ou le prêtre ?**

Sans aucun doute. Parce qu'il n'est pas dans la comptabilité ou dans l'obligation de résultat. Le ministre des Finances doit rendre des comptes. L'artiste, lui, se situe dans le long terme. L'univers est une immense entreprise avec des paliers. Je ne sais pas à quel palier nous nous situons mais selon mon concept philosophique, je pense que l'univers a un grand projet. C'est un bon projet, mais avant qu'il arrive à terme, il va falloir des années de réflexion. J'ai envie d'être un bon soldat de ce projet global. Si je n'y croyais pas, je ne me lèverais pas tous les matins à cinq heures, je n'aurais pas la discipline que je me suis fixée. On m'a demandé de faire partie du monde en tant que conteur d'histoires. Mon rôle est de créer des enthousiasmes.

**Votre vision du monde ressemble à vos films, qui sont à la fois rationnels dans ce qu'ils montrent et irrationnels dans la façon de le faire...**

Ce mélange fonde ma vie. La dualité était présente dans le couple formé par mes parents, puisque l'un était juif et l'autre catholique. Mon cœur balance. Je peux me servir de mon cœur et de mon intelligence.

Apparition de Jacques Chazot dans une scène coupée au montage.

Sur les quarante films que j'ai tournés, plus des trois quarts ont démarré sur des décisions irrationnelles.

# LA JUDÉITÉ

Un Juif est une personne en transit. Il n'est chez lui nulle part. C'est un nomade dont la vigilance est démultipliée. Quand on est Juif, on n'a pas le droit de se reposer. Le Juif a toujours un petit malheur d'avance, comme je le dis dans *Les Misérables*. Je n'ai jamais vu un Juif heureux. Il n'a pas le talent d'être heureux. Il est constamment dans le combat et la méfiance.

Je suis complètement d'accord avec Sartre quand il dit que la judéité a été définie par l'antisémitisme. Tout le génie juif est issu de cette haine qui nous donne des forces colossales. La haine est beaucoup plus créatrice que l'amour. À cause de cette haine, les Juifs sont obligés de se surpasser pour convaincre et séduire. Ils savent très bien que le succès est aujourd'hui la seule règle qui compte. Un Juif sans succès ne fait pas le poids. Le succès compense.

Il y a une histoire que je voulais mettre dans *Les Uns et les Autres* mais que je n'ai pas réussi à caser. Deux femmes vivaient dans des conditions difficiles au dernier étage d'un immeuble de la rue Saint-Denis. Une des deux avait une machine à coudre et la prêtait régulièrement à sa voisine le samedi et le dimanche pour qu'elle puisse repriser. Elles étaient très amies et un week-end, la première n'a pas pu prêter la machine parce que son mari avait du travail supplémentaire à faire. Pendant trois semaines, elle n'a pas prêté la machine et l'autre l'a dénoncée aux Allemands. La femme a été arrêtée et la voisine a pris la machine.

*Partir Revenir.*

Le peuple juif est sympathique et j'ai envie de lui appartenir. Quand j'étais enfant, mon père m'a donné un conseil, celui de n'avoir confiance en personne sauf en lui et maman. C'est resté et je suis devenu producteur de films car je n'ai confiance en personne. Je préfère tout contrôler parce que je souffre moins quand je me trahis moi-même que lorsque quelqu'un d'autre le fait.

Le spectacle convient au peuple juif. Il s'agit de battre des records et de toucher les foules. C'est normal qu'il y ait énormément d'artistes juifs dans tous les domaines. Le Juif a besoin de convaincre et l'art est une bonne façon de le faire. On nous demande tous les jours de convaincre et le succès d'un Juif ne peut pas servir à un autre. On le récupère évidemment mais, à chaque fois, on fabrique de l'antisémitisme.

*La Belle Histoire.*

Quand je suis allé présenter *Un homme et une femme* en Israël en 1966, un journaliste m'a demandé pendant la conférence de presse ce que ça m'avait fait d'avoir quitté le kibboutz pour aller faire du cinéma à Paris et d'y revenir aujourd'hui. Or, je n'ai jamais grandi dans un kibboutz. Ils avaient récupéré le succès de *Un homme et une femme* et ils voulaient faire de moi un homme du sérail. Le mec pensait que j'avais honte de dire que j'étais parti d'un kibboutz et que j'y avais fait mes premiers films d'amateur. J'avais l'air d'un traître qui reniait ses origines.

*La Belle Histoire.*

C'est en même temps merveilleux d'être Juif, car la barre est très haute. Il faut être meilleur, plus généreux pour compenser cet antisémitisme latent. Le fait d'être Juif a dû jouer un rôle important pour moi. Évidemment, personne ne dira jamais : « Je suis antisémite et je massacre Lelouch parce qu'il est Juif. » Mais ce n'est pas impossible que ça ait parfois pu jouer en ma défaveur.

Hitler nous comparait à des rats et disait que nous ne pensions qu'à nous, que nous étions un summum d'égoïsme et que nous ne voulions rien partager. Pour lui, les Juifs ne pensaient qu'aux Juifs et exploitaient la Terre à leur profit. Il a parfaitement défini l'antisémitisme. Il avait réussi à faire croire que si tout allait mal dans le monde, c'était la faute des Juifs, qui avaient accumulé toutes les fortunes. C'était la pensée unique de l'époque. Beaucoup pensaient qu'en exterminant le peuple juif, le bonheur reviendrait sur Terre. Le Juif était le cancer qu'il fallait opérer et extraire. Le discours de Hitler est un discours qui existe depuis la nuit des temps.

Je viens de revoir le film de Kazan, *Le Mur invisible*, avec Gregory Peck qui se fait passer pour Juif pour mieux tester l'antisémitisme de la société. Quel sujet formidable ! J'aurais aimé réaliser ce film. Toute ma vie j'ai demandé à mon père pourquoi on n'aime pas les Juifs. Mon père m'a répondu une chose terrible : « On n'aime pas les Juifs parce qu'il n'y a pas de Juifs moyens. Ils sont très bons ou très mauvais ! Il y a des génies et des cons. Les cons récupèrent les génies. Ce sont eux qui fabriquent l'antisémitisme. » J'ai répondu à mon père : « Papa, tu es le plus antisémite de tous… » Il m'a dit : « Peut-être, mais j'ai la lucidité… » Cette opinion prolonge la phrase de la mère de Charles Denner, dans *Robert et Robert*, qui dit : « Mon fils est le seul Juif qui n'ait pas le sens des affaires ! »

*Les Uns et les Autres.*

*Les Parisiens.*

# À nous deux

1979

## Catherine Deneuve fait de la résistance / De l'usage du road movie / Le génie de Paul Préboist / Les images, les mots et la musique

**Vous avez souvent dit ne pas aimer les suites. Pourtant, À nous deux présente plus d'une correspondance avec Le Bon et les Méchants…**
J'avais très envie de retrouver le tandem Villeret-Dutronc. J'avais remarqué que les deux acteurs avaient pris beaucoup de plaisir à travailler ensemble, mais sans être allés au bout de leur voyage. Avec **À nous deux**, je ne leur ai pas pour autant fourni le scénario qui leur aurait permis d'achever ce voyage, puisque dans le film Deneuve prend rapidement la place de Villeret. L'idée de départ repose donc sur une suite, mais très vite, je suis parti dans une autre direction. J'aimais beaucoup le couple Dutronc-Deneuve. Je me disais que l'union de la désinvolture et du cynisme d'un côté, et de la beauté et de la méfiance de l'autre, correspondait bien à l'époque du film. La question posée était : « Comment une femme qui déteste les hommes peut-elle tomber encore amoureuse ? » **Un homme et une femme** racontait l'histoire de deux êtres qui ne croient plus à l'amour. J'aime dresser le portrait de personnages qui ont des doutes. Si je voulais faire un film sur Dieu, je retiendrais des personnages qui n'y croient pas. Si j'arrivais à les faire changer d'avis au bout de deux heures, mon pari serait réussi. J'aime ce type de défi.

**Le choix des comédiens en dit déjà suffisamment sur les personnages eux-mêmes. C'est vrai pour**

Catherine DENEUVE
Jacques DUTRONC
Jacques VILLERET
Gérard CAILLAUD
Bernard CROMBEY
Paul PRÉBOIST
Gilberte GENIAT
Bernard LECOQ
Jean-François RÉMI
Monique MÉLINAND
Guy RÉTORÉ
Marie-Pierre DE GÉRANDO

**de nombreux réalisateurs, plus particulièrement pour vous : vous prenez Belmondo dans Itinéraire d'un enfant gâté en raison de son image auprès du grand public. C'est la même chose pour Jacques Dutronc et Catherine Deneuve…**

Quand je forme un casting, je me sers du vécu de chacun et je m'efforce de transformer les inconvénients en avantages. Si vous amenez Belmondo dans une tragédie, vous vous faites du mal. Mais dans une comédie, l'équation ne sera pas la même. Au moment où j'ai fait **À nous deux**, Deneuve était une immense star et Dutronc le meilleur représentant du je-m'en-foutisme parfait. Je me disais qu'il était plausible qu'ils tombent amoureux l'un de l'autre. Cela m'aurait forcément passionné, car Deneuve est une femme très sélective et Dutronc est un peu macho… Sur le papier, c'est un couple qui existe. À l'arrivée, cela n'a pas été le cas…

**N'est-ce pas un peu à cause du sujet du film ? Deneuve ne veut pas tomber dans l'illégalité et s'efforce d'en faire sortir Dutronc. Celui-ci a décidé de rester un voyou et essaie d'amener Deneuve vers lui, en lui expliquant qu'elle ne s'en sortira pas seule. Et elle finit par gagner…**

L'amour est au centre de toutes les histoires. **Robert et Robert**, **À nous deux**, **Partir Revenir**, tous mes films ne parlent que de cela. L'amour est la colonne vertébrale de l'humanité. Les films qui l'ignorent sont pour moi handicapés. Dans **À nous deux**, ce qui intéresse les deux personnages, au-delà de ce qu'ils ont fait ou n'ont pas fait, de ce qu'ils sont ou ne sont pas, c'est de parvenir à faire jaillir une étincelle entre eux qui leur permettra de s'exprimer et de tirer le meilleur de chacun. Quand on est amoureux, on a envie que cela dure : pour cela il faut aller à l'essentiel. J'ai beaucoup fréquenté de gens qui avaient un côté suicidaire, de Jacques Villeret à Philippe Léotard… Je peux vous assurer que lorsqu'ils tombaient amoureux, leur appétit de vivre revenait au galop. Mes films parlent de l'importance de la relation amoureuse, de ce qu'elle a de formidable et de détestable…

**Nous trouvons que cette distance entre les deux comédiens est un des charmes du film. Les personnages sont obligés de cohabiter. Ils se parlent sans se parler…**

C'est vrai que cela sert le scénario, mais j'aurais malgré tout aimé que les personnages se comportent comme des enfants face à une histoire d'amour, qu'une vraie fêlure se dévoile. J'adore voir un homme comme Jean-Paul Sartre tomber dans la guimauve pour Beauvoir, ou encore Miller devenir fou d'amour pour Marylin. C'est intéressant de voir quelqu'un qui connaît toutes les idées et toutes les émotions du monde se mettre à patauger comme tout un chacun.

**Vous semblez frustré. Pourtant, À nous deux vieillit plutôt bien. Même s'il n'est pas souvent cité parmi vos incontestables réussites…**

J'étais triste le dernier jour de tournage. Jusqu'au dernier jour, j'ai espéré. Quand le film s'est achevé, je me suis dit que je n'avais pas bien fait mon métier de metteur en scène car je n'avais pas réussi à obtenir des comédiens LA scène, celle qui reste dans les annales. Je n'en attendais pas trente-six, une seule aurait suffi à me soulager.

**Concernant cette scène que vous attendiez, ne pourrait-on qualifier ainsi celle où Deneuve craque en quittant le bateau ?**

Non, pas vraiment. J'espérais une scène de folie dans le motel quand le couple est cerné par la police. Un truc presque sexuel. Mais cela n'est pas venu. Sur le plateau, je sens d'ordinaire si je peux ou non tourner telle ou telle scène, en fonction de l'humeur des comédiens. Là, je n'ai jamais disposé de la météo nécessaire pour me lancer dans une scène furieuse. Au contraire, je pensais que si je m'y lançais, tout allait sonner faux.

**Les scènes de prison ont-elles été tournées dans une vraie prison avec de vrais gardiens ?**

Tout à fait, avec de vrais taulards également. J'avais eu l'autorisation de tourner à la Santé. J'adore les scènes où Dutronc interviewe le gardien…

**À nous deux est un road movie…**

Un boat movie aussi ! J'aime les films où un nombre limité de personnages se déplacent ensemble. Au final, il n'y a rien de plus intimiste… À l'époque, j'étais sensible autant aux décors qu'aux acteurs. Si je devais refaire ce film aujourd'hui, on verrait très peu le décor. On irait dans les mêmes endroits, mais je cadrerais davantage sur les comédiens. On entendrait le bruit du bateau, celui du train, celui du brise-glace, mais j'éviterais de les filmer. Je voudrais filmer le voyage en montrant exclusivement ce qui se passe dans la tête des personnages.

**Tout voyage est aussi intérieur et tout itinéraire se double d'un voyage moral ou intellectuel...**
La visite du plus beau château du monde avec une personne qui vous ennuie se transforme en cauchemar. La chambre de bonne la plus sordide avec celle ou celui que vous aimez devient un palais. Si je tournais aujourd'hui un road movie, ce serait à l'image de ce qu'il y a dans la tête de l'un et de l'autre. S'ils sont bien ensemble, nous ferons le plus beau voyage du monde. S'ils ne le sont pas, ça sera un cauchemar.

**Vous avez parlé de la météo des acteurs. Mais il faut sans doute tenir compte de la météo tout court : à -30°C, obtient-on les mêmes choses qu'avec un simple 0°C ?**
Le froid m'a aidé. Les meilleures scènes de Catherine sont arrivées quand il a fait très froid. Je la trouve bouleversante car elle est saisie. Sur un road movie, le déplacement est capital. Dans **Itinéraire d'un enfant gâté**, le voyage a été le vrai metteur en scène. Belmondo sur l'île de Marlon Brando, avec les oiseaux qui viennent lui manger dans la main, ce n'est plus moi qui fais la mise en scène. C'est la chaleur, l'endroit, les oiseaux. Il n'y a plus qu'à dire « moteur ». Je pars du principe qu'il faut montrer au spectateur ce qu'il ne connaît pas. Il m'a fallu du temps pour le comprendre. Si vous entrez dans un bistrot, cela ne sert à rien de montrer le lieu. Tout le monde sait à quoi ressemble un bistrot. Idem pour une salle de bains ou une chambre à coucher, sauf si celle-ci comporte un élément particulier.

**Quelle est l'origine du scénario de À nous deux ?**
C'est un fait divers. Je suis tombé sur l'histoire d'une femme qui faisait la guerre aux hommes. Elle avait été violée, comme le personnage du film, et elle avait décidé de consacrer sa vie à se venger. Une autre histoire que j'avais lue était encore plus cruelle. Deux auto-stoppeuses suisses s'étaient fait violer par un type qui les avait embarquées en voiture. Elles s'étaient vengées en reprenant la route. Un autre homme les avait prises, elles l'avaient endormi puis elles l'avaient castré. Une telle haine des hommes, m'étais-je dit, en ferait des personnages intéressants.

**Pour la première fois dans vos films, on voit apparaître Paul Préboist. Il effectue une prestation assez différente de celles que l'on verra dans La Belle Histoire ou Il y a des jours...et des lunes. Là, il n'est pas vraiment sympathique...**
Catherine Deneuve est recueillie et protégée par quelqu'un qu'elle se doit de détester. J'avais envie de brosser le portrait d'un vieux macho qui avait un mépris profond pour les femmes.

**Plus tard vous réutiliserez Paul Préboist pour des monologues véhiculant des messages philosophiques...**
Préboist est l'un des hommes les plus brillants que j'ai rencontrés. Extrêmement brillant. C'est d'autant plus fort qu'il passe pour un crétin. Il est vrai que sa filmo comporte un nombre assez incroyable de nanars. Pendant le tournage de **À nous deux**, où je l'ai vraiment découvert, nous sommes allés dîner un soir à Saint-Paul-de-Vence avec Catherine Deneuve. Il était dans une forme éblouissante. Je n'ai jamais vu Catherine rire comme cela. Préboist était d'une virtuosité intellectuelle sans précédent, doublée d'une très grande culture avec laquelle il jonglait. Je me suis dit qu'il serait vraiment intéressant de l'embarquer dans mes films : son humour ferait des merveilles...

Daniel Auteuil et Alain David en garagistes marrons.

**C'est lui qui porte les messages de Il y a des jours...et des lunes et de La Belle Histoire...**
Comme il avait tout compris et ne voulait embêter personne, il parlait avec une bonne humeur et un esprit qui donnaient le sentiment qu'il disait des

conneries. Mais derrière ces conneries se cachait toute la philosophie du monde. Quand nous travaillions ensemble, nous philosophions un peu, puis nous nous disions qu'il fallait faire passer le message à travers un vrai labyrinthe afin de lui donner un air débile. L'intelligence ne doit pas être ostentatoire si elle veut être entendue. Paul était d'accord : il fonctionnait comme cela depuis sa naissance : « Chaque fois que j'ai dit des choses intelligentes de façon intelligente, on m'a tourné le dos. Dès que j'ai déconné, on m'a écouté. » Nous savions que nous voulions dire des choses essentielles dans **Il y a des jours...et des lunes** et dans **La Belle Histoire**, mais il fallait le faire dans la cour de récréation. Pas en classe.

**Savait-il qu'il avait tourné essentiellement des navets ?**
Il le savait. Paul avait un talon d'Achille : l'argent. Le seul moment où il perdait son humour et redevenait un être normal, c'est quand il était confronté à l'argent... D'un seul coup, il devenait insupportable. Un sou était un sou. **Mon curé chez les nudistes**[1] était pour lui le moyen de payer ses impôts avant même d'être un film. Il prenait l'argent là où il y en avait. C'était un grand philosophe, mais il n'a pas trouvé son **Juge et l'Assassin**[2], comme Galabru. Car Paul a toujours souffert du succès de de Funès. Même quand il a tourné des films avec lui, ça ne se passait pas très bien entre eux, parce que de Funès sentait la concurrence.

**Le dernier plan de À nous deux est inattendu...**
Les deux héros arrivent à Manhattan et découvrent la ville au milieu d'un terrain vague. J'ai cherché très longtemps cet endroit. Je voulais montrer New York avec un premier plan de cauchemar. Ils arrivent à la fois dans la merde et dans le mythe. On comprend alors qu'ils ne sont pas tout à fait sortis de l'auberge. Un film d'amour peut se conclure par un baiser et les ennuis peuvent commencer juste après...

**Dans Un homme et une femme : vingt ans déjà, Trintignant rappelle à Anouk Aimée que vingt ans plus tôt, après s'être retrouvés sur le quai de la gare Saint-Lazare, ils se sont quittés cent mètres plus loin.**
Quand deux êtres décident de s'associer, l'idée d'avoir un projet commun est exaltante. Et puis, très vite, il faut résoudre les problèmes du quotidien. Tout devient alors compliqué et se dégrade. On le sentait formidablement bien dans **Autant en emporte le vent**, quand Vivien Leigh est avec Gable. Un baiser est un moment délicieux, mais quand il s'arrête il faut savoir ce que l'on fait. Il représente une promesse pour le travail colossal qui lui succède. Quand on est dans la précarité des sentiments, on n'a pas ces problèmes-là. C'est un peu pour ça qu'il n'est pas impensable

d'avoir la nostalgie de la guerre et de l'Occupation. Je me souviens des trahisons, mais aussi de moments de fraternité que nous n'avions jamais rencontrés auparavant et que nous n'allions pas retrouver par la suite. Ce sont parfois des événements dramatiques qui permettent de briser les barrières. Parce qu'ils réveillent la générosité. Dans **À nous deux**, les personnages peuvent être séparés à tout moment parce qu'ils sont recherchés par la police : cela renforce leur relation.

**Vous utilisez les voix off de façon assez originale dans la deuxième partie du film, des dialogues calés sur des images anodines...**
J'y ai pensé non pas à l'origine, mais au moment du tournage. J'avais besoin de gagner du temps sur le récit. J'aime bien les voix off. Comme j'aime bien la radio, qui tient souvent dans mes films le rôle de la voix off. Il faut se servir des images et des mots. Les mots disent des choses qu'aucune image ne pourrait suggérer, et vice versa. Quand on peut associer ces deux forces, le film est transfiguré. Ôtez-lui sa voix off et **Amélie Poulain** disparaît. Même chose pour **Un long dimanche de fiançailles**. La voix off célèbre le mariage de la littérature et du cinéma ; grâce à elle, le Pacifique rejoint l'Atlantique.

**Mais souvent vous mélangez ces voix avec d'autres mots, des sons, dans À nous deux mais aussi au début de Partir Revenir...**
J'adore ça. Mais l'effet m'a fait perdre pas mal de spectateurs à court terme. À long terme j'espère que cela confère au film une force. J'aime les mots, les images et la musique. La vedette, c'est l'image, mais comme j'en connais les limites, dès que je sens que celles-ci se profilent, je fais appel au texte. Avec les mots et l'image, je fais rire et pleurer. Et quand je veux en plus donner la chair de poule, je fais appel à la musique. C'est elle qui m'a rendu le plus de services au niveau de l'émotion. Que serait **Partir Revenir** sans Rachmaninov ?

1. Film de Robert Thomas (1982).

2. Film de Bertrand Tavernier (1976).

# Les uns et les autres

1981

Un Boléro place du Trocadéro / La musique au cœur / Maurice Béjart / Les affres (et les joies) du plan-séquence / Filmer les camps

Robert HOSSEIN
Nicole GARCIA
Geraldine CHAPLIN
Daniel OLBRYCHSKI
Jacques VILLERET
Jorge DONN
Rita POELVOORDE
Évelyne BOUIX
Macha MÉRIL
Francis HUSTER
Raymond PELLEGRIN
Jean-Claude BRIALY
Fanny ARDANT
Jean-Claude BOUTTIER
Richard BOHRINGER

**Commençons par la fin : vous tournez souvent les épilogues de vos films les plus riches en personnages en regroupant tout le monde en un lieu unique pour que l'on vienne d'une certaine manière saluer comme au théâtre...**
J'aime assez cela, et de ce point de vue c'est vrai que la plus belle de ces fins est celle des **Uns et les Autres**, les dix-neuf minutes du **Boléro** de Ravel, dix-neuf minutes de musique ininterrompue pendant lesquelles il est effectivement possible de rencontrer tous les personnages du film.

**Comment avez-vous organisé cette scène, dont on imagine qu'elle n'a pas été simple à mettre en place ?**
J'ai utilisé deux caméras que j'ai commandées moi-même. La première était sur les comédiens, avec une longue focale, la seconde devait tourner autour du ballet lui-même. J'utilisais une grue. Tout était dans le champ. Nous avons tourné de nuit jusqu'à trois heures du matin. Jorge Donn et les autres danseurs ont refait trois fois le numéro, ce qui est de la folie. Trois fois dix-neuf minutes ! Le lendemain, j'ai réalisé les plans de Geraldine Chaplin en haut de la tour Eiffel. À cette scène près, tout a été mis en boîte en une seule journée, la journée la plus folle de ma vie de cinéaste, avec dix-neuf minutes visibles sur l'écran. Une soirée incroyable, se terminant par des plans d'hélicoptère quand s'en vont les camions que l'Unicef m'avait prêtés. Je me souviens qu'il faisait très froid et que Maurice Béjart était venu me dire que Jorge Donn ne pourrait pas danser à cause de la température, ou alors comme un pied. Finalement il a dansé comme un dieu.

**D'où venait la figuration ?**
C'était un vrai public de deux mille personnes. Nous avions bouclé tout le quartier et proposé aux gens d'assister au spectacle. C'était moins coûteux mais plus compliqué qu'avec de vrais figurants, parce qu'il y avait des mouvements continuels de spectateurs qui se levaient et partaient. Il fallait gérer les flux. Et puis la météo était vraiment mauvaise. Jusqu'à ce qu'une tempête dégage le ciel. Ce soir-là, j'ai vraiment eu le sentiment que quelqu'un au-dessus faisait le boulot à ma place. J'aime ces journées de folie. Comme celle du Débarquement des **Misérables** ou encore celle du championnat du monde de boxe dans **Édith et Marcel**, quand la caméra descend sur le ring.

**Vous aimez la pression ?**
Oui, mais après coup. Sur le moment, la pression est vraiment très forte, surtout quand on est aussi le producteur du film. Dans certains cas, je sais que si je rate mon coup, je ne pourrai pas recommencer. Pour **Les Uns et les Autres**, je ne disposais du Trocadéro que pour quelques heures. On m'avait donné l'autorisation de poser deux hélicoptères sur la dalle après l'avoir sondée préalablement pour être certain que les terrasses n'allaient pas s'effondrer. Mettre une croix rouge sur la tour Eiffel a aussi été compliqué. Il a fallu un nombre incalculable d'autorisations. Puis, nous avons dû installer cinquante mille ampoules. Cette croix géante était une entreprise à elle toute seule.

**En écrivant Les Uns et les Autres, saviez-vous que le film allait se terminer par le Boléro ? La version télé proposait un épilogue se déroulant au Cambodge...**

Je n'avais accepté la série télé que pour financer le film. Nous avons livré une série de cinq heures que je n'aime pas beaucoup et qui n'apporte vraiment rien de plus que la version cinéma. Comme nous avons tourné en Super 35, nous pouvions livrer tous les formats possibles, y compris le 1/33, le format télévisuel. Mais pour moi, **Les Uns et les Autres** est un seul morceau de trois heures quinze.

**Qui était Willa Cather, dont la citation ouvre le film ?**
Une philosophe suédoise. Sa phrase illustre le thème même du film, la mémoire. J'avais vraiment voulu éviter de plonger dans les bouquins. Pour écrire ce film, j'ai pris une feuille de papier. J'y ai mis tout ce dont je me souvenais, sans avoir à vérifier les dates et les lieux... J'y ai introduit l'histoire de cet enfant que l'on découvre sur la voie, ainsi que toutes les histoires qui figureront dans le film. Ce n'est qu'après avoir construit l'ensemble que j'ai procédé aux vérifications nécessaires afin de ne pas commettre d'erreurs historiques. Je voulais par ailleurs inscrire le film dans la période qui m'a le plus marqué : c'était le film le plus personnel que j'avais jamais initié. En 1980, au moment du tournage, j'avais quarante-trois ans. L'heure de faire un premier bilan...
C'était aussi un film bilan, mais sur une autre période. J'ai besoin de faire le point de temps à autre. **La Belle Histoire** et **Les Parisiens** sont aussi des films bilans. Après chacun de ces quatre films, je crois avoir changé de direction.

**Votre mémoire est française. Quand vous est-il apparu que vos histoires devaient également se dérouler en Allemagne, en Russie et aux États-Unis ?**

James Caan et Sharon Stone dans une de ses premières apparitions au cinéma.

J'ai pris les pays qui m'avaient marqué. J'avais tourné aux États-Unis et en Russie avant même de réaliser mon premier long métrage. La rencontre de Kalatozov avait été capitale. **Les Uns et les Autres** est aussi un hommage à ce cinéaste, notamment à travers les plans situés dans la gare ou dans les escaliers. Les quatre pays sont complémentaires : l'Allemagne est celui qui m'a fait le plus souffrir, l'Amérique celui qui m'a fait le plus rêver, la Russie celui qui m'a donné envie d'être metteur en scène. Et la France est mon pays.

**Vous reliez ces quatre pays par la musique, ou plutôt les musiques, puisque se rencontrent la musique classique, le jazz, le music-hall...**

Je savais que la musique serait essentielle pour l'émotion. J'ai donc créé quatre familles de musiciens que j'ai suivies tout au long du film. Cela s'est imposé tout de suite.

D'une certaine manière chacun de ces genres musicaux éclaire ma passion pour la musique. Le jazz en est le cœur. J'ai découvert la musique classique plus lentement, mais elle est aujourd'hui essentielle. Quant au ballet et à la danse, ils scandent mon existence. Je ne suis sans doute pas marié avec une danseuse par hasard.

**James Caan jouait-il lui-même de la trompette ?**

Oui, il fallait qu'il soit crédible dans la peau de ce double de Glenn Miller, le musicien de référence de l'après-guerre. Je n'oubliais pas que j'avais gagné ma vie grâce au créateur de **In the Mood**, quand, adolescent, j'allais acheter ses disques pour les revendre... Le film met en scène des personnages inspirés de vraies figures célèbres : Glenn Miller, Judy Garland qui se détruit à l'alcool, Noureev qui choisit la liberté ou Karajan qui paye la note de son passé nazi et joue devant une salle vide à New York...

**Le croisement de toutes ces histoires a-t-il été particulièrement difficile à maîtriser au stade de l'écriture ?**

Non, car mon cerveau est conçu comme cela. Dans tous mes films je croise et je décroise les histoires. Mais il faut dire que la musique m'a bien aidé, une fois de plus. Ce film est celui du mariage de Michel Legrand et de Francis Lai. Une fois posé tous les événements, je savais que la musique allait relier les histoires. Francis Lai et Michel Legrand sont pour moi les deux plus grands compositeurs de musiques de films. Si je connaissais bien Francis, ce n'était pas le cas avec Michel Legrand. Mais sans lui l'aventure me paraissait difficile. Il était familier de cette époque, il l'avait couverte et analysée. Quand je l'ai rencontré, il m'a donné son accord, mais il voulait travailler seul. Je lui ai répondu que s'il savait manipuler toutes les musiques, Francis était quant à lui un mélodiste hors pair. Quand j'ai ajouté que je voulais faire chanter sur le **Boléro** de Ravel, Michel a fait un triple saut périlleux : « On ne peut pas toucher au **Boléro** ! » J'ai répliqué que rien n'était interdit puisqu'il s'agissait d'un gala de bienfaisance. À l'arrivée nous avons vendu un million de disques. Et c'était la sœur de Michel qui chantait !

**Comment les deux musiciens se sont-ils réparti le travail ?**

Francis a composé ses thèmes et les a donnés à Michel, qui a assuré la direction musicale de l'ensemble. J'ai

Daniel…

découpé entièrement le film sur la musique. Nous avons d'ailleurs, comme souvent, commencé par enregistrer la musique. L'enregistrement du **Boléro** a été un moment sublime. Ensuite nous sommes partis aux États-Unis mettre en boîte les musiques américaines. Nous avons engagé les musiciens qui avaient joué avec Glenn Miller. Une fois la bande musicale en place, j'ai construit le film. J'avais tout le déroulé en tête, que j'ai donné à Michel. J'ai donc écouté mon film avant de le voir, et j'ai réalisé l'importance du **Boléro**. Il allait être au cœur du dispositif, au figuré comme au propre, puisque c'est le cœur de l'humanité qui bat dans le film. **Les Uns et les Autres** n'est pas une comédie musicale, mais un film musical. Une fois la musique calée, j'ai écrit les dialogues. Puis j'ai fait traduire les scènes jouées en anglais, en allemand ou en russe. Restait le casting, qui était fondamental. Il ne fallait pas se tromper…

**Pourquoi avoir pris un comédien polonais pour incarner le musicien allemand ?**

J'avais déjà rencontré beaucoup de monde pour ce rôle quand nous avons été invités à Varsovie pour présenter **À nous deux**. C'est à cette occasion que j'ai fait la connaissance de Daniel Olbrychski, sans aucun doute l'acteur polonais le plus populaire du moment. Il avait à l'époque déjà joué dans **Le Tambour** et dans nombre de films d'Andrzej Wajda. Pendant la conférence de presse de **À nous deux**, à Varsovie, j'ai évoqué le projet des **Uns et les Autres**. Daniel s'est aussitôt proposé pour un rôle. « Parlez-vous allemand ? – Oui ! – Connaissez vous la musique ? – Vous m'insultez ! » Très vite, je me suis rendu compte qu'il était l'homme de la situation.

Barbra Streisand a failli tenir le rôle de Geraldine Chaplin. Je l'ai rencontrée à Los Angeles par l'intermédiaire de James Caan. Elle était enthousiaste. Puis j'ai discuté avec ses agents, et là on ne parlait plus la même langue. Streisand me demandait quatre millions de dollars pour quatre semaines de tournage, presque le budget du film ! Je ne pouvais pas suivre. Mais Barbra est quand même venue nous rendre visite à Paris pendant le tournage.

**En combien de temps le film a-t-il été tourné ?**

Treize semaines, ce qui est très peu. Et pourtant nous avons tourné dans tous les pays. Même si le Bolchoï est en fait la Bourse du travail à Paris et si Stalingrad est transposé à Montfort-l'Amaury. J'avais reconstitué un quartier de la ville dans une vieille ferme, que nous arrosions de neige. Les images correspondaient aux scènes d'actualités qui étaient logées dans ma mémoire et que j'avais conservées pendant quarante ans. Le tournage s'est apparenté à un marathon : à l'époque, je disposais d'une énergie colossale que je n'ai plus aujourd'hui. Je ne dormais pas, sinon par à-coups, vingt minutes par-ci, une heure par-là, pendant les pauses repas… En conséquence de quoi j'ai très peu mangé. J'avais un régime de sportif, de quelqu'un qui va faire le championnat du monde de boxe.

**À quel moment avez-vous décidé de systématiser l'emploi des mêmes comédiens pour incarner les fils et filles des personnages de la période précédente ?**

Pour moi c'est cohérent, dans la mesure où je suis persuadé que nous venons de très loin et que nous perpétuons la mémoire de ceux qui nous ont précédés. Mais en même temps je reconnais que le spectateur s'y perd un peu. En fait, c'est un code. Parce que au fond nous n'avons pas la même gueule que nos aînés. Pour la simplicité du récit, c'est mieux de changer. Et en même temps c'est une véritable idée de mise en scène. Certains sont allés voir le film cinq ou six fois pour mieux s'y repérer. D'autre part, c'est aussi le moyen de parler de la réincarnation. D'une certaine manière nous sommes déjà dans **La Belle Histoire**. Le film est un concentré de toutes mes obsessions. Il résume mes films passés et annonce mes films à venir. Il est particulièrement important pour moi. D'autant que c'est la première fois qu'apparaît Évelyne Bouix. Débute en parallèle mon histoire d'amour avec elle.

J'aime bien donner plusieurs rôles aux mêmes comédiens à l'intérieur d'un même film. Le cas des jumelles incarnées par Mathilde Seigner dans **Le Courage d'aimer** est exemplaire. Au départ j'avais imaginé les rendre très différentes. Puis j'ai indiqué à Mathilde :

…Olbrychski.

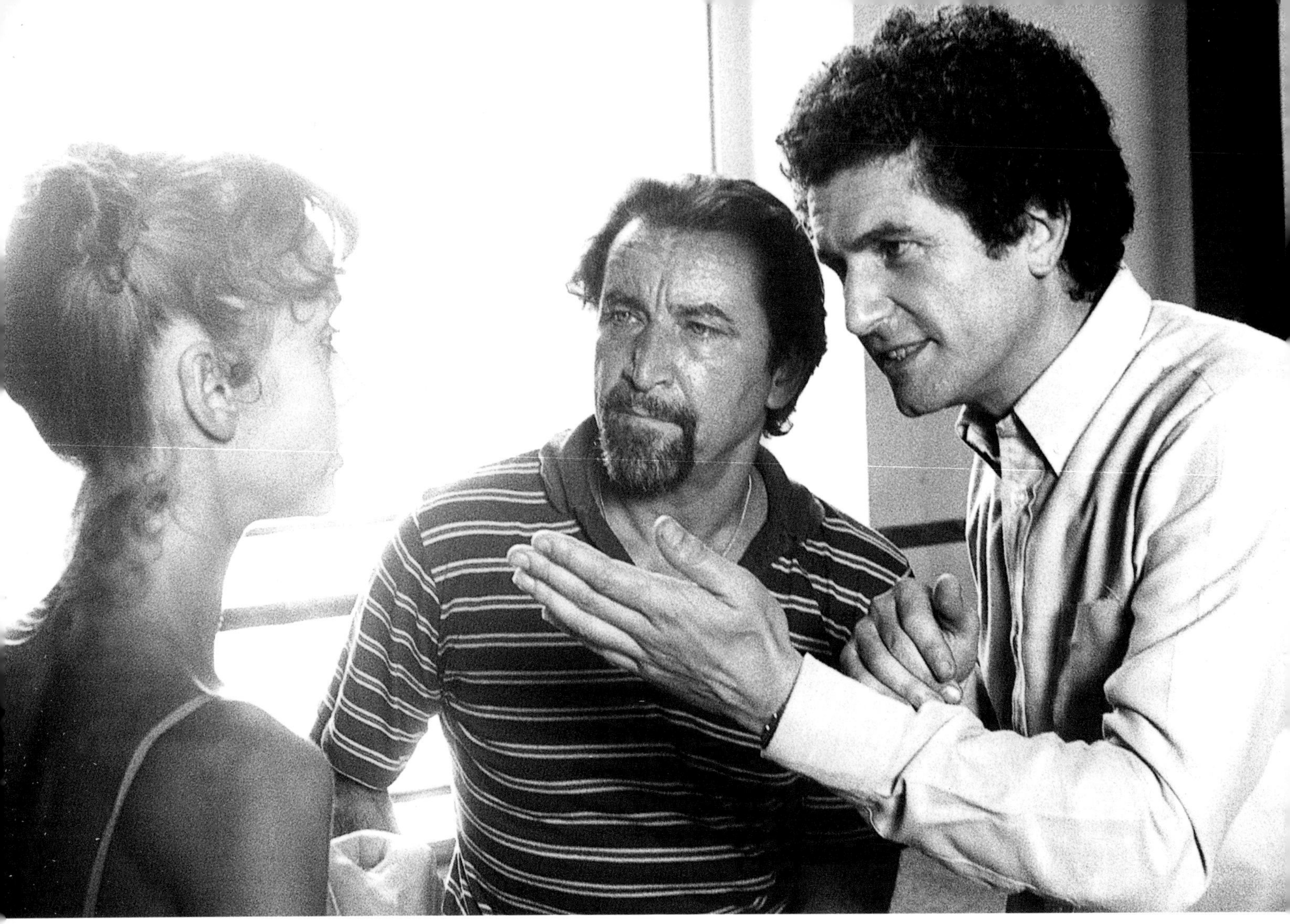

Rita Pœlvoorde, Maurice Béjart, Claude Lelouch.

« Plus les deux filles se ressembleront, plus le trouble sera grand. » Dans **À nous deux**, Catherine Deneuve aussi a une sœur jumelle très différente. En fait, j'aurais dû les faire coïncider. Cela aurait été plus poignant.

**Parlez-nous de Maurice Béjart...**

Au début de la préparation j'ai voulu rencontrer Noureev, qui était alors la référence en matière de danse. J'ai dîné avec lui, à son domicile du parc Monceau. J'avais le **Boléro** de Ravel en tête et je voulais que Béjart fasse danser Noureev. J'ai commencé par voir Noureev car des deux c'était celui qui disposait du plus grand prestige. Ce soir-là, Noureev m'a fait un numéro de star. Ce qui m'a passablement agacé. Il avait des idées sur tout, sur la chorégraphie, sur Béjart, qui ne pouvait pas intervenir, sur le **Boléro** qui devait être exclu... Je l'ai quitté en sachant que si je voulais mon **Boléro**, ce serait sans lui. Avec Béjart, au contraire, tout semblait simple. Il connaissait mes films, il a adoré le projet et nous avons sympathisé. J'ai pris toute sa troupe, dont Jorge Donn, qui en était le danseur vedette. Béjart avait composé son **Boléro** pour lui.

**En dehors du Boléro, sur quelles parties Béjart est-il intervenu ?**

Il a d'abord chorégraphié toutes celles comportant de la danse classique. En accord avec le scénario bien sûr. Tout a été rapide et facile avec lui. Il chorégraphie comme moi je filme. Il ne prépare pas grand-chose et crée au moment des répétitions en allant d'un mouvement à l'autre...

**Parmi les plans-séquences du film, celui de la cour du Louvre où la caméra panote à 360° est très spectaculaire...**

Il a été difficile à réaliser avec toutes les troupes. Nous avions bloqué le Carrousel, comme plus tard nous allions bloquer le Trocadéro, Montmartre ou la place de l'Opéra. Nous avons filmé au mois d'août à cinq heures du matin, quand le soleil se lève. Ce qui

signifie que les maquillages et la coiffure devaient démarrer à deux heures du matin. C'était l'époque d'avant le numérique, quand il fallait, en outre, ôter toutes les antennes télé sur les toits.

**Les scènes de la Libération sont-elles fondées sur des souvenirs ?**
Je les ai vécues. C'était un moment inouï. Une explosion de joie comme je n'en ai jamais vu… Ce jour-là, nous avons quitté le 132 du faubourg Saint-Denis où nous venions d'arriver pour aller sur les Champs-Élysées. Nous avons essayé de prendre le métro. C'était impossible. La queue démarrait non pas sur le quai, mais dans la rue. Nous y sommes donc allés à pied. Mais nous ne pouvions pas marcher car nous étions serrés dans la rue comme dans le métro. Comment avons-nous fait pour arriver place de la Concorde ? Je ne sais pas. Mon père et ma mère étaient très amoureux l'un de l'autre. Mais mon père faisait la tronche car ma mère a dû embrasser trois mille Américains. Il n'y avait pas d'Américaines à embrasser ! Je ne vous dis pas la gueule de mon père ! Comme la gueule de tous les Français dont la femme se faisait peloter mais qui devaient tout pardonner à leurs libérateurs. À un moment, comme j'étais tout petit, j'étouffais, je n'y voyais plus rien. Mon père m'a mis sur ses épaules et j'ai vu la foule. Quelle image pour un cinéaste ! Dans mes films, je me suis contenté de filmer la Libération de Paris dans des lieux où je n'avais pas besoin de beaucoup de figuration. Sinon j'aurais dû montrer la place de la Concorde noire de monde, le Palais-Royal idem…

**Nous avons le sentiment que l'Occupation ne concerne pas tout le monde. Elle est brutale à Paris, absente ou presque dans la France profonde.**
C'est exactement ce qui s'est passé. L'Occupation allemande a été cruelle dans les grandes villes. La campagne était trop difficile à contrôler. D'ailleurs nous nous y sommes tous planqués. Moi je gardais les vaches à Saint-Jouars. L'Occupation était palpable dans les moyens de transport, dans les trains, et dans les grandes villes : Paris, Lyon…

**Si nous ne devions conserver qu'un plan-séquence, ce serait celui de la gare, quand le retour des prisonniers est synchrone avec le départ des Allemands... C'est un vrai morceau de bravoure...**

C'est un plan qui me plaît. Nous avions deux mille personnes et ce n'était pas de la figuration bidon. On nous avait prêté une gare de triage à Paris. Nous avions bloqué les trains et les locomotives de l'époque. Nous avions deux hangars pour les costumes, une équipe renforcée pour les maquillages et les coiffures. Et une journée de tournage en tout et pour tout. Nous avons pas mal répété. J'ai tourné dix prises. Toute la logistique dans des cas comme celui-là repose sur les assistants.

**Dans les making of de vos films, on vous voit souvent parler aux figurants...**

J'ai toujours eu de bons rapports avec eux, parce que je leur raconte ce que je fais. Je ne laisse pas cette tâche aux assistants, comme le font certains cinéastes. Si le metteur en scène explique aux figurants : « Si vous ne jouez pas le jeu, je ne vais pas y arriver, nous avons tous une responsabilité », alors ils donnent tout. Ce n'est pas de la démagogie : dans un plan séquence, tout le monde est important.

# UN PLAN-SÉQUENCE D'ANTHOLOGIE

**Quelle longueur de pellicule contenait le magasin ?**

L'équivalent de quatre minutes. À l'époque, je ne pouvais physiquement pas porter plus.

Je tenais la caméra à la main. Le chef machino m'aidait à monter les escaliers, car nous n'avions pas de steadycam. Et au passage de la passerelle, on me portait. C'est un plan de folie totale. D'autant qu'il fallait en parallèle organiser le départ d'un train et l'arrivée d'un autre. Mais ce n'est pas de la virtuosité gratuite : l'histoire devait absolument être racontée dans la continuité, afin de bien montrer que les retours et les départs étaient concomitants. Une coupe, et tout était fini, du moins l'émotion n'aurait plus été la même. J'avais un trac inouï. Quand le plan démarre, je suis sur la grue. Un train est arrêté. L'autre entre en gare. La foule attend. L'orchestre de l'armée américaine se prépare, car on jouait alors de la musique pour accueillir les prisonniers. Puis la grue - sur laquelle je suis en équilibre - descend sur la foule. Une fois sur le quai, je saute à terre et j'avance avec la foule en même temps que le train arrive. Dès que celui-ci s'arrête, je suis la femme qui cherche son mari. Il fallait synchroniser toutes les descentes, tous les personnages marquants, qui revenaient et qui s'embrassaient. Puis la femme, bredouille, remonte les escaliers. Je la lâche. Je repars dans la foule, sur d'autres personnages qui s'enchaînent. Ils m'emmènent de l'autre côté. Je passe donc sur le pont et redescends jusqu'à Olbrychski. C'est vraiment de la chorégraphie. Derrière la caméra, j'avais le cœur qui battait la chamade. Je priais pour que tout marche.

**Sur le fond, ce plan-séquence est représentatif de l'esprit de votre cinéma, en ce sens que la joie des retrouvailles est tempérée par l'humiliation des vaincus. Comment était-il conçu à l'origine sur le papier ?**

Il n'était pas écrit comme cela. La séquence était découpée. Le matin, vers deux heures quand je suis arrivé dans la gare pour régler les problèmes de production, les premiers figurants commençaient à se rassembler. En organisant le planning avec mes assistants, je me suis rendu compte que les différents découpages envisagés ne me convenaient pas. Nous disposions de 2000 personnes, de la gare, des trains : il fallait que les spectateurs vivent ce moment dans son intégralité. Via un plan séquence. Le problème était de passer d'un quai à l'autre. Heureusement il y avait une passerelle. C'est le décor qui dicte la mise en scène. Nous avons aussitôt sorti les chronomètres, à deux heures du matin avec un plateau vide. Mais cela n'allait pas : difficile de descendre en dessous des quatre minutes. Et impossible de mettre un magasin de trois cents mètres, que je n'aurais pas pu porter. C'était déjà assez fatigant comme cela : je crois avoir perdu plusieurs kilos ce jour-là... Ce qui était plus grave, c'est que ma sueur produisait de la condensation et que je ne voyais plus rien dans le viseur. Je devais me reculer, pour que mon assistant passe le chiffon, avant que je ne recolle l'œil. Le risque était de laisser entrer le jour dans le viseur au moment où je m'écarte. Donc il fallait quelqu'un avec un placo derrière moi pour empêcher la lumière de pénétrer. Je criais « Loupe ! » et le placo se mettait en place. Je me retirais tout en continuant à tourner, en visant au jugé. J'étais aveugle l'espace de deux secondes, sans parler du moment où je voyais flou à cause de la condensation. C'était vraiment épique...

**Quelle prise avez-vous conservé ?**

Je ne me rappelle plus, mais je sais que j'ai été rassuré dès la première prise. Toutes étaient plus ou moins bonnes. Nous avons dû souvent recommencer à cause des coups d'œil caméra des figurants. Rien à redire en revanche du mouvement des trains, qui était réglé comme du papier à musique. Le soir nous étions contents d'aller nous coucher...

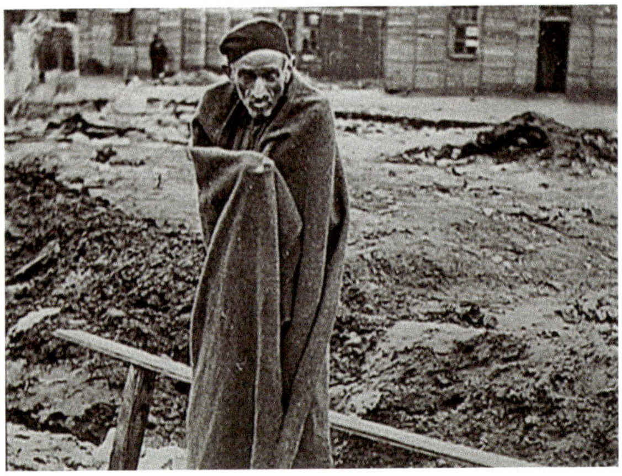

*Nuit et Brouillard*, d'Alain Resnais.

**Les images des camps sont les plus difficiles à tourner. Quelles sont les questions que vous vous êtes posées ?**

La musique m'a servi. J'ai utilisé l'orchestre pour faire passer l'émotion. J'ai tourné dans un vrai camp, celui du Struthof, en Alsace. Nous l'avons redécoré car il était devenu un peu « propre ». J'avais envie d'être impressionniste, un peu en référence à **Nuit et Brouillard** : tout voir et ne rien voir. Mais au fur et à mesure que je tournais, j'avais envie de montrer des choses…

**Comment vous situez-vous par rapport à tout ce qui a pu être représenté à l'écran, de Spielberg à Wajda, en passant par Pontecorvo ou Lanzman ?**

J'ai énormément de respect pour **Shoah**, le film de Claude Lanzman, mais il ne détient pas la vérité absolue. Il s'est investi d'une mission qui fait que son film nous touche mais au final moins que le film de Pontecorvo au moment de sa sortie. La critique avait

massacré **Kapo** en disant que l'on n'avait pas le droit de montrer ça. Mais je sais que Gillo est un homme honnête. Je ne suis pas fou du film de Spielberg, **La Liste de Schindler**, qui reste un peu trop hollywoodien. À l'époque des **Uns et les Autres**, je me situe un peu à mi-chemin. Je pensais aux enfants qui ne connaissaient pas les camps de concentration ; il fallait leur montrer sans faux-semblants tout en y allant sur la pointe des pieds. Le résultat n'est pas outrancier je crois. Il y a du brouillard, des barbelés. Mais je pense que sur le sujet, **Nuit et Brouillard** reste ce qu'il y a de plus fort.

**Le petit garçon dans la salle de classe...**

Il est interprété par mon fils Simon. Le personnage s'appelle Duvivier, comme Anconina dans **Itinéraire d'un enfant gâté**. C'était un clin d'œil au réalisateur. La scène se retrouvera dans **Les Misérables**, cette fois avec ma fille, volontairement. On ne peut pas faire ça à chaque fois avec un garçon...

**Les Uns et les Autres reste l'un de vos plus grands succès...**

Pourtant tout a assez mal commencé. Le film est allé à Cannes, en compétition. La critique s'est montrée assez virulente et le film ne figurait pas au palmarès. Je suis ensuite rentré à Paris pour la sortie. Le film a démarré à neuf ou dix mille entrées, de façon assez molle... Je me souviens d'être allé à la première projection du Publicis. C'était flou... Nous étions aux débuts du Super 35 et les machines n'étaient pas au point. J'étais furieux. Mais à la fin du film, standing ovation dans la salle, pourtant à moitié pleine. Les frères Siritsky, les distributeurs, m'ont ensuite appelé pour me dire que c'était la même chose à Lyon, Montpellier, un peu partout en France... Par le bouche à oreille le film a tenu tout l'été et totalisé plus de neuf cent mille entrées à Paris, plus que **L'aventure c'est l'aventure** je crois. Il a ensuite cartonné dans le monde entier.

# LA DANSE

*Les Uns et les Autres.*

*Chantons sous la pluie*, de Stanley Donen et Gene Kelly.

La danse et la musique sont jumelles. L'une et l'autre sortent du cercle de la raison. On comprend la nature des gens quand ils dansent. Comme le chant, la danse permet de se lâcher, à ceci près que le chant est moins révélateur, car il nécessite un effort de mémoire pour retrouver les notes et respecter la mélodie. Je suis moi-même un mauvais danseur car j'ai le besoin de conserver un certain contrôle. Or, quand on danse, on doit tout lâcher. La danse et la sexualité vont ensemble. Il est rare qu'une danseuse n'ait pas en parallèle une relation forte avec le sexe. La danse est une pulsion.

Tout le monde peut chanter et tout le monde peut danser. Mais tout le monde ne transforme pas cela en art. Les mouvements peuvent devenir d'une complexité inouïe. Rares sont ceux qui parviennent à atteindre le niveau d'un danseur étoile ou de Fred Astaire…

*And Now… Ladies & Gentlemen.*

*Le Bon et les Méchants.*

*Swing Time*, de George Stevens, 1936.

*Tout ça... pour ça !*

*Le Bon et les Méchants.*

*Un homme et une femme : vingt ans déjà.*

*Les Uns et les Autres.*

Claude et Alessandra.

*Les Misérables.*

# Édith et Marcel

1983

La mort de Patrick Dewaere / Le film à pile ou face / Souvenirs de Cerdan et Piaf / De la fragilité des choses / À la recherche de la perfection…

Évelyne BOUIX
Jacques VILLERET
Francis HUSTER
Jean-Claude BRIALY
Jean BOUISE
Charles GÉRARD
Marcel CERDAN JR.
Charlotte DE TURCKHEIM
Micky SÉBASTIAN
Maurice GARREL
Ginette GARCIN
Philippe KHORSAND
Jany GASTALDI
Candice PATOU
Tanya LOPERT
Jean ROUGERIE
Beata TYSZKIEWICZ

**Vous aviez jusque-là créé de toutes pièces les personnages de vos films. Pourquoi avoir choisi, avec Édith et Marcel, de redonner vie à des personnages réels, et qui plus est célèbres ?**

À l'époque, je disais souvent à Évelyne Bouix, avec qui je vivais : « Tu ressembles à Édith Piaf ! » Cela ne lui faisait pas plaisir : elle la trouvait très laide. Mais quand je lui ai dit que je voulais tourner un film sur Piaf et qu'elle allait interpréter le rôle, tout à coup, elle l'a trouvée très belle ! Je ne voulais pas raconter toute la vie de Piaf mais le moment de son existence qui selon moi la représente le mieux : son histoire d'amour avec Marcel Cerdan. Édith Piaf a passé sa vie à être amoureuse. Des Marcel Cerdan, elle en a eu vingt-cinq ! Mais Cerdan a été plus Cerdan que les autres. Tout Piaf est contenu dans cette histoire, son regard sur l'amour et sur les hommes, et la façon dont elle s'approprie quelqu'un, corps et âme.

**Patrick Dewaere devait incarner Marcel Cerdan...**

Je savais que Patrick pratiquait la boxe, je l'avais vu sur un ring. Ma proposition l'ayant enchanté, nous avons commencé à travailler. Je lui ai expliqué qu'il était hors de question de refaire **Rocky**, qui n'est qu'esbroufe. J'avais en tête de reconstituer les combats d'après les documents d'époque disponibles. Concernant le combat de Cerdan contre Tony Zale, à l'issue duquel Cerdan est devenu champion du monde, c'était facile : la rencontre avait été filmée. Nous avons regardé le film en boucle afin de refaire tous les coups. Ce n'était pas spectaculaire, mais l'authenticité m'intéressait. Je ne me suis jamais donné autant de mal sur un film pour être au plus près du récit. Je connaissais l'histoire sur le bout des doigts. Je me l'étais fait raconter par les intimes d'Édith Piaf dont Ginou, sa secrétaire, que Charlotte de Turckheim interprète dans le film. Édith lui avait tout raconté. J'ai travaillé comme si je devais faire un documentaire. Évelyne s'est mise à parler comme Piaf, à chanter comme elle, à prendre ses attitudes. Elle a visionné tous les documents disponibles... Un travail de titan.

Pendant ce temps, Patrick s'entraînait. Quinze jours ou trois semaines avant le début du tournage, j'ai fait des essais photo avec lui au bois de Boulogne. Puis nous avons déjeuné ensemble au Club 13, nous avons parlé de boxe, du film... C'était absolument impossible d'imaginer que cet homme allait se suicider deux heures plus tard. À un moment donné, on l'a demandé au téléphone. Je pense que c'était sa femme, mais je n'en suis pas certain... Patrick m'a dit : « Retrouvons-nous à cinq heures à la salle de boxe, je te montrerai ce que j'ai préparé pour la scène du championnat du monde. » De mon côté, je suis parti projeter **Quand passent les cigognes** à quelques techniciens pour leur indiquer quelles images je voulais. Pendant la projection, Charles Gérard est venu me dire que Europe 1 venait d'annoncer le suicide de Patrick... Autour de moi, c'était la désolation la plus totale...

**Aviez-vous la possibilité d'arrêter le film, couvert par les assurances ?**

Complètement. D'ailleurs, en apprenant la mort de Patrick, cela a été ma première réaction. Mais j'avais déjà réuni les techniciens et les acteurs. Le film était prêt à tourner. J'avais enregistré toutes les musiques. J'avais engagé Mama Béa, qui avait la voix de Piaf, pour les raccords. Sans parler de la déception d'Évelyne, qui avait travaillé comme une malade... Alors je me suis posé la question de savoir qui pouvait remplacer Patrick Dewaere. J'ai établi une liste...

**Jean-Claude Bouttier venait de jouer dans Les Uns et les Autres !**

Il ne pouvait pas convenir. D'abord, parce qu'il n'avait pas le physique de Cerdan. Ensuite, pour un puriste, il était sur le plan du style à trois cents kilomètres de Cerdan. Enfin, c'était Jean-Claude Bouttier ! La confusion aurait été totale et l'on n'aurait pas cru à l'histoire. Je me suis alors souvenu du fils Cerdan, qui n'était pas un très bon boxeur mais qui avait l'avantage d'être le sosie de son père et d'en avoir un peu le style. Cerdan junior est venu me voir. Il était énorme. C'était un poids lourd alors que Cerdan père boxait comme poids moyen. Je lui ai demandé s'il était capable de perdre dix kilos en quinze jours. Il m'a dit que oui. Était-il capable de se remettre à la boxe ? De jouer la comédie ? Les problèmes n'étaient pas minces. D'autant qu'il était gêné vis-à-vis de sa mère, la femme de Cerdan, Marinette, qui était toujours vivante. Il fallait lui demander l'autorisation. Pour elle, ce n'était pas facile d'évoquer la mémoire de la maîtresse de son mari.

Au milieu de tous ces problèmes, j'ai envisagé d'arrêter le film. J'ai quand même tourné des essais avec Cerdan. Et j'ai constaté que s'il ne jouait pas de façon instinctive, il savait du moins répéter ce que je lui disais, en étant assez juste. Mais je savais qu'il ne pourrait pas remplacer Dewaere. C'est pour cela que j'ai développé l'autre histoire, avec Huster et Villeret. Elle existait antérieurement, mais en filigrane. Elle prenait désormais de l'épaisseur. Mais je ne savais toujours pas s'il fallait faire le film ! J'étais seul dans mon bureau. Et j'ai joué le film à pile ou face cinq fois de suite. Cinq fois de suite la pièce est retombée du bon côté. J'ai tourné le film !

Patrick Dewaere. Essais d'*Édith et Marcel*.

**Combien de temps vous a-t-il fallu pour vous retourner ?**
J'ai appelé Cerdan deux jours après la mort de Patrick et j'ai pris la décision de faire le film au bout d'une semaine. Je pensais que cela faisait partie de ces défis et de ces contraintes qui sollicitent l'imagination. J'ai positivé. On a retardé un peu le tournage, de deux ou trois semaines. Et Cerdan a perdu ses dix kilos.

**Vous disiez avoir été d'une très grande fidélité par rapport à la véritable histoire d'Édith et de Marcel. Jusqu'où êtes-vous allé ?**
Reconstituer les décors de l'époque ne m'a pas demandé un effort surhumain. Mais je me suis particulièrement appliqué en ce qui concerne les combats. Au cours de la scène du championnat du monde, tous les coups portés sont les coups réels. Le quatrième round a été terrible pour Cerdan. Il a pris une raclée. Nous ne savions pas comment il allait s'en sortir. Nous étions catastrophés. Puis c'est reparti. J'ai filmé le onzième round exactement comme cela s'est passé, avec Zale dans les cordes qui se met à vaciller. Pareil ! Avec les mêmes cadrages que dans les documents d'actualité.
On voit aussi le véritable bar de Marcel Cerdan à Casablanca. Il y existait encore à l'époque. Depuis, il a été détruit. Tous les figurants ont été habillés avec les habits de l'époque, ce qui n'exclut pas quelques erreurs. Aujourd'hui, je ne filmerais pas pareil, je montrerais moins de choses. Même l'étalonnage serait différent.

**En réécrivant le film pour l'adapter à la nouvelle donne, quelles scènes avez-vous supprimées ?**
De nombreuses scènes entre Édith et Marcel, notamment leur rencontre à Paris, au Club des cinq. J'ai écarté un certain nombre de passages difficiles qui demandaient des prouesses d'acteur. Et parallèlement j'ai développé les rôles de Huster et Villeret. Cela a conduit au film que vous connaissez et que j'aime bien. On y croit, même s'il ne fait pas réellement décoller.

**On a le sentiment que ce film, avec ses grandes reconstitutions en studio, est une sorte d'hommage au cinéma français de ces années-là...**
Pas un hommage, plutôt une façon de retrouver l'ambiance de l'époque, les années 1948-1949, au niveau des décors, de la photo. Au moment du tournage, nous étions confortables sur le plan financier et nous avons dépensé beaucoup d'argent en ce sens. J'avais reconstitué le Club des cinq au Ciné 13. Et l'appartement d'Édith à New York a été complètement refait à partir de photos dont je disposais. Le décor était très important, il donnait sa tonalité au film.

**Il est rare dans votre carrière que deux « gros films » se succèdent...**
J'ai enchaîné **Les Uns et les Autres** et **Édith et Marcel** parce que j'étais porté par une vague. La météo était bonne : je pouvais faire ce que je voulais. **Édith et Marcel** a été tourné en huit ou neuf semaines, ce qui est très peu pour un film comme celui-là. D'autant que nous sommes allés à Casablanca, ainsi qu'à Budapest pour les scènes du camp de prisonniers. De façon un peu déraisonnable, je me suis offert un film luxueux qui pourtant n'a pas marché. Les médias l'ont un peu tué en en parlant de façon obsédante avant sa sortie. Nous avions toutes les couvertures, de **Match** à **Elle** en passant par **Télé star**. L'histoire du film a été archi-vendue : quand il est sorti, le public avait le sentiment de l'avoir déjà vu.

**Comment se sort-on humainement de la disparition subite et inattendue de son acteur principal ?**
Je ne connaissais pas Patrick Dewaere intimement. Nous n'avions pas encore fait de film ensemble. Si cela avait été le cas, comme avec Belmondo ou Ventura, je pense que j'aurais abandonné le projet. Là, nous nous connaissions comme des gens qui se rencontrent. Mais j'ai tout de même été très touché, à titre personnel et professionnel. Et surtout, j'ai été perturbé intellectuellement : je me demandais ce que cette disparition voulait dire... C'est pour cette raison que j'ai tiré à pile ou face.

**Croyez-vous à la malédiction de Piaf ?**
J'ai eu envie d'y croire à ce moment-là. Piaf a un peu pollué tous les gens qui l'ont approchée, à commencer par Cerdan. Elle les a pollués mais en même temps elle les a lancés...

**Étiez-vous sensible à la violence et à la fragilité de Dewaere ?**
Je le trouvais très Marcel Cerdan. Cerdan était une force de la nature sur le ring mais un enfant dans la vie. Naïf, gentil, généreux... Sur le ring, c'était un boxeur exemplaire. Je me souviens qu'il avait rencontré un adversaire (dont le nom m'échappe) qui avait accepté de se mesurer à lui pour des raisons strictement financières – il était ruiné. Sur le ring, Marcel ne l'a pas descendu. Il a tout fait pour parvenir au match nul. Il n'a jamais frappé le type, alors qu'il aurait pu le mettre vingt fois KO. Les juges ont fini par accorder le match à Cerdan aux points. C'était terrible : les gens sifflaient dans la salle.

**Avez-vous vu Cerdan sur un ring ?**
Plusieurs fois. La première, c'était en 1942, à Alger. Ce soir-là, Cerdan boxait à El Billard contre un boxeur qui s'appelait Omar le Noir. Je suis allé le voir avec mon père, qui était un fou de boxe, ce qui avait entraîné un petit scandale. Ma mère ne voulait pas que j'assiste à un combat. Mon père a finalement gagné, et je crois que j'ai commencé à avoir de l'admiration pour lui ce soir-là : il est devenu un héros en mettant KO les raisonnements de ma mère. Nous avions des places bon marché : nous étions loin et j'ai le souvenir d'une fourmi sur un ring. Pendant toute la guerre, j'ai suivi tous les combats de Marcel. De 1942 jusqu'à 1948-1949, il a progressé et j'étais fasciné. Après la guerre, pour obtenir de participer à un championnat du monde contre un Américain, il fallait s'être battu avec tout le monde. C'est ce qu'a fait Cerdan avec les Grazziano, les La Motta... des tueurs. La boxe en Amérique après la guerre était quelque chose d'hallucinant. On n'arrêtait pas les matches simplement quand le type était à terre, comme aujourd'hui. Cerdan s'était battu contre les meilleurs et avait gagné dans des conditions épouvantables. Le jour où on lui a donné la possibilité de rencontrer Tony Zale, l'Américain était largement favori. Il pensait qu'on avait organisé ce combat pour qu'il se fasse un peu d'argent. La rencontre a eu lieu aux États-Unis. Ce jour-là, la France entière s'était levée à trois heures du matin pour en écouter la retransmission à la radio. C'est Pierre Crénesse qui faisait le commentaire. Je me souviens de cette nuit comme si c'était hier. Nous n'avions pas dormi. De minuit à une heure du matin, nous avions discuté et marché dans les rues. Puis tout le monde s'était regroupé autour des postes de radio. Quand Cerdan a mis Tony Zale KO à la fin du onzième round, l'événement a été aussi fort que la finale France-Brésil de 1998, mais démultiplié : parce que c'était l'Amérique, parce que c'était un Français – en fait un Marocain – qui venait de battre un Américain. On imagine difficilement ce que cela représentait. Quand Cerdan est revenu à Paris, il a été reçu comme un héros, comme Lindbergh, par le président de la République. On ne parlait que de lui. Il a remonté les Champs-Élysées. Avec les copains, j'ai couru derrière sa voiture sur les Grands Boulevards, de la République au Rex.

**Vous l'admiriez plus qu'un autre ?**
J'en étais fou. J'avais grandi avec lui. J'avais deux idoles, Cerdan et Piaf... Le jour ou j'ai appris que les deux personnes que j'admirais le plus au monde avaient une liaison, j'ai pensé que c'était normal : je les aimais, donc ils s'aimaient !

**Connaissait-on leur liaison à l'époque ?**
Cela s'est su assez vite ! J'ai mis dans le film tout ce que Piaf m'a raconté dans la voiture pendant ces fameuses vingt minutes que j'ai passées avec elle devant les Galeries Lafayette[1]. Depuis mon enfance j'étais programmé pour faire **Édith et Marcel**. Encore aujourd'hui, quand on me demande quel est mon sportif préféré, je réponds « Marcel Cerdan ». D'autant que c'était un mec bien. Il a fait preuve d'un courage extraordinaire sur le ring...

**Et pourquoi Édith Piaf était-elle la numéro 1 de votre hit-parade personnel ?**
Ma mère et mon père n'écoutaient qu'elle à la mai-

1. Pendant le tournage du **Propre de l'homme**, Claude Lelouch s'était approché d'une voiture qui gênait les prises de vue. À l'intérieur : Édith Piaf, avec laquelle il a passé vingt minutes, notamment à évoquer Marcel Cerdan.

son. À force de les entendre, ses mélodies sont devenues pour moi comme une seconde nature. Très vite je suis tombé amoureux des chansons et de la voix de Piaf... Mais il faut dire que je n'étais pas le seul : la France entière était sous le charme...

**Et son aura ?**
Comme Cerdan ! Piaf était la femme du scandale. Elle parlait comme un mec. On l'appelait « patron ». Elle était libérée sexuellement. Elle allait d'un amant à l'autre, et c'est elle qui choisissait ! Elle disait qu'elle avait fait le trottoir, qu'elle avait été aveugle. Il y avait autour d'elle une légende qui alimentait chacune de ses chansons. Quand un de ses disques sortait, il y avait toujours un scandale pour l'accompagner. C'était sa façon de faire de la pub. Une vraie vie de dépravée, avec le vin, la drogue, l'alcool, les mecs à la clé. Et d'un seul coup, avec Cerdan, elle est tombée amoureuse d'un type bon, gentil, généreux, qu'elle allait polluer en l'obligeant à faire des combats quand il ne faut pas. D'une certaine manière, elle est devenue son manager, au grand dam de l'officiel. Si Cerdan a perdu contre La Motta, c'est parce qu'il ne s'entraînait plus. Édith Piaf est responsable de la perte de son titre.

**Vous avez vu Édith Piaf sur scène ?**
Plusieurs fois, surtout à la fin de sa carrière, quand elle chantait avec Théo Sarapo. C'était pathétique. Mieux vaut conserver le souvenir des années 40. Je l'avais vue chanter sous l'Occupation au Gaumont Palace. Et à la fin de la guerre, nous étions allés la voir en première partie de la projection des **Visiteurs du soir**.

**Vous étiez sensible à ce réalisme social de fille des rues ?**
Comme une chanson d'Aznavour, une chanson d'Édith Piaf raconte une histoire. On lui composait des chansons sur mesure : **Je ne regrette rien** marque par exemple son retour. Piaf a commenté sa vie en chansons. Elle ne prenait que des chansons pour elle. Dans le film, on la voit qui dit à Aznavour : « C'est bien mais ce n'est pas pour moi. » Quand elle était amoureuse, elle voulait chanter pour renforcer son amour, séduire son mec. Tout allait dans le même sens.

**Charles Aznavour vous en a parlé ?**
Oui, énormément. Beaucoup d'anecdotes du film viennent de lui. Ainsi que de Ginou, la secrétaire. J'avais besoin de nourrir le personnage de Piaf. Évelyne l'a très bien traduit. Le problème d'Évelyne à l'époque, c'est que nombre de gens qui avaient connu Piaf étaient vivants et que la ressemblance physique approximative pouvait en choquer certains. Encore que...

**Comparé aux rencontres qui peuplent vos films, le premier rendez-vous entre Édith et Marcel n'est pas très chaleureux...**
Au départ, quand on lui a parlé de Cerdan, Piaf a imaginé que c'était simplement pour faire une photo, un coup de pub. C'est peut-être pour cela que leur amour a été aussi fort. Elle était si souvent tombée sur des mecs qui se servaient d'elle, Aznavour le premier, mais aussi Montand, Constantine, Meurisse. S'ils sont tombés dans le lit d'Édith – sauf Charles, qui prétend ne pas y être allé, et je le crois volontiers – tous les autres ont fait des efforts. Même si la femme était fascinante, le sprint final était difficile.

**Aznavour a-t-il été troublé de jouer son propre rôle ?**
Non, et il a été très coopératif. Il a beaucoup aimé le

film sur cette histoire qu'il avait vécue en direct. Il a joué le jeu en reprenant certaines scènes de la vraie vie, par exemple les chansons au téléphone.

**Certaines chansons ont-elles été créées spécialement pour le film ?**

Oui, pour mieux le commenter. Les chansons racontent le film. Ce sont des « à la manière de » que Charles a composées. La première chanson du film, **Avant toi**, a été faite sur mesure. Pour la scène, nous avions trouvé des documents de l'époque. Évelyne est une copie conforme de Piaf. Elle est impressionnante.

**Vous montrez une Édith Piaf très croyante, se signant avant de monter sur scène, comme plus tard Béatrice Dalle dans La Belle Histoire, à la fois dévote et blouson noir.**

Piaf était croyante et superstitieuse. Elle prétendait avoir recouvré la vue par miracle à Lisieux. Les personnages de Béatrice Dalle et de Piaf sont proches.

**La structure du récit n'est pas aussi complexe que dans vos autres films...**

Pourtant, il y a deux histoires. Mais pas de flash-back, c'est vrai. Sauf au début du film, qui s'ouvre par la mort de Cerdan.

**Le film témoigne pourtant d'un certain classicisme : un cinéaste hollywoodien aurait pu tourner Édith et Marcel, pas Les Uns et les Autres.**

*Nous avons gagné ce soir.*

Je ne sais pas. Ce film-là aurait été différent à Hollywood. Les combats auraient été exagérés. Des films américains sur la boxe, il en sortait des flopées à cette époque-là, à commencer par la série des **Rocky**. Dans **Édith et Marcel**, les combats sont moins spectaculaires. Je ne voulais pas que l'on entende les coups, je voulais que ce soient des coups de boxeur, pas de superman... Sur le plan de la boxe, **Rocky**, c'est bidon. Un coup de Stallone assomme un bœuf. Personne ne peut s'en

*Raging Bull.*

relever... Même dans **Raging Bull**, qui est pourtant un film formidable, les combats sont exagérés. Pour ce qui concerne la boxe dans **Édith et Marcel**, ce qui gêne ceux qui s'y connaissent, c'est la musculation de Marcel junior, qui reste un peu légère. Il est trop gras : ce n'est pas le Cerdan pur-sang que nous avons connu...

**Cerdan avait des points communs avec Édith. Il était très superstitieux et très croyant.**
Quand il met de l'eau sous ses chaussures dans les vestiaires avant chaque combat, c'est pour être certain de revenir, comme chez les Juifs. Moi, quand je partais de la maison, ma mère me jetait toujours un verre d'eau pour être sûre que je revienne...

**Quand le film démarre, nous voyons les proches de Piaf qui se rassemblent dans l'antichambre. Nous pensons aux derniers moments d'Amidou dans La Vie, l'Amour, la Mort.**

C'est exactement de cette façon qu'Édith a appris la mort de Marcel. Il pleuvait ce matin-là. Édith dormait encore. Tous les proches sont venus. Ils attendaient qu'elle se réveille. Dans cette scène apparaît Francis Lai, qui autrefois a vraiment accompagné Édith Piaf à l'accordéon. Il s'est coupé les cheveux pour la circonstance. C'est une scène que nous avons soignée. Nous sommes partis des textes originaux, de ce qu'elle avait dit ce jour-là.

**Vous faites une analogie entre les deux entrées en scène, celle de Cerdan sur le ring et celle de Piaf au music-hall...**
Ils font le même métier. Ce sont des toreros. Ils affrontent la foule et s'en sortent en se dépassant. Ils ont les mêmes émotions, on les applaudit, on leur tend des micros... d'où le montage parallèle du début du film.

**L'arrivée de Cerdan se fond dans un plan-séquence. Nous partons du vestiaire et nous arrivons sur le ring. Nous avons l'impression que les plans-séquences déclenchent chez vous une fierté sportive.**
On vit un moment. On part de l'intime, dans les vestiaires, pour arriver au cœur du public. Quand Cerdan est monté sur le ring, j'ai grimpé avec lui. Dans cette scène, il rencontrait un Italien. Le comédien était un vrai boxeur et Cerdan ressemblait incroyablement à son père ce jour-là.

**Comment Cerdan junior a-t-il vécu le fait de rentrer dans les habits de son père ?**
Il connaissait bien Édith Piaf, qui s'était occupée de lui après la mort de son père. Ils avaient entretenu une relation. En revanche, si sa mère avait pardonné les infidélités de son mari, elle l'avait quand même toujours en travers. Cerdan junior en a été perturbé avant le tournage. Huit jours avant le premier clap, il hésitait, il avait peur. Mais en même temps, le défi était tellement énorme qu'il n'a pas eu beaucoup le temps d'y penser.

**Que représente la seconde partie du film, celle qui met en scène Margot de Villedieu ?**
C'est **Cyrano de Bergerac**, puisque Villeret ne parvient à ses fins qu'en trichant sur son identité et sa véritable capacité à écrire de beaux textes. Mais dans le film, à partir du moment où Piaf rencontre Cerdan, cette histoire secondaire perd de sa force. J'aime bien quand les histoires se chevauchent, que le film se situe sur plusieurs niveaux.

**Pourquoi Évelyne Bouix tient-elle les deux rôles ?**
Sans doute parce que j'étais follement amoureux ! C'est une décision qui a été prise à pile ou face là aussi. Je n'étais pas certain qu'il s'agisse d'une bonne idée...

**Au moment du triomphe de Cerdan, vous ralentissez la chanson Qu'est-ce qu'on attend pour être heureux. Elle devient mélancolique, en décalage avec la liesse des admirateurs...**
Parce que la chanson – que je reprendrai d'ailleurs dans **Les Misérables** – annonce le drame. La victoire est une fausse joie. Pour la femme de Cerdan, son mari est champion du monde mais celle qui est au bord du ring va le lui piquer. Simultanément, Villeret est ivre de jalousie à Cabourg. Ce n'est jamais simple...

**D'ailleurs vous utilisez le même effet de façon encore plus lugubre à la fin du film, au moment du départ fatal...**
Nous avons reconstitué à cette occasion le vol Air France de l'époque. Le contrepoint est alors total. C'est tout ce que j'aime... Pour moi, il est indispensable d'être sur ses gardes. Rien n'est jamais acquis. Il faut toujours avancer sur la pointe des pieds.

**Tourné au même moment, Le Dernier Métro était également une reconstitution d'époque. François Truffaut a-t-il vu Édith et Marcel ?**
Il avait adoré le film. Il était venu me voir pour me le dire, car la critique avait été assez dure. Elle m'avait reproché de ne pas avoir traité le sujet en ajoutant la deuxième histoire. En même temps, c'est cette histoire qui donne une saveur à l'ensemble. Surtout pour les gens qui ne connaissent pas Piaf et Cerdan. D'autant que c'est exactement la même histoire.

**Parlez-nous de la séquence finale, la succession des plans de Piaf seule sur scène dans le noir...**
J'avais trouvé un studio immense pour parvenir à filmer Évelyne comme un petit point. J'étais presque à cent mètres d'elle. Les deux tiers des morceaux sont interprétés par Piaf, le reste par Mama Béa. On n'entend pas la différence. Ce sont les chansons qu'elle a interprétées après la mort de Cerdan et qui lui étaient dédiées, comme **L'Hymne à l'amour**. Elle a passé le reste de sa vie à chanter Cerdan. D'ailleurs, si vous écoutez les paroles du film, j'ai choisi dans le répertoire de Piaf des chansons qui commentent l'intrigue.

**Pour Piaf, y a-t-il eu un avant et un après Cerdan ?**
Pour elle, la mort de Cerdan a été une vraie rupture. Elle l'a idéalisé et idolâtré. Elle ne s'en est jamais remise. Si Cerdan avait vécu, elle l'aurait jeté. Mort, il est devenu l'amour de sa vie.

**Édith et Marcel nous semble être un film de facture somme toute classique. Avant Un homme et une femme, vous enchaînez des films un peu potaches que nous jugeons marqués par la Nouvelle Vague. C'est petit à petit que vous changez de style, de même qu'il existe un fossé entre le Truffaut de Jules et Jim et celui du Dernier Métro. Comment percevez-vous cette évolution ?**
La découverte de nouveaux territoires me détermine pour me relancer. Je me comporte comme un voyageur qui se dirige vers des paysages qu'il n'a jamais visités. C'est ma motivation principale quand je commence un film. Je suis tellement fasciné par l'écriture cinématographique que je tremble à l'idée de devoir partir un jour sans avoir pu parvenir au bout de l'écriture parfaite. Qu'est-ce que l'écriture parfaite ? C'est un positionnement de caméra par rapport à une situation précise, de la musique, une construction dramatique, des dialogues adéquats. Pour moi, le plus beau film à ce jour en termes d'écriture reste **Quand passent les cigognes**.

**Dans certains de vos films, la mise en scène est plus ostentatoire qu'elle ne l'est ici. Dans Les Uns et les Autres, le plan-séquence de la gare se remarque, même si certains spectateurs sont pris par l'histoire. C'est moins visible dans Édith et Marcel. Est-ce que certains moments forts comme celui du Boléro ne risquent pas de bouffer le film qui leur donne asile ?**
C'est un mauvais exemple, car **Les Uns et les Autres** est entièrement construit sur le **Boléro**. Dans cette scène finale, je ne prends pas de risque en étant un peu ostentatoire, comme vous dites. À l'inverse, dans **Les Parisiens**, il n'y a pas de travellings, ou presque. La mise en scène est moins visible mais

plus efficace je pense, davantage tournée vers les personnages. Si aujourd'hui je refaisais **Édith et Marcel**, je montrerais plus les deux amants, et moins les objets ou les décors... Je ne ferais pas les grands travellings sur Piaf. Je serais plus sobre. J'ai fait l'amour pour la première fois dans la position classique. Après, j'ai essayé toutes les positions. Aujourd'hui, je sais qu'il y a une seule position vraiment intéressante, celle de la première fois. Si vous ne prenez pas de plaisir avec celle-ci, les autres ne sont que des positions de consolation. Une fois que vous avez tout essayé, vous revenez à la simplicité.

# LA BOXE

*Le Voyou.*

*And Now...Ladies & Gentltmen.*

Claude Lelouch lui-même.

*Les Misérables.*

Marcel Cerdan et Tony Zale.

*Édith et Marcel.*

*Robert et Robert.*

# Viva la vie ! 1984

## La prospective et le rêve / E.T., go home ! / De la manipulation / Les croûtes des comédiens / Les trois degrés de la narration

**Viva la vie ! est un film qui désarçonne à la première vision. On vous savait séduit par l'ésotérisme, on ne connaissait pas votre goût pour la science-fiction !**
J'aime la science-fiction quand elle s'engage dans l'idée d'une prospective à long terme. C'est davantage la science que la fiction qui m'intéresse, j'ai envie de savoir quelle sera la réalité de demain. Dans **Toute une vie**, je disais qu'un jour il serait difficile de faire des enfants. Cela ne s'est pas encore réalisé, mais l'apparition du sida constitue un sacré coup de semonce. Dans **God Willing**, que je prépare en ce moment, qui est de la même source d'inspiration que **Viva la vie !**, j'ambitionne de faire réfléchir sur ce qui surviendra dans cinquante ou soixante ans. C'est un peu la démarche de Kubrick dans **2001 l'odyssée de l'espace**, que j'adore. Je n'aime pas en revanche les petits monstres. Je ne partage pas la morale de **E.T.**. Si les extraterrestres ont la possibilité de venir sur Terre, c'est qu'ils sont plus évolués que nous, donc plus beaux et plus intelligents. Ils ne ressemblent pas à cette grenouille qui mime nos expressions.

**Dans le troisième volet du Genre humain, vous comptiez montrer les Martiens à l'écran ou les laisser dans l'ombre ?**
On ne les aurait pas vus. Toutes les images seraient restées subjectives, nous serions restés spectateurs. Les extraterrestres devaient être invisibles : si une caméra les avait filmés, elle n'aurait pas pu enregistrer leur image, comme s'il s'était agi de fantômes.

Charlotte RAMPLING
Michel PICCOLI
Jean-Louis TRINTIGNANT
Évelyne BOUIX
Charles AZNAVOUR
Laurent MALLET
Tanya LOPERT
Raymond PELLEGRIN
Charles GÉRARD
Anouk AIMÉE
Myriam BOYER
Patrick DEPEYRAT
Maryline EVEN
Philippe LAUDENBACH
Denis LAVANT
Martin LAMOTTE
Ged MARLON

Mais on aurait entendu une voix, ressemblant à un chant. Nous aurions inséré des sous-titres pour en donner la traduction en français.

**Viva la vie ! propose plusieurs niveaux d'explication à une même énigme : un adultère, une manipulation à l'échelle mondiale, enfin, un rêve. Aviez-vous une idée claire de la hiérarchie selon laquelle ces différentes explications allaient coexister ?**
Parlons de l'origine de **Viva la vie !**. Je me réveille habituellement très tôt le matin. Une fois, je suis arrivé à mon bureau vers cinq heures. Il faisait nuit et je me suis mis à imaginer ce qui se passerait si un jour le soleil ne se levait pas. J'en avais le vertige. J'en ai parlé avec des scientifiques qui m'ont expliqué que sans soleil, la Terre se refroidirait, et qu'en moins de trois semaines le climat ressemblerait à celui qui règne en Antarctique, avec de moins en moins de possibilités de se chauffer. Mais ils ne m'ont pas trouvé d'explication plausible à une « panne de soleil ». J'adorais tellement l'idée de cette séquence, de ces gens sur les Champs-Élysées, scrutant le ciel, que je l'ai conservée. Elle constitue une sorte de rêve dans le rêve.
J'ai toujours cru à la force du rêve. Mais j'ai toujours été déçu de constater que nous ne savions pas nous servir de ces informations qui nous parviennent à travers le rêve, et que nous abandonnons le matin en pensant qu'il s'agit de conneries. Si nous ne rêvons pas, nous mourons.

**Dans Viva la vie !, le rêve dispose d'une fonction évidente : il aide les personnages à prendre des décisions. Grâce à lui, Piccoli peut faire du ménage dans ses affaires et dans sa vie. En virant sa femme, en virant Trintignant, en virant Aznavour…**
… et en abordant Charlotte Rampling, qu'il va enfin draguer, après avoir rêvé d'elle pendant toute la nuit.

**Le rêve redistribue les rôles, puisque nous retrouvons les différents personnages sous une autre identité…**
Par bien des aspects, **Viva la vie !** parle de théâtre. À la fin, le frère devient le larbin, le chauffeur devient le flic, etc. Les acteurs ne connaissaient pas la chute du film. Je ne leur ai dévoilé cette scène où chacun change de registre que le jour du tournage. C'était un bonheur pour eux de découvrir qui était le jardinier, la fille, le chauffeur, le frère, le boucher… Si les comédiens avaient connu ce rebondissement depuis le départ, ils n'auraient pas joué de la même façon. Je le connaissais bien sûr depuis le début, mais eux, ce jour-là, étaient dans un état de fraîcheur totale.

**Dans ce film, l'irrationnel épouse le rationnel. La manipulation est le fait de l'homme le plus matérialiste qui soit, Michel Piccoli, dépeint en chef d'entreprise, et d'une comédienne jouée par Évelyne Bouix, une artiste donc…**
En plus, il organise ça avec celle qui dans la réalité est sa fille. Le film propose un jeu de miroirs. De tous les scénarios que j'ai écrits, celui-ci est probablement celui qui donne le plus le vertige. À l'époque, je me souviens d'un processus d'écriture sans fin. Je rajoutais tous les jours une couche et apportais un nouvel éclairage au scénario. Le film aurait pu faire peur aux spectateurs. Pourtant, il a plutôt bien marché… Sans doute parce qu'il offre malgré tout quelques explications…

**La scène où Évelyne Bouix demande Jean-Louis Trintignant en mariage est restée dans les annales…**
C'est une figure libre. Ce jour-là, je n'étais pas charrette sur le plan de travail. J'en ai profité pour tourner cette scène que l'on pouvait inclure ou non dans le film. Elle constitue un flash-back dans le rêve d'un autre, donc une couche supplémentaire dans les désordres temporels du film. Cette séquence fait partie des libertés que je m'offre et que le succès m'a autorisées.

**Viva la vie ! pourrait-il être qualifié de film de recherche ?**
En quelque sorte. Il se prêterait idéalement à un remake américain. Je crois d'ailleurs que je suis un des metteurs en scène recevant le plus de demandes de cette nature. À croire que je n'ai tourné que des brouillons ! **La Bonne Année** a été adapté avec une réussite mitigée par John Avildsen, mais j'ai eu des demandes concernant **Attention bandits**, **Toute une vie**, **Itinéraire d'un enfant gâté**, **Le Chat et la Souris** et celui-ci. Un remake de **Viva la vie !** serait tout à fait approprié aujourd'hui, avec l'apport des images de synthèse qui n'existaient pas à l'époque.

**Pour un film de science-fiction, Viva la vie ! n'apparaît, avec le recul du temps, pas trop daté…**
Nous avions effectivement fait attention à rester aussi intemporel que possible, notamment sur le plan vestimentaire. Un film ne se démode vraiment que lorsque le spectateur comprend tout avant les personnages. Or, j'écris des histoires compliquées pour empêcher le spectateur de découvrir ma stratégie.

**Viva la vie ! comporte plusieurs scènes de foule, notamment quand les gens constatent que le soleil ne se lève pas... Visiblement, le budget du film n'était pas pharaonique : comment avez-vous géré cela ?**
C'était un budget normal de l'époque. Je ne me suis pas privé pour les scènes de foule. Je pense à la séquence du retour en avion de Michel Piccoli et d'Évelyne Bouix que nous avons tournée au Bourget, avec un avion et deux hélicoptères. Aujourd'hui, si je refaisais le film, il me faudrait cinq ou six millions d'euros, soit le budget d'un film français moyen.

**Certaines scènes de foule en image bleutée, notamment au début du film sur le parvis de la Défense, font penser à des films d'horreur comme La Nuit des morts-vivants. Font-ils partie de votre univers de spectateur ?**
Pas vraiment. J'ai vu beaucoup de films fantastiques à l'époque du festival d'Avoriaz, mais je suis trop ancré dans la réalité pour être vraiment attiré par ce cinéma-là. L'irrationnel m'intéresse, pas le grand-guignol.

**Concernant la peur de l'apocalypse nucléaire, aviez-vous vu La Bombe, de Peter Watkins ?**
Un pur chef-d'œuvre ! L'un des plus beaux films que j'ai vu ! Peter Watkins est un cinéaste important, trop méconnu.

**Les éléments médicaux du film annoncent Hommes femmes : mode d'emploi...**
Un peu. Le scanner est également présent, comme dans **And Now... Ladies & Gentlemen**. Je suis traumatisé par les maladies du cerveau. Je crois que tous les artistes ont peur de la maladie. Molière avait très bien compris que les médecins ne trouvent rien du tout. Mon cardiologue a eu le courage de me dire : « Quand nous trouvons, c'est un miracle. Le plus souvent, nous sommes incapables de dire ce que vous avez et comment vous soigner. Alors nous essayons des traitements, même si c'est une connerie. » Bien sûr, les médecins sont aptes à soigner les maladies bénignes, mais en général ce sont celles qui se soignent toutes seules.

**Viva la vie ! marque une inflexion dans votre univers. Dans L'aventure c'est l'aventure, Jacques Brel et Lino Ventura manipulaient leurs contemporains pour de l'argent. Dans Viva la vie !, Michel Piccoli et Charles Aznavour, qui sont un peu leurs descendants, manipulent les autres pour le bien-être de l'humanité...**
J'aime cette idée que les Pieds nickelés puissent devenir humanistes. Si demain je restais seul au monde, je n'aurais plus envie de vivre. J'avais écrit une histoire dans laquelle la Terre était détruite, et avec elle toute forme de vivant : hommes, animaux, plantes... Ne restaient que les bâtiments et les objets. Un spéléologue ressortait alors de son gouffre. Il voyait les gens allongés sur la route, les cadavres de vaches dans les champs. Les fleurs avaient disparu et il n'y avait plus de feuilles aux arbres. Il découvrait la Terre morte. Il avait désormais toutes les richesses pour lui seul : les plus beaux tableaux, les diamants... Le sujet c'était : « Et alors ? » Son obsession était de retrouver une forme de vie, même un ver, même un moustique... Mais je ne savais pas où j'allais avec ce scénario, sinon directement au suicide du type.

**Est-ce que Piccoli et Aznavour, qui dans le film mettent en scène une fiction, peuvent être considérés comme des artistes, même s'ils ne produisent pas une œuvre ?**

Ce sont de grands artistes, qui ne peuvent pas venir saluer à la fin et se faire applaudir, comme tous ceux qui font partie de l'« armée des ombres ». Ce qui est fascinant dans le métier d'espion, c'est qu'il n'entraîne aucune reconnaissance.

**Viva la vie !, le troisième volet du Genre humain, God Willing : à chaque fois, vous voulez faire croire que nous sommes observés...**
Je suis convaincu de deux choses. D'abord, que la Terre n'existe sous cette forme que par miracle. À cent kilomètres plus près ou plus loin du soleil, l'équilibre qui permet la vie n'existerait pas. Ensuite, que nous sommes trop nombreux sur Terre, et qu'il va falloir trouver le moyen d'exporter la vie sur une autre planète, de la même façon qu'il y a eu l'émigration vers l'Amérique. Après la ruée vers l'Ouest, nous assisterons à une ruée vers la galaxie. Nous parviendrons à rendre vivables des terres vierges en accentuant l'orbite de la planète qui les porte. C'est une idée toute personnelle, que rien ne vient étayer. Mais si je me lançais vraiment dans la science-fiction, j'irais dans cette direction. Or, je suis plus artiste que scientifique. Quand je travaillais sur **La Belle Histoire**, Hubert Reeves me disait qu'il était intéressant que le scientifique qu'il était puisse parler avec un artiste, car la vérité se trouvait probablement à mi-chemin entre nos positions. Si la vie existe sur une autre planète, ou bien les êtres qui la peuplent sont pareils à nous et nous ne les verrons jamais, ou bien ils nous

sont supérieurs. Et sont donc plus tolérants. Si des extraterrestres débarquaient, il n'y aurait rien à craindre. Ce ne serait pas **La Guerre des mondes**.

**Parmi les thèmes développés dans le film, vous lancez quelques idées fortes sur les comédiens, leurs croûtes et leur détresse. Jean-Louis Trintignant, dans ses leçons de théâtre, exprime-t-il votre point de vue ?**
Il dit ce que je pense de ce métier depuis longtemps et profondément. Les très grands comédiens sont des gens malheureux, des gens qui ne sont pas bien dans leur peau et qui en cherchent une autre pour s'y réfugier. Dans **Viva la vie !**, Trintignant professe des choses essentielles. Il explique aux comédiens que s'ils font ce métier, c'est qu'ils sont malheureux. En tout cas les bons comédiens. La peau d'un autre devient un bouclier. Robert Hossein, qui est quelqu'un de très inquiet, adore jouer les héros, tenir un revolver, tirer dans tous les sens. Il « compense ». La seule exception à cette règle, c'est Jean-Paul Belmondo. Il est le seul acteur de talent heureux que j'ai rencontré. Jean-Paul ne m'a jamais demandé de refaire une prise. Il ne se pose pas de questions. Trintignant, en revanche, est angoissé en permanence, Piccoli aussi. Quant aux actrices, je n'en parle même pas, c'est « panique à bord » !

**Vous faites faire aux comédiens un drôle d'exercice, en remplaçant les mots par des sons et des lettres...**
C'est la méthode de Fellini, qui faisait compter ses comédiens pendant les prises et ne sortait le texte qu'à la postsynchro. Si demain j'avais besoin d'un physique que je ne trouve pas chez un acteur, et que le propriétaire de ce physique n'était pas comédien, je n'hésiterais pas à utiliser le procédé. Je ne l'ai pas fait à ce jour, car j'ai toujours eu la chance de trouver des gens qui savaient dire une ou deux phrases – Cerdan junior arrivait à parler –, mais je sais que je pourrais le faire si nécessaire. C'est une méthode formidable pour une école d'acteurs. Nous jouons tous la comédie dans la façon dont nous nous habillons, dont nous nous déplaçons, etc. Quand sommes-nous naturels ? D'ailleurs, cela signifie-t-il quelque chose ? Nous sommes toujours en représentation vis-à-vis des autres. C'est cela, jouer la comédie. Cela cesse normalement quand vous êtes seul. Mais même à cet instant, vous avez envie de vous voir beau ou de vous raconter des histoires...

**À ce propos, tout le monde se souvient de la phrase de Trintignant au début du film quand il dit : « Spielberg raconte des histoires, Fellini refuse de les raconter et Godard explique comment on les raconte. »**
C'est ce que je ressentais profondément à l'époque, encore un peu aujourd'hui. Si je devais me classer, je ferais partie de la troisième catégorie. Je raconte comment on raconte des histoires, j'adore mettre en abyme, avoir une réflexion sur le cinéma. Qui pourrait aujourd'hui remplacer Fellini ? Je ne sais pas. Peut-être Fellini aurait-il aujourd'hui le champ moins libre.

**En France, Bertrand Blier semble avoir de plus en plus de mal à trouver son public...**
Comme moi. Et comme moi, Blier est parti d'histoires simples, linéaires et populaires, comme **Les Valseuses**, pour parvenir aux **Acteurs** et aux **Côtelettes**. Aujourd'hui, si vous vous mettez au service d'une histoire bien racontée, les portes du succès vous sont plus accessibles. Les risques existent surtout dans les deux autres catégories. C'est valable aussi pour la littérature, la musique et la peinture. Dès que vous racontez une histoire, vous avez une clientèle énorme. Au début, Picasso a raconté des histoires. Paradoxalement, il a eu plus de succès le jour où il a dit comment il fallait regarder un tableau... La situation de la peinture est différente. Elle a été confrontée à la photographie et au cinéma. Elle n'a pas pu lutter avec la photo au niveau du portrait.

**Ne pourrait-on pas faire le même parallèle entre le cinéma et la télévision ?**
La télévision a compris qu'il fallait raconter des histoires, c'est le principe des feuilletons. Ne rien laisser au hasard et servir la même information plusieurs fois. La télévision est l'art du premier degré, alors que l'œuvre d'art a besoin d'une deuxième lecture, celle qui vous embarque et qui vous fait des propositions... Des œuvres comme **8 ½** nécessitent que celui qui regarde ait autant de talent que Fellini. Mais on n'attend pas du spectateur de télévision qu'il soit intelligent.

**C'est Patrick Le Lay et sa fameuse phrase sur « le temps de cerveau humain disponible »...**
Il a simplement exprimé une vérité de façon cruelle et cynique. Mes films oscillent entre ces deux réalités. Je pense que quand on ne veut pas sortir du premier degré il est plus facile de voir **L'aventure c'est l'aventure** que **Les Uns et les Autres** et **Hasards ou Coïncidences**, qui proposent une deuxième lecture.

**Pour écrire un film qui se contente de ce premier degré, les cours de scénarios existent. Mais on devine souvent à l'avance ce qui va se passer, tant l'ensemble est formaté...**
Les effets de surprise s'émoussent, sauf dans certains films américains où l'on ne comprend plus rien du tout... Je dois avouer que si je vais voir **Matrix**, je ne comprends pas ce qui se passe, je ne cherche pas à comprendre et d'ailleurs, j'y vais pour autre chose. Mais pour moi, l'œuvre d'art doit pouvoir se lire à plusieurs degrés, ce qui lui permet de s'enrichir à chaque nouvelle vision. Nous rêvons tous de faire un film qui atteindra cet objectif.

# Partir revenir

1985

## Rachmaninov au cœur / Un autre Corbeau / Les surprises d'Annie Girardot / Persistance de la réincarnation

**Où se trouve le circuit figurant dans la séquence d'ouverture de Partir Revenir ?**

C'est le circuit Ferrari, à Turin. Il apparaît aussi au début de **Un homme et une femme : vingt ans déjà**. **C'était un rendez-vous** m'avait donné l'envie de tourner une nouvelle séquence de vitesse automobile, avec différentes sonorités derrière, dont celles du train et des cris. Nous roulions à une vitesse de rallye, cent cinquante kilomètres-heure environ. Cela dit les spectateurs ne se rendent pas compte qu'il s'agit d'un circuit. Cette ouverture présente dans son ensemble l'esprit du concerto de Rachmaninov : je voulais tout de suite donner le ton musical.

**Effectivement, après Les Uns et les Autres et Édith et Marcel, la musique est de nouveau au cœur du film…**

La musique est la star du film. J'ai écrit le film et

Annie GIRARDOT
Jean-Louis TRINTIGNANT
Richard ANCONINA
Évelyne BOUIX
Michel PICCOLI
Françoise FABIAN
Erik BERCHOT
Charles GÉRARD
Jean BOUISE
Monique LANGE
Marie-Sophie POCHAT
Ginette GARCIN
Isabelle SADOYAN
et l'aimable participation de
Bernard PIVOT
Henri AMOUROUX
Bernard-Henri LÉVY

j'en ai conçu la structure en sa compagnie. J'écoutais Rachmaninov et j'écrivais en même temps. Mes dialogues, c'étaient la musique. Il y a relativement peu de paroles puisque la musique parle. Elle fait tout le travail.

**Quel est le statut du concerto de Rachmaninov ?**

La musique est la colonne vertébrale du film. Le concerto est intégré dans son intégralité. On ne touche pas à Rachmaninov ! Ce concerto est en réalité composé de deux mouvements. Mais leur durée ne permettait pas de tenir sur la longueur du film et j'ai demandé à Michel Legrand, que l'on voit diriger l'orchestre au début du film, de composer un troisième mouvement. Chaque séquence était chronométrée. Le film est conçu comme un très long scopitone, avec des ponctuations musicales. J'ai travaillé avec la scripte pour lui indiquer les moments où se situe l'action par rapport à la musique. Tout le film a été tourné en play-back. Les comédiens jouaient avec Rachmaninov dans les oreilles. Notamment pendant la séquence du retour d'Évelyne Bouix, ou encore pendant les scènes qui lui succèdent dans le château, avec Trintignant et Girardot.

**Cette structure particulière a-t-elle nécessité une écriture particulière au plan du scénario ?**

Nous sommes nombreux à avoir travaillé sur le scénario. Il s'est enrichi en partant dans tous les sens et c'est ça qui me plaît. **Partir Revenir** est un film shakespearien, il navigue dans les mêmes eaux. La référence est évidente.

La construction du film s'est faite en plusieurs temps. Je savais quelle histoire je voulais raconter. Normalement j'aurais dû me concentrer sur l'histoire d'Annie Girardot, sur cette femme qui a peur qu'on lui prenne son fils et son mari, et qui n'en peut plus d'héberger des gens qui se permettent de surcroît d'émettre des critiques. Cela aurait été un film sur l'Occupation et sur la délation, avec un fond de polar et de culpabilisation de tout le village, puisque l'on cherche qui est le coupable. C'était d'ailleurs l'idée de départ : réaliser un deuxième **Corbeau**. Puis j'ai pensé qu'on ne pouvait pas parler d'un événement comme ça sans prendre de réels risques. Ainsi, la musique excuse tous ces braves gens. La conscience de la musique, la tolérance de la musique font que le personnage de Girardot est supportable. La musique symbolise pour moi la violence de la vie. Elle est là pour rappeler que les choses sont compliquées et difficiles, qu'il n'y a ni gentils ni méchants. C'est ça que je voulais mettre en avant et j'ai assumé ce parti pris. Déstructurer complètement le récit pour être constamment dans l'émotion. C'est un choix que je ne regrette pas aujourd'hui. Plus le temps passe, plus je suis fier de **Partir Revenir**.

**Pourquoi avoir inséré un extrait du Corbeau de Clouzot ?**

C'était facile mais incontournable. Ce film est un chef-d'œuvre. En outre, il a été tourné en 1943, la période pendant laquelle se situe le film. À un moment, on peut même se demander si ce n'est pas précisément la projection de ce film qui a donné l'idée au corbeau du village de dénoncer Piccoli et les siens.

**Avez-vous tourné le film dans sa continuité ?**

Le tournage a duré sept semaines, deux à Paris, cinq au château, avec de nombreux plans-séquences. Nous avons d'abord tourné les scènes parisiennes avec Jean-Louis Trintignant, Michel Piccoli, Françoise Fabian et Annie Girardot avant de nous rendre dans le village de Châteauneuf, en Bourgogne. Le restaurant de la fête est situé à L'Isle-Adam. C'est le même qui reviendra dans les dernières scènes des **Misérables**. Son architecture est belle.

**Parlez-nous de votre travail avec les comédiens. Avez-vous travaillé différemment du fait de la rareté du dialogue et de la nécessité d'être raccord avec la musique ?**

Il y a évidemment moins de figures libres dans ce film que dans les autres. On ne pouvait pas faire autrement, la musique corsetant le récit. Mais les comédiens ont pris leur pied en jouant sur la musique. On le voit bien : ils sont synchrones avec le concerto. Quand j'ai vu le premier montage, qui ressemblait un peu à la version définitive, j'ai vaguement tenté de remettre les choses dans l'ordre. Je me suis détesté. Le film perdait de son intérêt, les informations devenaient longues alors qu'elles sont, je crois, intéressantes dans la version finale. Je jouais avec le spectateur. Ceux qui ont eu envie de jouer ont adoré. Les autres l'ont rejeté.

**Évelyne Bouix est saisissante. Les scènes de son retour des camps, les cheveux ras et l'air absent sont très belles…**

Elle ne s'était pas fait couper les cheveux : nous avons utilisé une perruque. Je trouve le résultat réussi. Tous les soirs je vivais avec elle les mêmes scènes que Trintignant et Girardot dans la deuxième partie du film : nous étions en train de nous séparer.

**D'ailleurs Marie-Sophie, qui va devenir votre nouvelle compagne, apparaît pour la première fois…**

Je ne la connaissais pas avant **Partir Revenir**. Je l'ai vraiment rencontrée à la fin du film. Le dernier jour de tournage de **Viva la vie !**, j'avais parlé à Évelyne de **Partir Revenir**. En même temps je m'étais fortement engueulé avec elle. Quand nous avons attaqué le film, notre couple était branlant, nous savions que nous allions nous quitter. Le dernier jour du tournage, Marie-Sophie, qui avait passé quarante-huit heures à L'Isle-Adam, est venue au château avec sa photo. Puis elle m'a téléphoné pour me dire qu'elle jouait **Gigi** sur scène à Lyon et qu'elle aimerait bien que je vienne la voir. J'y suis allé...

**C'est également la première fois que vous faites appel à Richard Anconina, que l'on retrouvera peu après dans Itinéraire d'un enfant gâté...**
C'est un très bon acteur. Mais il avait un peu la grosse tête et cela n'a pas toujours été facile de travailler avec lui...

**Entre les scènes parisiennes et celles du château, nous ne voyons rien du voyage de la famille de Michel Piccoli. C'est ce que l'on appelle une ellipse !**
C'est vrai. Les fuyards ne sont pas arrêtés. On les retrouve presque aussitôt au château, planqués dans l'arrière de la voiture. Ce qui me permet d'entrée de jeu de montrer comment Annie Girardot fabrique son propre malheur en insistant. Tout part d'un bon sentiment, mais dès le départ on sent comme un malaise.

**Dans cette scène, Annie Girardot savait-elle que les autres comédiens étaient cachés dans la voiture avant qu'ils sortent ?**
Pas du tout. Je voulais que sa surprise ne soit pas feinte. D'ailleurs je ne lui avais pas dit non plus qu'elle allait dénoncer plus tard ses invités aux Allemands. Elle n'aurait pas joué de la même façon. Ce passage renvoie à mes souvenirs d'enfant. Sous l'Occupation, quand j'arrivais chez des gens avec ma mère, nous étions adorés les trois premiers jours, détestés ensuite. Gosse, j'ai profondément été marqué par ça. Ma mère et moi étions terrorisés par le risque d'être dénoncés, nous faisions de la parano sur les concierges, les amis...

Un plan non monté : le cadavre d'Annie Girardot sur le ballast.

**Piccoli et les siens savaient-ils qu'ils allaient être arrêtés ? Leur aviez-vous révélé les grandes lignes du scénario ?**
Oui. Il fallait bien que l'on répète un peu la scène de leur arrestation : c'est un plan-séquence. Le mouvement part de la chambre au dernier étage du château et finit devant les camions, quand je monte sur un chariot avec la caméra et que la voiture m'emmène. Le plan met en scène une multitude d'éléments. À la fin de son tournage, je n'en pouvais plus. Mais il était essentiel de tout montrer en temps réel. À ce

moment-là, Annie Girardot ne sait toujours pas que son personnage a dénoncé ses hôtes. Je ne lui ai dit qu'au moment du retour d'Évelyne Bouix. À partir de là, son jeu s'est mis à changer imperceptiblement.

**Partir Revenir n'est pas un film facile à comprendre, avec ses allers-retours temporels complexes.**
C'est un film fou. C'est une symphonie. Je travaille sur la confusion présente dans la tête des gens. Le spectateur doit effectivement être attentif à la chronologie. Ce qui a posé des problèmes au niveau commercial. Le film se conjugue à tous les temps. Je n'aurais jamais pu le tourner si, à l'époque, je n'avais pas joui d'une liberté totale. Encore une fois, merci à **Un homme et une femme** !

**Vous avez une image de cinéaste grand public alors que ce film ressort de l'expérimentation, de l'exercice de style : l'idée d'agencer l'avancement du film en fonction de la musique n'est pas banale...**
Le film est d'une grande complexité. Mais quand je l'ai réalisé, il était pour moi d'une simplicité enfantine. Les gens m'ont souvent dit à la sortie que c'était un très beau film mais qu'ils n'avaient rien compris. Je me

# UN DÉCOUPAGE COMPLEXE

1 : 1985, 00.00. Débat à **Apostrophes**.

2 : années 20, 00.07. Rencontre du futur couple Lerner.

3 : été 1939, 00.08. Discussion sur la guerre entre les Rivière et les Lerner.

4 : années 20, 00.10. Rencontre du futur couple Rivière.

5 : été 1939, 00.11. Retour sur la discussion à L'Isle-Adam.

6 : 1985, 00.14. Concert salle Pleyel avec Erik Berchot.

7 : 1943, 00.16. Occupation ; les Lerner sont dénoncés.

8 : 1985, 00.30. Salomé Lerner âgée assiste au concert d'Erik Berchot.

9 : été 1943, 00.30. Séjour des Lerner au château.

10 : décembre 1943, 00.31. Arrestation des Lerner au château.

11 : 1985, 00.34. Retour sur le plateau d'**Apostrophes**.

12 : années 80, 00.36. Visite de Salomé Lerner au château transformé en musée.

13 : 1943, 00.37. Visite des officiers allemands à la chapelle du château.

14 : 1946, 00.39. Salomé Lerner revient des camps.

15 : 1943, 00.44. Retour sur l'arrestation des Lerner.

16 : 1946, 00.46. Salomé informe les Rivière que sa famille a été dénoncée.

17 : été 1943, 00.48. Simon Lerner planque sa boîte dans la cheminée du château.

18 : 1938, 00.48. Anniversaire de Salomé Lerner à Paris.

19 : 1985, 00.49. Concert à Pleyel d'Erik Berchot.

20 : 1946, 00.50. Projection du Corbeau aux villageois, Salomé reste couchée.

21 : 1936, 00.56. Première rencontre de Simon Lerner et Roland Rivière.

22 : été 1939, 00.57. Bal à L'Isle-Adam ; Vincent joue les équilibristes.

23 : 1946, 01.00. Salomé prépare sa vengeance.

24 : 1943, 01.01. Tensions dans la cohabitation des couples.

25 : 1946, 01.06. Vincent est suspecté.

26 : 1943, 01.08. Simon Lerner donne de l'argent à la domestique.

27 : 1946, 01.09. Le curé fait face à Salomé Lerner.

28 : années 30, 01.25. les Rivière achètent le château.

29 : été 39, 01.27. Bal à L'Isle-Adam.

30 : été 1946, 01.28. Salomé Lerner et Hélène Rivière prennent le train.

31 : 1943, 01.29. Tension entre les familles dans le château.

32 : 1985, 01.30. Concert à Pleyel.

33 : 1943, 01.33. Vincent veut partir avec la famille Lerner.

34 : 1946, 01.40. Aveux d'Hélène Rivière.

35 : 1943, 01.46. Bal des fausses fiançailles.

36 : 1985, 01.47. Erik Berchot joue devant Sarah.

l'explique mieux aujourd'hui. Mais si on remettait les événements du scénario dans l'ordre chronologique, le film serait très différent. Il n'aurait pas cet imprimé. En le revoyant aujourd'hui, je trouve que **Partir Revenir** est un « OFNI », un objet filmique non identifié ! Je ne suis pas déçu. Je comprends pourquoi le film n'a pas été un gros succès. Je comprends aussi pourquoi j'ai voulu le faire et pourquoi je me suis battu.

**Vous « mixez » deux thèmes : un thème historique, que nous qualifierions volontiers de classique, et un autre, plus mystique, sur la réincarnation. Peut-on considérer le film comme un exercice de style un peu abstrait, la période considérée étant presque secondaire ?**

C'est exactement cela. **Partir revenir** est le film d'un cinéaste capricieux. Je me suis fait plaisir avec Rachmaninov comme je l'avais fait avec le **Boléro** de Ravel. Rachmaninov est la star du film. J'ai réalisé **Partir Revenir** en faisant davantage confiance à mon inconscient qu'à mon intelligence, un parti pris qui a d'ailleurs ponctué ma vie.

**Nous avons eu la même sensation de cadre musical, de tempo directeur avec Les Misérables : les thèmes du film s'égrènent et se recoupent tout au long du film de façon de plus en plus en plus rapide... Nous avons l'impression que le film est une symphonie...**

C'est une symphonie ! Effectivement **Les Misérables** doit beaucoup à **Partir Revenir**. Mais j'ai essayé de ne pas commettre les mêmes erreurs. Je regrette par exemple que le personnage de Salomé Lerner âgée, incarné par l'écrivain Monique Lange, soit insuffisamment travaillé. J'aime beaucoup celui de Girardot, en revanche. Annie restera comme l'une des plus grandes comédiennes du cinéma français. Mais les autres comédiens m'ont également épaté. Ils ont su donner à leurs personnages une vraie fragilité : Trintignant par son aveuglement alors qu'il est en première ligne, Anconina par sa folie, etc. Quant à la musique, je sentais que ce concerto de Rachmaninov composé en 1920 incarnait la musique de l'Occupation. Quand je l'écoute, je me retrouve au moment de la guerre. Avec le recul, j'essaye de comprendre ce qui s'est passé dans ma tête...

**Vous aviez déjà traité à petits pas de la réincarnation. Cette fois, vous prononcez le mot...**
C'est une idée qui évolue dans mon esprit. Je crois toujours aux traces que nous laissons, mais plus de la même façon. Je pensais à cette époque-là que nous nous réincarnions en nous-mêmes. Aujourd'hui je crois que nous laissons des traces et des idées et que d'autres se réincarnent avec elles en les améliorant. Le monde se construit sur la connaissance et la mémoire, qu'il faut conserver, comme un ordinateur le ferait. Nous sommes là pour conserver les bonnes choses, la mémoire, la quintessence, l'essentiel. Et on jette tout ce qui a été raté. Mon idée de la réincarnation se fonde sur cette conviction.

# Un homme et une femme : vingt ans déjà

1986

« Le cinéma est un jeu » / Toujours aussi séduisants / À table pendant une heure et demie / Le cinéma des commères / De la beauté de l'adéquation / Les poupées russes

Anouk AIMÉE
Jean-Louis TRINTIGNANT
Richard BERRY
Évelyne BOUIX
Robert HOSSEIN
Philippe LEROY-BEAULIEU
Marie-Sophie POCHAT
Jacques WÉBER
Charles GÉRARD

**Contrairement à ce que laisse entendre le titre, ce film ne se contente pas d'être le prolongement ou le remake de Un homme et une femme, c'est une véritable mise en abyme, doublée d'une vraie réflexion sur le cinéma...**

C'est aussi un film sur un homme qui rencontre une femme plus jeune. J'aimais beaucoup l'idée que pour une fois, en cas de concurrence amoureuse, ce ne soit pas la plus jeune qui l'emporte. On trouve dans le film une nouvelle fois le reflet de ma situation amoureuse personnelle. À front renversé, puisque j'étais épris de Marie-Sophie à l'époque, et que j'étais donc en train de quitter Évelyne, qui ressemblait étrangement à Anouk Aimée. Pour ce film, comme tous les naïfs, je n'ai eu peur de rien. Le cinéma est un jeu. La chose que je crains le plus au monde, c'est de faire des films qui ne marchent plus et que l'on finisse par me retirer mon jeu. Mais quand j'ai dit que j'allais faire la suite de **Un homme et une femme**, tout le monde avait envie de jouer avec moi... Les Américains étaient persuadés que le film allait cartonner. On ne m'a même pas demandé à lire le scénario.

**Cela faisait-il longtemps que vous pensiez faire une suite ? Question corollaire : vingt ans, était-ce le bon écart entre les deux films ?**

Quand nous avons fini le tournage de **Un homme et une femme**, nous nous sentions bien, nous savions que nous avions fait un bon film. Le dernier soir, j'avais lancé une boutade : « Je ne sais pas ce qui va arriver à ce film, mais ça serait bien dans dix, quinze ou vingt ans, si nous sommes toujours amis, de faire la suite. » Mais ce qui m'a réellement donné envie de faire la suite, c'est que j'avais revu Jean-Louis et Anouk : vingt ans après **Un homme et une femme**, ils étaient toujours aussi séduisants. J'ai eu envie de faire un film adulte. Autant **Un homme et une femme** racontait une histoire relativement simple, autant avec le temps qui passe, les choses deviennent de plus en plus complexes.

**C'est donc pour montrer que les sentiments sont plus compliqués que le film est plus compliqué !**

Bien sûr. L'expérience complique terriblement les histoires. Je ne pouvais pas prétendre qu'ils étaient restés là où on les avait laissés à l'issue du premier film. Leur histoire est compliquée. Vingt ans plus tôt, si leurs retrouvailles sur le quai de la gare n'ont pas suffi à souder le couple, c'est qu'Anouk n'a pas encore fait le deuil de son mari. Jean-Louis arrive trop tôt dans sa vie. En revanche, vingt ans plus tard, elle a digéré la mort de son mari. Elle est prête à autre chose. Et en même temps la vie est passée et elle a accumulé un bagage qui lui ôte une partie de sa légèreté. Quand nous la retrouvons, elle n'a pas l'esprit en paix : elle est au bord de la faillite, elle doit trouver une idée de film ; elle n'a pas la disponibilité nécessaire pour se lancer dans une histoire d'amour... Lui est toujours dans l'automobile, et il vit avec une jeune femme, qui est très amoureuse de lui. Le problème d'Anouk et de Jean-Louis, c'est qu'ils n'ont jamais réussi à être synchrones. C'est sans doute aussi ce qui m'est personnellement arrivé avec Anouk Aimée : je crois que nous avons été très amoureux l'un de l'autre, mais jamais au même moment.

**Pourquoi avoir attendu vingt ans ?**

L'original.

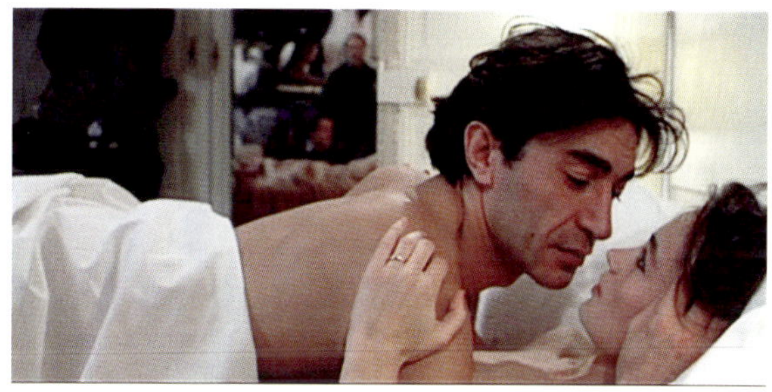

La reconstitution.

L'idéal aurait été de faire le film dix ans après **Un homme et une femme**. Au bout de dix ans, un succès reste un succès. Si l'on ajoute dix ans de plus, le public a eu le temps de passer à autre chose... Cela dit, si l'an prochain le désir est là, pourquoi ne pas faire **Quarante ans après** ?

**Parce que vous êtes passé d'un film presque linéaire à un film à deux, trois ou dix dimensions. Ce ne serait pas possible d'aller plus loin.**

Alors il faudrait faire l'inverse. Je filmerais Anouk et Jean-Louis pendant un repas. Ils dîneraient ensemble et le film durerait une heure et demie, le temps du repas. Personne n'irait voir le film, mais je m'en fous. Cela me chatouille de leur téléphoner et de réaliser ce film en une semaine, un petit film qui ne coûterait rien du tout. J'ai simplement besoin d'un restaurant pendant sept jours. Il faudrait que je travaille vraiment les dialogues car il ne s'agirait de rien d'autre qu'une pièce de théâtre. Pas de flash-back, pas d'effets, simplement deux caméras et « Moteur ! ». Je suis sûr que cette fois nous serions dans l'essentiel. C'est ce que j'aurais dû faire il y a vingt ans. Leur rencontre aurait débouché au bout d'une heure soit sur

une séparation soit sur un après-midi ensemble. Je n'aurais dû faire que cela, un exercice de style. J'y pensais au début, puis je me suis dit que le public avait besoin de spectacle, que je voulais faire jouer Marie-Sophie, que j'avais la possibilité de filmer le Paris Dakar.

**La scène du restaurant telle qu'elle existe est déjà très belle... On sent les hésitations, les regrets, le besoin de séduire de nouveau...**

C'est une scène qui donne la chair de poule. Mais elle n'est pas assez longue. C'est une scène très écrite, qui contient peu de figures libres malgré leurs hésitations, leur malaise.

**Il existe une certaine ambiguïté dans le désir d'Anouk de faire un film de leur histoire : on ne sait pas si elle fait ce film pour renouer avec lui ou si elle renoue parce qu'elle a besoin de faire ce film.**

C'est un mélange des deux. C'est l'urgence qui commande en premier lieu : il lui faut faire un film. Mais dès qu'elle le revoit, elle mesure qu'elle ne sortira pas indemne des retrouvailles. L'affaire devient de nouveau très vite une histoire d'amour.

**A-t-on vraiment besoin de demander l'autorisation des protagonistes quand on veut porter à l'écran une histoire vraie ?**

En général, oui. Il n'y a pas de problème tant que l'on ne cite pas le nom des gens, que l'on se contente de s'inspirer de ce qu'ils ont vécu. Il m'est souvent arrivé de téléphoner à des gens, en leur disant : « Tu te souviens, tu m'avais dit ça, tu m'autorises à l'utiliser ? » J'ai eu des refus.

**Un refus oblige à aller plus loin dans la transposition, jusqu'à rendre l'histoire méconnaissable...**

Non, je ne peux pas dénaturer les choses. Et je ne veux pas jouer au plus malin. Le cas se pose régulièrement. Il y a quelques mois, il y a eu une polémique au moment de la sortie de **Rois et Reines**, de Desplechin, au motif qu'il s'inspirait de ce qu'avait vécu Marianne Denicourt. Elle n'a pas voulu qu'il fasse le film, il l'a fait. Je ne l'aurais pas tourné. Moi j'observe souvent des gens de loin et j'imagine ce qu'ils se disent. J'aime beaucoup contempler ceux qui s'aiment et ceux qui s'engueulent. À chaque fois je me dis qu'il y a matière à scénario. Pour écrire, j'ai toujours besoin de partir d'une scène dont j'ai été témoin. Je suis très commère de ce point de vue ! C'est pourquoi je voue un culte à **Fenêtre sur cour**, qui est un film de commères. Je fonctionne comme James Stewart : j'observe le monde pour tirer des conclusions sur la façon dont il tourne. Mais il me manque le plus souvent le son : je suis donc contraint d'imaginer ce que les autres se disent. Je recrée complètement la bande-son, en étant persuadé que le plus souvent je ne suis pas loin de la vérité. La scène du banc à la fin des **Uns et les Autres**, quand Robert Hossein retrouve sa mère, je l'ai piquée à un homme entrevu dans la rue. J'ai observé ce mec qui a longtemps hésité avant de venir parler à la femme qui était sur le banc. Il l'avait manifestement reconnue et il faisait un pas de deux avant d'y aller... Si j'aime Tati, c'est parce que je pense qu'il a fait les mêmes observations que moi. Mais il a été plus loin, puisque ses personnages ne parlent pas, ou si peu.

**Pour revenir à Vingt ans déjà, quelles contraintes vous étiez-vous données pour qu'il y ait un minimum de continuité dans les personnages ?**

Je voulais absolument les retrouver lui dans l'univers des courses, et elle dans le monde du cinéma. Je voulais les trouver en crise. Elle devait être avec un type qui avait une certaine aura, mais en même temps qui ne soit pas tout à fait là. Ce couple-là fait partie de ceux qui restent ensemble parce que c'est mieux pour affronter le regard des autres. Mais pour ce qui est de la continuité, j'ai fait une confiance totale à Jean-Louis Trintignant et à Anouk Aimée. Ils étaient disponibles pour toutes les folies, ils m'ont suivi comme un seul homme.

**Trois niveaux de réalité coexistent dans le film, puisque nous revoyons des images du premier film, des images des mêmes personnages se retrouvant vingt ans plus tard, et des images du film qui est fait pour restituer la mémoire de leur rencontre...**

C'est une façon de montrer comment on peut gâcher un bon souvenir. En en faisant un mauvais film, par exemple.

**Concernant le film dans le film, on a du mal à admettre que la productrice décide sur un coup de tête de ne pas le sortir alors qu'il est terminé.**

C'est très américain. Quand les responsables des studios ont vu le remake de **La Bonne Année**, ils ont décidé de ne pas le sortir. Il a été vu directement en vidéo, plus quelques passages dans les avions. Ce qui est amusant, si j'ose dire, c'est que j'annonce l'échec du film et que c'est prémonitoire de ce qui arrivera avec la sortie de **Vingt ans déjà**...

**Pourquoi le film qui est tiré de leur histoire est-il une comédie musicale ?**

Parce que **Un homme et une femme** était très musical, et que c'était une façon d'aller plus loin encore, d'enfoncer le clou.

**À voir le film dans le film, on voit que certaines scènes de Un homme et une femme ont été privilégiées...**

J'ai surtout repris la partie Deauville, et plus particulièrement les scènes dans lesquelles Anouk se pose des questions. Pour moi, la scène clé dans **Un homme et une femme**, c'est celle du lit. À ce moment-là, on pense que leur histoire est bien partie, alors que justement tout est en train de coincer. Pour le film dans le film j'ai reconstitué toutes les scènes les plus fortes : le lit, la plage, l'appel de phares, le départ du train...

**Mais il y a une différence : Un homme et une femme s'arrête sur le quai de la gare Saint-Lazare. Dans Vingt ans déjà, vous dévoilez ce qui se passe après : en réalité ces retrouvailles font long feu et c'est le fantôme du mari mort qui s'impose. Ce qui n'est pas un scoop, puisque nous avions bien vu que vingt ans plus tard ils ne sont plus ensemble.**

Au moment où j'ai fait **Vingt ans déjà**, je sortais de **Partir Revenir**, qui n'avait pas marché. J'ai eu envie d'un succès, ce qui est humain. J'ai pensé que ce serait un succès facile. Je suis parti pour faire un film facile, mais dès que les Américains m'ont donné le feu vert, j'ai tout compliqué à dessein...

**C'est une production américaine ? Il n'y a pas d'argent à vous ?**

Si, hélas. Indirectement. Quand les responsables de la Warner ont signé le contrat de **Vingt ans déjà**, ils m'ont demandé de prendre une garantie avec **Un homme et une femme.** Si **Vingt ans déjà** ne se remboursait pas, les recettes de **Un homme et une femme** compenseraient. Si bien que je n'ai pas perdu d'argent sur **Vingt ans déjà**, mais que je ne touche plus rien sur **Un homme et une femme** depuis vingt ans ! Le film était quand même un film français, même sous l'égide de la Warner, parce que je restais le producteur du film. Mais j'avais fait un pick up deal[1] : la Warner était distributrice et garantissait le remboursement des coûts. C'est le même cas de figure que pour **Un long dimanche de fiançailles**, mais la différence est que c'est ma société qui a produit, et qu'elle n'était pas une émanation directe de la Warner. Ce qui fait que le problème de l'agrément ne s'est pas posé[2].

L'original.

La reconstitution.

**La façon dont vous montrez le tournage du film dans le film n'est-il pas une façon de faire un faux making of de Un homme et une femme avec vingt ans de décalage ?**

C'est effectivement un faux making of, puisque j'ai montré comment **Un homme et une femme** n'a pas été tourné. J'avais tourné le film avec une toute petite équipe, il n'y avait pas un projecteur, pas de steadycam. À l'inverse, le film dans le film dispose de gros moyens. Et c'est justement pour ça qu'il ne fonctionne pas. Il est étouffé par toute la machinerie du cinéma « normal ». Et a contrario, si **Un homme et une femme** fonctionne, c'est parce qu'il s'agit d'un film pris sur le vif, à fleur de peau, sans les contraintes du cinéma commercial. Un film pauvre doit être pauvre. Vous imaginez **Le Voleur de bicyclette** avec les moyens d'un film hollywoodien ? Le film serait mort avant d'être né. Ce qui est beau c'est l'adéquation entre le film lui-même et ce qu'il raconte.

**La fin est en demi-teinte, alors que celle de Un homme et une femme était en crescendo... La dernière séquence, qui est celle de la course de hors-bord, n'est d'ailleurs pas l'un des moments forts du film...**

Je suis d'accord. Le film manque de souffle. Il n'a pas celui de **Un homme et une femme**, tant s'en faut.

**Le film a du moins le mérite de se clore comme il avait commencé, puisque le prologue se déroule sur le circuit Ferrari...**

C'était une façon de retrouver Trintignant dans son cadre professionnel. Vingt ans après **Un homme et une femme**, il n'est plus coureur automobile, mais pilote d'essai. Cela dit, avec cette scène, je me suis fait plaisir. Sa longueur n'a pas d'autre explication. Mais je ne suis pas certain que cela a fait plaisir à tout le monde. Je pense que le film en a été déséquilibré. C'est un autre reproche que je ferais au film.

1. Pick up deal : Accord prévoyant le paiement du film à l'achèvement de celui-ci.

2. Allusion à la polémique autour du financement américain d'un film français qui récupérait au passage des aides du CNC.

**Vingt ans déjà aurait pu s'appeler Les Poupées russes, tant est important le nombre d'histoires imbriquées les unes dans les autres. Coexistent les retrouvailles de Jean-Louis Trintignant et d'Anouk Aimée, l'histoire du film qui retrace leur amour d'antan, l'histoire d'amour entre Trintignant et Marie-Sophie, enrichie d'un conte moderne mettant en scène deux Robinson Crusoés au milieu du désert. Plus l'affaire Cortal et l'adaptation que l'on en fait au cinéma... On n'est pas volé...**

Cette affaire Cortal, c'est un peu la cerise sur le gâteau. Je me suis amusé à reprendre l'intrigue du **Crime était presque parfait**, l'un de mes Hitchcock préférés, parce que la mécanique est vertigineuse, pour mitonner un second film dans le film. Mais avec le recul, c'est cette affaire Cortal qui plombe l'ensemble et le déséquilibre. C'est une partie du film qui n'a rien à voir avec le sujet. Aujourd'hui, si je refaisais **Vingt ans déjà**, je la supprimerais et je mettrais toute la lumière sur les histoires d'amour. Celle de Jean-Louis et Anouk, celle de Jean-Louis et Marie-Sophie, mais aussi celle d'Anouk et de Poivre d'Arvor, qui est un peu laissée dans l'ombre dans le film.

**Si le film est aussi riche, est-ce aussi parce qu'il y a un nombre inhabituel de coscénaristes ? Outre l'incontournable Pierre Uytterhoeven, on trouve Monique Lange et Jérôme Tonnerre au générique.**

Je leur ai demandé de travailler avec moi parce que je voulais enrichir le propos, aller le plus loin possible. Mais à force de vouloir aller plus loin, j'ai été trop loin. Je l'ai compris au moment de sa projection au festival de Cannes, où il a été accueilli froidement. Le public attendait autre chose de l'histoire d'amour entre Anouk et Jean-Louis. En outre, les références sont trop nombreuses. Le film est intéressant si on a vu **Un homme et une femme** deux jours plus tôt et qu'on l'a bien en mémoire. Cela ne fonctionne plus si l'on ne s'en souvient pas bien ou, pire, si l'on n'a pas vu l'original.

**Les images du film original qui sont incluses dans Vingt ans déjà ne suffisent-elles pas à nous en donner le goût ?**

Non, c'est au mieux un pense-bête. Quand on fait des suites, il faut enchaîner très vite. Les Américains n'ont pas fait traîner les trois volets du **Seigneur des anneaux** sur des siècles...

# LES FILMS DANS LES FILMS

*Une pour toutes.*

Le cinéma est omniprésent dans mon existence. Il est au cœur de mes motivations, de ma réflexion, de mon passé et de mes projets. Il est pour moi comme l'oxygène dans le sang. Tout ce que je fais dans la vie doit être un jour transformé en film. Le cinéma m'a éveillé au monde. Il m'a fait aimer la vie, il m'a donné envie d'écouter de la musique, de voir des tableaux, de lire des romans. Il est mon père et ma mère réunis. Si la chanson est une drogue douce, le cinéma, lui, est une drogue dure. J'en suis dépendant. Une semaine sans film et je ne vais pas bien.

*Le Courage d'aimer.*

Tout ce qui arrive à l'humanité doit être filmé. C'est la meilleure façon d'expliquer ce qui se passe dans le monde. Pour moi, la mémoire du monde s'impose à partir de l'invention du cinéma, en 1895. Son apparition a réduit l'espace du mensonge…

*Un homme et une femme : vingt ans déjà.*

Quand dans mes films l'un des personnages prend une caméra, comme André Dussollier dans *Toute une vie*, il est évident que je suis au minimum en empathie avec lui. Les exemples de films dans le film sont nombreux. Quand je tourne, je mets souvent le cinéma en scène, je multiplie les films dans le film, parce que c'est aussi une façon de parler du cinéma, de montrer que c'est une passion qui brûle. Avec *Les Parisiens*, j'ai franchi le pas puisque j'interprète moi-même le rôle du cinéaste. Mais j'espère que ce n'est pas tout à fait moi, parce qu'il joue vraiment les apprentis sorciers. L'objectif, c'était d'abord d'expliquer ma méthode. Car j'en ai assez d'entendre n'importe quoi sur mes fameuses « figures libres ».

*La Femme spectacle.*

*Les Uns et les Autres.*

*Édith et Marcel.*

# Attention bandits

1987

## Jean Gabin en Marianne / Jean Yanne en timide / La loi du Milieu / L'amour entre le père et la fille

**Après Viva la vie !, Partir Revenir, Un homme et une femme : vingt ans déjà, Attention bandits fait figure de film sage, en tout cas linéaire et formellement apaisé.**

**Attention bandits** est un film simple, structuré, carré. J'aurais presque dû le faire en noir et blanc. C'est d'abord un hommage au cinéma des années 50, aux films avec Jean Gabin. Car pour moi comme je vous l'ai dit, en tant que spectateur, Gabin a été le plus grand acteur du cinéma français. Sa présence ouvre et ferme **Attention bandits**.

**Pour vous, que représente-t-il ?**

J'aime la France, donc j'aime Gabin. Il est le plus français de tous les Français. Avec ce que ça représente de prétention, de sympathie, de chaleur, de boisson, de tabac et de drague. Il symbolise la France. Jean Gabin aurait pu être une Marianne masculine. La période que je préfère est celle de l'immédiat après-guerre, celle de **Touchez pas au grisbi**. Il était encore beau mais déjà marqué. Il ne se faisait plus d'illusions sur rien, ni sur les hommes ni sur la vie, mais il continuait à les aimer.

J'avais dit à Jean Yanne que **Attention bandits** était un film que Gabin aurait pu jouer vingt ans plus tôt. Les rapports Yanne-Charles Gérard renvoient à la relation entre Gabin et René Dary dans **Touchez pas au grisbi**. J'avais demandé à Jean de faire du Gabin. Je n'ai pas eu besoin de le diriger. Je crois qu'il a apprécié que je ne joue pas au metteur en scène avec

Jean YANNE
Marie-Sophie L.
Patrick BRUEL
Corinne MARCHAND
Charles GÉRARD

lui. Je savais qu'il n'avait pas besoin de ça. Il était metteur en scène lui-même, et il a compris immédiatement. D'ailleurs Gabin et Yanne sont des acteurs de la même trempe, tout comme Lino Ventura, qui aurait été génial dans **Attention bandits**... Mais Lino ne voulait pas faire Gabin : « Je suis déjà tellement Gabin, m'a-t-il dit, cela fait quarante ans que j'essaye de faire autre chose. » Pour être franc, je n'ai pas pensé à Jean Yanne tout de suite, mais à Yves Montand. Je suis allé le voir dans sa maison d'Auteuil pour lui proposer le rôle. Après avoir écouté, il m'a dit ne pas voir les choses de la même façon : « Je ne suis pas le père de la petite, je la baise, la petite ! » Il rêvait de Marie-Sophie, mais pas de façon paternelle. En fait, Montand voulait jouer Mozart, pas le père. Et il a argumenté son refus en ajoutant : « Je ne veux pas servir la soupe à ta fiancée ! » Montand aurait sûrement été très bien, mais moins que Jean.

**Jean Yanne travaillait-il beaucoup ?**
Je n'ai rien eu à faire. Pour la première fois j'ai fait un film sans rien expliquer au comédien. Je lui répétais le texte le matin, et cela suffisait : il avait une mémoire phénoménale. Il était brillant, consciencieux à un point que je n'imaginais pas, mais il ne participait pas aux émotions du film. Il ne faisait pas partie de l'équipe. Dès que la scène était achevée, le film ne l'intéressait plus. Il n'a jamais vu **Attention bandits**. Il n'allait jamais voir les films auxquels il participait. Il n'en disait ni du bien ni du mal, il n'en faisait jamais la promotion. Il ne voulait pas avoir d'avis sur ce qu'il faisait. Un soir pourtant, alors que nous étions dans un sauna à Lausanne pendant le tournage, j'ai eu le sentiment qu'il se lâchait. Il m'a avoué qu'il était d'une timidité maladive et qu'il ne se sentait à l'aise que derrière un personnage. Il aimait faire des radios et des télés, en étant sûr de n'avoir à dire que des conneries. « Je suis trop timide pour dire des choses raisonnables, intelligentes, structurées. Par contre si je me cache derrière l'humour, je me balade ! » Jean Yanne n'était pas sûr de lui, il n'avait pas d'avis sur les choses.

Jean Gabin et René Dary dans *Touchez pas au grisbi*.

**Alors que l'homme était très cultivé.**
Une énorme culture ! Il connaissait tout sur tout. Justement parce qu'il était très cultivé, il trouvait indécent de s'exprimer. « Si j'étais sûr de quelque chose, disait-il, je le dirais, mais je ne suis sûr de rien, sauf de pouvoir dire des conneries. »

**Que pensez-vous de sa carrière de cinéaste ?**
Ce n'était pas un très bon cinéaste. Jean était un homme de cabaret et de music-hall, et ses films ressemblent à des sketchs. **Tout le monde il est beau tout le monde il est gentil** est le meilleur de ses films parce qu'il traite d'un sujet brûlant et que d'une certaine manière tout le monde l'attendait. Les autres sont moins bien, mais le public l'a suivi. Yanne avait souvent du mépris à l'égard des metteurs en scène avec lesquels il tournait. Il les trouvait ringards. Je crois qu'il a apprécié que je ne lui demande rien. Je lui donnais les textes et je lui foutais la paix.

**Le thème de la filiation est au cœur de Attention bandits.**
Le film raconte l'histoire d'un père et de sa fille. Ils sont séparés. Quand ils se retrouvent, elle est devenue princesse, alors qu'elle se serait transformée en fille de voyou si elle avait grandi avec lui. Elle aurait ressemblé au personnage de Corinne Marchand. Mais le naturel revient au galop. Ce qui était intéressant, c'était de retrouver le fil invisible qui la rattachait à son père au-delà de son éducation. La naissance est une chose, mais ce que l'on fait de sa vie est pour moi dix fois plus important. L'éducation prime la naissance. C'est ce qui différencie l'homme et les animaux.

**Marie-Sophie finit par choisir Mozart, qui s'inscrit dans la continuité de son père, au détriment du cavalier BCBG dont elle pressent qu'il la fera mourir d'ennui...**
Ce qui est logique, puisqu'elle vient de retrouver son père. Les thèmes du film sont simples, et il y a peu de figures libres... C'est un film qui ne va pas chercher midi à quatorze heures !

**Sa construction non plus !**
**Attention bandits** est effectivement très linéaire. J'avais

simplement envie de retrouver Jean Yanne, avec qui je voulais travailler depuis longtemps. Et j'avais envie de filmer Marie-Sophie avec qui je vivais une histoire d'amour.

**On voit que vous êtes amoureux, par exemple dans la scène des retrouvailles, filmée derrière le pare-brise de la voiture. De tous les films que vous avez faits avec elle, c'est peut-être celui où elle est le mieux mise en valeur...**
Marie-Sophie est une très bonne comédienne. Elle est également formidable dans **Tout ça... pour ça !**. Mais j'ai quand même vingt-six ans de plus qu'elle ! Rapporté au scénario de **Attention bandits** j'étais à l'époque plus proche en âge de Yanne que de Bruel. Pourtant je me sens autant en sympathie avec l'un qu'avec l'autre. Je me suis beaucoup amusé à écrire leurs dialogues... D'autant qu'il n'est pas nécessaire de gratter longtemps pour retrouver ce côté voyou qui est en moi.

**Le film n'arrête pas de dire que les voyous n'ont pas d'honneur et il nous montre l'inverse...**
Les films de voyous ont longtemps eu beaucoup de succès parce qu'ils respectaient des règles qui leur étaient propres. C'était ce qu'on appelait la loi du Milieu, qui s'est ensuite peu à peu dégradée. Jadis, celui qui entrait dans le monde des voyous était parrainé, il avait un statut et il devait se montrer à la hauteur. C'était une institution, il fallait passer un examen pour rentrer dans le Milieu.

**Et en 1988, au moment où le film se déroule ?**
C'était la fin. Jean Yanne était le dernier des Mohicans... Bruel ne reprenant la tradition que par amour pour Marie-Sophie. Concernant son personnage, je voulais montrer qu'il était capable de monter des coups incroyables. Dans son genre c'est un génie, comme Wolfgang Amadeus Mozart, dont il reprit le patronyme. Quand il veut sortir Jean Yanne de prison, il improvise... et il réussit son coup. Je trouve que le scénario a bien vieilli. Il reste d'actualité. Le chantage à l'attentat est entré dans les mœurs... Malheureusement !

**On sent que vous cherchez les scènes à deux caméras...**
... alors que je n'ai qu'une caméra à ma disposition. Mais effectivement je les cherche...

**Souvent dans vos films la séduction s'exprime dans les restaurants. Dans Attention bandits la scène la plus émouvante se déroule précisément à table. Elle se déroule entre le père et la fille. Pour nous, elle représente la clé du film. Mozart n'est là que pour nous distraire. La véritable histoire d'amour est entre le père et la fille...**

Évidemment. Dans la scène de l'église, et à la fin du film, le plan se termine sur Jean Yanne. On voit bien que Marie-Sophie épouse son père.

**C'est nouveau chez vous. D'habitude, quand on peut vous identifier au personnage principal, on y décèle un rapport amoureux. Là, c'est un rapport paternel qui prime...**
Marie-Sophie regarde plus son père comme un homme que comme un père, puisqu'elle n'a pas grandi avec. Elle ne l'a jamais connu dans son intimité, en robe de chambre le matin ou s'engueulant avec les voisins. Elle n'a pas connu la dégradation du quotidien. On sait que toutes les petites filles sont amoureuses de leur papa, à sept ou huit ans. La scène est donc ambiguë. Lui regarde sa fille comme on regarde une femme et ce sentiment est renforcé par les dialogues : « Il pense que tu es une pute parce que je t'ai donné un bijou. »

**Il y a dans ce film des aspects qui vous sont propres, mais aussi des éléments davantage ancrés dans le polar traditionnel. Notamment par une violence qui ne vous ressemble pas. Dans Le Chat et la Souris, quand les héros vont chercher le traître dans l'hôtel, ça ne se**

**passe pas de la même façon. Dans Attention bandits, la scène est d'autant plus violente que le spectateur n'y est absolument pas préparé.**

Effectivement on ne s'y attend pas. Il n'y a pas de montée en puissance pour la précéder. Le deuxième meurtre est d'autant plus dur que le type n'y est pour rien, et que Bruel était jusque-là plutôt sympathique. Dans la vie, on est souvent dépassé par les événements.

L'erreur que les trois voyous commettent, c'est de ne pas tuer la fille qui est dans le lit avec le type qu'ils butent. Mais en même temps, s'ils l'avaient fait, les flics n'auraient pas arrêté Jean Yanne et je n'aurais pas pu le remettre en prison. Le jour du tournage, je me suis fâché avec Jean. Il m'avait dit : « La petite, je la bute, je ne la laisse pas derrière moi. Ce serait une erreur qu'un mec comme moi ne ferait jamais. » Charlot était d'accord avec lui. Pendant un moment, j'ai hésité. C'est évidemment une faiblesse dans le scénario, mais je ne voulais pas que les personnages soient trop antipathiques. Sans doute parce qu'ils ne sont pas suffisamment voyous. Tout ce que je dis sur les voyous dans le film, je le pense vraiment. Ce sont de sales cons, des gens à ne pas fréquenter.

**Mais leur aura demeure, notamment à travers l'image que transmet le cinéma.**

Il y a une force qui émane des voyous tels que le cinéma les représente, un mélange de dureté tranquille et de résignation devant les pièges de la vie. C'est ce qui faisait la force de Gabin ou de Ventura. Et en l'occurrence de Yanne. On n'a jamais vu Gabin pleurer à l'écran, en tout cas pas dans ses films d'après-guerre. Face aux événements, ce que l'on aime chez les gens, c'est qu'ils gardent leur sang-froid. Le personnage incarné par Jean Yanne porte en tout cas le film sur ses épaules et le leste en passant d'un certain poids. Ce en quoi le film est à l'opposé de **Partir Revenir**, qui le précède…

**Partir Revenir est un film de recherche, un exercice de style poussé à l'extrême. Ce n'est pas vous faire injure que de dire que Attention bandits aurait pu être tourné par un autre.**

**Attention bandits** n'est pas du cent pour cent Lelouch, je le concède. C'est vrai que le scénario pourrait convenir à d'autres metteurs en scène. Corneau par exemple. À ceci près que la pirouette du chantage à l'Opéra et la libération de Jean Yanne trouveraient difficilement leur place chez Corneau. De même que le personnage de Marie-Sophie. Mais l'arrivée de Bruel chez Yanne, qui vit retiré dans son manoir en Normandie, fait effectivement penser au **Choix des armes**, à cette différence que Depardieu était un chien fou et que Bruel perpétue le code d'honneur.

**Pourquoi n'avez-vous pas retravaillé avec Bruel par la suite ?**

Je ne sais pas. Pourtant nous nous voyons et nous nous parlons souvent. Peut-être sa carrière de chanteur a-t-elle pris le pas sur celle de comédien. J'aimerais bien l'utiliser davantage. J'avais pensé à lui pour le rôle tenu par Massimo dans **Les Parisiens**. Mais il ne voulait pas chanter. C'est un homme que j'aime beaucoup. Je l'ai connu par l'entremise de Marie-Sophie, avec qui il était lié. À l'époque de **Attention bandits**, il commençait à se faire un petit nom. Je l'avais vu dans les films d'Arcady et dans **PROFS**, de Patrick Schulmann.

**Dans un polar classique, il y aurait davantage d'éléments policiers, en tout cas une police plus présente…**

Je reste dans l'humain. Le film me ressemble. Les rapports père-fille sont plus importants que le polar. C'est un prétexte et une métaphore.

# Itinéraire d'un enfant gâté

1988

Un coup de blues monumental / Belmondo superstar / Trois chèvres et un chameau / Un jour au cirque / « Nous sommes dans une compétition »

Jean-Paul BELMONDO
Richard ANCONINA
Marie-Sophie L.
LIO
Béatrice AGENIN
Daniel GÉLIN
Jean-Philippe CHATRIER
Gila VON WEITERSHAUSEN
Michel BEAUNE
Pierre VERNIER
Alexis GRUSS

**Vos films ont suffisamment puisé d'éléments dans votre propre vie pour que l'on ne soit pas intrigué par la déprime du personnage principal de Itinéraire d'un enfant gâté. Vous êtes-vous également remis en question au tournant de la cinquantaine ?**
J'étais à l'époque constamment en train de régler les problèmes des autres, alors que je n'avais pas encore réglé les miens. J'avais le sentiment que le droit à la tranquillité m'était refusé. La vie professionnelle et sociale me pesait. J'avais envie de ne plus voir personne. Qu'on ne m'appelle plus au téléphone, qu'on ne m'écrive plus... J'avais le désir de me mettre en vacances de ce que j'aimais le plus au monde : ma femme, mes enfants, le cinéma, les copains, le business, Paris... J'ai pensé disparaître. On n'est pas loin du film ! Le titre dit tout : j'étais un enfant gâté et c'est de toutes les bonnes choses de la vie que je me lassais. Un beau jour, seul dans mon bureau, l'espace d'une heure, j'ai eu un coup de blues monumental. Je me suis mis à penser que ce qui arrangerait tout le monde serait que je disparaisse. Je laissais de l'argent : ma famille et mes proches pourraient se partager l'héritage. Je voulais partir, mais j'étais inquiet. Je me disais que si je faisais le coup et que je revenais au bout de trois semaines, j'aurais l'air d'un con. En outre, ma femme et mes enfants ne me pardonneraient jamais de les avoir laissés dans l'inquiétude. Pour la première fois de ma vie, je me suis senti lâche. Je voulais fuir les responsabilités que le destin et la chance m'avaient données. En y pensant, je commençais à me mépriser... Pourtant, un matin, j'ai quitté la maison en disant : « Je ne rentrerai pas ce soir. » Je m'entendais très bien avec Marie-Sophie mais je n'en pouvais plus. Je suis sorti en voiture de Paris, sans trop savoir où aller. Mais à peine arrivé à Fontainebleau, je me suis dit que j'étais le roi des cons : je venais de trouver un superbe sujet de film et je ne m'en étais pas aperçu ! Car déjà tous ceux que j'aimais me manquaient alors que je n'avais pas même passé une seule nuit dehors. Je suis allé déjeuner dans une auberge à Barbizon. Puis j'ai été faire quelques pas en forêt avant de rentrer à Paris.

**Vous pensiez au sujet du film en marchant ?**
Je ne pensais qu'à ça. Quand je suis rentré à Paris, je n'ai rien dit à Marie-Sophie, à l'exception du principal : j'avais en tête un sujet de film formidable.

**Ce processus créatif est assez comparable à celui de Un homme et une femme. En pleine crise et en pleine déprime, vous fuyez, vous prenez un bout de papier et un sujet vous vient...**
C'est vrai. Je suis parti le week-end suivant à Marrakech avec Marie-Sophie. Dans les jardins de la Mamounia, je lui ai raconté l'histoire. Elle m'a dit qu'elle avait perçu mon désarroi et qu'elle s'était posé des questions sur sa part de responsabilité. Pendant que nous marchions, je lui ai dit qu'il fallait que je trouve le titre du film. Elle m'a dit : « Ton personnage, c'est un enfant gâté. Le film doit s'appeler **Itinéraire d'un enfant gâté**. » J'ai pensé à Belmondo tout de suite...

**Saviez-vous à ce moment-là que le personnage allait partir loin, à Tahiti plutôt que dans le Cantal ou en Meurthe-et-Moselle ?**
Sam Lion devait quitter la France, où il était trop connu. Je voulais l'envoyer en Polynésie. Parce que c'est un cliché. J'ai écrit le scénario. J'en ai parlé à Jean-Paul, avec qui je n'avais pas tourné depuis **Un Homme qui me plaît**, en 1969. Je lui ai proposé de coproduire le film. Jean-Paul était alors encore très coté, mais il venait d'enchaîner deux ou trois films qui n'avaient pas bien marché. Nous nous sommes donc retrouvés tous les deux à un moment charnière. Comme nous sentions autour de nous des réticences – « Belmondo est fini, et Lelouch est sur le déclin ! » –, nous avons décidé de relever le défi et de produire le film nous-mêmes. Nous avons donc travaillé sans salaires, mais avec cinquante pour cent des profits chacun. Le succès a été énorme...

**Pourquoi Sam Lion part-il en bateau ?**
L'idée s'est imposée rapidement. D'abord la navigation en solitaire se prête très bien à la réflexion. Ensuite, j'ai la passion des bateaux. Je les connais et je les aime. Enfin, la mer est un endroit idéal pour se perdre. Sur une autoroute avec des restaurants et des stations-service, tout le monde vous reconnaît.

Alors que sur un petit bateau, en plein milieu de l'Atlantique ou du Pacifique... Il n'y a pas mieux pour disparaître. Il suffit que l'on retrouve un canot de sauvetage en pleine mer, vide... la messe est dite ! Mais il peut y avoir des manipulations. Vous l'avez remarqué, les manipulations sont nombreuses dans mes films. Je sais aujourd'hui que l'on peut manipuler les foules. La mise en scène est d'ailleurs de la manipulation...

**En mettant en scène la disparition de Sam, pensiez-vous à Donald Crowhurst, le navigateur dont Christian de Chalonges a dressé le portrait dans Les Quarantièmes Rugissants ?**
Oui, tout à fait...

**Comment justifiez-vous la lassitude du personnage ?**
L'être humain est conçu de telle façon qu'il s'habitue à tout et qu'il peut se lasser très vite, même du bonheur. La preuve : les stars ont tout et pourtant à un moment donné, il arrive qu'elles se suicident...

**L'arrivée du fantôme de l'épouse de Sam, interprétée par Lio, nous surprend. Le surnaturel n'est pas très présent dans vos films...**
La présence de Lio renvoie à celle de Ticky dans **Les Parisiens**. J'aime beaucoup cette scène où Jean-Paul parle avec sa femme disparue. Moi, mon père me manque : alors, je le vois un peu partout...

**Belmondo est-il le roi de la figure libre ?**
Non, mais c'est globalement l'acteur idéal. Il n'a aucun problème existentiel. Il est à cent pour cent dans ce que vous lui demandez. C'est le Schumacher du cinéma : il appuie à fond sur l'accélérateur. Ce qui ne l'a pas empêché de se montrer inquiet au début du tournage : « Un type qui en a marre de la richesse et du luxe, et qui largue tout par caprice, penses-tu qu'il sera bien perçu ? »

**Était-il le même Belmondo que celui de Un homme qui me plaît, ou un homme plus mûr ?**
Pratiquement le même, avec la même envie de déconner, de faire des blagues à tout le monde. Je le retrouverai à l'identique d'ailleurs pour **Les Misérables**. Je pense que nous conservons tous un âge précis pendant notre vie et qu'autour de cet âge, la carapace ne change qu'un peu. Je n'ai pas quitté l'âge de la naïveté, je crois que j'ai toujours treize ans. Alessandra est plus vieille que moi. Quand nous voyageons par exemple, la vieille c'est elle ! Jean-Paul, lui, n'a pas quitté l'enfance. Même aujourd'hui, même diminué, il est toujours enfant. Il parvient à s'amuser.

**Avez-vous eu du mal à le faire pleurer dans la dernière scène ?**
Je lui ai simplement dit : « Jean-Paul, je vais te montrer une cassette. Mets-toi à la place de Sam. Il a choisi la liberté et en même temps, cette liberté constitue sa prison. Tu es à la fois en liberté et en prison. Moi, si je regardais cette cassette, j'aurais du mal à

ne pas pleurer. J'y découvrirais ce que j'aime le plus au monde, mais qui existe sans moi. J'aimerais – si tu y arrives, car on ne force personne à pleurer, surtout un acteur comme toi — que tu sois ému et que tu pleures. Cela signifiera qu'un jour ou l'autre tu retourneras les voir. Si tu ne verses pas une larme, cela voudra dire que tu es bien ici. »

**Si Belmondo n'avait pas pleuré, le film aurait-il été différent ?**

Naturellement, car cette autre fin aurait signifié que Lion se désintéressait des autres. Belmondo m'a demandé ce que j'aurais fait personnellement. Je lui ai répondu que j'aurais fait des allers-retours. J'ai dit à Belmondo : « Maintenant tu as acquis le droit de t'évader. Tu as expliqué la règle du jeu aux gens qui t'aiment... » Il m'a répondu que j'avais raison. Et de façon naturelle, il s'est mis à pleurer.

**Après Attention bandits cela fait deux films successifs où l'on voit un père donner sa fille à un garçon...**

C'est exact. Un bon père doit accompagner ses enfants. Il y a passage de relais. Belmondo pousse ce principe à l'extrême puisqu'il façonne son gendre à son image. C'est ça qui est joli : il fabrique un double de lui-même. Il a choisi le type, il l'a vu, il l'a testé. Ce n'est pas pareil pour une mère que pour un père. Car les pères ont un avantage : ils savent ce que valent les hommes, qui sont des enfoirés, des menteurs et des lâches. Pour un père, c'est insupportable de voir sa fille se faire avoir...

**Le personnage de Sam Lion renvoie d'autant plus à vous qu'il est partagé entre l'homme d'affaires et l'artiste. C'est le thème de la chanson de Starmania, Le Blues du businessman, que l'on entend dans le film. Vous sentez-vous parfois trop businessman ? Trop encombré par la gestion de vos sociétés ?**

Je suis partagé. Parce que c'est le prix à payer. C'est le prix de la liberté. Mais en même temps, certains jours, la production me pèse. D'abord parce que c'est lourd, ensuite parce que j'y côtoie souvent des gens que je méprise, ce qui n'est pas le cas quand je suis dans la création. Quand je rencontre les responsables des chaînes de télévision, on ne peut pas dire que je m'éclate ! **Itinéraire d'un enfant gâté** me ressemble par cet aspect. Je me sens à l'aise avec Sam Lion, mais tout autant avec le personnage d'Anconina. Plus jeune, j'aurais aimé tomber sur un Sam Lion.

**Comme Braunberger ?**

Comme Braunberger, ou comme mon père...

**Le cirque est-il un univers qui vous touche ?**

Plus que ça. Le premier spectacle que j'ai vu dans mon existence, mon premier souvenir, c'est une journée au cirque. Je me souviens des deux cirques concurrents, Médrano et Bouglione. Dès que nous avions une journée, nous allions au cirque. Je n'ai découvert le cinéma qu'ensuite. Je continue à y aller : je suis subjugué par l'adresse, le courage, la rigolade, les animaux, la musique, le théâtre... Quand j'étais gosse et que j'allais en vacances dans la maison de mon oncle en Normandie, le cirque allait à Villers, à Cabourg, puis à Houlgate. Je faisais les trois séances. Je me déplaçais à vélo. J'étais là quand les forains montaient la tente, puis quand ils la démontaient et repartaient. À Houlgate je leur ai donné une fois un coup de main : ils m'ont donné une petite pièce.

**Au-delà du spectacle, êtes-vous sensible au mode de vie des forains, à la roulotte, au voyage ?**

Ah oui, j'étais jaloux quand ils repartaient. Ce qu'ils vivaient au quotidien, c'était ce dont je rêvais. Je les voyais s'en aller. Mais comme un con je restais chez moi.

**Êtes-vous proche de l'univers de Fellini, auquel le film fait référence au moment de l'enterrement ?**

On peut le dire ! **La Strada**, quel chef-d'œuvre ! Fellini aimait le cirque. Je suis certain qu'il a eu les mêmes émotions au cirque que moi. C'est notre principal point commun. Mais beaucoup de cinéastes pour lesquels j'ai de l'admiration aiment le cirque, de Tati à Chaplin...

Charlton Heston dans *Sous le plus grand chapiteau du monde*.

**Y a-t-il eu des grands films sur le cirque ?**

J'aime bien **Sous le plus grand chapiteau du monde**. D'ailleurs Belmondo, avec son chapeau, est inspiré du personnage de Charlton Heston. C'est la référence. Je me souviens que ce film montrait un cirque à trois pistes. Les artistes se battaient pour faire leur numéro sur la piste centrale. J'aime également **Trapèze**[1], avec Burt Lancaster... Dans les années 30, le cirque était un phénomène incroyable. Certains chapiteaux abritaient dix mille places ! Aujourd'hui, un grand cirque, c'est deux mille spectateurs ! Les gens venaient de partout. Les artistes avaient un statut de star. Aujourd'hui, le meilleur cirque qui reste, c'est l'émis-

1. Film de Carol Reed (1956), avec Tony Curtis et Gina Lollobrigida.

sion de Patrick Sébastien : **Le Plus Grand Cabaret du monde**. Pour moi le cirque est fondamental. Le voyage, le danger, le travail sont des valeurs que j'ai envie de défendre. Et puis j'adore la polyvalence. J'ai une passion pour les gens qui savent faire plusieurs choses. Dans un cirque le caissier vend les confiseries à l'entracte. Puis il ramasse le crottin, avant de monter les grilles et de donner à manger aux fauves… Cela me plaît : c'est un monde sans domestiques ni esclaves…

**C'est d'ailleurs ainsi que fonctionne l'entreprise de Lion (Belmondo) !**
On le constate également dans la décoration de la boîte, de son bureau, à travers ce capharnaüm que nous avons entièrement créé.

**Où ont été tournées les scènes des usines Victoria ?**
Chez Jean-Claude Decaux. C'est lui qui avait inventé la machine avec les patins que l'on voit dans le film et qui fait la fortune de Belmondo. Quand je suis arrivé, elle était en phase d'expérimentation. Decaux devait la sortir mais son utilisation s'est révélée trop compliquée. Je l'ai quand même utilisée pour le film.

**Comment s'est opéré le choix des destinations géographiques ?**
Ce sont les circonstances qui ont dicté ces choix. Concernant les scènes avec des animaux par exemple, il me fallait des lions, donc un dresseur, pour permettre à Jean-Paul de descendre à côté d'eux. Il existe un excellent dresseur parisien, que Beineix a fait travailler sur **Roselyne et les lions** et qui a ensuite participé aux **Deux frères**, de Jean-Jacques Annaud. Mais j'ai préféré prendre quelqu'un sur place. On m'a alors parlé d'un homme qui avait travaillé sur des films animaliers au Zimbabwe… Souvent ces documentaires sont truqués. Le lion est lâché dans un rayon qui reste dans le champ de la caméra. Un type vous demande l'endroit où vous souhaitez que le fauve attrape la gazelle. Il lui fait une piqûre pour qu'elle ne courre pas trop vite. Et il laisse le lion sans bouffer pendant quatre jours. Puis il lâche les deux animaux au même moment… Pareil pour le crocodile ou le serpent avec le petit lapin. Ce n'est pas ce que je voulais…

**Il n'y a aucun stock-shot dans le film ?**
Non, j'ai tout filmé !

**Comment avez-vous tourné le dernier plan du film, qui montre Sam partant seul avec une lionne ?**
Jean-Paul avait une sacrée paire de couilles pour jouer cette scène ! L'équipe était alors très loin de lui : le plan est fait au téléobjectif. Bien sûr nous avons pris un lion gentil qui n'avait pas faim. Bien sûr un type était allongé dans l'herbe avec un fusil à quelques mètres de lui. Mais le temps qu'il lui fallait pour réagir était plus long que celui qu'aurait mis la

Montmartre vu par Lelouch.

Montmartre vu par Jeunet.

lionne à attaquer. Il y aurait eu des dégâts.
Le dompteur m'a dit qu'avec les animaux, le problème est simple : ils n'attaquent que les gens qui ont peur, dégageant ainsi une odeur que les animaux sentent. Belmondo n'a pas eu peur. Il fallait oser.

**Comment dresse-t-on le plan de travail pour un film comme celui-là avec ses multiples déplacements ?**
**Itinéraire d'un enfant gâté** a été tourné rapidement, en une dizaine de semaines. Nous avons d'abord fait les scènes françaises. Il était préférable que les membres de l'équipe fassent connaissance avant de partir à l'étranger. C'est un bon moyen de tester les équipes. Il reste possible de changer certaines personnes. Quand on part faire le tour du monde, il faut constituer une espèce de commando avec des gens qui assurent. J'ai tourné d'abord les scènes parisiennes, qui se déroulent dans un Montmartre qui ressemble avant l'heure à celui du **Fabuleux Destin d'Amélie Poulain**. Ensuite je me suis rendu au festival de Monte-Carlo. Nous avons tourné les numéros de cirque le soir, gardant la journée pour faire les scènes de bateau au large de Monaco. Ensuite nous sommes partis faire le tour du monde. Nous avons débuté par San Francisco.
Dans l'avion, Belmondo est tombé gravement malade : 40° de fièvre, mal de gorge. On l'a allongé par terre et j'ai commencé à me demander si nous pourrions tourner le lendemain. À l'arrivée c'est tout juste si Jean-Paul n'est pas sorti de l'avion en fauteuil roulant. À l'hôtel, le gars de la réception nous a dit qu'il connaissait un médecin parlant un peu français. Nous l'avons fait venir. Le type est arrivé, pas frais, comme s'il avait bu. Il est entré dans la chambre de Jean-Paul, lui a pris le pouls et a commencé à demander ce que ce monsieur faisait dans la vie. Nous lui avons répondu qu'en France, Jean-Paul était une immense vedette de cinéma. « Ah, ah ! », comme si quelque chose lui revenait... « Ne vous inquiétez pas, je vais faire une ordonnance et demain matin, il sera guéri ! » Et il a fait son ordonnance. Je l'ai fait traduire : « Prendre une bouteille de bordeaux de très grande qualité. La boire d'un seul trait. Et dormir. » Nous nous sommes dits que nous étions tombés sur un fou. Mais il était une heure du matin. C'était plus facile de trouver une bouteille qu'une pharmacie. Nous avons fait monter la bouteille. C'est la première fois que Jean-Paul était content de prendre un médicament. Il ne s'est pas dégonflé : il a bu la bouteille d'un coup. Il s'est couché et il a dormi. Le lendemain matin, plus rien ! Plus rien ! Il existe des grands vins qui sont des médicaments fabuleux contre la grippe et le rhume. De très grands vins, boisés, avec beaucoup de tanins...

**Certains disent que Jean-Paul Belmondo a pas mal déconné pendant le tournage...**
Sur les films auxquels il participe, Jean-Paul impose son maquilleur, Koubesserian, et son habilleuse, Paulette. Il leur fait des blagues en permanence. Sur le tournage des **Misérables**, Koubesserian a trouvé un soir dans sa chambre trois chèvres que Jean-Paul avait amenées. Trois chèvres pendant une journée, ça sent mauvais, et ça chie partout ! Il avait fait subir le même sort autrefois à Mnouchkine, mais avec un chameau. Pour faire une blague, Jean-Paul ne recule devant rien.

**Comment concevez-vous les tournages sur le plan humain ? Comment doit fonctionner une équipe pour être efficace ?**
Un tournage est forcément un moment de tension pour le réalisateur et le producteur. Alors quand on cumule les deux casquettes... Le réalisateur et le producteur sont les deux intervenants qui ne peuvent pas plaisanter. Ils doivent être vigilants avec les comédiens, avec les techniciens, avec l'argent dépensé... En déplacement, tout le monde se sent un peu en vacances. Certains forment des groupes qui se comportent parfois comme des touristes. Il leur arrive de déconner tard le soir : le lendemain matin, le plateau le paye très cher. Il ne faut surtout pas que le producteur et le metteur en scène donnent l'exemple, sinon cela peut vite dégringoler. Nous sommes des

gendarmes, mais bienveillants. Si l'on se fait détester le soir au moment du repas, on le paye également le lendemain matin sur le tournage. Mais l'amour que l'on porte aux comédiens, ceux-ci le rendent au centuple. Il faut donc protéger le tournage, la générosité de ceux qui y participent, l'enthousiasme des uns et des autres. Si quelqu'un a envie de vous faire plaisir, il ne travaille pas de la même façon que s'il a envie de faire chier. Quand on est dans une équipe pas trop nombreuse, un grain de sable suffit très vite à bloquer la machine. Surtout quand on part faire le tour du monde...

**Avez-vous eu l'occasion de transgresser ces principes-là ?**
Non, j'ai toujours été très vigilant là-dessus. Il est facile de mettre un film en péril. Je sais que les techniciens sont carrés : le soir, ils nettoient la caméra, surveillent la pellicule. Il y a trop d'argent en jeu. Mais ces gens sont aussi des êtres humains, leur professionnalisme ne les empêche pas de déconner, de boire un coup ou de s'amuser, surtout si l'on est à Las Vegas. Le metteur en scène et le producteur, chacun dans son registre, doivent contrôler et prévenir les excès.

**Comment réagissez-vous aux histoires d'amour qui se forment sur le plateau ?**
Là, on ne peut pas intervenir. Je pense que plus il y a d'histoires d'amour sur un tournage, plus les gens sont formidables. Ils vivent un moment heureux de leur vie et ils vous le rendent. Mais à l'inverse, si une histoire d'amour entre deux comédiens tourne mal, ils peuvent se faire la gueule le lendemain sur le plateau. Dans ce cas, il faut absolument faire comme si on n'était au courant de rien. Puis essayer de les réconcilier, patiemment. Le producteur et le metteur en scène ne réparent pas les mêmes pannes. Ce sont deux garagistes différents. L'un répare tout ce qui est tournage, l'autre tout ce qui entoure le tournage. Là, Belmondo était coproducteur, donc impliqué. Cela ne l'empêchait pas de faire des blagues. S'il n'avait pas fait de blagues, on aurait dit qu'il n'allait pas bien. Il faut respecter les comédiens dans leur concentration. Pour se concentrer, Jean-Paul a besoin de déconner. Girardot, elle, doit faire autre chose, tricoter, téléphoner, autre chose une seconde avant la prise...

**« Nos douleurs sont une île déserte », nous indique le film en exergue. Est-ce une façon de dire : « Chacun pour sa peau » ?**
C'est une phrase terrible d'Albert Cohen. Elle m'avait interpellé. J'ai pensé que c'était bien d'ouvrir le film là-dessus...

**Personne ne peut rien pour vous ?**
Si, une femme amoureuse. À ce moment-là, elle peut vous aider ou vous détruire. Le reste du temps, on est seul. Si je devais aller chercher un César demain matin, je remercierais Claude Lelouch. Sans lui, je n'en serais pas arrivé où j'en suis ! Et ça ne serait pas de l'humour. Évidemment, j'ai rencontré des gens qui m'ont aidé, mais parce qu'ils y trouvaient en même temps leur intérêt. Par exemple Pierre Braunberger. À un moment donné, les gens qui vous aident et vous flattent y trouvent leur intérêt. Les grandes stars se méfient et elles ont raison...

**Mais dans tout échange il y a un don ! Si on est optimiste, on peut penser que donner rapporte toujours et qu'il faut le faire sans calcul.**
La générosité est le meilleur des placements à condition qu'elle soit désintéressée. Mais souvent la générosité est un investissement. Si vous donnez spontanément, vous êtes un saint. Cela existe : Francis Lai est un saint. J'ose espérer que je connais une dizaine de personnes qui viendraient sans arrière-pensée si je les appelais au secours !

**La séquence qui regroupe les souvenirs de l'enfance et de l'adolescence de Sam, jusqu'à l'accident de trapèze, est montée de façon extrêmement rapide. Comment se construit une séquence comme celle-ci en termes de rythme ?**
Ces scènes doivent nourrir le personnage, afin de le justifier. Il fallait pratiquer de nombreuses ellipses. C'était l'occasion pour moi de filmer des numéros de cirque. J'avais envie de montrer à la fois l'ambiance du cirque et l'émotion de Sam. Je voulais que les spectateurs partagent la passion du cirque et des ani-

maux. Ainsi, quand Jean-Paul arrive en Afrique, nous avons autant envie que lui de découvrir les lions. Sans cette séquence de présentation, le spectateur ne comprend pas pourquoi Jean-Paul descend du camion à la rencontre des fauves. Le moment n'a pas de relief et le cœur ne bat pas de la même façon. Je pense que le talon d'Achille de mes films, c'est le début. Parce que j'insère de nombreuses scènes pour préparer le spectateur à aimer la suite. Les scènes de cirque préparent à la rencontre avec l'Afrique, mais aussi à l'entreprise avec les balayeurs en patins à roulettes. On sait par ailleurs à quel point l'enfance est importante dans la vie d'un être humain. On sait que l'on peut tout mettre dans la tête d'un enfant jusqu'à l'âge de sept ans. Tout ce que j'ai fait jusqu'à cet âge-là, je m'en souviens comme si c'était hier. Je me souviens d'Alger, du balcon, des petits Arabes, du bateau que j'ai pris pour rentrer en France...

En même temps, quand il s'en va, il la laisse faire ce qu'elle veut. Fondamentalement, on ne peut rien dire à ses enfants... J'en ai sept. Quand je leur parle, ils ne m'écoutent pas. En revanche, quand ils vont voir mes films, ils prennent tout pour argent comptant. Tout ce que j'ai dit à mes enfants, je l'ai mieux dit par film interposé. Aussi, quand je fais des films aujourd'hui, je pense à eux. Je pourrais dédier tous mes films à mes enfants. C'est la meilleure façon que j'ai trouvée pour leur parler...

Je suis convaincu aujourd'hui que mes enfants s'épanouiront davantage quand je ne serai plus là. Pour mille et une raisons, bonnes et mauvaises. Le jour de la mort de mon père – Dieu sait si je l'aimais ! –, j'ai commencé à devenir adulte. La mort du père est un moment important dans la vie des enfants. Elle est fondamentale, dans la littérature, en psychanalyse... Encore plus pour un fils, encore plus quand vous êtes un papa connu et médiatique...

**Quel est le message essentiel qu'il faut faire passer à ses enfants ?**

Que la vie est une alternance de bons et de mauvais moments et qu'il faut accepter les mauvais moments avec la même ouverture que les bons. Que la vie est une course d'obstacles, qu'on l'accepte ou non. Vous n'aimez pas la compétition ? Tant pis pour vous ! Nous sommes dans une compétition...

**Dans le film, la vie de Belmondo est scandée par des douleurs : il a un accident, il perd sa femme. Et il ne s'en remet pas. Il revoit sa femme en fantôme, il pense à son accident chaque fois qu'il va au cirque...**

Ce sont des vides dans sa vie. À l'exception des maladies graves, qui m'ont épargné, j'ai tout connu dans la vie, le pire et le meilleur. J'ai connu l'amour, le désamour, la guerre et l'après-guerre... Il faut être vigilant : le magasin doit être ouvert en permanence. À tout moment, le plus grave et le meilleur peuvent survenir. Comme dans les westerns. J'aime les westerns parce que le héros doit rester vigilant, s'il veut survivre. Comme le type de **La Chevauchée fantastique** qui se ramasse une flèche alors qu'il croit que le voyage s'achève. Il faut être sur ses gardes pour savourer les moments de plaisir. Et trouver le moyen de dépasser les moments difficiles. En essayant de faire les choses le mieux possible...

# Il y a des jours... et des lunes

1990

## Un accident providentiel / Les ravages de l'heure d'été / Le battement d'ailes du papillon / « Personne ne se fait de cadeaux » / Défense et illustration du pétage de plombs

**Parmi toutes les histoires que croise le film, quelle est la première à laquelle vous ayez pensé ?**

Le film est parti d'un court métrage de commande, qui sera d'ailleurs projeté dans les salles en première partie du film. Anne d'Ornano m'avait demandé de réaliser un petit film sur la région Normandie. J'ai naturellement pensé à une histoire d'amour. C'est alors que je fais la découverte de Jacques Gamblin et de Caroline Micla, jusque-là inconnus l'un et l'autre. Un jour je pars effectuer des repérages sur les plages du Débarquement. Le soir, en rentrant, je m'englue dans un embouteillage, là où le film sera tourné. Un accident était survenu sous le tunnel de Saint-Cloud et une déviation avait dû être mise en place. Je suis resté au même endroit trois heures, sur place, sans bouger ! Je regardais les gens dans les voitures, agacés, effrayés... J'ai observé cette petite population, qui m'a donné l'idée de **Il y a des jours...et des lunes**. À un

Gérard LANVIN
Patrick CHESNAIS
Vincent LINDON
Francis HUSTER
Annie GIRARDOT
Marie-Sophie BERTHIER
Philippe LÉOTARD
Jacques GAMBLIN
Gérard DARMON
AMIDOU
Paul PRÉBOIST
Christine BOISSON
Serge REGGIANI

moment donné, nous sommes tous sortis des voitures. Nous ne nous connaissions pas, et pourtant chacun s'est mis à raconter sa vie. J'ai pensé que ce serait formidable de reprendre ce principe dans un film, et qu'au moment où tout le monde sortirait de voiture, le spectateur ait déjà fait la connaissance de chaque personnage.

Le lendemain je me suis rendu à Bruxelles, où j'avais rendez-vous avec un ami dans un bistrot. Au bout de trois quarts d'heure, comme il n'était pas là, je suis parti. Il avait simplement oublié de changer sa montre

Une image de film publicitaire.

d'heure ! J'étais à l'heure, mais lui aussi. C'est comme cela que j'ai eu l'idée de faire se dérouler mon histoire le jour du passage à l'heure d'été, quand les gens sont surexcités, qu'il faut rattraper une heure et que les quiproquos se multiplient.

Par ailleurs j'ai toujours été sensible à la lune. J'ai donc mixé les trois éléments : l'embouteillage, l'heure d'été et la lune. J'ai écrit le scénario très vite, en deux ou trois mois.

**Aviez-vous vu Le Grand Embouteillage, de Luigi Comencini ?**

Oui, mais aussi **Week-end**, de Jean-Luc Godard...

**Souvent vos films associent des personnages qui ne se rencontrent qu'au milieu du récit.**

Dans **Il y a des jours...et des lunes**, j'ai fait mieux : ils ne se rencontrent qu'à la fin. L'élément unique qui les lie, c'est justement de se retrouver tous ensemble au même endroit et au même moment. Passé ce moment, ils ne se reverront probablement jamais. Cela m'amusait d'annoncer d'entrée de jeu que le film allait se terminer par la mort de l'un des personnages. Je voulais que le spectateur cherche à savoir de qui il pouvait s'agir.

Plus généralement, le film repose sur un mécanisme, sur l'idée que nous sommes nombreux et que rien n'est innocent. Je crois vraiment à l'idée du battement d'ailes du papillon qui provoque des événements en cascade. Tout ce que nous faisons a des conséquences, plus ou moins graves, à plus ou moins court terme. Dans le film, il n'est pas innocent que le couteau de Michel Creton ne reste pas à l'aéroport, comme il aurait été logique qu'il le fasse.

**Cette façon d'aménager une telle structure composée de personnages totalement autonomes les uns des autres s'est-elle dessinée à l'écriture ou au montage ?**

Dès le scénario, les différents éléments étaient en place, même s'il y a eu bien sûr des modifications au montage. Mais un film comme celui-ci présente trop de possibilités. Par exemple, je ne savais pas comment faire pour qu'Arlette Gordon et Paul Préboist restent ensemble toute la journée et le soient encore le lendemain matin, quand tous les personnages se retrouvent pour le bouquet final. J'opère une petite pirouette, car il est peu courant qu'une enquêtrice travaille un samedi après-midi. Mais après tout ce n'est pas plus dingo qu'autre chose. La colonne vertébrale du film, c'est Gérard Lanvin. Son personnage oriente le film. Il est en permanence de mauvaise humeur, il a un côté suicidaire. Sa conduite est une constante fuite en avant : on le retrouve au volant d'une voiture volée alors que l'on vient de lui retirer son permis. Gérard Lanvin était d'autant plus clairement au cœur du film que je savais qu'il serait au centre de mon film suivant. Le personnage de Caroline Micla, dont on faisait la connaissance dans le court métrage, était également fondamental. Les autres personnages sont venus se greffer au fur et à mesure de l'écriture. J'avais par exemple envie de tourner avec Vincent Lindon et Serge Reggiani et j'ai taillé leurs personnages sur mesure. J'aime la scène où les deux vieillards jouent comme s'ils avaient dix-huit ans ! C'est une référence que j'ai empruntée aux

**Amoureux sont seuls au monde**, le film d'Henri Decoin. Marie-Sophie est particulièrement bien dans un rôle difficile. Pleurer du début à la fin du film n'était pas aisé. Jouer une hôtesse de l'air idiote et qui le sait, non plus.

**Le monologue de Paul Préboist était-il très écrit ?**
Je lui avais fourni les grandes lignes et les principaux points forts du monologue. Il a ajouté énormément de trucs à lui, sur les belles femmes, les Marylin Monroe, etc. Quant à Annie Girardot, tout ce qui touche à sa solitude est magnifique. On a du mal à ne pas croire qu'elle est en train de parler d'elle-même. Au moment du tournage, j'ai cru comprendre qu'elle allait entrer dans une grande période de solitude et qu'elle y était prête. C'est la même Girardot que je vais utiliser un peu plus tard dans **Les Misérables**.

**Avez-vous effectué des travaux préparatoires ?**
J'avais dessiné la place du village et j'avais attribué sa position à chacun des personnages. J'avais prévu que l'antiquaire serait à tel endroit, le curé à tel autre, le retraité à tel autre... Au moment du drame, certains personnages sont sur la place et d'autres y arrivent. En fait, la construction n'était pas si compliquée que cela : je suis parti des acteurs et j'ai rayonné autour d'eux. Le tournage a duré quatre semaines, ce qui est peu. À l'époque j'étais en pleine forme, très inspiré. Et comme je pratique un cinéma basé sur l'inspiration...

**Dans la scène où Vincent Lindon parle avec Salomé, sa fille dans le film, de la façon dont on fait les enfants, ont-ils connaissance des répliques à l'avance ?**
Non, ni Lindon ni Salomé ne savent où va déboucher leur conversation. C'est moi qui leur souffle les répliques. Cette scène est une figure libre caractéristique.

**Une nouvelle fois, l'utilisation de la musique est fondamentale...**
Je voulais réveiller l'inconscient du spectateur. Dans le film, la musique est en permanence incorporée à l'action. J'adore voir la musique apparaître à l'écran. Ce n'est d'ailleurs pas la première fois, tant s'en faut : c'est manifeste dans **Les Uns et les Autres** ou dans **Les Parisiens**. Ou encore dans **Un homme qui me plaît**, quand Belmondo décrit une musique de western et que les images naissent de ses mots. J'aime quand la musique est un personnage du film. Dans **Il y a des jours...et des lunes**, elle s'intègre de plusieurs façons : à travers la troupe de théâtre qui s'arrête sur une aire d'autoroute et se délasse en chantant ; à travers les chansons de Philippe Léotard ; à travers les images du pianiste. J'ai eu beaucoup de mal à filmer ce dernier quand il fait mine de jouer sur une table en verre et que la caméra le cadre en contre-plongée de dessous la table. Il a fallu synchroniser chaque note...

**Il y a des jours...et des lunes s'essaye à des changements de ton et de rythme surprenants. Le film aurait pu ne nous montrer que des couples en crise dans une grande unicité. Là il va plus loin et va du drame au burlesque en passant par la comédie musicale et le polar...**
J'aime le mélange des genres. Le motard interprété par Darmon est très antipathique avec Lanvin quand il lui ôte son permis. Il devient sympathique avec la troupe itinérante. Pierre Barouh le détend en disant qu'il adorerait dépasser les cent kilomètres-heure avec le vieux clou dont il tient le volant. Lanvin et Barouh réagissent de façon opposée et obtiennent assez naturellement des effets opposés. Mais sans doute peut-on aller plus loin et affirmer que les deux personnages n'ont pas la même interprétation du monde. Il n'y a que des cas particuliers.

**C'est un film périlleux, comme souvent les films choraux. Soit on s'y perd à cause du trop grand nombre de personnages, soit on en privilégie certains au détriment des autres. Quand c'est réussi cela donne Shortcuts, de Robert Altman. Quand c'est raté cela ressemble à Prêt-à-porter, du même Altman. Chez vous beaucoup de personnages existent sur des moments impalpables, sur une atmosphère plus que sur une action pure et dure.**
La mayonnaise prend – je crois – parce que les personnages ne sont jamais édulcorés, je prends le

risque de tous les montrer dans leur violence, même si celle-ci prend des accents très différents d'un personnage à l'autre. C'est un film où personne ne se fait de cadeaux. Même Salomé, la petite fille, n'en fait pas aux adultes. Le camionneur qui s'excuse d'avoir causé un accident puis se reprend et affirme ne pas être en faute quand il s'aperçoit que les passagers de la voiture accidentée sont morts est à mon sens exemplaire. Le monde est cruel. Et le microcosme de la route le souligne à l'envi. Parce que tout le monde perd son vernis humain. La route rend fou !

**Le film, a priori réaliste, bascule parfois dans des univers irréels. Par exemple quand Annie Girardot discute avec Salomé, nous apercevons à l'arrière-plan un couple de danseurs acrobatiques...**

Il y a quelle que soit la scène une part de rationnel, une part d'explication, un fil. Dans la scène que vous citez, la présence des danseurs s'explique par le fait que ce soir-là le restaurant est fermé. Dans le même ordre d'idées, j'aime aussi beaucoup le curé qui se mue en comédien. Le spectateur imagine qu'il a une histoire avec Girardot avant que l'on découvre que tout est joué. **Il y a des jours...et des lunes** repose essentiellement sur l'effet de surprise. Cet effet de surprise était de toute manière dans le sujet : je voulais décrire une journée de pleine lune où tout le monde pète les plombs. Je voulais faire un film sur un pétage de plombs général. Il faut également prendre en considération que chacun de mes films est relié à celui qui précède et à celui qui va suivre. C'est ici particulièrement visible : **Il y a des jours...et des lunes** est la bande-annonce de **La Belle Histoire**. C'est dit clairement à la fin du film. J'avais d'ailleurs engagé Lanvin pour les deux films, et je savais que Darmon reviendrait, dans le même uniforme de motard...

# La belle histoire

1992

L'hypothèse de la réincarnation /
Les abeilles d'Israël / L'univers et son projet /
S'intéresser aux autres pour se connaître soi-même

Gérard LANVIN
Béatrice DALLE
Vincent LINDON
Marie-Sophie L.
Patrick CHESNAIS
Paul PRÉBOIST
Isabelle NANTY
AMIDOU
Gérard DARMON
ANÉMONE
Marie SARA
Charles GÉRARD

**La Belle Histoire est sans doute votre film le plus polémique, qui compte des détracteurs farouches et des défenseurs qui ne le sont pas moins. Mais que l'on aime ou pas, il est difficile de ne pas reconnaître que vous avez pris des risques et que les thèmes abordés sortent résolument de l'ordinaire cinématographique…**
J'ai toujours essayé de comprendre le fonctionnement de l'humanité, ce qui m'a amené à faire un certain nombre d'hypothèses. Je suis parti d'une évidence : il y avait au départ quelques milliers d'hommes sur la Terre et leur nombre n'a cessé de progresser pour atteindre six milliards d'individus aujourd'hui. Que l'humanité conserve sous une forme ou une autre le meilleur d'elle-même ne me semble pas invraisemblable. C'est ce que je fais au quotidien en jetant à la poubelle certaines choses et en en gardant d'autres. Il serait absurde de faire disparaître toute la connaissance du monde au fur et à mesure de la disparition des individus. Je pense donc que les plus anciens d'entre nous sont aujourd'hui ceux qui ont accumulé le savoir. Il y a des existences où l'on apprend et d'autres où l'on vit. J'ai envie de croire ça : que les hommes les plus

intelligents, les plus sages, ceux qui ont l'air de savoir des choses que les autres ne savent pas, ceux-là viennent de loin. C'est une nouvelle fois l'ami Préboist qui est commis pour me servir de porte-parole au début du film.

**Cette problématique de la réincarnation progresse petit à petit dans votre œuvre et apparaît pour la première fois dans Les Uns et les Autres, quand le personnage incarné par Daniel Olbrychski, le chef d'orchestre, dit croire à la réincarnation. On la retrouve dans Partir Revenir. Mais La Belle Histoire est une apothéose.**
Parce que je passe cette fois-ci au stade de la démonstration. Ce film est une expression de ma conviction intime.

**L'univers des Gitans et des corridas était-il présent à l'origine du projet ?**
Tout à fait. La corrida pour moi est une métaphore que j'avais déjà utilisée dans **La Vie, l'Amour, la Mort**. C'est aussi un spectacle dans lequel s'exprime une certaine fascination pour la mort. Par ailleurs, je me sens proche des Gitans. D'abord parce qu'ils forment le peuple du voyage. Ensuite parce que leur musique me touche. Enfin parce que ce sont des gens qui croient à tout, qui sont d'une superstition étonnante. Des gens qui cherchent.

**Par rapport à d'autres films, celui-ci est plus long et plus complexe. Vous a-t-il posé des problèmes spécifiques en termes d'écriture et de scénario ?**
Le tournage a été assez difficile. Le résultat final est très éloigné du scénario original, qui était davantage axé autour des histoires de Béatrice Dalle et de Gérard Lanvin, moins autour de celle des faux tableaux. J'ai pris énormément de libertés sur le plateau. Parce que chaque scène tournée me donnait envie d'en écrire d'autres. J'aurais pu faire un film de vingt heures. Tous mes thèmes étaient là, chaque personnage m'intéressait… Nous avions une équipe de régie spécifiquement chargée de préparer des séquences qui n'avaient pas été prévues.

**Certains vous ont reproché cette longueur et la multiplicité des intrigues autour de Lanvin et de Dalle…**
Effectivement, je sors constamment du sujet. Je fais l'école buissonnière. Les ramifications, les parenthèses sont à la fois le défaut et la qualité de beaucoup de mes films. Je récupère tout. Certains s'en plaignent, d'autres s'en réjouissent…

**Le film établit un équilibre entre un discours philosophique et une description très contemporaine du monde. Vous montrez les premiers caméscopes ou les premiers téléphones portables, ou encore la guerre du Golfe…**
J'aime cette confrontation entre l'infiniment petit et l'infiniment grand, le très général et le très particulier… La grande histoire est constituée de petites histoires. Les ragots de concierges mis bout à bout finissent par constituer la grande histoire.

**C'est la première fois que vous faites tourner Béatrice Dalle...**

J'ai pensé à elle dès le début. C'est une fille étonnante. Elle est idéale pour ce type de films car elle croit à tout. Elle marche dans tous les délires qu'on lui propose : sur **La Belle Histoire**, elle a été d'une disponibilité totale. Mais elle se laisse souvent influencer par le dernier qui a parlé. Et comme elle ne peut pas rester une minute inactive, cela n'est pas toujours simple à gérer. D'autant qu'elle est incapable de faire des compromis.

**Où avez-vous réalisé les scènes se situant dans l'Antiquité ?**
Je devais les tourner en Israël. Puis la guerre du Golfe a éclaté. Lanvin n'a plus voulu partir : il avait une femme, un enfant, et il ne pouvait pas se permettre de prendre des risques. Il est étonnant de voir que ces types qui dégagent tant de force à l'écran sont souvent frileux à titre personnel. Puis les compagnies d'assurances m'ont découragé à leur tour d'entreprendre le voyage, en tout cas pour ce qui concerne les grosses scènes. En revanche, il restait possible d'aller à Jérusalem pour les parties les plus intimistes. Nous sommes donc descendus dans le Lubéron, à Roussillon, près des rochers rouges. Nous avons tout construit sur place. Nous y sommes restés trois semaines, pour un tournage total d'environ treize semaines.

**Est-ce vous qui avez inventé l'histoire des abeilles d'Israël ?**
Totalement. Elle a tellement bien fonctionné que certains sont partis en voyage après le film pour retrouver les lieux. Les légendes sont faciles à inventer.

**Comment fait-on pour diriger des abeilles ?**
C'est leur reine qui dirige tout. Il y avait des millions d'abeilles sur le plateau et curieusement, nous n'avons pas été piqués une seule fois, personne. Les apiculteurs qui nous entouraient en ont été très étonnés. Je leur ai expliqué que les abeilles avaient compris que **La Belle Histoire** était un film de propagande en leur faveur. Nous possédions tous des combinaisons de protection, mais à la fin nous n'étions plus très nombreux à les enfiler. La scène dans laquelle Lanvin est couvert d'abeilles a été un peu délicate à faire : il n'était pas doublé et se sentait assez peu à l'aise. Mais tout s'est bien passé...

**Pourquoi cette fascination pour les abeilles ?**
Parce qu'elles produisent du miel. Et le miel est pour moi l'aliment parfait, tellement parfait qu'il supporte mal d'être associé à un autre. Même dans le thé, il emporte tout. Je me suis dit que si un animal comme l'abeille était capable de produire un aliment aussi parfait, c'est qu'il n'était pas loin de l'excellence, donc de Dieu.

**De combien de figurants disposiez-vous pour incarner les lépreux ?**
Deux cents seulement. Nous étions loin de la munificence des **Uns et les Autres**.

**Le film brasse nombre d'éléments que vous réutiliserez par la suite. Lanvin vient restituer l'argent qu'il a volé à l'époque comme Jeremy Irons le fera dans And Now... Ladies & Gentlemen.**
Il achète un château, comme Michel Leeb dans **Les Parisiens**.

**Vous allez jusqu'à proposer des plans similaires : celui d'Isabelle Nanty aux Galeries Lafayette sera repris à l'identique, y compris la situation et le ton agressif, dans Les Parisiens.**

Exactement. Ce ne sont pas tout à fait les mêmes cadrages, mais presque. D'ailleurs, Maïwenn et Béatrice Dalle sont de la même famille, elles se ressemblent beaucoup et je sais qu'elles rêvent de tourner ensemble.

**La success story est également l'un de vos thèmes de prédilection : Lanvin dans La Belle Histoire, Leeb dans Les Parisiens, Villeret dans Robert et Robert vivent de véritables contes de fées...**
C'est ce que j'ai moi-même vécu ! Ma vie est un conte de fées. Mais les contes de fées arrivent à ceux qui y croient et qui savent comment réagir. Derrière mon succès, il y a beaucoup de travail. Toute ma vie, je me suis levé à cinq heures du matin. Et je n'ai pratiquement jamais pris de vacances.

**Vous nous montrez un accident d'avion. Avez-vous reconstitué ce que vous aviez vu à Malpasset quand le barrage de Fréjus a cédé[1] ?**

Exactement. Le tournage de cette scène a été un peu compliqué à organiser. Il a fallu reconstituer des morceaux d'avion en complément de décor. Ce qui a coûté cher, même si je ne montre pas l'accident proprement dit. Pour le tournage j'ai utilisé une répétition des sauveteurs et des pompiers de Roussillon, mobilisés pour une simulation de crash. C'est une scène capitale, puisque les deux personnages principaux se rencontrent, ayant tous les deux à gérer un deuil.

**Pour vous, le bonheur naît souvent du drame...**
C'est une alternance que j'évoque souvent. J'ai observé les gens. Ce n'est que dans un second temps que je transforme mes reportages en fiction. Avec **La Belle Histoire**, j'ai le sentiment de proposer un reportage sur l'aventure humaine de ces deux mille ans.

**Quand vous vous dites journaliste, cela signifie que tout vous intéresse et que rien ne vous échappe. D'être autant tourné vers l'extérieur n'entrave-t-il pas une nécessaire intériorisation ?**
Au contraire, l'extérieur ramène tout le temps aux questions personnelles. Plus vous vous intéressez aux autres, plus vous vous intéressez à vous-même. Les autres vous renvoient votre image en permanence. Je suis de plus en plus persuadé qu'il n'est pas un moment de la vie qui ne soit riche ou intense. Je suis rentré un jour de Londres en Eurostar, il y avait à côté de moi trois joueurs de poker. Ils parlaient de leur partie, de leur femme, et ils en rajoutaient... Si je les avais filmés, je vous garantis que cela aurait valu le coup. Mais j'ai mis leurs conversations dans un coin de mon cerveau, je saurai m'en souvenir. Je suis une éponge. Je demeure persuadé que depuis deux mille ans, voire davantage, j'engrange des histoires.

**La Belle Histoire parle de Dieu comme jamais vous n'en avez parlé auparavant. Avez-vous eu à ce moment-là le besoin de faire le point sur votre foi, qui avait nécessairement évolué ?**
Quelle question ! J'ose à peine tenter une réponse ! J'ai mis une vie entière à croire, du moins à me convaincre de croire... J'ai été touché par la mort de Jean-Paul II. Je l'ai vu se recueillir plusieurs fois, j'ai vu les gros plans sur son visage. On voyait qu'il priait vraiment et qu'il était en relation avec le divin. S'il a fédéré autant de gens, c'est que ceux-ci étaient convaincus en le voyant qu'il avait une connexion que nous n'avions pas. Je crois en Dieu comme je crois qu'il y a un metteur en scène dans les films. Pour cette raison, j'ai envie de penser que tout ce qui arrive à l'humanité, c'est pour son bien. Si je n'en étais pas convaincu, je ne me donnerais pas tant de mal. Le projet de l'univers est un bon projet, je veux y participer.

**En filmant les scènes bibliques, avez-vous le sentiment d'avoir été intéressé ou influencé par certains péplums ou certains films tournant autour de la vie de Jésus, qui sont nombreux dans l'histoire du cinéma ?**

**Ben Hur** est, je pense, celui qui m'a le plus marqué : je suis resté sans voix dans les séquences avec les lépreux. Et Jésus y tient un rôle. Mais, de façon globale, tous les films décrivant cette période m'ont intéressé, même les pires.

**Y compris le film de Mel Gibson[2] ?**
Bien sûr, parce que c'est la première fois que l'on montre vraiment ce que Jésus a subi. Avec les coups qu'il a reçus, il aurait dû mourir au bout de trois minutes. C'est la preuve qu'il a décidé lui-même du moment de sa mort, ce qui est intéressant. Au-delà, si l'on doit juger le film lui-même, difficile de ne pas en sortir écœuré. Si je l'avais découvert avant qu'il ne soit précédé par sa réputation, j'aurais dit qu'il ne fallait pas sortir un film pareil, que d'ailleurs

1. Le 2 décembre 1959, faisant plus de 400 victimes (morts et disparus).

2. **La Passion du Christ** (2004), avec James Caviezel et Monica Bellucci.

personne n'irait le voir. Or, les gens y sont allés comme on se rend à l'église. Aux États-Unis, certains l'ont vu plusieurs fois, quelques-uns priaient dans les allées des cinémas.

**D'où vient l'idée de la boule de feu tirée par le char ?**
Le feu me fascine. D'ailleurs je me demande si à ma mort, je ne vais pas demander à être incinéré. J'ai le sentiment de pouvoir me réincarner plus vite par le feu que par le pourrissement de mon corps. J'adore, dans **Sur la route de Madison**, la scène où Meryl Streep disperse les cendres de Clint Eastwood. Le feu détruit, il purifie, il efface tout.

**La Belle Histoire aborde un thème que l'on retrouvera dans Hommes femmes : mode d'emploi, celui du pèlerinage. Les personnages se rendent cette fois-ci à Lisieux ou à Jérusalem, en attendant que Tapie et Luchini choisissent Lourdes.**

Je suis allé plusieurs fois à Jérusalem. J'y ai ressenti ce que je n'ai jamais éprouvé ailleurs. À Jérusalem, on ne peut pas ne pas croire en Dieu. On est happé de tous les côtés par les religieux que l'on croise. J'adore les lieux de prière, toutes religions confondues. J'aime entrer dans une mosquée, une synagogue ou une église. J'y vois des hommes et des femmes en demande. Le lieu ne m'intéresse pas en tant que tel, mais les hommes qui s'y rendent me passionnent. Je vais souvent marcher le soir jusqu'au Sacré-Cœur. Dans le chœur de l'église, se trouvent des enclaves, derrière de petites chapelles. On y voit des fidèles collés par terre, plaqués au sol, à neuf ou dix heures du soir, en train de prier. On sent que s'ils n'avaient pas ça, ils n'auraient rien. Je n'ai jamais été un religieux. Mais quand je vois ces gens qui appellent au secours, je suis bouleversé.

**Dans vos films, l'acte de foi s'exprime sous différentes formes. Mais cela ne suffit pas toujours à renverser le sort. Ni Alessandra Martines tournant autour du phare en moins de vingt secondes dans Hasards ou Coïncidences, ni Bernard Tapie, qui disparaît en revenant de Lourdes dans Hommes femmes : mode d'emploi, ni Marie-Sophie, qui meurt en revenant de Jérusalem dans La Belle Histoire ne sont exaucés...**
C'est vrai, cela ne marche pas à chaque fois. Lourdes a été pour moi un choc terrible... Mon oncle et ma tante y tenaient un magasin. Juste après la guerre, alors que j'étais tout gosse, ils m'ont invité à passer une dizaine de jours chez eux. Je restais dans ce magasin rempli de bondieuseries pour donner un coup de main. Un jour j'ai vu une procession, avec des centaines de personnes, des gens sur des civières. Le spectacle était terrible et j'ai pleuré toutes les larmes de mon corps. Il était impossible de ne pas se poser de questions. Les trains arrivaient, les pèlerins entraient dans la piscine en chaise roulante, priaient, imploraient le ciel. Les religions sont le dernier rempart contre le désespoir. C'est comme cela que ma foi a grandi. Certes, si vous allez dans les rues des magasins à Lourdes, vous pouvez avoir une vision différente. Moi, je vois plutôt les choses à travers les yeux de ceux qui souffrent.

**La Belle Histoire est-il un film religieux ?**
Si je suis allé tourner en Israël, ce n'était pas innocent. **La Belle Histoire** est un film judéo-chrétien, à cheval sur deux religions, assorti de toutes ces contradictions avec lesquelles j'ai grandi. Mes parents avaient en permanence des débats là-dessus. Ma mère s'était convertie au judaïsme mais a continué toute sa vie à aller à l'église, tout en critiquant les Juifs. **La Belle Histoire** est aux religions ce que **Les Uns et les Autres** est à la musique. Il traite de ma grande confusion au niveau de la foi, de Dieu, des croyances. Chacun se fait sa propre foi et personne n'est obligé de s'inscrire dans

un club. Ce sont mes observations successives, mon expérience, le parcours que j'ai accompli qui m'ont amené à la conviction que Dieu existe.

**D'autres, comme Ingmar Bergman, ont parcouru un chemin inverse.**
Je respecte son opinion. Sa vision du monde est tout aussi intéressante à filmer que la mienne. Ni lui ni moi ne détenons la vérité cinématographique. Elle se situe sans doute à mi-chemin. C'est une question d'équilibre. Un grand film est celui qui a trouvé son équilibre, et qui a permis au public de s'enrichir, de rire et de pleurer, de faire qu'il n'est plus le même à la sortie.

**Lanvin est il entré facilement dans la peau de Jésus ?**
Assez facilement. Il aimait l'idée et le concept. Il a été formidable. Il compose un Jésus étonnant, avec un look gitan. Il est très beau. Mais il a été déçu par le film : il m'a reproché de ne pas lui avoir offert plus de scènes avec Béatrice Dalle. Il avait accepté le rôle en grande partie pour jouer avec elle...

**Quels sont les films que vous avez pu voir et que vous avez sentis touchés par la grâce, qui vous donnaient l'impression de cerner le divin et d'en être imprégnés ? Ceux de Tarkovski ? Ceux de Bresson ?**
Les films mettant Jeanne d'Arc en scène sont ceux qui me touchent le plus, à cause du personnage. De Bresson à Besson, en passant par Dreyer et Delannoy, toutes les versions me plaisent, même les plus cucul. Pour moi, l'histoire de Jeanne d'Arc est celle qui est la plus proche de la relation que les êtres humains peuvent entretenir avec le divin. Pour ma part, disons que j'ai entendu quarante voix et que j'ai fait quarante films. Dans le film que je prépare, Dieu se manifestera en repérant un être moins dégueulasse que les autres et il en profitera pour faire un peu de propagande. Tel le chef d'une entreprise qui veut rafraîchir sa marque.

**Est-ce que le cinéma a réussi à filmer Dieu ?**
Dieu n'a pas envie d'être filmé. Le concept même est fait pour que le secret soit gardé. Je dirais qu'à chaque fois qu'un homme meurt, c'est qu'il est sur le point de révéler le secret. Regardez l'importance que l'on accorde aux gens sur leur lit de mort, à leurs dernières paroles. Un type dit des conneries toute sa vie, et tout à coup sa dernière parole devient définitive et prend une valeur de testament. Dieu existe mais pas sous la forme que l'on pense. Il n'a sûrement pas de barbe, il n'est pas vieux, il est lucide, il a l'esprit de synthèse, il n'est pas dans la même dimension que nous.

# Dieu

Par amour, ma mère s'est convertie au judaïsme, mais par conviction, elle était toujours catholique. Elle était Juive, mais se rendait tous les dimanches à l'église. Peut-être même plus qu'avant, car elle avait le sentiment d'avoir trahi sa religion par amour pour un homme. Quand j'étais enfant, il y avait de grandes discussions à la maison. Mon père n'était pas follement croyant ni religieux. Il n'allait à la synagogue qu'une fois par an pour Yom Kippour et il ne m'a pas obligé à faire ma bar-mitsvah. Je n'ai pas non plus été forcé de faire ma communion catholique. Mes parents me laissaient le libre arbitre. Sous l'Occupation, j'allais prier à l'église avec ma mère pendant que la Gestapo nous recherchait. Elle faisait appel à Dieu car il n'y avait pas d'autre solution. Quand les gens sont désespérés, ils prient et deviennent croyants. Les gens les plus malheureux fournissent la clientèle de toutes les religions. J'étais un petit garçon et je m'ennuyais à l'église. Quand on a quatre ou cinq ans, la messe paraît extrêmement longue. Toutes les cinq minutes, ma mère me faisait signe de me taire. Je levais la tête en l'air pour chercher Dieu : j'étais bercé par ces histoires d'enfer et de paradis qu'on me racontait et j'avais envie de croire. Mais comme personne ne me montrait quoi que ce soit, j'ai fini par imaginer une supercherie. Et puis, sous l'Occupation, j'ai eu un choc terrible. J'ai cessé de croire les adultes. J'avais envoyé au père Noël une lettre dans laquelle je lui avais demandé des tas de cadeaux. Mais ma mère n'avait pas un sou et m'avait acheté pour le Noël de 1943 une boîte de crayons de couleur. J'avais six ans et je croyais que le père Noël était rattaché à Dieu. Pour moi, ils faisaient partie de la même famille. En m'offrant les crayons, ma mère m'a dit qu'avec ça, je pourrais dessiner tous les cadeaux que je n'avais pas reçus. J'ai découvert que le père Noël n'existait pas et que ma mère m'avait menti. À partir de cet instant, je n'ai plus cru ma mère. Heureusement, mon père était absent et n'avait pas participé à ce mensonge.

Ma relation avec Dieu est donc partagée entre mon père et ma mère. Les guerres de religion existaient à la maison. Quand ma mère s'engueulait avec mon père et que ça allait très mal, elle lui disait ce que Mel Gibson dit dans *La Passion du Christ*, à savoir que les Juifs ont dénoncé le Christ.

Sous l'Occupation, ma mère m'a caché à Tourette-sur-Loup chez un curé, l'abbé Chabot. Il m'a rapidement pris en sympathie et a fait de moi un enfant de chœur. Je servais la messe avec lui et il m'apprenait les prières catholiques alors que je ne connaissais pas les prières juives. Il m'a appris tout ça pour me sauver la vie, comme dans cette fameuse séquence des *Uns et les Autres*. Quand les Allemands sont entrés dans ma classe et m'ont demandé de baisser mon pantalon devant tout le monde, c'était autre chose que d'avoir des mauvaises critiques. Là, je n'ai pas tremblé et j'ai dit avoir été circoncis car je faisais pipi de travers. L'officier allemand m'a alors demandé de réciter une prière pour vérifier si j'étais catholique et j'ai été sauvé. J'ai assisté en direct à un miracle. Et s'il y a miracle, c'est qu'il y a quelque chose. Dans ma vie, j'ai connu beaucoup de miracles que je ne peux pas expliquer par autre chose que l'irrationnel. Pourquoi le miracle *Un Homme et une femme* par exemple ? Je n'ai jamais été religieux et je pratique seul. Je parle à Dieu tous les jours de façon très familière. Il est probable qu'il ne m'écoute pas à chaque fois car j'ai bien dû lui demander que

*Les Parisiens* soit un grand succès. Il sait des choses que j'ignore et j'ai envie de penser que c'est lui qui a raison. Tous les êtres humains se posent des questions sur ce qu'ils sont, d'où ils viennent… Mais ces milliards d'individus ont tous une approche différente de la question. On trouve plus de croyants chez les gens heureux car ils ont envie de dire merci et croient que ce n'est pas uniquement le talent qui les a amenés là où ils sont. D'ailleurs, les grands sportifs et les artistes adorent les gris-gris et les superstitions. Ils pensent que cette réussite exceptionnelle est une grâce qui leur a été accordée. Dans *Les Parisiens*, quand on demande au clochard s'il croit en Dieu, il répond : « Pas en ce moment. » L'art de croire en Dieu, c'est de lui être fidèle au moment où il ne vous sert pas bien. Dieu sait d'ailleurs que les difficultés vont vous permettre de franchir une autre étape. Je n'ai jamais été en colère après Dieu. Nous avons tous passé des pactes secrets avec lui, que l'on soit croyant ou non croyant. Nous y voyons tous l'ultime solution quand nous faisons face à un mur. J'ai mis du temps à devenir croyant. Mais le jour où j'ai admis que Dieu se situait dans l'infiniment petit et l'infiniment grand et qu'il avait une vision démesurée par rapport à celle des êtres humains, j'ai eu envie de croire que tout ce qui nous arrivait, c'était pour notre bien. Même si c'est cruel sur l'instant, cette difficulté est le chemin à suivre pour progresser.

# Tout ça... pour ça ! 1993

## Prêt à tout pour sauver un couple / Le fou rire d'Huster / Le goût des surprises et de l'école buissonnière / L'habit fait le moine

**Les proportions entre la comédie et le drame diffèrent à chacun de vos films : Les Misérables sera très noir, Tout ça... pour ça ! est plutôt rose...**
Le film se situe plutôt dans la famille de **L'aventure c'est l'aventure**. Mais **Tout ça... pour ça !** parle néanmoins de la difficulté de vivre à deux, un thème récurrent pour moi qui n'ai jamais plus été célibataire depuis l'âge de dix-huit ans. Je suis en fait un solitaire qui déteste la solitude. Dès que je suis en compagnie, je recherche l'isolement. Dès que je suis seul, je recherche la compagnie. C'est la contradiction de mon existence.

**C'est aussi le sujet central de Itinéraire d'un enfant gâté : la solitude est synonyme de liberté, mais qu'elle est ennuyeuse !**
Je tourne en rond autour de ces obsessions. Ma vie privée constitue mon champ d'expérimentation et j'ai mis en œuvre à titre personnel les idées que mes films défendent. Et quand j'ai l'audace (et l'inconscience) de faire tourner dans le même film trois de mes compagnes, comme dans **Tout ça... pour ça !**, je le fais naïvement !

Marie-Sophie L.
Vincent LINDON
Gérard DARMON
Jacques GAMBLIN
Évelyne BOUIX
Francis HUSTER
Alessandra MARTINES
Fabrice LUCHINI
Charles GÉRARD

**Où en étiez-vous d'ailleurs sur le plan conjugal à l'époque de Tout ça... pour ça ! ?**

Pendant la préparation du film, cela n'allait pas bien avec Marie-Sophie. Nous sentions que notre couple était en fin de parcours. Nous n'avions pas envie de nous séparer, et nous avions fait trois enfants ensemble. Mais il est clair que nous étions en train de jouer les prolongations. D'une certaine manière, **Tout ça... pour ça !** est né de la nécessité de nous protéger. Un peu comme si l'idée d'aller dans un club échangiste pouvait constituer une solution. Je sais que certains ont durablement sauvé leur couple grâce à ces clubs. **Tout ça... pour ça !** est un film sur l'échangisme, qui ne propose pas des attouchements sexuels mais des réflexions intellectuelles. C'est le cerveau qui est mis en danger. Je défends l'idée qu'il faut être prêt à tout pour sauver son couple. Également que le désir sexuel est constamment présent, qu'il représente quelque chose que nous ne maîtrisons pas, et qu'il peut empêcher les couples de mal tourner. On comprend que Fabrice Luchini et Marie-Sophie sont faits pour vivre ensemble, qu'ils forment le couple idéal, mais qu'il leur manque le sexe. Huster et Alessandra forment, il me semble, un couple moins soudé.

**Tout ça... pour ça ! fait coexister deux histoires, celle des deux couples et celle des trois types abandonnés. Quelle est la première à laquelle vous avez pensé ?**

Je suppose que celle des deux couples est arrivée en premier. Je suis parti du principe que si deux personnes s'aiment, leurs conjoints officiels sont aussi capables de s'aimer l'un l'autre. Et que ce principe appliqué au pied de la lettre ouvrait la voie d'une histoire. Puis dans un second temps, comme les personnages principaux étaient des gens de justice,

j'ai pensé qu'il serait amusant que ces personnes cultivées qui dominent les situations et qui se permettent de juger les autres soient jugées à leur tour. À côté du marivaudage échangiste, c'était le deuxième sujet : de quel droit certaines personnes se permettent de juger l'attitude d'autres hommes ? Les trois types ont alors commencé à prendre de l'importance dans le film.

**D'habitude vous interpénétrez de façon plus marquée les différentes histoires de vos films. La première partie de Tout ça... pour ça ! est presque exclusivement consacrée aux deux couples, la deuxième aux Pieds nickelés, Marie-Sophie faisant le lien entre les deux.**

La question de la structure s'est posée à l'écriture et au montage. J'ai décidé de montrer les juges d'abord, les accusés ensuite. J'avais envie que l'on reste formellement dans des univers différents, celui des naïfs qui ne contrôlent rien d'un côté, celui des intellos de l'autre. Si je les avais montés en parallèle, l'émulsion aurait été instable et les changements de ton trop nombreux.

**L'influence de Sacha Guitry est manifeste dans la première histoire...**

C'est vrai que le film lorgne sur **Quadrille**. Mais je ne m'en suis rendu compte qu'une fois le film terminé. Je ne réalise jamais ce genre de choses au moment de l'écriture.

**La scène de la tente restera l'une de vos plus belles figures libres, en tout cas la plus célèbre...**

Elle est drôle au premier degré, pathétique au deuxième. On ne sait d'ailleurs pas comment elle se finit. Son tournage a conclu une journée de travail idyllique, ce qui a fait sa force. Nous avions déjà filmé ce jour-là les échanges entre Luchini et Marie-Sophie. Nous étions tous de bonne humeur, avec l'envie de déconner. J'ai pourtant hésité. Dans mon esprit, cette scène devait finaliser la manipulation organisée par les deux amants qui avaient projeté de jeter leurs conjoints respectifs dans les bras l'un de l'autre. Je me suis lancé dans la scène en étant conscient de son caractère délicat. Rien ne serait montré, mais tout devait être dit. Nous avons commencé à répéter en rigolant. Quand j'ai senti que tout était en place, j'ai décidé de tourner. J'ai prévenu les techniciens, mais je n'ai rien dit aux comédiens qui pensaient (surtout Luchini) que la répétition commençait. J'étais à ce moment-là avec les acteurs sous la tente. J'ai pris la caméra en leur disant que je devais vérifier le cadrage. Les comédiens ne savaient pas que la caméra tournait. Croyant qu'il s'agissait d'une répétition, et pour faire marrer tout le monde, Fabrice Luchini s'est complètement lâché, beaucoup plus que sur un tournage. Francis Huster était le seul à comprendre que je tournais. Comme il avait envie d'éclater de rire, il a dû se retourner pour ne pas gâcher la scène. Luchini l'a remarqué, et il a compris qu'il était en train de faire un carton. Mais personne ne pensait à ce moment précis que la prise finirait dans le film. On a fait deux ou trois prises pour se couvrir, toutes insipides, à la limite de la vulgarité et du mauvais goût. Nous avions nettoyé cette scène, alors que le jaillissement et le désordre de la première répétition en faisaient la force. Les acteurs ont parfois des courages qu'ils perdent quand la caméra tourne pour de bon.

**Il se dit pourtant que Luchini n'a pas été d'emblée à l'aise...**

Effectivement. J'ai failli le virer le premier jour ! La veille, j'ai organisé un briefing avec les guides. Et Luchini a paniqué en les entendant parler des dangers de la montagne. Il n'a pas dormi de la nuit, il se demandait comment il allait me dire qu'il ne ferait pas le film. Le lendemain nous avons pris le téléphérique pour l'aiguille du Midi. Là nous attendaient les hélicos. J'ai commencé à travailler avec Luchini en situation : il était très mauvais ! Le vide le tétanisait. Il m'a balancé : « Je ne pourrai pas faire mieux ! J'ai fait la scène ! C'est fini ! » Je l'ai très mal pris : « Si tu ne peux pas faire mieux, tu peux rentrer sur Paris. » On a commencé à organiser son retour en TGV. Je pouvais me permettre de perdre deux jours pour trouver un autre acteur... Voyant que je ne plaisantais pas, qu'il était sur le point de se faire jeter et que tout Paris allait le savoir, Luchini a fait machine arrière. Le soir, il est monté au sommet du Mont-Blanc. Il a fait le clown et il a fini par bouffer le film alors qu'il n'avait qu'un petit rôle à l'origine. La contrainte sollicite le talent, une fois de plus ! Le lendemain, nous avons tourné la scène de la tente et il m'a donné ce que j'espérais.

**Comment définissez-vous votre plan de travail sur un film comme Tout ça... pour ça ! ?**

Je choisis d'abord une période de tournage liée à une lumière bien précise. Certains de mes films sont des films d'hiver. D'autres, comme **Tout ça... pour ça !**, réclament une lumière d'été. L'histoire nécessitait du soleil et des vacanciers à la plage. Et puis on ne s'attaque pas au Mont-Blanc en plein hiver. Le scénario réclamait aussi un événement particulier. Le 14 juillet tombait au milieu de notre plan de travail. En hiver, j'aurais choisi Noël ou le jour de l'an, qui sont d'ailleurs très présents dans mes films. J'avais écrit un sujet, **Les enfants du forgeron n'ont pas peur des étincelles**, que je n'ai pas tourné. Il se déroulait la nuit du nouvel an pendant cent ans !

**Souvent dans vos films, les drames surviennent les soirs de fête.**

Il y a davantage de suicides ces soirs-là. La solitude est plus grande quand on voit les autres, heureux, qui se préparent à faire la fête.

**Parlez-nous du choix des décors. L'hôtel de la plage est aussi étonnant que celui tenu par Daniel Gélin dans Itinéraire d'un enfant gâté...**

J'écris mes histoires sans penser aux décors ou aux acteurs. Puis je fais la distribution de l'un et de l'autre. J'effectue alors une deuxième écriture pour les comédiens, puis une troisième pour les décors dès que je les ai trouvés. Ces deux castings sont similaires dans la mesure où ils apportent des idées. Pour **Tout ça... pour ça !**, je voulais être au bord d'un lac. Je me souviens d'être descendu dans la région de Thonon pour y retrouver mes enfants : c'est ainsi que j'ai découvert le lac et le petit hôtel qui donne sur la plage. Dans un cas comme celui-là, le choix du lieu modifie le scénario. Mais en regardant un décor, je soupèse toujours les sacrifices à consentir et les gains à en tirer. Sur l'exemple de **Tout ça... pour ça !**, l'avantage immédiat était une réduction considérable du budget du film. Construire l'hôtel aurait été coûteux. Là, il n'y avait que des petits aménagements à apporter, comme la piste de danse. En outre, je pouvais y loger l'équipe !

**Dans la scène finale, quand Luchini cite Patricia Carli au tribunal, vous entrez dans un univers où tout est permis...**

J'aime l'improvisation dans la vie comme je l'aime au cinéma. À l'inverse, un film se programme ! Il réunit parfois trois cents personnes au même endroit et à la même heure ! Mais même dans ce cadre, je laisse une marge me permettant de changer le scénario au dernier moment. Sur tous mes films, je travaille le scénario comme un forcené. Mais à un moment donné, je le connais tellement bien qu'il ne m'excite plus et j'ai envie de faire des variations.

**Dans le cadre de ces variations, nous voyons des prévenus prendre la place des juges... Cette folie existe-t-elle dans le scénario ?**
Non, elle est intervenue à chaud. Quand j'ai demandé à Alessandra de se déshabiller, ce n'était pas prémédité. Si je l'avais prévenue trois jours à l'avance, elle aurait paniqué. Si j'anticipe ce genre de scènes, elles perdent leur intérêt. Pourquoi puis-je travailler de cette façon ? Parce que je ne suis pas en retard sur mon plan de travail, que je dispose de temps libre. Plus je tourne rapidement les figures imposées, plus il me reste de temps pour les figures libres. Le délire est une question de calendrier...

**Cette scène d'assises est tout de même fantasmatique...**
Je me mets à la place du président du tribunal. Je veux montrer que cet homme qui est là pour juger possède lui aussi un cerveau qui part en vrille. Si demain je devais filmer l'enterrement du pape, auquel assisteront les deux cents plus grandes personnalités du monde, je m'éclaterais si vous me demandiez d'en faire une fiction. « À quoi pense Bush ? À quoi pense Chirac ? À quoi pense le prince Charles ? Qu'est-ce qu'ils disent ? » C'est ça le cinéma ! Ce n'est pas montrer des gens qui font semblant d'être tristes. Cela, c'est le travail de la télé. Le cinéma doit montrer que Bush a envie de se moucher, que Chirac a mal aux pieds dans ses chaussures neuves ou que leurs femmes ont honte de leur chapeau... Ce sont là des figures libres. Ces deux cents membres du gratin mondial ont tous leurs problèmes...

**Combien de temps a duré le tournage de la scène du tribunal ?**
Nous l'avons faite en deux jours, ce qui est extrêmement rapide. Comme je suis à la fois producteur, réalisateur et caméraman, je n'ai pas besoin d'intermédiaires. La scène de l'avocat au tribunal est une idée de Fabrice Luchini. La veille au soir, nous étions allés au restaurant. Luchini était dans une forme éblouissante. Il avait envie de me séduire. Il a fait son numéro. J'étais mort de rire. J'avais envie de l'utiliser dans le film : je lui ai donc fait recommencer au tribunal les conneries de la veille, ses capacités d'improvisation étant impressionnantes.

**Cela n'est-il pas parfois dangereux pour le film ?**
Pas si je sais ce que je veux. Je voulais filmer un tribunal à l'opposé d'un Cayatte, même si c'est un cinéaste que j'aime ! Je savais qu'il fallait faire péter la marmite, mais je ne savais pas très bien comment. Quand j'ai vu Fabrice Luchini déconner à table, j'ai trouvé la solution. Mais encore une fois ce n'était pas prévu à l'origine. Dans le plan de tournage, la scène intervenait avant celle de la tente. La première fois la prise « Patricia Carli » n'était pas réussie, à cause d'une panne de caméra. Nous n'avions plus de pellicule et nous avions dû couper. Le lendemain nous sommes revenus faire des raccords. J'ai proposé à Luchini de refaire « Patricia Carli » : il en a profité pour rajouter Johnny. À l'inverse de la scène de la tente, cette fois-ci c'était la deuxième prise la bonne. Il n'y a pas de règles !

**Et la scène où Darmon imite de Gaulle ?**
Elle relève du déconnage ! Nous nous amusions. Nous nous disions que c'était pour rire. En réalité j'ai décidé de conserver la scène...

**La scène de l'hôpital, où un malade enfile les phrases toutes faites : c'est de l'autodérision ?**
Bien sûr : j'adore les formules ! Mon livre de chevet, c'est celui que lit Michel Leeb dans **Le Courage**

**d'aimer** : un dictionnaire de citations. Il constitue un condensé des joies et des souffrances qu'ont connues les auteurs.

**Parmi ces formules figure : « Le chemin à suivre est plus important que la destination »...**
C'est parfait ! C'est tout mon cinéma ! C'est une apologie de l'école buissonnière ! Quand je voyage, ce qui est beau, ce sont les paysages que je traverse. Quand je tourne un film, j'ai un but, mais j'aime ce qui m'y amène. C'est ce que j'admire chez Fellini, qui, à part dans ses premiers films, se fiche de la destination. Il amène le spectateur où il a envie d'aller, mais il est impossible de raconter le voyage après coup.

**Les arnaques que vous nous montrez sont-elles vraies ? On a du mal à croire qu'un directeur d'hôtel se laisse prendre par le faux tracé du TGV...**
C'est une blague que faisaient Francis Blanche et ses copains quand ils voulaient dîner à l'œil dans un restaurant. Ils débarquaient devant un quatre étoiles habillés en responsables des Ponts et chaussées, avec le trépied et le viseur. Un autre jouait les arpenteurs. Au bout d'un quart d'heure, le restaurateur sortait leur demander ce qu'ils faisaient. Ils répondaient qu'ils repéraient le tracé d'une future voie ferrée, et qu'ils hésitaient entre deux endroits : là ou trois kilomètres plus loin. Vingt minutes plus tard, les types étaient invités à déjeuner ! Je pense que l'habit fait le moine. Donnez-moi un uniforme de flic et je vis à l'œil ! Parmi les films que je n'ai pas pu faire, j'avais pensé mettre en scène une troupe de comédiens itinérants. De vrais ringards. La troupe s'était montée grâce à un héritage, rapidement bouffé. Il ne restait aux comédiens que leurs costumes. Ce qui leur permettait de monter des arnaques. Mauvais comédiens sur scène, ils devenaient formidables dans la vie. Le sujet anticipait un peu **Une pour toutes**.

**Et quand dans Hommes femmes : mode d'emploi, Bernard Tapie réserve tout un restaurant pour lui ?**
Je l'ai fait personnellement. Je voulais passer la soirée seul avec une fille et j'avais réservé toutes les tables du restaurant, du moins celles de la salle du fond. Il m'a suffi de passer cinq coups de téléphone et c'était bon. Je vous l'ai déjà dit : j'ai conservé des manières de voyou...

# Les misérables

1994

Un Thénardier dans le train / Girardot lâche tout / Apologie de Hugo et éloge d'Audiard / La tentation du suicide / De l'art de l'ouverture / Un décor parti en fumée

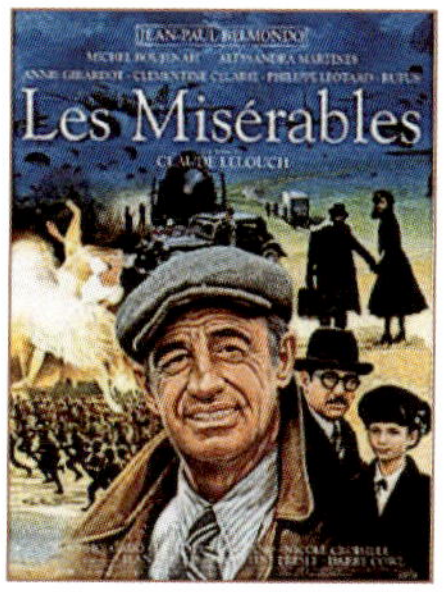


Jean-Paul BELMONDO
Michel BOUJENAH
Alessandra MARTINES
SALOMÉ
Annie GIRARDOT
Philippe LÉOTARD
Clémentine CÉLARIÉ
Philippe KHORSAND
Ticky HOLGADO
RUFUS
Nicole CROISILLE
William LEYMERGIE
Antoine DULÉRY
Jacques GAMBLIN
Pierre VERNIER
Darry COWL

**Vous n'aviez jamais fait la moindre adaptation. Quelles circonstances vous ont amené à porter Les Misérables à l'écran ?**

J'avais invité Jean-Paul Belmondo à une projection de **Tout ça... pour ça !** au Club 13. Il était l'un des premiers à qui je montrais le film. Il en est sorti emballé. Il m'a dit qu'il fallait absolument que l'on refasse « une connerie comme ça », ce qui dans sa bouche était le plus beau des compliments ! Il était prêt à rééditer l'expérience de **Itinéraire d'un enfant gâté**, en participant une nouvelle fois à la production. Le problème c'est que je ne voyais rien à lui proposer. Ce n'était pas facile d'utiliser Jean-Paul de façon originale : il avait déjà tout joué. Mais le hasard s'en est mêlé : un jour un ami m'a envoyé une adaptation des **Misérables** en bande dessinée. Je me suis dit en la lisant que c'était décidément le plus beau scénario du monde.

**À quel âge aviez-vous découvert le livre ?**

Pendant mon enfance, sous l'Occupation, alors que nous passions en zone libre en train avec ma mère. J'ai souvent raconté comment elle a été contrainte de donner sa montre au contrôleur – un Français – afin qu'il ferme les yeux sur nos faux papiers. Mon père lui avait dit un jour : « Voyage avec tes bijoux, ils te sauveront peut-être la vie. » C'est après s'être séparée de sa montre qu'elle s'est écriée : « Quel Thénardier ! » C'est le premier mot qui lui est venu à l'esprit. Je lui ai demandé : « C'est quoi, un Thénardier ? » Soulagée et heureuse, elle m'a expliqué qu'il s'agissait d'un personnage de roman, que mon père était Jean Valjean, que moi je ressemblais à Cosette, et que les Allemands étaient des Javerts... En trouvant toutes ces correspondances, elle venait de mettre en place les premiers éléments du futur scénario. J'avais six ans à l'époque, c'était mon premier contact avec **Les Misérables**.

Après la guerre, à l'école, j'ai de nouveau entendu parler du livre. J'ai commencé à le lire, sans parvenir jusqu'au bout. Ce n'est qu'au moment de mon service militaire, à Montluçon, alors que j'étais en prison pour avoir fait le mur, que je me suis replongé dans le roman. Il est vrai que tout le monde était parti en permission pour Noël, à l'exception de deux types, dont moi. Je m'ennuyais ferme, j'ai demandé s'il y avait quelque chose à lire : on m'a rapporté **Les Misérables** de la bibliothèque. Je l'ai lu en quarante-huit heures : je n'avais rien d'autre à faire et on me foutait la paix. Jamais je n'avais ressenti quelque chose d'aussi fort pour un livre : je venais de lire le roman parfait, je n'avais pas décroché une seconde, ni sauté la moindre page. Je pensais avoir tout compris, peut-être davantage que l'auteur lui-même ! J'étais en communion totale avec l'œuvre... C'est donc en lisant la BD adaptée du roman, quelque quarante ans plus tard, que je me suis dit : « Voilà le rôle qu'il faut donner à Belmondo. Il en a l'âge et c'est le plus bel emploi que l'on puisse confier à un acteur ! » J'appelle Jean-Paul, qui me répond : « **Les Misérables** ? Tout le monde l'a fait ! – Oui, mais j'ai une idée pour le filmer. Il existe des misérables à toutes les époques. C'est une histoire intemporelle. Elle aurait parfaitement pu arriver pendant l'Occupation. J'ai l'idée de prendre un type qui ne sait ni lire ni écrire, une sorte de primate qui va changer de vie en découvrant l'histoire... » Le projet a démarré comme ça, de cette envie de porter à l'écran le seul bouquin que je pourrais emporter sur une île déserte. Au début, le film devait s'appeler **Les Misérables du XX^e siècle**. J'aurais dû conserver ce titre jusqu'au bout : certains admirateurs du livre se sont sentis trahis...

**Comment jugez-vous les autres adaptations cinématographiques du roman ?**

Je ne les ai découvertes qu'après mon service militaire. Je trouve celle de Raymond Bernard colossale. On juge **Les Misérables** à la performance de l'acteur qui interprète Jean Valjean : Harry Baur est sans conteste le meilleur. C'est celui qui est le plus près physiquement de l'idée que l'on se fait d'un truand. Il fait peur. Lino Ventura ne fait pas peur. Nous savons dès le début que c'est un homme bon, alors que Jean Valjean est une crapule quand débute l'histoire. Il est ignoble avec le petit ramoneur. Dans le film de Raymond Bernard, on a envie de tuer Harry Baur. J'ai rendu hommage à cette scène quand Jean-Paul hurle : « Petit ramoneur ! Petit ramoneur ! Reviens. » J'aime assez la version Jean-Paul Le Chanois... Ma scène des chandeliers est très inspirée de la sienne. J'ai pris mon pied parce que c'était du Valjean revu à la sauce Gabin. Je trouve que le film a un vrai souffle. La version de Bille August, avec Liam Neeson, est en revanche totalement ratée à mon avis.

Darry Cowl, Jean-Paul Belmondo.

Jean Gabin.

Lino Ventura.

**Et celle de Robert Hossein, que l'on retrouve justement comme acteur au début de votre film ?**
Je ne l'aime pas trop. Elle est faite de tableaux vivants et n'offre pas de point de vue. Chaque personne qui lit **Les Misérables** le lit d'une façon différente. Moi, par exemple, je pense tout de suite à un naïf qui ne sait pas lire et écrire. À mes yeux, **Les Misérables** est un livre destiné à ceux qui n'ont pas de culture, car il contient tout ! C'est un roman de référence : à travers ses personnages, les Jean Valjean, les Thénardier, les Javert, les Gavroche, il explique la vie comme nul autre livre...

**Votre adaptation propose des transpositions évidentes, mais aussi des différences notables. Par exemple, la description de la révolution industrielle de la France du XIX^e^ siècle et les injustices sociales qui l'accompagnent sont remplacées par la guerre...**

Liam Neeson.

Harry Baur.

La guerre occulte tous les problèmes sociaux. Pendant une guerre, on oublie le chômage, les partis politiques, tout ce qui compose le quotidien...

**Mais vous perdez la dimension historique du livre et le passage des barricades...**
Ce n'est pas le passage que je préfère dans le bouquin. Ce qui me séduit au plus haut point, c'est plutôt le chapitre avec monseigneur Myriel. Je trouve que la scène des chandeliers est la plus belle jamais écrite. Elle contient le rebondissement auquel on ne s'attend pas. Elle donne envie d'expliquer ce qu'est la générosité, l'humanité, le goût de l'autre, la tolérance, le pardon...

Jean-Paul Belmondo, Jean Marais.

**Ce que vous dites sur ce point précis pourrait être élargi à l'ensemble de votre vision du monde et de la société, une vision plus sentimentale, plus mystique, moins politique et sociale...**
Pour moi c'est l'essentiel. Le chapitre sur Myriel est un sommet. Bien sûr le reste est magnifique : Cosette, Javert, les Thénardier... Mais l'arrivée de Valjean chez Myriel, j'en suis infiniment jaloux en tant que scénariste.

**Vous ajoutez dans le film les deux bonnes de Myriel, qui poussent celui-ci à plus de sévérité...**
La peste est là. Ce sont les mêmes qui balancent la famille Ziman aux Allemands en Normandie. L'idée est appuyée par l'utilisation des mêmes comédiennes pour les deux époques.

**C'est la seule fois de votre carrière que vous adaptez un livre. Pourquoi celui-là ?**
Tout simplement parce que je suis à genoux devant ce livre. C'est effectivement l'unique adaptation que j'ai faite, mais il s'en est fallu de peu que je porte à l'écran **L'Alchimiste**, de Paolo Coelho. J'ai reçu un choc comparable quand je l'ai lu. J'étais dans un avion qui me ramenait de New York. C'est ma voisine qui

m'a permis de le lire. Comme dans **Les Parisiens**. Elle avait envie de dormir. Je lui ai demandé si je pouvais jeter un œil à son livre. Je savais que c'était un best-seller et j'étais curieux de savoir à quoi il ressemblait. Et j'ai découvert un bouquin qui au final entretenait une vraie parenté avec **Les Misérables**, fondé sur une quête et un voyage. Il était normal que le récit me touche. J'ai rencontré Paolo Coelho et nous avons envisagé de faire le film. Mon idée était d'opter pour le même parti pris que pour **Les Misérables** : Coelho était séduit.

**Pourquoi le film ne s'est-il pas fait ?**
Warner possédait les droits et exigeait une adaptation rigoureuse, quasi scolaire. Mon scénario démarrait sur une chanteuse de Broadway. Une femme préoccupée par l'absence de son mari, qui s'éloigne peu à peu d'elle. Un beau jour, sur sa terrasse, elle lit **L'Alchimiste**. Le livre lui fait prendre conscience de sa situation. Le téléphone sonne. Elle pose le bouquin sur le rebord de la fenêtre. Un coup de vent le fait tomber dans la rue, au ralenti. Il atterrit sur le toit d'un taxi à l'arrêt. Le chauffeur attrape le livre et le lit. Il reçoit le même choc que la femme de la terrasse. Tous deux quittent Broadway pour les pyramides. Ils tombent amoureux l'un de l'autre... Sans ce coup de vent, la chanteuse n'aurait jamais eu de sentiments pour un chauffeur de taxi ! C'est justement l'histoire de **L'Alchimiste** : pourquoi faire le tour de monde quand ce que vous aimez se trouve en bas de chez vous ?

**Le rapprochement avec Les Misérables est évident : Belmondo et Boujenah, le déménageur et l'avocat, sympathisent alors que rien ne les prédisposait à se rencontrer.**
Les deux hommes ont besoin l'un de l'autre. Le déménageur n'aurait pas lu **Les Misérables** s'il n'avait pas rencontré l'avocat. Mais celui-ci ne lui aurait jamais lu le livre s'il n'avait pas été en situation d'infériorité.

**Pour écrire l'adaptation des Misérables, aviez-vous adopté des règles nouvelles ?**

Pas vraiment. La seule obligation que je m'étais faite était de reconstituer certains passages du roman. Mais au final ces scènes sont minoritaires. J'ai choisi de retenir les passages les plus forts, les plus lyriques, ceux qui disent des choses sur l'humanité.

**Pourquoi les inserts du film de Raymond Bernard ?**
J'y pensais depuis le début. Ces inserts me semblaient nécessaires. Parce que Belmondo, petit à petit, se met à voir le monde à travers **Les Misérables**. Les hommes et les femmes qu'il rencontre sont tous des Cosettes, des Javerts...

**Si l'humanité se compose de Jean Valjeans, de Javerts ou de Gavroches, à quelle catégorie appartenez-vous ?**
Je suis un mélange de Jean Valjean et de Thénardier. Mon idéal me pousse vers le premier, les contraintes du système D vers le second. J'ai des bouffées d'héroïsme. J'aspire régulièrement à être un type bien, car c'est agréable. Mais les nécessités du métier m'obligent souvent à me muer en Thénardier, notamment quand je produis.

**Avez-vous relu le roman au moment d'écrire ? Ou au contraire avez-vous tenté de l'oublier ?**
Curieusement, je suis parti de la bande dessinée. Une fois le scénario terminé, j'ai commencé à relire le roman, mais j'ai arrêté très vite. Il y avait trop de scènes que j'avais envie de faire figurer dans le film. Je ne m'en sortais plus. Je me suis dit qu'il valait mieux que je me limite à ce qui reste quand on a tout oublié. Un peu comme pour **Les Uns et les Autres**. J'ai fait confiance à ma mémoire. Si elle se souvenait de tel et tel chapitres, c'est qu'ils le méritaient plus que d'autres...

**Quand Belmondo a-t-il accroché définitivement au projet ?**
D'ordinaire, Jean-Paul ne se pose pas trop de questions, il fait totalement confiance. Mais quand je lui ai proposé d'incarner Jean Valjean, il m'a dit : « Ouais, c'est une bonne idée ! » sans être totalement convaincu. Et lorsqu'il a vu le film la première fois, il n'a pas été aussi heureux qu'en découvrant **Itinéraire d'un enfant gâté**. Il m'en a un peu voulu, je pense, d'avoir développé l'histoire du trio Girardot-Boujenah-Léotard. L'intrigue bifurque alors, et Jean-Paul a eu le sentiment que le film l'oubliait un peu...

**Comment s'est imposée cette histoire secondaire ?**
C'était une histoire que je voulais tourner depuis un moment, de façon autonome : celle d'un homme que l'on cache dans une ferme et à qui on dissimule la fin de la guerre. J'ai inséré

ce récit à l'intérieur du film en me disant qu'il était en situation. Pour moi celle-ci était aussi forte que dans la scène avec monseigneur Myriel, mais pour le coup c'est un développement qui m'appartenait en totalité.

**Ainsi nous croisons les Thénardier à deux reprises : ils sont incarnés de façon classique par Rufus et Nicole Croisille au début du film, puis de façon plus libre par la suite par Annie Girardot et Philippe Léotard.**
Le film est truffé de Thénardiers, ainsi que de Jean Valjeans.

**Mais ce couple est un peu le prolongement de celui de Mariage, il incarne l'enfer absolu de la vie à deux.**
Ce n'est pas l'enfer quand nous faisons leur connaissance. Mais l'arrivée de l'avocat leur fait pleinement prendre conscience de ce qu'ils sont devenus, elle ravive les passions. Ils se rendent compte qu'ils avaient oublié ce que veut dire faire l'amour, ce que signifie vivre en couple. L'arrivée d'un tiers provoque également un sentiment de jalousie, dont ils étaient protégés car vivant à la campagne dans un isolement quasi complet. À l'époque la télévision n'était pas là pour rappeler en permanence à quoi ressemble le monde extérieur... Quand Léotard découvre que Boujenah est connu, qu'il est marié avec une danseuse belle et talentueuse, il se rend d'autant mieux compte de la médiocrité de sa propre existence.

**La scène d'hystérie d'Annie Girardot face à Michel Boujenah est impressionnante : on a du mal à croire qu'il s'agit de sa part uniquement d'une technique portée à la perfection...**
Cette scène s'insère dans la série de ces petits miracles qui font que j'aime ce métier. Dès le début, j'attendais énormément de cette confrontation, qui est au cœur de l'intrigue. Le personnage d'Annie Girardot a envie de faire l'amour avec son hôte. En général, quand une femme désire un homme, elle parvient à ses fins ! Surtout dans ces conditions : la guerre, la cave, l'isolement... Quand Boujenah repousse ses avances, elle subit la pire des humiliations. Les hommes sont habitués à prendre des râteaux : au bout de trois minutes, ils passent à autre chose. Pas les femmes ! C'est ce que j'ai expliqué à Annie : cette femme se sent un peu comme une épave. À vrai dire je me suis un

peu comporté de façon dégueulasse : j'ai spéculé sur le fait qu'à ce moment-là Annie avait des doutes sur ses capacités d'actrice et de femme. Je savais qu'en appuyant sur ce bouton-là, elle allait tout lâcher. Et le fait est : dans cette scène elle ne pense plus au cinéma, ni à l'histoire que je raconte... Elle lâche tout...

**Vous avez fait une seule prise ?**
Trois prises. Les deux premières tentatives n'ont pas été très fructueuses. Annie remontait sans cesse à l'étage pour téléphoner. Nous commencions à être tous un peu agacés. Je lui ai dit : « Maintenant, on arrête le téléphone cinq minutes s'il te plaît ! » Ce qui ne lui a pas beaucoup plu. J'ai ajouté : « Tu vas être humiliée, ce mec ne veut pas baiser avec toi. Il faut que tu lui fasses sentir que ça ne fait pas partie des règles du jeu ! Quand une femme a envie de faire l'amour, elle fait l'amour ! » Tout s'est conjugué : l'agacement, le téléphone, le fait qu'elle ne pouvait plus fumer... Elle était à bout de nerfs, pressée qu'on en finisse. Le résultat, c'est la prise qui a été retenue pour le film. À la fin de la tirade, Boujenah était KO. Il ne comprenait pas ce qui se passait. J'espérais qu'il n'ajouterait rien. Ce moment résulte d'un travail, d'une préparation et d'une mise en abyme. Je pense qu'Annie a eu le César grâce à cette scène.

**Vous placez dans le film une scène symétrique, celle où le personnage d'Alessandra Martines crache sur l'officier allemand et est déportée. Elle aurait pu temporiser, avec l'espoir de retrouver les siens après la guerre...**
Les femmes justement ne temporisent pas. J'aime ce type de scènes, qui me semblent proches de l'esprit des **Misérables**.

**Certaines séquences évoquent Le Bon et les Méchants : nous retrouvons les tractions avant, le gang Bonny-Laffont, etc.**
C'était une façon de faire fructifier un acquis. Je n'avais pas l'impression d'avoir transformé l'essai avec **Le Bon et les Méchants**. Une deuxième chance s'offrait à moi. Ce n'était d'ailleurs pas la première fois que je passais une seconde couche après avoir constaté qu'elle était nécessaire.

**Une scène du film nous donne la chair de poule à chaque visionnage, celle du retour de Boujenah, une nouvelle fois passif, face à Alessandra, qui ne l'attendait plus vraiment. C'est une de vos scènes de retrouvailles les plus belles.**
J'aime beaucoup cette scène. Elle doit tout au caractère impassible des deux acteurs. Elle est d'autant plus bouleversante que Mme Ziman s'est déjà presque fait une raison quant à la disparition de son mari. De façon globale, **Les Misérables** est un film qui véhicule énormément d'émotion...

**Et de thèmes personnels ! Le paradoxe est que c'est dans l'adaptation d'un roman qui est par ailleurs un monument que vous glissez le plus grand nombre d'éléments autobiographiques !**
Je me suis toujours senti très proche de Victor Hugo, sur les plans professionnel et humain. Il a le talent des mots. Moi j'aime l'image. Si Hugo avait connu le cinéma, il aurait été le cinéaste parfait. Son imaginaire me fascine. Quand j'observe sa vie privée, je me dis que lui aussi s'en est servi comme d'un fonds de commerce. Jamais il n'y aurait eu un tel souffle dans son œuvre s'il n'avait pas été également présent dans sa propre vie. Une vie faite de hauts et de bas, de tragédies, d'amours, de désamours, d'enfants qui meurent, de tromperies... S'il est un homme dont l'œuvre est en accord avec la vie, c'est bien lui. Je pourrais dire la même chose de Guitry ou d'Audiard. J'ai le sentiment d'appartenir à cette famille, même si je suis un nain à côté de ces trois-là.

**Qu'est-ce qui vous touche chez Audiard ? Le génie du bon mot ?**
Non, l'homme de la rue. Audiard a traîné dans les bistrots toute sa vie. Je l'aime car il dit la même chose que Hugo et Guitry, mais en s'adressant à tout le monde. Il utilise des mots auxquels d'autres n'auraient jamais eu recours, ceux de la rue. S'il s'est réincarné, aujourd'hui il doit faire du rap. J'ai vu tous les films écrits par Audiard, qui deviennent des films d'Audiard sans que ce soit péjoratif pour les metteurs en scène avec lesquels il a travaillé. J'ai rencontré Audiard, qui aurait aimé que je tourne l'un de ses scénarios. Si cela s'était fait, je pense que j'aurais fait un film d'Audiard... Ses films en tant que metteur en scène sont bien sûr moins importants que ceux qu'il a écrits pour Verneuil, Grangier ou Lautner.

**Il vous marque plus que Jeanson, Prévert ou Spaak ?**
Ce sont trois très grands scénaristes, mais ils me marquent moins. Audiard est plus accessible pour le bêta que je suis ! J'y retrouve les dialogues que j'ai pu entendre, enfant, boulevard de Strasbourg, à la République ou à Montmartre. Audiard est totalement synchrone avec l'époque à laquelle j'ai grandi.

**Vous auriez pu travailler avec un dialoguiste ?**
Ce n'est pas facile pour moi de travailler avec un scénariste, mais je n'ai pas de problème avec les dialoguistes. Je travaille avec Pierre Uytterhoeven, qui est un merveilleux dialoguiste.

**Nous avons recensé quatre suicides dans le film : Toscan du Plantier dans la séquence d'ouverture, Belmondo père au bagne, Clémentine Célarié/Fantine, et enfin Philippe Khorsand/Javert se donnent tous la mort...**
Cela fait beaucoup, je le reconnais, mais la série est contenue dans **Les Misérables**. Le destin de Javert renvoie au suicide de Judas...

**Même dans une comédie comme Tout ça... pour ça !, l'intrigue repose sur une double tentative de suicide. Ajoutons que Villeret tente de se suicider dans Les Uns et les Autres, que Maïwenn y parvient dans Les Parisiens...**
J'aime l'idée du suicide qui pour moi est le joker de la vie. Nous l'avons tous à notre disposition en cas de pépin suprême. Au bout de la souffrance, nous avons la possibilité de faire ce choix. Si nous ne l'avions pas, la vie, plombée par l'hypothèse de la souffrance, serait intolérable. Je n'ai jamais eu la tentation du suicide parce que je sais que je l'ai à ma disposition. Je suis comme le possesseur d'un revolver qui ne s'en servira sans doute jamais. Quand on aime la vie, on respecte forcément et paradoxalement le suicide. C'est un passeport pour la liberté quand on est dans une situation ultime, quand la vie fait tellement mal que l'espoir est bouché, que la mort est un soulagement. Ceux qui choisissent le suicide sont pour moi des gens courageux. Moi qui n'aurais pas le courage d'affronter la torture, j'aurais celui de me poser la question du suicide.

**À ce sujet, Les Misérables démarre fort, sur la souffrance de Belmondo qui hurle. Vos ouvertures sont intrigantes. Elles n'affirment leur cohérence que lorsque le film est bien entamé. La science de l'ouverture connaît-elle des règles ?**
Je prévois mes ouvertures au moment de l'écriture du scénario, en agençant les différentes séquences. Le plus souvent je remets mon choix en question et je décide de démarrer par un penalty. Ce qui me permet de mener 1 à 0 d'entrée de jeu. La scène du petit ramoneur n'était pas prévue en ouverture mais parmi les histoires racontées par Boujenah. Et puis nous avons tourné la scène. J'ai laissé gueuler Belmondo. Tant que l'on ne coupait pas, lui continuait. J'étais bouleversé. J'avais la chair de poule derrière la caméra. C'est à ce moment-là que j'ai décidé de commencer le film avec cette scène. Souvent j'ouvre avec une scène forte, par exemple celle où l'on voit Marie-Sophie dépassée par les trois crétins dans **Tout ça... pour ça !**. Pour moi, une bonne ouverture, c'est un grand rire ou la chair de poule. **Tout ça... pour ça !** ou **Les Misérables**.

**Y a-t-il de mauvaises ouvertures dans certains de vos films ?**
Le premier plan est toujours réussi, c'est ce qui suit qui pose un problème. Quand votre ouverture est trop bonne, il y a un creux difficile à combler après, dans lequel je suis parfois tombé. Comme dans les **James Bond**, le prégénérique est toujours fabuleux mais après il arrive que le film rame. Dans **Les Misérables**, je pense que la scène du bal avec Robert Hossein et Cyriel Claire est bien mais un peu longuette. Mais cela passe parce que le texte de Barbelivien est magnifique.

**Le film s'ouvre et se ferme sur un bal que vous filmez de la même façon, vous tournez avec les danseurs...**
Je veux que les spectateurs dansent avec les personnages. Dans ce plan-séquence, j'ai envie que les gens passent une soirée à l'Opéra et qu'ils dansent.

**Dans cette scène, la musique que l'on entend et celle que l'on voit jouer n'est pas la même...**
J'aime assez ce décalage. Dans le cas présent, c'est une façon d'annoncer indirectement que le drame est enclenché. Avant la tempête, il y a toujours un nuage qui cache le soleil. Le temps de plier les parasols et la pluie tombe. Par le biais de la musique, j'explique aux spectateurs que le drame va survenir...

**Où se trouve le château qui sert de décors à ce bal ?**
Dans le Jura. C'est une région qui convenait parfaitement au film. D'abord parce que les couleurs dominantes du pays sont le noir et le gris, elles correspondent bien à la tonalité générale. Nous sommes restés sur place pour les scènes de bagne, y compris celles du puits, mais également pour le combat de boxe, les scènes de chambrées, etc.

**Comment avez-vous filmé les scènes du puits ?**
La plupart des plans ont été filmés dans le vrai puits, mais certains émanent d'une reconstitution en studio. La chute de William Leymergie puis celle de

Dessin préparatoire du décor de Villers.

Belmondo sont figurées par des mannequins jetés dans le puits. Nous avons installé une caméra au fond pour filmer les chutes en contre-plongée. En revanche, quand les comédiens nagent sous l'eau, leur parcours a été reconstitué en piscine. Le tournage, qui s'est étalé sur une douzaine de semaines, ce qui n'est pas très long pour un film comme celui-là, a été dur. Il a fait très froid et Jean-Paul en a souffert.

**Quelle est la scène qui vous a posé le plus de problèmes ?**

Sans conteste celle de l'incendie de la maison des Thénardier pendant le Débarquement. Il n'était pas prévu que la maison brûle. J'avais installé cette baraque sur la plage de Villers. Elle devait apparaître à trois moments différents du film : quand Cosette est accueillie par les Thénardier, pendant le débarquement du 6 juin, puis après guerre, quand Belmondo la rachetait pour y monter son bal. La scène des retrouvailles de Boujenah et d'Alessandra devait être tournée là. Nous avions fait toutes les scènes de la première partie en continuité. Puis nous nous étions attaqués à la séquence du débarquement allié. Les Américains devaient assiéger l'auberge et l'investir. J'avais réglé avec les artificiers l'explosion de trois bombes qui devaient tomber au pied de l'auberge et de trois autres qui devaient dégager le toit. Tout était prêt : les troupes, les trois ou quatre caméras que j'avais installées… Mais nous n'avions pas prévu le vent. Une folie ! Les artificiers m'ont dit que la fumée allait partir à gauche, que le résultat serait beau mais qu'il fallait faire vite à cause de ce vent. Ils ne croyaient pas si bien dire : l'explosion d'un pétard a enflammé le toit et l'auberge s'est embrasée en quinze secondes. Les caméras tournaient. Mon fils Simon, qui était assistant, m'a crié : « Il y a le feu, on ne peut rien faire. Et les pompiers non plus ! » Quand j'ai vu que c'était foutu, j'ai dit : « Laissez tourner. » Et j'ai filmé l'embrasement. Une fois le feu éteint, Simon s'est tourné vers moi : « On fait comment pour la troisième partie ? » Je l'avais complètement oubliée : je m'étais laissé griser par le spectacle.

**Comment a été résolu le problème de la troisième partie ?**
J'ai appelé les assurances. Il fallait reconstruire l'auberge, ce qui nécessitait un mois minimum. J'ai préféré changer de décor et partir à L'Isle-Adam.

**A-t-il fallu modifier l'intrigue ?**
Énormément. Mais au final, on y gagne : les tractions sont davantage à leur place. À L'Isle-Adam, le personnage de Belmondo est plus proche de Paris. Il s'est rapproché de son passé avec lequel il a voulu rompre. J'ai donc pris cet incendie pour un signe du destin qui me disait que ma fin n'était pas bonne et qu'il fallait que je quitte la Normandie.

**Comment avez-vous reconstitué le Débarquement ?**
L'armée a officié, en mettant à ma disposition des barges de débarquement. J'avais placé en arrière-plan des bateaux qui attendaient la marée pour rentrer au port. Je disposais de cinq cents soldats, pas plus. Nous étions loin des deux mille figurants des **Uns et les Autres** dans la gare. J'avais également cinq cents figurants pour la scène du combat de boxe sous la neige. Mais on a l'impression qu'il y a plus de monde : avec une caméra bien placée et de la fumée qui cache une partie de l'image, j'ai pu me débrouiller. Ce sont les combines de ce métier. L'armée s'est également chargée des scènes de parachutage. Nous avons tourné au moment du cinquantième anniversaire du Débarquement, pour lequel était organisé un lâcher de parachutistes au-dessus de Sainte-Mère-l'Église. J'ai bondi sur l'occasion. Je n'aurais pas eu les moyens de me les payer...

**En termes de distribution, vous rendez un hommage à tout un cinéma français en faisant appel à Jean Marais, Darry Cowl et Micheline Presle, un peu comme dans Édith et Marcel...**
Ce sont effectivement des hommages. Je trouve Jean Marais magnifique. Il était vraiment content d'être là. Je ne le connaissais pas auparavant : quand je lui ai proposé le rôle de monseigneur Myriel, il a dit oui tout de suite. Pour moi Jean Marais était un monstre sacré. Pourtant, une fois sur le plateau, il s'est comporté comme un débutant avec une grande humilité, alors qu'il avait joué dans les plus grands films français. Nous étions très émus.

**Au début du film, on découvre Boujenah critique musical. C'est un gentil critique, mais quand même un peu salaud l'espace d'une minute...**
La scène où il éreinte Alessandra est révélatrice de cette guéguerre que j'entretiens avec la critique depuis mes débuts. J'attire la critique : ma femme me critique, mes enfants me critiquent, les professionnels me critiquent, les critiques me critiquent...

**Et vous, vous ne critiquez personne ?**
Très peu, car j'ai souffert plus que les autres de la critique. Je sais que celle-ci est souvent partiale. J'ai beaucoup de mal à dire du mal des autres.

**Les Misérables est un film brun. Hommes femmes : mode d'emploi sera un film bleu, And Now... Ladies & Gentlemen, un film jaune...**
Il y a des dominantes et des atmosphères comme il y a des saisons. C'est en résonance avec la peinture que je fais mes films. Les époques ont pour moi des couleurs. Celle de la guerre, c'est le gris, à l'image des uniformes allemands. Les époques de ma vie ont aussi des tons différents. J'ai besoin à chaque fois d'en retrouver un. Pour **Le Courage d'aimer**, j'ai éclairci le film. L'image est plus claire que dans **Les Parisiens**. J'avais envie que l'on puisse voir plus de choses. Je me suis un peu rapproché du Technicolor, qui reste à mes yeux une merveille. La photo de **Autant en emporte le vent** est un modèle.

**La dominante des couleurs influence-t-elle votre choix du directeur de la photo ?**
Je choisis davantage le directeur de la photo en fonction de son rapport à l'histoire : j'ai envie qu'il entre dans le même tableau que moi. Un film, c'est un tableau avec des milliers de plans. Au départ, je demande à un chef opérateur que l'image soit pleine, pour en faire ensuite ce que l'on veut. On peut presque tout faire avec une image bien exposée, pas trop trafiquée, assez pure, brute de décoffrage, surtout aujourd'hui avec l'étalonnage numérique. Il est important que les noirs soient noirs, que les blancs soient blancs, que les jaunes soient jaunes, que toutes les couleurs soient présentes. Travailler sur la photo d'un film signifie ne faire que cela. Or sur un plateau, il faut aussi s'intéresser aux acteurs, à la caméra, etc. Je dis au directeur de la photo que je veux une image pleine, avec un diaph' permettant à la pellicule d'être à cent pour cent de son efficacité. Puis, à l'étalonnage, je passe trois semaines avec le chef opérateur : nous établissons ensemble la version définitive.

**Le numérique a-t-il tout changé ?**
Il facilite les choses. Avant, à l'époque des **Misérables**, nous savions que nous allions trafiquer le négatif au laboratoire, qu'il allait passer dans des bouillons de culture, des bains qui allaient le sur ou le sous-dévelop-

per. Le numérique permet de travailler sur des inters, et le négatif est protégé. Aujourd'hui, le chef opérateur doit faire une photo forte, musclée, costaude, sauf si l'on souhaite laisser la scène dans la pénombre. Il y a dans **Les Misérables** la volonté de jouer sur les ombres et les lumières. J'adore la photo de ce film. C'est pour moi l'une des plus belles de mes films.

**Comment s'articule, sur le plateau, votre travail avec le directeur de la photo ?**

La première personne à qui je parle le matin, c'est ma scripte. Avec elle et mon premier assistant, je prépare le plan de travail de la journée. Nous nous rendons sur le plateau ensemble : pendant le trajet, nous relisons le scénario et les scènes figurant au programme. Nous retrouvons le chef opérateur sur le plateau. Avec lui nous analysons le travail, les lumières, la direction des éclairages. À ce moment-là, le plateau est encore calme. C'est à ce stade que l'on prend en compte les tendances météo de la journée. S'il y a du soleil, cela change tout, car le soleil est ingrat. Il est difficile de travailler contre lui. Il n'est agréable que si on filme à contre-jour. Il faut compenser : le chef opérateur avec ses lumières, moi avec ma mise en scène. C'est à ce moment-là que je lui facilite la tâche, si je mets ma caméra à contre-jour, ou que je la lui complique. Le contre-jour donne un relief colossal aux visages. La lumière directe les écrase.

Nous déterminons tout de suite ce qui est incontournable. Quels que soient mes caprices, il y a des choses techniquement impossibles à faire, surtout si la caméra bouge. Une fois que le directeur de la photo connaît les mouvements de caméra, il commence à déballer le matériel. Avec moi il ne sort que le strict nécessaire. Certains metteurs en scène se présentent à midi sur le plateau, à quelques minutes du tournage. S'il veut être prêt, le chef opérateur doit avoir préparé tout le matériel possible pour faire face à chaque éventualité. Il perd ainsi un temps précieux, ce qui revient cher, d'autant qu'il s'agit en l'occurrence d'heures supplémentaires. C'est pourquoi il est capital de déterminer tout de suite les données photographiques du film. Puis vient l'heure des électros et des machinos, qui ont sorti si besoin la dolly ou le travelling. Cette préparation n'implique pas que tout changement est interdit. Mais si l'on change quelque chose, c'est à l'intérieur de cette configuration. S'il fait un temps épouvantable, je vais décider de tourner sous la pluie. Ce qui change les données : les dialogues, les costumes, le jeu des comédiens. Je dois savoir ce que je désire : le travail d'une équipe de cinquante à soixante personnes en dépend. Les techniciens travaillent entre sept heures et midi. Quand les acteurs se présentent sur le plateau, je ne m'occupe plus que d'eux. Ce qui coûte cher sur un film, ce sont les comédiens et les heures d'attente dans leur caravane, qui sont payées au prix fort. Ma façon de procéder entraîne des économies.

**Il y a donc peu de journées perdues dans votre carrière...**

Très peu. Il m'arrive même d'en gagner. Je n'ai pas dépassé mon plan de travail une seule fois en quarante films ! Mais il m'arrive quand même de perdre quelques journées. Par exemple pour **Le Courage d'aimer**, j'ai mis quasiment deux semaines de tournage au panier. Mais c'est un cas très particulier : c'est l'insuccès des **Parisiens** qui m'a poussé à agir de la sorte. Je n'avais plus la même marge de liberté au montage.

**Vous est-il arrivé de changer de comédien en cours de route, comme Kubrick sur Eyes Wide Shut ou Woody Allen sur September ?**

Non, mais j'aurais pu le faire trois ou quatre fois. Quand un comédien ne me plaît pas au moment du tournage, je réduis considérablement son rôle et je développe les autres. Je pars du principe que s'il n'est pas bon, c'est ma faute et celle de mon scénario. Je change donc le scénario plutôt que le comédien.

**Les musiciens des Misérables sont nombreux : Francis Lai, Didier Barbelivien, Michel Legrand, Erik Berchot. Ont-ils travaillé ensemble ?**

Bien entendu. Un film est une armée en marche et aucun participant ne peut jouer sa partition en solo. Et le metteur en scène est un général qui doit trouver le moyen d'entraîner tout le monde.

**Quels sont les films où vous avez eu le plus de mal à entraîner cette armée ?**

Il arrive que je ne sois pas en forme. Dès lors tout le plateau traîne la patte. Il me reste à faire appel au métier. Cela sauve le coup mais tout le monde sait que je n'ai donné que le strict nécessaire. Or le cinéma a besoin du maximum. Pendant le tournage des **Parisiens**, j'ai souffert tous les soirs mais ce n'était pas une souffrance physique. J'ai souffert de mon ambition. J'étais convaincu de faire le film de ma vie et j'avais mis la barre très haut. Je n'étais donc jamais satisfait. J'ai fait des scènes formidables, mais je me suis également égaré de temps en temps. Rien n'a coulé de source, mais je n'ai pas voulu que les techniciens et les comédiens le sentent. J'ai pris sur moi, car il ne faut pas que l'on sente les faiblesses du metteur en scène sur un plateau.

**Les Misérables est un film très autobiographique. Certes l'enfant n'est pas un petit garçon mais une petite fille, mais si son père est Juif, sa mère ne l'est pas. Comme dans votre famille. La scène du train avec le Thénardier de service, les Allemands qui contrôlent les circoncisions dans la classe, etc. Toutes ces choses vous sont arrivées. Elles sont intimes et douloureuses...**

Cette façon d'entrer dans le livre pour y faire mon

nid est inconsciente. Après avoir lu **Les Misérables**, j'ai été persuadé que ce livre me parlait, que je le comprenais mieux que les autres. Je m'y suis en quelque sorte « surimpressionné ». Pour moi Hugo avait réussi à faire une synthèse de toutes les souffrances du monde. J'ai eu l'impression que ma propre souffrance venait s'y superposer. Quand on aime un livre – ou un film – c'est souvent parce que l'on rencontre une œuvre qui vous explique votre vie. **Les Misérables**, **L'Alchimiste** renferment une part cachée de moi : je l'ai ressenti plus que je ne l'ai analysé.

**Votre fille Salomé joue le rôle de l'enfant des Ziman. C'est la troisième fois que vous lui confiez un rôle important. Pourquoi ne la voit-on plus dans vos films les plus récents ?**

Salomé est un être rare, et je ne dis pas cela parce que c'est ma fille. Elle me ressemble beaucoup : elle se bagarre, elle a tout le temps des idées, elle invente sa vie, elle a le sens de l'improvisation et de la repartie. J'avais envie de faire tourner Salomé dans tous mes films parce que je me retrouvais à travers elle, quelle que soit l'importance du rôle. Je me regardais grandir. Dans **Les Misérables**, j'ai eu le sentiment de communier avec elle, d'autant que je lui avais confié le rôle qui me représentait enfant. Et puis quand est sorti **Hommes femmes : mode d'emploi** elle m'a fait un « caca nerveux ». Elle ne se trouvait pas belle, elle est venue se plaindre et m'engueuler… Elle m'a gonflé et j'ai eu le sentiment qu'elle avait perdu cette qualité qui en faisait un être unique. Elle est donc tricarde pour l'instant. Je rêve de la reprendre, mais avant, je veux qu'elle morfle un peu.

**Comment avez-vous imaginé cette scène étonnante où des dizaines de petites filles jouent du piano ?**

Merci Monsieur Hasard et Madame Coïncidence ! J'effectuais des repérages dans les bâtiments de la Légion d'honneur, à Paris. Ils me plaisaient énormément : je trouvais qu'ils pourraient figurer l'institut qui abriterait Cosette. Nous n'étions pas loin du décor de **Attention bandits**. Or il y avait dans une salle cinquante pianos qui me tendaient les bras. Je n'ai pas forcément une imagination folle, mais je sais utiliser ce que j'ai à portée de la main. Un autre aurait pu demander qu'on enlève quarante-neuf pianos puisqu'il n'en fallait qu'un seul pour la scène. Moi, j'ai eu le réflexe inverse : « On les garde, c'est magnifique, trouvez-moi cinquante petites filles qui savent jouer du piano. »

**Avez-vous peiné à insérer ces souvenirs d'enfance entre deux séquences directement issues de l'œuvre de Hugo ?**

Non. Le plus difficile dans un film comme celui-ci, c'est de trouver le concept. L'idée était que les Ziman allaient lire et expliquer à Belmondo le livre de Victor Hugo. Dès lors, il suffisait que les personnages que le camionneur allait rencontrer renvoient à ceux du roman. Une fois ce concept établi, je n'ai pas eu de mal à mener le scénario à sa conclusion. J'ai moins souffert sur l'écriture des **Misérables** que sur celle du **Genre humain**. Le fil conducteur constitue un soutien plus qu'une contrainte. L'histoire du couple formé par Michel Boujenah et Alessandra Martines s'insère parfaitement dans le récit, puisque mes personnages souffrent comme ceux de Hugo. Le roman a ceci de formidable que tout le monde se reconnaît dans les personnages, qui sont autant de familles de comportements humains intemporels et universels. Jean Valjean au début du récit est d'un égoïsme inouï et son parcours n'en est que plus méritoire à partir de l'épisode du petit ramoneur. Hugo transforme un salaud en saint. Il nous raconte l'histoire de l'humanité. Parce que tout est possible avec l'être humain. C'est d'ailleurs ce que je m'efforce de montrer dans mes films.

**Henri Fortin se révèle par la culture dont il a été privé. Il a une soif d'apprendre. On se dit qu'il vous ressemble. Si vous n'aviez pas découvert le cinéma, vous seriez passé à côté de votre vie…**

C'est exactement cela. J'aime la culture quand on vous la donne à l'âge où vous pouvez la digérer, quand vous avez compris que les choses sont compliquées. Il faut avoir déjà un peu vécu, un peu souffert. Sinon la culture forgera des êtres prétentieux et suffisants. Quand Leeb dans **Le Courage d'aimer** ou Belmondo dans **Les Misérables** découvrent la culture, ils en ont besoin, ils savent ce qu'est la souffrance. Ils ont pris des coups. Ma chance, c'est d'avoir reçu la culture très tard. À l'âge de vingt ans. Avant cela, j'étais un petit animal. Ma culture de base, c'est le cinéma. Je lui dois tout. Le cinéma est un art populaire, et c'est le cinéma qui m'a amené plus tard aux impressionnistes, à la littérature et à la musique. Avant le cinéma, rien ne m'intéressait, à l'exception du cirque. Par la suite je me suis rendu compte que la culture est un raccourci formidable, qui permet de gagner du temps. Mais elle ne retire rien à la possibilité d'apprécier la souffrance. La souffrance donne la mesure de la vie, elle permet de grandir. Il est nécessaire que la culture lui succède, comme un pansement…

# Lumière et cie

1995

## La caméra des Lumière / Histoire d'un baiser / Pour ne pas mourir / L'aristocratie du cinéma

**Lumière et Cie s'inscrit dans la série de films collectifs auxquels vous avez apporté votre touche. Mais cette fois l'argument n'est ni politique, ni historique, ni sportif, il est au cœur du cinéma...**
Anne Andreu est venue me voir pour me demander si ça m'amuserait de tourner avec la caméra des frères Lumière, avec les mêmes paramètres, pour in fine faire un plan-séquence d'une minute. J'ai trouvé l'exercice passionnant. Je me suis ainsi retrouvé à filmer l'histoire d'un baiser au cinéma. Le baiser est sûrement la chose la plus couramment filmée depuis sa naissance. Je me suis inscrit dans cette tradition, en y ajoutant plein de caméras en arrière-plan, chacune incarnant une technologie différente, mais toutes filmant le même baiser. Quand j'ai dit « moteur », j'étais ému d'utiliser la caméra Lumière. J'avais le cœur qui battait en tournant la manivelle. Il n'y avait pas de triche. J'ai mesuré ce jour-là toutes les contraintes auxquelles se heurtaient les pionniers du cinéma.

**Êtes-vous séduit par l'esthétique aujourd'hui sautillante de ces vieux films ?**
Cela donne une patine. Chaplin avec le son, ce n'est plus tout à fait Chaplin : Charlot est une invention du muet. Comme **Napoléon**. Gance a détruit lui-même son chef-d'œuvre en rajoutant des séquences sonores. Il s'est autoflagellé. Jamais je n'ai assisté à un pire carnage. Il s'est infligé à lui-même ce que son pire ennemi ne lui aurait pas souhaité. Quand j'ai vu **Bonaparte et la Révolution** – dont j'étais le producteur –, le souffle avait disparu !

**Saviez-vous ce que tournaient les autres participants de Lumière et Cie ?**

Non, je l'ai découvert après. La démarche générale était intéressante et certains petits films de une minute avaient un vrai cachet. J'ai trouvé que Mitterrand dans le film de Régis Wargnier avait une réelle présence...

**À la fin du sketch, on vous pose la question : « Pourquoi filmez-vous ? »**

Aujourd'hui, je connais la réponse : « Pour ne pas mourir. » Si demain matin j'étais privé de cinéma, je pourrais envisager le suicide. Le cinéma est mon oxygène. J'ai besoin de ça pour me réveiller. J'ai besoin d'y penser. Même dans les périodes difficiles, quand ma santé n'est pas fameuse, je pense encore au cinéma. Je sais qu'il y a encore tellement de choses à faire...

**Était-ce amusant de retourner aux sources avec les frères Lumière ?**

J'ai aimé le principe du plan-séquence. Le cinéma est né avec lui. Le montage et les collures ne sont arrivés qu'après. Le plan-séquence est resté l'aristocratie de la mise en scène. Montrez-moi votre plan-séquence, je vous dirai si vous êtes un grand metteur en scène !

# ÉVOLUTION DE LA TECHNIQUE

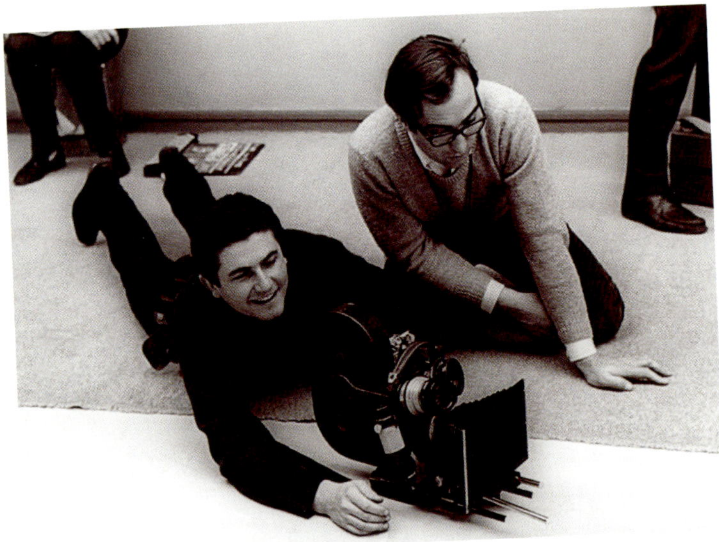

L'histoire du cinéma est construite sur les révolutions techniques. Le premier plan du cinéma est un plan-séquence, car on ne sait pas monter. Pour moi, le plan-séquence est ce qu'il y a de plus beau au cinéma, à condition qu'il soit réussi. Le cinéma est l'art de la synthèse. C'est un art de compression… sauf au moment du plan-séquence, qui traduit une unité de temps et de lieu, comme chez les frères Lumière. À ce moment-là, si la scène dure trois minutes, le personnage vit trois minutes de sa vie. Il n'y a rien de plus difficile à réussir. Le plan-séquence ne peut pas être fait n'importe comment. Il peut se traduire par une longueur, un abcès dans le film. Mais pour moi, il n'y a pas de grand metteur en scène sans plan-séquence. Parce qu'il doit faire la preuve qu'il est capable de tout contrôler : la lumière, les mouvements de la caméra, le jeu des comédiens, le scénario, les dialogues…

Le cinéma commence donc avec le plan-séquence. Puis, deuxième révolution, il invente le montage, trouvant son climax avec Eisenstein. Puis, le parlant arrive. Tout à coup, le cinéma cesse d'exister, ne compte plus que le son. La caméra se fige. Les films régressent. Ils font la part belle à la littérature et au théâtre. Il faut que ça parle et que ça chante. La lassitude du public ne tarde pas à se manifester, ce qui suscite l'invention.

Après le parlant, arrive la couleur. Pour marquer le coup, les premiers films sont très colorés. Sur les affiches des *Aventures de Robin des Bois*, l'expression « en couleurs » figure en plus gros que le nom d'Errol Flynn. Comme plus tard le mot Cinémascope sera plus gros que le nom de Victor Mature dans *La Tunique*. Quand arrive le Cinérama, le terme est gigantesque sur les affiches. Les spectateurs vont voir le Cinérama. Toutes les grandes révolutions cinématographiques naissent d'une technologie. Et les procédés techniques sont souvent traités comme des vedettes.

## Éloge de la BL1

Arrive la Nouvelle Vague. C'est la plus intelligente de toutes les révolutions, parce qu'elle se dissimule derrière la technique. La photo devient un autre univers, et surtout elle met ceci en évidence : le metteur en scène est aussi important que le film. Arrive aussi cette fameuse caméra portable qui ne fait pas de bruit, avec laquelle on peut prendre le son. Là, le cinéma prend un nouveau départ, avec l'arrivée de la BL1 de chez Arriflex, qui est la première grande caméra 35 mm. Auparavant, il y avait bien des caméras 16 mm, mais elles étaient réservées à la télévision. Pourquoi ai-je mis dans la bande-annonce de *La Bonne Année* que je faisais là mon vrai premier film ? Parce que pour la première fois je disposais de la caméra idéale. Je n'aurais jamais pu faire le film si je n'avais pas eu cette caméra, qui est d'ailleurs l'une des trois qui trônent dans mon bureau, en compagnie de la Caméflex d'*Un homme et une femme* et de l'Arri BL1, de chez Arriflex. La caméra de *La Bonne Année* est portable, et elle me permet de prendre le son direct. Jusqu'alors, je ne pouvais pas prendre le son direct avec mes caméras. J'étais obligé de faire un choix. Quand je voulais faire du son direct, ma caméra était rivée sur un pied. Quand je voulais faire de l'image, je ne prenais pas le son direct et j'étais frustré. Quand je tourne *Un homme et une femme*, je suis placé devant

*Les Aventures de Robin des Bois.*

la contrainte du choix, que je contourne en utilisant des longues focales (téléobjectifs) pour ne pas entendre le bruit de la caméra. Je voulais vraiment faire *Un homme et une femme* en son direct. Peut être est-ce aussi à cause de cela que le film a eu un tel retentissement, grâce à la technologie. Pour la première fois, un film était à la fois tourné avec une caméra légère et en son direct, et en 35 mm, et avec du noir et blanc et de la couleur…

## Un bon plan sur la Croisette

Avec *La Bonne Année*, je négocie un virage. Je réalise un long plan que je n'aurais jamais pu tourner auparavant, celui de Lino Ventura et Françoise Fabian sur la Croisette quittant le restaurant pour aller vers l'hôtel. Le son est direct. Moi, je marche à reculons au fur et à mesure que les comédiens avancent. Si j'avais eu les moyens usuels de l'époque, j'aurais fait ce plan sur travelling. Et on aurait vu les rails en perspective…

UNE CAMERA FILME L'AUTRE. LA CAMERA DE GAUCHE EST LA TOUTE PREMIERE CAMERA DE CLAUDE

Je tourne le plan à la main. J'ai la caméra sur l'épaule, des écouteurs et une perche, car les micros-cravates n'existaient pas. Il y a le bruit de la mer… Aujourd'hui, si je tournais ce plan, je serais plus près des comédiens car que je n'aurais plus ces problèmes de perche. Je me suis calé. Quand Lino s'arrête, je m'arrête. Quand il repart, je repars. Ce n'est pas moi qui lui dis

*La Bonne Année.*

de stopper ou de repartir. Avec un travelling que l'on pousse, il faut que tout le monde sache où l'on s'arrête. Quand les acteurs s'arrêtent, il faut que les machinos qui poussent le travelling s'arrêtent. Et il faut qu'ils sachent sur quelle réplique ils repartent. C'est une mécanique terrible qui casse le jeu des comédiens. Là, dans *La Bonne Année*, ils étaient libres. Le texte était très écrit, mais avec des possibilités de respirer. Nous avons fait quatre prises. Les quatre prises étaient sublimes.

*Le Fabuleux Destin d'Amélie Poulain.*

## Perspectives

Aujourd'hui, les révolutions technologiques ne sont pas à la mesure de ce que pouvaient être en leur temps le Cinérama et le Cinémascope. Par contre, si demain matin une salle de cinéma proposait de projeter sur un écran de mille mètres carrés à 360 degrés comme à Disneyland, je suis certain que la technologie reprendrait le pas.

La grande chance du cinéma, aujourd'hui, c'est le DVD. Les gens vont voir le film qu'ils veulent quand ils le veulent, avec les bonus. Mais ça va s'user. Dans une dizaine d'années, nous allons aboutir à une crise sans précédent. Il existe un nombre incalculable de chaînes de télévision, et il semble évident qu'un jour, le petit écran n'en aura plus rien à foutre des films de cinéma. Déjà, ils se raréfient dans le tableau des meilleurs audimats. Le cinéma aura besoin de revenir dans les salles pour reconquérir les foules. Que nous reste-t-il pour les attirer ? La haute définition, le 70 mm et surtout, le cinéma à 360 degrés et le relief. Il est évident que le spectateur aura besoin assez vite de l'expérience totale…

Cette expérience totale, c'est celle que Tati a tentée avec *Playtime* : le 70 mm, un écran géant et dix actions qui se déroulent simultanément. Les expériences de Mike Figgis, qui propose plusieurs images parallèles en *split screen,* sont également prometteuses. Tout cela va changer la technique du cinéma. Il faudra bien mettre l'équipe quelque part. Il va y avoir une plate-forme, avec trois ou quatre objectifs. Le caméraman sera sous la caméra. Il pourra viser comme s'il commandait le périscope d'un sous-marin. Ce qui ne peut que faciliter le cadrage, puisque tout est dans le champ. Mais avant d'arriver au 360 degrés, il y aura des étapes intermédiaires par le 180 degrés. Un jour, le spectateur sera complètement entouré par le film.

J'aime bien également le cinéma en relief. Voir *Le crime était presque parfait* en 3D est une expérience formidable. Mais les lunettes gênent. Le problème, avec le relief ou le 360 degrés, c'est que nous serons davantage dans les figures imposées que dans les figures libres. Tourner avec deux caméras à 360 degrés est difficile. Où placer la deuxième ? Obligatoirement dans le champ ! À la fois on avance et on recule dans la discipline. Au niveau de l'émotion il y aura un recul.

Version cinéma écran large.

Version télévision Super 35 plein écran.

Version Pan & Scan.

## Les scoops du scope

Pour *Les Uns et les Autres,* je savais qu'il fallait que je réalise un film en scope. Mais j'en refusais la pesanteur. À l'époque, pour filmer en scope, on était obligé de placer devant l'objectif un anamorphoseur qui pesait une tonne, et d'être sur pied ! Il était impossible de faire du scope à la main. Or, je voulais réaliser *Les Uns et les Autres* avec la liberté acquise sur les films précédents. L'idée du super 35 mm m'est venue à ce moment-là… Je voulais récupérer toute la partie de piste-son qui se trouve sur la pellicule pour la rendre à l'image, ce qui permet d'augmenter de 20 à 30 % la capacité négative pour un agrandissement éventuel. Puis j'ai fait passer cette image là – renforcée au point de vue négatif – à travers un objectif anamorphoseur en trucage. Le super 35 a un avantage : pour les films à la télé, il n'y a pas besoin d'anamorphoser. Le film est diffusé en 1,33, qui est un format magnifique. J'ai une version des *Uns et les Autres* en 1,33. Dans mon viseur, j'avais dessiné une ligne « scope ». À la prise de vue, je sais jusqu'où ce sera anamorphosé. Quand le film repasse à la télévision, je reprend les parties inférieures et supérieures de l'image. Il existe ainsi à la fois une version cinéma et une version télé. On m'écrivait pour me dire que la télé diffusait une version tronquée du film en scope. En réalité, sur ce film, l'image plein écran donne plus à voir que l'image d'origine. À partir de là, tous mes films ont été réalisés en super 35, sauf le dernier. Pour *Les Uns et les Autres*, il existe deux versions en DVD. La version cinéma avec le cadrage scope et la version télé en plusieurs épisodes, en plein cadre.

Quand on cadre en scope, tout est bon en 1,33. C'est le centre qui est cadré. Mais l'inverse n'est pas vrai. Après le premier essai, je me suis rendu compte en regardant les passages télé qu'il y avait trop d'air en haut au-dessus des têtes. En bas, ce n'était pas gênant. Au film suivant, j'ai fait un cadrage scope qui était décentré, afin de neutraliser cet effet d'espace.

## Trois perfos contre haute déf.

Après la révolution du super 35, arrive la « trois perfos ». Jusque-là, il y avait beaucoup de noir dans l'interimage de la pellicule. On a supprimé l'interimage. Il y avait quatre perforations entre chaque image, il n'en reste plus que trois. Ce qui permet de gagner 30 % de pellicule. Le magasin de 120 mètres qui faisait 4 minutes en fait désormais 6. Mais la « trois perfos » arrive au même moment que la haute définition. Le match ne fait que débuter, et à mon avis la HD va gagner. Même si la résistance est encore vive, le numérique est comme un raz-de-marée. Voyez l'AVID pour le montage. Plus personne ne monte comme autrefois… Sauf Pascal Thomas ou Michel Deville, qui font de très bons films… La technologie est au cœur du cinéma. Aujourd'hui, un metteur en scène a toutes les possibilités, plus celles que l'on ne connaît pas. Il est plus facile de réaliser un grand film qu'à l'époque où Renoir tournait *La Grande Illusion*. Aujourd'hui, entre les truquages et la possibilité de tourner en lumière naturelle, ça n'a jamais été aussi facile.

Ce qui est vrai, c'est que beaucoup de metteurs en scène restent dépendants de leur équipe technique. Le chef opérateur joue un rôle important auprès des jeunes réalisateurs qui n'ont pas d'idées précises sur le placement de la caméra, sur les raccords. Avec une équipe intelligente, on peut tout faire, y compris les travellings les plus fous, avec le bras qui rentre et qui passe partout, celui que j'ai utilisé dans *Le Courage d'aimer* pour la pub sur les pizzas. Jean-Pierre Jeunet, dans *Un long dimanche de fiançailles*, a utilisé toute la technologie disponible et imaginable. Il n'aurait pas pu tourner son film tel quel il y a seulement cinq ans. Pas plus qu'il n'aurait pu faire *Amélie Poulain* avant l'arrivée de l'étalonnage numérique. Ce sont des films qui ressemblent à leur époque et qui suivent la technologie. J'aurais pu tourner *Les Parisiens* en 35 mm avec deux caméras, mais j'aurais dû couper toutes les 10 minutes et non toutes les 40 minutes. Je n'aurais pas fait le même film.

## Et Godard

Tous les cinéastes ne s'intéressent pas à la technique. Godard par exemple. Il n'a jamais tourné de films, il a écrit des films. Il est avant tout un homme de littérature qui s'est servi du cinéma. Ce que j'aime dans le cinéma de Godard, c'est qu'il montre toutes les possibilités du montage, du son et de l'image. S'il n'a jamais adhéré à l'évolution cinématographique, c'est parce que le cinéma le terrorise. C'est ce qui fait son charme puisqu'il a développé le reste, qu'il est allé plus loin dans le texte, dans la réflexion, la contradiction, les effets sonores, l'utilisation de la musique. J'ai revu récemment *Alphaville*. C'est impressionnant de voir comment il tient le film avec le texte. Vous ôtez la bande-son des films de Godard et il ne reste plus rien. Du moins sur ses films les plus récents. *À bout de souffle*, *Le Mépris* et *Pierrot le fou* restent des grands films, ceux de l'époque où Godard s'intéressait encore à l'image et au cinéma. Au tournant des années 1967 ou 1968, il est parti dans un voyage dont les points de repères n'apparaissent que pour lui seul.

# Hommes femmes : mode d'emploi

1996

Le moral et la morale / Une fuite sur un bateau / L'image de Tapie / Le pari de Pascal / La vengeance d'une femme

Fabrice LUCHINI
Bernard TAPIE
Alessandra MARTINES
Pierre ARDITI
Ticky HOLGADO
Ophélie WINTER
Patrick HUSSON
SALOMÉ
Christophe HÉMON
William LEYMERGIE
Agnès SORAL
Clotilde DE BAYSER
Antoine DULÉRY
Daniel OLBRYCHSKI

**Après une fresque comme Les Misérables, il était attendu que vous fassiez un film plus intimiste…**

**Hommes femmes : mode d'emploi** n'est pas aussi intimiste que cela, même s'il n'a pas l'ampleur des **Misérables**. À ce moment-là, j'étais dans une situation un peu paradoxale : **Les Misérables** m'avait valu une certaine reconnaissance, mais il n'avait pas très bien marché sur le plan commercial en France. J'avais pris tous les risques avec Jean-Paul Belmondo, coproducteur sur son salaire, qui n'a d'ailleurs toujours pas reçu un sou à ce jour. Il sera payé dès que le film sera amorti, c'est-à-dire bientôt. J'étais triste que le public n'ait pas suivi alors que le film me semblait réussi. C'est alors que le film est sorti aux États-Unis. L'accueil a été délirant. Les responsables de la Warner ont voulu signer un contrat pour le monde entier, ce que nous avons accepté. Et le film a reçu le Golden Globe. Je pense qu'il aurait eu sa chance pour l'Oscar du meilleur film étranger si la France l'avait sélectionné en lieu et place de **Gazon maudit**. Partout **Les Misérables** a bénéficié d'une vraie reconnaissance, comme l'avaient fait **Un homme et une femme**, **La Bonne Année** et **Toute une vie**. Après ce film, j'aurais pu aller travailler aux États-Unis : des propositions m'ont été faites. J'avais le projet de **L'Alchimiste**, qui a un temps emballé la Warner, avant de s'arrêter…

**Et pourtant, c'est un projet très franco-français qui voit le jour !**

Le projet de **Hommes femmes : mode d'emploi** m'est tombé dessus et j'étais enthousiasmé à l'idée de me lancer dans l'aventure. Quelques années plus tôt, j'avais rencontré un médecin qui m'avait expliqué l'importance du sport. Il m'avait également parlé du rôle joué par le mental dans une maladie. Si vous vous mettez dans l'idée que vous êtes souffrant, les défenses tombent. Les toxines ne rencontrent plus aucune résistance. Votre organisme est battu. En revanche, si vous indiquez à votre cerveau que l'attaque est bénigne et qu'il suffit de se battre, celui-ci va repousser l'assaut des maladies. Mon interlocuteur avait ajouté : « Même nous, en biologie pure, nous avons du mal à expliquer que le cerveau sécrète des armes suffisantes. À l'inverse, si vous lui dites que c'est cuit, il abandonne, et les troupes envahissent votre corps ! » Le moral est donc à un moment donné, ce qui fait la différence entre deux malades. Fort de cette affirmation, j'ai toujours tenté de rassurer les gens que j'aime en disant que tout va bien. J'ai même essayé avec Ticky Holgado, mais son mal était dans une phase trop avancée.

Je me suis dit que ce serait formidable d'écrire un scénario qui prendrait en compte toutes ces données. Je ne pensais pas pour autant à faire un film médical, mais une comédie. Je me suis souvenu que j'avais continué à interroger mon médecin : « Si je pousse votre raisonnement jusqu'au bout, le jour où un laboratoire m'envoie les résultats d'analyses d'un autre type, qui lui n'a rien, je vais rassurer mon cerveau et mettre toutes les chances de mon côté… » Il m'a répondu : « Tout à fait. Si vous découvrez que vous avez quelque chose, cela ne peut qu'aggraver votre situation. Par contre, si par accident, vous parvenez à convaincre votre cerveau que vous n'avez rien, il va mettre en route ce fameux mécanisme. » Je tenais mon sujet !

**Comment Bernard Tapie est-il venu se greffer sur le projet ?**

J'ai tout de suite pensé à Bernard Tapie. Je voulais un peu jouer avec le feu. Cela faisait partie de ces défis que je me lance à moi-même, quand personne

ne me demande rien. Comme le sujet portait sur l'arnaque, dans le sens où les personnages tenteraient d'arnaquer leur cerveau, j'avais envie de faire appel à un arnaqueur, du moins à quelqu'un qui en a la tête et la réputation… J'ai effectué un rapide tour d'horizon et j'ai constaté que Bernard Tapie, que j'avais déjà contacté à l'époque pour **L'aventure c'est l'aventure**, était au fond du trou… Il n'était plus ministre, il ne dirigeait plus l'OM, il venait d'être saisi et il n'avait plus rien. Et comme si cela ne suffisait pas, il incarnait aux yeux du plus grand nombre le voyou d'entre les voyous, une sorte de honte nationale.

**Du temps de sa splendeur, vous le croisiez régulièrement dans les allées du pouvoir ?**

Pas vraiment. Tout s'est déclenché lors d'un week-end à Saint-Tropez avec Alessandra. Nous étions invités chez Flavio Briatore, qui entraînait à l'époque l'équipe Renault. Nous étions depuis deux jours sur son bateau et je m'ennuyais un peu. J'ai fait part de mon idée à Briatore, dont le profil n'est pas très éloigné de celui de Tapie. Il l'a trouvée bonne. Nous étions à la veille d'un week-end et quatre personnes étaient présentes sur le bateau. Quelle n'a pas été ma surprise de lire deux jours plus tard dans le **Journal du dimanche** : « Claude Lelouch fait tourner Bernard Tapie… » Or Tapie n'était pas au courant ! Il l'a

appris par le journal, mais il a aussitôt accepté ma proposition.
Peu après, pendant le festival du film de Paris, je suis tombé sur Luchini. Je lui ai demandé en rigolant si ça l'amuserait de tourner avec Bernard Tapie... Il n'a fait ni une ni deux : « Tu es fou ! C'est énorme ! C'est énorme ! T'es sérieux ? » Il a accepté en précisant néanmoins : « Je vais te demander beaucoup d'argent ! » Avec Bernard Tapie et Fabrice Luchini, je tenais une affiche formidable. Effectivement le tandem a fait les manchettes des journaux. Mais simultanément, j'ai commencé à recevoir des menaces de mort, des messages de corbeaux, des lettres anonymes terribles disant que j'étais la honte du cinéma français, un sale Juif, que je faisais chier depuis quarante ans, qu'on allait brûler ma maison...

**Tapie symbolisait donc les dérives du mitterrandisme finissant au-delà de ce que vous pensiez...**
Sans doute. L'affaire a pris des proportions inouïes sur le plan politique. Il est probable que je n'aurais pas entrepris le film si on m'avait prévenu du cirque qu'il allait engendrer. Mais comme je n'ai jamais cédé au chantage, confronté à une telle haine, à ces remugles d'antisémitisme, je me suis dit qu'il fallait que j'aille au bout. D'autant que j'étais certain que le film plairait...

**Quelle était pour vous à l'époque l'image de Bernard Tapie ?**
En tant que personnage de cinéma, il me plaisait énormément. Bien sûr j'aurais pu engager un véritable acteur en lui disant qu'il allait interpréter le rôle en s'inspirant de Tapie... Mais Tapie offrait tout et son contraire. Il possédait aussi un charisme dévastateur. Dès qu'il passait à la télévision, il faisait un carton. Il provoquait à la fois un engouement et une révolte sans pareils. Il était décidément celui qu'il fallait. Ce qui ne m'a pas empêché de lui faire passer des tests...

**Avez-vous pensé à quelqu'un d'autre ? Jean Yanne aurait été parfait ! Tapie d'ailleurs joue un peu comme lui.**
Non, non ! À la rigueur Delon aurait pu jouer le rôle, mais je ne l'ai pas contacté. Il aurait été bien s'il avait joué comme Tapie. Mais je me suis dit qu'il allait faire du Delon.

**Vous ne vous êtes jamais dit : « Je fais un bon coup ! »**
Si, bien sûr ! Mais c'était un ensemble. J'étais sûr que le sujet du film allait emporter tout le reste, que toutes les médisances et les malveillances allaient disparaître. Je suis plus metteur en scène que tout le reste. Je me suis dit qu'aucun acteur n'allait jouer le rôle de Bernard Tapie mieux que Bernard Tapie. J'ai cru que c'était un bon coup et cela a été le pire des coups ! Comme Tapie a annoncé qu'il touchait trois francs par place, des manifestants se sont postés avec des pancartes à l'entrée des salles. Les gens hurlaient... La critique a ajouté son grain de sel, ce que je comprends en l'occurrence, et le film n'a pas aussi bien fonctionné qu'il aurait dû !

**C'est un film qui selon nous sera réévalué dans quelques années, quand l'image sulfureuse de Tapie se sera estompée.**
Évidemment. Le film a rencontré un gros succès à la Mostra de Venise, il a marché en Allemagne et en Italie, parce qu'on ignorait qui était Tapie, et qu'il était jugé sur ses seules qualités... Nous avons fait 1,3 million d'entrées en France. Ce n'était pas une honte, même s'il a bénéficié d'une curiosité malsaine. Mais la polémique a tout gâché. Fabrice Luchini s'est retiré de la circulation et n'a pas fait preuve d'un grand courage. Il n'a assuré aucune promotion et je me suis retrouvé tout seul dans la tourmente avec un bateau qui prenait l'eau.

**Jusqu'où contrôlez-vous la communication dans un cas comme celui-là ?**
Dans ce cas précis, nous étions dépassés. De façon générale, je ne sais jamais par quel bout aborder la communication. C'est à chaque fois un problème. Dès que je sors un film, je suis invité partout. Comme je sais que la critique va m'assassiner, pour de bonnes ou de mauvaises raisons, je pense être la seule personne qui peut parler du film et que je dois convaincre un maximum de spectateurs. Mais en allant partout, j'aggrave la situation. C'est ce qui s'est passé sur **Édith et Marcel** ou à Deauville pour **Les Parisiens**...

**Il nous a semblé que Hommes femmes : mode d'emploi était un film en blanc et bleu de par ses éclairages et ses costumes...**
C'est un film bleu. Il est délibérément glacial, à l'ex-

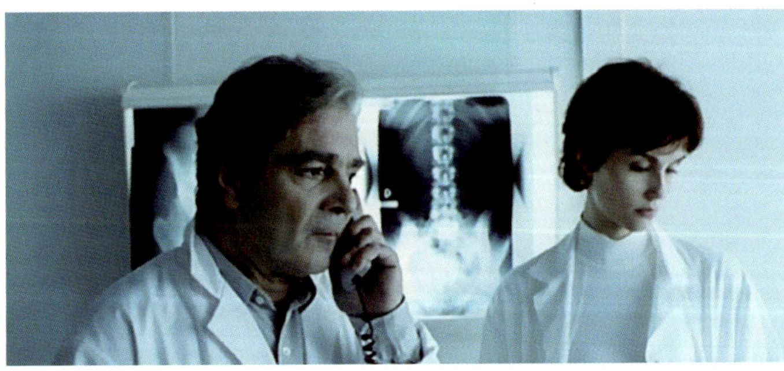

ception de la scène du mariage pour laquelle nous avions pris le soin d'ajouter des touches de rouge. C'est un film d'hiver, avec de la neige partout. Quand je suis arrivé à Chambord, la neige venait de tomber. Idem à Lourdes, même chose pour le cimetière. Le matin, tout était sec. Il m'a suffi de dire « Moteur ! » et il s'est mis à neiger. Il est donc arrivé ce qui était déjà survenu pour la scène du combat de boxe dans **Les Misérables**. Je me suis donc dit que si le ciel s'en mêlait, c'est que telle devait être l'ambiance. Cela m'arrangeait : la maladie est synonyme d'hiver et de lumière blafarde. Il a suffi d'accentuer le trait.

**Tapie et Luchini sont relativement peu présents à l'écran ensemble. Mais leurs scènes en tandem, notamment celle de la voiture, sont fortes. Comment les deux hommes se sont-ils comportés l'un vis-à-vis de l'autre ? Comment le professionnel et l'amateur ont-ils coexisté ?**
J'ai vu pour la première fois Fabrice Luchini en difficulté. Bernard Tapie est un torrent. Lorsque Tapie et Luchini jouent ensemble, cela ressemble à Tyson rencontrant Cassius Clay ! Chacun savait de réputation que l'autre pouvait le bouffer. Je me suis donc servi de cet élément pour organiser le combat. Quant à cette séquence de la voiture, elle s'est composée naturellement de figures imposées et de figures libres, comme d'habitude. Dans de telles scènes, j'aime placer les reflets de pare-brise, car on y sent la ville. J'adore les réflexions, les miroirs, les trompe-l'œil...

**La morale du film est ambiguë. Si Fabrice Luchini s'en sort, pour Tapie le sort est moins clément...**
Je savais depuis le départ qu'il fallait détruire le personnage de Tapie d'une façon ou d'une autre. C'est

d'ailleurs la première fois que je dessine un personnage qui m'inspire des sentiments aussi ambigus. Il est monstrueux, mais en même temps il peut avoir le charme des monstres. Tapie l'a formidablement défendu...

**Mais il présente des côtés de certains de vos autres personnages, Michel Leeb dans Les Parisiens par exemple... Benoît Blanc devient plus attendrissant au fur et à mesure que le film avance, il s'humanise... Au début du film, il écarte son fils de façon cynique alors que celui-ci postulait pour les États-Unis, à cause d'une cravate. Mais il le fait revenir ensuite...**
J'essaie toujours de tirer mes personnages vers le haut, celui-ci peut-être plus qu'un autre parce qu'il en a besoin. L'histoire de la cravate est authentique. C'est Pierre Uytterhoeven qui me l'a racontée. Il avait été convoqué par un dictateur africain à propos d'un projet de film de propagande. Pierre avait demandé à assister à un Conseil des ministres. Le dictateur avait noué une cravate de Mickey. Il a nommé Premier ministre le seul qui ne l'ait pas flatté au sujet de cette cravate ridicule.

**Il y a déjà beaucoup des Parisiens dans Hommes femmes : mode d'emploi : le chanteur de rue qui devient célèbre de façon soudaine, Agnès Soral mariée à un flic cancéreux, la ressemblance entre Bernard Tapie et Michel Leeb, la présence de Dieu, le tournage du film dans le film... Mais la problématique évolue avec les années. Fabrice Luchini guérit. Dix ans plus tard, dans Les Parisiens, Xavier Deluc y passera...**
Mes obsessions ressortent. C'est vrai que les rapports entre les deux films sont impressionnants, mais cela s'est fait naturellement. Je parle de ce que je connais, de ce qui m'intéresse, de ce qui m'obsède. De Dieu de plus en plus souvent, de la maladie parce que j'entre dans une période où les phénomènes d'usure sont présents. De façon générale, mes films s'accordent avec mon vécu et mon ressenti.

**La morale de la deuxième intrigue avec Salomé et Ticky Holgado rejoint en mode mineur celle de la première : Fabrice Luchini et Bernard Tapie trouvent la sagesse dans le malheur. Les enfants, eux, se retrouvent à cause d'une jambe cassée !**
Les deux histoires reposent sur le même principe. Quand je fais coexister deux histoires dans un film, celles-ci ont nécessairement beaucoup de points communs. J'aime avoir un motif qui se répète avec un rythme et des couleurs différents. Comme en musique, quand un même thème est illustré par différentes orchestrations.
Dans le film, Fabrice Luchini est aussi un comédien qui se pose des questions par rapport à son métier. Il ne veut pourtant pas vivre du désir des autres et il devient flic. Là,

il trouve la possibilité de s'exprimer grâce à des rôles qu'on ne lui donne pas ailleurs. Voilà encore une de mes obsessions. Il agit comme une sorte de piqûre de rappel sur la représentation théâtrale. Et à la fin du film, les niveaux de réalité sont mêlés, puisque Luchini tient le rôle de Tapie au cinéma.
Quant aux scènes dialoguées, la présence des comédiens m'a poussé à les mettre en scène. On est tenté de faire des choses compliquées quand on dispose de Bernard Tapie et de Fabrice Luchini. On a envie de les entendre discuter de n'importe quoi. Nous sommes partis sur le pari de Pascal parce que c'est le sujet du film. J'aurais aimé organiser une discussion d'une heure et demie avec ces deux-là et en faire un film. On m'aurait tout pardonné. C'est également ce que j'aurais dû faire dans **Un homme et une femme : vingt ans déjà**, où l'on ne voit pas suffisamment Jean-Louis Trintignant et Anouk Aimée ensemble. Je me laisse souvent séduire par les comédiens. Nous avons quand même tourné une heure pour la scène du pari de Pascal. J'aurais quasiment pu en faire un long métrage.

**Dans cet échange, l'escroc cynique est le tenant de la vérité et de l'honnêteté. Il dit préférer le risque de se planter plutôt que de jouer sur tous les tableaux par confort.**
C'est la démagogie des voyous. Son discours est d'autant plus fort que le spectateur sait que le personnage est corruptible.

**La plupart des professionnels du film sont des nuls : un chef d'entreprise choisit ses dirigeants sur une cravate, des médecins intervertissent des examens par vengeance personnelle, des flics laissent repartir des escrocs par accès de bonne humeur…**
J'ai souvent joué des choses sur un coup de tête, à pile ou face. Quand je découvre qu'un de mes enfants a eu une mauvaise note à l'école, si je suis de mauvais poil, je peux être très sévère. À l'inverse, quand je suis euphorique, tout passe ! Que l'on ne me dise pas qu'un juge sera aussi clément s'il est de bonne ou de mauvaise humeur ! La première chose que je demande aux maquilleurs et aux coiffeurs le matin sur un tournage, c'est de me révéler l'humeur des comédiens. C'est en fonction de cette information que je construis la journée de travail. Et je n'oublie jamais que le jour où j'ai montré **Un homme et une femme** à Pierre Braunberger, il n'était pas d'humeur. Il est passé à côté du film.

**La conduite du personnage interprété par Alessandra Martines est pour le moins injustifiable !**
Cette situation m'a été inspirée par une histoire vraie. Sous l'Occupation, ma mère connaissait un médecin accoucheur qui avait eu une histoire d'amour avec l'une de ses infirmières. Il lui promettait en permanence de quitter sa femme pour elle. Un jour, la femme du méde-

cin est tombée enceinte. Elle est évidemment venue accoucher dans la clinique de son mari. Ce jour-là, ce n'était pas lui qui officiait. Mais son infirmière était présente. Quand, après l'accouchement, elle a ramené le bébé à la maternité, elle l'a inscrit sous un autre nom. Elle n'a rien dit de l'échange pendant vingt ans. Puis, pour se venger, elle a révélé ce qu'elle avait fait à son ancien amant. J'ai adapté cette histoire qui fait penser à **La vie est un long fleuve tranquille** pour montrer que la vengeance d'une femme bafouée peut être terrible. Cela dit, ramené au film, et même si nous sommes dans la comédie, cet acte est morbide et procure un malaise qui n'est peut-être pas celui que je désirais. Je plaide coupable.

**Pourquoi la scène d'ouverture, quand Bernard Tapie laisse les commandes de l'hélicoptère à Alessandra, terrifiée ?**
Jacques Brel faisait ça à ses passagers, à Madly, à moi... Mais pas en hélicoptère, en avion !

**Bernard Tapie qui disparaît à la fin du film, c'est Belmondo dans Itinéraire d'un enfant gâté...**
Pareil, il prend le maquis. Il laisse sa place à Fabrice Luchini, qui l'incarne à l'écran. D'ailleurs le rôle du fils est interprété par le même comédien dans les deux films, Jean-Philippe Chatrier.

**Homme femmes : mode d'emploi est une comédie dont on sort avec un certain malaise... Derrière une légèreté de façade, on vous sent tendu...**
C'est effectivement un film douloureux. J'ai pourtant été très heureux de le faire. Je savais que c'était le film de tous les défis et de tous les risques. Ce qui s'est avéré exact. Mon image en a été écornée, alors qu'elle avait été retapée par **Les Misérables**. Je suis devenu infréquentable. Je me suis même fait insulter un jour sur la plage de Villers-sur-Mer avec mes enfants. J'étais devenu le voyou de service...
Mais c'est quand même un film optimiste. Des médecins l'ont projeté dans un congrès à Tokyo en première partie de leurs interventions. Ils considéraient qu'il illustrait certaines questions de médecine qu'ils avaient du mal à exprimer verbalement. **Hommes femmes : mode d'emploi** est un film complexe qui éclaire mes marches avant, mes marches arrière, mes pas de côté...

# Hasards ou coïncidences

1998

## Des derviches, des ours et des faux Soutine / L'immortalité du cinéma / « Je me recentre sur l'être humain » / De l'usage du flash forward / La danse comme rapport au monde

**Hasards ou Coïncidences est divisé en deux parties. La première, celle du bonheur, nous fait passer d'une scène à l'autre sans lien apparent, des derviches tourneurs aux ours blancs en passant par les faux Soutine. La deuxième est plus linéaire. Le spectateur suit pas à pas une femme au comble du désespoir qui effectue un voyage initiatique…**

J'avais envie de réaliser un film sur ce qui me fait le plus peur : apprendre la mort d'un de mes enfants ou de la femme que j'aime. C'était déjà l'un des thèmes périphériques de **La Belle Histoire**. Je voulais une nouvelle fois filmer cet instant infilmable, mais surtout montrer comment on peut remonter la pente. Comment continuer à vivre quand on a tout perdu ? J'ai pris des risques avec ce scénario douloureux brossant le portrait d'une femme qui perd à la fois son homme et son fils. Mais c'est peut-être aussi mon film le plus optimiste par la façon dont il se termine. Marc Hollogne est un personnage important. Il est le seul qui peut sauver Alessandra. Parce qu'il lui explique que les épreuves qu'elle traverse ne sont pas sans effets bénéfiques. Je crois sincèrement que tout

Alessandra MARTINES
Pierre ARDITI
Marc HOLLOGNE
Laurent HILAIRE
Véronique MOREAU
Patrick LABBÉ
Geoffroy HOLDER

ce qui nous arrive, c'est pour notre bien. C'est un film que l'on comprendra petit à petit. Je suis fier de l'avoir fait. Les autres coproducteurs sont venus sur mon seul nom, et le film n'a pas perdu d'argent. Il a été amorti, alors que l'échec public est absolu. Je crois que c'est un film qui s'adresse aux croyants de la vie.

**Vous ne montrez pas la mort des deux êtres chers, ni même le moment où l'on annonce la nouvelle à Alessandra. Le récit n'est pas interrompu par un choc brutal.**

Parce que je voulais éviter le pathos ! Je désirais en même temps que le spectateur puisse penser qu'il s'était trompé et qu'il se retrouve dans le même état mental qu'Alessandra, avec un peu d'espoir. Ce n'est pas rationnel, mais Alessandra ne peut pas se résoudre à abandonner tout espoir de les revoir vivants. Édith Piaf s'est comportée comme ça après la mort de Cerdan. Elle a toujours vécu avec lui à côté. Quand je l'ai rencontrée, à la fin de sa vie, elle m'a dit : « Il est là avec nous. Partout où je vais, il est présent et je lui parle. Je ne peux parler sérieusement qu'avec les morts. » Pour moi, **Hasards ou Coïncidences** incarne une conviction philosophique. Je pense que le chemin d'Alessandra ne croise pas celui de Marc Hollogne par hasard, et que sans le deuil elle n'aurait pas rencontré cet homme qui peut-être est l'homme de sa vie. Le paradoxe du film se trouve dans l'utilisation de Hollogne, qui n'est ni séduisant ni charismatique. Mais si j'avais engagé Brad Pitt, l'histoire n'aurait pas tenu.

**Le personnage de Hollogne est étrange, à la fois professeur de prospective et créateur de spectacles...**

J'ai rencontré un professeur de prospective qui m'a passionné. La véritable profession du personnage est l'enseignement. Son spectacle, c'est sa récréation. Quand j'ai découvert le spectacle que Marc Hollogne a créé sur scène, j'ai tout de suite pensé l'intégrer au film. J'étais fasciné par le personnage, son côté Professeur Nimbus, plus savant que séducteur. Ceci dit, Hollogne a fait prendre la fuite aux investisseurs. Sa recherche n'en est pas moins fascinante, plus que l'homme, je crois, qui n'est pas à la hauteur de l'artiste.

**Le film est aussi un hommage au cinéma, grâce à la caméra numérique d'Alessandra, qui parvient à maintenir le fil de la vie, pourtant cassé dans la réalité. D'ailleurs, à un moment de votre récit, les gens ne communiquent plus que par des images.**

Ces moments marquent l'immortalité du cinéma. On ne peut pas le tuer. C'est un autre aspect du film. Le cinéma est immortel, par son inscription dans un mou-

vement perpétuel et par la multiplication des copies. Gabin et Bourvil ne sont pas morts. Guitry et Jouvet, pourtant des maîtres de la scène, demeurent grâce aux films. J'ai fait appel à Marc Hollogne parce que son spectacle mêle le réel et le virtuel.

**À ceci près que son réel est faux, puisque nous sommes au théâtre et que son show est un spectacle dans le spectacle.**

Je suis ravi d'avoir fait ce film au moins pour vous deux ! Quand je l'ai vu terminé, je me suis demandé qui irait le voir. Dix ou quinze personnes ? Visiblement, vous en faites partie.

**Il y a deux Alessandra dans le film, celle du bonheur, celle du deuil. Comment s'est organisé le tournage pour tenir compte de cette dualité ?**

Les premières scènes étaient des scènes de bonheur. Nous avons tourné au phare que j'avais fait construire pour l'occasion et qui symbolise leur bien-être. Je voulais reconstituer une cellule parfaite, retirée du monde. Je n'ai naturellement pas tourné de façon chronologique

car je n'avais pas les moyens d'aller et revenir. Nous avons donc souvent tourné des scènes de bonheur et des scènes de malheur au même endroit. Mais j'ai toujours commencé par les scènes de bonheur.
Quant au personnage d'Alessandra, je voulais qu'elle touche le fond immédiatement après avoir connu le moment le plus heureux de son existence. C'est une femme qui possédait tout et qui en l'espace de quelques instants se retrouve sans rien. J'ai remarqué que les choses de la vie étaient comme ça. Comme chez Claude Sautet.

**Comment avez-vous travaillé avec Alessandra, sur qui le film repose ? Notamment pour les raccords d'humeur entre les différentes scènes...**
Alessandra est une grande comédienne. Le fait que nous soyons mariés a conduit certains à penser que j'avais fait ce film pour de mauvaises raisons. Un responsable de la distribution m'a dit : « Qu'est-ce que j'ai appris en voyant le film ? Que vous êtes amoureux de votre femme ! » C'était stupide : j'avais simplement envie de raconter cette histoire, et Alessandra était incontestablement le personnage. D'abord il fallait qu'elle soit danseuse, ensuite qu'elle soit belle, pour pouvoir montrer à quel point le malheur peut ôter la beauté. Quand elle se promène dans le bazar en Turquie, c'est une vieille femme !
Pour les raccords d'humeur, nous avons un peu triché. Nous avons simplement séparé les plans où elle était maquillée et ceux où elle ne l'était pas ! Le maquillage lui donnait des couleurs, il s'est révélé un très grand directeur d'acteurs...

**Comment s'est effectué le choix des lieux ?**
J'ai tout simplement choisi des endroits que j'avais envie de voir. Je désirais construire ce film comme un circuit touristique. J'avais entendu parler des ours blancs de Churchill, je les avais aperçus à la télévision et ils m'avaient fasciné. J'ai choisi la Turquie pour les derviches. Puis New York et Acapulco, parce que ce sont des lieux magiques. C'était un peu la même démarche que pour **Toute une vie**.

**Le voyage d'Alessandra nous semble moins pittoresque que ceux des autres films...**
Parce qu'aujourd'hui les lieux m'intéressent moins et que je me recentre sur l'être humain. Si demain je devais filmer un tour du monde, comme dans **Itinéraire d'un enfant gâté**, je travaillerais davantage sur les visages que sur les paysages. Cette tendance s'exprime déjà dans **Hasards ou Coïncidences**. En Turquie, Alessandra traverse des paysages magnifiques. Mais elle songe au suicide, elle ne regarde pas ce qui est autour d'elle. Je la filme donc en plan très serré. Je propose au spectateur de partir avec elle, pas de visiter la planète.

**Parlez-nous de la scène où les ours polaires pénètrent dans les maisons...**
Churchill est une ville de westerns, avec une rue centrale. Mais elle a été construite sur le parcours ancestral des ours. Au moment de la fonte des glaces, les animaux cherchent à se nourrir. La nourriture les guide. Les ours n'ont jamais dévié de leur parcours, même de cent mètres. Bien sûr, la ville est petite, mais ça ne les empêche pas de la traverser. Des shérifs avec des fusils sont postés pour les endormir. Ils les enferment pendant deux ou trois jours, le temps qu'ils se réveillent. Puis ils les ramènent à l'extérieur de la ville. Les habitants de Churchill se nourrissent comme tout le monde. Les ours sentent la nourriture à des centaines de mètres. Ils ont encore moins de raisons de modifier leur trajectoire. Quand ils sentent la nourriture, ils cassent les portes, entrent dans les maisons et ouvrent les frigos, comme on le voit dans le film. Nous avions emprunté une maison, reconstitué un appartement avec un frigo plein, et construit une cage à l'intérieur de laquelle nous nous protégions. Après avoir fait griller du phoque, nous avons attendu les ours. Ils sont venus trois heures plus tard. Ils sont entrés dans la baraque, ils ont tout cassé, ils ont tout bouffé, même les filtres des projecteurs.

**La carcasse d'avion a-t-elle été installée au cœur du désert de glace par vos soins ?**
Non, c'est celle d'un véritable avion qui est tombé là. Ses passagers ont été dévorés par les ours, comme

le raconte le type. L'ours blanc est l'animal le plus dangereux et le plus rassurant du monde. On a envie de le caresser alors qu'il vous arrache la tête d'un coup de patte. Il est plus féroce qu'un lion. J'ai posé la question de savoir s'il était théoriquement possible de refaire le plan de **Itinéraire d'un enfant gâté**, dans lequel le comédien et l'animal cheminent de concert, en remplaçant le lion par un ours. La réponse est non.

**Le personnage de Geoffrey Holder est polyvalent. Nous voyons en lui comme un frère du Ticky Holgado des Parisiens, c'est un peu Dieu... Le début de la rédemption d'Alessandra se passe chez lui, au café Soutine.**

C'est exactement ça. Dans mes films, Dieu est présent, mais cela ne se voit pas toujours. Ici, c'est clair. Chaque fois qu'il y a la mort, la beauté, un coucher de soleil, Dieu est là. Il est dans tous mes films. Geoffrey Holder, l'homme, est touché par la grâce. Il a tous les talents. Il est chorégraphe, peintre et acteur. Il peut tout faire. C'est un grand ami de Pierre-William Glenn, qui me l'a présenté.

**C'est la première fois que vous travailliez avec Pierre-William Glenn, de toute évidence l'un des plus grands directeurs de la photo...**

Glenn passe à juste titre pour ne pas être un béni-oui-oui. Quand je l'ai rencontré, il était méfiant. Puis j'ai vu qu'il a fini par être convaincu, et que j'étais donc sur la bonne voie. C'est comme si je m'étais attaché un critique permanent et exigeant. En fait, il s'est révélé enthousiaste. J'aime Glenn pour sa sincérité. Nous nous sommes moins amusés sur **And Now... Ladies & Gentlemen**, peut-être parce qu'il était moins disponible. Puis la haute définition, qu'il déteste, nous a séparés. J'espérais pourtant l'emmener avec moi, en lui expliquant que la photo est moins importante que la mise en scène. Mais je n'y suis pas parvenu.

Je me suis aussi beaucoup amusé avec Claude Bolling, qui m'a composé une musique formidable. Sa scène avec Pierre Arditi est très amusante. C'est un film où j'aurais aimé développer davantage le décalage entre ce que l'on dit et ce que l'on pense. Le passage de la conversation sous-titrée est une liberté parmi d'autres dans ce film de toutes les libertés.

**Le décalage entre les figures libres et imposées est-il aussi fort que d'ordinaire ?**

Il y a dans **Hasards ou Coïncidences** moins de figures libres que d'habitude. Sur ce film, je me suis comporté comme un caméraman d'actualités encore plus que sur d'autres. Les ours, les derviches et les plongeurs ont fait leur boulot d'ours, de derviches et de plongeurs. Je lâchais Alessandra au milieu de ces univers et je la filmais. Les figures libres se retrouvent plutôt avec Pierre Arditi, pendant les scènes de bonheur, à table...

**On sent Arditi très à l'aise dans vos films, prenant manifestement du plaisir dans l'improvisation...**

Pour moi, Arditi est un stradivarius, l'instrument parfait. C'est l'acteur auquel un metteur en scène doit penser quand il ne trouve pas. Il peut tout jouer. De tous les acteurs que j'ai rencontrés, il est celui qui a le plus de savoir-faire. C'est un caméléon, disponible, gentil, compétent dans le gai comme dans le triste. Un acteur parfait. C'est pour ça qu'il est un des interprètes favoris de Resnais. Avec Sabine Azéma, il est phénoménal dans **Smoking/No Smoking**. Personne n'aurait pu faire aussi bien...

**Le drame survient là où on ne l'attendait pas : sur un bateau, par beau temps de surcroît...**

J'ai d'abord pensé à un accident de voiture, mais Sautet l'avait tellement bien fait dans **Les Choses de la vie**, je ne pouvais pas aller sur ses traces. J'avais envie que le drame se déroule dans un endroit paradisiaque et qu'on ne s'y attende pas. C'est peut-être

un caprice du grand metteur en scène, qui a créé le monde et s'amuse avec ses créatures : « Celle-là, elle est trop heureuse, elle m'énerve ! »

**Le drame survient sans crier gare, et pourtant si l'on s'en souvient vous nous avez avertis par un flash forward où Alessandra était en train de pleurer. Ce plan s'éclaire rétroactivement.**

Tout est construit pour jouer avec le spectateur. Si le film avait été linéaire, il aurait débouché sur le mélo. Ce flash forward est important. C'est ce qui est intéressant dans la construction du film. Montrer le bonheur pour le bonheur aurait été ennuyeux. Mais si on sait que celui-ci va se terminer, on est plus attentif. Comme dans **Il y a des jours...et des lunes**, où j'avertis au début qu'un des personnages principaux mourra à la fin. On ne regarde plus le film de la même façon.

**Pourquoi Pierre Arditi choisit-il de faire des faux Soutine ?**

Je place Soutine au-dessus de tout le monde, c'est le grand maître. Et Dieu sait si j'aime Van Gogh ! Mais les portraits de Soutine sont incomparables.

Sa vision apocalyptique du monde et de l'humanité me touchent. Dès qu'il y a un peu de gaieté chez Soutine, ça prend une dimension inouïe. Son tableau de Venise que l'on voit dans le film est un vrai faux, il n'existe pas. Nous l'avons fait faire pour le film.

**Hasards ou Coïncidences fait partie de vos films dont on ne sait s'ils sont optimistes ou pessimistes qu'à la toute dernière image, comme dans La Bonne Année, Itinéraire d'un enfant gâté ou Un homme qui me plaît...**

C'est vrai. Si Alessandra avait baissé les yeux à la fin, le film aurait été différent, comme pour **La Bonne Année**. Jusqu'à la dernière minute, tout est encore possible. Mais en même temps l'épilogue est fragile, il reste en suspens : on sait que la direction prise peut être remise en question quelques heures, voire quelques minutes plus tard.

**Si Les Uns et les Autres est votre film sur la musique, Hasards ou Coïncidences est celui que vous consacrez en quelque sorte à la danse.**

Quand une actrice a été danseuse, il y a une grâce permanente qui émane d'elle. Les danseuses étoiles, dans la vie de tous les jours, conservent un port incroyable. Toutes les femmes que j'ai aimées savaient danser. Et elles savaient faire la cuisine : c'est le même rapport sensuel aux choses et aux êtres. Une femme qui ne saurait pas chanter, pas danser et pas faire la cuisine, il vaudrait mieux l'éviter.

**Existe-t-il des points communs entre les différentes scènes de danse de vos films, du Boléro de Ravel aux Parisiens qui dansent sur Glenn Miller ?**

Ces scènes de danse, aussi diverses soient-elles, sont le signal d'une libération, qui va parfois jusqu'à l'exhibitionnisme. Bien sûr, certains dansent comme d'autres font du jogging, pour la transpiration. Mais la danse sert aussi à attirer le regard des autres.

**Dans Hasards ou Coïncidences, Alessandra, danseuse classique, est confrontée dans son errance à plusieurs types de danse, des derviches tourneurs à la troupe de Geoffrey Holder. Les deux en appellent au mysticisme. C'est évident avec les derviches, mais à Broadway, les danseurs se serrent les uns contre les autres pour appeler Dieu...**

Les derviches proposent l'explication parfaite de la danse. Ils vous mettent en communion avec Dieu comme si vous aviez le contact vous-même. Toutes les prières passent par le mouvement, donc par la danse. Les derviches étaient déjà présents dans un documentaire que j'avais produit et que Pierre Willemin avait réalisé. J'ai essayé moi-même de tourner comme eux mais je me suis écroulé très vite. La pratique des derviches amène à établir le contact avec l'irrationnel. Regardez-les, une main tournée vers le ciel, l'autre vers la terre. Vous pouvez les contempler pendant une heure, vous ne vous lassez pas du spectacle. La danse, comme la musique, m'incite à croire en Dieu. D'ailleurs, ce qu'Alessandra fait dans le film relève du divin. Elle ne croit pas à la mort...

**Existe-t-il des règles particulières de base pour filmer la danse ?**

On peut faire des plans larges, comme dans **West Side Story** ou **Chantons sous la pluie**, qui montrent la totalité des corps. On peut également isoler un mouvement, comme je le fais dans **Les Misérables**, dans lequel j'ai recours au gros plan. Mais le plan-séquence demeure le meilleur moyen de filmer la danse. Il rend compte de sa continuité, dans sa montée en puissance. Au bout de cinq minutes, le numéro progresse et l'artiste économise ses forces pour aller jusqu'au bout. Ce qui est beau à l'opéra quand le danseur effectue vingt pirouettes, c'est qu'il danse depuis vingt minutes. Dans les films avec Fred Astaire, bien sûr, il y a un peu de montage, mais à un moment donné un long plan vient remettre les pendules à l'heure et souligner le génie du danseur. Aujourd'hui, on filmerait Astaire avec des plans de trois secondes, et on passerait à côté...

# LA PEINTURE

*Hasards ou Coïncidences.*

Dès que j'ai eu un peu d'argent, j'ai eu envie d'acheter des tableaux. Ce sont des compagnons de route formidables dont je ne me lasse pas. Ils changent tous les jours en fonction de votre humeur. Les avoir accrochés à un endroit clé de votre maison et pouvoir les regarder plusieurs fois par jour représente une forme de cinéma à mes yeux.

J'avais deux oncles peintres, l'un qui avait épousé la sœur de ma mère, l'autre du côté de mon père. Aucun des deux n'était un grand peintre, mais tous deux assuraient. Ils m'emmenaient avec eux quand ils allaient peindre. Pendant l'Occupation, j'ai observé le premier de ces oncles. Il dépliait son chevalet dans le jardin, et j'assistais à la fabrication d'un tableau. J'étais fasciné par la composition des couleurs au moment où elle se mettait en place. Cet homme m'a appris à regarder en me faisant remarquer les différences entre le tableau et la réalité. J'ai vécu cette sensation de nouveau avec mon autre oncle, qui, après la guerre, m'a emmené avec lui à Montmartre, où il peignait, même si lui ne finissait jamais ses tableaux. Grâce à ces deux hommes, j'ai pénétré dans le monde de la peinture. Ce qui m'a fasciné dans le

*Il y a des jours... et des lunes.*

cinéma par rapport à la peinture, c'était de constater que ce qui apparaissait sur l'écran reflétait la réalité, mais en plus fort, alors que les tableaux l'interprétaient. Ils ressemblaient aux paysages que je voyais, mais vus par quelqu'un qui avait décidé que de les rendre plus beaux ou plus laids.

Je me souviens de mon oncle qui pouvait rester des heures devant sa toile, presque sans rien faire. Puis d'un seul coup, la lumière s'affolait et l'inspiration arrivait. Mon oncle devenait tellement frénétique que si je lui parlais, je prenais un coup de pinceau. Je connais ce sentiment du peintre devant sa toile au moment de l'écriture. Quand j'écris, les idées se bousculent. J'utilise un magnétophone, qui est le seul moyen pour moi de suivre la vitesse de ma pensée. Vous l'avez constaté, je suis impatient et je ne tiens pas en place. L'action de peindre renvoie à ça. De même, je tourne vite. Lorsque je traîne sur le plateau, que je réfléchis à côté des caméras, c'est qu'il ne se passe rien. Par

*Le Bon et les Méchants.*

*Le Chat et la Souris.*

contre, quand je sens que la lumière est là et que les acteurs sont prêts, je ne tiens plus en place tant j'ai peur de perdre l'essentiel. C'est pareil pour Francis Lai quand les notes lui arrivent. Il ne faut plus lui parler.

La peinture est donc pour moi est une discipline de rêve. Je ne suis jamais entré dans le cubisme car je n'ai pas assez d'imagination. Picasso n'est pas ma tasse de thé. Je me suis surtout fixé sur les impressionnistes. Je n'ai pas

*La Belle Histoire.*

les mêmes tableaux que Claude Berri, mais qu'importe, puisque tous les deux, nous aimons la peinture.

La fréquentation de la peinture a influencé ma façon de filmer. D'abord au niveau du cadrage. Certains tableaux possèdent des cadrages incroyables, même s'ils ne sont pas dans un format de cinéma. Le peintre est plus sensible à son cadre que le cinéaste, même si certains metteurs en scène donnent le sentiment de composer leur cadre avant de faire évoluer leurs personnages à travers celui-ci. Je n'aurais pas cadré de la même façon si je n'avais pas vu autant de toiles. Quand j'étais reporter d'actualités, j'appuyais sur le bouton avant d'avoir cadré pour attraper l'événement. Pareil pour la lumière. Je prenais celle que l'on me donnait. Idéalement, on ne devrait mettre qu'une seule lumière dans une pièce. C'est une règle imposée par la nature, qui fait que l'on admire les toiles de Rembrandt. Chez lui, la lumière n'apparaît que d'un côté. Au cinéma, quand on place un contre-jour dans chaque plan et pour chaque acteur afin qu'il ait plus de lumière comme on le fait aujourd'hui, c'est une trahison. Les recherches formelles, aussi bien Sternberg ou Dreyer que *Matrix*, ne me tentent pas trop. J'ai le sentiment que l'on me dit que ces images sont mieux que la vie. Or mon métier est de montrer aux gens ce qui est devant leur nez et qu'ils ne voient pas.

*Le Chat et la Souris.*

On peut deviner sur l'écran quand le cinéaste est un peintre, comme Altman, Pialat, Fellini et Eisenstein. Ou encore Jean-Jacques Beineix et Jean-Pierre Jeunet. Ça se voit, car ils ne font pas le même cinéma. Antonioni aurait pu être peintre.

Je possède des très beaux tableaux, mais aussi des faux et je prends autant de plaisir avec les uns qu'avec les autres ! Il y a une trentaine d'années, j'avais acheté un tableau de Dufy, *Une plage de Trouville*. J'étais sur le point de tourner *Le Chat et la Souris*. Les assurances ne voulaient pas que je dispose de vrais tableaux dans le film... J'ai donc fait réaliser des faux, notamment le Dufy. Or, tous les quatre ou cinq ans, vous êtes tenu de faire faire une expertise pour les assurances. J'ai convoqué un expert pour estimer mes nouveaux tableaux, ainsi que pour le faux Dufy. Le type est resté en extase. Il m'a proposé de l'authentifier, tout en regrettant qu'il ne soit pas signé.

Pour *La Belle Histoire*, nous avions également commandé des tableaux, notamment un grand Gauguin. Or, pour le vendre plus cher, un type avait coupé l'original en deux. Il avait ainsi vendu deux Gauguin au lieu d'un. Les responsables du Louvre se sont rendus compte de l'escroquerie. Ils ont racheté les deux Gauguin et les ont remis ensemble. Mais la coupure au milieu demeure. Pour les besoins du film, j'ai refait faire cette copie avec la coupure. Plusieurs fois, j'ai fait refaire des tableaux pour le cinéma et je les ai conservés. Ceci dit, les faux aussi valent cher. Les gens qui les copient sont des vrais artistes !

En Normandie, j'ai le faux Dufy dont je vous ai parlé, mais je possède le vrai à Paris.

Mais mon faux préféré, c'est peut-être le faux Soutine qu'Arditi peint dans *Hasards ou Coïncidences*. Parce que c'est un vrai faux, puisque l'original n'a jamais existé.

*La Belle Histoire.*

# Une pour toutes

2000

Reichenbach joue Molinaro / Du désordre et des perles / « Nous trichons tous » / Comment amortir sa place sur le Concorde / Se lever le matin pour chercher

Jean-Pierre MARIELLE
Anne PARILLAUD
Alessandra MARTINES
Marianne DENICOURT
Alice EVANS
Olivia BONAMY
Samy NACERI

**Vous passez sans coup férir de la comédie au drame dans tous vos films... Une pour toutes a beau se situer dans un registre léger, les filles n'arrêtent pas de pleurer...**

Les cinq filles du film pleurent effectivement beaucoup, mais d'une certaine manière c'est pour rire, puisque c'est parce qu'elles savent pleurer qu'elles peuvent émouvoir les hommes. Si ceux-ci sont amoureux, ils sont fichus : les larmes sont des arguments implacables. Comme le dit Marielle, un homme amoureux réinvente la naïveté... Les larmes sont pourtant à l'origine de **Une pour toutes**. Je me suis inspiré d'une histoire vraie qui était arrivée à François Reichenbach. Il voulait vendre un de ses films sur l'Allemagne et il avait fait venir l'acheteur à Paris. Il m'a demandé si je ne connaissais pas une fille qu'il aurait pu louer le temps d'une soirée. Mais il fallait que le type ne le sache pas. Grâce à une agence spécialisée, nous lui avons trouvé une fille très belle, très intelligente, que nous avons renseignée. Elle est allée en projection avec Reichenbach et l'acheteur. Le lendemain, elle est venue nous raconter qu'il voulait la revoir et qu'il lui avait donné rendez-vous. François l'a payée pendant un mois. Le type a quitté sa femme et ses enfants pour elle. Ça a pris des proportions incroyables, comme dans **Le Téléphone rose**, le film d'Édouard Molinaro. Quand on croit qu'une femme est amoureuse de vous et qu'on découvre qu'elle vous manipule, c'est l'humiliation suprême. Quand il a appris la vérité, le type s'est suicidé. L'histoire est lourde !

**Il n'en reste pas moins qu'au cinéma le mélange des rires et des larmes entraîne le mélange des genres.**

C'est une donnée objective de mon cinéma. Parce que la vie mélange les genres. Dans la première moitié du film, les filles passent d'échec en échec. Il ne faut pas oublier que ce sont des comédiennes. Elles ont donc besoin de jouer la comédie, de se fondre dans la peau d'un autre, de s'oublier elles-mêmes pour trouver sous une identité différente le courage qu'elles n'auront pas forcément sous leur identité habituelle. Ce qui est intéressant, c'est qu'elles ne rencontrent que des bides quand elles se présentent comme comédiennes. Et qu'elles triomphent dès lors qu'elles avancent masquées. Elles sont bien meilleures dans leurs habits de tous les jours que dans la peau des trois sœurs de Tchekhov. Néanmoins, à la réflexion, je pense que le problème de ce film est d'être trop burlesque et pas suffisamment réaliste. Il ne trouve pas toujours la note juste. J'ai plus joué les séquences que le film, dans lequel parfois on se perd, malgré des moments superbes. Vous le savez, je suis impatient et j'ai trop d'idées. Ma qualité principale est aussi mon défaut principal. Quand je fais **Les Uns et les Autres**, c'est une qualité. Avec **Une pour toutes**, c'est un défaut. Au bout d'un certain temps, le film peut donner une impression de désordre avec plein de perles à l'intérieur.

**Dans la plupart de vos films, des comédiens habitués à votre façon de faire donnent la réplique à des petits nouveaux. Or ici, tous les premiers rôles, à l'exception d'Alessandra Martines, étaient tenus par des comédiennes qui ne faisaient pas partie du sérail.**

C'était voulu, comme s'il s'était agi d'un premier film. On ne dirige pas deux comédiennes de la même façon. Chacune est un prototype avec lequel il faut se familiariser. On ne travaille pas avec Anne Parillaud comme on travaille avec Marianne Denicourt ! Il fallait leur parler différemment. Le travail en amont est capital. J'ai dirigé les cinq comédiennes en adoptant à chaque fois un point de vue différent. Encore une fois, ce qui m'intéresse chez un acteur, ce n'est pas son savoir-faire, c'est son vécu. J'ai choisi des femmes blessées, afin que leurs cicatrices soient prises au sérieux. Nombre d'acteurs imitent les souffrances exprimées par un autre. Ce n'est pas le cas d'Annie Girardot : quand elle montre ses souffrances, elle ne les mime pas. C'est pourquoi je n'aurais pas pu prendre des filles de vingt ans, elles n'auraient pas été assez cabossées, elles seraient apparues comme des arrivistes. Les voyous chez moi ont toujours un peu de bouteille.

Quand l'affiche du film apparaît dans le film...

**Une pour toutes est un film sur les faux-semblants, c'est aussi un film sur l'amour. On n'est pas très loin de Marivaux...**

J'ai voulu montrer les mauvaises raisons de se servir de l'amour. Les femmes peuvent spéculer sur l'avantage que leur procure la beauté. Une femme belle dispose d'un joker incroyable. **Une pour toutes** était un film sur ces femmes belles et sur leur pouvoir. Au fur et à mesure de l'intrigue, les filles ne savent plus elles-mêmes dans quel état de sincérité elles se trouvent. Mais elles pensent que cette confusion des sentiments leur permettra de remonter sur scène ou de tourner un film. Nous sommes tous des tricheurs à un moment donné. Une femme se maquille, elle triche. Un homme met une belle cravate, il triche. Dès que vous vous montrez mieux que vous êtes, vous enclenchez le processus du mensonge, qui va prendre ensuite des proportions variables. J'ai voulu traiter en comédie un sujet grave, sur la fragilité de ces hommes que l'on manipule, sur la façon dont une femme belle peut tout faire faire à n'importe quel homme. C'était un sujet important. Un homme amoureux est vulnérable, une femme amoureuse est protégée.

Marianne Denicourt.

Alessandra Martines.

Anne Parillaud.

Alice Evans.

Olivia Bonamy.

**N'avez-vous pas gommé de cette gravité au montage ?**
À un moment donné, je me suis rendu compte que le film était déséquilibré. J'ai ôté des éléments. J'ai été obligé de faire des sacrifices terribles et ces sacrifices ont occasionné des trous dans le récit. À la réflexion, je pense que je suis un peu passé à côté de **Une pour toutes**. J'ai trop mis en avant le côté vol à la tire alors que j'aurais dû traiter le sujet de façon plus grave, montrer que les hommes sont faciles d'accès. Je pense que pour une fois, la critique a bien joué son rôle.

**Critique qui est de nouveau épinglée dans le film !**
Derrière le mot de critique se cache le spécialiste. Truffaut disait que les critiques sont là pour expliquer les œuvres au public, et les réalisateurs pour expliquer leurs œuvres aux critiques. Je lui avais répondu que c'était un gros travail auquel je n'avais pas trop de temps à consacrer. Au fond, je n'ai pas tant de haine pour les critiques, mais pour le système. Je leur reproche de se copier. Il y a toujours trois ou quatre types qui se détachent et qui donnent le ton. Les critiques souvent n'ont pas le courage d'aller à contre-courant d'un leader.

**En tout cas, le nouveau millénaire a vu l'arrêt du Concorde. Les amoureux de cet appareil pourront toujours cultiver leur nostalgie en regardant votre film…**
J'ai effectivement pris le Concorde à maintes occasions. La toute première idée du film m'est d'ailleurs venue dans le Concorde ! Un jour où je voyageais seul, une dame très chic est venue s'asseoir à côté de moi. Visiblement, elle avait l'intention de me séduire. Mais elle a vite renoncé et elle en a profité pour me parler d'elle et de ses activités. Son métier, c'était prendre le Concorde ! Mais pas pour se déplacer… Plutôt pour rencontrer des milliardaires. Elle m'a confié : « Le prix de ma place sur le Concorde, je l'ai toujours amorti… »

**Dans** Une pour toutes, **vous nous montrez le tournage d'un film, l'affiche du film dans le film. On vous voit en train de faire passer un essai et de tourner des scènes. Le film est un faux documentaire sur vos propres films, sur la façon de les monter et de les vendre. Vous en parlez de façon idéalisée, en disant que ce n'est pas si difficile.**
C'est justement parce que c'est difficile que j'essaye de ne pas décourager les autres. J'ai participé à une master class à Los Angeles. Quand vous parlez à des gens qui rêvent de faire du cinéma, soit vous leur faites peur en leur disant la vérité, soit vous leur expliquez qu'il y a énormément de travail et que derrière ce travail, il y aura des résultats. Je ne leur dis pas la vérité. Faire un film, puis deux, puis trois, c'est cruel. C'est un métier terrible mais il ne faut pas leur dire. Je reproche aux professeurs de faire peur à leurs élèves tant ils sont imbus de leur savoir. Moi, j'ai été rassurant, en leur expliquant que c'était à leur portée dès lors qu'ils étaient curieux et travailleurs. Dès lors qu'ils disposaient de ces deux qualités, ils pouvaient réussir. Je leur ai aussi dit qu'ils devaient se lever à cinq heures du matin pour avoir le temps de se chercher et de trouver. S'ils se levaient plus tard, ils ne trouveraient pas. Chercher prend du temps.

# And now… ladies & gentlemen

2002

## Le gentleman cambrioleur de l'avenue Hoche / Jouer ou vivre ? / Les comptes d'Hoffman / Chanteurs et comédiens / « Je suis déçu »

**En interpellant le public par cet engageant « And Now… Ladies & Gentlemen », vous vous muez en Monsieur Loyal… Quel artiste annoncez-vous ?**
Le « Gentlemen » du titre doit beaucoup à cet Anglais qui est venu me voir il y a quelques années aux Films 13, un certain Valentin. Il prétendait avoir un cadeau pour moi. Je l'ai reçu parce que ma secrétaire trouvait qu'il avait l'air d'un gentleman. Dès que j'ai ouvert la porte, il m'a donné une enveloppe. À l'intérieur, il y avait cinquante mille francs, en coupures de cinq cents francs. Je lui ai demandé une explication. Il m'a répondu qu'il était venu rembourser ses dettes : « Il y a une dizaine d'années, vous avez été victime d'un vol dans les sous-sols des Films 13. Un de vos coffres a été pillé et cinquante mille francs ont disparu… » Je m'attendais à voir surgir une caméra surprise et je commençais à plaisanter. Je lui ai quand même demandé pourquoi il tenait à me rembourser. « Comme vous êtes très superstitieux, vous allez comprendre. Je suis un voleur. J'ai l'habitude de travailler tout seul. C'est pour cela que je ne me suis jamais fait prendre. Il y a un an et demi, on m'a

Jeremy IRONS
Patricia KAAS
Thierry LHERMITTE
Alessandra MARTINES
Jean-Marie BIGARD
Ticky HOLGADO
Yvan ATTAL
AMIDOU
Sylvie LOEILLET
Patrick BRAOUDÉ
Claudia CARDINALE

découvert une tumeur au cerveau. J'avais une chance sur dix de m'en sortir. Au moment d'entrer dans la salle d'opération, j'ai fait un vœu. Je me suis promis de rembourser tous ceux que j'avais lésés au cours de ma carrière de voleur si je m'en sortais. » Or, il s'en est sorti, et il commençait à effectuer ses remboursements. Il m'a raconté son parcours. J'étais fasciné. Cela dit, en s'acquittant de sa dette, il ne s'est pas retrouvé sur la paille : il avait entre-temps fait d'excellents placements, et les plus-values lui laissaient largement de quoi vivre. Après m'avoir quitté, il est allé payer son dû à une grosse bijouterie parisienne, avant de prendre l'avion la semaine suivante pour New York. Je me suis dit que c'était un personnage incroyable pour un film à venir.

**Et la lady ?**

Restait effectivement à trouver une lady. Je me suis souvenu que pendant le tournage de **Itinéraire d'un enfant gâté**, il y avait dans un hôtel du Zimbabwe une femme qui chantait dans un piano-bar. C'est pathétique un piano-bar, parce que personne ne vous écoute...

**On se souvient du monologue bluesy de Patrick Dewaere au début de Beau-père...**

Il était parfaitement représentatif de tous les musiciens de piano-bar, qui jouent de la musique ou chantent pour un public qui s'en fiche. Moi au contraire je n'avais d'yeux que pour cette femme perdue au bout du monde : elle était belle et elle chantait bien. L'indifférence du public rendait la situation d'autant plus émouvante. J'étais curieux : je lui ai posé plein de questions, et son itinéraire d'enfant peu gâtée m'a fasciné. D'une certaine manière, ce parcours empruntait un certain nombre d'éléments à celui de Valentin.

**Comment s'est déroulé le casting du film ?**

Il n'a pas été de tout repos. Avant de parvenir à Patricia Kaas et Jeremy Irons, j'ai rencontré beaucoup de monde, aussi bien parmi les stars que parmi les comédiens moins connus. Au départ, le film devait se faire avec Whitney Houston ou Barbra Streisand, et Dustin Hoffman. Mais Dustin est un homme trop compliqué pour mon cinéma. Je l'ai rencontré un jour au festival de Cannes, dans un restaurant. Au moment de demander l'addition, le patron m'a dit que Dustin avait réglé sous prétexte que le réalisateur des **Misérables** ne pouvait pas payer une addition aussi élevée. Au moment de me lancer dans le casting, j'ai fait traduire le scénario : à l'époque, j'espérais faire un film cent pour cent américain. Mais les responsables des studios n'étaient pas très chauds quant à mes choix : pour eux, Dustin n'était plus « bancable » et Whitney Houston était compliquée. J'ai tenu bon. J'ai invité Dustin à venir me voir. Il a débarqué avenue Hoche, où je lui ai remis le scénario. Et là, j'ai vécu un grand moment quand il m'a dit : « Je ne vais pas le lire. Je vais vous le lire. » Il a joué tous les rôles

Ticky Holgado, Yvan Attal et Jean-Marie Bigard

dans mon bureau en faisant monter Arlette et Tania pour avoir un public. Pendant trois heures, il a interprété le scénario. À la fin, il s'est levé, m'a pris dans ses bras, m'a embrassé et m'a dit : « C'est génial, je vais faire le film. » Il ne connaissait pas l'histoire trois heures plus tôt... Jamais un acteur n'avait fait ça ! Je lui ai fait écouter la musique du film. Il était tellement heureux qu'il s'est mis à danser dans le bureau avec Arlette et Tania. Puis il est reparti aux États-Unis. Plus tard, je lui ai parlé de Whitney Houston. Il était d'accord sur le principe. Nous avons organisé un rendez-vous dans un hôtel. Tout avait l'air de se passer bien entre eux mais en sortant, Dustin m'a glissé qu'on n'avait pas fini d'avoir des problèmes avec elle... Deux jours plus tard, il m'a appelé pour travailler le scénario, qu'il avait donné à lire à ses scénaristes. Et évidemment, pour des raisons plus ou moins valables, ces derniers contestaient tout, ils voulaient tout reprendre. Dustin m'a alors expliqué qu'il avait tourné avec les plus grands metteurs en scène du monde et que ces derniers avaient fait leur meilleur film avec lui. Quand il m'a demandé de choisir entre la réécriture du scénario et un autre acteur, je lui ai dit au revoir. Après cela, j'ai vu Streisand, avec qui j'ai passé trois jours délicieux à New York, mais au final je me suis heurté au même mur. Les acteurs américains ont des scénaristes plein leurs tiroirs à qui ils demandent de réécrire les scénarios en fonction de leur image et de leur carrière, en développant leurs personnages au détriment des autres rôles. Quand j'ai vu le guet-apens dans lequel je m'étais fourré, j'ai préféré laisser tomber. Pour les acteurs américains, le scénario est une bible. Et comme je ne voulais pas tomber dans la moulinette des grands studios, j'ai tiré ma révérence et je suis revenu en France. Jeremy Irons acceptait de tourner sans conditions, comme James Caan quelques années plus tôt. Et j'ai fait le film que j'avais envie de faire.

**Comment Jeremy Irons a-t-il réussi à se fondre dans votre univers et à se plier à vos méthodes de tournage ?**

La première difficulté était qu'il ne parle pas français naturellement. Faire parler quelqu'un dans une langue qui n'est pas la sienne implique que l'on doive renoncer à l'improvisation, qui pourtant est la nature même de mes figures libres. Je savais au départ que j'allais me priver avec lui de ce qui fait la force de mes films, cette capacité à prolonger un instant. Il a fallu que je lui donne le scénario dans son intégralité, car on ne peut pas improviser dans une langue qu'on ne parle pas. Et en même temps, quand Jeremy parle français, il dégage un charme dévastateur. J'ai joué très vite sur sa méconnaissance de la langue. Dès qu'il était un peu dans le brouillard, c'était magnifique. Mais le procédé était risqué. Si cela n'avait pas fonctionné, on serait allé à la catastrophe. Il parvenait à répéter avec talent. Je lui soufflais pas mal de choses, par exemple la scène du petit déjeuner... Néanmoins, il craignait que Patricia Kaas ne s'en sorte pas : il savait qu'elle n'était pas comédienne professionnelle. Il a été rassuré au bout de deux ou trois jours. En français, elle avait un avantage sur lui, mais lui possédait une longueur d'avance sur le plan de l'expérience du jeu.

**Le côté gentleman cambrioleur de Jeremy Irons nous entraîne du côté du Cary Grant de La Main au collet...**

Le flegme tout britannique de Jeremy a effectivement entraîné **And Now... Ladies & Gentlemen** dans cette direction-là. Toutes les escroqueries présentes dans le film m'ont été racontées par ce fameux Valentin. Tous ces coups se sont faits au charme. Ce sont des escroqueries comme je les aime, celles qui supposent la confiance des autres, des coups qui marchent à l'émotion.

**Et Patricia Kaas ? Comment vous est venue l'idée de lui proposer le rôle féminin alors qu'elle n'avait jamais joué ?**

Au départ il me fallait une vraie chanteuse. Le film comporte douze chansons, et je ne pouvais pas demander à une comédienne de chanter douze fois en play-back. On peut le faire sur une séquence de trois minutes, pas sur un film entier. Restait que cette chanteuse devait être capable de jouer la comédie. Or, il n'y a pas tant d'artistes qui puissent le faire. C'était un vrai casse-tête. Parce que les bonnes chanteuses ne sont pas toujours de grandes comédiennes et que les comédiennes de talent ne savent pas toujours chanter. J'ai choisi de privilégier la chanteuse. Mais il fallait en même temps que celle que j'engageais reste crédible dans sa déchéance. Si j'avais mis Barbra Streisand dans un bar, on se serait moqué de moi. Et comme je ne voulais pas sacrifier l'émotion, il ne fallait pas que la chanteuse prenne le pas sur le personnage. Alors j'ai pensé à Patricia Kaas, qui physiquement correspondait au personnage, en dehors du fait qu'il existe chez elle une mélancolie sur laquelle j'ai d'ailleurs peut-être un peu trop joué. C'est très photogénique, la tristesse. Quand une personne malheureuse vous donne un sourire, il vaut de l'or.

Je dois préciser que j'ai également auditionné Lara Fabian, qui n'était pas mal du tout. J'ai commencé à lui faire faire des essais, avec Francis Huster pour lui donner la réplique. J'ai découvert qu'elle avait non seulement l'oreille musicale, ce qui n'était pas une surprise, mais aussi l'oreille pour le parler. Et qu'elle possédait la mélodie des mots...

**Comment revoyez-vous le film aujourd'hui ?**

À la vérité, je suis déçu. Certains de mes films ont bien vieilli, d'autres moins. Celui-là s'est d'autant plus vite usé qu'il est récent.

# 11'09''01 September 11

2004

## « Scotché devant mon poste » / Un film (presque) muet / Penn et Inarritu

**Que faisiez-vous le 11 septembre 2001 ?**
Je travaillais au montage de **And Now...Ladies & Gentlemen**. Je me souviens que mon fils m'a appelé pour me dire d'allumer la télévision. Le World Trade Center était en flammes. J'ai commencé à regarder. Le premier avion venait de s'encastrer dans l'une des tours. Je me souviens d'une fille, à l'antenne, parlant de « cinq ou six morts ». J'assiste en direct au choc du second avion... J'ai dû rester scotché devant mon poste de télévision pendant quarante-huit heures ! J'avais le sentiment de voir en temps réel l'histoire du monde en train de changer. Était-ce la Troisième Guerre mondiale qui venait de commencer ? J'étais fasciné : je voyais s'écrouler le plus beau décor du monde. Le scénario du film était incroyable, la mise en scène inouïe, la progression dramatique insensée. Les auteurs de l'attentat eux-mêmes n'avaient pas dû penser que les tours allaient s'écrouler devant les caméras du monde entier ! J'ai mis beaucoup de temps à me remettre

Emmanuelle LABORIT
Jérôme HORRY

de cet événement, qui fait incontestablement partie de ceux qui m'ont le plus marqué depuis ma naissance, la Seconde Guerre mondiale étant hors concours. Quand Jacques Perrin est venu me demander si j'étais inspiré par le 11 Septembre, j'ai tout de suite donné mon accord, sans savoir ce que j'allais faire…

**Vous aviez carte blanche ?**
Oui, bien sûr. Si deux d'entre nous avaient eu la même idée, nous aurions été prévenus. Les contraintes étaient précises : le cadre budgétaire, la

durée – onze minutes et neuf secondes. Partant de là, je pouvais faire ce que je voulais. Mais j'ignorais quoi. Quand Jacques Perrin a quitté mon bureau, je suis parti faire mon jogging au bois de Boulogne. Je voulais trouver une idée tout de suite. Elle est arrivée d'un seul coup, en croisant un couple de sourds-muets qui discutaient dans le bois. Si j'étais resté dans mon bureau, je n'aurais pas trouvé ! J'ai pensé qu'une femme sourde et muette, si elle se trouve dans la pièce d'à côté, même si la télé est allumée, ignore l'événement ! Le monde explose, et elle, dans sa cuisine, ne le sait pas. J'ai tourné

un film quasiment muet, qui met en scène la seule personne au monde qui ne soit pas au courant alors que le drame est arrivé à quelques centaines de mètres de là.

**Comment avez-vous dirigé Emmanuelle Laborit ?**
J'avais un interprète en la personne de son partenaire, qui joue avec elle et la photographie. Je me suis dit que ce serait intéressant que les deux compagnons soient en train de se séparer. L'ironie est que c'est un drame qui va les rapprocher. Même les pires événements sont parfois bénéfiques.

**Le rapprochement entre le très général et le très particulier est joli.**
J'aime le texte que l'on entend en voix off, qu'elle tape à l'intention de son compagnon. J'ai utilisé une nouvelle fois le principe de sous-titrage décalé de **Hasards ou Coïncidences**.

**Que pensez-vous des autres parties du film ?**
Je les trouve intéressantes. J'ai énormément aimé ce qu'a fait Sean Penn, avec le soleil qui pénètre enfin dans l'appartement après la chute des tours. Mais aussi la recherche magique et insensée d'Inarritu, qui laisse l'écran noir pour nous laisser confrontés aux sons. On dirait un film de Godard. J'aime beaucoup moins le Chahine…

**Pourquoi Perrin a-t-il pensé à vous pour représenter la France ?**
Je ne sais pas. Pourquoi m'a-t-on proposé de faire **Visions of Eight** ? Au-delà de la polémique que je suscite, peut-être sent-on dans mes films comme un parfum de cinéma français.

**Aviez-vous l'impression d'être mieux intégré dans ce film que dans Loin du Vietnam ?**
Oui. Je pense que l'on est venu me choisir pour **11'09"01** pour de bonnes raisons, et pour **Loin du Vietnam** pour de mauvaises. J'étais le metteur en scène à succès de l'époque. Mais politiquement je ne pense pas que mes petits camarades étaient emballés de m'avoir dans l'équipe. En dehors de l'aspect commercial de la chose…

# Bonus

DE DEMAIN • HOMMES ET FEMMES DE DEMAIN • HOMMES
Cahiers du Cinéma

# Arlette Gordon

## Directrice de casting et de la communication

entretien

*Quand intervient votre première rencontre avec Claude Lelouch ?*

J'étais avec François Reichenbach devant la salle de projection de la rue Lauriston, à Paris. Nous nous sommes croisés. Je partais pour Venise avec François pour m'occuper de son film sur le Mexique. J'y ai rencontré Claude Makovski, qui montait la maison de distribution de Claude. Il m'a proposé de travailler pour eux. Notre amitié n'a pas été immédiate. À l'époque, j'étais plutôt « tendance Godard » et lui me prenait pour une intello « tendance gauchiste ».

*Votre nom apparaît pour la première fois au générique de* Un homme qui me plaît…

J'arrive vraiment pour la sortie du *Voyou* et le lancement du Club 13.

*Quelles sont vos tâches au sein des Films 13, sachant que celles-ci ont dû naturellement évoluer ?*

La communication n'a été que la partie visible de l'iceberg. Au début, je ne m'occupais que de la presse. En créant sa société de distribution, Claude voulait constituer son équipe. J'ai aimé cette idée d'être polyvalente.

Arlette Gordon dans :

*L'aventure c'est l'aventure,* avec Jacques Brel.

*Il y a des jours … et des lunes,* avec Paul Préboist.

*Partir Revenir,* avec Françoise Fabian.

Au TNP, j'avais déjà été engagée pour la presse, puis je suis entrée au comité de lecture. Avec Claude, ça a été pareil. Sur *Smic Smac Smoc*, nous avions besoin de photos. Claude a dit : « Donnez un appareil à Arlette, qu'elle se débrouille. » L'une de ces photos a figuré sur la pochette du disque du film. M'occuper uniquement des relations avec la presse ne m'aurait pas suffi. On me pose souvent la question : « Qu'est-ce que tu fais sur les tournages ? » Parfois, je suis mal à l'aise quand j'arrive sur le plateau. Chacun est occupé à une tâche précise, le chef opérateur règle ses lumières, la scripte note. J'accompagne les sponsors, des journalistes ou les coproducteurs. Je veille à ce que tout se passe bien avec les comédiens. En extérieur, je suis proche d'eux. S'ils ont envie de se confier, de me parler de leur rôle, je pense avoir une bonne écoute. Quand le film sort, ils me font davantage confiance. Parce que j'ai travaillé sur le film.

*On parle souvent de « la bande à Lelouch ». Ça veut dire quelque chose ?*

Pas du tout ! S'il y en a une, je ne sais pas où elle est. Elle incarne plutôt une fidélité au talent et à l'amitié. Si on retrouve aux génériques les mêmes techniciens, les mêmes comédiens, c'est que Claude a été chercher chez eux des choses intimes, et qu'il n'en a pas fait le tour. On s'imagine que Claude vit comme dans ses films, en bande comme dans *L'aventure c'est l'aventure*. Or, c'est le contraire. Claude est un vrai solitaire. Il disparaît tous les week-ends. Il se ressource chez lui en Normandie avec sa femme Alessandra et sa famille.

*Comment voyez-vous naître les films ?*

Il y a une légende d'improvisation et de désinvolture autour de Claude qui est fausse et qui m'énerve. Pour *Les Misérables*, Claude lisait et relisait Victor Hugo. Il essayait de restituer comment les gens auraient réagi pendant l'Occupation face à des situations analogues. Pour *La Belle Histoire*, nous sommes allés voir les groupes de Gitans, les cours de flamenco pour trouver la mère de Gérard Lanvin, dans les manades de Camargue, assister à l'entraînement des toreros et au marquage des taureaux de corridas. Claude avait créé un atelier de costumes comme le font les Américains.

*Quand Claude commence-t-il à parler de la première idée du film ?*

Je l'ai surnommé Shéhérazade. Il passe son temps à raconter des scénarios dont au moins une quinzaine, qu'il ne fera jamais, sont absolument sublimes. Claude a une imagination inouïe. Tous les jours il descend l'escalier en disant : « J'ai une histoire. » Des sujets, il en a tout le temps, vous ne pouvez pas savoir toutes les merveilles qu'il a dans ses petits carnets. On ne sait pas vraiment quand un film commence. À un moment un sujet mûrit et prend la place de l'autre. La phrase clé, c'est : « Essaye de voir s'il est libre, essaye de savoir ce qu'elle tourne... » Le projet existe lorsque Claude commence à penser aux acteurs.

*Y a-t-il alors un scénario écrit ?*
Oui, mais Claude ne le montre pas. Il réécrit sans cesse jusqu'au tournage. La légende veut que Claude n'ait pas de scénario ! On pourrait remplir l'immeuble de l'avenue Hoche jusqu'au cinquième étage avec les scénarios de Claude, mais il les cache ! Pour quelqu'un à qui on reproche de ne pas avoir de scénario écrit, la plupart de ses scripts ont été vendus pour des remakes aux États-Unis, certains plusieurs fois comme *La Bonne Année*, *Toute une vie* ou *Itinéraire d'un enfant gâté* et d'autres...

*Parlez-nous de la préparation des* Uns et les Autres.
Nous sommes partis aux États-Unis rencontrer les patrons des majors, des acteurs, James Caan, Barbra Streisand pour incarner la chanteuse, le personnage que jouera plus tard Geraldine Chaplin. Barbra avait très envie de travailler avec Claude. Mais Claude pensait qu'elle allait cannibaliser le film. Elle avait une telle personnalité. Elle reviendra sur un autre projet.

*Entre le moment où la décision de faire* Les Uns et les Autres *a été prise et le début du tournage, combien de temps s'écoule ?*
Environ deux ans. Le casting était passionnant parce qu'il fallait former des couples et des familles, la russe, l'américaine, la française, l'allemande... Comme il y avait une évolution des personnages dans le temps, Reiko Kruk, la maquilleuse japonaise, avait réalisé des moulages des visages. Claude allait voir ses masques pour travailler sur les vieillissements. Nous nous sommes retrouvés avec une galerie de masques

*Un homme et une femme : vingt ans déjà.*

inutiles. Presque tous les acteurs du début avaient changé, notamment Marthe Keller, qui devait jouer la femme du musicien allemand dont le rôle était attribué à Klaus Kinski. Kinski avait demandé à lire le scénario pour en fait compter ses pages de texte. Claude a décidé que ce dernier ne ferait pas le film. Puis nous avons perdu Marthe, partie sur un autre projet. En revenant de Los Angeles, nous nous sommes arrêtés à Londres pour rencontrer Julie Christie. Claude adorait *Docteur Jivago*. Elle nous a reçus à déjeuner dans son loft. Elle était hippie à l'époque, son lit, la cuisine, la salle de bains, tout était dans une seule pièce. Claude était mal à l'aise. Julie Christie nous a servi des pâtes macrobiotiques à je ne sais quelle sauce. Claude était moins séduit. Julie Christie a peut-être perdu le rôle à cause des pâtes... Puis Geraldine Chaplin est arrivée. À l'époque, Claude avait failli racheter les droits des films de Chaplin et l'avait reçue au Club 13. L'idée de travailler avec la fille de Charlot l'enthousiasmait. Geraldine était le sosie de son père.
Pour la partie dansée, Claude cherchait son chorégraphe. Une amie nous a introduits auprès de Noureev. Nous allons un soir dans son appartement du parc Monceau. Il avait très envie de faire du cinéma et il avait visionné tous les films de Lelouch. Nous avons passé la nuit à regarder des cassettes de ses ballets. À trois heures du matin, Claude commençait à s'endormir. Plus le temps passait, plus il décrochait. Je ne sais plus comment nous en sommes arrivés à Béjart. Tout le monde nous disait qu'il n'accepterait jamais de faire un film. Or Béjart a été emballé par le projet. Il souhaitait en faire la direction artistique et nous prêter sa compagnie. Jorge Donn, son danseur étoile, est venu à Paris faire des essais avec l'une des danseuses du ballet. Claude avait sa famille russe.

*Et les directeurs de la photo ? Ils tournent beaucoup de film en film.*
Claude effectue un véritable casting pour trouver son directeur de la photo. Il décrit la tonalité qu'il recherche pour chaque période de son film. Ils font ensemble des essais de nouvelles pellicules de caméras avant le tournage. Ce travail est à rapprocher du goût de Claude pour la peinture. Aller avec lui à une exposition, c'est fascinant ! Claude a un œil incroyable. Je me souviens de l'exposition Vermeer au Grand Palais, il est resté devant un tableau à regarder où se trouvait la bougie, pourquoi elle était à cette place, à analyser l'éclairage du tableau.

*Avez-vous le sentiment que lorsque Claude a une histoire en tête, des gens peuvent lui apporter des éléments susceptibles de modifier son projet ?*
Non ! Pas vraiment. En même temps, Claude a une grande perméabilité. Il entend, il écoute sans écouter. Ce qui lui parvient ressort autrement, sous une autre forme. Ce n'est pas entièrement perdu. Un moment, je

l'ai vu travailler avec une équipe de scénaristes. Chacun lançait son idée : Claude ne voulait pas qu'ils se rencontrent en dehors. Ils étaient très frustrés. Claude était le seul à tenir le fil de son histoire. Eux n'en avaient que des parcelles, que Claude recueillait comme l'abeille fait son miel.

*Par rapport aux différents projets, Claude a traversé des périodes personnelles plus ou moins heureuses...*
Il faudrait suivre sa filmographie. Le fait qu'il tourne des comédies n'a rien à voir avec son état. Quand il en réalise une, c'est qu'il sent que le moment est propice. De façon récurrente, Claude parle de son film caché, de celui qu'il réaliserait sous un faux nom. Il voudrait faire du Ajar : « On dirait que c'est celui d'un

inconnu que j'ai repéré, ou celui de mon assistant. » Sauf qu'avec Claude, il y a une équipe autour de lui. Quand j'entends dire qu'il y avait une ambiance formidable sur le tournage, ça veut dire quoi ? Claude a horreur qu'on se déconcentre. On est là pour faire un film. Les tournages de Claude sont parfois durs. Il pousse les gens dans leurs retranchements. Le tournage des *Misérables* était très tendu, pas seulement à cause du froid (-30°C dans le Jura), les réveils à cinq heures du matin, les rushes en pleine nuit, mais aussi le décor du bagne sinistre où avait été déporté Toussaint Louverture ; les figurants, des RMistes de la région.

*Quels sont vos souvenirs les plus marquants ?*
D'abord *La Bonne Année*. Cannes, la Croisette, déserts en hiver. Nous étions les seuls clients du Carlton. Nous nous déplacions à bicyclette. Le soir, Claude réunissait son équipe autour de Lino Ventura et de Françoise Fabian, Alain Terzian, Élie Chouraqui, Claude Pinoteau, Gaïa Bécaud. Également *Un autre homme, une autre chance*, car nous tournions à Hollywood dans les vrais décors de western. Le tournage de *La Belle Histoire* a été plus lourd, la tension était énorme avec Gérard Lanvin et Béatrice Dalle. Elle a d'ailleurs failli être poignardée dans le Lubéron par un figurant. Il a fallu la protection d'un garde du corps pendant les scènes d'extérieur. Les tensions sur *Partir Revenir*. Entre les techniciens, ça a d'ailleurs mal fini. L'un d'entre eux a déversé une brouette de purin sur un autre. Nous étions dans le sujet du film. Enfin Alessandra, somptueuse dans une robe rouge dansant sur un pont de Venise pour *Hasards ou Coïncidences*...

*Parlez-nous du tournage de ce film...*
Claude avait enquêté pendant des mois, rencontré des historiens comme Henri Amouroux, qui avaient travaillé sur la dénonciation et la collaboration. Il s'était imprégné de l'état d'esprit de l'époque, les raisons pour lesquelles on dénonçait. Il cherchait l'unité de lieu. Châteauneuf est pris d'une façon emblématique, il y a « les bons et les méchants »... Le plan où Évelyne Bouix revient pour se venger, descend la rue du village les cheveux rasés dans une ambiance de western crépusculaire est superbe... Il y a un côté tragédie antique. Nous nous sommes installés dans le village. Claude voulait que toute l'équipe soit immergée dans l'atmosphère du film. Le régisseur polonais jouait un officier nazi. Comme Claude tourne vite, il n'avait jamais le temps de se changer et gardait son manteau de cuir noir toute la journée. Nous l'avions identifié au personnage et pris en grippe. Dès le premier jour, ça a mal commencé. Au maquillage, Françoise Fabian et Annie Girardot se jalousaient. Fabian disait : « Ce n'est pas parce que je suis belle que je n'ai pas de talent ! » Et Girardot répondait : « Ce n'est pas parce que je suis la méchante que je suis moins belle... » Elles étaient vraiment devenues les personnages du film. Claude avait déjà installé son atmosphère et planté son décor. Toutes les nuits après le tournage, Annie filait à Paris courir après son homme et revenait à six heures du matin, je ne sais pas si Claude l'a jamais su.

Et *Itinéraire d'un enfant gâté* ?
L'euphorie dès le début dans l'ambiance du cirque, les voyages, de Singapour au Zimbabwe, les levers de soleil sur le lac Kariba... Grâce aussi à la présence lumineuse de Jean-Paul Belmondo, qui apportait un bonheur constant. Il voulait empêcher Claude d'être sérieux, le faire vivre et rire. Jean-Paul était aussi star que Claude, patron aussi, car il était coproducteur. Mais il se laissait diriger, emporté par l'enthousiasme de Claude.

*Dans la trentaine de films auxquels vous avez été associée, y en a-t-il certains dont vous n'ayez pas compris le ressort ?*
Je ne me pose pas ce genre de question. J'aime son œuvre en général, son regard sur le monde, sa façon

*Les Misérables*, Alessandra Martines, Arlette Gordon, Jean-Paul Belmondo.

de filmer et de raconter des histoires. Cependant *La Belle Histoire* est un film très mystérieux dont on sent qu'il obéit dans sa tête à des raisons personnelles. À un moment peut-être, j'étais frustrée. J'avais un univers qu'il fallait que j'exprime aussi. J'ai pu écrire deux romans, j'en remercie Claude.

*Vous n'avez jamais eu envie de réaliser un film ?*
Si, avec Évelyne. J'avais un sujet qui se passait dans les baraques foraines de Clichy. Peut-être que Claude, si je lui en avais parlé... Je n'ai pas été courageuse. Sans regrets.

*Et les histoires d'amour entre comédiens pendant le tournage ?*
Claude s'en sert. Il adore ça. Dutronc rêvait de Deneuve sur *À nous deux*, mais elle ne voulait pas l'entendre ! Il y a quelque chose qui ne passe pas dans leur couple. Anouk Aimée et Élie Chouraqui ! Anouk est une grande amoureuse. Si elle aime, elle peut oublier le tournage. Mais avec Chouraqui, premier assistant du film, Anouk était sur le plateau, même quand elle ne tournait pas. Quand ça va dans le sens du film, Claude est heureux. Ce n'est plus un secret, la complicité entre Patricia Kaas et Jeremy Irons. Et la rencontre de Madly et de Brel sur le tournage de *L'aventure c'est l'aventure*. Les comédiens ne se rendent pas toujours compte que Claude leur vole des choses intimes. Parfois avec sa caméra, il est dans un état second. On a l'impression qu'il a des visions. Il n'y a plus de scénario, plus de caméra. Il est dans la création à l'état pur, il cherche, il est en train de trouver.

*Lorsque le tournage s'arrête, comment se comporte-t-il ?*
Au moment du montage, Claude a tout son film dans la tête. Il connaît chaque plan, chaque prise. Il essaye tout. De temps en temps il nous appelle pour nous montrer une séquence. Il ne nous demande pas ce que nous pensons, mais il observe nos réactions.

*L'avez-vous parfois senti désemparé devant tout le matériau dont il dispose ?*
Jamais ! Même si quelquefois, il en a trop. Des dizaines d'heures de rushes. Il est dans son monde imaginaire, dans ses pensées, dans sa construction. Il est presque désincarné à force d'introspection. Parfois il ne voit même pas les gens qu'il croise quand il est en plein montage. Ça peut durer des semaines, des mois, comme pour *Le Courage d'aimer*.

*Vous qui êtes une de ses premières spectatrices, avez-vous déjà critiqué des films ?*
D'abord, Claude ne m'écoute pas. Ensuite, il voit à ma tête ce que je pense. Mais il ne tient pas compte de ce que je pourrais dire, ni moi ni les autres. Par exemple, sur *Toute une vie*, qui est magnifique, nous avions exprimé une réserve sur la scène finale que Joe Levine a coupée aux États-Unis. Le film s'arrêtait aux valises et a très bien marché. Il a même été nominé à l'Oscar du meilleur scénario.

*Est-ce qu'il y a des moments de tournage forts auxquels vous avez assisté et que vous n'avez pas retrouvés ensuite sur l'écran dans le film terminé ?*

Il y en a là tout le temps, mais c'est à Claude de juger. J'ai vu des scènes brillantes. Si elles ne sont pas dans le film, c'est qu'elles n'y avaient pas leur place.

*On a parlé des rituels à l'occasion de la préparation et du tournage du film. Qu'en est-il après le montage ?*
Dès que le film est fini, il n'y a plus de dimanches. Claude aime faire ses projections le dimanche pour ses amis, voir leurs réactions. Il a des milliers d'idées sur le marketing ! Il décide de tout : l'affiche, les photos d'exploitation, les salles, la date de sortie. Il faut lutter, trouver des arguments en béton, résister pour proposer ses idées et on ne gagne pas souvent. Ainsi sont nés la sortie de *Une pour toutes* le 1er janvier, l'écran géant du Palais des congrès pour *La Belle Histoire*, *Les Parisiens* à Deauville…

*Comment se comporte Claude Lelouch en promotion ?*
Il est tendu. Il devient comme un animal de la jungle prêt à bondir sur sa proie ou à rentrer dans sa tanière. Il n'a pas envie d'être jugé, ni d'avoir à se justifier. Il faut une santé de fer pour le suivre… C'est un personnage médiatique très demandé, plutôt par les journaux et les émissions « people », mais on voudrait aussi *Le Monde* et *L'Express*. Nous sommes pris entre mille feux. Les sorties de ses films sont un événement, mais cela peut nous tuer. J'ai un souvenir effrayant de *Édith et Marcel*.

*Et* La Belle Histoire *au Palais des congrès ?*
Claude avait fait construire le plus grand écran possible, cinq cents mètres carrés au Palais des congrès. Le public adorait et revenait voir le film. Nous avons distribué des tee-shirts, comme à un concert de rock. Nous avions installé une grande roue au-dessus de l'entrée du Fouquet's. Mais quand nous avons dû quitter le Palais des congrès après deux semaines d'exploitation pour les salles de cinéma, le public ne voulait plus venir, car il voulait voir le film sur l'écran géant. Les exploitants étaient furieux contre nous et nous l'ont fait payer.

*Vos Lelouch préférés ?*
Je les aime tous, ça dépend des jours, mais toujours *Partir Revenir*, *Un autre homme, une autre chance*… J'aime beaucoup *Robert et Robert*, j'adore les deux comédiens. J'aime énormément *Les Misérables*, *Les Uns et les Autres*, *Viva la vie !* pour l'intrigue, *L'aventure c'est l'aventure*, et *Hasards ou Coïncidences* pour l'interprétation magnifique et insuffisamment reconnue en France d'Alessandra, *Le Chat et la Souris*, *Itinéraire d'un enfant gâté*, *Le Courage d'aimer*…

*Cela vous fait-il plaisir de jouer la comédie dans certains films ?*
Plaisir non, ça me passionne. Après une journée de tournage avec Claude, je plane. C'est porteur et grisant, je suis prise en charge… Claude m'explique ma scène. Je n'ai rien à faire d'autre. Mais j'ai souvent été coupée au montage. Parfois je me propose pour un rôle. Comme dans *Les Uns et les Autres*, un rôle bref mais symbolique avec Jorge Donn. Pour *Si c'était à refaire*, il a été question que je tienne le rôle d'Anouk Aimée. L'idée a duré deux heures parce qu'on ne trouvait pas la comédienne. Ou encore *Il y a des jours…et des lunes* avec Préboist. Une seule journée de travail. Claude me regardait, m'écoutait, comme avec une actrice.

*Quel est l'impact de l'homme à l'étranger ?*
Aux États-Unis, au Canada, en Russie, en Amérique du Sud, au Japon, en Italie et dans les festivals du monde entier où j'ai accompagné Claude, il est connu et admiré. Les journalistes y ont vu la plupart de ses films. En Russie, on lui jetait des œillets sur son passage. Je raconte souvent l'histoire d'Anatoli Sobtchak, alors maire de Saint-Pétersbourg. Sa femme disait à quel point ses films avaient marqué leur vie en Russie : « S'il y a des petits Sobtchak, c'est grâce à *Un homme et une femme*. Nous étions deux étudiants et nous aimions les films européens. Nous avons découvert *Un homme et une femme* à la cinémathèque de Moscou et nous sommes tombés amoureux pendant la projection. » J'étais avec Claude en Argentine après la chute de la dictature. Ses films n'avaient pas été censurés, car ils parlaient d'amour. Pour les Argentins, ils incarnaient la liberté. Les conférences de presse étaient passionnées. À l'étranger, il n'est pas perçu de la même façon, il fait partie du patrimoine culturel français. Au festival de Cannes, je me souviens de Harvey Weinstein[1] fendant la foule pour venir le serrer dans ses bras et déclarer que *Toute une vie* faisait partie de ses dix films préférés au monde… Je ne parle pas des lettres qu'il reçoit de Soderbergh ou d'Inarritu, des déclarations de Wim Wenders, ou encore de Stanley Kubrick, qui faisait projeter *La Bonne Année* à ses comédiens avant chacun de ses tournages.

1. À l'époque, le dirigeant de la société de production et de distribution Miramax.

*Vous travaillez avec Claude Lelouch depuis* Un homme et une femme. *Cela fait donc plus de quarante ans que vous composez la musique de ses films...*
C'est vrai que depuis *Un homme et une femme*, rares sont les films de Claude sur lesquels je ne sois pas intervenu. Nous avons dû travailler ensemble une trentaine de fois. Je ne vois guère que deux films dont je sois absent. Pour *Partir Revenir*, Claude avait choisi un concerto de Rachmaninov : je ne pouvais pas lutter. Et je n'ai pas non plus travaillé sur *Viva la vie !*. Mais je n'ai pas pour autant composé toutes les musiques des autres films. Sur *Les Uns et les Autres*, par exemple, une partie de la musique a été écrite par Michel Legrand, sans oublier bien sûr Beethoven, Ravel et les autres... quand il opte pour la musique classique !

*Quoi qu'il en soit, une telle fidélité entre un musicien et un cinéaste mérite d'être inscrite dans les annales...*
Il y a eu bien sûr d'autres mariages au cinéma : Demy et Michel Legrand, Fellini et Nino Rota, Spielberg et John Williams, Leone et Ennio Morricone, etc. Mais je crois qu'effectivement aucun de ces tandems n'a fonctionné sur un nombre de films aussi important.

*Les raisons d'une telle fidélité doivent être aussi profondes que nombreuses... Pouvez-vous être spectateur des films de Claude Lelouch ?*

Francis Lai dans *Smic Smac Smoc.*

Non, c'est mon grand problème. Je suis tellement dedans que j'en suis mauvais analyste. Si je devais être cinéaste, j'aimerais faire les films que Claude réalise. Il a créé un univers à lui : il est clair que l'on s'y sent bien tous les deux. Ses films sont tellement musicaux. Mais je serais incapable de faire trois images.

*Quand ce n'est pas vous qui composez, Claude Lelouch choisit-il ses thèmes seul ?*
Oui, il lui suffit de sélectionner des œuvres qu'il aime particulièrement et qui l'inspirent.

*Quand Claude vous parle-t-il d'un projet pour la première fois ?*
Il passe un coup de fil : « Je prépare un film, il faut que je te voie. » Il vient chez moi et nous discutons. Il développe ce qu'il a dans la tête en marchant. Quand il raconte un film, on le voit. Il me donne des points de repères, tout de même. « J'aurais besoin d'une musique qui bouge. » Quand son scénario est prêt, nous nous voyons. Il me raconte l'histoire et il me demande un thème relevant de tel ou tel esprit. Ma liberté est totale à l'intérieur d'un cadre qui reste assez précis. Mais de toutes les façons, quand Claude raconte une histoire, on ne peut pas faire autrement que voir les images du film à venir... Je me souviens de *Itinéraire d'un enfant gâté*. Claude m'avait parlé des chansons de Brel et il m'avait dit : « Je voudrais une musique de cirque symphonique. » J'ai vraiment ramé pour y parvenir. Pour *Une pour toutes*, il m'a réclamé une musique très actuelle, dans l'esprit techno, mais avec des influences différentes. Il fallait en outre que cela colle avec la voix, pour que les cinq comédiennes puissent chanter en chœur. C'est donc un mélange de techno et de mélodie. Notre façon de travailler est très particulière : les musiques sont toujours écrites avant le tournage. Il n'y a aucune influence de l'image sur la partition. Nous travaillons de cette manière depuis toujours. C'est Claude qui effectue le montage des musiques, qui sont toujours en contrepoint du visuel. Ce qui veut dire que la musique ne fait jamais doublon avec l'image.

*Est-il plutôt critique quand vous lui soumettez ce que vous avez composé ?*
Cela lui arrive. Je me souviens de lui avoir joué il y a quelques années deux ou trois thèmes, et il m'a demandé de mettre telle partie de tel thème avec telle autre partie d'un autre thème. Il y a des points où il est intervenu de façon directe. Lui, quand il écoute une musique, il ferme les yeux et voit ses images.

# Francis Lai
## Musicien

entretien

Francis Lai dans *Le Bon et les Méchants.*

*Peut-il y avoir des retouches ?*
Non, car je compose des thèmes et lui les choisit. Nous les mettons en place et nous appelons l'arrangeur. Les choses deviennent alors plus précises. Mais sur certains thèmes que nous avons composés en longueur, il n'en utilisera que quelques secondes, une minute… Mais il sait faire vivre la musique, ces quelques secondes sont bien utilisées… Le plus difficile est en fait de trouver la couleur au départ, c'est le fil rouge.

*Si tout est fait en amont, est-il amené à réviser sa demande compte tenu des impondérables du tournage ?*
D'ordinaire, je conserve dans l'ordinateur une version orchestrale d'un thème donné, que je peux ressortir à tout moment. Mais Claude donne des indications souvent assez justes de la durée de telle ou telle scène : il connaît ses besoins en matière de temps musicaux. Il me demande par exemple une minute et demie d'un thème tragique. On enregistre le thème, en conservant des possibilités de le shunter. Ainsi personne n'est pris de court. C'est aussi pour cela qu'il existe différentes phrases musicales, utilisables à tout moment, chacune d'entre elles nous ramenant à une émotion ou à un personnage précis.

*Une fois le montage terminé, êtes-vous parfois étonné par le traitement que le cinéaste a fait de votre musique ?*
Je suis toujours surpris : il existe des phrases musicales que je ne m'attendais pas à trouver là où elles sont. Il arrive que l'on fasse des expériences. Une fois, sur une séquence entière, Claude m'a fait faire une musique à l'image. J'ai travaillé avec un chronomètre, en tenant compte de tous les changements de plans. J'y ai passé un temps fou. En fait la musique devenait tellement précise qu'elle ne présentait plus aucun intérêt. Et ce thème-là, il l'a utilisé ailleurs, dans une séquence qui n'avait aucun rapport.

*Vous vous destiniez à la musique ?*
J'ai commencé la musique à l'âge de sept ans, avec un instrument alors très particulier, l'accordéon, qui n'était pas admis au conservatoire. Aujourd'hui, il l'est. J'ai pris des cours particuliers avec un professeur qui m'a donné ce goût. Il était un des rares, sinon le seul, à faire du jazz avec l'accordéon. L'instrument était alors traditionnel et populaire, pas du tout proche du jazz. Ce professeur, qui était aussi mon cousin, m'a également appris le solfège. À l'accordéon, il jouait Stan Kenton et Woody Herman et il refaisait les chorus d'Artie Shaw. Je ne me suis mis à composer que lorsque j'ai fait de l'orchestre. Ça me plaisait de jouer avec des petits groupes.

*Vous chantiez ?*
Un peu. J'avais une passion pour Salvador et j'interprétais ses ballades romantiques, *La Biche et le Chevalier*, *Maladie d'amour*. J'ai continué dans la voie du jazz, Miles Davis, Dizzy Gillespie, Charlie Parker. Quand je suis arrivé à Paris, Michel Magne, qui m'avait entendu faire des bœufs au Guichet du Tertre ou des endroits comme ça, m'a pris dans son orchestre pour que je fasse les chorus d'accordéon.

*Votre carrière musicale reste vouée au cinéma. Est-ce une orientation que vous avez prise dès le départ ?*
Je suis arrivé dans le monde du cinéma par le plus grand des hasards. J'étais parti pour être accompagnateur de chansons. Ça me plaisait beaucoup. La musique de films était quelque chose de mystérieux et difficile d'accès.

*Vous étiez cinéphile ?*
J'adorais le cinéma, plutôt Fellini et Bergman, que j'ai beaucoup revus. J'habitais à Pigalle. Il y avait un cinéma place des Abbesses où j'allais voir les films de Dino Risi, avec qui j'ai travaillé plus tard – sur *Âmes perdues* et *Valse d'amour*. C'est Pierre Barouh qui m'a présenté à Claude, à l'époque de *Une fille et des fusils*,

Francis Lai dans *Il y a des jours… et des lunes.*

un film où il était comédien. Pierre a une autre version que la mienne. Je me souviens d'être allé sur les lieux du tournage et d'avoir vu Claude sortir de dessous d'une table en criant : « C'est génial ! » J'ai découvert le personnage comme s'il sortait d'une boîte. Puis nous sommes allés chez lui. Nous avons joué des chansons que nous avions écrites ensemble. Il nous a demandé de les garder en préparation du film qu'il avait en tête…

*C'était* Les Grands Moments *?*
Non, *Un homme et une femme*. Claude voulait des chansons pour remplacer certains dialogues. Par

Francis Lai dans *La Belle Histoire.*

exemple dans la chambre où les deux se retrouvent, on entend *L'amour était plus fort que nous*, chanté par Nicole Croisille, qui deviendra par la suite notre interprète fétiche, en duo avec Pierre Barouh, au lieu d'entendre ce que se racontent les personnages. C'est le premier pas qui coûte : j'ai appris par la suite à me plier à cette discipline nouvelle.

*Pendant cette période de formation, quels sont les éléments qui importent le plus ?*

Pour moi, la mélodie prime, car elle est à l'origine de tout. Or je crois avoir la chance d'être mélodiste. Quand on peut trouver une bonne mélodie, on peut la décliner de toutes les façons possibles. La preuve dans *Hasards ou Coïncidences* : *La Symphonie du hasard* et le tango du film explorent exactement le même thème. Mais ce sont deux esprits très différents : les instrumentations sont opposées. Je pense que quand on possède des mélodies qui se tiennent, on peut commencer à travailler.

*Quelle a été votre première apparition comme acteur dans un film de Claude Lelouch ?*

Dans *Les Grands Moments*. Il me faisait jouer un peu d'accordéon sur un camion. Les autres n'ont été que des clins d'œil, ça ne va pas plus loin.

*Vous vous sentez en pleine concordance musicale avec Claude ?*

Ça alors, oui. Mais il est tellement éclectique. Il adore le jazz. C'est sa musique. Et chez les classiques : Mozart, Beethoven – rappelez-vous le début de la *5e Symphonie* dans *Un autre homme, une autre chance* –, Ravel, qui est je crois son compositeur préféré et, bien sûr, Rachmaninov. Je voudrais ajouter que ses goûts musicaux sont aussi éclectiques que les miens. Nous aimons aussi les chansons : dans certains cas, il n'hésite pas à inclure celles qu'il aime dans ses films. *Itinéraire d'un enfant gâté* ne serait pas tout à fait le film que l'on connaît sans la chanson de Brel... C'est vrai que cet éclectisme peut faire peur : parfois on se demande si les œuvres de Ravel, de Beethoven ou de Mozart, placées en regard d'une musique actuelle, ne vont pas jurer. Et en fait cela ne pose aucun problème, parce que Claude monte les différents thèmes avec souplesse. Certains metteurs en scène avec qui j'ai travaillé considèrent la musique comme un accompagnement du film. Et l'appréhension de prendre sur l'image. Aux États-Unis, il peut y avoir de la musique du début à la fin du film, et à l'arrivée on ne retient plus rien. Claude, lui, sait vous mettre dans une ambiance adéquate. Et la complicité qui s'est développée avec les années ne gâche rien. Mais j'ai toujours autant la trouille de lui montrer un thème aujourd'hui qu'à l'époque de notre rencontre. J'étais alors inconscient et insouciant. Aujourd'hui, j'ai vraiment peur de le décevoir.

*C'est arrivé ?*

Non jamais, mais parfois je lui propose quatre ou cinq thèmes quand je sais qu'ils sont plus ou moins dans la bonne direction. Il choisit des passages.

*Sur* Les Parisiens*, comment les choses se sont-elles mises en place ?*

De façon simple, pas tant pour trouver les thèmes, mais dans la méthode. Il fallait des chansons au départ, des chansons qui bougent et qui soient jazzy. Nous sommes partis avec le quartet de jazz. J'ai travaillé sur des textes de Boris Bergman.

*Et sur les deux autres volets ?*

Je ne savais pas s'il voulait la même chose. Sur *Le Courage d'aimer*, il a surtout monté le concerto de Rachmaninov, celui de *Partir Revenir*. Je pense que si nous avions pu tourner le troisième volet, nous aurions orchestré les mêmes thèmes de chansons de façon symphonique. Nous en avons parlé un peu et j'ai fait des essais.

*Entre le cinéma du potache des débuts et le cinéma plus noir d'aujourd'hui, il y a des évolutions que vous avez suivies. Est-ce que vous avez l'impression d'avoir grandi en même temps que lui ?*

Je ne m'en rends pas compte. Lui dit que ses films précédents étaient les brouillons du prochain. Ce n'est pas mon sentiment.

*Quels sont vos Lelouch préférés ?*

C'est terrible : chaque film est différent et possède sa personnalité. Mais on a toujours des petits faibles. Par exemple pour *Itinéraire d'un enfant gâté*. Ou pour *Les Uns et les Autres*, sur lequel j'ai aimé travailler. Je me suis occupé de tout ce qui était européen, les camps, les Russes... Michel Legrand avait en charge tout ce qui était américain. C'était précis dès le départ. Claude nous avait réunis pour répartir les attributions. J'avais un peu la trouille de travailler avec Michel Legrand, qui est un grand bonhomme. Et ça s'est magnifiquement bien passé.

*Est-ce que votre collaboration avec Claude a déclenché votre carrière américaine ?*

Bien sûr, ça a changé mon optique de direction musicale, et ma carrière. Je voulais faire de la chanson, avoir un orchestre et accompagner les gens. Mais jamais je n'avais espéré faire carrière dans le domaine de la musique de film.

# Pierre Uytterhoeven

## Scénariste

entretien

Pierre Uytterhoeven dans *Smic Smac Smoc*.

*Vous connaissez Claude Lelouch depuis longtemps ?*
Depuis les années 60. Mon parcours est celui d'un provincial. J'ai vécu dans le Jura, à Dole, jusqu'à l'âge de dix-neuf ans. J'étais déjà cinéphile, parcourant des kilomètres sur mon Solex pour voir les courts métrages de Georges Franju. Puis, comme on dit, je suis monté à Paris, où je ne connaissais personne. Je suis passé par l'IDHEC. Rapidement, je suis devenu journaliste et critique de cinéma. J'écrivais sur tous les films que j'aimais dans différentes revues, dont *Positif* et *Télérama*. Ça m'intéressait de rencontrer les auteurs, et j'ai dû ainsi approcher l'essentiel de la Nouvelle Vague, Agnès Varda, Alain Resnais et François Truffaut, mais aussi Jean Renoir. Pour ce qui concerne Claude Lelouch, j'avais vu *Le Propre de l'homme*. En tant que journaliste, je voulais découvrir son réalisateur. Bizarrement, ce qui intéressait Claude, c'était d'avoir un chauffeur. J'avais mon permis de conduire. Je suis donc devenu chauffeur, puis deuxième assistant. Avec Claude, tous les jeudis nous sommes allés au cinéma ensemble, comme un rituel. Mais nous ne nous retrouvions pas toujours. Je pouvais aimer un film de Godard, et lui le détester. Il me disait alors : « Tu ne peux pas travailler avec moi, tu aimes Godard. On arrête, on ne peut pas ! » Par exemple, j'ai toujours aimé Truffaut, que j'ai interviewé et avec qui j'ai sympathisé. Mais il suscitait une problématique entre Claude et moi.

*Que s'est-il passé sur* La Vie de château *?*
Claude n'était pas très content ni des rushes ni de l'univers du film, un cadre paysan assez éloigné de lui. *La Vie de château* devait être produit par l'auteur du roman, Jean Fougères, qui était tout le temps présent sur le plateau, avec sa femme, qui était aussi pénible que lui. Le climat s'est révélé assez délétère. Au bout d'une semaine, Claude a dit qu'il préférait arrêter les frais. J'ai ainsi perdu ma première semaine de salaire : j'avais été engagé comme perchman, et lors d'un travelling arrière, j'ai détruit un vitrail du château, soit une semaine de salaire en moins. Comme le film n'a pas été plus loin, je n'ai rien touché.

*À partir de quand avez-vous travaillé sur les scénarios de Claude Lelouch ?*
Avec *Une fille et des fusils*. Auparavant, j'étais son assistant sur *L'Amour avec des si*, ainsi que sur *Les Grands Moments*. Mais l'assistanat, ce n'était pas mon truc. Sur *Une fille et des fusils*, je lui ai amené des idées un peu folles et surréalistes. J'écrivais des dialogues. Je lui ai aussi trouvé la phrase de John Ford qui a donné le titre du film. Notre collaboration s'est engagée parce que nous parlions beaucoup de films. Mais ce mariage est étrange tant nous sommes différents. Nous n'avons pas le même caractère : il est actif, je suis contemplatif. Il est instinctif et moi réactif. Claude peut sans complexe *inventer* la bicyclette alors qu'elle existe depuis cent cinquante ans. Comme il le confesse dans *Le Courage d'aimer*, à travers Michel Leeb, c'est parce qu'il a mis la culture de côté qu'il a su avancer si vite et si loin. C'est un voyageur sans valises, donc tellement libre… S'il avait connu Maurice Béjart dix ans avant de réaliser *Les Uns et les Autres*, jamais il n'aurait pu filmer le *Boléro* de Ravel avec tant de jubilation. Ces treize minutes de danse, quel moment de cinéma ! Mais nous avons tout de même des points communs : les femmes, les voitures… à tel point que nous avons parfois partagé les mêmes (femmes et voitures), mais ça, c'est une autre histoire. Et puis nous sommes Scorpion tous les deux, donc passionnément séducteurs, créateurs et… autodestructeurs… et même parfois destructeurs d'autos. Un autre Scorpion avec lequel j'aurais aimé aller au bout d'un film : Henri-Georges Clouzot. Il m'avait engagé sur *L'Enfer*, un film sur la jalousie. Quatre mois de travail en commun pour une scène de deux minutes ! Il avait juré de me tuer au travail. C'est lui qui est mort d'une crise cardiaque au terme de ces quatre mois de collaboration.
La première véritable écriture que Claude et moi ayons effectuée ensemble, c'est sur *Un homme et une femme*.

Pierre Uytterhoeven et Claude Lelouch sur le tournage de *Un homme et une femme.*

Nous voulions une sorte de film romantique et idéaliste, loin de notre quotidien, montrer quelque chose que nous aimerions qu'il nous arrive. À l'arrivée, *Un homme et une femme* est fidèle à la structure de son scénario d'origine. Je ne me souviens plus très bien de ce que j'y ai apporté, beaucoup de dialogues bien sûr, les allusions à Lénine, des anecdotes qui tombaient comme ça. À l'époque, je lisais le roman de Michel Butor, *La Modification*. Son histoire, celle de quelqu'un dans un train, a influencé la fin de *Un homme et une femme*. J'étais sur le tournage. Claude a toujours pratiqué le même système. Chaque matin à l'hôtel Normandie, nous nous levions à l'aube pour voir la séquence que nous allions tourner. Non pas pour improviser, car tout était écrit, mais pour taper des aménagements avec une vieille machine à écrire et des carbones. Je ne suis même pas allé à Los Angeles recevoir l'Oscar avec Claude car j'étais au même moment assistant de Marguerite Duras sur *La Musica*, son premier film.

*Le scénario de Claude n'est pas une bible...*
C'est le principe de base. Claude travaille en réaction. Cependant, avec lui, et contrairement à la légende, il y a toujours un vrai scénario avant de tourner.

*Vous êtes donc présent sur les tournages ?*
Pas toujours ! Sur les deux derniers, *Les Parisiens* et *Le Courage d'aimer*, je pouvais très bien rester chez moi à la campagne et lui envoyer quotidiennement mes textes. J'avais le plan de travail, je savais qu'il allait tourner telle scène. Une idée me venait, je la lui envoyais par fax et elle était intégrée par la scripte. Comme dans la réplique d'Yves Mirande que nous évoquions[1], la foule me fait peur et m'intimide. Quand il faut du texte, je ne démarre pas au quart de tour sur un plateau. C'est mon défaut.

*Vous est-il arrivé à un moment d'être à l'origine d'un projet ?*
Impossible ! Au fond de lui-même, Claude ne le veut pas. Il aime être à l'origine du sujet. Avec l'échec de *La Vie de château* – qui était un sujet extérieur –, j'ai bien compris que l'enthousiasme de Claude et la réussite du projet étaient conditionnés par le fait que le film devait être son sujet et ses histoires, même si parfois il peut s'en approprier certaines que je lui ai racontées deux jours plus tôt. Ce n'est pas grave. Ça fait partie de la création, et je suis content qu'il ait intégré mes idées tout en s'en appropriant la paternité. Je n'en ai pas la frustration. Pas du tout.

*Avez-vous le sentiment, une fois le produit fini, qu'il est difficile de démêler ce qui appartient à l'un ou à l'autre ?*
Totalement impossible. J'ai revu *Le Courage d'aimer*. Je connais exactement mes répliques. Leur mise en bouche de la part des comédiens les transforme en quelque chose de nouveau qui me séduit aussi. C'est le contraire de Marguerite Duras, qui était accrochée à son texte à la virgule près. Sur le plateau de *La Musica*, Robert Hossein n'arrivait pas à dire « aéroport », il prononçait « aréoport ». À la fin de la journée, le producteur est devenu fou. Claude aurait trouvé une solution.

*Quand vous écrivez avec Claude, vous avez une distribution en tête ?*
Sur les versions finales, oui. C'est même capital. Ce qui est écrit pour Lino Ventura ne peut être dit par Francis Huster et vice versa.

*Les dialogues, c'est plutôt vous ?*
J'ai en tout cas accompli avec lui un gros travail de dialoguiste. Souvent avec un petit magnétophone, nous avons une réunion dans son bureau ou ailleurs. Claude raconte oralement toute la scène, y compris ses dialogues. Je rentre chez moi et j'écris alors vraiment sur papier les dialogues avec différentes propositions. Il me semble que Claude a toujours aimé mes dialogues, en tout cas il me l'a dit. Mais qui aime bien châtie bien, et ces dialogues sont souvent remaniés par Claude et in fine intégrés – parfois même désintégrés – par les acteurs...

*Les films de Claude Lelouch, avec leurs jeux temporels et leurs poupées russes, sont difficiles à raconter.*
Ce qui me ravit et me plaît énormément, même si certains commencent à dire que les derniers films sont trop compliqués ! Mais là-dessus, j'épouse totalement la vision de Claude. La vie est un labyrinthe et il est fascinant d'en chercher la sortie. Si on la connaissait d'emblée, où serait le plaisir ? Donc, dans l'écriture d'un scénario, on débranche toujours le GPS... pour connaître le plus tard possible l'image de fin, la sortie du labyrinthe. En cela, Claude est fidèle à son mode de vie sans météo et sans horoscope... S'il était un navigateur solitaire faisant la Transat', je crois qu'il débrancherait toute assistance électronique. Mais n'est-il pas justement un

1. « Le metteur en scène et le scénariste sont interchangeables, seulement il y en a un qui ne supporte pas la foule et l'autre qui ne supporte pas la solitude. » Cité par Claude Beylie dans **Jeux d'auteurs, mots d'acteurs**, Institut Lumière, Actes Sud, 1994.

solitaire du cinéma ? Quelqu'un qui a toujours pris tous les risques ? Il a connu quelques belles victoires et de sacrés naufrages. À la fois Marco Polo et Tabarly...

*Quand ne participez-vous pas aux films de Claude ?*
Il m'est arrivé naturellement de vouloir regarder ailleurs, avec Michel Drach ou avec d'autres. J'ai fait beaucoup de télévision, les *Nestor Burma* ou des films unitaires pour lesquels je dispose d'une liberté d'auteur totale. Je construis mon histoire de A à Z, ainsi que les dialogues. Ni les acteurs ni les réalisateurs n'y touchent.

*Vous avez plusieurs périodes avec Claude Lelouch. Aux tout débuts, qui s'étalent jusqu'aux années 70, moins dans les années 80, davantage maintenant.*
Claude est un boulimique. Il préparait parfois plusieurs films en même temps. Je restais avec lui mais ne pouvais pas être partout. Il me concentrait sur un film plus complexe, par exemple *Le Bon et les Méchants*, pendant qu'il travaillait sur autre chose.

*Êtes-vous en empathie avec lui sur des sujets aussi polémiques que la réincarnation ou sa conception politique du monde, notamment pendant les années 70, où il ne caressait pas tous les spectateurs dans le sens du poil ? Aviez-vous des confrontations ?*
Je suis un peu schizophrène. D'un côté, un thème comme la réincarnation ne me branche pas spécialement, mais de l'autre côté, en terme de spectacle, d'artistique et d'imaginaire, il m'excite. Je suis donc partagé. Mais Claude a ses propres convictions. Il est plus croyant que moi.

*Vos tempéraments diffèrent, mais aussi vos modes de pensée. Sur une collaboration aussi longue, avez-vous traversé des périodes de travail plus difficiles, en termes de méthode ou en termes de sujets ?*
Avec Claude, déjà, j'oublie mon ego. À la télévision, je suis libre de bout en bout et je n'ai pas de reproches à me faire. Cet oubli de l'ego va loin. Sur une séquence de deux minutes, Claude me demande parfois d'écrire trente pages. « Je vais en sabrer vingt-huit », me dit-il. C'est comme ça ! Son sadisme va si loin qu'il adapte les deux pages restantes, les donne à un autre auteur à qui il a fait la même commande (Pierre Leroux par exemple pour *Une pour toutes* ou *And Now... Ladies & Gentlemen*), afin de mixer un nombre incroyable de versions. Mais si au bout de tous ces échanges – parfois très sportifs –, il ne reste de mes trente pages que quelques mots comme : « Le mariage est le meurtre parfait de l'amour », je suis finalement très heureux.

*Et la politique, dans* Vivre pour vivre *et dans* Toute une vie, *avec le personnage du père de Marthe Keller, est-ce Pierre Uytterhoeven qui parle ?*
Je ne me souviens plus. Je n'ai pas la mémoire de ces films, que je n'aime pas revoir tant j'en constate les défauts. Mais politiquement, il nous est arrivé de nous affronter sur certains thèmes, l'Irak par exemple, ou la religion. Nous ne sommes pas toujours d'accord. Mais une certaine complémentarité s'exprime toujours dans l'écriture et l'artistique. Claude est tellement merveilleux quand il crée. Je n'en ai pas rencontré d'autres comme lui. Personne ! J'avais signé des contrats avec certains réalisateurs. Quand je discutais pendant cinq minutes avec eux, je ne pensais qu'à fuir. Ils ne me proposaient pas l'émotion, le frisson, la chair de poule, comme dit Claude. J'avais envie de vibrer et il n'y a que Claude qui sache le susciter.

*Parmi tous les films que vous avez écrits avec lui, quels sont vos préférés ?*
*Un homme et une femme* reste magique.

*À cause de sa postérité ou de sa fabrication ?*
À cause d'un ensemble. Il y a eu tellement de miracles sur ce film. L'absence de moyens a créé une dynamique. Le noir et blanc des intérieurs est dû au manque d'argent. J'avais écrit dans *Cinémonde* un article prémonitoire avant la Palme d'or. J'avais décrit la vie à venir de Claude. J'avais écrit ça en 1965 et ça se finissait en 1975. En le relisant je me suis rendu compte que c'était, en raccourci, sa carrière.

*Y a-t-il beaucoup de projets sur lesquels vous ayez travaillé et si oui, avec des regrets qu'ils n'existent pas ?*
Oui, bien sûr, notamment le dernier volet du *Genre humain*. Un projet complètement fou qui devait raconter le destin d'une pléiade de personnages, de la préhistoire de l'humanité jusqu'à nos jours, du big-bang originel jusqu'à la destruction finale de notre planète. Mais *Les Parisiens*, le premier volet de la trilogie, a été un tel « bide-bang » comme aurait dit Bernard-Henri Lévy, que cette fresque ne verra jamais le jour. Dommage : ce film devait être une succession de scènes d'anthologie, de la mort du Christ à celle de Van Gogh. Cela devait être, pour paraphraser Victor Hugo, une véritable *Légende des siècles*. Et parmi les regrets, une séquence à la fois très drôle et très émouvante entre Hugo, justement, et Dumas à Guernesey. Vous avez là deux géants de la littérature, l'un très riche, l'autre totalement ruiné, qui évoquent leur œuvre, leurs femmes, etc. À lui seul, cet affrontement entre les deux hommes pourrait faire un film, ou une pièce de théâtre. Mais n'ayons pas trop de regrets. La vie continue et, comme le disait Borges, qui sait si finalement « tout échec n'est pas une victoire déguisée » ?

# Box-office

| | année | nombres d'entrées (France) |
|---|---|---|
| UN HOMME ET UNE FEMME | 1966 | 4 269 336 |
| L'AVENTURE C'EST L'AVENTURE | 1972 | 3 815 486 |
| ITINÉRAIRE D'UN ENFANT GÂTÉ | 1988 | 3 254 529 |
| LES UNS ET LES AUTRES | 1981 | 3 234 586 |
| VIVRE POUR VIVRE | 1967 | 2 936 039 |
| LE VOYOU | 1970 | 2 431 305 |
| TOUT ÇA… POUR ÇA ! | 1993 | 1 850 007 |
| IL Y A DES JOURS… ET DES LUNES | 1990 | 1 481 621 |
| VIVA LA VIE ! | 1984 | 1 453 707 |
| UN HOMME QUI ME PLAÎT | 1969 | 1 391 524 |
| LA BONNE ANNÉE | 1973 | 1 373 322 |
| LA VIE, L'AMOUR, LA MORT | 1968 | 1 312 749 |
| SI C'ÉTAIT À REFAIRE | 1976 | 1 312 267 |
| HOMMES FEMMES : MODE D'EMPLOI | 1996 | 1 255 515 |
| LE CHAT ET LA SOURIS | 1975 | 1 110 812 |
| LE BON ET LES MÉCHANTS | 1975 | 1 090 678 |
| ROBERT ET ROBERT | 1978 | 1 020 933 |
| LES MISÉRABLES | 1994 | 990 239 |
| PARTIR REVENIR | 1985 | 880 261 |
| ÉDITH ET MARCEL | 1983 | 875 787 |
| TOUTE UNE VIE | 1974 | 725 882 |
| À NOUS DEUX | 1979 | 686 038 |
| ATTENTION BANDITS | 1987 | 644 413 |
| LA BELLE HISTOIRE | 1992 | 571 040 |
| UN HOMME ET UNE FEMME : VINGT ANS DÉJÀ | 1986 | 469 352 |
| UNE POUR TOUTES | 2000 | 421 302 |
| AND NOW… LADIES & GENTLEMEN | 2002 | 399 470 |
| SMIC SMAC SMOC | 1971 | 294 305 |
| MARIAGE | 1974 | 292 949 |
| UN AUTRE HOMME, UNE AUTRE CHANCE | 1977 | 287 259 |
| LES PARISIENS | 2004 | 198 547 |
| UNE FILLE ET DES FUSILS | 1964 | 195 430 |
| HASARDS OU COÏNCIDENCES | 1998 | 176 706 |

# Les projets non aboutis

## LA VIE DE CHÂTEAU

C'est l'un des projets abandonnés qui a été le plus loin, puisque nous avons tourné une semaine. Mais le film s'engageait mal et je sortais de l'échec du *Propre de l'homme*. J'ai préféré passer l'éponge.
(Voir Les Scopitones, p. 46-47)

## LE SOLEIL SE LÈVE À L'OUEST

Après le succès de *Un homme et une femme*, j'ai voulu enchaîner tout de suite. Mnouchkine, qui était en contrat avec les Artistes associés, avait envie de travailler avec moi : « Nous faisons le film que vous voulez. Je ne peux pas vous dire mieux. Je me permets de vous donner 8 % du film quoi qu'il arrive. » Un Seigneur ! Je lui raconte alors le scénario du *Soleil se lève à l'Ouest*.

C'est l'histoire d'un petit Juif qui n'a pas réussi, joué par Jean-Louis Trintignant. Le type est employé. Il ne sait rien de ses parents, qui sont morts dans les camps. Un jour, il rencontre quelqu'un qui les a connus dans le train de la mort. Il apprend que son père n'a pas été gazé mais tué froidement par le commandant du camp. Il décide alors de retrouver l'assassin de son père, qui se cache en Amérique du Sud. Le film devait être un road movie, un film d'aventures avec des fausses pistes… et en même temps brosser le portrait d'un homme qui se révélait à lui même. Il trouvait tout au cours de son périple : l'amour, le pays où il avait envie de vivre, la musique… tout sauf le type.

Je suis parti pour un mois de repérages au Brésil avec Mnouchkine. Nous avons commencé à dépenser de l'argent, à construire des décors, à faire des repérages caméra… Mais quand nous sommes revenus en France, Trintignant n'avait plus envie de faire le film. Il craignait que nous refassions le même film après le succès de *Un homme et une femme*. Par superstition, j'ai préféré tout laisser tomber plutôt que de chercher un autre comédien. Mnouchkine, qui était un vrai gentleman, a accepté de me laisser trois semaines pour lui écrire une nouvelle histoire. Ça a été *Vivre pour vivre*…

## L'HÔTEL

À l'époque de *Si c'était à refaire*, j'avais envie d'un film dont l'intrigue se déroulerait entièrement dans un hôtel. L'endroit représente un microcosme de l'humanité qui réunit dans un même lieu ses privilégiés et ses esclaves. Les employés sont les esclaves et les clients veulent être traités comme des rois. Riches et pauvres ! Les employés connaissent parfaitement les clients, quand ils font les chambres notamment. Les draps d'un lit parlent, m'avait dit un jour la femme de ménage du *Carlton* avec qui j'avais sympathisé. Bien sûr, les employés sont payés pour ne pas vous voir, mais en réalité c'est faux. Ils portent un jugement sur chaque client, à tel point que si ça se savait, personne ne mettrait plus les pieds dans un hôtel. C'était un point de départ extraordinaire, à la condition de filmer l'histoire sur une année pour mieux développer les rapports de pouvoirs et de hiérarchie qui existent. Je voulais y ajouter une intrigue policière, un crime qui contraint tout le monde, clients et employés, de rester. J'avais l'histoire, j'avais les comédiens. Mais il me fallait bloquer un hôtel pendant un an à cause des changements de saisons. Impossible d'en trouver un qui me plaise et qui soit disponible pendant une année entière. J'ai envisagé de faire construire le décor en studio, sur le grand plateau F, à Éclair. Le budget de la construction s'élevait à 6 ou 7 millions de francs de l'époque. J'en ai parlé à un ami architecte, Pierre Rousseau, qui m'a dit que pour un million de plus, je

Décor pour *L'Hôtel*.

pouvais avoir un véritable hôtel. Mais faire un hôtel en studio, ça dure deux mois. Un vrai, avec les autorisations administratives, ça prend trois ans. J'ai fait construire cet hôtel près de Deauville, à Tourgeville. Mais dans l'intervalle, je suis passé à autre chose. Quand l'hôtel a été prêt, je n'avais plus envie de tourner le film. *L'Hôtel* est un sujet que je reprendrai un jour. J'ai désormais le décor et je peux le bloquer pendant un an.

## VENDREDI 13/UN HOMME ET UN BATEAU

Le projet date de 1972. Le film devait raconter l'aventure d'un homme et d'un bateau, encore une métaphore, cette fois sur la solitude et le courage : si vous avez un bon bateau, vous traversez toutes les tempêtes. Un peu sous la forme d'une fable, le film devait raconter la bataille d'un homme seul sur l'Atlantique, sa relation avec son bateau. La traversée en solitaire, avec ses creux de 20 ou 30 mètres, est une véritable épreuve. La technologie jouait un rôle, mais surtout l'utilisation du vent. Sur un bateau, il faut retourner sa veste en permanence et sympathiser sans cesse avec le vent, qui véritablement vous dirige. C'était un autre sujet du film : il nous faut obligatoirement composer, quitte à ne plus être en accord avec nos convictions à un moment donné.
Nous vivions tous un peu à Saint-Nazaire, où le bateau était construit. Nous avions loué une maison et tout le monde y logeait. Ensuite arrivait le voyage en solitaire, puis le triomphe et la gloire, ce que n'aiment pas les vrais solitaires.
J'ai tourné avec Caroline Cellier, Charles Gérard et Jean-Yves Terlain. Mais je me suis vite aperçu qu'il aurait fallu que je prenne un acteur professionnel, comme Jacques Perrin dans *Les Quarantièmes Rugissants*. Mais un acteur n'aurait pas pu parcourir l'Atlantique en bateau. De plus, le *Vendredi 13* n'a pas fonctionné comme nous le pensions. Il est arrivé à la deuxième place. Le film me faisait peur. J'ai senti que je faisais fausse route, que je n'étais pas la hauteur du projet. Restent les scènes tournées, la préparation, la construction et le départ du bateau, ainsi que son arrivée. Plus d'un mois au total. J'ai tourné en inversible 16 et nous aurions faits des raccords en 35 mm. Il faudra que je montre un jour les images dans le bonus d'un DVD.

ET AUSSI...

## LE JOURNAL D'UN HOMME DE CHAMBRE

Le sujet s'inspirait de l'affaire Cicéron. Il parlait d'un domestique qui travaillait pour un ambassadeur.

## LE VIEUX

C'est le projet que j'ai eu avec Gabin. Je n'en ai jamais trouvé la chute.

## BIG BOSS

J'y ai pensé juste après *Un homme et une femme*. Le film aurait raconté l'histoire d'une sorte d'Howard Hughes devenu très riche après avoir vendu sa compagnie d'aviation. Il est joueur, il vit à Las Vegas, il s'ennuie et ne sait pas quoi faire de son argent. Il décide alors d'ouvrir une maison de paris spéciale : « Venez parier sur ce dont vous êtes sûrs, je vous parie le contraire. Sur la fidélité de votre femme par exemple. » Les paris sont fixés à un niveau très haut, un million de dollars. Et pendant six mois, le type vous prouve que vous aviez tort, que votre femme par exemple pouvait parfaitement vous tromper. Un dictateur craignait la révolution dans son pays. Il pariait 50 millions de dollars sur la guerre civile. Et le Big Boss arrangeait le coup, en augmentant tout le monde et en arrangeant les affaires du pays. C'était une comédie qui montrait un personnage pensant qu'on pouvait tout acheter avec de l'argent, ce qui se révélait bien sûr faux à l'arrivée. Orson Welles m'avait donné son accord pour le rôle principal. Il avait adoré le personnage, un peu Kane, un peu Arkadin. Mais d'autres sujets ont chassé celui-ci, comme souvent avec tous ces projets. Une idée bouffe l'autre. Celui-là aussi, j'aimerais le reprendre.

## LES ENFANTS DU FORGERON N'ONT PAS PEUR DES ÉTINCELLES

Au travers d'une famille, le film devait décrire deux mille ans de fête pendant lesquels les gens se réconcilient, se disputent, essaient d'oublier ou prennent de bonnes résolutions... Son histoire ne se déroulait que pendant des nuits du Nouvel An à partir de l'an un. Deux mille ans d'histoire au travers des bulles de champagne ! Philippe Torreton était au cœur du film et tenait plusieurs rôles. Il commençait au début en Jésus sur la Croix, puis devenait ensuite forgeron dans une vie d'après, en forgeant une croix. À chaque fois qu'il tapait sur le Christ, ça lui faisait mal... Les générations de forgeron se succédaient jusqu'à ce qu'il n'y ait plus de forgeron, quand les chevaux vapeurs arrivent. Comme dans les *Ricochets*, le troisième volet de la trilogie. J'avais pratiquement une vingtaine de séquences, les intervalles se rapprochant avec le XXe siècle.

## UN DOCUMENTAIRE SUR LE BOXEUR JO GONZALES

C'était un vrai boxeur qui avait remporté la médaille d'argent aux Jeux olympiques. Le film devait le suivre du jour où il est espoir jusqu'aux championnats du monde. Mais Jo Gonzales s'est arrêté aux championnats d'Europe, et le film avec lui. Nous étions à Turin, et j'ai senti alors que j'allais être obligé de faire faire à l'acteur des choses qui n'étaient pas authentiques. J'idéalisais. J'avais Marcel Cerdan dans la tête, et Gonzales n'était pas Cerdan.

# Claude Lelouch producteur

Après le succès de *Un homme et une femme*, j'ai eu envie de produire les projets de jeunes metteurs en scène. J'avais moi-même ramé et je savais que l'argent dont je disposais désormais pouvait permettre de débloquer certaines situations. Je me suis donc lancé sur des films qui ne rentraient pas dans les cadres commerciaux du moment. Sur trois films, *Les Gauloises bleues*, *Une infinie tendresse* et *L'Américain*, j'ai pu travailler avec les Artistes associés. Mais les projets n'étaient pas aisés, pas plus que celui d'Abel Gance[1] ou celui de Nadine Trintignant. Idem pour *Far West*, le film de Jacques Brel que personne ne voulait faire…

Mathilda May dans *Le Voleur et la Menteuse*.

Gérard Darmon dans *Le Voleur et la Menteuse*.

*S'agissait-il de projets que vous sollicitiez ?*
Non, les gens venaient me voir en sachant que je pouvais être intéressé. Nadine avait vécu un drame personnel avec Jean-Louis, dont j'étais très proche. Et puis j'ai le sens de l'amitié. J'ai renvoyé l'ascenseur à des assistants qui m'avaient beaucoup aidé, comme Paul Boujenah sur *Le Voleur et la Menteuse*, Alain Maline ou Claude Barrois. Je n'ai jamais produit pour de bonnes raisons, comme un producteur normal qui veut faire de l'argent systématiquement.

*Étiez-vous un producteur très présent sur les plateaux ?*
Non, je fichais la paix au réalisateur car dès que je me présentais, je le paniquais. Il sentait que je lui coupais ses fonctions et il était mal à l'aise.

*Les films que vous avez produits n'ont pas marché…*
Si, si, certains. *Ça n'arrive qu'aux autres* a bien marché. *Molière* est devenu un classique, il s'est rentabilisé récemment malgré son coût élevé et ses dépassements budgétaires. Mais surtout, je me suis aperçu que ces films ne m'avaient pas donné de bonheur. Quand je produisais, je voyais le film qu'il fallait faire à la place du metteur en scène…

*Même sur* Molière *?*
Même sur *Molière* ! Et même si je n'ai rien dit à Ariane Mnouchkine. Je pensais par exemple qu'elle ne montrait pas suffisamment Molière. J'ai fait de la production en n'étant pas vraiment heureux. Si j'interviens auprès du réalisateur, je ne suis pas un bon producteur. Et si je n'interviens pas, je prévois les désastres sans les prévenir. Or, un producteur est un type qui intervient pour bloquer les désastres en amont. Sur Gance, au bout de trois jours, je voyais la catastrophe arriver. Trop metteur en scène, je suis un mauvais producteur, sauf pour Claude Lelouch !

Philippe Caubère dans *Molière*.

*Vous revenez aujourd'hui à la production ?*
Pour renouer avec cette idée de trouver le film que les autres n'ont pas trouvé. Personne ne voulait venir sur le projet de Bernard Werber, même en coproduction, alors que Bernard a un univers très personnel. Mais tout le monde avait peur. Le tournage devrait débuter à l'automne 2005.

1. Voir le thème Abel Gance, page 108.

## PRODUCTION

**1967**
*Les Gauloises bleues* de Michel Cournot

**1968**
*L'Indiscret* de François Reichenbach
*Benito Sereno* de Serge Roulet

**1969**
*Sept jours ailleurs* de Marin Karmitz
*Clair de Terre* de Guy Gilles

**1970**
*L'Américain* de Marcel Bozzuffi
*Ça n'arrive qu'aux autres*
de Nadine Trintignant
*Camarades* de Marin Karmitz
*Une infinie tendresse* de Pierre Jallaud

**1971**
*Far West* de Jacques Brel

**1972**
*Comme dans la vie* de Pierre Willemin
*Les Soleils de l'île de Pâques*
de Pierre Kast

**1979**
*Molière* d'Ariane Mnouchkine
*Alors, heureux ?* de Claude Barrois,
Pierre et Marc Jolivet

**1984**
*Ni avec toi, ni sans toi* d'Alain Maline

**1994**
*Le Voleur et la Menteuse*
de Paul Boujenah

## DISTRIBUTIONS

**1968**
*Les Pâtres du désordre*
de Nikos Papatakis

**1969**
*J'ai même rencontré des Tziganes heureux* d'Alexandar Petrovic

**1970**
*Macunaíma* de Joachim Pedro de Andrade

**1971**
*Bonaparte et la Révolution* d'Abel Gance

**1972**
*Une journée d'Ivan Denisovitch*
de Caspar Wrede

**1975**
*Les Ordres* de Michel Brault

# Les 100 films

## QUI M'ONT DONNÉ LA CHAIR DE POULE

Marc Allégret, *Entrée des artistes*
Woody Allen, *Annie Hall*
Robert Altman, *MASH*
Jean-Jacques Annaud, *Coup de tête*
Denys Arcand, *Les Invasions barbares*
Claude Autant-Lara, *La Traversée de Paris*

Juan Antonio Bardem, *Grand Rue*
Jacques Becker, *Touchez pas au grisbi*
Jacques Becker, *Le Trou*
Busby Berkeley, *42nd Street*
Raymond Bernard, *Les Misérables*
Richard Brooks, *De sang-froid*
Robert Bresson, *Un condamné à mort s'est échappé*

James Cameron, *Titanic*
Marcel Carné, *Le jour se lève*
André Cayatte, *Nous sommes tous des assassins*
Charlie Chaplin, *Le Cirque*
Christian-Jaque, *Fanfan la Tulipe*
René Clément, *Le Père tranquille*
Henri-Georges Clouzot, *Le Corbeau, Quai des Orfèvres*
Joel et Ethan Coen, *Fargo*
Francis Ford Coppola, *Le Parrain 2*
Costa-Gavras, *Z*
George Cukor, *Les Girls*
Michael Curtiz, *Les Aventures de Robin des Bois*

Jacques Demy, *Les Parapluies de Cherbourg*
Vittorio De Sica, *Le Voleur de bicyclettes, Sciuscia*
Michel Deville, *La Maladie de Sachs*
Walt Disney, *Blanche-Neige et les sept nains*
Stanley Donen, *Chantons sous la pluie*
Jean Dréville, *La Cage aux rossignols*

Clint Eastwood, *Sur la route de Madison*

Blake Edwards, *La Party*
Pierre Etaix, *Le Soupirant*

Federico Fellini, *La Strada*
Victor Fleming, *Autant en emporte le vent*
John Ford, *La Chevauchée fantastique*
Milos Forman, *Amadeus*

Abel Gance, *Napoléon*
Pietro Germi, *Divorce à l'italienne*
Jean-Luc Godard, *À bout de souffle*
Sacha Guitry, *Si Versailles m'était conté*

Howard Hawks, *Rio Bravo*
George Roy Hill, *Butch Cassidy et le Kid*
Alfred Hitchcock, *Fenêtre sur cour*
John Huston, *African Queen*

Jean-Pierre Jeunet, *Le Fabuleux Destin d'Amélie Poulain*

Mikhaïl Kalatozov, *Quand passent les cigognes*
Elia Kazan, *America America*
Buster Keaton, *Le Mécano de la générale*
Stanley Kubrick, *2001 l'Odyssée de l'Espace*
Akira Kurosawa, *Dersou Ouzala*

David Lean, *Brève Rencontre*
Patrice Leconte, *La Fille sur le pont*
Mike Leigh, *Vera Drake*
Ernst Lubitsch, *To Be or Not to Be, Le ciel peut attendre*
David Lynch, *Elephant Man*

Leo McCarey, *La Soupe aux canards*
Jean-Pierre Melville, *L'Armée des ombres*
Vincente Minnelli, *Tous en scène*
Mario Monicelli, *Le Pigeon*

Mike Nichols, *Le Lauréat*

Ermano Olmi, *L'Arbre aux sabots*
Max Ophüls, *Le Plaisir*

Marcel Pagnol, *La Femme du boulanger*
Arthur Penn, *Bonnie and Clyde*
Aleksander Petrovic, *J'ai même rencontré des Tziganes heureux*
Roman Polanski, *Le Pianiste*
Otto Preminger, *Laura*

Nicholas Ray, *La Fureur de vivre*
François Reichenbach, *Les Films mexicains*
Karel Reisz, *Samedi soir, dimanche matin*
Jean Renoir, *La Grande Illusion*
Alain Resnais, *Mon oncle d'Amérique*
Dino Risi, *Les Monstres*
Eric Rohmer, *Ma nuit chez Maud*
Roberto Rossellini, *Le Général Della Rovere*

Carlos Saura, *Carmen*
Claude Sautet, *Les Choses de la vie*
Ettore Scola, *Nous nous sommes tant aimés*
Martin Scorsese, *Raging Bull*
Volker Schlöndorff, *Le Tambour*
Kaneto Shindô, *L'Île nue*

Jacques Tati, *Jour de fête*
Bertrand Tavernier, *Capitaine Conan*
Pascal Thomas, *Mercredi, folle journée !*
Giuseppe Tornatore, *Cinema Paradiso*

Agnès Varda, *Jacquot de Nantes*

Raoul Walsh, *Gentleman Jim*
Peter Weir, *Le Cercle des poètes disparus*
Orson Welles, *Citizen Kane*
Billy Wilder, *Sunset Boulevard, La Garçonnière, Stalag 17*
Robert Wise, *West Side Story*
William Wyler, *Ben-Hur*

Darryl F. Zanuck, *Le Jour le plus long*

# Revue de presse

### 1960 / LE PROPRE DE L'HOMME

On sera, de toute façon sensible à l'humour de Lelouch, à son coup d'œil aigu sur le réel, sur la vie, sur les gens : c'est avec poésie et tendresse qu'il nous entraîne et sans la moindre intention apparente de démonstration. Guy Allombert, **Télé Revue**

La caméra de Lelouch multiplie les exercices d'acrobatie, les prodiges de mouvement. D'un bout à l'autre du film, avec une vivacité déconcertante, elle se faufile dans la foule des boulevards et des grands magasins, saisit un geste, un regard, et détale aussitôt dans des travellings sans fin. Jean Collet, **Télérama**

Quant au *Propre de l'homme*, de Claude Lelouch, si c'est cela l'avant-garde, retournons vite au *Chien andalou*. Rien : le film d'amateur classique, avec ses tics, ses gags laborieux, ses cabotinages techniques, son écœurante sensiblerie. Morvan Lebesque, **L'Express**

### 1962 / L'AMOUR AVEC DES SI

Il y a du cinéma-vérité, du ciné-reportage, de la caméra stylo, du cinéma tout simple, et du bavardage visuel. Mais le fait est que l'on ne s'ennuie presque jamais, on s'amuse quelquefois, on est intéressé. Ce n'est déjà pas si mal.

Michel Duran, **Le Canard enchaîné**

Ce qui manque à Lelouch pour égaler Godard, c'est l'émotion. L'on dirait, au contraire, que chaque image est le fruit d'une impulsion irrésistible. Mais Lelouch est comme grisé par l'amour quasi narcissique qu'il voue à ses images. L'éblouissement passé, c'en est brossé de ce que cette passion trop envahissante dessèche l'œuvre. Madeleine Garrigou-Lagrange, **Témoignage Chrétien**

Ce film ironique, agaçant, coquet, amusant, finit par nous en dire beaucoup plus long que les grands « Cayatte » sur la justice, la police, la fragilité des apparences humaines, la responsabilité diffuse de la société dans l'histoire d'un crime.

Jean-Louis Bory, **Arts**

### 1964 / UNE FILLE ET DES FUSILS

L'avantage de Lelouch sur les dinosaures du cinéma français, c'est qu'il sait – au moins – se servir d'une caméra, qu'il n'est pas insensible au monde qui l'entoure, et aux changements qui s'y opèrent. On a beau tempêter contre le « yé-yé », il représentera toujours un phénomène social plus digne d'intérêt que les gabinades ou autres roucoulements d'acteurs sur le retour, qui seuls ont la faveur des producteurs. Henry Chapier, **Combat**

C'est le film de la génération spontanée du cinéma. Le film que feront vos enfants à dix ans quand vous les aurez laissés tous les jours trois heures devant la télévision. Le film des bébés-robots qui naissent désormais avec des rouleaux de pellicule à la place du cerveau et du cœur. Jean Collet, **Télérama**

Une telle histoire, logiquement, devrait bénéficier de l'attention sympathique de tous les éducateurs. N'est-elle pas exemplaire ? Seulement, tout n'est pas si simple. Car, d'évidence, la tuerie finale est plaquée, par prudence et sans conviction, sur ce qui la précède. Et le style de Lelouch, à cette minute, se relâche et tourne à la parodie : nul n'y croit plus, lui le premier... Jean Rochereau, **La Croix**

### 1966 / UN HOMME ET UNE FEMME

La délicatesse, la tendresse qui s'exprimaient par intermittence mais trop vaguement au cours de ses tentatives précédentes, nous sont révélées aujourd'hui dans leur plénitude. Ces qualités suffisent pour créer un ton. Louis Chauvet, **Le Figaro**

Il ne manque à Lelouch aucune qualité d'opérateur ou de reporter, mais l'essentiel de ce que l'on attend d'un créateur, fût-il romancier, musicien ou peintre : à savoir, une idée originale et personnelle sur le monde, les êtres, les choses ; un regard curieux, aigu, inquisiteur qui prouve qu'il lui arrive de s'interroger sur la vie, sur l'art ou l'amour, s'il le préfère (et – ici – il le pouvait !). Henry Chapier, **Combat**

Tendresse et humour ne sont que les manifestations extérieures d'un amour que l'on sent profond et grave. Il faut sans doute être naïf comme le sont bien peu de réalisateurs français pour jouer ainsi avec les bons sentiments et réussir : ce qu'on trouve si souvent chez certains Américains, chez certains Soviétiques, c'est cette naïveté dont je complimente résolument Lelouch… Paul-Louis Thirard, **Positif**

### 1967 / VIVRE POUR VIVRE

*Vivre pour vivre*, je l'aime aussi dans ses excès et ses défauts. Il y a des séquences franchement loupées – le Vietnam, le Congo – mais on n'arrête pas un bélier dans sa course, on ne reproche pas à un torrent son impétuosité. Il faut accepter Lelouch tel qu'il est, génial et brouillon, comme les grands lyriques, dans son refus de se limiter, de se soumettre aux contraintes, dans sa recherche désespérée d'un cinéma fou. Michel Aubriant, **Candide**

Il faut bien se rendre à l'évidence : si Godard fait du cinéma avec sa tête, Lelouch en fait avec ses tripes. Tous les deux sont le « jeune » cinéma français, tous les deux parlent de leur époque et des problèmes posés aux hommes de 1967. Il est symptomatique que dans *La Chinoise*, comme dans *Vivre pour vivre* revienne le Vietnam, traité par Godard au niveau du raisonnement politique, par Lelouch an niveau de la sensibilité… Guy Daussois, **Le Populaire**

La beauté, quand elle vous jette ainsi au travers de la figure, sans ménagement et sans complaisance, toute l'horreur de notre temps, la faiblesse et la folie de l'homme moderne, la mort partout présente et l'amour menacé, cela s'appelle tout simplement la vérité, cette vérité de la vie qui ne se résume pas à des images saisies au vol, mais qui est un tissu sans fin dont on ne peut détacher une maille sans défaire toute la chaîne. Michel Capdenac, **Les Lettres françaises**

### 1968 / LA VIE, L'AMOUR, LA MORT

Plaider contre la peine de mort, cela veut dire, hélas ! en règle générale, plaider pour le criminel sans trop se souvenir des victimes, décrire les crimes avec toute la pudeur possible et le châtiment avec une tonitruante impudeur. Il doit exister un moyen plus équitable et plus efficace de faire avancer le débat ! Lelouch, comme beaucoup de ses devanciers, confond le principe (discutable) de la peine et les conditions (barbares) de son application. Louis Chauvet, **Le Figaro**

En mettant sa boulimie d'images au service d'une cause, il réussit à prouver qu'il n'était pas seulement un habile enfant aux sortilèges, le chantre superdoué des amours de veufs (*Un homme et une femme*) ou de l'adultère itinérant (*Vivre pour vivre*). Claude Veillot, **L'Express**

Sa dénonciation, Lelouch l'a rendue doublement féconde : en ne l'affirmant jamais vraiment comme telle : en tournant son film avec le concours de policiers, de juges, d'avocats, d'aumôniers qui tous, en le voulant ou pas ont eux aussi dénoncé par leurs gestes l'arbitraire, le ridicule sanglant de la peine de mort et du rôle qu'elle leur fait tenir. Sébastien Roulet, **Télérama**

### 1969 / UN HOMME QUI ME PLAÎT

Habile, presque trop habile Claude Lelouch. Mais il est sincère aussi et je plains ceux qui ne ressentiront pas cette sincérité comme une blessure personnelle. Oui, il y a bien du talent dans *Un homme qui me plaît* et cette chaleur surtout qui n'appartient qu'aux hommes dont la vie a été choisie par leurs rêves d'enfants. François Chalais, **Le Journal du show-business**

Analyste, Claude Lelouch décrit la lente et dérangeante montée de la passion chez deux êtres qui croyaient se cantonner dans le plaisir. Moraliste, il nous rappelle que l'amour réclame toujours du courage et que, dans ce domaine, les femmes en ont souvent plus que les hommes. Jean de Baroncelli, **Le Monde**

Lelouch sait comment et à quel moment doser ses scènes pour émouvoir le public. Heureusement qu'il est tout de même encore plus naïf qu'habile. Le prouvent les deux ou trois derniers plans où Annie Girardot attend dans un aéroport, l'arrivée d'un homme qui ne viendra pas. L'avion s'est vidé de tous ses passagers et plus personne ne sort. Ici la comédienne, la photo, la matière même du plan font surgir une sorte de suspens sentimental. Le cinéma, sans qu'on le veuille joue parfois de drôles de tours. Bernard Cohn, **Positif**

### 1970 / LE VOYOU

Cinéma de confection peut-être. Sans ambition d'auteur. Mais cinéma moderne, dans la simplicité même de sa psychologie, et qui est le juste, et conscient reflet, de la société audiovisuelle dans laquelle nous vivons. Bref, agréable à voir, très astucieux et d'une très grande qualité dans la direction d'acteurs. Pierre Marcabru, **Le Nouveau Journal**

Les qualités du *Voyou* tiennent essentiellement à ce que le film contourne en écueils, évite en faux mouvements. Un trait de trop, une image déplacée, un rien dans l'engrenage du récit policier et le faux mouvement du scénario ou de la réalisation fait tomber le film tout entier avec chacun de ses membres et chacune de ses figures. Jean-François Abert, **La Vie lyonnaise**

Lelouch a pris une bonne histoire et – pour faire plus moderne et intellectuel – il a changé les scènes de place. Aucune zone de mystère, aucune mise en évidence réelle et efficace dans les mythes brassés dans cet ensemble, en un mot : l'apparence de superficiel du nouveau roman sans la possibilité d'accéder à la dynamique de celui-ci. Noël Simsolo, **La Revue du cinéma**

### 1971 / SMIC SMAC SMOC

L'aventure ne se borne pas à nous divertir. Elle nous touche parce que tout cela est finement observé ; nous croyons à ces personnages, nous participons à leur vie, nous ne songeons pas que les rôles sont tenus par des comédiens, tant ceux-ci, comme on dit, entrent dans la peau de leurs personnages. Georges Charensol, **Les Nouvelles littéraires**

En récupérant un thème tout de même plus à la mode depuis Mai 68, Lelouch a certes voulu lancer un pavé dans les eaux troublées du cinéma commercial où il se meut très à l'aise d'ordinaire, mais il n'a pas été jusqu'à choquer le spectateur et révolutionner des habitudes trop bien ancrées. La révolution, qui est-ce qui s'en préoccupe ? Alain Moutot, **Tribune socialiste**

Un ton populiste assez équivoque, les copains pouvant passer aux yeux des « bourgeois » pour une espèce d'animaux curieux et vaguement attendrissants, appelant la caresse plus que la répression… La caméra de Lelouch, une petite caméra portable, espiègle, qui prend ses aises et son temps, pourrait être celle d'une manière d'explorateur à prétentions ethnologiques. Xavier Salomon, **Le Progrès**

### 1972 / L'AVENTURE C'EST L'AVENTURE

L'aventure, c'est l'aventure et Lelouch, c'est Lelouch. Autrement dit, ne cherchez pas ici finesses, subtilités, un art hautain à la Robert Bresson. Mais pour du Lelouch, c'est du bon Lelouch. Dans la veine du *Voyou*. C'est-à-dire que la démagogie du sujet est plus ou moins sauvée par l'humour et surtout par le feu décontracté des comédiens qui improvisent, batifolent, en remettent, mais semblent s'amuser tellement que leur bonne humeur est contagieuse. Claude-Marie Trémois, **Télérama**

On égratigne au passage les poncifs et les snobismes contemporains. On se moque un peu des nouveaux dogmes tenus pour sacrés. On raille les contradictions marxistes. Preuve de courage, car l'auteur s'assure ainsi l'hostilité de plusieurs clientèles. Il va même jusqu'à s'offrir comme une sorte d'anti-Godard. Chauvet, **Le Figaro**

On frise la culbute avec la scène de l'enlèvement du Pape : il est des sujets et des personnes dont l'intrusion dans un film comique, même sans intention ironique, est d'un irrespect qui n'ajoute rien à l'œuvre. Colette Boillon, **La Croix**

## 1973 / LA BONNE ANNÉE

Claude Lelouch quelle réussite ! Puisque vous considérez *La Bonne Année* comme votre « premier vrai film », j'écris moi que votre entrée dans le vrai cinéma est aujourd'hui fulgurante. Robert Monange, **L'Aurore**

Qu'est-ce qui produit ce petit miracle ? Un ton de psychologie légère que sait donner Claude Lelouch à tout ce qu'il fait. Une certaine manière d'utiliser la caméra, très détendue, toujours à l'affût de la « prise » originale. L'enthousiasme de cinéphile que démontre le jeune metteur en scène se transmet aux images, les euphorise et les vivifie. Louis Chauvet, **Le Figaro**

Une vraie leçon de cinéma qui mêlerait l'émotion d'*Un homme et une femme* sans le chabadabada, l'habileté du *Voyou* sans la sécheresse, la décontraction de *Smic*... sans le débraillé. Plus riche, plus accomplie, plus intelligente, plus profonde, c'est l'œuvre la plus personnelle de son auteur. Gilles Jacob, **L'Express**

## 1974 / TOUTE UNE VIE

« Prendre distance » est tout ce que doit détester Lelouch : il aime se plonger la tête la première dans les événements, dans ses histoires et dans les histoires des autres. Apparemment sans réfléchir, mais les yeux grand ouverts. Sa caméra, qui restitue les événements, est son troisième œil. Et il faut reconnaître que celui-ci est souvent « fertile » et inventif... Hervé Guibert

Lelouch, sous un faux modernisme et avec une certaine adresse (dérivant de son meilleur côté artisanal ; il sait mettre la main à la pâte comme opérateur, il a parfois des *moments* heureux, quelques instants, quelques souffles qui résonnent juste), n'a jamais fait que réaliser l'équivalent cinématographique de la presse du cœur ! Albert Cervoni, **France Nouvelle**

Sacha Guitry remontait les Champs-Élysées. Claude Lelouch, qui sachaguitryse, fait le tour du monde. Beaucoup de détails sont amusants, mais l'ensemble ne comble pas le public. Celui-ci en a plein la vue et les oreilles, mais le cœur et le cerveau ne sont jamais atteints. Claude Lelouch ou le Giscard de la caméra. Michel Duran, **Le Canard enchaîné**

## 1974 / MARIAGE

Même s'ils reflètent une certaine vérité, on a du mal à s'attacher à ces cloportes englués dans leur existence marécageuse. Un robinet qui vibre pendant trente ans, une fenêtre qui refuse de s'ouvrir, les « patins » dont la maîtresse de maison a rendu l'usage obligatoire, le sablier qui limite les conversations téléphoniques, les mastications bruyantes, les invectives, la méchanceté d'Henri, les frustrations de Janine, le réalisme impitoyable avec lequel Rufus et Bulle Ogier jouent leurs personnages, tout cela crée une atmosphère oppressante, déprimante, comparable à celle de certains récits de Simenon Jean de Baroncelli, **Le Monde**

Cette farce est drôle et acérée comme une caricature de Daumier. Elle est si vraie qu'il est peu de couples qu'elle ne viendra, à un moment ou à un autre, atteindre de ses traits. Pierre Billard, **Le Journal du Dimanche**

Rien d'aussi impitoyablement destructeur, sur le couple, n'avait été dit depuis *La Poison* de Guitry, dont Lelouch reprend le genre de générique. José Bescos, **Pariscope**

## 1975 / LE CHAT ET LA SOURIS

Lelouch sait faire parler ensemble, se taire ensemble, s'épauler, quoi ! devenir complices les gens qui s'aiment, copains ou amis, amis ou amants. S'aimer peut aussi, bien entendu, vouloir dire se chamailler, s'opposer au besoin, mais cherchez bien : l'amour, l'amitié au pire, rôdent dans les coins. Henry Rabine, **La Croix**

On ne chicanera pas Lelouch sur l'invraisemblance de ce « suspense » de charme. Il est évident, ne serait-ce que par ce choix du titre, qu'on nous propose un jeu : le climat des scènes, celui des rapports entre les personnages, et la liberté poétique de la caméra dévorant les rues de Paris n'obéissent guère à la tension, d'un thriller. Henry Chapier, **Le Quotidien de Paris**

Cinéaste commercial, Lelouch est aussi un cinéaste opportuniste et gentillet. Pour serrer de près l'actualité, il montre un flic en ménage avec une pute, un molosse dressé à attaquer les gens, un décès suspect officiellement maquillé en crime gauchiste. Mais, toutes ces choses révoltantes, il les montre de façon anodine, sans intention accusatrice, comme pour les faire admettre au public. Jean-Paul Grousset, **Le Canard enchaîné**

## 1975 / LE BON ET LES MÉCHANTS

De quatre années de cris, de fureurs, de drames et de passions, ne reste finalement dans *Le Bon et les Méchants* que le décor d'un thriller amusant et dérisoire. C'est peut-être cela la vraie « moralité » de ce film. L'impitoyable nivellement du temps. Jean de Baroncelli, **Le Monde**

Lelouch ne traite pas de l'Occupation par l'indignation et la véhémence, pas davantage par « le chagrin et la pitié ». Il en traite par l'humour, la dérision et finalement l'ambiguïté. Tout comme Louis Malle dans *Lacombe Lucien*. Julien Malte, **Aspects de la France**

Lelouch historien et philosophe, c'est le Griffith du scopitone, le Godard du photo-roman. Son œuvre est un interminable et monotone boulevard du crépuscule des idéologies. Dire qu'il est réactionnaire ne serait pas exact : ce serait laisser croire qu'il exprime consciemment un point de vue délibéré. Non, tout simplement, son analphabétisme politique fait de lui un baladin rêvé de l'idéologie dominante, un amuseur idéal du bon peuple en sommeil, un démagogue parfait de l'inconscient collectif poujadiste. Marcel Martin, **Écran**

## 1976 / SI C'ÉTAIT À REFAIRE

Le charme de Lelouch tient à ce négligé, à cette façon de mélanger le thriller et l'intimisme, de mettre au même menu le champagne trafiqué du viol et la langouste grillée de l'amour maternel. Et après tout, vive le mélodrame où Margot peut sourire... Michel Flacon, **Le Point**

Une fois de plus, Lelouch fait preuve d'un dynamisme culotté, d'une joie de filmer le pire et le meilleur qui sont indiscutablement irrésistibles. Il faudrait avoir l'esprit bien chagrin pour ne pas s'amuser de voir Catherine Deneuve et Anouk Aimée s'ébattre en liberté surveillée dans des scènes d'improvisation qu'elles enrichissent d'étonnantes qualités de spontanéité et de sensibilité chaleureuse. Philippe Collin, **Elle**

Ne traitant absolument pas son histoire en mélodrame ou en roman-photo, Lelouch la dépouille au contraire de toute surcharge sentimentale comme de toute scorie anecdotique pour tisser autour de ses personnages un réseau de fils très purs, très ténus, et dont l'apparente fragilité est le résultat d'une écriture admirablement fluide, donnant l'impression d'une grande liberté d'improvisation tant au niveau de la technique que du jeu. Guy Braucourt, **Écran**

## 1977 / UN AUTRE HOMME, UNE AUTRE CHANCE

Les ressemblances entre le récit, le ton de ce film, et une certaine littérature picaresque du XVIIIe siècle sont surprenantes, et plutôt inattendues dans ces décors où éclate la passion du western, et de sa mythologie. *Another Man, Another Chance*, est tout à fait autre chose qu'un faux John Ford ou Howard Hawks : refusant de parler de ce qu'il ne prétend pas connaître, Lelouch transporte dans l'Ouest américain des personnages fidèles à sa sensibilité propre

Henry Chapier, **Le Quotidien de Paris**

Que de tendresse ici dans les rapports d'un père et de son fils ! Que d'invention et de poésie dans les plus discrets détails... Ses images ont les teintes dorées de l'été indien, qui sont aussi celles de l'aube d'une nation. Jamais bavard, toujours éloquent, mêlant le rire aux larmes, les locomotives d'époque aux sentiments...

François Chalais, **Le Figaro Dimanche**

Tout procès théorique fait au terrorisme naïf de Lelouch aboutirait à un non-lieu (encore). Son élan géographique ne délimite aucun territoire : le western, comme dit Cournot, est un souvenir d'enfance et l'enfance, les souvenirs d'enfance ne délimitent aucun espace précis. Caroline Champetier, **Les Cahiers du cinéma**

## 1978 / ROBERT ET ROBERT

L'apparition d'un nouveau film de Lelouch ne nous surprend pas davantage que ne surprenait, en son temps, l'annonce de la publication d'un nouveau poème de Victor Hugo. Exemple d'ailleurs fort mal choisi, car *Robert et Robert* est un film qui n'a rien d'hugolien. Il serait plutôt (il est même terriblement !) balzacien. Car il s'agit bien du gros plan de l'un des mille et un visages (ou masques) de la comédie humaine. Didier Decoin, **VSD**

Ce qui me chiffonne, c'est la moulinette-Lelouch. La ratatinoire-Lelouch. Ses personnages toujours ajustés au plus près du médiocre. Le spectateur complice vient compatir à plus moche que lui. Ah, qu'est-ce qu'on est beaux et forts, nous, à côté de ces pauvres hères qui vont à l'agence ! Victoria Thérame, **Charlie Hebdo**

Mais faut-il faire le détail, décompter les bons et les mauvais points comme les arbitres crispés d'un match de boxe ? Ce serait faire preuve d'une excessive prétention à l'égard d'une œuvre qui en est dépourvue. Stanislas Grégeois, **Télérama**

## 1979 / À NOUS DEUX

Avec jubilation, Claude Lelouch est reparti pour un tour. Voilà donc un nouveau spectacle, un nouveau roman-photo, haut en couleur, interprété par de grands comédiens, avec de belles images et de bons sentiments. Christian Bosséno, **La Saison cinématographique**

Un bon film de Lelouch, c'est comme un bon film de Truffaut. Cela fait toujours plaisir de constater que ces deux-là peuvent nous rester tels qu'en eux-mêmes. *À nous deux* est aussi habile que naïf, aussi innocent que rusé. Claire Devarrieux, **Le Monde**

Le sens et l'amour du cinéma de Lelouch font de ce film rapide, distrayant, parfois émouvant, et souvent pittoresque, un excellent spectacle. Robert Chazal, **France Soir**

## 1981 / LES UNS ET LES AUTRES

Dans sa tranche d'humanité digne des Rougon-Macquart par la complexité et le nombre de personnages, il serait vain de chercher quelqu'un qui se syndique, adhère à un parti, milite, déchire sa carte ou la reprend, a, en bref, une quelconque conscience historique le faisant se penser autrement qu'en individu coupé de tout corps social. Jean Roy, **Révolution**

Comme Béjart, qui a organisé sur le *Boléro* l'un de ses plus fameux ballets, Lelouch cherche à transformer en spectacle poétique accessible au plus grand nombre l'essence d'une époque et d'une culture. Il rencontre les mêmes ricaneurs que Béjart. Souhaitons-lui d'entraîner la même formidable adhésion.

Pierre Billard, **Le Point**

Lelouch – et nous disons cela comme un compliment – a retrouvé la démarche simplificatrice du mélodrame pour construire son film sur les mythologies sociales et émotionnelles gravées dans la mémoire collective. Jacques Siclier, **Le Monde**

## 1983 / ÉDITH ET MARCEL

Le large public qui s'est déjà laissé séduire et emporter par sa frénésie de l'image, sa course haletante au ras de ses personnages, les cordes et les cuivres de ses grands sentiments tels qu'il les revendique et les sert depuis toujours, a toutes les raisons de le suivre plus nombreux encore car l'histoire, cette fois, puise dans la nostalgie de deux idoles comme il n'en naît plus. Ni ne meurt. Et c'est bien là l'essentiel pour ce conteur bleu.

Christian Montaignac, **L'Équipe**

Lorsqu'il évoque l'amour fou de la beuglante de la Butte Montmartre promue reine de Paname pour Marcel Cerdan, paysan du Maroc sacré champion du monde de boxe, Lelouch nous comble. Jamais cet obsédé de la romance sentimentale n'aura dépeint la joie, la fougue, l'exigence de l'amour entre un homme et une femme avec une telle force. Jean-Luc Douin, **Télérama**

Quant aux médias, qui se sont roulés aux pieds d'un film qu'ils avaient renoncé à juger par avance, il est moral qu'ils aient été roulés, eux aussi (*Libé* compris). Lelouch est un cinéaste inégal, mais un as des as des médias. Lui qui a toujours souffert d'avoir peu de choses à montrer et rien à dire, il a réussi cette fois à montrer qu'il pouvait le faire dire à d'autres et pour rien. C'est une bonne leçon. Serge Daney, **Libération**

## 1984 / VIVA LA VIE !

Intrigue torchée, comédiens régalants, plaisir naïf mais physique du cinéma, tout semble convoqué pour faire de *Viva la vie !* un film estampillé « populaire ». Mais il y a, intrigant, le bonus de dinguerie kitsch en prime. Plâtres ensemble, un peu de bric, beaucoup de broc, *Viva la vie !*, c'est un peu comme une cathédrale du facteur Cheval faite cinéma. Gérard Lefort, **Libération**

Rarement film n'a été aussi troublant, aussi prenant et aussi déconcertant. On reste prostré à la fin de ces histoires, mais aussi épaté par le talent phénoménal de M. Lelouch. Ce brillant essai sur la vérité et le mensonge, la manipulation, le rêve et la réalité, est unique en son genre et consacre définitivement l'auteur comme un très grand scénariste, cadreur, réalisateur et directeur d'acteurs. Didier Christmann, **Le Parisien**

Le parcours que nous fait faire Lelouch est sinueux, excitant, mouvementé. C'est – au-delà du spectaculaire – la tentative de résoudre par l'irrationnel et le saugrenu toutes sortes de problèmes imbriqués. Son film est une sorte d'épopée intérieure qui éclate dans toutes les directions, comme un feu d'artifice. Gilbert Salachas, **Télérama**

## 1985 / PARTIR REVENIR

Au passage, on a noté des idées, qui sont de la nature de celles qu'on trouvait déjà en abondance dans *Viva la vie !* l'année dernière et qui semblent indiquer que Claude Lelouch s'engage désormais sur la voie abel-gancienne de l'imaginaire exacerbé à moins que ce ne soit sur celle, hugolienne en diable, de la dramaturgie à sensation. Michel Pérez, **Le Matin**

Il y a dans *Partir Revenir* des plans magnifiques et quelques jolis traits de mise en scène. Le revers de la médaille, c'est qu'à force d'utiliser toujours les mêmes ingrédients, on ressert indéfiniment le « même plat ». En moins bien. Martine Moriconi, **Première**

Chez Lelouch, la recherche « polyphonique » (la superposition des époques, des niveaux de réalité, la narration éclatée non linéaire) recouvre ce thème unique, bloqué. Claude Lelouch n'est pas le seul à l'avoir traité au cinéma et il est certain qu'il sait jouer avec, de manière à remuer beaucoup de choses chez le spectateur. Michel Chion, **Les Cahiers du cinéma**

## 1986 / UN HOMME ET UNE FEMME : VINGT ANS DÉJÀ

Il est très beau, ce pari sur la minute présente pour rattraper deux décennies gaspillées. Anouk Aimée et Jean-Louis Trintignant y resplendissent, timides et résolus, dans la marge d'une comédie légendaire. Et il est très beau, également, ce regard que Lelouch pose sur le rebours d'une vie. François Chalais, **Le Figaro Magazine**

Reprenant une des expressions favorites du réalisateur, Trintignant s'écrie devant une table de montage : « C'est magique ! ». En effet *Un homme et une femme : vingt ans déjà* est un film vide, et il ne reste au spectateur que l'attitude magique ou fétichiste à l'égard du cinéma : croire à la virtuosité, aux effets de style et de cinéma de l'auteur Lelouch. Joël Magny, **Les Cahiers du cinéma**

C'est du cinéma, c'est drôle, tendre, cela vit, bouge. C'est racoleur, mais on se laisse faire. Il y en a juste un peu trop. On sort légèrement patraque comme après un repas où l'on se reproche d'avoir trop mangé. Lelouch nous a bien eus. Mais pourquoi s'en défendre ? On s'est laissé faire et c'était délicieux. Annie Coppermann, **Les Échos**

## 1987 / ATTENTION BANDITS

Sur la trame d'un polar à l'intrigue somme toute très lisible, Lelouch s'est évidemment offert le plaisir de broder des rebondissements en cascade. Ça, il sait faire, et plus d'une fois, on retrouve la veine du *Voyou* ou de *La Bonne Année*. Jean-Claude Loiseau

Il est rare de rencontrer un film populaire réalisé avec un tel soin. Certes il ne s'agit peut-être pas d'une œuvre de festival, d'un mouton à cinq pattes réservé aux cinéphiles. Il est mieux que cela : un film où l'on ne s'ennuie pas un seul instant. Georges Charensol, **L'Événement du Jeudi**

Lelouch réussit le prodige de nous conter cette histoire par une interminable succession de plans inutiles. Attention : il ne s'agit pas de ces temps faibles, qui en disent souvent plus long que les temps forts, mais de temps morts. Gérard Pangon et Claude-Marie Trémois, **Télérama**

## 1988 / ITINÉRAIRE D'UN ENFANT GÂTÉ

Un homme qui place en exergue d'un film une phrase d'Albert Cohen où il est dit que « nos douleurs sont une île déserte » a évidemment pris la mesure de la cruauté et de la solitude humaines. Claude Lelouch est lucide, mais sa rage vitale l'emporte toujours. Chez lui, on rebondit, on part et on revient, chez lui, il y a toujours une autre chance et même de paisibles apaisements. Marie-Françoise Leclère, **Le Point**

Le Lelouch nouveau est arrivé. Avec des chansons cœur à cœur, du grand spectacle, une ribambelle de personnages qu'on remarque tous, un tour du monde de roman-photo, mais aussi une sorte d'examen de conscience sentimental, et la volonté bien affirmée de prendre le tournant cinématographique de la maturité. Dont acte. Jacques Siclier, **Le Monde**

Il est vain d'écraser Lelouch sous les comparaisons sentencieuses. Il est plus près de Piaf et de Bécaud que des maîtres du septième art. Et on a tort de lui reprocher sa roublardise alors qu'il joue sur les sentiments avec sincérité au point de les faire déborder. Michel Ciment, **Positif**

## 1990 / IL Y A DES JOURS... ET DES LUNES

Claude Lelouch n'est jamais aussi bien à son affaire que dans ces partitions à multiples voix dont il organise les solos, les duos et les chœurs. Manipulateur ? Sans doute. Mais il a l'élégance, et l'arrogance, de montrer les ficelles en même temps qu'il les tire, d'être partout présent dans le film, jouant les démiurges, tour à tour facétieux et terrible. Jean-Michel Frodon, **Le Point**

Claude Lelouch décrit mieux les petits drames que les grandes tragédies. Et dans *Il y a des jours... et des lunes*, la scène de rupture entre Marie-Sophie L. et Patrick Chesnais est un instant de grâce qui figurera dans une anthologie. Gérard Pangon, **Télérama**

Lelouch à la caméra est toujours un surdoué (mais une fois sur deux, à quoi sert sa virtuosité ?), il lui arrive de construire des scènes rapides qui sont éblouissantes (celle où Chesnais docteur recoud un bagarreur vindicatif). Le problème est que quand il écrit un scénario, il a toujours dix ans. Fasciné par les petits soldats, les grosses voitures, les musiques chewing-gum qui collent à l'oreille. Les drames ? Ils comptent pour du beurre, puisque la vie n'est pour lui qu'une vie, entre la vie d'avant et la vie d'après. Jean-Pierre Jeancolas, **Positif**

## 1992 / LA BELLE HISTOIRE

Nous sommes dans la grande intuition symbolique que toutes les religions se partagent, mais dont ni peintre, ni écrivain, ni prophète n'avaient ainsi capté les fulgurances. Claude Baignères, **Le Figaro**

Pour la première fois, Claude Lelouch semble avoir cru autant à la force des mots qu'à celle des images. Lui qui a secoué le cinéma français en donnant à l'image la prépondérance qui lui revenait, lui qui a démodé la Nouvelle Vague et son cinéma littéraire, comment a-t-il pu s'autoriser tant de conversations théoriques, tant de paroles ? Marc Esposito, **Studio**

Lelouch c'est à la fois Abel Gance et Barbara Cartland, c'est le courage de braver le ridicule du mélodrame pour atteindre au lyrisme du quotidien, c'est une caméra en état de grâce. Danièle Heymann, **Le Monde**

## 1993 / TOUT ÇA... POUR ÇA !

On retrouve les constructions entrelacées chères à Lelouch-le-virtuose-du-récit, sa maîtrise, intacte, de la direction complice des acteurs, son penchant, toujours aussi vif, pour les grands mouvements de caméra. Et les habituelles ritournelles. S'y ajoute, et c'est moins courant chez l'auteur d'*Un homme et une femme*, un sens de la comédie, du geste burlesque et du mot d'humour... Jean-Michel Frodon, **Le Monde**

Les figures de Lelouch plus drôles et plus féroces que d'habitude renvoient ici dans un jeu de miroirs quelques vérités qui sonnent juste comme le rire d'un garnement qui s'amuserait à regarder se déformer le raisonnement des adultes. Anne de Gaspéri, **Le Quotidien de Paris**

Fabrice Luchini, dernière recrue de la famille, est pour beaucoup dans la séduction légère de cette rengaine un peu grivoise. On n'oubliera pas de sitôt ses provocations de sale gosse trop bavard, et la « scène de la tente » remplacera très vite dans les annales l'orgasme simulé par Meg Ryan dans *Quand Harry rencontre Sally*. Julie Jordan, **L'Événement du Jeudi**

## 1994 / LES MISÉRABLES

La construction, la composition de ces *Misérables* pourra paraître fabriquée. Nous ne le croyons pas. Parce qu'elle est littéralement portée par une humanité forte et sincère. Parce que le regard du cinéaste s'appuie sur des mythes qui lui inspirent le respect et la réflexion. Populaire, parfois un peu vulgaire, le film impose une vision originale et sincère. Et finalement, ce glissement de tous les personnages au sein de quelques mythes intemporels demeure fidèle à Hugo. Pierre Berthomieu, **Positif**

Le cinéma que glorifie Lelouch et qu'il revendique pour lui-même (s'identifiant explicitement à la fois à son héros et à son art) est celui des origines, celui qui s'adressait directement aux foules, dans l'innocence arrogante de l'enfance de l'art. Puéril et mégalo, tant qu'on voudra. Mais malhonnête, non. Jean-Michel Frodon, **Le Monde**

Si Lelouch excelle à déployer ainsi les qualités d'une Shéhérazade, conteuse des conteuses, c'est qu'il s'adonne à ce qui a toujours été son grand sujet : le croisement de la fiction et de la réalité, du récit inventé par l'artiste et du récit dicté par le *fatum* d'un monde en marche, mélange de hasard et de nécessité, d'orchestration et d'improvisation. Frédéric Strauss, **Les Cahiers du Cinéma**

## 1996 / HOMMES FEMMES : MODE D'EMPLOI

Et Lelouch, comme toujours, a l'art d'imaginer une douzaine de destins qui se croisent de la façon la plus inattendue, dans les lieux les plus invraisemblables, et donc de surprendre. On s'attache vite à chacun d'eux comme s'ils faisaient partie de la famille. Renée Carton, **Le Quotidien du médecin**

Les politiques veulent nous faire prendre des vessies pour des lanternes, transformer leurs désirs en notre histoire. Les artistes, eux, font du vrai avec du faux, plus vrai que le réel dont ils se sont débarrassés une fois pour toutes. Claude Lelouch est un maître incomparable dans cette façon de sauter du rêve à la réalité en créant des ponts en trompe-l'œil.

Daniel Toscan du Plantier, **Le Figaro Magazine**

Le vrai sujet du film, c'est Tapie, un Tapie à peine décalé, un décalque tremblé de l'original que Lelouch regarderait par le trou de la serrure ou par la caméra d'un endoscope. Le face-à-face de Benoît Bernard avec les affaires, les femmes, les flics et le cancer, c'est le seul mode d'emploi d'un film dont on regrette qu'il ne se soit pas uniquement nourri de cette nature carnassière, jouisseuse et fascinante. Michel Pascal, **Le Point**

## 1998 / HASARDS OU COÏNCIDENCES

Reste un spot de pub de deux heures pour Alessandra, essentiellement gaie ou triste (selon que ses maris et ses enfants sont vivants ou morts). Une question cependant : Claude s'extasie-t-il vraiment sur sa femme ou bien sur l'extase qu'elle lui inspire ? Jean-Yves Katelan, **Première**

Lelouch pratique un cinéma de fête foraine, de train-fantôme (où la vraie tragédie parfois rôde sous les masques de carnaval), un cinéma trivial festonné de répliques à l'emporte-pièce sur le sens de la vie, les hommes et les femmes, la vérité et le mensonge, la nature qui est bien belle sous le soleil d'automne. Tout est affaire de tempo et de tonalité. Celui et celle de *Hasards ou Coïncidences* sont justes… Jean-Marie Frodon, **Le Monde**

Malgré sa tonalité souriante et ses pirouettes finales, *Hommes, femmes* me paraissait froid, traversé par l'angoisse de la mort. Au contraire, et bien que se colletant avec la force du malheur et de la mort, *Hasards ou Coïncidences* est un hymne à la vie. On reproche souvent au cinéaste la surface glacée de ses personnages, de ses intrigues, l'ambition qui vise à tirer des vérités générales sur des romans-photos. Critiques auxquelles je n'adhère pas vraiment, et qui tombent avec ce nouveau film…

Pierre Berthomieu, **Positif**

## 2000 / UNE POUR TOUTES

Procédé ô combien lelouchien, la mise en abyme – de bonnes actrices passant une audition où elles doivent se montrer mauvaises pour prouver qu'elles sont bonnes – fonctionne ici à merveille et dépasse même sa cible. Soudain, en effet, le film décolle de l'aimable comédie aventurière pour atteindre un point plus sensible et se hausser par intermittence vers une mélancolie bienvenue. Danièle Heymann, **Marianne**

*Une pour toutes* parle en fait de cela, et pas d'autre chose : le système Lelouch, avec tout ce qu'il peut avoir d'esbroufe, de besoin d'amour, de suffisance niaise. La mise en scène de sa propre mise en scène, voilà ce à quoi confusément il s'essaye, brûlant ses vaisseaux avec l'orgueil déplacé d'un enfant gâté qui sait ne pas mériter la bonne noce qu'à lui-même il s'attribue. Pascal Mérigeau, **Le Nouvel Observateur**

On sait que Claude Lelouch s'amuse quand il fait du cinéma, et que dans les meilleurs moments il communique cet amusement au spectateur. Les quatre cinquièmes de son dernier film réussissent ce pari, et c'est déjà bien agréable.

Paul-Louis Thirard, **Positif**

## 2002 / AND NOW… LADIES & GENTLEMEN

Le plus réussi ? Jeremy Irons, voleur de charme, style Cary Grant dans *La Main au collet* : il berne des joailliers candides, métamorphosé en escroc octogénaire, en vieille Anglaise ou en hippie guitariste. Le plus raté ? Tout le reste…

Pierre Murat, **Télérama**

D'Essaouira, on gardait le souvenir du tournage de l'*Othello* d'Orson Welles. Cinquante ans plus tard, on y assiste à la mise en blason des hôtels du groupe Accor et de la compagnie aérienne Royal Air Maroc, aux logos omniprésents. Cinquante ans pile. Hasard ou coïncidence ? Jean Roy, **L'Humanité**

Chez Lelouch, tout est grand. Non pas – contrairement à ce que pensent beaucoup – par fétichisation du superficiel, mais bien par cette façon de visualiser comment nos émotions peuvent s'emparer de nous jusqu'à apparaître plus grandes que la vie. C'est pourquoi le titre du dernier Lelouch, *And Now…Ladies & Gentlemen* est peut-être celui qui convient le mieux de toute sa filmo. Il porte en lui la promesse d'un grand spectacle, qui nous entraîne une nouvelle fois dans la serre lelouchienne des désirs humains… Scott Fondas, **LA weekly**

## 2004 / LES PARISIENS

Lelouch est là tout entier, à prendre ou à laisser, avec son amour pour l'amour, ses succès et ses défaites, puisqu'il n'est question d'un bout à l'autre que de cela. Alors bien sûr, le cœur balance du bon côté. Frédéric Strauss, **Télérama**

À bout d'artifices fictionnels, le réalisateur se résout donc à cette dernière extrémité : venir en personne pour rappeler le public à l'ordre, le supplier d'aimer son film, de s'éprendre de l'histoire qu'il raconte. Il y a là, au milieu d'un film indigeste, un moment de vérité absolue, une scène étonnante d'indécence et de désarroi, où se donne à voir crûment le découragement d'un cinéaste qui eut son heure de gloire et souffre d'être aujourd'hui délaissé. Florence Colombani, **Le Monde**

Lelouch use de tous les tours dont il est capable. Il retrouve parfois de sa légèreté, de son insolence – sur l'échelle Lelouch, *Le Genre humain* ne fait pas mauvaise figure – mais ses manies de moraliste, cette manière de vouloir dire le tout sur le tout plombent hélas notre plaisir. François-Guillaume Lorrain, **Le Point**

## 2005 / LE COURAGE D'AIMER

Si ce n'est pas du Dostoïevski, ce n'est pas non plus de l'eau de rose, et les surprises très calculées ressemblent assez à ces coups de pieds au cul avec lesquels les dieux aiment régir nos destins. Alain Riou, **Le Nouvel Observateur**

Il n'y a pas de tromperie sur la marchandise : on est dans l'exaltation des grands sentiments, le désir de faucher un parfum Dior ou de dévaliser les clients d'une bijouterie de la place Vendôme. Lelouch reste fasciné par les chanteuses, l'envers du spectacle, les truismes censés faire réfléchir et l'émotion suscitée par un face-à-face entre un homme et une femme, un comédien et une comédienne. Jean-Luc Doin, **Le Monde**

Un peu de narcissisme souriant (le cinéaste a la coquetterie de se filmer lui-même en cinéaste en train d'adapter un livre intitulé *Le Genre humain*), beaucoup de clins d'œil à un monde, celui du cinéma et du show-biz, aimé du grand public, des sourires, des larmes, un romantisme à peine teinté de désillusion : Lelouch sera toujours Lelouch. Annie Coppermann, **Les Échos**

# Filmographie

**1954** / **LE MAL DU SIÈCLE** / « Mon premier film ! » (CL). Un film d'amateur tourné en 8 mm à la Foire du trône. « Il mettait en parallèle les scènes de la fête et des scènes d'actualités montrant des bombardements. » **Grand prix du festival du film d'amateur de Courbevoie.** Il ne semble pas qu'il subsiste de copies de ce film.

**1957** / **USA EN VRAC** / NB / 16 mm / Durée 15mn / **UNE VILLE PAS COMME LES AUTRES** / couleur / 16 mm / Durée 12 mn / **QUAND LE RIDEAU SE LÈVE** / NB / 16mm / Durée 50mn / Avec la participation de Pierre Kafian.

**1957-1960** / **VOL DES HÉLICOPTÈRES EN HAUTE MONTAGNE** / **CARTE MÉCANOGRAPHIQUE DE L'ARMÉE DE L'AIR** / **LA GUERRE DU SILENCE** / **SOS HÉLICOPTÈRE** Courts métrages documentaires réalisés pour le Service cinématographique des armées. Films d'instruction militaire.

**1960** / **ELLE CONDUIT** / CM institutionnel pour les voitures Simca, destiné à promouvoir l'Aronde. Interprète Janine Magnan. Durée 35 mn.

**1960** / **LE PROPRE DE L'HOMME** / Prod. Les Films 13. / NB / Scén. et dial. Claude Lelouch. Chef op. Jean Boffety. Projections abstraites (en cinémascope couleurs) Nicolas Schoeffer. Mont. Monique Bonnot. Ass. réal. Pierre Kafian. Prise de vues Patrice Pouget. Mus. Y. Benetz, P. Watson, A. Campbell. Interprètes Claude Lelouch, Janine Magnan et (« 105 rôles et décors naturels », publicités parues dans la presse). Distr. Mondex. Durée 90mn. Date de sortie 9 novembre 1960 (projection à la Cinémathèque française le 8 octobre 1960).

1961-1965 / 130 scopitones et une dizaine de films publicitaires / Parmi lesquels : Paul Anka, *Remember Diana* – Audrey Arno, *Collège Anglais* – Hughes Auffray, *Dès que le printemps revient* – Brigitte Bardot, *Ce n'est pas vrai* – Guy Bedos, *Bonne fête Paulette* – Sylvana Blasi, *Les babouches à Bouda* – André Brocoletti, *Les comédiens* – Les Chats Sauvages, *Sherry* – Betty Clair, *Scopitone partie* – Petula Clark, *Elle est finie la belle histoire, Pour ceux qui ont un cœur, Be good to me, Je n'ai jamais pu t'oublier* – Cordoba, *Pedro Loukoum* – Annie Cordy, *Le bal à Tonton* – Dalida, *Le jour le plus long, Je n'ai jamais pu oublier* – Dion, *Ruby baby* – Sacha Distel, *Ting Tong Bossanova* – Dolly Brothers, *Hello Dolly* – Edouard Duleu, *Le tango de la bière* – Fernandel, *Le tango corse* – Claude François, *Chaque jour c'est la même chose, Belles, belles, belles, Marche tout droit* – Danyel Gérard, *Youpi tamoure, America, Je* – Jack Glenn, *Zizi la twisteuse* – Johnny Hallyday, *L'idole des jeunes, Mashed potatoes, Pas cette chanson, Plus jamais je ne danserai* – Françoise Hardy, *Tous les garçons et les filles, Saurai-je ? Une fille comme tant d'autres* – Nancy Holloway, *Good good loving* – Francis Minel, *Chachacha* – Enrico Macias, *Enfants de tous pays* – Colette Magny, *Basin street blues* – Félix Marten, *La rigolade* – Zappy Max, *Elle s'était fait couper les cheveux* – Monty, *Tchyky tchang* – Dario Moreno, *La marmite, Un poncho un sombrero* – Claude Nougaro, *Le jazz et la java* – Line Renaud, *Hully gully* – Louis Ségurel, *Bruyères corréziennes* – Sheila, *L'école est finie* – Sylvie Vartan, *Locomotion, Si je chante, Twiste et chante* – Pierre Vassiliu, *La femme du sergent* – André Verschuren, *La noce à Jules, Ah si j'étais célibataire* – Dionne Warwick, *A house is not a home, Walk on by* – Tiny Young, *Tais-toi petite folle* – Rika Zarai, *Tourner manège, Hava naguila.*

**1962** / **L'AMOUR AVEC DES SI** / Prod. Les Films de la Pléiade (Pierre Braunberger)/Les Films 13. Scén. et dial. Claude Lelouch. Chef op. Jean Collomb. Ass. caméra Patrice Pouget. Déc. Mario Franceschi. Mont. Claude Lelouch. Ass. Mont. Claude Barrois. Ass. réal. Pierre Uytterhoeven. Scripte Michelle Boucher. Son Luu Thank Kiem. Mus. Danyel Gérard. Chansons interprétées par les Brutos. Presse Claude Bonnecarrère. Interprètes Guy Mairesse (Robert Blam), Janine Magnan (l'auto-stoppeuse), Jean Franval (un policier), Raymond Saint-Bris (le commissaire), France Noëlle (la patronne de l'hôtel), Jacques Martin (le journaliste), Jean Daurand (le patron du relais routier), Joëlle Picaud (la victime dans les bois), Rita Maiden (la servante du restaurant), Jacqueline Morane, Bernard Papineau, Pierre Uytterhoeven, Gilbert Denoyan, Aldo Maccione, les Brutos. Dist. Les Films de la Pléiade. Durée 83mn. Date de sortie 2 février 1966.

**1963** / **LA FEMME SPECTACLE** / Prod. Les Films de la Pléiade (Pierre Braunberger)/ Les Films 13 (Claude Lelouch). Scén., adapt. et dial. Claude Lelouch. Ass. réal. Pierre Uytterhoeven. Chef op. Patrice Pouget (NB). Mont. Claude Barrois, Jacqueline Lecomte. Dir. de prod. Roger Fleytoux. Interprètes Jean Yanne, Jean Lescot, Janine Magnan, Gérard Sire, Raymond Saint-Bris, Marie-Ange Aniès, France-Noëlle, Jean-Pierre Kalfon, Jacques Martin. Dist. Les Films de la Pléiade. Durée 65 ou 100mn suivant les versions. Enregistré au CNC le 26 février 1964.

**1964** / **UNE FILLE ET DES FUSILS** / Prod. Les Films de la Pléiade (Pierre Braunberger)/ Les Films 13. Scén. Claude Lelouch, Pierre Uytterhoeven. Dial. Claude Lelouch. Chef op. Jean Collomb (NB). Mont. Claude Barrois, Claude Lelouch. Dir. de prod. Roger Fleytoux. Son Luu Thank Kiem. Mus. originale Pierre Vassiliu. Interprètes Janine Magnan (Martine), Jean-Pierre Kalfon (Jean-Pierre), Pierre Barouh (Pierre), Amidou (Amidou), Jacques Portet (Jacques), Yanne Barry (la tenancière du bistrot), Betty Beckers (une prostituée), Pierre Bourdon, André Chamson, Sabine Sun, Claude Lelouch et la voix de Gérard Sire. Dist. Les Films de la Pléiade. Durée 106mn. Date de sortie 3 juin 1965. **Prix de la mise en scène au festival de Mar del Plata – Grand prix du jeune cinéma de Hyères.**

**1965** / **24 HEURES D'AMANTS** / CM. / 16mm / Une histoire d'amour pendant les 24 heures du Mans. Un couple vit une histoire d'amour dans la forêt tandis que se déroule la course / Durée 15mn. *N.B.* : certains plans seront réutilisés pour *Un homme et une femme.*

**1965** / **JEAN-PAUL BELMONDO** / CM. / Prod. Unifrance. Durée 12mn.

**1965** / **LES GRANDS MOMENTS** / Prod. Les Films de la Pléiade (Pierre Braunberger)/Les Films 13. Scén., adapt., dial. Claude Lelouch. Chef op. Jean Collomb (Franscope NB). Mont. Claude Barrois. Dir. de prod. Roger Fleytoux. Déc. Robert Luchaire. Interprètes Janine Magnan (Janine), Jean-Pierre Kalfon (Jean Mafitte), Pierre Barouh (Karl Martin) Amidou (Roger Amy), Jacques Portet (Jacques Framm), Paul Barré, Carlos, Francis Lai. Durée 95mn. Inédit.

**1965** / **POUR UN MAILLOT JAUNE** / Prod. Les Films 13. Mont. Claude Barrois. Collab. art. Christian Ledieu. Prises de vues Claude Lelouch, Patrice Pouget (NB/coul). Ass. Bernard Rombach, Charles Casanova (avec la participation de Michel Barbey). Durée 27mn.

**1966** / **UN HOMME ET UNE FEMME** / Prod. Claude Lelouch/Les Films 13. Scén. et dial. Claude Lelouch et Pierre Uytterhoeven. Chef op. Jean Collomb. Mont. Claude Barrois, G. Boiser, Claude Lelouch. Dir. de prod. Roger Fleytoux, Pierre Pardon. Ass. réal. Claude Gorsky. Prise de vues Claude Lelouch, Patrice Pouget. Ass. caméra Daniel Lacambre. Son Jean Baronnet, Michel Fano. Déc. Robert Luchaire. Mus. Francis Lai (et Vinicius de Moraes, Baden Powell). Paroles des chansons Pierre Barouh. Chansons interprétées par Pierre Barouh, Jean-Claude Briadin et Nicole Croisille. Orchest. Maurice Vander. Interprètes Anouk Aimée (Anne Gauthier), Jean-Louis Trintignant (Jean-Louis Duroc), Pierre Barouh (Pierre Duroc), Valérie Lagrange (Valérie Duroc), Antoine Sire (Antoine Duroc), Souad Amidou (Françoise Gauthier), Henri Chemin (le coéquipier de Jean-Louis), Yanne Barry (la maîtresse de Jean-Louis), Paul Le Person (le garagiste), Simone Paris (la directrice du pensionnat), Gérard Sire (la voix de la radio). Dist. Artistes associés. Durée 105mn. Date de sortie 27 mai 1966. Parmi les récompenses du film **Palme d'Or au festival de Cannes, 1966. Deux Oscars à Hollywood.**

**1967** / **VIVRE POUR VIVRE** / Prod. Films Ariane (Alexandre Mnouchkine/Georges Dancigers)/Artistes associés/Vides Films. Scén. et dial. Claude Lelouch, Pierre Uytterhoeven. Chef op. Jean Collomb, Patrice Pouget (Eastmancolor). Mont. Claude Barrois, Claude Lelouch. Dir. de prod. Alexandre Mnouchkine. Cost. Yves Saint Laurent. Son Jean Baronnet. Mus. Francis Lai. Interprètes Yves Montand (Robert Collomb), Annie Girardot (Catherine Collomb), Candice Bergen (Candice), Anouk Ferjac (Jacqueline), Jacques Portet (un ami de Candice), Irène Tunc (Mireille), Uta Taeger (la bonne), Michel Parbot (Michel), Amidou (le photographe), Florence Schoeller (Florence), Jean Collomb (le maître d'hôtel), Anouk Aimée et Pierre Barouh (spectateurs au match de boxe), Louis Lyonnet, Léon Zitrone, Maurice Séveno. Dist. Artistes associés. Durée 130mn. Date de sortie 14 septembre 1967. **Grand Prix du cinéma français. Prix Femina en Belgique. Golden Globe du meilleur film étranger aux États-Unis, 1967.**

**1967** / **LOIN DU VIETNAM** / Co-réal. Claude Lelouch, Joris Ivens, Alain Resnais, William Klein, Agnès Varda, Jean-Luc Godard, Michèle Ray. Prod. Slon (Chris Marker). Org. Jacqueline Meppiel, Andrea Haran. Dist. Les Films 13. Durée 115mn. Date de sortie 13 décembre 1967.

**1968** / **13 JOURS EN FRANCE** / Dir. Prod. Pierre Pardon. Scén. Pierre Uytterhoeven. Photo François Reichenbach, Guy Gilles, Jean-Paul Janssen, Jean-Pierre Janssen, Willy Baugner, Jean Collomb. Son Jean Louis Ducarme, Claude Jauvert. Mus. Francis Lai. Mont. Claude Barrois. Dist Les Films 13. Durée 115mn. Sortie 3 juillet 1968. **Sélection officielle au festival de Cannes 1968.**

**1968** / **LA VIE, L'AMOUR, LA MORT** / Prod. Les Films 13 (Claude Lelouch), Films Ariane (Alexandre Mnouchkine, Georges Dancigers), Artistes associés, PEA. Scén. Claude Lelouch. Adapt. et dial. Claude Lelouch, Claude Pinoteau, Pierre Uytterhoeven. Chef op. Jean Collomb (NB/Eastmancolor). Ass. réal. Claude Pinoteau. Mont. Claude Barrois. Dir. de prod. Pierre Pardon. Son Jean-Louis Ducarme. Déc. Albert Rajau. Mus. Francis Lai. Interprètes Amidou (François Toledo), Caroline Cellier (Caroline), Janine Magnan (Janine), Marcel Bozzuffi (le commissaire), Pierre Zimmer (l'inspecteur), Catherine Samie (Julie), Yves Gabrielli (un officier de police), Jacques Portet (un policier), Pierre Forget (le gardien chef), Nathalie Durrand (Sophie), Rita Maiden (la prostituée), Sylvie Saurel (Sabine), Lisette Bercy (Hélène), Pierre Collet (le boureau), Jean-Marc Allègre (l'aide du bourreau), Denise Roland (une prostituée), Colette Taconnat (l'assistante sociale), Jean Collomb (le réceptionniste au motel), Jean-Pierre Sloane (le procureur), Claude Barrois (un témoin au procès), Marc Arian (le greffier de la prison), Maître Albert Naud (l'avocat de la défense), Albert Rajau, Claude Pinoteau, Annie Girardot, Robert Hossein. Durée 116mn. Dist. Les Films 13. **Prix d'interprétation au festival de Rio pour Amidou.**

**1969** / **UN HOMME QUI ME PLAÎT** / Prod. Les Films 13 (Claude Lelouch), Films Ariane (Alexandre Mnouchkine Georges Dancigers), Artistes associés, Delphos. Scén., adapt. et dial. Claude Lelouch, Pierre Uytterhoeven. Chef op. Jean Collomb (Eastmancolor). Mont. Claude Barrois (et Jack Harris). Dir. de prod. Pierre Pardon. Cost. Pierre Balmain. Ass. réal. Claude Pinoteau, Renzo Cerrato. Son Jean-Louis Ducarme (et Alex Pront). Mus. Francis Lai. Casting Arlette Gordon. Interprètes Annie Girardot (Françoise), Jean-Paul Belmondo (Henri), Marcel Bozzuffi (le mari de Françoise), Maria-Pia Conte (la femme d'Henri), Farrah Fawcett (Patricia), Simone Renant (l'ami de Françoise), Sweet Emma (Sweet Emma), Peter Bergman (le metteur en scène), Bill Quinn (le passager), Kaz Garas (Paul), Thimothy Blake (the dominos), Arturo Dominici (le douanier), Richard Basehart (le comédien), Foster Hood (un indien), Jerry Cipperley (le serveur), Clayton Wilcox, Stuart Nisbet. Durée 115mn. Dist. Les Films 13. Date de sortie 3 décembre 1969.

**1970** / **LE VOYOU** / Prod. Les Films 13/Films Ariane (Georges Dancigers/Alexandre Mnouchkine)/Les Artistes associés. Scén. et dial. Claude Lelouch, Pierre Uytterhoeven, Claude Pinoteau. Chef op. Jean Collomb. Mont. Marie-Claude Lacambre. Ass. Mont. Daniel Vigne. Dir. de Prod. Pierre Pardon. Ass. réal. Claude Pinoteau. Cost. Ted Lapidus, Lucie Saint Clair. Son Jean-Louis Ducarme, Alex Pront. Déc. Albert Volper. Mus. Francis Lai. Arrang. musicaux Christian Gaubert. Cascades Pierre Rosso. Chorégraphie Victor Upshaw.

Presse Arlette Gordon. Interprètes Jean-Louis Trintignant (Simon Duroc dit « le Suisse »), Charles Denner (M. Gallois), Charles Gérard (Charlot), Christine Lelouch (Martine), Danièle Delorme (la femme qui planque Simon), Yves Robert (le commissaire), Sacha Distel (lui-même) Judith Magre (Mme Gallois), Vincent Rozière (Daniel), Amidou (Bill), Pierre Zimmer (le mari de Martine), Paul Le Person (l'homme des faux papiers), Jacques Doniol-Valcroze (le banquier), Gérard Sire (le maire), Aldo Maccione (Aldo Ferrari), Gabriella Giorgelli (Maria), Luciano Pigozzi (le directeur de la prison), Jean Collomb (le patron du café), Alexandre Mnouchkine (un membre du conseil d'administration), Claude Barrois (le nouveau locataire), Mimmo Palmara. Dist. Artistes associés. Durée 120mn. Date de sortie 20 novembre 1970. **Prix Raoul Levy à Paris. Donatello d'or à Rome.**

**1971** / **SMIC SMAC SMOC** / Prod. Les Films 13. Scén. et dial. Claude Lelouch, Pierre Uytterhoeven. Chef op. Jean Collomb (coul., 16 mm). Mont. Janine Boublil (ass. de Martine Levy). Dir. de prod. Pierre Pardon. Ass. réal. Claude Pinoteau. Stag. Elie Chouraqui, Alain Basnier. Ass. caméra Daniel Vigne, Dany Levy. Son Bernard Bats. Mus. Francis Lai. Presse Arlette Gordon. Interprètes Catherine Allégret (Catherine), Jean Collomb (Smic), Charles Gérard (Smac), Amidou (Smoc), Francis Lai (l'accordéoniste aveugle), Arlette Gordon (Zelda la prostituée), Pierre Uytterhoeven (le pompiste), Claude Pinoteau (le commissaire), Elie Chouraqui, Claude Lelouch. Dist. Les Films 13. Durée 90mn. Date de sortie 1er septembre 1971. **Sélection officielle aux festivals de Venise et de San Francisco.**

**1972** / **L'AVENTURE C'EST L'AVENTURE** / Prod. Les Films 13/Films Ariane (Alexandre Mnouchkine Georges Dancigers), Artistes associés. Scén. et dial. Claude Lelouch, Pierre Uytterhoeven. Chef op. Jean Collomb (coul). Mont. Janine Boublil. Dir. de prod. Pierre Pardon. Ass. réal. Claude Pinoteau, Daniel Vigne, Elie Chouraqui. Son Bernard Bats, Alex Pront. Mus. Francis Lai (et José Padilla). Presse Arlette Gordon. Interprètes Lino Ventura (Lino Massaro), Jacques Brel (Jacques), Charles Gérard (Charlot), Charles Denner (Simon Duroc), Aldo Maccione (Aldo), Nicole Courcel (Nicole), Yves Robert (l'avocat de la défense), André Falcon (l'ambassadeur de Suisse), Prudence Harrington (la femme de l'ambassadeur), Juan Luis Buñuel (Ernesto Juarez), Gérard Sire (l'avocat général), Catherine Allégret (une militante), Elie Chouraqui (un révolutionnaire), Xavier Gélin (le fils de Lino), Georges Cravenne (le président du Tribunal), Alexandre Mnouchkine (Davis), Arlette Gordon (l'hôtesse de l'air), Johnny Hallyday (lui-même), Michel Drucker (lui-même), Jacques Paoli (lui-même), Jean Collomb (le pape), Pierre Kast, Madly Bamy, Sophie Boudet, Annie Kerant, Annie Ho, Eva Damien. Dist. Artistes associés. Durée 125mn. Date de sortie 4 mai 1972. **Ouverture du festival de Cannes 1972.**

**1972** / **VISION OF EIGHT** / Film collectif sur les jeux Olympiques de Munich en 1972. Claude Lelouch filme l'avant-dernière partie : *The Losers* (Les Perdants). Ass. Elie Chouraqui, Charles Gérard. Photo Daniel Bocly. Les autres metteurs en scène du film sont : Yuri Ozerov (*The Beginning*), Arthur Penn (*The Highest*), Mai Zetterling (*The Strongest*), Michael Pfleghar (*The Women*), Milos Forman (*The Decathlon*), Kon Ichikawa (*The Fastest*), John Schlesinger *(The Longest*). Prod. Stan Margulies, David L. Wolper. Mus. Henry Mancini. Mont. Edward Roberts. **Sélection officielle au festival de Cannes.**

**1973** / **LA BONNE ANNÉE** / Prod. Les Films 13, Rizzoli Films. Scén. et dial. Claude Lelouch, Pierre Uytterhoeven. Chef op. Jean Collomb (NB/coul.). Mont. Georges Klotz. Dir. de prod. Pierre Pardon. Ass. réal. Elie Chouraqui. Ass. caméra Jacques Lefrançois. Son Bernard Bats, Alex Pront. Mus. Francis Lai. Cascades Rémy Julienne. Presse et casting Arlette Gordon. Interprètes Lino Ventura (Simon), Françoise Fabian (Françoise l'antiquaire), Charles Gérard (Charlot), Silvano Tranquilli (l'amant italien), André Falcon (le bijoutier), Frédéric de Pasquale (l'amant à Paris), Bettina Rheims (une jeune vendeuse), Claude Mann (un intellectuel au dîner), Lilo de la Passardière (Mme Felix), Gérard Sire (le directeur de la prison), Elie Chouraqui, Alain Terzian, Michou, Mireille Mathieu, Georges Staquet, Jacques Villedieu, Pierre Edeline, [et Jean-Louis Trintignant et Anouk Aimée (générique du film)]. (*Remake : Happy New Year*. Réal. : John G. Avildsen (1987) avec Peter Falk, Charles Durning, Tom Courtenay et Wendy Hughes.) Dist. Les Films 13. Durée 115mn. Date de sortie 13 avril 1973. **Prix d'interprétation pour Lino Ventura et Françoise Fabian au festival de San Sebastian. Prix Triomphe du cinéma 1973.**

**1974** / **TOUTE UNE VIE** / Prod. Les Films 13/Rizzoli Films. Adapt et Dial. Claude Lelouch, Pierre Uytterhoeven. Chef op. Jean Collomb (NB/coul.). Mont. Georges Klotz (assisté de Françoise Orsoni). Dir. de prod. Pierre Pardon. Ass. réal. Elie Chouraqui, Alain Basnier. Ass. caméra Jacques Lefrançois. Son Jean-Louis Ducarme. Cost. Colette Baudot. Déc. François de Lamothe. Mus. Francis Lai. Presse Arlette Gordon. Interprètes Marthe Keller (Sarah/sa mère/sa grand-mère), André Dussollier (Simon), Charles Denner (le père de Sarah/le grand-père et l'opérateur), Carla Gravina (l'amie italienne de Sarah), Charles Gérard (l'ami de Simon), Gilbert Bécaud (Gilbert Bécaud), Alain Basnier (le syndicaliste), Daniel Boulanger (le héros de 14-18), Elie Chouraqui (le syndicaliste), André Falcon (l'avocat), Nathalie Courval (la femme de l'avocat), Judith Magre (la femme de l'opérateur), Jacques Villeret (le spectateur au cinéma), Gérard Sire (le directeur de l'usine), Gabriele Tinti, Angelo Infanti, Annie Kerani (l'ami de Simon), Sam Letrone (le restaurateur), Venantino Venantini, Harry Walter, Pierre Zimmer, Maria-Pia Conte, Pierre Edeline, Gunilla Frieden, Jean Franval, Lilo, Paul Favel, Hélène Vallier. Dist. CFDC. Durée 150mn (121mn aux États-Unis sous le titre *And now my love*). Date de sortie 15 mai 1974. **Presenté hors compétition au festival de Cannes.**

**1974** / **MARIAGE** / Prod. Les Films 13. Scén. et dial. Claude Lelouch. Coll. aux dial. Pierre Uytterhoeven. Chef op. Jean Collomb, Jacques Lefrançois (sépia, couleurs). Mont. Georges Klotz (assisté de Françoise Orsoni). Dir. de prod. Alain Basnier, Jean-Marc Perthus, Arlette Gordon. Son Jean-Louis Ducarme. Mus. Francis Lai. Interprètes Bulle Ogier (Janine), Rufus (Henri), Marie Dea (la propriétaire), Charles Gérard (un copain de Henri), Caroline Cellier (une jeune fille en 1974), Bernard Lecoq (un jeune homme en 1974), Gérard Dournel (un ancien combattant), Oskar Freitag (un officier allemand), Marc Vade (Albert à 10 ans), Alain Basnier (Albert à 20 ans), Arlette Gordon (la fille du général), Léon Zitrone. Dist. Les Films 13. Durée 100mn. Date de sortie 1er janvier 1975.

**1975** / **LE CHAT ET LA SOURIS** / Prod. Les Films 13. Scén. et dial. Claude Lelouch. Chef op. Jean Collomb. Mont. Georges Klotz. Ass. réal. Philippe Attal, Alain Basnier. Mus. Francis Lai. Son Jean-Louis Ducarme. Presse et casting Arlette Gordon. Interprètes Michèle Morgan (Mme Richard), Serge Reggiani (le commissaire Lechat), Philippe Léotard (Pierre Chemin), Jean-Pierre Aumont (M. Richard), Valérie Lagrange (Manuelle), Jacques François (le préfet), Michel Peyrelon (Germain l'assureur), Christine Laurent (Christine, la fille du commissaire), Anne Libert (Anne, la protégée du commissaire), Judith Magre (la dame au petit chien), Arlette Emmery (la domestique), Jean Mermet (le domestique), Philippe Labro (Henri Lacombe), Yves Afonso, Vernon Dobtcheff, Harry Walter, Erik Colin et le chien Samy. Dist. Les Films 13. Durée 105mn. Date de sortie 3 septembre 1975. **Grand Prix de l'Académie française.**

**1975** / **LE BON ET LES MÉCHANTS** / Prod. Les Films 13. Scén. et dial. Claude Lelouch. Coll. aux dial. Pierre Uytterhoeven Chef op. Jacques Lefrançois (NB). Mont. Georges Klotz. Dir. de prod. Robert Saussier. Ass. réal. Philippe Attal, Richard Gordon. Son Jean-Louis Ducarme. Cost. Colette Baudot. Mus. Francis Lai. Presse et casting Arlette Gordon. Interprètes Marlène Jobert (Lola), Jacques Dutronc (Jacques), Brigitte Fossey (Dominique), Bruno Crémer (Bruno), Jacques Villeret (Simon), Jean-Pierre Kalfon (Laffont), Serge Reggiani (le chef de la résistance). Marie Dea (Mme Blanchot), Alain Mottet (commissaire Blanchot), Alain Basnier (le fils Blanchot), Philippe Léotard (le vendeur de Citroën), Stéphane Bouy (Bony), Arlette Emmery (une fille), Anne Libert (une autre fille), Claudio Gaia (le professeur de danse), Georg Marischka (le chef de la gestapo), Corinne Corson (la professeur d'allemand), Valérie Lagrange, Etienne Chicot, Jean Luisi, Michel Peyrelon, André Falcon, Maurice Illouz, José Luis de Villalonga, Hans Verner.. Dist. Les Films 13. Durée 120mn. Date de sortie 19 janvier 1975.

**1976** / **SI C'ÉTAIT À REFAIRE** / Prod. Les Films 13. Scén. et dial. Claude Lelouch. Chef op. Jacques Lefrançois. Mont. Georges Klotz. Dir. de prod. Raymond Leplont. Ass. réal. Elie Chouraqui, Arlette Gordon, Didier Bertrand. Son Harald Maury. Cost. Colette Baudot. Mus. Francis Lai. Paroles de la chanson Pierre Barouh. Presse et casting Arlette Gordon. Interprètes Catherine Deneuve (Catherine Berger), Anouk Aimée (Sarah Gordon), Charles Denner (l'avocat), Francis Huster (Patrick), Jean-Jacques Briot (Simon Berger), Niels Arestrup (Henri Lano), Colette Baudot (Lucienne Lano), Manuella Papatakis (la fille de Sarah), Jean-François Rémi (le banquier), Bernard Pierre Donnadieu (Claude Blame), Jacques Villeret (l'agent immobilier), Jean-Pierre Kalfon le bijoutier), Zoé Chauveau (Zoé), Georges Staquet, Albina du Boisrouvray, Paul Bellaiche, Nicole Desailly (une gardienne de prison), Paul Giannoli, Alexandre Mnouchkine, Philippe Ziskind, Elie Chouraqui (le dragueur sur la plage), Betty Mars, Michel Ruhl. Dist. Artistes associés. Durée 100mn. Date de sortie 13 octobre 1976.

**1976** / **C'ÉTAIT UN RENDEZ-VOUS** / Phot Claude Lelouch. Ass. Elie Chouraqui. Interprètes Claude Lelouch, Gunilla Friden. Durée 9mn. Projeté en première partie de *Si c'était à refaire*.

**1977** / **UN AUTRE HOMME, UNE AUTRE CHANCE** / Prod. Ariane Films (Alexandre Mnouchkine/Georges Dancigers)/Les Films 13/Artistes associés. Scén. et dial. Claude Lelouch. Chef op. Stanley Cortez, Jacques Lefrançois (De Luxe- Panavision). Mont. Georges Klotz, Fabien D. Tordjmann. Dir. de prod. Hal Klein. Ass. réal. Philippe Attal, Win Phelps, Michael Kusley. Dir. art. Robert Clatworthy, Raymond Leplont. Cost. Colette Baudot, Tom Dawson, Jean Pezet, Donna Roberts. Son Harald Maury, James E. Webb. Mus. Francis Lai. Arrang. Gabriel Yared, Yvan Jullien. Casting Jane Feinberg, Mike Fenton. Presse Arlette Gordon. Interprètes James Caan (David Williams), Geneviève Bujold (Jeanne Leroy), Francis Huster (Francis Leroy), Jennifer Warren (Mary Williams), Susan Tyrrell (Debby/Alice), Walter Barnes (Foster), Rossie Harris (Simon), Linda Lee Lyons (Sarah), Jacques Villeret (le futur photographe), Burton Gilliam (shérif Murphy), Christopher Lloyd (Jesse James), Pierre Barouh (un chanteur de rue), Jacques Higelin (un autre chanteur de rue), Jean-François Rémi (le père de Jeanne), Michael Berryman (un bandit), Richard Farnsworth (le conducteur de la diligence), Tony Crupi (Billy le kid), Fred Stuthman (le père de Mary), Diana Douglas (la mère de Mary), William S. Bartman (le télégraphiste), Georges Flaherty (shérif Carter), Simon Eine (l'ami de Francis), Charles Knapp. Dist. Artistes associés. Durée 128mn. Date de sortie 28 septembre 1977.

**1978** / **ROBERT ET ROBERT** / Prod. Les Films 13. Scén. et dial. Claude Lelouch. Chef op. Jacques Lefrançois (standard Estmancolor). Ass. caméra Jean-Claude Marisa. Mont. Sophie Baud/Hughes Darmois. Dir. de prod. Daniel Deschamps, Dominique Lallier. Ass. réal. Jean-Claude Ventura, Dominique Gust. Son Harald Maury. Déc. Eric Moulard. Cost. Colette Baudot. Scripte Lise Ferran. Casting Arlette Gordon. Mus. Francis Lai, Jean-Claude Nachon. Interprètes Jacques Villeret (Robert Villiers), Charles Denner (Robert Goldman), Régine (Mme Villers), Jean-Claude Brialy (M. Millet), Macha Méril (la journaliste), Francis Perrin (M. Michaud), Germaine Montero (Mme Goldman), Josette Derenne (Mme Michaud), Nella Bielski (Mme Millet), Arlette Emmery (la mariée), Mohamed Zinet (Ali Salem), Claudio Gaia (l'arbitre du life show), Arlette Gordon (Mme Zorca), Guy de la Passardière (le professeur de tango), Sandy Whitelaw (le guide anglais), Rosine Young, Michèle Morgan, Bruno Coquatrix. Dist. AMLF. Durée 105mn. Date de sortie 14 juin 1978. **Cesar 1979 du meilleur acteur pour Jacques Villeret.**

**1979** / **À NOUS DEUX** / Prod. Les Films 13 Claude Lelouch/Cinévidéo (Canada)/JFB Productions (Canada)/Denis Héroux. Scén. et dial. Claude Lelouch. Chef op. Bernard Zitzermann (Eastmancolor). Mont. Sophie Baud. Dir. de prod. Micheline Garant. Ass. réal. Jean-Claude Ventura. Déc. Jean-Louis Povéda. Mus. Francis Lai, Pierre Barouh. Interprètes Catherine Deneuve (Françoise), Jacques Dutronc (Simon Lacassaigne), Jacques Villeret (tonton Musique.), Paul Préboist (Mimile), Gilberte Géniat (Zézette), Evelyne Ker (tata Musique), Jean-François Rémi (le père de Françoise), Monique Mélinand (la mère de Françoise), Bernard Lecoq (le photographe), Guy Rétoré (le ministre), Daniel Auteuil (un voyou), Gérard Caillaud (Bliche), Bernard Crombey (Alain)), Marie-Pierre de Gérando (Mme Lucas), Emile Genest (le chef de la police américaine), Simon Lelouch (Marc), Gérard Darmon, Alain David, Bunny Godillot, Jacques Godin (le commandant Strauss), Anne Jousset, Myriam Mézières, Xavier Saint Macary, Chiara Mastroianni. Dist. AMLF. Durée 110mn. Date de sortie 23 mai 1979. **Clôture du festival de Cannes.**

**1981** / **LES UNS ET LES AUTRES** / Prod. Les Films 13/TF1 Productions. Scén. et dial. Claude Lelouch, avec la coll. de Pierre Uytterhoeven (coll. aux dialogues anglais Narcissa Vanderlip). Chef op. Jean Boffetty, Jacques Lefrançois. Ass. op. Jean Yves Le Mener, Michel Abrahmovicz. Mont. Hughes Darmois, Sophie Baud. Dir. de prod. Daniel Deschamps, Monty Diamond. Prod. exé aux USA Narcissa Vanderlip. Ass. réal. Emmanuel Gust, Tania, Michel Bena, Alan Hopkins. Scripte Lise Ferran. Son Harald Maury (Dolby Stéréo). Déc. Jean-Louis Povéda, Stuart Wurtzel, Scott Morre. Cost. Catherine Leterrier. Casting Arlette Gordon. Mus. Francis Lai, Michel Legrand (et Ravel, Beethoven, Liszt, Brahms, Chopin). Chorégraphie Maurice Béjart. Interprètes Nicole Garcia (Anne Meyer), Robert Hossein (Simon Meyer/Robert Prat), Geraldine Chaplin (Suzan et Sarah Glenn), James Caan (Jason et Jack Glenn), Daniel Olbrychski (Karl Kremer), Francis Huster (Francis), Jacques

Villeret (Jacques), Evelyne Bouix (Evelyne et Edith), Fanny Ardant (Véronique), Jorge Donn (Boris et Serguei Itovitch), Rita Poelvoorde (Tatiana et Tania Itovitch), Macha Méril (Magda Kremer), Paul Préboist (le grand-père d'Edith), Jean-Claude Bouttier (Philippe Rouget), Raymond Pellegrin (M. Raymond), Jean-Claude Brialy (le directeur du Lido), Richard Bohringer (Richard), Nicole Croisille (elle-même), Ginette Garcin (Ginette), Jean-Pierre Kalfon (père Antoine), Alexandra Stewart (Alexandra), Eva Darlan (Eva), Geneviève Mnich (Jeanne), Manuel Gélin (Patrick Prat), Candice Patou (Candice), Marthe Villalonga (la grand-mère d'Edith), Charles Gérard, Maia Simon, Fédor Atkine, Christophe Bourseiller, Louise Chevallier, Valérie Quenessen, Brigitte Rouan, Jean-Paul Muel, Simon Lelouch, Barry Primus, Jean Lescot, Bernard-Pierre Donnadieu, Sharon Stone, Jean-Pierre Castaldi, Peter Semler. Dist. Parafrance Films. Durée 180mn. Date de sortie 27 mai 1981. **Sélection officielle au festival de Cannes. Hors compétition au festival des films du monde de Montréal.** (Tournage en parallèle d'une série de six fois 52mn diffusée sur TF1).

**1983** / **ÉDITH ET MARCEL** / Prod. Les Films 13/Parafrance. Scén. et dial. Claude Lelouch, avec la coll. de Pierre Uytterhoeven et Gilles Durieux. Chef op. Jean Boffety (Eastmancolor). Mont. Hughes Darmois. Prod. dél. Tania Zazulinsky. Casting Arlette Gordon. Dir. de prod. Eugène Belin. Ass. réal. Alain Maline, Christine Raspillière, Régis Ribe. Son Harald Maury (Dolby Stéréo). Déc. Jacques Bufnoir. Cost. Catherine Leterrier. Mus. Francis Lai. Chansons interprétées par Edith Piaf, Mama Béa, Charles Aznavour, Christian Gaubert, Liliane Davis (les chansons *Avant je n'attendais que toi*, *La prière*, interprétées par Mama Béa, ont été écrites pour le film par Charles Aznavour et Franci Lai). Interprètes Evelyne Bouix (Edith Piaf/Margot de Villedieu), Marcel Cerdan Jr (Marcel Cerdan), Jacques Villeret (Jacques Barbier), Francis Huster (Francis Roman), Jean-Claude Brialy (Loulou Barrier), Jean Bouise (Lucien Roupp), Charles Aznavour (lui-même), Charles Gérard (Charlot), Charlotte de Turckheim (Ginou), Micky Sébastian (Marinette Cerdan), Maurice Garrel le père de Margot), Ginette Garcin (Guitte), Philippe Khorsand (Jo Longman), Jany Gastaldi (Momone), Candice Patou (la sœur de Margot), Tanya Lopert (le profeseur d'anglais), Jean Rougerie (le directeur de théâtre), Beata Tyszkiewicz (la mère de Margot), Jean-Pierre Bacri, Louise Chevalier, Christian Gaubert, Francis Lai, Robert Lombard, Georges Lycan, Alain Maline, Peter Semler, Carl Struder. Dist. Parafrance. Durée 162mn. Date de sortie 13 avril 1983.

**1984** / **VIVA LA VIE !**/ Prod. Les Films 13/UGC Top N°1. Scén. et dial. Claude Lelouch (avec la coll. de Jérôme Tonnerre). Chef op. Bernard Lutic (Eastmancolor). Mont. Hughes Darmois et Pauline Leroy. Dir. de prod. Eugène Bellin. Dél. à la prod. Tania Zazulinsky. Ass. réal. Michel Bena, Alain Maline, Pierre François Bertrand. Cost. Catherine Leterrier. Son Harald Maury (Dolby Stéreo). Déc. Jacques Bufnoir. Mus. Didier Barbelivien. Interprètes Michel Piccoli (Michel Perrin), Charlotte Rampling (Catherine Perrin), Jean-Louis Trintignant (François Gaucher), Evelyne Bouix (Sarah Gaucher), Charles Aznavour (Edouard Takvorian), Laurent Mallet (Laurent Perrin), Tanya Lopert (Julia), Raymond Pellegrin (commissaire Barret), Charles Gérard (Charles), Anouk Aimée (Anouk), Myriam Boyer (Pauline), Patrick Depeyrat (le chauffeur de taxi), Maryline Even (un témoin), Philippe Laudenbach (le professeur Sternberg), Denis Lavant (le livreur de caviar), Martin Lamotte (un journaliste TV), Ged Marlon (l'entrepreneur de piscines), Mado Maurin (la mère de François), Jacques Nolot (l'inspecteur), Pascal Pellegrin, Jean-Louis Vitrac, Serge Riaboukine, Jean-Louis Broust, Vincent Martin, Claude Lelouch, Didier Barbelivien. Dist. UGC. Durée 110mn. Date de sortie 18 avril 1984. **Sélection officielle (hors compétition) au festival de Venise.**

**1985** / **PARTIR, REVENIR** / Prod. Les Films 13/UGC/TOP N°1/FR3 Films. Scén. et dial. Claude Lelouch, Jérôme Tonnerre, Pierre Uytterhoeven. Chef op. Bernard Lutic. Mont. Hughes Darmois. Dir. de prod. Tania Zazulinsky. Ass. réal. Charles Tible, Eric Hubert, Benjamin Legrand. Son Harald Maury (Dolby Stéréo). Déc. Jacques Bufnoir. Cascades voitures Rémi Julienne. Cascades funambules Josy Venon. Cost. Catherine Leterrier. Mus. Serguei Vassilievitch Rachmaninov (Concerto n°2 en *ut mineur*, opus 18), Michel Legrand (Poème-chanson de Jean-Loup Dabadie, interprété par Liliane Davis). Interprètes Annie Girardot (Hélène Rivière), Evelyne Bouix (Salomé Lerner), Michel Piccoli (Simon Lerner), Jean-Louis Trintignant (Roland Rivière), Françoise Fabian (Sarah Lerner), Richard Anconina (Vincent Rivière), Charles Gérard (Ténardon), Marie-Sophie Pochat (Angela), Erik Berchot (Salomon Lerner), Monique Lange (Salomé en 1985), Jean Bouise (le curé), Bernard Pivot, Bernard-Henri Lévy, Henri Amouroux (eux-mêmes), Ginette Garcin (la domestique du curé), Isabelle Sadoyan (la gouvernante des Rivière), Eugène Berthier, Nella Barbier, Marie Cardon, Dominique Pinon, Peter Semler, Claudine Mavros, Arlette Gordon, Maryline Even, Jacques Mathou, Denis Lavant, Denise Péron,, Georges Rabol. Dist. UGC. Durée 117mn. Date de sortie 27 mars 1985. **Hors compétition au festival des films du monde de Montréal.**

**1986** / **UN HOMME ET UNE FEMME : VINGT ANS DÉJÀ** / Prod. Les Films 13 en association avec Sofica Cinergie-Sofimage. Scén. Claude Lelouch. Adapt. et dial. Claude Lelouch, Pierre Uytterhoeven, Monique Lange, Jérôme Tonnerre. Chef op. Jean Yves Le Mener (Eastmancolor). Mont. Hughes Darmois. Dir. de prod. Tania Zazulinsky. Ass. réal. Didier Grousset, Marie Fernandez, Yann Michel, Jean Sentis, Alain Maline. Son Harald Maury (Dolby stéréo). Scripte Florence Moncorgé-Gabin. Déc. Jacques Bufnoir. Mus. Francis Lai. Chansons Pierre Barouh (interprétées par Richard Berry, Liliane Davis, Pierre Barouh). Arr. et dir. d'orch. : Christian Gaubert. Cascades Rémy Julienne (et Jean-Claude Laniez dans le Ténéré). Interprètes Anouk Aimée (Anne Gauthier), Jean-Louis Trintignant (Jean-Louis Duroc), Richard Berry (Richard Berry), Evelyne Bouix (Françoise Gauthier), Philippe Leroy-Beaulieu (professeur Thévenin), Marie-Sophie Pochat (Marie-Sophie), Patrick Poivre d'Arvor (lui-même), Charles Gérard (Charlot), Thierry Sabine (Thierry Sabine), Antoine Sire (Antoine Duroc), Patrice Valota (Cortal), Robert Hossein, Jacques Weber, Tanya Lopert, Nicole Garcia, Candice Patou (eux-mêmes), André Engel (un metteur en scène), Yanne Barry, Alain Berry, Jean-Philippe Chatrier, Arlette Gordon, Maurice Illouz, Caroline Lang, Isabelle Sadoyan, Pierre Aknine, Salomé Lelouch, Sarah Lelouch, Benoît Régent, Tom Novembre, Gérard Oury, Jean-Claude Brialy, Henry Chapier, François Chalais, Claude Sérillon. Dist. Warner Bros. Durée 120mn. Date de sortie 14 mai 1986. **Ouverture (hors compétition) du festival de Cannes.**

**1987** / **ATTENTION BANDITS** / Prod. Les Films 13/TF1 Films Productions. Scén. Claude Lelouch. Adapt. et dial. Claude Lelouch et Pierre Uytterhoeven. Chef op. Jean-Yves Le Mener (Fujicolor). Mont. Hughes Darmois. Dir. de prod. Tania Zazulinsky. Ass. réal. Alain Maline. Son Harald Maury. Déc. Jacques Bufnoir. Casting et presse Arlette Gordon. Mus. Francis Lai. Interprètes Jean Yanne (Simon Verini l'expert), Patrick Bruel (Julien Bastide dit Mozart), Marie-Sophie L. (la princesse), Corinne Marchand (Manuchka), Charles Gérard (tonton Charlot), Hélène Surgère (la directrice), Hervé Favre (le fiancé suisse), Edwige Derrache-Navarro, Françoise Bette, Jean-Claude Bourbault, Christine Barbelivien (Françoise Verini), Jean-Michel Dupuis, Xavier Maly, Anouchka, Gunila Karlzen, Raoul Billerey, Catherine Wilkening, Bernard Spiegel. Dist. AAA. Durée 108mn. Date de sortie 3 juin 1987.

**1988** / **ITINÉRAIRE D'UN ENFANT GÂTÉ** / Prod. Les Films 13/Cérito Films/TF1 Films Productions/Stallion Films/Gerhardt Schmidt Films Production/Sofica Valor. Scén. et dial. Claude Lelouch. Chef op. Jean-Yves Le Mener (Eastmancolor). Mont. Sophie Baud. Dir. de prod. Tania Zazulinsky, Claude Albouze. Ass. réal. Paul Gueu (Peter Sehr en Allemagne). Son Harald Maury (Dolby Stéréo). Déc. Jacques Bufnoir. Mus. Francis Lai. Interprètes Jean-Paul Belmondo (Sam Lion), Richard Anconina (Al Duvivier), Marie-Sophie L. (Victoria), Lio (Yvette), Béatrice Agenin (Corinne), Daniel Gélin, Jean-Philippe Chatrier (Jean-Philippe), Gila Von Weitershausen (une rencontre de Sam), Michel Beaune (le notaire), Pierre Vernier (le curé), Philippe Lorin (le toubib), Annie Philippe (la secrétaire), Céline Caussimon (la sœur de Al), Daniel Gélin (Pierrot Duvivier), Alexis Gruss (M. Loyal), Nicolas Mallet (Sam à 3 ans), Firmin Gruss (Sam à 7ans), Stephan Gruss (Sam à16ans), Paul Belmondo (Sam à 20 ans), Jacques Bonnot (le guide), Elie Lauer (le chef du personnel), Jeanne Marine (la fiancée de Al), Joëlle Miquel (l'hôtesse de UTA). Dist. Les Films 13, AFMD, Cérito Films. Durée 125mn. Date de sortie 30 novembre 1988. **César du meilleur acteur : Jean-Paul Belmondo. Grand Prix d'interprétation au festival de Chicago : Richard Anconina.**

**1990** / **IL Y A DES JOURS... ET DES LUNES** / Prod. les Les Films 13/TF1 Films Productions. Scén. Claude Lelouch. Dial. Claude Lelouch, Valérie Bonnier, Marc Rosenbaum. Chef op. Jean-Yves Le Mener. Mont. Sophie Baud, Hélène de Luze. Dir. de prod. Tania Zazulinsky. Ass. réal. Paul Gueu. Son Dominique Levert. Déc. Jean-Charles Venet. Mus. Francis Lai, Erik Berchot. Direct. Mus. Christian Gaubert. Textes des chansons interprétés par Nicole Croisille, Philippe Léotard, Pierre Barouh, Anita Vallejo, Oscar Castro. Interprètes Gérard Lanvin (le camionneur), Patrick Chesnais (le docteur), Vincent Lindon (le gérant de l'auberge), Francis Huster (le prêtre), Annie Girardot (la femme seule), Marie-Sophie Berthier (Sophie), Philippe Léotard (le chanteur abandonné), Jacques Gamblin (le mari de Caroline), Gérard Darmon (le motard lunatique), Amidou (le policier incrédule), Paul Préboist (l'homme qui sait tout), Christine Boisson (la femme du gérant de l'auberge), Serge Reggiani (le père de Sophie), Véronique Silver (la mère de Sophie), Caroline Micla (Caroline), Patrick Bruel (un passager à l'aéroport), Arlette Gordon (l'enquêtrice), Michel Creton (l'homme au couteau), Charles Gérard, Jean-Philippe Chatrier, Erik Berchot, Nicole Croisille, Joëlle Miquel, Jean-Claude Dreyfus, Jacques Haurogné, Marianne Grove, Tanya Lopert, José Artur, Anne Zamberlain, Pierre Barouh, Félix Marten, Claire Nadeau, Igor Hossein, Didier Sauvegrain. Dist. AFMD France. Durée 117mn. Date de sortie 11 avril 1990. **Sélection officielle au festival de Venise.**

**1992** / **LA BELLE HISTOIRE** / Prod. Les Films 13/TF1 Films Productions/Canal +. Scén. et dial. Claude Lelouch (dialogues additionnels Maryline Dupoux). Chef op. Jean-Yves Le Mener. Mont. Hélène de Luze. Dir. de prod. Tania Zazulinsky. Ass. réal. Paul Gueu, Simon Lelouch. Son Harald Maury. Déc. Thierry Flamand. Mus. Francis Lai, Philippe Servain. Interprètes Gérard Lanvin (Jésus), Béatrice Dalle (Odona), Vincent Lindon (Simon Choudel), Marie-Sohie L. (Marie), Patrick Chesnais (Pierre Lhermitte), Paul Préboist (le professeur Tricot), Charles Gérard (Didier Louis), Isabelle Nanty (Isabelle), Amidou (le berger du mont des ruches), Gérard Darmon (le gendarme), Anémone (Mme Desjardins), Marie Sara (elle-même), Jacques Gamblin (un flic), Elie Chouraqui (l'associé de Pierre), Jean-Michel Dupuis (le professeur), Patrice Laffont (lui-même), Jean Benguigui (Doga), Francois Perrot (l'oncle de Marie), Jean-Claude Dreyfus (l'inspecteur dans le grand magasin), Pierre Vernier (le proviseur), Constantin Alexandrov (Kraki), Arlette Emmery (la vendeuse Pronuptia), Joëlle Miquel (Blanche-Neige), Chico (Chico), André Obadia (le coiffeur), André Tahon, Patrick Edlinger. Dist. AFMD France. Durée 390mn. Date de sortie 18 mars 1992.

**1993** / **TOUT ÇA... POUR ÇA !** / Prod. Les Films 13/TF1 Films Productions/en association avec SOFIARP, Centre Européen Cinématographique, la Région Rhône-Alpes et Canal +. Scén. et dial. Claude Lelouch. Chef op. Philippe Pavans de Ceccatty. Mont. Hélène de Luze (et Stéphane Mazalaigue). Dir. de prod. Tania Zazulinsky. Ass. réal. Simon Lelouch (Daniel Ziskind, Marie Poniatowski). Son Harald Maury. Déc. Laurent Teysserre. Presse et casting Arlette Gordon. Mus. Francis Lai, Philippe Servain. Interprètes Marie-Sophie L. (Marie Lenormand). Vincent Lindon (Lino), Gérard Darmon (Henri Poncet), Jacques Gamblin (Jacques Grandin), Evelyne Bouix (Marylin Grandin), Francis Huster (Francis Barrucq), Alessandra Martines (Alessandra Barrucq), Fabrice Luchini (Fabrice Lenormand), Charles Gérard (le commissaire Maigreton), Céline Caussimon (Esméralda), Salomé (Salomé Grandin), Antoine Duléry (Antoine, le patron du restaurant), Albert Dray (l'adjoint de Maigreton), Jacques Spiesser (Zuymeyer le directeur de l'hôtel de luxe), Jacques Bonnot (le chauffeur de camion), Jacques Boudet (le procureur), Martine Lelouch (une vendeuse de blousons), Christine Barbelivien, Christian Charmetant, Gunilla Karlzen, Mimi Young. Dist. Bac Films. Durée 120mn. Date de sortie 9 juin 1993. **César du meilleur second rôle masculin 1994 pour Fabrice Luchini. Prix de la mise en scène au festival des films du monde de Montréal.**

**1994** / **LES MISÉRABLES** / Prod. Les Films 13/TF1 Films Productions, Canal +. Scén. et dial. Claude Lelouch, librement inspiré de Victor Hugo. Chef op. Philippe Pavans de Ceccatty. Mont. Hélène de Luz. Dir. de prod. Tania Zazulinsky. Ass. réal. Simon Lelouch. Son Harald Maury. Déc. Jacques Bufnoir, Laurent Teyssere. Mus. Francis Lai, Philippe Servain, Erik Berchot, Michel Legrand, Didier Barbelivien (chanson interprétée par Patricia Kaas). Interprètes Jean-Paul Belmondo (Henri Fortin/Jean Valjean), Michel Boujenah (André Ziman), Alessandra Martines (Elise Ziman), Salomé Lelouch (Salomé), Annie Girardot (Mme Thénardier, 1942), Philippe Léotard (M. Thénardier, 1942), Clémentine Célarié (Catherine/Fantine), Philippe Khorsand (le policier Javert), Ticky Holgado (le gentil voyou), Rufus (M. Thénardier), Darry Cowl (le bouquiniste), Nicole Croisille (Mme Thénardier), William Leymergie (Toureiffel), Antoine Duléry (le voyou fou), Jacques Gamblin (le bedeau), Pierre Vernier (le chef du bagne), Micheline Presle (la mère supérieure), Jean Marais (Monseigneur Myriel), Daniel Toscan du Plantier (le comte de Villeneuve), Jacques Boudet (le médecin de campagne), Robert Hossein (le maître de cérémonie), Cyrielle Clair (la comtesse du bal), Sylvie Joly (l'aubergiste de la plage), Marie Bunel (une jeune femme juive), Jean-François Dérec (le passeur), Margot Abascal (Salomé à 18 ans), Isabelle Sadoyan (Mme Magloire) Paul Belmondo (Henri Fortin à 20 ans), Jacques Bonnot (un voyou), Peter Semler (un officier allemand),

Jean-Philippe Chatrier, Maryline Even, Stéphane Ferrara, Sabaya, Sachka, Erik Berchot. Dist. Bac Films. Durée 175mn. Date de sortie 22 mars 1995. **Golden Globe 1996 du meilleur film étranger aux Etats-Unis. César du meilleur second rôle féminin 1996 : Annie Girardot. Prix Joseph Prize à New York. Efebo d'oro (meilleure adaptation littéraire à l'écran) en Italie. Efebo d'argent : prix de la meilleure interprétation féminine pour Alessandra Martines. Meilleur film étranger du London Film Critics Circle en 1996.**

1995 / **LUMIÈRE ET CIE** / Prod. Cinétéve, la Sept Arte, Igledo Komuniuakazioa, Soren Staermose avec la participation de Canal +. Réal Claude Lelouch (et Merzouach Allouache, Théo Angelopoulos, Vicente Aranda, Gabriel Axel, John Boorman, Youssef Chahine, Alain Corneau, Raymond Depardon, Costa Gavras, Francis Girod, Peter Greenaway, Lasse Hallström, Michael Haneke, Hugh Hudson, James Ivory, Gaston Kaboré, Abbas Kiarostami, Cedric Klapisch, Andréi Konchalovski, Patrice Leconte, Spike Lee, Bigas Luna, David Lynch, Claude Miller, Idressa Ouedraogo, Arthur Penn, Lucian Pintilie, Jacques Rivette, Helma Sanders Brahm, Jerry Schatzberg, Nadine Trintignant, Fernando Trueba, Liv Ullman, Jacob Van Dormael, Régis Wargnier, Wim Wenders, Zhang Yimou, Yoshishide Oshida). Interprètes Alessandra Martines, Ticky Holgado, Antoine Duléry, Charles Gérard. Dist. Pierre Grise. Sortie 20 décembre1995.

1996 / **HOMMES, FEMMES : MODE D'EMPLOI** / Prod. Les Films 13/TF1 Films Productions. Scén. et dial. Claude Lelouch, René Bonell (dial. additionnels Jean-Philippe Chatrier). Chef op. Philippe Pavans de Ceccatty. Mont. Hélène de Luze (et Stéphane Mazalaigue). Dir. de prod. Tania Zazulinsky. Ass. réal. Christophe Cheysson, Pierre-Olof Renard. Son Harald Maury. Déc. Jacques Bufnoir. Mus. Francis Lai. Interprètes Bernard Tapie (Benoît Blanc), Fabrice Luchini (Fabio Lini), Alessandra Martines (Dr Nitez), Pierre Arditi (Dr Lerner), Ticky Holgado (le père de Loulou), Caroline Cellier (Mme Blanc), Salomé Lelouch (Lola Dufour), Christophe Hémon (Loulou), Anouk Aimée (la veuve des cimetières), Ophélie Winter (la blonde du Crillon), William Leymergie (le père de Lola), Agnès Soral (l'amie de Fabio), Jacqueline Joubert, Patrick Husson (le chanteur), Gisèle Casadesus, Nadia Farès, Christian Charmetant, Daniel Olbrychski, Clotilde de Bayser, Antoine Duléry, Alain Doutey, Ginette Garcin, Jean-Philippe Chatrier, Philippe Gildas, Patrick Bruel. Dist. UFD. Durée 122mn. Date de sortie 28 août 1996.

1998 / **HASARDS OU COÏNCIDENCES** / Prod. Les Films 13/TF1 Films Productions/UGC Images, Neuilly Productions, SDA Productions (avec le concours de FCC, SOFINERGIE 4 et de Canal +) . Scén. et dial. Claude Lelouch. Chef op. Pierre-William Glenn (AFC). Mont. Hélène de Luze. Dir. de prod. Tania Zazulinsky. Son Harald Maury. Casting et presse Arlette Gordon. Déc. Jacques Bufnoir. Mus. Francis Lai, Claude Bolling. Interprètes Alessandra Martines (Myriam Lini), Pierre Arditi (Pierre Turi), Marc Hollogne (Marc Deschamps), Geoffrey Holder (Gerry), Laurent Hilaire (Laurent), Arthur Cheysson (Serge), Véronique Moreau (Catherine Desvilles), France Castel (la secrétaire du consul d'Italie), David La Haye (le voleur), Patrick Labbé (Michel Bonhomme), Charles Gérard (l'homme sur le bateau), Vincenzo Martines (Mauro, le frère de Myriam), Luigi Bonino (le père de Myriam), Gaston Lepage, Jacques Lavallée, Jacques Petitjean, Nathalie Riqué. Dist. UGC. Durée 120mn. Date de sortie 18 novembre 1998. **Prix d'interprétation pour Alessandra Martines au festival du film de Chicago.**

2000 / **UNE POUR TOUTES** / Prod. Les Films 13/France 2 Cinéma/le Studio Canal. Scén. et dial. Claude Lelouch, Pierre Leroux, Pierre Uytterhoeven. Chef op. Philippe Vene. Mont. Hélène de Luze. Dir. de prod. Tania Zazulinsky. Ass. réal. Laurent Herbiet. Son Harald Maury. Déc. Pascal Aubin. Mus. Francis Lai. Interprètes Anne Parillaud (Olga Duclos), Marianne Denicourt (Irina Colbert), Alice Evans (Macha Desachy), Olivia Bonamy (Olivia Colbert), Alessandra Martines (Maxime), Jean-Pierre Marielle (commissaire Bayard), Sami Naceri (Sam Morvan), François Perrot (le producteur véreux), Rudiger Vogler (Oscar), Anouk Aimée (la femme du musicien), François Berléand (le passager désagréable), Constantin Alexandrov (le roi de la nuit), Geneviève Fontanel (la femme au chien), Firmine Richard (la servante du Président), Buno Lochet (le plombier), Michel Jonasz (le passager sympathique), Philippe Magnan, Charles Gérard, Emmanuelle Bercot (la femme de Sam Morvan), Andréa Ferréol (la femme du roi de la nuit) Albert Delpy, Yves Alion, Lise Lamétrie, Guillaume Gallienne, Guesch Patty, Daniel Toscan du Plantier, Jean-Marie Winling. Dist. Bac Films. Durée 122mn. Date de sortie 1er Janvier 2000.

2002 / **AND NOW...LADIES & GENTLEMEN** / Prod. Les Films 13, Gemka Production, France 2 Cinéma, L & g Productions, avec la participation de Canal +. Scén. et dial. Claude Lelouch, Pierre Uytterhoeven, Pierre Leroux. Chef op. Pierre-William Glenn. Mont. Hélène de Luze. Dir. de prod. Tania Zazulinsky. Ass. réal. Do Combe (Laurent Herbiet pour la préparation). Son Harald Maury. Presse et casting Arlette Gordon. Déc. Johann George. Mus. Michel Legrand. Interprètes Jeremy Irons (Valentin), Patricia Kaas (Jane), Thierry Lhermitte (Thierry), Alessandra Martines (Françoise), Jean-Marie Bigard (le docteur Lamy/le pharmacien), Ticky Holgado (Boubou), Yvan Attal (David), Amidou (l'inspecteur) Sylvie Loeillet (Soleil), Patrick Braoudé, Claudia Cardinale (la comtesse Falconetti), Constantin Alexandrov (M. Falconetti), Samuel Labarthe (le trompettiste), Stéphane Ferrara (Sam Hernandez le boxeur), Paul Freeman (un client de l'hôtel), Souad Amidou (la femme de chambre), Charles Gérard (le directeur des bateaux mouches, Nicholas Jones (le bijoutier anglais), Patrick Braoudé (le bijoutier Français), Géraldine Danon, Pierre-William Glenn, Boris Bergman, Bernard Montiel, Daniel Lumbroso, Xavier Lecoeur. Dist. SND. Durée 133mn. Date de sortie 29 mai 2002.

2002 / **11'09" 01 SEPTEMBER 11** / Prod. Galatée Films, Studio Canal. Onze réalisateurs Claude Lelouch, Samira Makhmalbaf, Youssef Chahine, Danis Tanovic, Idrissa Ouedraogo, Ken Loach, Alejandro Gonzalez Inarritu, Amos Gitaï, Mira Nair, Sean Penn, Shohei Imamura. Prod. délégué Jacques Perrin. Dir. de prod. Tania Zazulinsky. Ass. réal. Do Combe (Laurent Herbiet pour la préparation). Mont Stéphane Mazalaigue. Photo Pierre-William Glenn. Interprètes Emmanuelle Laborit, Jérôme Horry. Durée 130mn. Sortie 11 sept 2002.

2004 / **LES PARISIENS** / Prod. Les Films 13. Scén. et dial. Claude Lelouch, Pierre Uytterhoeven. Chef op. Gérard de Battista. Mont. Stéphane Mazalaigue. Prod. délégué Jean-Paul Devidas. Ass. réal. Dominique Combe. Son Harald Maury. Déc. François Chauvaud. Mus. Francis Lai (paroles des chansons de Boris Bergman), Pierre Barouh. Interprètes Mathilde Seigner (Clémentine/Anne), Maïwenn Le Besco (Shaa), Arielle Dombasle (Sabine Duchemin), Massimo Ranieri (Massimo Brandi) Michel Leeb (Michael Gorkini), Agnès Soral (la femme de Pierre), Alessandra Martines (elle-même), Claude Lelouch (lui-même), Ticky Holgado (Dieu), Francis Perrin (le patron de la boîte de nuit), Pierre Santini (Benhamou le metteur en scène), Grégori Derangère (l'agent immobilier), Constantin Alexandrov (le producteur musical), Xavier Deluc (Pierre, le flic), Michèle Bernier (la serveuse au jazz club), Evelyne Buyle (la femme du train), Laurine Bressler, Cyrielle Clair (Patricia), Do Combe (le docteur dans le rêve), Géraldine Danon (la prostituée), Alexandra Kazan (la secrétaire du producteur), Mireille Perrier (la femme sur le quai), Salomé Lelouch (l'assistante de Benhamou), Sylvie Loeillet, Christelle Dominguez, Roger Van Hool, Lise Lamétrie, Robert Namias, Patrick Fierry (le chanteur), Sarah Lelouch (présentatrice des Victoires de la musique), Olivier Minne (le journaliste), Cristiana Reali (la vendeuse de la bijouterie), Nadia Samir, Axel brucker, Antoine Duléry (le patron du café), André Falcon (le bijoutier), Charles Gérard, Richard Gotainer (le patron de la brasserie), Sachka, Sabaya Lelouch, Stéphane Hossein, Patrice Kerbrat, Yanick Soulier, Francis Lai. Dist. Les Films 13. Durée 119mn. Date de sortie 15 septembre 2004. *Il existe une version plus courte réservée à l'exportation et projetée en Italie.*

2005 / **LE COURAGE D'AIMER** / Prod. Les Films 13. Scén. et dial. Claude Lelouch, Pierre Uytterhoeven. Chef op. Jean-Marie Drejou, Gérard de Battista. Mont. Stéphane Mazalaigue. Ass. réal. Do Combe. Son Harald Maury. Mus. Francis Lai (paroles des chansons de Boris Bergman), Pierre Barouh. Interprètes Mathilde Seigner (Clémentine/Ane), Maïwenn le Besco (Shaa), Arielle Dombasle (Sabine Duchemin), Massimo Ranieri (Massimo Brandi) Michel Leeb (Michael Gorkini), Alessandra Martines (elle-même), Claude Lelouch (lui-même), Ticky Holgado (Dieu), Francis Perrin (le patron de la boîte de nuit), Pierre Santini (Benhamou le metteur en scène), Line Renaud (Line), Sara Forestier (la petite fille de Michael), Pierre Arditi (Pierre), Grégori Derangère (l'agent immobilier), Constantin Alexandrov (le producteur musical), Michèle Bernier (la serveuse au jazz club), Mireille Perrier (la femme sur le quai), Salomé Lelouch (l'assistante de Benhamou), Pierre Barouh (le réalisateur de la pub), Sylvie Loeillet, Sarah Lelouch (la présentatrice des Victoires de la musqiue), Olivier Minne (le journaliste), Cristiana Reali (la vendeuse de la bijouterie), Nadia Samir, Antoine Duléry (le patron du café), André Falcon (le bijoutier), Charles Gérard, Sachkia, Sabaya Lelouch, Stéphane Hossein, Patrice Kerbrat, Yanick Soulier, Dominique Besnehard, Catherine Arditi, Serge Moati, Francis Lai. Dist. Les Films 13. Durée 103mn. Date de sortie 29 juin 2005. *Il existe une version plus longue projetée aux Etats-Unis.*

**AUTRE FILM**

Un reportage encore inachevé sur Ticky Holgado et sa maladie qui devait l'emporter en 2004. Pendant la préparation des *Parisiens* et pendant deux ans, Claude Lelouch a filmé en DV ses dernières opérations.

**PRODUCTIONS ET DISTRIBUTIONS**

Voir p. 315-316

**INTERPRÉTATIONS**

1960 / **LE PROPRE DE L'HOMME** / de Claude Lelouch. 1973 / **FAR WEST** / de Jacques Brel. 1979 / **CONFIDENCES POUR CONFIDENCES** / de Pascal Thomas. 1987 / **HAPPY NEW YEAR** / de John G. Avildsen. 2000 / **UNE POUR TOUTES** / de Claude Lelouch. 2004 / **LES PARISIENS** / de Claude Lelouch. 2005 / **LE COURAGE D'AIMER** / de Claude Lelouch. Apparitions dans : **UNE FILLE ET DES FUSILS, SMIC SMAC SMOC, VIVA LA VIE !**

# Bibliographie


### EN FRANÇAIS

« Le cas Lelouch », in *Cinéma 69*, n°135, Paris, 1969.

« Lelouch, treize ans après l'ère des bides », in *Scopitone*, n°15, Paris, 1979.

ALBERTI Olympia, *Lelouch Passion*, Paris, Albin Michel, 1987.

CHARTIER Jean-Philippe, *Les Misérables, un film de Claude Lelouch*, Paris, Robert Laffont, 1995.

GUIDEZ Guylaine, *Claude Lelouch*, Paris, « Cinéma d'aujourd'hui », Seghers, 1972.

LELOUCH Claude, *Itinéraire d'un enfant très gâté*, Paris, Robert Laffont, 2000 (Pocket, 2002).
*Ma vie pour un film*, Paris, Lherminier, 1986.
*Les Belles Histoires de La Belle Histoire*, Paris, Plume, 1992.

LELOUCH Claude, SWYSEN Bernard, *Toute une vie*, t.1, Paris, Soleil, 2004. (BD)

TASSONE Aldo, *Que reste-t-il de la Nouvelle Vague ?*, Paris, Stock, 2003.

### À L'ÉTRANGER

*Les Uns et les Autres*, édition japonaise parue en 1983.

*Claude Lelouch, Film Director*, de Peter Lev, édition américaine inédite en France parue en 1983.

*Viva la vie* édition japonaise parue en 1985.

*Itinéraire d'un enfant très gâté*, traduction russe parue en 2003.

# Index

## FILMS DE CLAUDE LELOUCH



## AUTRES FILMS

# INDEX DES NOMS

**Photos © Films 13 sauf :**
Photos © Christophe L, pages 115, 139, 140, 141, 204 (en bas), 206 (à droite), 235 et 260.
Dessins de Bernard Swysen, pages 6 et 29, © Bernard Swysen ; pages 130 et 132, extraits de **Toute une vie, Sarah**, tome 1, scénario Claude Lelouch, dessins Bernard Swysen, Toulon, Soleil, 2004. © MC productions / Films 13 / Swysen ; pages 43, 59 et 273, extraits de **Toute une vie, Simon**, tome 2, scénario Claude Lelouch, dessins Bernard Swysen, Toulon, Soleil, à paraître en 2005. © MC productions / Films 13 / Swysen.

**REMERCIEMENTS**

À Alessandra.

À toute l'équipe des Films 13, à Arlette Gordon naturellement,
et tout particulièrement à Do Combe pour son aide et son efficacité.

À Francis Lai, Charles Gérard, Pierre Uytterhoeven, Bernard Swysen et Christophe L.

À Davis Boyer, Monique Mikaelian, Pierre Girard.

À nos familles.

**© Calmann-Lévy, 2005**
ISBN 2-7021-3592-7
N° d'éditeur : 13993/01
Dépôt légal : octobre 2005
Achevé d'imprimer en octobre 2005
par Pollina à Luçon - L97225
Imprimé en France

La conception de ce volume a été réalisée
par Scandella & de Brugada / scandella@IDSland.com
pour le compte des Éditions Calmann-Lévy
31, rue de Fleurus 75006 Paris